बन्दी जीवन

बन्दी जीवन

शचीन्द्रनाथ सान्याल

GYAN

Published by

Gyan Publishing House
5, Ansari Road
Daryaganj, New Delhi-110002
Phone: 011-47034999, 9811692060
E-mail: books@gyanbooks.com

Distribution Network
gyanbooks.com
India, USA, Canada, UK, Australia

ISBN: 978-93-6280-169-2 (HB)
First Published, 1922

2nd Impression 2024

Printed at: Gyan Press, Delhi.

बन्दी जीवन

लेखक : शचीन्द्रनाथ सान्याल

बन्दी जीवन

शचीन्द्रनाथ सान्याल

बन्दी जीवन

(तीनों भाग)

उत्तर भारत में क्रान्ति का उद्योग

लेखक

शचीन्द्रनाथ सान्याल

अनुक्रम

प्रथम भाग

द्वितीय भाग

तृतीय भाग

परिशिष्ट

प्रकाशकीय

भारत के उन महाप्राण वीर देशभक्तों के जीवन तथा कार्यों का इतिहास अभी तक लगभग अप्रकट ही है, जिन्होंने शस्त्रबल के सहारे स्वदेश को विदेशी दासता से मुक्त कराने का प्रयास किया था। महाशक्तिशाली ब्रिटिश साम्राज्य से मोर्चा लेनेवाले स्वतंत्रता के इन सैनिकों की जीवन-कथाएं इतनी शौर्यपूर्ण और त्याग-बलिदान की भावनाओं तथा घटनाओं से परिपूर्ण है कि एक उत्कृष्ट काव्य की भांति हृदय पर स्थायी प्रभाव डालती है। हमारे इतिहास की यह ऐसी अमूल्य निधि है, जो युग-युगों तक हमें प्रेरणा देने की सामर्थ्य रखती है।

'शहीद ग्रन्थ माला' के अन्तर्गत प्रकाशित प्रस्तुत ग्रन्थ 'बन्दी जीवन' हमारे इस क्रान्तिकारी आन्दोलन के इतिहास का वह भाग है, जिसमें उन रहस्यात्मक रोमांचकारी घटनाओं का अत्यन्त सजीव और प्रामाणिक विवरण है, जिनके कारण एक दिन भारत के विदेशी शासकों की नींद हराम हो गई थी। 'बन्दी जीवन' के लेखक श्री शचीन्द्रनाथ सान्याल ने स्वयं इन घटनाओं में प्रमुख भाग लिया था। वीरश्रेष्ठ रासबिहारी बोस के दाहिने हाथ के रूप में इस क्रान्ति संघर्ष के संचालन का उत्तरदायित्वपूर्ण भार उन पर था, जिसे उन्होंने बड़ी गम्भीरता और जिम्मेदारी के साथ निबाहा था, तथा इसके लिए कालान्तर में बड़ी भीषण यातनाएँ शचीन्द्र बाबू को सहन करनी पड़ी थी। यही कारण है कि क्रान्तिकारी आन्दोलन का यह घटनाक्रम उन्होंने ऐसी मर्मस्पर्शी भाषा में लिखा है कि अनेक वर्षों तक क्रान्तिकारी संगठन द्वारा युवकों को अपने मार्ग में दीक्षित करने के लिए इस ग्रन्थ का उपयोग किया जाता रहा है। यह ग्रन्थ आज से लगभग चालीस वर्ष पूर्व दो भागों में हिन्दी में प्रकाशित हुआ और प्रकाशित होते ही जब्त कर लिया गया। फिर भी इसके अनेक संस्करण प्रकाशित होते रहे और हाथों-हाथ बिकते गए। अब बहुत वर्षों से यह ग्रन्थ अप्राप्य था।

'बन्दी जीवन' के प्रस्तुत संस्करण में पूर्व प्रकाशित दो भागों के अतिरिक्त वह तीसरा भाग भी है, जो अभी तक पुस्तक रूप में प्रकाशित नहीं हो सका था। इसके साथ ही 'कुछ पूरक तथ्य' शीर्षक से एक पृथक् अध्याय भी है जिसमें ग्रन्थ में वर्णित घटनाओं का वह ब्यौरा दिया गया है, जो अंग्रेजों के शासनकाल में नहीं दिया जा सकता था। हमें आशा है कि पाठक 'शहीद ग्रन्थ माला' के अन्य ग्रन्थों की ही भांति 'बन्दी जीवन' का भी हार्दिक स्वागत करेंगे।

चतुर्थ संस्करण की भूमिका

आज से 16 साल पहले 'बन्दी जीवन' का लिखना प्रारम्भ किया था। 'बन्दी जीवन' के प्रथम संस्करण की भूमिका मे मैंने लिखा था 'मेरी अभी तक यह धारणा है कि यह पुस्तक तीन खण्डों में समाप्त होगी, लेकिन कर्मक्षेत्र की विषम उलझनों मे पड़कर मैं नहीं कह सकता कि इस पुस्तक का कितना अंश लिख पाऊँगा। कारण आज तक जितने काम मैंने अपने हाथ मे लिए, किसी को भी मैं निर्विघ्न रूप से पूर्ण नही कर पाया।' ये वाक्य कलकत्ता में बैठे हुए 25 अगस्त, सन् '22 के दिन मैंने लिखे थे। अदृष्ट की क्या खूबी है कि इस पुस्तक के दो भाग भी मैं यथार्थ रूप में लिख नही पाया था कि फिर जेल में धर घसीटा गया। अब 16 साल के बाद आज फिर इस पुस्तक के सम्पादन कार्य में हाथ लगाया है।

मैं फरवरी, सन् '20 मे अण्डमन से लौटा। लौटकर माताजी एवं भाइयों के अनुरोध से ईंट बनवाने के काम मे फँस गया। किसी कारबार में फँसने से कितनी उलझनो मे जान फँस जाती है उसको भुक्तभोगी ही जान सकता है। इसी उलझन मे पड़े हुए मैंने 'बन्दी जीवन' लिखना प्रारम्भ किया। इसके थोड़े ही दिन बाद सन '21 के शुरू मे मैं जमशेदपुर में मजदूर संगठन के कार्य मे लग गया। मेरी इच्छा तो यह थी कि मैं 'बन्दी जीवन' को धीरे-धीरे लिखता जाऊँ लेकिन मेरे एक मित्र श्री हेमन्तकुमार सरकार जबर्दस्ती मेरी हस्तलिखित पोथी को प्रकाशनार्थ ले गये। उस समय हेमन्तकुमार देशबन्धु सी० आर० दास के विश्वस्त अनुयायियो मे थे। सी० आर० दास के सम्पादकत्व में 'नारायण' नाम का एक मासिक-पत्र निकलता था। हेमन्तकुमार इस मासिक-पत्र का संचालन-भार लिये हुए थे। मुझे विश्वास नही था कि मेरा लेख प्रकाशित करने के योग्य है। हेमन्तकुमार ने मुझे आश्वासन दिया कि मेरा लेख काफी अच्छा है, और इसे वे 'नारायण' में अवश्य प्रकाशित कराएँगे। इस प्रकार से जीवन में सर्वप्रथम मैंने लिखना प्रारम्भ किया।

लेकिन मैं अधिक नहीं लिख पाया था कि इसी बीच में मासिक-पत्र में मुझे प्रति मास नियमित रूप से लेख देना पड़ा। इधर मजदूर संगठन के काम में तो दिन-रात व्यस्त रहता ही था, इसलिए इस पुस्तक को वांछित रूप से तो नहीं ही लिख पाया।

आज जब पुनः इस पुस्तक का सम्पादन करने बैठा हूँ तो सहस्रों प्रकार की

बातें मेरे मन में आ-आकर अपनी अभिव्यक्ति के लिए उमड़ी पड़ रही हैं। बात यह है कि काल के प्रवाह से भारत में आज नई-नई बातें पैदा हो रही हैं, नये आदर्शों के द्वन्द्व के कारण भारत के राष्ट्रक्षेत्र में आज तरह-तरह की उलझनें पैदा हो रही हैं। जिस समय मैंने सर्वप्रथम राजनीति में कार्य करना प्रारम्भ किया था उस समय भी कम उलझनें न थीं, लेकिन आज उन उलझनों को पार करके अब मुझे दूसरी उलझनों का सामना करना पड रहा है। इन दोनो युगों की उलझनों मे जो अन्तर है उसे समझे बिना मेरी वर्तमान परिस्थिति को कोई समझ नही सकता, एवं आधुनिक युग के आदर्श-गत द्वन्द्वों का स्पष्टीकरण किए बिना आज मैं इस पुस्तक की भूमिका ठीक तरह से नहीं लिख सकता।

यहाँ पर जीवन की कुछ गूढ बातें कहना आवश्यक हो गया है। यद्यपि मैं यहाँ अपनी आपबीती नही लिखना चाहता, तो भी मुझे अपनी मानसिक स्थिति का कुछ अंश यहाँ पर खोलना ही पडेगा।

जब मैं बालक ही था, तभी से नाना कारणो से मैंने सकल्प कर लिया था कि भारतवर्ष को स्वाधीन किया जाना है और इसके लिए मुझे सामरिक जीवन व्यतीत करना है। सर्वप्रथम यह भावना मेरे मन मे कैसे आई इसका भी एक छोटा-सा इतिहास है, अन्य स्थान पर इसकी चर्चा मुझे करनी पडेगी। जिस समय क्रान्तिकारी भावना को लेकर मैंने सर्वप्रथम बनारस मे सगठन प्रारम्भ किया था, सयोगवश उसी समय करीब-करीब मेरी ही उम्र के एक नवीन युवक के साथ मेरी गहरी मित्रता हो गई थी। यह नवीन युवक अभी कलकत्ता से आये हुए थे। ऐसी मित्रता कैसे उत्पन्न होती है यह एक रहस्य की बात है। नवीन भावनाओ की तरह सहसा किसी एक दिन ऐसे मित्र जीवन-पथ मे आकर खडे हो जाते है। पहले ही दर्शन मे यह प्रतीत हो जाता है कि यह मेरे बडे प्रियजन है। मोल-भाव करके दुनिया की चीजें खरीदी जाती है, लेकिन जीवन की जो श्रेष्ठ सम्पदा है वह यो ही मिला करती है। इस प्रकार से जीवन के एक महान् अवसर पर मैंने इस तरह सहसा ही अपने मित्र को पाया था—लेकिन थोडे ही दिनो मे जीवन के आदर्श को लेकर इनके साथ मेरा मतभेद उत्पन्न हुआ। मै तो पहले ही सकल्प कर चुका था कि भारत को विदेशियो के हाथ से मुक्त करूँगा और इस महान् कार्य को सम्पन्न करने के लिए गोपनीय रूप से जनबल एव अस्त्रबल सग्रह करना पडेगा। उस समय शिवाजी को मै आदर्श पुरुष समझने लगा था। पिताजी जब पूछते थे कि तुम आगे चलकर क्या करोगे, तो मैं कहता था कि मैं शिवाजी बनूँगा, नेपोलियन की तरह मै जीवन बिताना चाहता हूँ। लेकिन अब मेरे मित्र ने मेरे मन मे एक भीषण उलझन पैदा कर दी। हम लोगो की अवस्था उस समय पन्द्रह-सोलह साल की थी। इसी उम्र मे मेरे मित्र ने सन्यास का आदर्श पसन्द कर लिया था, जिसका अर्थ होता है समाज-सेवा के काम से अलग होकर व्यक्तिगत साधना मे जीवन व्यतीत करना। मेरे लिए सामाजिक कर्म को छोडना एक प्रकार से असम्भव-सा था। लेकिन मेरे मित्र ने मुझे यह समझाना चाहा कि

मनुष्य का श्रेष्ठ आदर्श है जीवन में ईश्वर की उपलब्धि करना। ईश्वर का साक्षात्कार हुए बिना हम जो कुछ भी करेंगे उससे समाज का यथार्थ कल्याण होगा या नहीं यह कहना कठिन है। सत्य की अनुभूति हुए बिना हम कैसे ठीक रास्ते को अख्तियार कर सकते हैं? ईश्वर का साक्षात्कार होने के पश्चात् ही हम यथार्थ रूप में समझ सकते हैं कि क्या सत्य है और क्या असत्य, क्या कल्याणकारी है और क्या अमंगलप्रद। ईश्वर का साक्षात् किए बिना समाज का कल्याण करने जाना मानो अन्धे होकर, अन्धे को रास्ता दिखलाना है। ईश्वर का साक्षात्कार करने के पश्चात् ईश्वर की आज्ञा से, ईश्वर की इच्छानुसार जब हम समाज की सेवा मे लगेंगे तभी हमारी समाज-सेवा सार्थक हो सकती है। अपने पक्ष की पुष्टि के लिए मेरे मित्र ने स्वामी विवेकानन्द एवं परमहंस रामकृष्ण देव की जीवनी का उल्लेख किया।

इस प्रकार जीवन मे सर्वप्रथम आदर्शगत द्वन्द्व उपस्थित हुआ। एक तरफ मैं समाज को छोड नही सकता था; दूसरी तरफ अपने जीवन के परम मित्र से भी मैं दूर नही रह सकता था, लेकिन मेरे मित्र मेरे साथ चलने के लिए तैयार न थे। मैं भी अपने मित्र के रास्ते पर चलने को तैयार न था। छः महीने तक दिन और रात इस उलझन मे फँसे रहे। उस किशोरावस्था की मित्रता मे एक अजीब मोहिनी शक्ति थी। हम एक-दूसरे को छोड भी नही पाते थे, ग्रहण भी नहीं कर पाते थे। आज भी मेरे मित्र संन्यास मार्ग में अवस्थित है और मैं गृहस्थ आश्रम मे जकड़ा हुआ गोता खा रहा हूँ।

अपने मित्र के बताने पर मैने स्वामी विवेकानन्द एवं श्रीरामकृष्ण परमहंसदेव की जीवनी पढी, उनकी तमाम उक्तियो को लेकर एकाग्र मन मे एकान्त में गम्भीर रूप से मनन किया। उपनिषद् एवं गीता अनुवाद की सहायता से बार-बार पढी, साधु-संगति भी करने लग गया। इस प्रकार से हिन्दू-समाज की मर्मकथा को भली प्रकार मे समझने की मैंने अपने अन्तरतम मे चेष्टा की। साधु-सन्तों की संगति मे जीवन मे प्रभूत लाभ हुआ इसमें कोई सन्देह नहीं; लेकिन जी को तसल्ली नहीं हुई। मेरी समझ मे यह बात नही आई कि हमारे समाज के श्रेष्ठ महापुरुष क्यो समाज में नही आते, क्यों सामाजिक काम मे अग्रणी नहीं होते? साधु-सन्तो के संसर्ग मे आकर मैने यह देखा कि साधन-भजन करना छोड़कर ये लोग एक कदम भी इधर-उधर नही जाते। यहाँ तक कि साधन-भजन के बारे में भी इनके जो कुछ अनुभव है उन्हे भी ये पुस्तक के आकार में समाज को देना नही चाहते। इनमें त्याग है, अध्ययनशीलता है, दत्तचित्त होकर एक काम में लग जाने की शक्ति है, लेकिन ये समाज-सेवा के किसी काम में आना नहीं चाहते। मैंने अपने मन में यह सोचा कि यदि हमारे पूर्वज भी ऐसे ही होते तो आज हमें न पाणिनि जैसा व्याकरण ही मिलता, न वेद-वेदान्त, उपनिषद्, ज्योतिष, गणित या आयुर्वेद शास्त्र ही प्राप्त होते। मेरे मन में यह सन्देह पैदा हुआ कि सम्भव है आजकल के साधु-सन्त चाहे जितने भी भले हों, लेकिन इनमें प्राचीनकाल की

तरह वह प्रतिभा नहीं है, वह सम्यक् दृष्टि भी नहीं है, जिसके कारण एक दिन भारतवर्ष सभ्यता के चरम शिखर पर आरूढ़ था। मुझे तसल्ली नहीं हुई। गीता के कर्मयोग के आदर्श ने मुझे बहुत कुछ सहारा दिया; उपनिषद् से भी मुझे इस बात का सहारा मिला। विवेकानन्द की वाणी में कर्मयोग एवं संन्यास दोनों तरह की ही बातें मिलीं। लेकिन प्रामाणिक रूप से मुझे यह सबूत नहीं मिला कि कर्म का मार्ग ही एकमात्र सत्य रास्ता है। तब मैंने यह निश्चय किया कि सम्भवतः हम अपनी-अपनी प्रकृति के अनुसार योग, कर्मयोग या संन्यासयोग को ग्रहण कर सकते हैं, कोई रास्ता किसी दूसरे रास्ते से न छोटा है, न बड़ा। अपनी-अपनी प्रकृति के अनुसार जिस रास्ते को हम ग्रहण करेंगे वही रास्ता हमारे लिए सही है, एवं और सब रास्ते गलत हैं। कम-से-कम दूसरे रास्ते में जाने से हमें अवश्य कुछ-न-कुछ हानि होगी। अब यह निर्णय कैसे होगा कि मेरी प्रकृति कैसी है, एवं कौन-सा रास्ता मेरी प्रकृति के अनुकूल है ? साधु-संगति करके एवं शास्त्र-वचनों से मुझे यह पता चला कि ऐसा निर्णय करने के लिए तीन साधन मौजूद हैं। एक तो अपनी विचारबुद्धि है, दूसरा सतगुरु की सहायता है और तीसरा शास्त्रवचन है। इन तीनों में यथार्थ मेल होना चाहिए। केवल शास्त्रवचन से काम नहीं चलेगा। कारण, एक तो शास्त्र बहुत हैं, इसलिए उनमें से अवश्य ही चुनाव करना पड़ेगा। यह बात सच है कि शास्त्रवचन भी अभिज्ञता के आधार पर स्थित हैं, तथापि विभिन्न महापुरुषों ने अलग-अलग रास्ते पर चलकर सत्यानुभूति की है। इसलिए कौन-सा मार्ग मेरे लिए प्रशस्त है, इसका निर्णय शास्त्रवचन मात्र से ही नही हो सकता इसके लिए शिक्षक की आवश्यकता है। जब संसार के प्रत्येक काम में शिक्षक की आवश्यकता है तो क्या सत्यानुसंधान के काम में ही शिक्षक की आवश्यकता नहीं होगी ? किन्तु केवल शिक्षक से ही काम नही चल सकता। शिक्षा लेनेवाला यदि उपयुक्त न हो, तो शिक्षक क्या करेगा ? एवं कौन मेरा शिक्षक होगा यह निर्णय भी तो मुझे ही करना पड़ेगा ? इस-लिए अन्त में अपनी विचारबुद्धि पर ही निर्भर करना पड़ता है। लेकिन अपनी प्रकृति को छोड़कर उसका उल्लंघन करके मैं कुछ नही कर सकता। इसलिए भारतीय साधन-पद्धति में सर्वप्रथम बात यह है कि सत्य की खोज करने के पहले अपने को निष्पक्षतापूर्ण बनाना पड़ता है। सम्पूर्णतया निष्पक्षपाती हुए बिना सत्य की खोज सम्भव नहीं है। लेकिन यथार्थ रूप में निष्पक्षपाती होना आसान बात नहीं है। इसके लिए हमें स्वार्थशून्य होना आवश्यक है। और स्वार्थशून्य हम तभी हो सकते हैं, जब हम अपनी वासना के वशीभूत न हों। वासनातीत होना और वैराग्यवान होना एक ही बात है। इसलिए भारतीय साधना-पद्धति में वैराग्य होना सर्वप्रथम आवश्यक है। वासनातीत होने का अर्थ यह नहीं है कि मुझमें किसी प्रकार की वासना न हो, बल्कि वासनातीत होने का अर्थ यह है कि मैं किसी वासना के अधीन न होऊँ, प्रत्येक वासना मेरे अधीन रहे। इस प्रकार से अपने को यथासम्भव हर एक प्रकार के संस्कारों से मुक्त रखकर तब सत्यानुसंधान

में प्रवृत्त होना चाहिए। साधु-संगति के फलतः एवं प्राचीन साहित्य के अनुशीलन के परिणामतः मैं इसी नतीजे पर पहुँचा हूँ। मेरे मित्र और मैंने अलग-अलग रास्ते अख्तियार किये लेकिन छः महीने तक हम दोनों तीव्र द्वंद्व के भीतर से गुजरे। मैंने बाद को यह भी देखा कि हमारे सैकड़ों भाई, भारतीय आदर्श की दुहाई देकर, आध्यात्मिकता के बहाने, अपनी स्वार्थबुद्धि से प्रणोदित होकर, तामसिक वृत्ति के आवेश में आकर भारतीय स्वाधीनता-संग्राम में भाग लेने में पश्चात्पद रहे। ऐसे अध्यात्मवादियों के लिए घर-गृहस्थी के काम करने में कोई बाधा नहीं है, वे मजे से खाते-पीते हैं, बाजार करते हैं, अपने परिवार का प्रतिपालन करने के लिए तरह-तरह के काम-धंधे भी करते हैं, शादी भी करते हैं, सन्तान-उत्पादन एवं सन्तान-पालन भी करते हैं, अर्थात् गृहस्थ आश्रम के सभी काम करते हैं, केवल राजनीति में भाग लेने के अवसर पर धार्मिक जीवन व्यतीत करने की दुहाई देकर भारतीय अध्यात्मवाद की आड़ में अपनी कायरता को छिपाते हैं।

राजनीतिक जीवन मे मेरा प्रथम मानसिक द्वंद्व इस प्रकार का रहा। जीवन में चाह तो यह थी कि हमारे भारतवर्ष में फिर ऐसे महापुरुष का जन्म हो, जिसमें गुरु रामदास एवं शिवाजी की सद्गुणावली एक व्यक्तित्व में विकसित होकर दिखलाई दे, अर्थात् कर्मजीवन ज्ञान के प्रकाश से उद्भासित हो। मेरे दिल में यह धारणा बद्धमूल हो गई थी कि कर्महीन होने के कारण भारत का अधःपतन हुआ है। एवं भारत की उन्नति यथार्थ रूप में तभी हो सकती है जब कर्मजीवन भी प्रकृत ज्ञान के आलोक से विशुद्ध हुआ हो। लेकिन वास्तविक जगत् में मेरा वांछित आदर्श-पुरुष मुझे नहीं मिला। यदि स्वामी विवेकानन्द या स्वामी रामतीर्थ के तुल्य महापुरुष भारतीय क्रान्तिकारी आन्दोलन में अग्रणी होते, तभी मुझे प्रकृत सन्तोष होता। श्री अरविंद घोष में मेरे कल्पित आदर्श पुरुष की छाया मिली। मैं श्री अरविंद घोष से पाण्डिचेरी में सन् 1911 में मिलने के लिए भी गया था, लेकिन दुर्भाग्यवश मिल नहीं पाया। इसके बारे में विशेष रूप से अन्य स्थान पर कहूँगा। आखिर घूमते-घूमते ऐसे क्रान्तिकारी दल में मैं शामिल हो गया जिस दल के नेतागण अरविंद घोष के दार्शनिक विचारों से अंतरंग रूप से प्रभावित हो रहे थे। इससे बढ़कर सन्तोष अपने जीवन में मुझे बहुत कम मिला है। मेरे मानसिक द्वंद्वों के इस अंश को बिना समझे 'बन्दी जीवन' के बहुत-से स्थानों को पाठक ठीक से नहीं समझ पाएँगे। ऐसी मानसिक परिस्थिति में मैंने क्रान्तिकारी दल में काम किया एवं इसी मनोवृत्ति को साथ लेकर मैं जेल गया, कालेपानी गया और लौट भी आया।

सन् 1920 के बाद जब मैं कालेपानी से लौटकर आया तब महात्मा गांधी भारत के राष्ट्रीय क्षेत्र में अपनी कार्यप्रणाली को लेकर अवतीर्ण हो चुके थे। महात्मा गांधी की अहिंसा नीति के कारण, एवं महात्मा गांधी ऐसे महान् व्यक्ति का भारत के राष्ट्रीय आन्दोलन में सक्रिय रूप से भाग लेने के कारण भारतीय क्रान्तिकारी आन्दोलन को काफ़ी बाधा पहुँची। महात्मा गांधी यह प्रचार करते

लगे कि भारतीय प्राचीन आदर्श के साथ भारतीय क्रान्तिकारी आन्दोलन का समन्वय नहीं हो सकता। मानो प्राचीन भारतीय आदर्श में श्रीकृष्ण का एवं कुरुक्षेत्र के महायुद्ध का कोई स्थान ही नहीं है। महात्मा गांधी की तरह संस्कृत पाठशालाओं के छात्र एवं अध्यापकगण भी भारतीय प्राचीन आदर्श के नाम पर भारतीय क्रान्तिकारी आन्दोलन के विरुद्ध तीव्र प्रचार किया करते थे। इस प्रकार से हिंसा एवं अहिंसा की नीति को लेकर मेरे मन में दूसरा संघर्ष उत्पन्न हुआ था, लेकिन यह इतना तीव्र न था। महात्माजी ने बेलगांव कांग्रेस में क्रान्तिकारियों के विरुद्ध जो कुछ दोषारोपण किए थे उसके प्रत्युत्तर में मैंने फरार हालत में महात्मा जी के पास अपने नाम से एक चिट्ठी भेजी थी, वह चिट्ठी ज्यों की त्यों 12 फरवरी सन् 1925 की 'यंग इंडिया' में प्रकाशित हुई थी। उसी अंक में महात्माजी ने उसका उत्तर भी दिया था।

कालेपानी से लौटने के बाद संभवत: सन् 1923 में ही मैं पहले पहल कम्यूनिस्ट सिद्धान्तों से परिचित हुआ। यह एक नवीन सिद्धान्त था जिसके साथ क्रान्तिकारी दल के किसी व्यक्ति का भी उस समय यथार्थ परिचय न था। तत्पश्चात् सन् 1925 में जेल जाने के पहले मैं कम्यूनिस्ट सिद्धान्त के साथ यथेष्ठ रूप से परिचित हुआ। बहुत से प्रामाणिक ग्रन्थ पढ़े, कम्यूनिस्टों के साथ खूब वाद-विवाद किया, विचार विनिमय किया। एक तरफ मैं क्रान्तिकारी आन्दोलन में जुटा था दूसरी तरफ 'बन्दी जीवन' के दूसरे भाग का सम्पादन-कार्य भी कर रहा था, एवं कम्यूनिस्ट सिद्धान्त को समझने के लिए जी-जान मे प्रयत्न कर रहा था। कम्यूनिस्ट सिद्धान्त का कुछ अंश तो मैने ग्रहण कर लिया, लेकिन कुछ अंश को मैं आज भी ग्रहण नहीं कर पाया। कम्यूनिज्म के सिद्धान्त की आर्थिक-योजना की बहुत-सी बातें मैंने स्वीकार की, लेकिन आर्थिक योजना के साथ कम्यूनिज्म के सिद्धान्त मे भौतिकवाद के बहुत-से ऐसे सिद्धान्त हठपूर्वक जोड़ दिये गए हैं, जिसे दार्शनिक दृष्टि मे एवं मानव अभिज्ञता की दृष्टि से मैं सत्य नही समझता। मैं अब भी ईश्वर में विश्वास रखता हूँ एवं यह समझता हूँ कि आधुनिक विज्ञान की अभिव्यक्ति से क्रमश: भारतीय दर्शन-शास्त्र की पुष्टि होती जा रही है। आजकल हमारे देश के कुछ व्यक्ति परानुकरण वृत्ति के वश होकर आत्मवाद को स्वीकार नही कर रहे हैं एवं जो लोग आत्मवाद में विश्वास रखते हैं उनकी वे हँसी उड़ाते हैं।

यथार्थ में बात तो यह है कि अपनी-अपनी अभिरुचि, संस्कार एवं संगी-साथियों के प्रभाव की वजह से ही अधिकांशत: हमारी विचारधारा बनती है; गम्भीर रूप से चिन्तन करने के बाद किसी सिद्धान्त को ग्रहण करने का दृष्टान्त मनुष्य में दुर्लभ है।

यह भी एक बात है कि आज जो लोग राष्ट्रीय क्षेत्र में त्याग एवं वीरत्व के साथ आगे बढ रहे हैं, उनकी विचारधारा का प्रभाव स्वभावत: प्रबल होगा। रूसी विप्लवी आन्दोलन की सफलता के मोह में आकर भी आज हमारे देश के बहुतेरे

नौजवान उससे अभिभूत हो रहे हैं। भौतिकवादियों के मन में यह भी एक धारणा है कि आधुनिक विज्ञान ने आत्मवाद के सिद्धान्त को जड़ से उखाड़कर फेंक दिया है, लेकिन ये सब बातें बिलकुल निराधार हैं।

निष्पक्षपात रूप से यदि हम आधुनिक विज्ञान की आलोचना करें तो हमें यह अवश्य ही स्वीकार करना पड़ेगा कि विज्ञान केवल इन्द्रियग्राह्य विषयों की ही खोज करता है, इस कारण विज्ञान की सहायता से हम यह कैसे कह सकते हैं कि इन्द्रियातीत वस्तुओं का अस्तित्व ही नहीं है ? यन्त्रों के आविष्कार से हम अपनी इन्द्रियों की शक्ति को बढ़ाते हैं, और तब हम देख पाते हैं कि जो वस्तु इन्द्रिय-गोचर नहीं थी वह यन्त्रों की सहायता से इन्द्रियग्राह्य हो गई। आज वैज्ञानिक उन्नति के कारण हमें यह प्रतीत होने लगा है कि हमारे सुपरिचित ज्योति-पुंज के अतिरिक्त, हमारी इन्द्रियग्राह्य आलोक-रश्मियों के अलावा भी, ऐसी बहुत-सी किरणें है, जिनकी प्रकाश-शक्ति परिचित आलोक-रश्मि से कहीं अधिक एवं आश्चर्यप्रद है। यन्त्रो की और भी उन्नति होने पर हमे पता चलेगा कि हमारे परिचित जगत् से, हमारे इन्द्रियग्राह्य जगत् से, इन्द्रियातीत जगत् कही अधिक व्यापक एवं चमत्कारपूर्ण है। हम मनुष्यो का स्थान उस अज्ञातलोक एवं ज्ञात लोक के सन्धि-स्थल पर स्थित है। यन्त्रो की सहायता के बिना भी मनुष्य ऐसी शक्ति अर्जन कर सकता है, जिसकी सहायता से, इन्द्रियातीत जगत् का उसे परिचय मिल सकता है।

जीवविज्ञान एवं मनोविज्ञान की आधुनिक उन्नति से वैज्ञानिकों को यह प्रतीत होने लगा है कि भौतिक मतवाद एक अंधविश्वास मात्र है। इसका वैज्ञानिक आधार कुछ भी नही है। प्रसिद्ध जीव वैज्ञानिक जे० एम० हालडेन साहब ने तो यहाँ तक कह दिया है कि यदि व्यक्तिगत रूप से उन वैज्ञानिकों के प्रति लोगों को असीम श्रद्धा नही होती तो भौतिकवाद के मानने के कारण उन्हें वे घृणा की दृष्टि से देखते। देखिये [Materialism by J. S. Haldane C. H., M. D., F. R. S. Hom. LL. D. (Birmingham and Edinburgh) Hon. D. Sc. (Cambridge, Leeds, and Witwatersrand) Fellow of New College, Oxford, and Honorary Professor Birmingham University—p. 39] नोबेल पुरस्कार प्राप्त किये हुए डाक्टर कैरेल अमेरिका के प्रसिद्ध रॉकफेलर इंस्टिट्यूट में अनुसन्धानकारी, जगत्प्रसिद्ध जीव-विज्ञानवेत्ता हैं। इनकी भी राय में भौतिकवाद एक व्यक्तिगत विश्वासमात्र है। विज्ञान की दृष्टि से इसकी पुष्टि नहीं हो सकती। बल्कि विज्ञान की आधुनिक गति भौतिक-वाद के विरोध में जा रही है। (देखिए कैरेल के लिखित Man the Unknown) इस प्रकार से आधुनिक जगत् के विख्यात एवं लब्धप्रतिष्ठ वैज्ञानिकों के वचन उद्धृत करके यह दिखलाया जा सकता है कि भौतिकवाद एक मत मात्र है। भौतिकवाद का सिद्धान्त वैज्ञानिक आधार पर प्रतिष्ठित नहीं है। बट्रेण्ड रसेल साहब ने भी यह कहा है कि रूस के राजनीतिज्ञों एवं अमेरिका के कुछ

थोड़े से वैज्ञानिकों को छोड़कर आधुनिक संसार में अधिकांश दार्शनिक एवं वैज्ञानिकों की भौतिकवाद में कोई श्रद्धा नहीं है। रूस एवं अमेरिका में ईसाई पुरोहितों के अवांछनीय किन्तु प्रबल प्रभाव के कारण उन देशों में उसकी प्रतिक्रिया के रूप में ऐसे भौतिकवाद का उद्भव हुआ है। (देखिए History of Materialism by Lang, English translation—Introduction by Bertrand Russell-- written in 1925.) अपने इस पक्ष को प्रमाणादि देकर उचित प्रकार से सिद्ध करने के लिए एक सम्पूर्ण ग्रन्थ लिखने की आवश्यकता है। परन्तु इस स्थान पर इतने गहरे रूप से इस विषय में विचार करने के लिए मैं प्रवृत्त होना नही चाहता। अन्त में एक बात का और उल्लेख करके अपने वक्तव्य को स्पष्ट कर देना चाहता हूँ। एक तरफ आधुनिक पदार्थ-विज्ञान इस नतीजे पर आ पहुँचा है कि विश्व में जितने भी पदार्थ हैं, असल में वे सभी वैद्युतिक शक्ति के ही विभिन्न रूप है; दूसरी तरफ यह प्रमाणित हो रहा है कि मस्तिष्क-शक्ति के परिचालन के परिणाम में वैद्युतिक प्रवाह उत्पन्न होता है। अभी इतना प्रमाणित होना बाकी रह गया कि वैद्युतिक प्रवाह के कारण मस्तिष्क मे विचार-धारा की उत्पत्ति हो। हमें याद रखना चाहिए कि कुछ दिन पहले यह अज्ञात था कि भौतिक शक्तियाँ एक अवस्था से दूसरी अवस्था मे रूपान्तरित की जा सकती हैं परन्तु आज अवश्य यह बात प्रमाणित हो गई है। इस प्रकार से हम उस दिन की प्रतीक्षा में हैं जिस दिन यह प्रमाणित हो जायगा कि संसार के समस्त पदार्थ एवं जीवजगत् के समस्त जीवों की प्राणशक्ति तथा चैतन्य एवं बुद्धि ये सब के सब एक ही वस्तु के विभिन्न रूप या प्रकाश हैं। कलकत्ता हाईकोर्ट के प्रसिद्ध जज सर जान वुडराफ साहब ने यह कहने का साहस किया था कि आधुनिक विज्ञान की प्रगति वेदान्त के सिद्धान्त की तरफ अनिवार्य रूप से झुक रही है। न कि वेदान्त को अपने सिद्धान्त से हटकर विज्ञान की तरफ झुकना पड़ रहा है।

इस पहलू के अलावा समाजवाद के और भी बहुत-से सिद्धान्त हैं जिनसे मैं सहमत नहीं हूँ, यथा मार्क्सवादियों का यह कहना है कि इतिहास की अभिव्यक्ति आर्थिक कारणों से ही हुआ करती है तथा संसार मे अभिव्यक्त हरेक प्रकार की सभ्यता के मूल में आर्थिक कारण ही प्रधान रूप में सक्रिय होते हैं। इस बात को भी मैं स्वीकार नहीं कर पाया।

मार्क्स का यह भी कहना था कि पूंजीवादी व्यवस्था में उद्योग-धन्धों की उन्नति के साथ-साथ संसार के मजदूरों में अशान्ति भी बढ़ेगी एवं उनकी क्रोधाग्नि भी प्रज्ज्वलित होगी और क्रमशः इन दो श्रेणियों के संघर्ष के परिणाम में पूंजीपतियों की हार एवं मजदूरों की विजय अवश्यम्भावी है। लेकिन वास्तविक जगत् में हम देखते यह हैं कि संसार मे जर्मनी, फ्रांस, इंग्लैंड, इटली, अमेरिका, जापान इत्यादि देशों में पूँजीपतियों की उन्नति चरम सीमा को प्राप्त किए है। फिर भी इन मजदूरों की क्रान्ति इन देशों में नहीं हुई है। प्रत्युत कम्यूनिस्ट चीन

एवं रूस जैसे पिछड़े हुए देशों में अपना राज्य क़ायम करने में बहुत कुछ कृतकार्य हुए हैं। इसके मूल में आर्थिक कारण उतने नहीं हैं जितने अन्य और अनेक प्रकार के कारण हैं।

इन सब बातों की वैज्ञानिक प्रणाली से आलोचना करना आवश्यक है, लेकिन इस भूमिका में यह सम्भव नही है। इन सब बातों की सम्यक् आलोचना कहीं अन्यत्र करने की मेरी प्रबल इच्छा है।

आधुनिक विज्ञान एवं ऐतिहासिक खोज की प्रणाली की सहायता से भारतीय विप्लव आन्दोलन का एक प्रामाणिक इतिहास अलग ही लिखने की प्रबल आकांक्षा है, इसलिए प्रस्तुत पुस्तक 'बन्दी जीवन' में कोई विशेष परिवर्तन नहीं किया गया। इस पुस्तक की हिन्दी भी मेरी नही है। इस बार जेल से छूटने के बाद से हिन्दी में लिखना आरम्भ किया है। इच्छा है कि अगले सस्करण में अनुवाद की सहायता न लेकर मैं हिन्दी में ही मूल ग्रन्थ को लिखूं। इस ग्रन्थ की त्रुटियो के लिए पाठकवर्ग से क्षमा का भिखारी हूँ।

लखनऊ,
13 सितम्बर, 1938

-शचीन्द्रनाथ सान्याल

प्रथम संस्करण की भूमिका

किसी समाज को पहचानने के लिए उस समाज के साहित्य से परिचित होने की परम आवश्यकता होती है, क्योंकि समाज के प्राणो की चेतना उस समाज के साहित्य मे भी प्रतिफलित हुआ करती है। आज भारत ध्वंस और निर्माण के बीच क्रमशः अपनी सार्थकता को खोजता फिरता है, अत: भारत का समाज यदि सजीव होगा तो भारत के प्राणो की इस अशान्ति का चित्र उसके साहित्य मे अवश्य ही अपने प्रतिबिम्ब को अंकित कर देगा। हम भारतवासी आज यह नही जानते कि इस अशान्त अटूट गति का वेग कितना प्रचण्ड है, किन्तु हमारे पश्चात् आनेवाली पीढी इस गति के वेग को बखूबी बतला सकेगी। भारत के इस ध्वंस और निर्माण के उद्योग के बीच जितनी बड़ी शक्ति का स्फुरण हो रहा है उसके स्वरूप को जानने का समय शायद अभी आया नही। इस बनाव-बिगाड का एक चित्र—भले ही वह अस्पष्ट और मलिन हो—भारत की इस भाग्य-परीक्षा की एक धुँधली-सी छाया आज भारत के साहित्य मे भी धीरे-धीरे प्रकट हो रही है। इसी से 'निर्वासन-काहिनी', 'कारा-काहिनी', 'द्वीपान्तरेर कथा', 'निर्वासितेर आत्म-कथा' और 'बागलाय विप्लव-वाद' आदि ग्रन्थ बंग भाषा के साहित्य मे क्रमश. प्रकाशित हो रहे है। भारत के प्राण आज जैसे कुछ छटपटा रहे है, उस छटपटाहट (अशान्ति) का पूरा स्वरूप उसके साहित्य मे प्रकाशित नही हो सका, अभी नही हुआ तो न सही, क्रमशः आगे होगा। 'निर्वासितेर आत्म-कथा' इत्यादि पुस्तके जिस श्रेणी की है उस श्रेणी के अन्तर्गत मेरी यह पुस्तक 'बन्दी जीवन' भी है। इस श्रेणी की कई पुस्तके जब पहले से मौजूद था तब फिर यह 'बन्दी जीवन' मैने क्यो लिखी? इसका विशेष कारण सुन लीजिए।

मुझे यह कहना है कि सजीव जातियों में छानबीन करने की प्रवृत्ति बहुत प्रबल होती है। इस जाँच-पड़ताल करने की प्रवृत्ति के कारण ही सजीव जातियाँ अपने समाज के रत्ती-रत्ती समाचार के लिए चौकन्नी रहती है। शायद एक देहाती के बेदाग वंश-वृक्ष का पेड़-पत्ता जानने में किसी ने, अपनी सारी उम्र इस आशा से बिता दी थी कि इस प्रकार तथ्य संग्रह कर देने से कदाचित् किसी दिन किसी को वंशानुक्रम की धारा का पता लगाने में सुभीता हो जाय। भारत के वर्तमान समाज की भीतरी वेदना का परिचय, उसका परिमाण और उसका कारण जानने का समय क्या अभी तक उपस्थित नहीं हुआ? उस भीतरी वेदना– दर्दे दिल– भीतरी वेदना—दर्दे दिल—

को हटा देने की इच्छा से भारत में जो अभिनव आन्दोलन आरम्भ हुआ है वह आन्दोलन कितना व्यापक और गम्भीर है, कहाँ-कहाँ पर उसमे कोर-कसर और भूल-चूक रह गई है, वह आन्दोलन किस परिमाण मे सार्थक हुआ और कितना अपूर्ण रह गया है तथा उसमें यह अधूरापन क्यों रह गया—इन सारी बातो का जान लेना क्या प्रत्येक भारतवासी का कर्तव्य नही ? इन सारी बातो को जानने के लिए इस ढंग की बहुतेरी पुस्तकों के प्रकाशित होने की आवश्यकता है जिस ढंग की कि यह पुस्तक 'बन्दी जीवन' है। ऐसी-ऐसी जितनी पुस्तकें प्रकाशित होगी मुख्य विषय को समझना उतना ही आसान हो जायगा।

मेरा वक्तव्य यह है कि 'कारा-काहिनी' के ढंग की जितनी पुस्तकें प्रकाशित हुई हैं उनमे अरविन्द बाबू की 'कारा-काहिनी' और बाबू नलिनी किशोर-लिखित 'बागलाय विप्लव-वाद' नामक पुस्तकें मुझे सर्वश्रेष्ठ जँची। हाँ, अरविन्द बाबू ने सिर्फ कलकत्ते के कारागार की ही कथा लिखी है, और मैं चाहता हूँ कि लाहौर, बनारस, कलकत्ता और अण्डमन की बाते इसी ढग से लिखूँ तथा इस सिलसिले मे पजाब, युक्त-प्रदेश, बगाल और अग्रेज-शासित भारत के अन्यान्य प्रदेशो के मानव-चरित्र की भी थोडी-बहुत चर्चा करूँ। सच पूछो तो 'बागलाय विप्लव-वाद' के लेखनो ने वे बाते जो कि मुझे कहनी है, मेरी अपेक्षा कही अच्छे ढग से प्रकट कर दी है। भाषा पर यद्यपि मेरा उनकी भाँति अधिकार नही है, फिर भी अभी तक बहुतेरी बाते प्रकट करने को रह गई हैं, बगाल की बातो का वर्णन करते समय ही मैं उनकी चर्चा करना चाहता हूँ। मै बखूबी जानता हूँ कि भाषा की दृष्टि मे मैं सुन्दर नही लिख सका, और इस दृष्टि से तो उपेन्द्र बाबू की पुस्तक के साथ किसी की भी पुस्तक टक्कर लेने योग्य नही। ताना देने और मजाक करने की ऐसी कुशलता बगाल मे कदाचित् ही किसी और लेखक मे हो। उपेन्द्र बाबू निस्सन्देह बगाल के शक्तिशाली लेखक है। किन्तु उनकी 'आत्म-कथा' मे बहुत ही गुरुतर विषयो की आलोचना भी बिलकुल साधारण रीति पर की गई है, मानो उनका उसी मे कौतुक है। इसी कारण 'निर्वासितेर आत्म-कथा' चित्ताकर्षक होने पर भी मर्मस्पर्शिनी नही हुई। और बारीन्द्र बाबू की 'द्वीपान्तरेर कथा' मे जो भाग उपेन्द्र बाबू का लिखा हुआ है वही मुझे अच्छा लगा। उक्त पुस्तक का आधे से भी अधिक अश उपेन्द्र बाबू का ही लिखा हुआ है। बाबू बारीन्द्र कुमार घोष ने यद्यपि लिखा यही है कि "यह दो मुखो की एक ही बात है' किन्तु यह सभी की समझ मे आ जाता है कि यह दो मुखो की साफ-साफ अलग-अलग बातें हैं। बारीन्द्र बाबू के लिखे हुए अश मे, बीच-बीच मे यद्यपि खासा कवित्व है, तथापि, सच तो यह है कि उसमे भी विप्लववादियो की मर्म-कथा प्रकट नही हुई। इसके सिवा इसमे इस द्वीपान्तर की कथा की बहुतेरी बातें आसानी से दबा दी गई है। ऐसा क्यो हुआ है, इसका विचार यथास्थान करने की इच्छा है।

'बन्दी जीवन' के इस खण्ड मे यही लिखने की चेष्टा की गई है कि यूरोप के

महायुद्ध के समय भारत में क्रान्ति की कैसी-क्या तैयारी की गई थी। रौलट-रिपोर्ट में तो इसका यह पहलू बिलकुल ही छिपा दिया गया है परन्तु 'टाइम्स हिस्ट्री ऑफ दी ग्रेट वार' (Time's History of the Great War, volume dealing with India) नाम की पुस्तक में इसका थोड़ा-सा उल्लेख आ गया है। माना कि क्रान्ति की इस तैयारी का उपयोग नही किया जा सका, फिर भी सफलता या विफलता के दृष्टिकोण से इसकी महानता का फैसला करना ठीक नही। पितामह भीष्म का महत चरित्र क्या कुरुक्षेत्र के महासंग्राम में उनकी हार-जीत पर अवलम्बित है?

इस पुस्तक के दूसरे खण्ड मे यह बतलाने की इच्छा है कि युद्ध छिड़ने के पूर्व भारतीय विप्लववादियो की क्या दशा थी और उनके मन की गति ने किस-किस प्रकार आघात लगने से कैसा-क्या भाव धारण किया था। इसके पश्चात् मेरे फरार हो जाने की दशा, फिर गिरफ्तार होने और मुकदमा चलने एवं 'बन्दी जीवन' का वर्णन करने का विचार है। मेरी गिरफ्तारी हो जाने के बाद भी भारत और बर्मा मे जिस प्रकार क्रान्ति की गुप्त योजना की जा रही थी उसका भी वर्णन करने का मेरा इरादा है।

सुना है कि वारीन्द्रकुमार के साथी उल्लासकर दत्त अण्डमन टापू मे कहते थे कि "बड़े सख्त लोगो से काम पड़ा है, ये हाड और मांस तो खाएँगे ही इसके सिवा चमड़ी से डुगडुगी मढ़कर बजाएँगे।" ऐसे सख्त लोगो के हाथ से मुझे कैसे छुटकारा मिला था, इसका भी अन्त मे वर्णन करने की अभिलाषा है। जीवन में तरह-तरह की चोटे लगने से अन्त मे मन की क्या दशा हुई, उसको एक बात मे न कहकर क्रमश. स्पष्ट करने की चेष्टा की जायेगी। मेरी अभी तक यह धारणा है कि यह पुस्तक तीन खण्डो मे समाप्त होगी, लेकिन कर्मक्षेत्र की विषम उलझनो मे पड़कर मै नही कह सकता कि इस पुस्तक का कितना अश पूरा लिख पाऊँगा। कारण, आज तक जितने काम मैंने अपने हाथ मे लिए, किसी को भी मैं निर्विघ्न रूप से पूर्ण नही कर पाया।

25 अगस्त, 1922
कलकत्ता

—शचीन्द्रनाथ सान्याल

निवेदन

आज भूतकाल की बातें लिखने बैठा हूँ। वह समय आज बहुत ही महिमामय जान पड़ता है। जान पडता है कि जिस प्रकार समय अनन्त है उसी प्रकार उसकी महिमा भी अनन्त-अपार है। ऐसा लगता है कि समय मानो उसे भी सुन्दर बना देता है जो कि सुन्दर नही है, वह असगति मे भी सगति मिला देता है, उसे बेढगी नही रहने देता। समय की महिमा विचित्र है, उसकी कृपा से अप्रिय की स्मृति प्रिय हो जाती है।

वास्तव मे अतीत—गुजरे हुए—की स्मृति बड़ी मीठी होती है, वह बीणा के तार मे सोई हुई झकार की तरह तार पर आघात करते ही मधुर भाव से झंकृत हो उठती है।

कई बार पिछली बातो की याद दु.ख भी कम नही देती। किन्तु उस दु:ख-दर्द के बीच भी मानो सुख रहता है। उस समय चित्त का मर्मस्थल तक खुल जाता है, मानो उस अवसर पर अपने आपके साथ बिलकुल निर्जन मे, बहुत ही गुप्त रूप से, बातचीत होती है।

आशा और निराशा, सुख और दु.ख, मानो जिन्दगी-भर हमारे साथ खिलवाड करते है, किन्तु बहुत दिनों तक इनमे से कोई भी नही टिक सकता। सभी दो दिन दर्शन देकर—हँसाकर या रुलाकर—चले जाते है, सिर्फ उनकी याद रह जाती है।

स्मृति-पट पर बहुतेरी बडी चीजें छोटी हो जाती हैं और छोटी चीजें बड़ा रूप धारण कर लेती है—कुछ चीजे ऐसी भी है जो मन में ऐसी जा छिपती हैं कि फिर उनको ढूँढ़ निकालना कठिन हो जाता है।

बनारस षड्यन्त्र में मुझे सजा हुई थी। सन् 1915 की 26वीं जून को मैं गिरफ्तार हुआ और 14 फरवरी सन् 1916 को आजन्म कालेपानी का तथा सारी सम्पत्ति जब्त होने का दण्ड मिला। इसके अनन्तर कुछ दिन तक तो काशी के कारागार में ही रहा, फिर अगस्त महीने में अण्डमन द्वीप को रवाना कर दिया गया। अगस्त की 18वी तारीख को मैं उस द्वीप के जेलखाने में दाखिल किया गया। फिर इच्छामय की इच्छा के अनुसार फरवरी सन् 1920 में सम्राट् के घोषणापत्र के कारण रिहा किया गया।

बस, सन् 15 से लेकर सन् 20 के आरम्भ तक मेरा प्रथम बार का बन्दी

जीवन रहा। इस 'बन्दी जीवन' का अवलम्ब ग्रहण करके मैं बतलाना चाहता हूँ कि आखिर मैं कैद क्यों किया गया था। यह पुस्तक आज मैं इसलिए लिख रहा हूँ जिससे कि भारत के भविष्यत् इतिहास के कुछ अध्याय ठीक-ठीक लिखे जा सकें।

भारत का भाग्य एक महान् युग-सन्धि के बीच होकर दौड़ता जा रहा है। भारत के भीतर और बाहर क्रान्ति की भयंकर आग, भगवान् की गुप्त प्रेरणा से अपने निर्दिष्ट मार्ग पर—और वह भी मानो अपने लिए अनुकूल बवंडर बनाकर—फैलती जा रही है, ऐसे ही एक बवंडर में उसी विधाता की मर्जी से मैं भी पड़ गया था।

मेरी ही तरह और भी कुछ युवा पुरुष, अपने मर्मस्थल की अव्यक्त वेदना से अधीर होकर, जान-बूझकर या बे-समझे-बूझे विधाता का अभीष्ट सिद्ध करने के लिए ही दलबद्ध हो गये थे। मुद्दत से मैं चाहता था कि उस दल के भीतरी मर्म का, जो कि काम-काज के बाहरी आडम्बर में छिप गया था, एक संक्षिप्त इतिहास लिखूं। आज उसी मर्म व्यापी इच्छा को चरितार्थ करने की चेष्टा कर रहा हूँ।

हम लोग अक्सर घटना को ही महत्त्व दे देते हैं—उसी को बड़े आकार में देखते हैं; किन्तु यह नहीं समझते कि घटना की ओट में—फिर वह घटना कितनी ही क्षुद्र क्यों न हो—महाशक्ति की लीला रहती है, और वही असल में घटना की अपेक्षा कहीं अधिक मूल्यवान होती है। सफलता का मोह हम लोगों को प्रति पग पर घेरता है। विचार के द्वारा उस मोह का छेदन हो जाने पर भी प्राण उस मोहावेष्टन को काटकर अलग कर देने में समर्थ नही होते। किन्तु बड़ी-बड़ी घटनाओं के मुकाबले में जीवन-यापन की मामूली बातें भी कुछ कम महत्त्व की नही होती। घटनाओं का आरम्भ विचार-जगत् में ही हुआ करता है।

इस सन्दर्भ में व्यक्तिगत चरित्र की आलोचना होने पर भी वह व्यक्तिगत रूप में न की जायेगी। व्यक्ति से परिचय हुए बिना समष्टि से परिचय नही हो सकता। इसलिए तो व्यक्तिगत चरित्र की आलोचना आवश्यक हो जाती है।

यह परिचय देने में मेरे अपने और अपने दल के बहुतेरे छिद्र प्रकट हो जाएँगे। तो इसलिए क्या मैं उन दुर्बलताओं और संकीर्णताओं को छिपाने की व्यर्थ चेष्टा करूँ जिन्होंने कि हमें भीतर-ही-भीतर पंगु बना दिया है? ऐसी चेष्टा व्यर्थ तो होगी ही क्योंकि एक-न-एक दिन सत्य प्रकट होगा और जरूर होगा, और साथ ही छिपाने का उद्योग करने से न सिर्फ सत्य का अपलाप ही होगा अपितु उससे हमारा पंगुत्व—निकम्मापन—भी और अधिक बढ़ जायेगा। इतिहास के पृष्ठों में 'सत्यम् ब्रूयात् प्रियम् ब्रूयात् मा ब्रूयात् सत्यमप्रियम्' सार्थक नहीं।

प्रथम भाग

1

आत्म-समर्पण योग

कलकत्ता के राजा बाजार मुहल्ले में एक छोटा-सा दोमंजिला खपरैल का मकान था। ग़रीबों का-सा घर जँचता था। इसमें ट्राम-कंडक्टर या इसी श्रेणी के लोग रहते थे। इसी मकान के ऊपरवाले एक कमरे में श्री शशांकमोहन हाजरा नामक एक युवा पुरुष रहते थे। जिस समय वह गिरफ्तार किये गये उस समय उनके कमरे में बम के ऊपरी खोल मिले और ऐसे लेख भी बरामद हुए जिनमें योगाभ्यास की विधि थी। अदालत मे मुक़दमा चलते समय किसी ने भी इन लेखो को महत्त्वपूर्ण नही समझा; कहा गया कि ये लेख असल मे लोगों को फँसाने के लिए हैं। लोगों को गुमराह करने का यह एक जरिया है। लेकिन मै जानता हूँ कि असल में बात ऐसी थी नही। हम लोगो ने सचमुच ही अपने जीवन मे इस साधन (योगाभ्यास) को ग्रहण किया था। हम लोग सिर्फ मुँह से ही न कहते थे कि भगवान् सभी कामो के नियन्ता हैं, बल्कि सचमुच हृदय से, गम्भीर श्रद्धा के साथ, इस बात पर हम विश्वास भी करते थे। हम अपनी गरज के लिए, अपना काम साधने के लिए ही कुछ भगवान् को न घसीटते थे, किन्तु भगवान् के अधिनायकत्व की आलोचना और भावना में कितने ही दिन और रात्रियाँ तक हमने बिताईं।

भारत की छाती पर जो यह महान् आन्दोलन हुआ और हो रहा है, यह भगवान् की इच्छा से ही हुआ और हो रहा है; यही हम लोगों का विश्वास है। जिस भाव की अव्यर्थ प्रेरणा से भारत के सैकड़ों नवयुवक मृत्यु को सहर्ष चुनौती देकर बड़ी-बड़ी कठिन विपत्तियों के मुख मे भी बड़ी आन-बान के साथ कूदे थे, और जिस प्रेरणा के बल से उन्होंने अपार दुःखों और लांछनों को पक्के संयमी की भाँति सहन किया था, उस भाव के प्लावन को क्या कोई विशेष व्यक्ति उपस्थित कर सकता है? या इसका स्थायित्व किसी व्यक्ति विशेष के मत, अथवा जीवन-मरण पर अवलम्बित है?

जब मैं निरा बच्चा ही था तभी से मेरे हृदय में स्वदेश का उद्धार करने का संकल्प जाग्रत रहता था। यह संकल्प मुझे किसी से प्राप्त नहीं हुआ। उस छोटी-सी ही उम्र में किसने मेरे रोम-रोम में इस संकल्प को भर दिया था? बचपन से ही मैं इस विषय की आलोचना अपने छोटे भाइयों से करता आया हूँ। उस समय

तो स्वदेशी आन्दोलन भी उपस्थित न हुआ था। यह केवल मेरे ही मन की दशा न थी। वयस्क होने पर जब मैंने और-और लोगों से बातचीत की तब मुझे पता लगा कि मेरे-जैसे और भी बहुतेरे लोग देश में विद्यमान हैं। मुझे तो यही लगता है कि भगवान् अपने अभीष्ट को सिद्ध करने के लिए पहले ही से तैयारी करते आ रहे हैं।

हमने जो आध्यात्मिक साधना ग्रहण की थी, एक शब्द में उसे आत्मसमर्पण योग कहा जा सकता है। भक्ति-योग अथवा प्रेमसाधन से इनका घनिष्ठ सम्बन्ध है। मैं भगवान् को प्यार करता हूँ, इतना प्यार करता हूँ कि उसके सिवा अन्य किसी वस्तु को अपना नही कह सकता। मैं जो कुछ करता हूँ, वास्तव में वह मैं स्वयं नहीं करता, मैं तो केवल निमित्त-मात्र हूँ। भगवान् स्वयं मेरे द्वारा उन कार्यों को सम्पन्न करते हैं। वेदान्त में इस मत का पर्याप्त पोषण किया गया है। जगत् में शक्ति एक ही है, अतएव जो कुछ इस संसार में होता है सब उस शक्ति का ही खेल है। परन्तु जगत् को हम माया नही समझते, वरन् उस भगवान् की लीला मानते हैं। हमने निज जीवन में, देश में तथा जगत् में उसी एक शक्ति की लीला देखने तथा अनुभव करने की चेष्टा की थी।

2

पूर्व परिचय

1906-1907 ईसवी मे बंगाल मे जो क्रान्ति की लहर चल रही थी वह बंगाल तक ही सीमित न रही। कुछ बंगाल के अनुकरण में, और कुछ बंगाल की प्रेरणा से, इस समय भारत मे कई स्थानो पर विप्लव-केन्द्र स्थापित हो गये थे। इसी के फलस्वरूप काशी, दिल्ली और लाहौर मे विप्लव-केन्द्रो की सृष्टि हुई।

मै दिल्ली बम-केस के बाद से ही कहानी आरम्भ करूँगा। उससे पूर्व बंगाल के बाहर क्रान्तिकारियो ने जो कार्य किए, जनसाधारण को उसका कुछ ज्ञान न था। दिल्ली षड्यन्त्र के मुकदमे मे लाला हरदयाल और श्री रासबिहारी बसु के नाम विख्यात हुए। लाला हरदयाल उस समय अमेरिका में थे किन्तु रासबिहारी घोर सकट के समय में भी सन् 1915 तक भारत मे ही रहे। वह बगाल के बाहर के क्रान्तिकारी दल के नेता थे। उनको साधारणत: हम दादा या रासूदा कहते थे।

दिल्ली षड्यन्त्र के मुकदमे के आरम्भ होने के पहले से ही रासबिहारी फरार हो चुके थे। उनको पकडने के लिए कई पुरस्कारों की घोषणा हो चुकी थी। प्रत्येक बडे रेलवे स्टेशन पर उनका फोटो टाँगा गया था और उनको पकड-वाने वाले को साढे सात हजार रुपया पुरस्कार दिया जायगा, इसकी भी घोषणा प्रकाशित की गई थी। किन्तु पूरा प्रयत्न करने पर भी सरकार उनको किसी तरह पकड न सकी।

बहुत सोच-विचार के बाद मेरे परामर्श से रासबिहारी ने काशी मे रहना निश्चित किया। वह काशी मे मेरे साथ प्राय: एक वर्ष तक रहे। उस समय उनके ससर्ग से मैंने जो आनन्द पाया था उसे मैं भूल नही सकता। इतने अरसे मे मैने उनको शायद कभी भी दुखी नही देखा। हाँ, जिस दिन दिल्ली षड्यन्त्र के मुकदमे के फैसले के अनुसार चार व्यक्तियों को फाँसी का हुक्म हुआ उस दिन एकान्त मे उनको अश्रुपात करते देखा था।

रासूदा जितने दिन काशी में रहे उतने दिन मैंने भारतवर्ष के भिन्न-भिन्न स्थानों के लोगों को उनसे मिलते देखा था। राजपूताना, पंजाब और दिल्ली से लेकर सुदूर पूर्व बंगाल तक के लोग उनके पास आते थे। वह जब तक काशी में रहे तब तक युक्त प्रदेश (उत्तर प्रदेश) तथा पंजाब के भिन्न-भिन्न स्थानों में विप्लव केन्द्रों की स्थापना में लगे रहे। उसी का यह परिणाम हुआ कि एक ही

वर्ष में हमारा दल पर्याप्त शक्तिशाली हो गया और उसी का यह फल था कि यूरोपीय महायुद्ध जब प्रारम्भ हुआ तब हम खूब ज़ोर से काम कर सके थे।

सन् 1915 भारत में चिरस्मरणीय रहेगा। इस साल विप्लव की जितनी बड़ी तैयारी अकारथ गई उतनी बड़ी तैयारी सन 1857 के गदर के पश्चात्, पंजाब में कूका विद्रोह के सिवा और हुई कि नहीं इसमें सन्देह है। इस षड्यन्त्र-कारी दल के गिरफ्तार हो जाने पर 'भारत-रक्षा' क़ानून गढ़ा गया था। उस समय के होम-मेम्बर क्रैडक साहब ने, भारतीय व्यवस्थापिका सभा में उक्त कानून का प्रस्ताव उपस्थित करते समय जो वक्तृता दी थी, उसमें कहा था—"We had anarchism for a long time in Bengal but the situation in the Punjab was serious; in Bengal it was less so." उस समय सच-मुच भारत की दशा बहुत ही नाजुक हो गई थी। हाँ, बंगाल के सम्बन्ध में क्रैडक साहब की अभिज्ञता उस समय बहुत ही कम थी। कुछ दिन के पश्चात् उक्त साहब ने स्वीकार किया था कि पजाब के विप्लवकारियों के साथ बंगाल के विप्लव-पन्थी दल के सम्बन्ध-सूत्र में सरकार की पहले जो धारणा थी उसमे परिवर्तन हो गया है।

उत्तर भारत के विप्लव सम्बन्धी कई मुक़दमों में बहुतेरी बातें प्रकट हो चुकी हैं। बहुत लोग समझते हैं कि इन बातों में सचाई कम है। बहुतों ने मुझसे कहा भी था कि 'पुलिस ने अपना दिमाग़ लडाकर झूठा मुक़दमा बनाकर खडा कर दिया है, वास्तव में वैसा कुछ देश में किया ही नही गया है।' ऐसे लोगो की बातें सुनने से मैं दिल में जल-भुन जाता था। सोचता था कि देशवासियो का अपनी शक्ति का विश्वास यहाँ तक लुप्त हो गया है कि वे यह समझ ही नही सकते कि उनके स्वजातियो में ऐसा कुछ करने का सामर्थ्य है। किन्तु अन्दर के क्षोभ के कारण मन की बातें खुलकर न कह सकता था, इससे जलन और भी अधिक होती थी।[1] 'कोमागाता मारू' नामक जहाज़ के सिक्ख यात्रियों को कनाडा की भूमि में पैर न रखने देने के कारण उनके मन मे जो आग प्रज्वलित हुई थी उसकी चिनगारियाँ जब चारों ओर उड़ रही थी, तब भारत के एक प्रान्त में बैठे हुए हम लोग आशा की वेदना से चंचल होकर असहनशील की भांति ताक रहे थे।

1. इस स्थान में पुलिस के कार्यों के सम्बन्ध में दो-चार और बातें कह देना उचित है। ऊपर जो कुछ कहा गया है उससे कोई सज्जन यह न समझ लें कि पुलिस जो राजनीतिक मुक़दमे करती है। वे सब सम्पूर्णतया सत्य होते हैं। पुलिस मुक़दमे बनाने के लिए कई मिथ्या कथाएं गढ़ती है और ऐसे ही कई बार सर्वथा निर्दोष व्यक्तियों को भी मुक़दमों में फँसा देती है। काशी षड्यन्त्र में जिन पर मुक़दमा चलाया गया था और जिनको सज़ा दी गई थी उनमें से कई सर्वथा निर्दोष थे। मैं ऐसे कई राजनीतिक मुक़दमों के बारे में जानता हूँ जिनमें अभियुक्त व्यक्ति बिलकुल निर्दोष थे। लखनऊ राजनीतिक हत्या के मुकदमे में श्रीयुत सुशीलचन्द्र लाहिड़ी को फाँसी हुई थी किन्तु कइयों की सम्मति में वह वास्तविक अपराधी नहीं थे।

पंजाब में जो हमारे दल के लोग थे उनसे कह दिया गया था कि 'कोमागाता मारू' के यात्री ज्योंही देश में आएँ उन्हें फौरन दल में भरती कर लिया जाय।

किन्तु 'कोमागाता मारू' के यात्रियों के भारत की वसुन्धरा पर पैर रखते ही एक दुर्घटना हो गई। परन्तु इससे हमारी आशा और भी सबल होने लगी। देखते-देखते कनाडा और कैलिफोर्निया से सिक्खों के दल के दल देश में आने लगे। ये लोग भारत को आते समय रास्ते में, स्थान-स्थान पर उतरकर, पुलिस और फौज मे नियुक्त सिक्खों के बीच विप्लवाग्नि भड़का रहे थे। ये लोग बहुत दिन से भारत से बाहर परदेश में थे। इस कारण ये प्रायः यह न जानते थे कि गुप्त रूप से विप्लव योजना किस प्रकार की जाती है। यही कारण है कि ये लोग प्रत्येक जहाज और बन्दर मे गदर की आग फैलाते चले आ रहे थे। उसका फल यह हुआ कि भारत सरकार खूब चौकन्नी हो गई। जैसे-जैसे सिक्खों के दल स्वदेश में आकर जहाज से उतरने लगे, तैसे-तैसे सरकार की ओर से उनकी यथा-रीति अभ्यर्थना होने लगी। इस प्रकार एक दल के कोई तीन सौ यात्रियो को सीधा मुलतान जेल मे भेज दिया गया। इनमें से बहुतो के पास काफी धन था, इन्होंने अमेरिका में लगातार कई वर्ष परिश्रम करके जो उपार्जन किया था उसे ये साथ लाए थे। उनके उस घोर परिश्रम से उपार्जित धन को सरकार ने जब्त कर लिया। बेचारो के घरवाले ताकते ही रह गये कि परदेश से दो पैसे आएँगे तो महीने-भर सुख से पेट-भर भोजन कर लेंगे। इनमे से एक सिक्ख के पास कोई तीस हजार रुपये थे।

बहुतेरे ऐसे थे जो अपनी सारी गाढ़ी कमाई कैलिफोर्निया-स्थित 'युगान्तर आश्रम' को अर्पण कर आये थे। जितने दल सरकार की तीखी नजर से बच गये थे वे पंजाब जाकर दलबद्ध होने लगे। सिक्खो के धर्म-मन्दिर गुरुद्वारा कहे जाते है। इनमे सिक्खो के पुरोहित रहते है। सिक्ख लोग इन्हें ग्रन्थीजी कहते है। प्रत्येक गुरुद्वारे म एक ग्रन्थीजी रहते है। विप्लवपन्थी सिक्खो के सम्मिलन केन्द्र ये ही धर्म-मन्दिर थे। मैं ऐसे ही एक गुरुद्वारे मे बैठा था कि एक सिक्ख ने आकर खबर दी कि 'अमुक-अमुक व्यक्तियो को गुरुद्वारे मे जाते देख मै उनसे भेट कर आया हूँ।' थोडी ही देर मे देखा कि उस जमात के मुख्य-मुख्य व्यक्ति उस गुरुद्वारे मे आ गए जहाँ कि मैं बैठा था। रुपये-पैसे की चर्चा निकलते ही उन्होने तुरन्त सोने की गोल-गोल बड़ी-बडी चकतियाँ मेरे आगे रख दी, ये अमेरिका मे प्रचलित सोने के सिक्के थे। हिसाब लगाने पर कोई हजार रुपये के हुए। प्रत्येक दल ने ऐसा ही किया। गदर के कार्य में इन लोगो को जिस प्रकार दिल खोलकर अपनी गाढी कमाई का धन दान करते देखा है, वैसा दृश्य बगाल मे देखने को नही मिला। इसमें सन्देह नही कि ऐसा उत्साह और आन्तरिकता उन्ही सिक्खों में थी जो कि अमेरिका की यात्रा कर आये थे। और यह बात भी है कि पंजाब के अधिवासियों ने प्रायः इन लोगों के साथ सहानुभूति प्रकट नही की। हाँ, पठान और सिक्ख सैनिको के साथ इन लोगो का विशेष हेल-मेल था। इसके सिवा सिक्ख जाति मे

परस्पर एक-दूसरे के प्रति सहानुभूति और समवेदना-जनित एकता भारत की अन्यान्य जातियों की अपेक्षा बहुत अधिक है।

जो लोग अमेरिका से लौटकर आये थे उनमें अधिकतर ऐसे लोग थे जो कि वहाँ कुलीगिरी किया करते थे। इनमें जिनके पास से तीस हजार रुपये जब्त कर लिए गये थे वह कैलिफोर्निया में खेती करके धनवान् हुए थे। इनका नाम था सरदार ज्वालासिंह।

इन लोगों के बहुत-से रिश्तेदार और भाई-बन्धु भारत की फौज मे नौकर थे। देश में आते ही इन लोगों ने सैनिकों के साथ गुप्त अभिसंधि करनी शुरू कर दी। उसी समय बंगाल के साथ पंजाब का सम्बन्ध जुड़ गया। अन्य अनेक गुण होने पर भी पंजाब के लोगों में संगठन की वैसी योग्यता न थी जैसीकि बंगाल-वालों में थी। बंगाल के साथ उनका संयोग हो जाने पर बड़े अच्छे ढंग से काम होने लगा। उत्तर भारत की प्राय: सभी छावनियों में हमारे दल के आदमी आने-जाने लगे। उत्तर-पश्चिम अंचल के बन्नू से लेकर दानापुर तक कोई भी छावनी अछूती न रखी गई। प्राय: सभी रेजिमेंटों ने वचन दिया था कि पहले वे लोग कुछ भी न करेंगे; हाँ, गदर शुरू हो जाने पर वे अवश्य ही विप्लवकर्ताओ से मिल जाएँगे। सिर्फ लाहौर और फीरोजपुर की रेजिमेंटों ने सबसे पहले काम शुरू कर देना स्वीकार किया था। आरम्भ में सरकार यह नही समझ सकी कि गुप्त विप्लव योजनावाले इतनी गहरी नींव देकर काम शुरू कर रहे हैं। यदि ऐसा न होता तो इतना अधिक काम हो ही न सकता। पंजाब के पुलिस विभाग के एक मुसलमान डिप्टी सुपरिण्टेण्डेण्ट ने अपने एक मुखबिर को इस दल में शामिल करा दिया था। अन्त मे उस कृपालसिंह ने ही कृपा करके सारी बातें प्रकट कर दी।

3

सिक्ख दल का परिचय

इस दल में कृपालसिंह किस प्रकार भर्ती हो गया और उसने किस प्रकार, कब सारी बातें प्रकट कर दी इसका उल्लेख यथास्थान किया जाएगा। अभी तो इस सिक्ख दल का थोड़ा-सा परिचय देने की चेष्टा करता हूँ।

इस दल में कुछ कम मेम्बर न थे। उत्तरी अमेरिका और कनाडा से भिन्न-भिन्न दलों में कोई छः-सात हज़ार सिक्ख देश मे वापस आए थे। किन्तु सन् 1914 के Ingress Ordinance Act के अनुसार बहुतेरे लोग जेल में ठेल दिये गए तथा और भी बहुतेरे लोग नज़रबन्द कर दिये गए जिससे वे अपना गाँव छोड़कर कही आ-जा न सकते थे। जो लोग नज़रबन्द थे उन्हें विप्लव-कार्य में सहायता देने का विशेष अवसर नहीं मिला। क्योंकि सूर्यास्त और सूर्योदय के दर्मियान इन्हें अपने घर पर मौजूद रहना पड़ता था। यह इसलिए कि क्या जाने पुलिस किस समय इनकी जाँच करने पहुँच जाय। दिन निकल चुकने पर भी ये लोग अपने गाँव से बाहर न जा सकते थे। किसी दूसरे गाँव का कोई भी व्यक्ति इनसे प्रकट रूप में मिल-जुल न सकता था। बाद में जब काम अच्छे सिलसिले से होने लगा तब उनमें से जिन-जिनको देश का काम करने की प्रबल इच्छा हुई वे पुलिस की नज़र बचाकर खिसक गए। अर्थात्, क्या पुलिस, क्या उनके घर के लोग और क्या रिश्तेदार —किसी को उनकी खबर न मिलती थी।

जिस भाव को हृदय में लेकर ये दल भारत में आए थे, स्वदेश में पदार्पण करने के पश्चात् ही उनमें से बहुतों का वह भाव बदल गया। अमेरिका से लौटे हुए इन छः-सात हज़ार मनुष्यों में से कोई आधे लोग अपने घर-गृहस्थी के कामों में जा फँसे। किन्तु अवशिष्ट सिक्ख बड़े उत्साह के साथ विप्लव कार्य में लगे रहे। अमेरिका से लौटे हुए इन लोगो में अधिकांश सिक्ख ही थे। ऐसे लोग इने-गिने ही थे जो कि सिक्ख न थे। शायद पचीस-तीस हों। वे प्राय: सब वयस्क थे। बहुतों के स्त्री, परिवार और बाल-बच्चे सब कुछ थे। इनमें से बहुतों की उम्र चालीस वर्ष से ऊपर थी। कुछ लोग तो बूढ़े थे। भाई निधानसिंह, भाई सोहनसिंह, भाई कार्लासिंह, भाई केहरसिंह —इनमें से किसी की उम्र पचास वर्ष से कम नही थी।

दिल्ली षड्यन्त्र के मुक़दमे में जो लोग गिरफ्तार हुए थे उनमें से कई एक

उतरती उम्र के थे। अमीरचन्द की उम्र पचास से भी ऊपर थी। अवधबिहारी भी जवानी पार कर चुके थे।

बंगाल का विप्लवकारी दल ही ऐसा था जिसके प्रायः सभी सदस्य छात्र-श्रेणी के बालक और नवयुवक थे। इनमें से अधिकांश लोगों को सांसारिक अभिज्ञता एक प्रकार से थी ही नहीं। ज्यादातर ऐसे थे जिनकी उम्र सोलह से लेकर बीस-बाईस वर्ष से अधिक न होगी। बंगाल में प्रायः यही दीख पड़ता है कि जो लोग तीस के पार हुए उनका सारा उत्साह, समग्र उद्योग ठंडा पड़ जाता है, उस समय वे किसी तरह अपनी गृहस्थी का काम चलाने के सिवा और किसी मसरफ़ के नहीं रह जाते। मालूम होता है कि बंगाल का जो कुछ आशा-भरोसा है वह मानो स्कूल और कालेज के युवकों के तरुण मनों में ही आबद्ध है। किन्तु बंगाल में काम करनेवालों की सांसारिक अभिज्ञता स्वल्प रहने पर भी, उनमें बहुतों के तरुणवयस्क होने पर भी, उनमें एक ऐसी एकाग्र साधना देखी है जोकि बंगाल के बाहर अन्यत्र देखने को नहीं मिली।

बंगालियों ने जब-जब जिस किसी काम में हाथ लगाया है तब-तब उसे प्राणों की बाजी लगाकर किया है। इसी से देखता हूँ कि बौद्ध युग में बंगालियों ने जिस प्रकार बौद्ध धर्म को अपनी नस-नस में प्रविष्ट कर लिया था वैसा और किसी प्रदेश के लोगों ने नहीं किया तथा अन्त में जब अन्यान्य प्रदेश-वासियों ने बौद्ध धर्म को बिलकुल छोड़ दिया था तब वे बंगालियों को कुछ-कुछ अवज्ञापूर्ण दृष्टि से देखने लग गए थे, क्योंकि बंगाल उस समय भी बौद्ध धर्म को पहले की भाँति हृदय से चिपकाये हुए था। फिर अंग्रेज़ी अमलदारी होने पर भी देखा कि बंगालियों ने जिस प्रकार अपना सर्वस्व खोकर पाश्चात्य शिक्षा-दीक्षा और आचार-व्यवहार को अपना लिया इस प्रकार और किसी भी प्रदेश ने नहीं अपनाया। इसे बंगाल का गुण समझिए या दोष, किन्तु बंगाली जब जिसे ग्रहण करते हैं उसे प्राणपण से अंगीकार करते हैं। इसी कारण वर्तमान युग में भी बंगालियों ने जब जब देश-हित की ओर ध्यान दिया तब फिर वे दूसरी ओर दृष्टि नहीं डाल सके। न फिर उन्होंने शादी-ब्याह करके गृहस्थी चलाई और न उन्हें द्रव्य उपार्जन करना भला लगा। उन्हें तो एकदम घर-द्वार छोड़कर बाहर निकल आना पड़ा।

इन युवकों में से बहुतों में मुझे एक अतीन्द्रिय भाव की प्रेरणा का आभास मिला है—ये लोग सिर्फ़ आडम्बर करने में ही मस्त नहीं बने रहे। इन लोगों ने देशसेवा-व्रत को एक प्रकार से साधना का अंग समझकर ही ग्रहण किया था। इन लोगों के बीच एक इसी धारणा और भावना ने दृढ़ रूप से जड़ जमा ली थी कि 'हम कैसे मनुष्यता को प्राप्त कर सकेंगे, हम किस प्रकार से चरित्रवान् हो सकेंगे?'

किन्तु मुझे यह भाव दो-तीन सिक्खों के सिवा अन्य लोगों में नहीं दिखा। युक्त प्रदेश के भी जिन विप्लवपन्थियों से मेरा हेल-मेल रहा है उनमें भी बंगाल के आदर्श की बात छिड़ने पर दिखा है कि वे भी उसे प्राणपण से ग्रहण करने में

समर्थ नहीं हुए, प्रत्युत उनके होंठों पर एक अविश्वास की मन्द मुस्कान ही देख पड़ी है।

सिक्खों में प्रचण्ड साहस और उत्साह था, इसके सिवा वे कष्ट भी खूब सह सकते थे। उनकी विशाल गठी हुई देह, खूब चौड़ा सीना और सुसम्बद्ध कटिप्रदेश सभी की दृष्टि को आकर्षित करते थे। उनके दाढ़ी और मूँछों से सुशोभित दृढ़ता-व्यंजक चेहरे को देखकर बहुतेरे उत्पीड़कों का दिल दहल जाता था। उनकी चाल-ढाल से एक विशेष भाव प्रकट होता था। साफ मालूम होता था कि मानो वे दोनों पैरों पर समान भार डालकर चलते हैं किन्तु बिना दाढ़ी-मूँछों वाले कोमलांग सीधे-सादे नम्र बंगाली युवकों का चारित्र्य जिस भाँति एक उच्च आदर्श पर गठित हुआ दिखता था वैसी बात इनमें न थी। इस बात को मैं साधारण भाव से ही लिख रहा हूँ, क्योंकि व्यक्तिगत रूप से कतिपय सिक्खों के सम्बन्ध में मेरी बहुत ही उच्च धारणा है। अपनी अंडमन—कालापानी—की कथा का वर्णन करते समय मैं इस विषय की आलोचना करूँगा।

शिक्षित कहने से हमारे मन में साधारणतया जो धारणा होती है उस दृष्टि से कहना पड़ता है कि अमेरिका से लौटे हुए दलों में कोई भी शिक्षित न था। भारत के अन्यान्य प्रदेशवाले घर की आधी रोटी पर सन्तुष्ट रहकर बाहर जाने का साहस नहीं करते किन्तु इनमें से बहुतों ने इस टुकड़े पर सब्र न करके सिर्फ रुपया पैदा करने के लिए ही पंजाब को छोड़कर विदेश यात्रा की थी। सिंगापुर, पिनांग, स्याम, मलय प्रायद्वीप और चीन के अनेक स्थानों में इनकी गति-विधि आरम्भ हुई। उधर कनाडा और उत्तर अमेरिका के भी अनेक स्थानों में ये लोग इसी उद्देश्य से जा पहुँचे सिंगापुर, पिनांग और हांकांग में ये लोग खास करके अंग्रेजों की फौजों और मिलिटरी पुलिस में भर्ती हो गए थे। स्याम, मलय प्रायद्वीप और चीन के अनेक स्थानों में बहुतेरे सिक्ख कुलीगिरी भी करते थे। कुछ लोग ठेकेदारी या ऐसा ही कुछ और स्वाधीन रोजगार करते थे। किन्तु कनाडा और अमेरिका में ये लोग प्रधानतया कुलीगिरी करते थे। वहाँ इनका यही पेशा था। अमेरिका के किसी-किसी कारखाने में अमेरिकावासियों की अपेक्षा इन्हीं की ज्यादा क़दर थी। अमेरिकावासियों की अपेक्षा, ये अधिक काम करते थे इसलिए इन्हें उजरत भी खासी मिलती थी। इसका फल यह होता था कि अक्सर अमेरिकन मजदूरों से इनका झगड़ा-बखेड़ा हो जाता था। मैंने इनसे सुना है कि एक बार एक शहर में यह मनोमालिन्य इतना बढ़ गया कि एक प्रचण्ड विवाद का श्रीगणेश हो गया। क्षणीभर में सिक्ख मजदूर एक ओर और दूसरी ओर उस शहर के सब अमेरिकन गोरे मजदूर। खासी मार-पीट हुई, खूब लाठी चली, किन्तु यह सब होने पर भी सरकार की ओर से सिक्खों पर कोई ज्यादती नहीं हुई। भारत में यदि कहीं ऐसी घटना हो जाती तो यह मामला न जाने कैसा रंग पकड़ता। अमेरिका से लौटे हुए ये सिक्ख लोग वैसे शिक्षित न होने पर भी प्रायः सभी अपनी मातृभाषा में लिखित ग्रन्थ आदि पढ़ सकते थे और अपने गाँव के

सिक्खों की शिक्षा-दीक्षा आदि के सम्बन्ध में इन्हें अत्यन्त उत्साह था। ऐसी शिक्षा के प्रचारार्थ उन अमेरिकावासी मजदूरपेशा सिक्खों ने ही अमेरिका से धन-संग्रह करके कई बार दस-दस, पन्द्रह-पन्द्रह हजार की रकमें पंजाब को अर्पण की थीं। अमेरिका की स्वाधीन आबहवा के बीच में रहने से और खासी आमदनी कर सकने से उनमें आत्मसम्मान, मर्यादा और आत्यविश्वास का परिमाण बहुत कुछ बढ़ गया था। इनमें से कई एक ने अमेरिका में रहकर कभी अपने वेश और परिच्छेद को नही छोड़ा, बहुतेरे तो अपने हाथ से रसोई बनाकर भारतीय ढंग पर ही आहार किया करते थे। देश से जब पहले-पहल ये लोग अमेरिका पहुँचे तब शायद अंग्रेजी में एक भी बात न कह सकते थे किन्तु वहाँ पहुँचकर अजीब किस्म की टूटी-फूटी अंग्रेजी बोलना इन्होंने सीख लिया। इनके मुँह से वह टूटी-फूटी अंग्रेजी सुनने मे बडा मजा आता था। अमेरिका मे ऐसी ही अंग्रेजी बोलकर ये अपनी भावनाएँ व्यक्त करते थे और उम्दा अंग्रेजी न जानने से इनके किसी काम मे रुकावट न पड़ती थी और फिर इन्होंने धन भी खासा कमाया था। और सबसे बडी बात तो यह थी कि अपने अमेरिका-प्रवास के फलस्वरूप इन लोगों ने स्वदेश-सम्पर्क को नही तोड दिया था। ये करते तो थे अमेरिका में कुलीगिरी या मजदूरी, लेकिन यह जानने के लिए सदा व्यग्र रहते थे कि हमारे देश में कहाँ क्या हो रहा है। उस समय बंगाल की नवजागरण की तरंग ने जिस प्रकार भारत के अन्यान्य प्रदेशों में एक भाव की हिलोर पैदा कर दी थी उसी प्रकार उसका हिलकोरा सुदूर अमेरिका मे स्थित भारतीयों के हृदय में भी लगा था। जब भारत में गदर की चिनगारियाँ धीरे-धीरे इधर-उधर चारो ओर उड़ रही थी तब अमेरिका मे कुछ भारतीयों के जी-ही-जी मे वे धधककर जल रही थी। इसी समय भाई करतार सिंह नामक एक तरुण युवा इनके साथ आकर सम्मिलित हुए। ये उडीसा मे रेवेनशा कालेज की प्रथम श्रेणी की पढ़ाई समाप्त करके विशेष कारण से अमेरिका चले गए थे। यद्यपि सिक्खो में ये सबसे कम उम्र के थे, फिर भी इनकी अधिनायकता मे मैंने कितने ही बड़ी उम्र के सिक्खों को भी काम करते देखा। इन्होने अपने-जैसे विचार रखनेवाले दो-एक व्यक्तियों की सहायता से एक सम्वादपत्र के निकालने का सकल्प किया। इसी समय पंजाब के स्वनाम ख्यात देशभक्त लाला हरदयाल भारत में विप्लव करने की सारी आशाएँ छोड़-छाडकर अमेरिकन सोशलिस्टों (साम्यवादियों) के साथ आत्मीयता स्थापित करने का यत्न कर रहे थे। करतारसिंह और उनके मित्र इस अवसर पर हरदयाल के पास ऐसे पत्र को प्रकाशित करने का प्रस्ताव लेकर उपस्थित हुए। स्वदेश-प्रेमी हरदयाल तो ऐसे सुयोग की ताक में ही बैठे थे। उन्होंने खुशी-खुशी इस काम को हाथ में ले लिया। इस प्रकार 'गदर' नामक विख्यात समाचारपत्र का प्रकाशन होना आरम्भ हुआ, और धीरे-धीरे इसी ने 'गदर' पार्टी का संगठन कर दिया। कैलीफोर्निया का युगान्तर आश्रम ही इसका केन्द्रस्थल था।

बीसवी सदी के महाभारत (प्रथम विश्वयुद्ध 1914-1919) के आरम्भ होने

से पहले तक भारतीय विप्लववादियों का दल समझ ही न सका था कि अंग्रेजों के साथ जर्मनी का विरोध इतनी जल्दी उपस्थित हो जाएगा। फलतः इनके विप्लव की तैयारी भी इस ढंग से हो रही थी कि मानो दस-पन्द्रह वर्ष के अनन्तर वास्तविक 'गदर' शुरू होगा। यही कारण है कि ये लोग महासमर छिड़ते समय क्रान्ति के लिए पूरी तौर पर तैयार न थे। इसके सिवा अब तक के विप्लव-कारी दल के साथ भारत से बाहरी देश के किसी भी क्रान्तिकारी दल का कहने लायक कोई सम्बन्ध ही न था। इसका फल यह हुआ कि जब अमेरिका से क्रान्ति-कारियों के दल-के-दल भारत में आने लगे तब भारत में स्थित क्रान्तिकारी लोग उनके साथ दिल खोलकर ठीक समय पर सम्मिलित नही हो सके। यदि ऐसा सम्मिलन हो जाता तो भारत का भाग्य आज कुछ और ही होता।

अमेरिका प्रवासी विप्लवपथियो की समझ मे नही आया था कि अंग्रेजों के साथ जर्मनो का युद्ध शीघ्र ही छिड़ जाएगा, इस कारण उनकी तैयारी और ही ढग पर हो रही थी। वे समझते थे कि भारत से बाहर की किसी अन्य राजशक्ति की सहायता लेकर युद्ध की तैयारी करनी होगी और इसी संकल्प को कार्य मे परिणत करने के लिए बहुत कुछ आयोजन हो रहा था, परन्तु इनके लिए असमय मे ही यूरोप मे रणचण्डी का नृत्य होने लगा। इसके लिए ये तैयार न थे और सारा संकल्प एकदम विफल हो गया। अब इन्होने निश्चय किया कि गदरपार्टी के दल-के-दल भारत मे पहुँचकर भारतीय सैनिको को अपने प्रभाव मे कर ले। बस, क्रान्ति का यही एकमात्र उपाय निश्चित हो गया। हजारो सिक्ख विदेश मे पड़े हुए अपने बोरिए-बँधने समेट-समेटकर स्वदेश को रवाना हो गए।

इधर भारत सरकार को इस पार्टी की बहुत-सी बातो का पता लग चुका था, क्योकि इस पार्टी के मेम्बर लोग अमेरिका मे खुले खजाने सभाओ मे, भारत मे गदर करने के सम्बन्ध मे व्याख्यान दिया करते थे। 'गदर' नामक पत्र भी प्रकाश्य रूप मे मुद्रित होता था। सन् 1857 के महाविप्लव की दसवी मई एक उत्सव मे परिणत की जाती थी। लाला हरदयाल पर अंग्रेज सरकार की विशेष उग्र दृष्टि थी। कई बार उनकी डायरी तक बड़ी सफाई से उड़ा ली गई। अन्त मे जब उनको गिरफ्तार करने की सलाह हो रही थी तब एक अमेरिकन ने उन्हें सावधान कर दिया। अतएव हरदयाल और अन्य भारतीयो ने अमेरिका से हट जाने मे ही भलाई सोची।

विभिन्न स्थानों के जर्मन एलची (कौन्सल) उस समय भारत मे विप्लव मचा देने की इच्छा रखनेवालो की अनेक प्रकार से सहायता करते थे। अमेरिका से लौटे हुए इन दलो ने उनसे मिलने-जुलने के अवसर को कभी खाली नही जाने दिया।

इस प्रकार कुछ व्यक्ति तो यूरोप की ओर चले गए और जो रह गए वे भारत की ओर रवाना हुए। रास्ते मे ये लोग जहां-तहाँ अपना अभिप्राय प्रकट कर दिया करते थे। इस प्रकार का एक दल जापान के बन्दर मे पहुँचा। यहाँ पर

परमानन्द नामक एक छरहरे डील के युवा पुरुष इन लोगों में आ मिले। ये बुन्देलखण्ड के निवासी थे। अण्डमन में इन्हें हम लोग छोटे परमानन्द कहते थे, क्योंकि बड़े परमानन्द थे डी० ए० वी० कालेज लाहौर के भूतपूर्व अध्यापक भाई परमानन्दजी। इन्हें भी लाहौर षड्यन्त्र के मामले में आजन्म कालेपानी की सजा दी गई थी। पंजाब में सिक्खों के अभ्युत्थान के अवसर पर स्वदेश और स्वधर्म के लिए जब निडर देशभक्तगण मुसलमानों के अत्याचार के आगे बेधड़क बलिदान हो रहे थे—सिर दे देते थे लेकिन धर्म न देते थे—उस समय भाई परमानन्द के एक पूर्वपुरुष ने आत्म-बलिदान की पराकाष्ठा दिखला दी थी। उस समय उन्हें मुसलमानों ने आरे से चीरकर मारा था। उसी समय से सिक्खों में यह खानदान 'भाई' नाम से विख्यात हो गया। सिक्खों में यह 'भाई' संज्ञा बड़ी सम्मानसूचक है। इसलिए हम लोग सिक्ख मात्र को उनके नाम के साथ 'भाई' शब्द लगाकर बुलाया करते थे।

सिक्खों के एक बड़े उत्साही नेता भाई भगवानसिंह थे। इनके व्याख्यान सुन-सुनकर कितने ही सिक्ख, अपना काम-काज छोड़, विप्लव कार्य में सहायता करने के लिए देश में लौट आए थे। ये लोग कुछ क्षणिक उत्तेजना में आकर, सर्वस्व छोड़-छाड़कर, इस विप्लव-धर्म में दीक्षित नहीं हुए थे, वरन् इनमें सचमुच देशसेवा की प्रेरणा जाग्रत थी। इस प्रकार से जो सिक्ख देश में लौट आए थे उनमें बहुतों से मेरी बातचीत हुई थी। उससे मालूम हुआ कि वे सचमुच प्राणों की प्रत्येक तह में—दिल के हर पहलू में—पराधीनता की जलन का अनुभव करके विप्लव कार्य में सम्मिलित हुए थे। इनमें से कोई तो पिनांग की मिलिटरी पुलिस में नियुक्त था, कोई हांगकांग में पहरेदार था और कोई सौदागरी करता था। इस समय हांगकांग में सिक्खों की एक रेजिमेंट थी। इस रेजिमेंट पर भी इन लोगों का आधिपत्य हो गया था।

भारत में लौटे हुए दल के अनेक व्यक्ति ऐसे थे जो कि अंग्रेजों की पलटनों में सैनिक पद पर रह चुके थे। इनमें से किसी की सर्विस आठ वर्ष की, किसी की दस वर्ष की और किसी-किसी की ग्यारह वर्ष की थी। इनमें कोई भी ऐसा सैनिक न था जिसे तीन वर्ष से कम की अभिज्ञता हो, क्योंकि प्रत्येक सैनिक को कम से कम तीन वर्ष तक नौकरी करने की शर्त करनी पड़ती है। इनमें से बहुतेरों का काम मशीनगन चलाना था और कुछ लोग तोपखाने में भी काम कर चुके थे।

भारत में लौटने के मार्ग में पुलिस विभाग के कर्मचारियों ने इन लोगों से पूछा था कि आखिर तुम लोग हिन्दुस्तान किसलिए जा रहे हो? तो इनमें से किसी ने कहा कि विवाह करने जाता हूँ और किसी ने कहा कि घर छोड़े बहुत दिन हो गए, इसलिए देश को जा रहा हूँ। ऐसे ही ऐसे कारण बतला दिए थे। फिर अदालत में मुकदमे के वक्त जब न्यायकर्ता इनसे हिन्दुस्तान में आने का कारण पूछते तब भी ये लोग प्रायः वैसे ही उत्तर देते थे जो कि ऊपर दिए गए हैं। सिर्फ एक व्यक्ति ने दूसरे ढंग का उत्तर दिया था। न्यायकर्ता ने अभियुक्त से

पूछा, "तुम देश में किसलिए आए थे ?" इसका उत्तर दिया था कि "यह हमारा स्वदेश जो है ।" इन पंजाबी ब्राह्मण का नाम जगतराम था । ये 'गदर' पत्रिका के सम्पादन विभाग में काम करते थे ।

अमेरिका से आये हुए सिक्खों में उत्साह तो अदम्य था किन्तु काम करने की रीति उन्हें मालूम ही न थी । न इसका कोई केन्द्र था और न कोई शाखा ही । किसी-किसी की अधीनता में बीस-पचीस मनुष्य रहते थे। उसे इन बीस-पचीस आदमियों का सरदार कहा जाता था । ये सरदार कभी एकत्र हो जाते थे और कभी कुछ दिनों तक इनकी परस्पर भेंट ही न होती थी । असल बात यह कि सम्मिलित रूप में काम करने की एक प्रणाली का इनमें अभाव था । इसका कारण यही था कि इनका कहीं केन्द्र न था। इस प्रकार देश में बिलकुल अव्यवस्थित रूप से कितने लोग गड़बड़ मचा रहे थे यह कौन जानता है । जो लोग मुलतान जेल मे कैद थे वे भी यही कहते थे कि अब शीघ्र ही बलवा होगा और इससे हम झटपट रिहाई पा जाएँगे । इसका फल यह हुआ कि ये भिन्न-भिन्न जेलों में बाँट दिए गए । समानधर्मा और एक ही भाव के भावुक बहुत लोगों के एक स्थान में रहने से जो आनन्द प्राप्त होता है वह आनन्द भी इनसे छिन गया ।

इन सब दलों ने भारत में आते ही बंगाल के गुप्त विप्लव दल का पता लगाना आरम्भ कर दिया । किन्तु पहले से ही किसी के साथ जान-पहचान न रहने के कारण पात्र-अपात्र का विचार किए बिना ही ये लोग पंजाब में विद्रोह की बाते कहने लगे । इस समय कलकत्ता की मामूली सड़कों पर भी मैंने सुना था कि पंजाब मे विप्लव की तैयारी हो रही है । 'भारत रक्षा' क़ानून बनाते समय हार्डिंज साहब ने इस बात का उल्लेख किया था ।

इसी समय करतारसिंह ने आकर बंगाल के किसी सुपरिचित, लब्धप्रतिष्ठ सार्वजनिक नेता से मुलाक़ात की । उन्होने करतारसिंह को उपदेश दिया कि तुम अपने संकल्प और सुभीते के अनुसार काम करते जाओ, बंगाल तो ठीक समय पर तुम्हारी सहायता करेगा ही । अब यह कहने में कोइ बाधा नही है कि ये व्यक्ति सर सुरेन्द्रनाथ बनर्जी थे ।

इस समय इन्हें थोडे-बहुत हथियारों की जरूरत हुई । यद्यपि इस विप्लव का प्रधान अवलम्ब पंजाबी सैनिकों के दल थे, तथापि आत्मरक्षा करने के लिए यथा-सम्भव प्रत्येक कार्यकर्ता को सशस्त्र रखने की इच्छा से कुछ रिवाल्वर इत्यादि की आवश्यकता हुई । इस उद्देश्य की सिद्धि के लिए श्रीयुत जगतराम कुछ रुपये देकर काबुल की ओर भेजे गए और यही से कारागार की यन्त्रणाओं ने उनका पल्ला पकड लिया । बेचारे जगतराम पेशावर मे ही पकड़ लिए गए और आगे चलकर अण्डमन में मुझे उनके दर्शन हुए थे ।

छोटे परमानन्द को भी इन लोगों ने इसी काम के लिए बंगाल भेजा था पर ये भी खाली हाथ लौट आए ।

4

पंजाब यात्रा

इस विप्लव की तैयारी के समय काशी में, बाहरी लोगों से मुलाक़ात करने के लिए खास-खास मकान थे। पंजाब से जो लोग मुलाक़ात करने आते थे वे पहले ऐसे ही खास मकान में पहुँचाए जाते थे। वहाँ से खबर मिलने पर दूर से आगन्तुक व्यक्ति को छिपकर पहचान लिया जाता था। तब, सन्देह न रहने पर, उससे भेंट की जाती थी। मैं उस दिन काशी में ही था जब पंजाबी दल का एक मनुष्य वहाँ के विप्लव की तैयारी का समाचार लेकर हमारे पास आया। जब उसके मुँह से सुना कि विप्लव के लिए दो-तीन हज़ार सिक्ख कमर कसे तैयार बैठे हैं तब हमारा अन्तरतम पुरुष आनन्द से थिरकने लगा। पजाब के कार्यकर्ताओं ने आगन्तुक व्यक्ति द्वारा कहला भेजा था कि रासबिहारी की हमें बहुत जरूरत है। दिल्ली षड्यन्त्र के फ़रार असामी प्रसिद्ध कर्मवीर रासबिहारी का नाम उस समय अमेरिका तक में विश्रुत हो चुका था। इन लोगों ने अमेरिका में ही इनका नाम सुना था।

कई कारणों से उस समय रासबिहारी पंजाब न जा सके, इसलिए पहले वहाँ मेरा ही भेजा जाना तय हुआ ताकि जब मैं पंजाब की दशा अपनी आँखों देख आऊँ और सबको वहाँ का हाल बताऊँ तब आगे का कर्तव्य निर्धारित हो।

पहले ही निश्चित हो गया था कि मैं जालन्धर शहर में जाकर सिक्खों के नेताओं से भेंट करूँगा। उस समय नवम्बर का महीना खतम होने को था। पश्चिम में ठण्ड का मौसम था। उसी शीतकाल के प्रातःकाल लुधियाना में गाड़ी पहुँचते ही देखा कि मेरे मित्र के परिचित एक सिक्ख युवक हम लोगों की प्रतीक्षा कर रहे हैं। मित्र ने इनसे मेरा परिचय करा दिया। यही करतारसिंह थे। वह गाड़ी में सवार होकर हमारे साथ जालन्धर की ओर रवाना हुए। रास्ते में थोड़ी-बहुत बातें हुईं। उनसे मालूम हुआ कि इस समय लुधियाना में दो-तीन सौ मनुष्य एकत्र हुए हैं। जुदा-जुदा काम करने के लिए ये लोग विभिन्न दिशाओं में भेजे जाएँगे। ये लोग गुरुद्वारे में अध्ययन करने के बहाने एकत्र होते थे।

उस दिन की बात मुझे आज खासी स्मरण है। गाड़ी के उस डिब्बे में हम कई आदमी एकत्र हुए थे, किन्तु सभी के मन का भाव कई तरह का था। हम तीनों व्यक्ति बीच-बीच में एकाध बात कर लेते थे सही, किन्तु हृदय में न जाने

कितने भावों का आलोड़न हो रहा था। मैं रास्ते-भर में यही सोचता गया कि इस सिक्ख दल के आदमी न जानें किस ढंग के होंगे, उनकी शिक्षा-दीक्षा कैसी है; यह तो सुन ही चुका था कि इनमें बहुतेरों की उम्र तीस वर्ष की या इससे भी अधिक है, ये मुझे किस दृष्टि से देखेंगे (क्योंकि उस समय मैं कुल बाईस वर्ष का था), वहाँ जाने पर मेरा इन पर कुछ असर भी पड़ेगा कि नहीं, इतने बड़े उत्साह से उन्मत्त जनसंघ को हम लोग किस प्रकार सुसंयत करके अपना अभीष्ट साधन करेंगे; ऐसे-ऐसे सैकड़ों प्रश्न रास्ते-भर भीतर ही भीतर मुझे बेचैन करते रहे। साथ ही साथ एक आनन्द-स्रोत भी मर्म की ओट करके, मानो बिना जाने ही बहा चला जा रहा था कि इस बार जीवन का स्वप्न सफल होना चाहता है, युग-युगान्तर का अँधेरा इस बार हट जाएगा, किन्तु एक और बात को सोचते ही मानो शंका से मेरी देह कण्टकित हो उठती थी, वह यही कि बंगाल आज कितना पिछड़ा हुआ है—इस पुण्यधूम यज्ञ से कितने अन्तर पर है! बंगाल की सैकड़ों-हजारों वर्षों की कलंक-कालिमा मानो गाढ़ी होकर मुझे निरन्तर कसकती रहती थी। इसी से बंगाल में जाकर काम करने की मुझे बहुत इच्छा थी। खैर, जाने दो उस बात को।

लुधियाना पीछे रह गया। अब हम लोग एक और स्टेशन पर पहुँचे। करतार सिंह ने 'बुलेटिन' नाम का समाचारपत्र मोल लिया। उसमें पढ़ा कि कलकत्ता की मुसलमान पाड़ा लेन में बम की भीषण घटना हुई है। समाचार था कि खुफ़िया पुलिस के डिप्टी सुपरिटेंडेंट श्रीयुत बसन्त चटर्जी के घर पर दो-तीन बम फेंके गए है। इससे एक हेड कांस्टेबल का पैर उड़ गया, कुछ लोग घायल हुए, मकान की दीवार का कुछ अंश उड जाने से गड्ढा हो गया, घर के भीतर का आराइश का बहुत-सा सामान सड़क पर आ गिरा और मकान के सामने का लालटेन का खम्भा टूट-फूट गया है, इत्यादि। किन्तु बसन्त बाबू इस बार साफ बच गए। समाचार पढ़ने से बहुतेरी बातें मैंने समझ ली। पंजाब का वृत्तान्त लिख चुकने पर बंगाल की उस समय की दशा पर विचार करते समय इन बातों को ठीक-ठीक लिखने की इच्छा है।

इन बम गोलों के फटने से भारत में चारों ओर देशभक्तों के बीच जाग्रति-सी देख पड़ती थी। सभी, कम से कम बहुतेरे, लोग समझते थे कि बड़े भारी विप्लव की तैयारी का यह ऊपरी लक्षण है और ऐसी घटनाओं से सबको ऐसे-ऐसे दलों का संगठन करने की इच्छा होती थी। उल्लिखित संवाद को पढ़कर करतार सिंह बहुत ही प्रसन्न हुए। परस्पर नेत्रों में बातचीत हो गई, एक-दूसरे की आँखों के कोनों से आनन्द का आभास प्रकट हुआ। इस प्रकार हम लोग जालन्धर स्टेशन पर पहुँचे। यहाँ करतारसिंह के कई छात्र-मित्र प्रतीक्षा कर रहे थे। इनमें जिनसे जो कुछ कहना था वह कह-सुन चुकने पर हम लोग रेल की पटरी को पार करके पास के बगीचे में गए, वहाँ पर इस दल के कई नेता उपस्थित थे। इनको देखने से मुझे भरोसा हुआ कि इन लोगों के बीच में मैं बिलकुल ही कम उम्र नहीं

हूं, क्योंकि इनमें ऐसा कोई भी न जँचा जिसकी उम्र मेरी अपेक्षा बहुत अधिक हो। उस दिन वहाँ पर करतारसिंह, पृथ्वीसिंह, अमरसिंह और रामरक्खा के सिवा शायद एक व्यक्ति कोई और उपस्थित था। करतारसिंह की उम्र उस समय उन्नीस-बीस वर्ष से अधिक न होगी। अमरसिंह और पृथ्वीसिंह दोनों ही राजपूत थे, किन्तु मुद्दत से पंजाब में ही रहते थे। इनकी अवस्था चौबीस-पचीस वर्ष से ऊपर नहीं जँची। रामरक्खा ब्राह्मण थे। इनकी उम्र भी इसी के लगभग होगी। ये लोग रासबिहारी से मिलने के लिए ठहरे हुए थे। मेरे पूर्व-परिचित मित्र ने इन लोगों के साथ मेरा परिचय करा दिया। मैंने पहले-पहल इनमें से किसी का भी नाम-धाम आदि नहीं पूछा। फिर तो बातचीत के सिलसिले में मुझे सभी का नाम मालूम हो गया। हमारे दल में ऐसी जाँच-पड़ताल ज़रा सन्देह की दृष्टि से देखी जाती थी और इस प्रकार नाम-धाम पूछना तो मैं बिलकुल अनावश्यक समझता था। मित्र ने मेरा परिचय यह कहकर कराया कि रासबिहारी तो एक खास काम के मारे आ नहीं सके, उन्होंने अपने दाहिने हाथ स्वरूप इन्हें भेजा है। करतारसिंह ने कहा कि हमें तो रासबिहारी से ही काम है। तब मैंने उन्हें समझाया कि यहाँ आने से पहले वह यहाँ की दशा का पूरा-पूरा हाल जान लेना चाहते हैं, इसके सिवा वह ऐसी दशा में हैं जिससे और भी कुछ समय तक इस ओर न आ सकेंगे। इसके पश्चात् मैंने इन लोगों से पंजाब की हालत जानने के लिए पूछा—वे लोग कितने आदमी हैं, आपस में किस प्रकार मिलते-जुलते और मुलाक़ात करते हैं तथा उनका वास्तविक नेता कौन है, इत्यादि। मैंने कहा, "जो आपके असली नेता हों उन्हीं से मैं बातचीत और पहचान करना चाहता हूँ।" अमरसिंह ने कहा, "सच पूछिए तो हम लोगों में वास्तविक नेता की खास कमी है और इसीलिए हमें रासबिहारी की ज़रूरत है। यहाँ पर हम जितने आदमी मौजूद हैं इनमें किसी को विशेष अभिज्ञता प्राप्त नहीं है, इससे हमारे काम का कोई खास सिलसिला नहीं बैठता। हमको बंगाल से सहायता पाने की बहुत आवश्यकता है। बंगाल में आप लोग बहुत दिन से काम कर रहे हैं, इन कामों का आप लोगों को यथेष्ट अनुभव हो गया है।" करतारसिंह ने भी इसे माना तो, किन्तु अमरसिंह को लक्ष्य करके कहा, "देखो भाई, यों हिम्मत क्यों हारते हो? काम के वक्त देख लेना कि तुम्हीं में से कितने छिपे रुस्तम निकलेंगे।" उस दिन की बातों से मुझे साफ मालूम हो गया कि जिस महान् व्रत में ये लोग दीक्षित हुए हैं उसके गुरुत्व का अनुभव इनकी नस-नस में भिद गया है और अपने में शक्ति की कुछ कमी समझकर बाहर एक सहारा ढूंढ़ रहे हैं किन्तु उसके साथ मैं यह भी समझ गया कि इनमें यदि कोई सचमुच काम करनेवाला है तो करतारसिंह है। मैंने इसमें जैसा आत्मविश्वास देखा वैसा आत्मविश्वास न रहने से किसी के द्वारा कोई बड़ा काम नहीं हो सकता। बहुतों में अहंकार का भाव रहने पर भी ऐसे आत्मविश्वास का भाव कम देखा जाता है। अहंकार और आत्मविश्वास अलग-अलग दो चीज़ें हैं, अहंकार दूसरे पर चोट करता है, किन्तु

जो अहंकार दूसरे पर नोक-झोंक किए बिना ही अपने प्राणों में शक्ति के अनुभव को जाग्रत करता है वही आत्मविश्वास है।

जो हो, इन लोगों से मुझे पंजाब की बहुत कुछ हालत मालूम हो गई। उनमें से बहुतेरी बातों का वर्णन पहले किया जा चुका है। इनकी बातों से ज्ञात हुआ कि इनके विप्लव की तैयारी का मुख्य अवलम्बन पंजाब की सिक्ख फौजें हैं। करतारसिंह से ज्ञात हुआ कि भारत में अमेरिका मे सिक्खों का जो पहला दल आया था उसी में वे भी आए थे और सितम्बर महीने से इस काम की तैयारी कर रहे हैं, इत्यादि।

अब करतारसिंह ने मुझसे पूछा, "अस्त्र-शस्त्र आदि देकर के बंगाल हमारी कहाँ तक सहायता कर सकता है? बंगाल में कितने हजार बन्दूकें हैं?" इत्यादि।

मैंने कहा, "आप क्या ख्याल करते हैं? बंगाल में कितने अस्त्र-शस्त्र होंगे?"

करतारसिंह, "मैं तो समझता हूँ कि बंगाल में काफ़ी हथियार मौजूद कर लिये गए है, क्योंकि बंगाल तो बहुत दिनों से विप्लव की तैयारी कर रहा है और हमारे दल के परमानन्द के एक बंगाली मित्र ने उन्हें पाँच सौ रिवाल्वर का वचन दिया है। इसके लिए परमानन्द बंगाल गए हैं।"

मैं, "जिन्होंने परमानन्द से यह बात कही है वह कोई फालतू आदमी जंचते हैं। क्योंकि बंगाल में कोई कही पाँच सौ रिवाल्वर न दे सकेगा। जिन्होंने यह बात कही है उन्होंने गप्प उड़ा दी है।"

करतारसिंह, "तो फिर बंगाल हमको किस प्रकार की सहायता देगा? तो क्या वहाँ भी पंजाब के साथ ही साथ गदर होगा? बंगाल मे आपके अधीन काम करनेवाले कितने है?" अन्य किसी समय और किसी भी व्यक्ति को ऐसे प्रश्न करने का हम लोग मौक़ा ही न देते थे और यदि कोई पूछ ही बैठता तो कह देते थे, "इन बातों को जानकर क्या कीजिएगा, समझ लीजिए कि कुछ भी तैयारी नही हुई है; तो भी आप इस दल मे संयुक्त होंगे या नही? आपको स्वयं आरम्भ मे ही तैयारी करनी होगी, इस दशा में भी क्या आप इस दल में भर्ती होना चाहते हैं?" इत्यादि। हाँ, बंगाल में कही-कही कोई-कोई ऐसे भी थे जो विप्लव की जंगी तैयारी की बातें बढ़ा-चढ़ाकर लोगों को सुनाते और इस तरह प्रलोभन देकर उन्हें दल में भर्ती करते थे। जो हो, करतारसिंह ने जब ये प्रश्न किए तब उनको ठीक उत्तर न देकर टाल देना मुनासिब न हुआ। मैंने कहा, "देखिए, जिस प्रकार यहाँ आपको सैनिकों में भर्ती होने का अवसर मिलता है, उस प्रकार बंगाल में यदि हम लोगों को फौज में भर्ती होने का सुभीता मिलता तो अब तक कभी का भीषण विप्लव मच गया होता। बंगाल के दल में प्रधानतया युवक और छात्र-श्रेणी के सदस्य हैं और इस दल में हम लोग बड़ी ही सावधानी से, बहुत-कुछ छानबीन करके ऐसे लोगों को सम्मिलित करते हैं जोकि हर घड़ी मरने को तैयार रहते हैं। इसलिए हमारे दल में अधिक आदमी नही हैं, शायद हजार-दो हजार से अधिक न हों, किन्तु यह दृढ़ विश्वास है कि जिस दिन आमतौर

पर विप्लव शुरू हो जाएगा उस दिन हजारों आदमी हमारे साथ आ मिलेंगे। यदि पंजाब में ग़दर हो जाएगा तो यह भी निश्चित समझिए कि उस दिन बंगाल बैठा-बैठा तमाशा न देखेगा और अंग्रेज़ों को बंगाल के लिए इतनी उलझन में पड़ना होगा कि सरकार अपनी कुल शक्ति पंजाब ही पर न लगा सकेगी।" मैंने यह भी कहा, "बंगाल इस समय भी सरकारी खजाने लूट सकता है या पुलिस की बारकों पर छापा मारना इत्यादि काम कर सकता है, किन्तु आगे क्या होगा ? इस 'आगे क्या होगा' को सोचकर ही बंगाल ने अभी तक ऐसा कुछ नहीं किया।" मैंने इन लोगों को भली-भाँति समझा दिया कि "हम लोगों से सलाह लिए बिना अचानक कुछ कर न बैठना।" यह भी कह दिया, "खूब सावधानी से काम करना होगा जिसमें कि यह शक्ति व्यर्थ न हो जाय, सिर्फ हू-हा करके फ़िजूल कामों में शक्ति क्षीण न कर दी जाय।" मैंने इन्हें सलाह दी कि अधिकांश व्यक्तियों से कहो कि अपने-अपने गाँव में जाकर रहें, केवल मुखियों का और काम करने के लिए थोड़े-से आदमियों का समीप रहना ठीक होगा, और सब लोगों को कई टुकड़ियों मे बाँटकर प्रत्येक टुकड़ी पर एक-एक अधिनायक तैनात कर दीजिए। ऐसा संगठन करने से जिस समय आवश्यकता होगी उस समय सब लोगों से अनायास ही काम लिया जा सकेगा। यदि इस प्रकार छोटी-छोटी टुकड़ियाँ न बनाई जाएँगी तो गिरफ़्तार हो जाने का अन्देशा हर घड़ी रहेगा।" फिर करतारसिंह से कहा, "आपमें से कोई एक व्यक्ति मेरे साथ चले, मैं उसे उस स्थान पर ले जाऊँगा जहाँ कि रासबिहारी हैं। रासबिहारी के साथ अच्छी तरह सलाह करनी है।" यह बात इन्हें पसन्द आई। अब निश्चय हुआ कि लाहौर मे पृथ्वीसिंह से दुबारा मुलाकात करके, उनको साथ लेकर, रासबिहारी के पास भेंट करने को जाना ठीक होगा।

करतारसिंह ने हमारे यहाँ से कुछ रिवाल्वर इत्यादि की सहायता माँगी। आत्मरक्षा करने और छोटे-छोटे सरकारी खज़ाने लूटने के लिए कुछ अस्त्र-शस्त्रों की ज़रूरत थी। अमेरिका से ये लोग जब स्वदेश को लौटे तब अनेक स्थानों से थोड़े-बहुत रिवालवर इत्यादि ले आए थे। अंग्रेज़ों की प्रखर दृष्टि रहने पर भी ये रिवाल्वर देश में पहुँच गए थे। बाल्टी की तली में लकड़ी या टीन का पटरा लगाकर उसके बीच में छिपाकर रिवाल्वर इत्यादि लाए जाते थे किन्तु कुछ दिनों में रिवाल्वर लाने की यह तरक़ीब ज़ाहिर हो गई। कभी-कभी यह भी होता था कि भारत के बन्दरगाह में पहुँचने से ज़रा देर पहले ये हथियार खलासियों के ज़िम्मे कर मुसाफिर चले आते थे और फिर फ़ुरसत तथा मौका देखकर उनके पास से उठा लिए जाते थे। इस रीति से इन लोगों के हाथ कुछ रिवाल्वर आ गए थे। किन्तु अभी हथियारों की ज़रूरत थी ही। मैं काशी से कुछ रिवाल्वर और गोलियाँ लाया था। ये सब करतारसिंह को सौंपकर मैंने कहा कि इस वक़्त यही सामान पास था सो लेता आया, फिर और भी ला दूंगा किन्तु यह भी जता दिया कि हम लोगों के पास अस्त्र-शस्त्रों का अधिक संग्रह नहीं है, अतएव इस

सम्बन्ध मे अधिक आशा न कीजिएगा।

मैने बमगोलो के सम्बन्ध मे उनसे कहा कि इस काम मे बगाली लोग सिद्ध-हस्त हो गए है और बमगोलो की जिस कदर जरूरत होगी, बगाल देगा। उस समय ये लोग भी एक प्रकार का बमगोला बनाते थे। पजाब मे शीशे की और पीतल की बनी एक तरह की दवाते मिलती थी। ये दवातें ही पजाबियो के बम का ऊपरी खोल थी। इन दवातो के मुँह मे पेच था, दवात का ढक्कन लगा देने से बहुत अच्छी तरह बन्द हो जाता था। और इसका मसाला वही था जो कि पटाखो का है, अर्थात् पुटास (क्लोरेट आव्) और मनशिल। हिन्दुस्तान की बनी काँच की एक तरह की छोटी शीशी बाजार मे मिलती थी। इसमे सलफ्यूरिक एसिड भरकर मुँह बन्द कर दिया जाता और इसे खोल मे डाल दिया जाता था। यह मामूली धक्के से ही फट पडता था। मालूम होता है कि अक्सर इसमे मसाले के साथ शक्कर भी डाली जाती थी। शीशी के टूटने पर एसिड पुटास और शक्कर के सयोग से यह बमगोला फट पडता और दवात के टुकडे चारो ओर छितरा जाते थे। यह बम वैसा घातक नही था, फेंके जाने पर अक्सर फटता ही नही था। जो फट भी पडता तो आदमी की जान लेने के लिए बहुत करके काफी न होता। मैने इन्हें समझा दिया कि बगाल का बमगोला बडा विकट होता है। करतारसिह ने कहा कि पजाब के विभिन्न स्थानो मे हमारे कुछ बमगोले रखे हुए है, जरूरत हो तो दिए जा सकते है। जब वे आग्रह के साथ लेने को तैयार हुए तो मैने पूछा कि अब आपसे कहाँ मुलाकात होगी? उन्होने उत्तर दिया कि "हमारे ठहरने का कोई निश्चित स्थान नही है।" इस पर मैंने पूछा, "क्या आपका कोई केन्द्र नही है जहाँ पहुँचने मे सब बातो का पता ‹ ‘ जाय?" उत्तर नही' मे मिला। मालूम हुआ कि ये लोग अलग-अलग काम से चले जाएँगे और काम हो जाने पर फिर एक निर्दिष्ट स्थान पर आ मिलेगे। यदि कि' ' कारण मे इस प्रकार एकत्र न मिल सके तो गुरुद्वारे मे ढूँढने के सिवा पता लगाने का और कोई उपाय नही। यह सुनने से मुझे बडा अचम्भा हुआ। मैने समझा कि शायद मुझे सब बाते बतलाई नही जा रही है। इस कारण अपनी रीति के अनुसार, मैने विशेष पूछताछ नही की। इसके विषय मे कुछ सलाह भी न दी। पीछे सम्बन्ध घनिष्ठ होने पर मालूम हुआ कि सचमुच यही दशा थी, तब उसका उपाय भी कर दिया गया था। उस बाग मे, जहा बातचीत हो रही थी, पहुँचते ही मुझे जँच गया था कि जालन्धर शहर मे इनका कोई खास अड्डा नही है। जो लोग यहाँ उपस्थित थे वे सभी जालन्धर शहर के बाहर के थे और मिलने के लिए आए थे। यहाँ इनका ऐसा कोई स्थान न था जहाँ जाकर मैं आराम कर सकता। इस प्रकार कुछ सिलसिला न रहने पर भी, ऐसी ही गडबड मे ये उन रासबिहारी को बुलाना चाहते थे कि जिन्हे गिरफ्तार कराने के लिए उस समय साढे सात हजार रुपए का इनाम घोषित किया गया था। अस्तु, ये सब बाते सुनकर मैने करतारसिह से अगले दिन किसी स्थान पर पहुँचने के लिए कहा, वह राजी हो गए। निश्चय

हुआ कि मैं उनकी प्रतीक्षा उसी स्टेशन पर आकर करूँगा, फिर उनको साथ ले जाऊँगा और संरक्षित बम के गोले उनके सुपुर्द कर दूँगा ।

घड़ी देखी, सब लोग अपना-अपना काम करने को उठ खड़े हुए। उनकी गाड़ी का समय हो गया था। मैं और मेरे मित्र दोनों एक होटल में गए। वहाँ मालूम हुआ कि मित्रजी मांस-मछली कुछ भी नहीं खाते। इसलिए मुझे भी दाल और शाक-सब्जी से ही सन्तोष करना पड़ा। पंजाब की तन्दूरी रोटियाँ और दाल बहुत बढ़िया होती है।

मैं भी पहले मांस-मछली से परहेज करता था। नहीं कह सकता कि कितनी बार मांस-मछली खाना बिलकुल छोड़ दिया और फिर परहेज को भी तोड़ डाला। इससे कुछ पहले की बात है, "मैं एक बार हरिद्वार से आकर लक्सर जंकशन पर रासूदा की प्रतीक्षा कर रहा था। वह दिन का तीसरे पहर की गाड़ी मे आने वाले थे। स्टेशन पर अच्छा रिफ्रेशमेंट-रूम था। मैं हाथ-मुँह और सिर धोकर रिफ्रेशमेंट-रूम में गया। वहाँ मैंने रोटी और तरकारी माँगी। रोटियाँ तो बढ़िया पछाहीं थीं, किन्तु यह क्या—मांस क्यों ले आया? मुझे उस समय तक मालूम न था कि पंजाबी लोग गोश्त को तरकारी कहते हैं। क्या करता, बड़े पसोपेश में पड़ा। लौटाता तो किस तरह और वे लोग ही इसका क्या मतलब समझते। सोच-विचारकर मैंने खा लेने का ही निश्चय किया। दुबारा जब तीसरे पहर रासूदा के साथ खाने को बैठा तब उन्होंने भी गोश्त-रोटी की फरमाइश की। किन्तु तुरन्त ही मेरी ओर देखकर अर्द्धस्फुट स्वर में कहा, "ओह, तुम तो गोश्त खाओगे नही।" यह कहकर हुक्म बदलने को थे कि मैंने रोककर कह दिया कि अब आता है तो आने दो और फिर सबेरे की घटना का वर्णन करके कहा कि उस वक़्त तो खा चुका हूँ, अब जो इस वक़्त न खाऊँगा तो खासा पाखण्ड होगा। किन्तु रासूदा ने कहा, "देखो, इससे मन में किसी तरह की ग्लानि न होने देना।" उस दिन से मैं फिर मांस खाने लग गया, परन्तु मांस खाने पर भी, तथा बम को हाथ से स्पर्श कर चुकने पर भी मैं खूंखार जन्तु नहीं हूँ।

जो हो, तन्दूरी रोटियाँ और बढ़िया दाल खाकर जब मैं तृप्त हो गया तब शारीरिक स्वराज्य प्राप्त करके मैं तो करतारसिंह के लिए बम के गोले लाने को दूसरी ओर चला गया और मेरे मित्र महोदय लाहौर की ओर रवाना हुए। मैं गन्तव्य स्थान में पहुँचकर अपने अड्डे पर गया। यहाँ पर जो हमारा आदमी था उससे मैंने जालन्धर में सिक्खों से भेंट होने आदि का कुछ ज़िक्र नहीं किया, सिर्फ यही कहा कि मुझे बम के गोलों की जरूरत है, एक सिक्ख महोदय आएँगे, वह उन्हें ले जाएँगे। सिक्ख नाम सुनकर वह तनिक झिझका और कहने लगा कि सावधान, सिक्खों से ज़रा सोच-समझकर हेल-मेल करना, उन पर आजकल सरकार की बड़ी सख्त नज़र है। इस समय उनके संसर्ग से अलग रहना ही भला है। मैंने मन में सोचा कि बड़ी आफ़त है, अब इस पर विश्वास करना ठीक नहीं और अब इससे कुछ वास्ता न रखा जाय। प्रकट रूप से उसकी हाँ में हाँ मिला-

कर मैं ठीक निर्दिष्ट समय पर स्टेशन गया। यथासमय गाड़ी तो आ गई किन्तु करतारसिंह के दर्शन न हुए। तब दूसरी गाड़ी आने पर फिर उनको ढूँढा किन्तु फल एक-सा ही रहा। सारे स्टेशन में उनके लिए चक्कर काटे, आँखें फाड़-फाड़कर कितने ही लोगों के चेहरों को देखा किन्तु किसी का चेहरा करतारसिंह-जैसा न दीख पड़ा। लाचार होकर डेरे पर लौट आया। मैं तो जानता ही न था कि करतारसिंह से कहाँ भेंट होगी, लेकिन मजा यह है कि उनके दल का भी कोई आदमी यह बात न जान सकता था! बम के गोले जहाँ के तहाँ रह गए। मैं लाहौर को लौट गया। यहाँ पुराने मुलाक़ातियों से मिला-जुला और इनसे भी पंजाब की दशा जानने की चेष्टा की। इस प्रकार अनेक स्थानों और अनेक उपायों से जो कुछ संग्रह किया था उसकी अनेक बातें मैं आपसे कह चुका। शाम को लाहौर के समीप एक सार्वजनिक स्थान मे पृथ्वीसिंह मेरी प्रतीक्षा कर रहे थे, उनसे मैने करतारसिंह की बात कही। वह भी उनका कुछ पता-ठिकाना न बतला सके। काशी जाने के सम्बन्ध में उन्होने तीन-चार दिन की मुहलत माँगी। निश्चय हुआ कि पाँचवीं दिसम्बर को वह पंजाब मेल द्वारा काशी पहुँचेंगे। फिर उन्हें मै रासबिहारी के स्थान पर ले जाऊँगा। मैंने इस समय भी इन लोगो को ठीक पता न बताया था कि रासबिहारी अमुक स्थान पर है।

लाहौर से रवाना होने के पहले मैंने अपने जिन पुरानी जान-पहचानवालो से मुलाकात और बातचीत की थी उनमें से एक व्यक्ति के सम्बन्ध में यहाँ कुछ कहना चाहता हूँ। शायद ये पंजाबी न थे। ये पहले संयुक्त प्रान्त में ही कहीं निवास करते रहे होंगे। हाँ, अब पंजाबी हो गए थे और इनके आचार-व्यवहार मे पंजाबीपन आ गया था। इनका पूर्व परिचय सुने बिना जरा भी भ्रम न होता कि ये पंजाबी नही है। बंगाल से बाहर अन्यान्य प्रान्तो मे बहुतेरे बंगाली रहने लगे है, किन्तु वे लोग इतनी जल्दी अपनी विशेषता को खो नही देते। तीन-चार पुश्त अथवा इससे भी अधिक समय तक अन्य प्रान्त मे रहने पर भी अधिकांश स्थलो मे बंगाली—बंगाली बने रहते है, बल्कि उन स्थानो मे उनके मुहल्ले बस जाते है। किन्तु मैंने उत्तर भारत के लोगों को देखा है कि वे ऐसी दशा मे, अन्य प्रदेश मे रहते-रहते बहुत जल्दी अपनी विशेषता छोड़कर बिलकुल उस देश वालो में घुल-मिल जाते है। अस्तु, काशी लौटने के पहले इनकी बातचीत से मुझे इनकी थोड़ी-सी संकीर्णता का परिचय मिला। इससे मै बहुत ही दुखित हुआ। बहुत बातचीत करने के बाद इन्होने दिल्ली-षड्यन्त्रवाले मुक़दमे का वर्णन करके कहा कि उक्त अवसर पर बंगाल से उन लोगों को कुछ भी आर्थिक सहायता नही मिली, यद्यपि उसी मुक़दमे के असामी बसन्तकुमार के लिए रुपये भी दिये गए और बैरिस्टर भी भेजा गया। कुछ-कुछ इसी ढंग का अभियोग उन्होने बंगाल पर लगाया। यद्यपि मुझे उस समय की कुल बातें मालूम न थीं, क्योंकि दिल्ली षड्यन्त्रवाले मुक़दमे के कुछ ही पहले मै इस दल में भर्ती हुआ था तथापि जो कुछ मुझे मालूम था उसके अनुसार मैंने कहा कि हम लोगों ने बल की ओर से किसी की कुछ सहा-

यता नहीं की; न तो रुपये ही दिए थे और न किसी बैरिस्टर को ही पैरवी के लिए भेजा था। बसन्त बाबू के ही किसी विशेष मित्र ने अपनी ओर से द्रव्य खर्च करके ऐसी सहायता की थी। पंजाब के नए सिक्ख दल के सम्बन्ध में पूछताछ करने पर इन्होंने ऐसा उत्तर दिया मानो ये कुछ भी न जानते हों, और इन्होंने जो कुछ कहा उससे स्पष्ट हो गया कि उक्त दल के सम्बन्ध में ये सर्वथा अनभिज्ञ नहीं हैं। हां, उसे मुझ पर प्रकट नहीं करना चाहते। मजा यह है कि इस दल की बातें इनसे जानने का मुझे अधिकार था। इनकी बातचीत के ढंग से यही व्यक्त हुआ था कि सिक्खों का यह दल अपने विचारों के अनुसार स्वयं सब काम कर रहा है, यह किसी से कुछ प्रत्याशा नही रखता। मतलब यह है कि "बंगाल क्यों दाल-भात में मूसलचन्द बनता है?" जब मैंने यह पूछा कि "क्या इस समय पंजाब में रासबिहारी के आने से काम में कुछ सहूलियत हो सकती है?" तो उत्तर मिला कि "हां, अगर वह चाहें तो आ सकते है।" मैंने मन मे सोचा कि "हां, अगर चाहें तो!" मैंने देखा कि रासबिहारी को भी इस ओर बुलाने का इनका आग्रह नही है यद्यपि ये स्वयं उनसे बहुत दिनों से परिचित है। सिक्ख दल के कुछ नेताओं से परिचय करा देने के लिए उनसे अनुरोध किया तो उत्तर मिला कि "वैसे नेताओं से उनका खुद परिचय नही।" लेकिन इससे पहले ये मुझसे कह चुके थे कि "लाहौर से संग्रह करके उक्त नेताओं को हम हजार रुपया दे चुके हैं।" इस प्रकार ये जिस समय सिक्ख दल की बहुत-सी बातें मुझसे छिपाने का प्रयत्न कर रहे थे उस समय मैं मन ही मन मुसकराता था।

'अहं' को हम कितना ही दूर हटाने की चेष्टा क्यो न किया करे, वह प्रकट रूप से या अनजाने मे न मालूम कितने प्रकार से इसी तरह हमारे पीछे पडा रहता है। अस्तु, इनकी संकीर्णता देखकर कोई यह न समझ ले कि सभी पंजाबी इसी ढग के थे। असल बात तो यह है कि जो लोग वास्तविक कार्यकर्ता थे वे अन्य प्रान्तवालों की अपेक्षा, बंगालियो को कुछ अधिक स्नेह और श्रद्धा की दृष्टि से देखते थे। मुझे तो ऐसा ही याद पडता है कि अन्यान्य प्रान्त-वालो की अपेक्षा, यहां तक कि बहुतेरे पंजाबियों की भी अपेक्षा, ये सिक्ख लोग मानो बगालियों के प्रति विशेष रूप से आकृष्ट थे। मुझे तो यही लगता है कि जो लोग कुछ करते-धरते नही वे ही समालोचना करना पसन्द करते है। मेरे ये मित्र महोदय हमारे कामों में अक्सर अनेक तरह से सहायता तो किया करते थे सही, परन्तु ज्यादातर वे हम लोगों से दूर ही रहते थे। इस कारण हम लोग भी उनसे विशेष सम्बन्ध नही रखते थे। हां, इस समय पंजाब की भीतरी दशा को जानने-समझने के लिए मैंने सभी के पास जाना आवश्यक समझा। विपत्ति मे पड़ने पर भी ये किसी गुप्त बात को प्रकट नही ही करेंगे, हमारा इतना विश्वास इन पर जरूर था और इस विश्वास की सत्यता प्रमाणित हो चुकी थी, क्योंकि एक बार ये चक्कर मे आ चुके थे।

अस्तु, अब मैं यह सोचकर कि विप्लव की तयारी का यह नया पर्व आरम्भ हो गया है, रेल में बैठकर काशी की ओर बढ़ा। रह-रहकर यह सोचता था कि कब काशी पहुँचूँ और रासूदा को कब सारा हाल सुनाऊँ।

पंजाब की दशा देखकर मैंने समझ लिया कि यदि बहुत ही शीघ्र इस नवीन शक्ति को संयत और सुसंगठित न किया जाएगा तो बहुत सम्भव है कि ये सिक्ख लोग बेमौके ही कुछ ऐसा कर डालें जिससे सारी शक्ति और उद्यम छिन्न-भिन्न हो जाय। उस समय किसे खबर थी कि इतनी सावधानी रखने पर भी सब टाँय-टाँय फिस हो जाएगी। "इस जगत् में व्यर्थ कुछ भी जाता है या नहीं ?" इस प्रश्न पर यहाँ विचार नहीं करना है। इस प्रकार सोचते-सोचते मैंने रास्ते में ही निश्चय कर लिया था कि जितनी जल्दी हो सके दादा को इस ओर भेजना होगा और अपने प्रान्त मे भी अब छावनियों में—फौजों में—काम आरम्भ करना होगा। आगे चलकर बतलाऊँगा कि हम लोगों ने अब तक इस ओर क्यो ध्यान नहीं दिया था। मैंने अब मन में संकल्प कर लिया कि पंजाब में दादा को भेजूँगा और मैं स्वयं बंगाल जाऊँगा। बगाल जाकर काम करने की मेरी बहुत दिनों से प्रबल इच्छा थी। इस विषय की बातचीत दादा से मै पहले कई बार कर चुका था, किन्तु उनकी अनुमति नही मिलती थी।

पजाब की सीमा को लाँघकर गाडी युक्त प्रदेश मे पहुँची। शाम हो गई। मेरे डिब्बे मे मुसाफिर अधिक न थे, शायद कुल तीन-चार थे। उस समय दुनिया के पर्दे पर शायद ही कोई जगह हो जहाँ बीसवी सदी के कुरुक्षेत्र की बातचीत न होती हो। मुसाफिरो मे परस्पर जान-पहचान हो जाने पर तुरन्त यूरोप के महा-समर की चर्चा छिडी। मैने अपने एक साथी मुसाफिर से पूछा, "आपके गाँव से कैसे रगरूट भर्ती हो रहे हैं ?" उत्तर मिला कि "फौज के लिए अब बहुत मुश्किल से जवान मिलते है हालाँकि विनती-चिरौरी और इनाम-इकराम की भी कमी नही है। लोगो से कह दिया जाता है कि तनख्वाह माकूल मिलेगी और एक महीने की तनख्वाह पेशगी दी जाएगी। खुद मजिस्ट्रेट और अन्यान्य अफ़सर देहात मे इसके लिए दौरा करने जाते हैं। जो लोग फौज के लिए इधर-उधर से आदमी भर्ती करा देते है, उन्हें खासा कमीशन दिया जाता है। किन्तु यह सब होने पर भी आदमी नही मिलते। जो लोग फौज मे भर्ती होने लायक हैं वे गाँव छोडकर दूसरे गाँव मे भाग जाते हैं।" मैंने पूछा, "क्या आपकी तरफ फौज के लिए एक भी रगरूट नही मिलता ?" उन्होने उत्तर दिया, "जो लोग बिलकुल ही नासमझ है वे पहले तो लालच में आकर भर्ती होना मंजूर कर लेते है किन्तु जब सैनिक का सच्चा स्वरूप प्रकट होता है तब वे नौकरी छोड़ने की चेष्टा करने पर भी नौकरी से अलग नही हो पाते। इस दशा में बहुतेरे मनुष्य छावनी से भाग खडे होते है, तब इसके लिए उन्हें पुलिस की साँसत भोगनी पड़ती है।"

पजाब की दशा भी मैं ऐसी ही सुन चुका था। वहाँ तो रंगरूट मिलना और भी मुश्किल हो गया था।

इस समय मैंने एक बात पर विशेष रूप से ध्यान दिया—क्या रेल, क्या सड़क और क्या हाट-बाज़ार, सभी जगह अशिक्षित जनता में अंग्रेज़ों के प्रति तीव्र विद्वेष फैलता जाता था। एक दिन काशी में, बस्ती से बाहर, कुएँ की जगत पर बैठकर एक संयुक्तप्रदेशवासी व्यक्ति के साथ हमारे ही किसी काम की आलोचना हो रही थी। पास ही एक किसान घास छील रहा था। थोड़ी देर में देखा कि वह और भी समीप आ गया और घास छीलते-छीलते मुसकराकर पूछने लगा, "अंग्रेज़ों का राज्य रहेगा भी या नही ?" हम लोगों ने पूछा, "तुम्हें क्या लगता है ?" उत्तर मिला, "बाबू, अब ये हिन्दुस्तान में नही ठहर सकते, इनका वक़्त हो चुका। बाबू, जर्मन लोग कब तक आएँगे ?" तब हम लोगों ने उसे समझाया कि जर्मनी के आने से हमारा कुछ फ़ायदा नही; किन्तु उसने फिर कहा, "नही बाबूजी, अंग्रेज़ लोग अब न्याय नही करते, अब इनका चला जाना ही भला है।" इस पर हमको जो कहना चाहिए था वही कहा। यहाँ उसका उल्लेख करने की आवश्यकता नही। मैंने देखा कि 'बाबू लोग' यदि ऐसे लोगो की बातें सुनकर हाँ मे हाँ न मिलाते तो ये बाबुओं को ज़रा टेढी नज़र मे देखने लगते थे।

5

काशी में पुलिस के साथ सम्बन्ध

काशी मे पजाबमेल तीन बजे पहुँची। मेरे ऊपर पुलिस की खास नजर रहती थी। सबेरे से लेकर नौ-दस बजे तक पुलिस या तो मेरे घर के दरवाजे के सामने ही अथवा वही-कही अगल-बगल मे बैठी रहती थी और घर से बाहर पैर रखते ही मेरी गतिविधि पर नजर रखने के लिए वह परछाई की तरह मेरा पीछा करती थी। घर मे रहने पर भी मुझसे मिलना-जुलना लोगो के लिए सहज काम न था। क्योकि पुलिस जिसके साथ मेरा हेल-मेल देखती उसकी भी निगरानी उसी तरह करने लगती, जैसी कि मेरी करती थी। इस कारण उन दिनो मेरे-जैसे लोगो के साथ मामूली ढग पर लोगो का मिलना-जुलना भी जुर्म समझा जाता था। ऐसा सख्त पहरा रहने पर भी मै इस प्रकार के काम करता रहता था। बगाल से काशी विभाग मे बम के गोले और रिवाल्वर इत्यादि ले आता और फिर वहाँ से पजाब के विभिन्न प्रदेशो मे इन चीजो को पहुँचाता था, सभी काम इस सख्त पहरे के बीच होते रहते थे। पुलिस की आँखो मे धूल झोकना हम लोगो के लिए साधारण-सी बात थी। आगे की बाते लिखने से पहले यहाँ मैं कुछ वे लटके लिखता हूँ, जिनसे मालूम होगा कि किस प्रकार हम लोग पुलिस के पहरेवाले को छकाते थे।

पुलिस की नजर से बचने के लिए हमारी सबसे बढिया हिकमत यह थी कि पहले तो घर से निकलते समय ही होशियारी से किसी तरह पहरे वाले को धोखा दिया। यदि घर से रवाना होते समय पहरेदार की नजर न बचा सके तो यह किया कि उस बार न तो दल का कुछ काम किया और न दल के किसी व्यक्ति से ही भेट की। उस समय या तो अपने किसी सहपाठी के घर चले गए या हाट-बाजार मे जाकर जरूरी सौदा-सुलुफ मे ऐसा चित्त लगा दिया कि घरवाले समझते कि "आज तो शचीन्द्र का ध्यान गृहस्थी के कामो की ओर बेतरह लगा हुआ है।" अथवा कारमाइकेल लाइब्रेरी मे जाकर मासिकपत्रो और समाचार-पत्रो की सैर करके फिर जहाँ-के-तहाँ अपने घर आ गए। आखिरी हिकमत यह थी कि यदि गर्मी का मौसम हुआ तो घर लौटकर थोडी-सी मालिश की और जाह्नवी के पवित्र जल मे देह तथा मन को शीतल करके पहरेवाले को सहज ही छुट्टी दे दी, सहज इसलिए कि किसी-किसी दिन बेचारे को हमारा पीछा करते-करते

नाकों चने चबाने पड़ते थे। इन पहरे वालों में से प्रायः किसी के भी साथ मेरा व्यक्तिगत विरोध न था। आँख से आँख मिलते ही मैं मुसकरा देता था। कभी तिमंजिले की खिड़की से झाँककर मैंने देखना चाहा कि देखें पहरेदार किस ओर क्या कर रहा है और ठीक इसी समय उसकी भी नजर मुझ पर पड़ गई तब मैंने जंगले को खोल दिया। हजरत नीची निगाह करके टहलते हुए, घर के सामने से, मुसकराकर कुछ आगे बढ़ गए। ऐसा अवसर होता ही रहता था। इन पहरेदारों को धोखा देने में भी मजा आता था और धोखा देने में विफल हो जाने से भी हँसी-मजाक का मसाला हाथ लगता था। किन्तु किसी-किसी दिन इस तेज निगाह की बदौलत काम में गड़बड़ हो जाने से इन लोगों पर क्रोध भी कम न होता था। इन्हें हम लोग जब-तब समझाया करते कि "भैया, किसी तरह नौकरी सँभाले रहो, भला इस तरह दिन-भर दरवाजे पर डटे रहना कहाँ की भलमनसी है ? घरवाले और टोले-मुहल्लेवाले भला क्या कहेंगे ? सरकार समझती है कि हम लोग न जाने कौन-सा खतरनाक काम कर रहे है, सो यह उसकी ग़लती है। जो हो, तुम अपनी नौकरी करो किन्तु नाहक हम लोगों को इस तरह मत सताओ।" इन जासूसों में भी बहुतेरे भले आदमी थे। वे लोग हमसे इतनी नम्रता और सभ्यता से बातचीत करते कि उन पर हमें तनिक-सी भी कुढ़न न थी, यहाँ तक कि उनको देखने से सहानुभूति का भाव मन में आ जाता था। वे लोग भी अक्सर सिर्फ नौकरी के लिहाज से शाम, सवेरे या दोपहर के वक़्त चक्कर लगाकर या तो मेरे घर के पास ही किसी गली में आराम से बैठे रहते या सड़क पर किसी दूकान में बैठकर गप-शप किया करते थे। वे सिर्फ एक बार इतना ही पता लगा लेते थे कि मैं काशी में ही हूँ न। किन्तु जो हम लोगों को कहीं जाते देख लेते तो पीछा करने से भी बाज़ न आते थे। फिर कोई-कोई तो इस तरह हमारे पीछे पड़ता मानो हम उसके जन्म-जन्मान्तर के वैरी है। तब हम लोग भी इन्हें छकाए बिना न रहते। कभी-कभी क्या करते कि यों ही चक्कर काटकर एक गली से दूसरी में जाकर एकाएक भीड़ में घुस जाते और फुर्ती से निकलकर न जाने किस ओर ग़ायब हो जाते। यदि खुफिया पुलिस का कोई दारोगा हम लोगों को इस प्रकार बिना पिछलग्गू के—घूमते-फिरते देख लेता तो उस दिन हम पर नजर रखने को जो सिपाही तैनात होता उसे सख्त-सुस्त का खासा मजा चखना पड़ता।

लगातार जासूसों के साथ यह आँख-मिचौनी का-सा खेल खेलते-खेलते हम लोगों में यह खासियत पैदा हो गई थी कि इन लोगों को देखते ही भाँप लेते थे कि यह जासूस है। अब तो सभी बातें प्रकट हो गई है, इसलिए अब साफ मालूम हो गया है कि हम कभी पुलिस के चकमे में नहीं आए; सिर्फ हमारा पीछा करके ही पुलिस एक भी नये आदमी का पता लगाने में समर्थ नहीं हुई। हम पर जिस समय यह का-सा कड़ा पहरा रहता था उसी समय हम लोग बम के गोले और रिवाल्वर लेकर काशी के विभिन्न स्थानों में आते-जाते रहे हैं और इन चीजों को

बाहर से काशी में लाये भी, फिर वहाँ से बाहर भेज भी दिया। मैं एक दिन सबेरे घर जा रहा था। घर के पास आते ही एकदम भेदिया विभाग के दारोगा के सामने जा पड़ा। दारोगा अकेला न था, उसके साथ उसका एक अनुचर भी था। मुझ पर नज़र पड़ते ही वह मुसकराकर आगे बढ़ा और मेरे पास आ खड़ा हुआ। मैं भी उसी तरह हँस-हँसकर उससे बातचीत करने लगा। "क्या मार्निंग वाक करने तशरीफ ले गए थे ?" मैंने भी कहा, "जी हाँ, ज़रा घूम-घाम आया हूँ।" "यह क्या है ?" कहकर मेरे बुक-पॉकिट की एक छोटी-सी किताब की ओर उसने अँगुली से इशारा किया। मैंने उसी दम किताब निकालकर दारोगा को दे दी। उसमें नैपोलियन की कुछ उक्तियाँ और ऐसे ही दो-एक अन्य विख्यात पुरुषों के जीवन की कोई-कोई विशेष घटना लिखी हुई थी। उसने खूब देख-भालकर मुझे किताब लौटा दी। फिर मुसकराकर हम लोग अपनी-अपनी राह से लगे। उस दिन और उसी समय मेरे कोट के नीचेवाले पॉकेट में गनकाटन (इस कपास से बम चलाने की बत्ती का पलीता बनता है) और इसी किस्म के अन्यान्य भीषण पदार्थ भरे हुए थे।

दूर से नज़र पड़ते ही हम लोग ताड़ लेते थे कि यह पुलिस का आदमी है। मामूली पहरेदारों को तो उनकी जूतियों से ही पहचान लिया जाता था। फिर ज़्यादातर उनके सिर की टोपी, चलन का ढंग और हाथ मे छड़ी लेने की रीति—अपनी विशेषता के कारण—हमारी दृष्टि को धोखे से बचा लेती थी। कभी-कभी अपने साथियो के कारण ये लोग पहचान लिए जाते थे। सड़क पर चलते समय हम लोगों को कुछ ऐसी आदत पड़ गई थी जो कि जेल से लौट आने पर भी बहुत दिन तक बनी रही। वह यह कि सड़क पर चलते समय एकाएक किसी जगह ठहरकर किसी व्यक्ति से बातचीत करने लगे और उसी अवसर पर आगे-पीछे नज़र डालकर एक बार भली भाँति देख लिया कि कोई पीछा तो नही कर रहा है। सड़क के मोड़ पर जाकर पीछे भेद भरी निगाह डालने की जो आदत मुझे पड़ गई थी उसके लिए अभी उस दिन लोगों ने खूब मज़ाक किया। अथवा कोई चीज़ मोल लेने के बहाने किसी दूकान पर ठहरकर या किसी और ढंग से चलते-चलते एकदम रुककर आगे-पीछे देखे बिना मैं रास्ता चलता ही न था। मैं इस बात का ध्यान हमेशा रखता था कि मेरी तनिक-सी भी गफ़लत से समूचा दल तहस-नहस हो सकता है। किन्तु चलते-चलते ठहरे बिना कभी पीछे मुड़कर न देखता था। यदि एक ही चेहरे पर कई बार नज़र पड़ती तो उस पर तुरन्त सन्देह हो जाता और मैं अपने सन्देह को जाँचने के लिए किसी सुनसान गली में जा निकलता। उस समय या तो पीछा करनेवाला पकड़ लिया जाता यानी विश्वास हो जाता कि यह जासूस है अथवा उसे लाचार होकर पीछा छोड़ देना पड़ता था। अपना पीछा करनेवाले को जब इस तरह हम चंगुल मे फाँस लेते थे तब किसी तरह उसे धोखा देना ही हमारा पहला कांम होता था। ऐसे मौक़े पर चकमा देने का खास ढंग था सुनसान रास्ते पर चलते-चलते एकाएक किसी भीड़-भाड़

की जगह में आकर ग़ायब हो जाना। इसके सिवा घर से चलने के पहले ही मैं खूब चौकन्ना हो जाता था और जिस दिन खास काम होता उस दिन तो बड़े तड़के घर से चल देता था। जब लौटकर घर आता तो देखता कि मेरा पीछा करने के लिए तैनात किए गए पहरेदारजी घर को घेरे हुए इस तरह बैठे हैं गोया मैं घर के भीतर ही हूँ।

पुलिस के साथ मेरा ऐसा ही सम्बन्ध था। ऐसी ही दशा में तीन बजे दिन को मैं काशी आ पहुँचा। पुलिस की नज़र बचाकर घर गया और फिर वहाँ से दादा के डेरे पर। रामबिहारी उस समय काशी में ही थे। किन्तु पुलिस को उस समय स्वप्न में भी हमारी गतिविधि की कुछ भी जानकारी न थी।

दादा से सलाह करने पर निश्चय हुआ कि युक्त प्रान्त के सैनिकों में भी विप्लव के विचार फैला देने चाहिएँ। और बंगाल को पंजाब के विद्रोह की खबर बहुत जल्द दे देनी चाहिए। पाँचवीं दिसम्बर की बाट जोही जाने लगी, क्योंकि पृथ्वीसिंह से बातचीत हो जाने पर बंगाल को मेरा जाना निश्चित किया गया था। इस बीच अब मैं इस ताक में लगा कि काशी की छावनी में—बारकों में—किस प्रकार मेरी रसाई हो। दो-एक दिन के बाद अखबार में पढ़ा कि अमेरिका से लौटे हुए कुछ सिक्ख, ताँगे में सवार हो, एक गाँव में जा रहे थे। सन्देह करके पुलिस उन्हें गिरफ़्तार करने गई तो उनके पास से रिवाल्वर इत्यादि अस्त्र बरामद हुए। फिर पुलिस जब उन्हें गिरफ़्तार करने को तैयार हुई तब सिक्खों ने गोली चलाई जिससे एक सिपाही बहुत घायल हो गया। बाद को मालूम हुआ कि ये किसी खज़ाने को लूटने गए थे। किन्तु इनकी 'होशियारी' की 'तारीफ़' करनी पड़ती है कि इन पर नज़र पड़ते ही पुलिस को शक हो गया!

ध्यान देने की बात है कि इस मौके पर गाँववालों ने पुलिस को सहायता दी थी। गाँववालों ने समझा कि पुलिस मामूली उचक्कों और चोरों को गिरफ़्तार कर रही है। बस, इसी धोखे में आकर उन्होंने पुलिस को मदद दी थी। इससे कुछ दिन बाद की एक घटना का हाल सुनिए। उस समय विप्लव की तैयारी का भण्डा फूट चुका था। सारे पंजाब में धर-पकड़ की धूम से विचित्र कोलाहल मचा हुआ था। पुलिस भाई प्यारासिंह नामक एक सिक्ख युवक को गिरफ़्तार करने की फिक्र में थी। एक दिन ऐसा हुआ कि पुलिस का एक घुड़सवार एक युवक के पीछे बेतहाशा घोड़ा दौड़ाए जा रहा था। इस दशा में वह युवक तीन मील के लगभग दौड़ा। घोड़े की दौड़ से बाजी मारने में वह असमर्थ होने पर था कि उसी के गाँववालों ने आकर उसका रास्ता रोक लिया। पल-भर में पुलिस के सवार ने आकर बहुत दिनों से भागे हुए आसामी भाई प्यारासिंह को गिरफ़्तार कर लिया। गाँववालों को जब यह मालूम हुआ कि उन्होंने जिन्हें गिरफ़्तार कराया है वह उन्हीं के गाँव के सुपरिचित और सभी के परमप्रिय भाई प्यारासिंह हैं, तब उनके पछतावे का अन्त न रहा। जो लोग कभी इन भाई प्यारासिंह से मिले हैं वे इनके चरित्र की मधुरता से अवश्य मुग्ध हुए हैं, और उन सभी को स्वीकार

करना पड़ेगा कि इनका 'प्यारा' नाम सोलहों आने ठीक है। जैसे ये स्वभाव से नम्र थे वैसे ही इनके चरित्र से एक शान्त, समाहित संयत तेज का आभास मिलता था। गाँववाले सचमुच इनके गुणो पर लट्टू थे और विधाता की मर्ज़ी देखिए कि उन्ही गुण-मुग्ध गाँववालों ने मानो अपने हाथों अपने प्यारे को पुलिस के पजे मे फँसा दिया।

अस्तु, पंजाब में गिरफ्तारियाँ होने की खबर पढकर हम लोग किंचित् विचलित हुए, क्योंकि हम लोग हरदम यही सोचते रहते थे कि ऐसा बढ़िया मौक़ा तनिक-सी भूल से कही हाथ से न निकल जाय। इधर अपने दल के उपर्युक्त दो-एक लड़कों से हमने अपने निश्चित कार्य की बाते कही। इस समय से हम लोगो ने और सब कामो से ध्यान हटाकर अपना सारा सामर्थ्य सैनिकों का मन परिवर्तन करने की चेष्टा करने मे लगा दिया। मै एक दिन अपने एक महाराष्ट्री मित्र के साथ फौज की बारको की ओर गया। हम लोग सीधे बारकों मे नही गए, पहले छावनी स्टेशन पर पहुँचे। यह इसलिए किया कि यदि कोई हमारा पीछा कर रहा हो तो, स्टेशन पर जाने से, बारकों मे जाने की हमारी इच्छा उसे न मालूम हो। स्टेशन पर पहुँचने के बाद हम लोग रेल की पटरी के किनारे-किनारे बारको की ओर बढे। स्टेशन पर पहुँचने और वहाँ के लम्बे प्लेटफार्म को तय करने में साफ मालूम हो सकता था कि हमारा पीछा तो नही किया जा रहा है। और जब मैं रेल की पटरी के किनारे-किनारे चलने लगता था तब तो कुछ छिप ही न सकता था। फौज की बारकों में आते-आते समय किसी भी दिन हमारा पीछा नही किया गया। रेल की लाइन, फौज की बारक के पास से, ग्रैण्ड-ट्रंक रोड को काटती हुई चली गई है। ग्रैण्डट्रक रोड के मोड़ पर आकर हमने देखा कि दो युवा सिक्ख, बारक से निकलकर, शायद बाज़ार की ओर जा रहे थे। हमको अपनी ओर आते देखकर वे लोग खड़े हो गए। मैंने इन लोगों से कितनी ही बाते पूछी। कुछ प्रश्न ये है—"आप कहाँ जा रहे है? आपकी पलटन का क्या नाम है? आपका हवलदार कौन है? इस समय पलटन मे कितने जवान हैं? इससे पहले आप लोग कहाँ थे? यहाँ से कही जल्दी बदली तो नही होने-वाली है? गोरो की बारको मे कितने सिपाही हैं? और यहाँ की छावनी में आपको आए कितना समय हुआ है?" इत्यादि। सभी प्रश्नों के उत्तर देकर उन्होंने मुस्कराकर पूछा—"ये बाते आप क्यों पूछते हैं? हम पर हमला तो न कीजिएगा?" तब हम लोग भी इसलिए खिलखिलाकर हँस पड़े कि जिसमें इस उच्च हास्य के अनन्तर इन लोगों के मन में हमारे किए हुए प्रश्नों के सम्बन्ध में कुछ खटका न रहे। वे लोग अपने रास्ते लगे और हम धीरे-धीरे सड़क पर, बारकों के पास से होकर जाने लगे। बारकों में जाने की हमें हिम्मत न हुई। इतने में देखा कि एक और सिक्ख सड़क की तरफ आ रहा है। उससे हवलदार की बाबत पूछा तो वह बारक के एक स्थान की ओर अँगुली से इशारा करके हमसे वहीं जाने को कहकर चला गया। अब हमने सोचा कि शायद बारकों

में बाहरी आदमियों के जाने-आने की रोक-टोक नहीं है। किन्तु फिर भी बारक में किसी से कुछ भी परिचय न होने के कारण उस दिन वहाँ जाने की हिम्मत न हुई। हिन्दुस्तानी और अंग्रेजी फौज की कुछ बातें मालूम करके हम लोग उस दिन घर की ओर लौट पड़े। काशी में सिक्खों की पलटन देखने से मुझे उस दिन बहुत ही उत्साह हुआ क्योंकि पंजाब में जाकर मैंने देख लिया था कि सिक्खों को बड़ी सरलता से उत्तेजित किया जा सकता है। इसके सिवा यह भी सोचा था कि यदि यह पलटन यहाँ कुछ दिन तक बनी रहे तो पंजाब से सिक्ख नेताओं को यहाँ बुलाकर सहज ही काम कर लिया जाएगा। उस दिन मेरी एक यही कामना थी कि यह सिक्खों की टुकड़ी कुछ दिन तक और यही बनी रहे। इन दिनों कोई भी सेना की टुकड़ी एक स्थान पर बहुत दिनों तक न रहने पाती थी। यह टुकड़ी भी थोड़े ही समय में, कितनी ही छावनियों की सैर कर आई थी और कुछ भरोसा न था कि न जाने किस दिन यहाँ से कूच करने का हुक्म हो जाय।

इधर दिसम्बर की पाँचवीं तारीख आ गई। यथासमय स्टेशन पर जाकर देखा कि पंजाब मेल धक-धक करती हुई प्लेटफार्म पर आ गई। मन मे तरंग उठी कि हमारे विप्लव की तैयारी के साथ इंजन का बहुत घना सम्बन्ध है, इसी से उसका प्रचण्ड वेग देखकर मैंने सोचा कि मानो पंजाब के विप्लव का समाचार लेकर वह पागल की तरह दौड़ता आ रहा है। अब पंजाब की चिनगारियाँ इसी दम बात की बात मे इस प्रान्त मे भी फैल जाएँगी। किन्तु गाड़ी मे पृथ्वीसिंह के दर्शन न हुए। उनको बहुत ढूंढा किन्तु कही न देख पड़े। तब पंजाबियों पर बहुत क्रोध हुआ कि इन्हें वक़्त की क़द्र मालूम नही। अब क्या किया जाय? उन लोगों को ढूंढ़ना सहज काम नही है। जाकर दादा को सब समाचार सुनाया। यह अनुमान किया गया कि किसी कारण से पृथ्वीसिंह आज यहाँ न पहुँच सके होंगे, इसलिए मैं अगले दिन फिर स्टेशन पर गया किन्तु आज का जाना भी व्यर्थ हुआ। तीसरे दिन जाने पर भी भेंट न हुई।

6
भाव और कर्म

दादा से सलाह करके अब मैं बंगाल को चला गया। वास्तव में देखा जाय तो दादा ही सारे उत्तर-भारतीय विप्लव-पन्थ के नेता थे। तथापि, दल की पुरानी पद्धति के अनुसार, उन्हें अपना कार्यकलाप और भी दो-एक व्यक्तियों पर प्रकट करना पड़ता था। रासबिहारी पहले अन्यान्य सदस्यों की भाँति दल के एक साधारण कार्यकर्ता ही थे। लेकिन वह धीरे-धीरे अपनी अद्भुत कार्यकुशलता से सबकी जानकारी से बाहर आश्चर्यजनक रीति से संगठन करते रहे और एक दिन बहुत-से कामों का भार अपने ऊपर लेकर वह नेताओं के सम्मुख अकस्मात् प्रकट हुए। अस्तु, अब पंजाब का पर्व समाप्त करने के पहले बंगाल की चर्चा न छेड़ूँगा।

इस समय हमारे दल का विस्तार पूर्वी बंगाल की अन्तिम सीमा से लेकर अब पंजाब में प्रवेश करने की सूचना दे रहा था। अपने प्रधान नेता और पूर्वी बंगाल के कुछ नेताओं को पंजाब का नया समाचार सुनाने के लिए मैं बंगाल को भेजा गया। किन्तु कलकत्ता में उस समय पूर्वी बंगाल का कोई भी व्यक्ति न मिला। अतएव मैंने उचित स्थान पर खबर कर दी कि जितनी जल्दी हो सके, पूर्वी बंगाल का कोई व्यक्ति काशी आ जाय। फिर केन्द्र के नेताओं के पास जाकर मैंने पंजाब का सारा समाचार विस्तार के साथ कह सुनाया। उन लोगों में एक नये उत्साह की तरंग मैंने देखी सही, किन्तु पूरे समाचार पर वे लोग उस समय विश्वास नहीं कर सके। बहुत रात तक बातचीत होती रही। यदि सचमुच विद्रोह हो जाय और फिर यदि ऐसी दशा हो कि सामने-सामने युद्ध न करके हमें पीछे हटना पड़े तो उस समय हम लोगों को कहाँ आश्रय मिलेगा? हम लोगों को रसद किस प्रकार मिलेगी और परस्पर सम्बन्ध-सूत्र किस प्रकार से रक्षित रहेगा?—इत्यादि अनेक विषयों पर जो बातचीत हुई थी उसका यहाँ पर उल्लेख करने से कुछ लाभ नहीं। उस समय भी सिक्खों के दल विदेश से भारत में चले आ रहे थे और उनमें बहुतेरे लोग कलकत्ता में कुछ दिन तक विश्राम करके पंजाब को चले जाते थे। मैंने नेताओं से कहा कि इन विदेशों से आए हुए सिक्खों से संयोग स्थापित करने की विशेष रूप से चेष्टा कीजिए। इस बात पर भी विचार किया गया कि अब बहुत जल्द बम के गोले बहुत अधिक बनाने पड़ेंगे और उसके

लिए अभी से तैयारी शुरू कर देनी चाहिए।

अन्त में हम लोगों के बहुत पुराने—किन्तु फिर भी 'नित-नए'—'आत्म-समर्पण योग' की चर्चा निकली। जब एक बार इसकी चर्चा निकल पड़ती थी तब फिर जल्द समाप्त न होती थी। मार्ग भले ही एक हो, और सब लोग एक ही आदर्श से प्रणोदित हों, तो भी वही एक बात, एक ही भाव, भिन्न-भिन्न व्यक्तियों में कितनी ही नई रीतियों से विकसित होने की चेष्टा करता है। इसलिए एक भाव के उपासक होकर भी, उसी एक मार्ग के पथिक होने पर भी, हम लोगों के बीच परस्पर असंख्य स्थानों में मतभेद रहता था। गानेवाला तो एक ही है, किन्तु वही एक स्वरलहरी पाँच श्रोताओं के लिए कितने प्रकार की मूर्च्छना उत्पन्न नहीं कर देता! मेल तो काफ़ी रहता है, किन्तु बेमेल भी क्या कुछ कम रहता है? जिस आदर्श से प्रणोदित होकर हम लोग अपने व्यक्तिगत और समष्टिगत जीवन को नियन्त्रित कर रहे थे उस भाव-स्रोत की तरंग यद्यपि एक ही स्थान से आती थी तथापि उसने विभिन्न आधारों में अपनी विचित्रता की महिमा को स्थिर रखा था। हमारे आदर्श सम्बन्धी छोटी-मोटी बातों के झगड़ों में कितनी ही रातें बीत गई हैं, फिर भी उलझनें सुलझी नहीं हैं; एक व्यक्ति दूसरे को कुछ-कुछ समझकर जब घर से बाहर निकल आता तब उषा की लालिमा, अधखिले फूल की तरह, पूर्व क्षितिज में देख पड़ती थी। रास्ता चलते-चलते जब नींद से अलसाई हुई आँखों पर पलकें गिरने लगतीं तभी मालूम होता था कि इतनी थकावट हुई है। रात बीतने से पहले ही इन केन्द्रों से हट जाना पड़ता था और सबेरा होने पर अनेक काम करते हुए भी रात की आलोचना का प्रसंग दुबारा बातचीत करने के लिए मानो प्रतिक्षण अवसर ढूंढ़ता रहता था; और कभी-कभी दिन को काम-काज करते समय न जाने कब योग की वह भावना आकर हम पर प्रभाव जमा लेती थी। इस प्रकार भाव और कर्म के मोहक आवेश में हमारा विचित्र जीवन व्यतीत और गठित होता जाता था।

7
फ़ौज की बारकों में

काशी में वापस आने पर दादा से ज्ञात हुआ कि काम मजे में होता जा रहा है। उन्होंने कहा, "आज ही दोपहर के बाद अमुक बाग़ में एक सिपाही आनेवाला है, तुम आज वहाँ जाना।" यह भी सुना कि वह पलटन काशी से बदल गई है और उसकी जगह पर नई पलटन आई है। मैं दोपहर के बाद उसी बाग़ में पहुँचा। उस बाग़ मे मुझे एक मित्र ले गए थे। मैंने रास्ते में उनसे पूछा कि दल का परिचय इन लोगों के साथ किस प्रकार हुआ ? मित्र ने बतलाया कि "ये लोग बाजार में सौदा लेने आते थे; एक दिन छावनी की ओर जाते समय, रास्ते में आते इन्हें देखा। तब हम लोग भी इनसे बातचीत करते हुए शहर की तरफ़ लौट पड़े। रास्ते में वर्तमान युद्ध-सम्बन्धी बहुत-सी बातें भी हुईं। हिन्दू-मुसलमानों से सम्बद्ध बहुतेरी बातें भी हुईं। हिन्दुओं की वर्तमान दुर्दशा और अध:पतन की चर्चा करते-करते हम लोग बस्ती मे आ पहुँचे। इस प्रकार पहले दिन जान-पहचान हो चुकने पर उनका नाम-धाम पूछ लिया गया और कहा गया कि आपसे जरूरी काम है इसलिए किसी दिन तकलीफ़ कीजिएगा। बस, उस दिन इतनी ही बातचीत हुई। दूसरे दिन वे लोग फिर गंगा नहाने के लिए बस्ती में आए। उस दिन हम लोगो ने उनको अपनी भीतरी बातें कह सुनाईं। बहुत कुछ बातचीत हो चुकने पर उन्हें समझाया गया कि वर्तमान युद्ध में, विदेश मे जाकर विधर्मियों के भले के लिए प्राण देने की अपेक्षा स्वदेश मे स्वधर्म के लिए प्राण देना हजार दर्जे अच्छा है। इसका उन पर बहुत अच्छा असर पड़ा। आसानी से काम बन गया। पलटन मे जाकर अपने बेडेवालो से इस विषय की बातचीत करके वे आज मिलने को आने वाले है।" थोड़ी ही देर बाट जोही थी कि देखा, एक मनुष्य हाथ मे सौदा लिये चला आ रहा है। मित्र ने कहा, "यही तो हैं।" ये सिर से पैर तक सफ़ेद कपड़े पहने हुए थे, मानो भीतर की विशुद्धता बाहर भी प्रकट हो रही थी। इनसे बातचीत करके मैं बहुत ही आनन्दित हुआ। हिन्दुओं की स्वभाव-सिद्ध नम्रता मानो इनकी देह में भिदी हुई थी। इनमे एक उत्फुल्लता और उत्साह का भाव मैंने देखा, किन्तु उत्तेजना इन्हें छू तक नहीं गई थी। उस दिन इनके साथ सीधे बारक में जाकर और इनकी चारपाई पर बैठकर बहुत बातचीत हुई। हम लोग इनकी चारपाई पर बैठकर बातें करने लगे और ये हमारी खातिर के लिए

समीप के बाज़ार से मिठाई मँगाने का इन्तज़ाम करने लगे।

उस दिन अपने जीवन में पहले-पहल अंग्रेज़ों की फ़ौजी बारक में मैंने क़दम रखा था। इससे पहले इन फ़ौजी बारकों के कितने ही अस्फुट रहस्य मन में न जाने कितनी बार कितनी ही सूरतों में देख पड़ते थे। आज उसी फ़ौजी बारक में बैठे रहने पर भी ऐसा लगता था कि मानो वे सब रहस्य हमारे आस-पास चक्कर काट रहे हैं। बीच-बीच में ऐसा प्रतीत होने लगा कि बहुत पुराना सुख-स्वप्न मानो इस छावनी की बारक में लिपटा हुआ है।

लम्बी बारक के बीच में दोहरी कतार में सिलसिले से चारपाइयाँ बिछी हुई हैं। कोई तो चारपाई पर बैठा इधर-उधर की बातें मार रहा है, कोई पुस्तक पढ़ रहा है और कोई किसी काम से बारक में आता-जाता है। हम लोग परिचित सिपाहियों से उमंग के साथ बातचीत कर रहे थे सही; किन्तु मन में एक ही साथ डर, अचरज और आनन्द की विचित्र हलचल मची हुई थी। हमारे लिए मिठाई मँगाने का जब ये इन्तज़ाम करने लगे तब पहले तो हम लोगों ने इन्हें रोका कि अजी, मिठाई की क्या ज़रूरत है, रहने भी दीजिए; किन्तु इनका आग्रह देखकर अन्त में चुप हो जाना पड़ा। इधर जब मिठाई के आने में विलम्ब होने लगा तब बीच-बीच में खटका होने लगा कि ज़रूर कुछ-न-कुछ दाल में काला है। शायद किसी अजगर को हमारी खबर देने के लिए कोई दौड़ाया गया है। थोड़ी ही देर में आस-पास के सिपाहियों ने हमारी चारपाइयों पर आकर हमारे साथ बातचीत छेड़ दी। बारकों में हम लोगों ने अपने को राजपूत क्षत्रिय बतलाया था। सिर्फ़ राजपूतों ही के लिए बनारस में एक स्कूल और कालेज था। वहाँ राजपूतों के सिवा और कोई पढ़ने न पाता था और न वहाँ के बोडिंग में ही रहने पाता था। अपने पूर्व-परिचित सिपाही की बात के अनुसार हमने इन लोगों को बतलाया कि हम लोग उक्त राजपूत कालेज के छात्र हैं। सिपाहियों द्वारा नाम-धाम पूछा जाने पर हमने बड़े तपाक से अमरसिंह और जगतसिंह प्रभृति नाम बतला दिए। किन्तु मन में धुकुर-पुकुर होने लगी कि कहीं हमारा असली स्वरूप प्रकट न हो जाय। यह बतलाने की ज़रूरत ही नहीं कि वहाँ पर हम लोग बंगाली लिबास में नहीं गए थे। हममें से एक के सिर पर तो साफ़ा था और दूसरे के सिर पर थी टोपी। पहनावा भी संयुक्त प्रांतवासियों जैसा था। मुझसे साफ़ा बाँधते न बनता था, इसलिए मैं अकसर टोपी से ही काम लेता था।

हमारे पूर्व-परिचित सैनिक ने एक हवलदार से परिचय करा देने का वादा किया। इस हवलदार से ये हमारी चर्चा पहले ही कर चुके थे और हवलदार भी हमारे प्रस्ताव के पक्ष में हो गया था। थोड़ी देर बाद हवलदार से हमारा परिचय हुआ। इसका नाम दिल्लासिंह था। इसने हमसे कुछ झिझकते हुए बातचीत की और थोड़ी देर में यह कहकर कहीं चल दिया कि एक काम करके आता हूँ। दिल्लासिंह उसी समय से हमें कुछ भला न जँचा और जब वह काम का बहाना करके खिसक गया तब मैंने डरते-डरते पूर्व-परिचित सैनिक से धीरे से पूछा कि

दिल्लासिंह पर पूरा भरोसा किया जाय ? कुछ खटका तो नही ?" तब उक्त सैनिक ने उसकी ओर से बेफिक्र रहने को कहकर उसे भला आदमी बतलाया। मैंने उस दिन भी यह बात किसी से नही छिपाई थी कि दिल्लासिंह मुझे भला आदमी नही जँचता। उस दिन दिल्लासिंह जब तक वहाँ लौट नही आया तब तक हर घड़ी-पल पर मैं अपने मित्र से कहता था कि "क्योंजी, अब तक आया नही, कहाँ गया ?" और एक-दूसरे की ओर देख-देखकर हम दोनों परस्पर मुस्कराते थे। जो हो, हमारा सन्देह जाता रहा, उस दिन तो दिल्लासिंह दुबारा लौट आया। उस दिन मामूली बातचीत करते-करते शाम हो गई, फिर हमसे एकान्त में बातें करने के लिए दिल्लासिंह उस पूर्व-परिचित सिपाही को लेकर हमारे साथ-साथ बारक के बाहर चला आया। दिल्लासिंह ने हमारे प्रस्ताव को मान लिया और कहा कि हम बारक के कुछ अन्य सिपाहियो से भी बातचीत कर रखेंगे। दिल्लासिंह के लौट जाने पर भी पूर्व-परिचित सैनिक महोदय और भी थोड़ी देर तक हमारे पास बने रहे। अब दिल्लासिंह के ऊपर हमारे शक करने पर इन्होने हमसे फिर उसकी ओर से बेखटके रहने को कहा। तब यह सोचकर मन में आनन्द हुआ कि चलो, एक हवलदार तो दल मे आ गया। इस रीति से इस फ़ौजी बारक में हमारा आवागमन आरम्भ हुआ और एकाध महीने के भीतर हम वहाँ कम से कम दस-बारह बार आए-गए। इन सिपाहियो में से कुछ लोग शहर मे हमारे डेरे पर भी आए थे और तब, हम लोगों ने भी इन्हें हर मर्तबा रसगुल्ला आदि कई प्रकार की बगाली मिठाई खिलाकर खुश किया था।

मालूम होता है कि समूचे भारत मे ऐसा एक भी शहर न था जहाँ स्वदेशी आन्दोलन और बम के गोले के दल का बात किसी को मालूम न हो। हम लोगों ने इन सिपाहियों को अपने घर बुलाकर बम के गोले, रिवाल्वर और मोज़र पिस्टल आदि के दर्शन कराकर विश्वास करा दिया कि वास्तव मे हम लोग भी उल्लिखित दल के सदस्य हैं। इस प्रकार कुछ दिनों तक आवाजाही होने पर इनको बतलाया गया कि पजाब की फ़ौज मे भी विप्लव की तैयारी ज़ोरों से हो रही है। हम लोग बखूबी जानते थे कि इन लोगों को भेद की सारी बाते सुना देने से क्या अनर्थ हो सकता है, क्योंकि इन लोगों के ज़रिए यदि सरकारी पक्ष को हमारी गदर की तैयारी का तनिक भी पता मिल जाता तो पंजाब का सब किया-कराया मिट्टी मे मिल जाता। किन्तु इनसे दुराव रखने मे भी तो सुभीता न था, जब इनसे कहा गया कि "यदि हमारी बातो पर विश्वास न हो तो तुम अपने किसी आदमी को कुछ दिनों के लिए पंजाब भेज दो, हम उन रेजिमेटों से इसकी जान-पहचान करा देंगे जिन्होंने कि प्रस्ताव को मान लिया है।" तब हमारी बात पर इन्हें बहुत कुछ विश्वास हो गया। इस प्रकार धीरे-धीरे तीन-चार हवलदारों और सिपाहियो से हमारा परिचय हुआ।

हम लोग ज्यादातर शाम को या अँधेरा हो जाने पर बारको में जाते थे किन्तु दो-एक बार दिन को दोपहर के वक़्त भी जाना पड़ा है। इसी प्रकार एक दिन

हम दो व्यक्ति बारक के समीप घने पेड़ों की छाँह में बाट जोह रहे थे और हमारे बीच का एक व्यक्ति बारक में दो-एक सिपाहियों को बुलाने गया था। देर तक राह देखने पर भी जब हमारा साथी नहीं लौटा तब हम लोग दुचित्ते हो गए और डर लगने लगा कि कहीं कोई विपत्ति तो नहीं आ गई। तब तो फिर यहाँ इस प्रकार, प्रतीक्षा करना भी युक्तिसंगत नहीं। किन्तु अपने साथी को ही किस प्रकार छोड़कर चल दें? ऐसी-ऐसी बहुतेरी बातों पर हम सोच-विचार करने लगे। डर तो हम लोगों को खूब लगता था किन्तु डर के मारे हम लोगों के हाथ-पैर नहीं फूल गए, हमारा तो विश्वास है कि ,विषाद की तनिक-सी भी कालिमा हमारे चेहरे पर नहीं आने पाई। और हम ही बारक में कितनी ही बार आए-गए हैं, किन्तु खटके ने एक भी बार साथ नहीं छोड़ा, फिर भी हम प्रत्येक बार साफ निर्विघ्न लौट आए। लौटने पर सोचते थे कि चलो, आज का दिन तो निर्विघ्न व्यतीत हुआ; किन्तु फिर भी कई बार बारकों में आना-जाना पड़ा। जो हो, देर तक बाट जोहने पर भी जब मित्र महोदय न लौटे तब सोचा कि क्या सचमुच आफ़त ने घेर लिया! फिर सोचा कि हम लोग बंगाली हैं, हाथ में टोपी और साफा है, बारक के पास ही पेड़ की छाँह में हम भले आदमी के लड़के बैठे हैं, इन घने पेड़ों की क़तार के पास से ही ग्रैण्डट्रंक रोड गई है, जो कोई हाकिम-हुक्काम हमें यहाँ पर इस दशा में बैठा हुआ देख ले तो क्या समझेगा? हम ऐसी ही उधेड़-बुन में थे कि मित्र महोदय को दो सिपाहियों के साथ अपनी ओर आते हुए देखा। अतः हमारे सिर से बड़ा भारी बोझा-सा उतर गया। इसके पश्चात् इस बारक के पास दो-एक बार सबेरे के समय भी आया हूँ, उस समय सिपाही लोग परेड पर क़वायद करते थे। अपने ही परिचित एक हवलदार को सेना-परिचालन-कार्य करते देखकर ऐसा लगा कि रेजिमेंट मानो हमारी ही है, हमारे उद्देश्य की सफलता के लिए ही मानो यह सारी तैयारी की जा रही है। सामने से दो-एक अंग्रेज अफ़सर घोड़े पर बैठे हुए निकल गए, किन्तु किसी ने हम लोगों की ओर ध्यान नहीं दिया। उस समय तो किसी के मन में रत्ती-भर भी सन्देह न था।

एक दिन की बात का मुझे खूब स्मरण है। उस समय पंजाब का दुबारा चक्कर लग चुका था। विप्लव की तैयारी पूरी होने को थी। एक दिन उन्हीं घने पेड़ों के नीचे बैठकर, गोरों की फ़ौजी बारक के बिलकुल ही समीप, अंग्रेज़ों के ही राज्य को उलट देने के लिए कैसी भीषण गुप्त योजना की गई थी। उस दिन कोई तीन हवलदार और नायब हवलदार तथा कुछ सिपाही, शाम होने पर, उन्हीं पेड़ों के नीचे एकत्र हुए। हम लोग भी तीन व्यक्ति थे। इन पेड़ों की क़तार के एक ओर रेल की पटरी है और दूसरी ओर है ग्रैण्डट्रंक रोड। इसी ग्रैण्डट्रंक रोड के बग़ल में थोड़ा-सा मैदान छोड़कर सेना की बारकें हैं। कुछ सिपाही सड़क के किनारे पेड़ों की ओट में इसलिए बैठे हुए थे कि यदि किसी को उस ओर आते देखें अथवा ऐसा ही कुछ और खटका हो तो उसी दम हम लोगों को सावधान

कर दें। हम लोग भी यथासम्भव वृक्षों की ओट में बैठकर आसन्न-विद्रोह का दिन, समय और अन्यान्य छोटी-मोटी बातों पर विचार कर रहे थे। बीच-बीच में ये लोग शंकित-चित्त से इधर-उधर देख लेते थे। उस दिन मानो कई युगों की संचित काल्पनिक वीर मूर्तियाँ, कलेवर धारण करके, उस अँधेरे में परछाईं की तरह हमारे आगे देख पड़ी थीं। सन् 1857 के गदर के पश्चात् फिर उसी ताडव नृत्य की जंगी तैयारी का विचार करके देह और मन सचमुच ही पुलकित और रोमांचित हो रहे थे। पलटन के लोग बड़ी ही आन्तरिकता के साथ हम लोगों से बातचीत कर रहे थे। इस प्रकार घने पेड़ों के नीचे गुप्त रूप से हम लोगों को सलाह करते समय, यदि सिपाहियों में से ही कोई जाकर अपने ऊँचे अफ़सरों को इसकी इत्तिला दे आता तब तो कोर्ट मार्शल में इन सबकी जान के लिए बड़ी मुसीबत पड़ती। यही कारण था कि उस दिन पेड़ों के नीचे आकर वे लोग इस प्रकार चौकन्ने थे। किन्तु मैंने उन्हें ऐसा करने से रोका, क्योंकि इस प्रकार की तैयारी में छिपने-छिपाने का भाव बड़ी आसानी से ताड़ लिया जाता था और इसीलिए मैंने वृक्षों की ओट में इस प्रकार छिपने के उद्योग का विरोध किया तथा इस प्रकार संदिग्ध भाव से बार-बार इधर-उधर ताकने को भी मना किया। हम लोग कहीं भी जब इस प्रकार सलाह करने के लिए आपस में एकत्र होते थे तब इस बात पर हम सबका सदा ही ध्यान रहता था कि सहज-सरल भाव ही हममें बना रहे; किसी प्रकार की चंचलता न आने पाए। किन्तु उस दिन मना कर देने पर भी जब सिपाहियों ने मेरी बात न मानकर इस तरह चौकन्ने रहने मे ही भला समझा तब मेरे मन में यही आया कि ये लोग यों ही भोले-भाव से और अत्यन्त आग्रह की प्रेरणा से यहाँ चले आए हैं; इस विप्लव की तैयारी मे ये जी-जान से शामिल हैं और इस तरह हमारे पास आने-जाने मे अपनी जान को जोखिम में समझते भी हैं लेकिन—'ओखली में सिर दिया तो मूसल की चोट का डर ही क्या?' ऐसी भावना से ही ये लोग हमारे पास आने और विप्लव की तैयारी की सलाह करने में हिचकते नहीं। इस तरह वे न जाने कितनी बार हमारे पास आए होंगे।

इधर तो फ़ौजी बारकों मे पहुँच हो गई और उधर बंगाल से लौटने पर कुछ ही दिनों में, अमेरिका से लौटे हुए एक महाराष्ट्री युवक के आ जाने से, पंजाब के साथ और भी घना सम्बन्ध करने का नया ज़रिया मिल गया। इन महाराष्ट्री युवक का नाम पिंगले था। इनका पूरा मराठी नाम इस समय मुझे याद नहीं। स्वदेश को वापस आते समय इन्होंने जहाज पर ही निश्चय कर लिया था कि पहले बंगाल के विप्लवपन्थी दल का बंगाल में पता लगाएँगे, तब पंजाब जाएँगे। कलकत्ता में विप्लव दल के कई लोगों से इन्होंने भेंट की। इससे पंजाब में विप्लव की तैयारी होने की बात कलकत्ता-भर में फैल गई। इधर इनके कुछ मित्रों के साथ हमारे दल का भी सम्बन्ध था और इसी नाते पिंगले हमारे दल में आ गए। हमारे दल में आते ही ये सीधे काशी भेज दिए गए।

पिंगले ने कलकत्ता में बहुत लोगों से बमगोले माँगे थे। उस समय समूचे बंगाल को प्रधानतया हमारे केन्द्र से ही बमगोले मिलते थे। अतएव बमगोलों के लिए हम लोगों से पिंगले का घना सम्बन्ध हो गया।

काशी में इन्हीं दिनों हमारे मन में यह आशंका हो रही थी कि शायद अब हमारा सम्बन्ध पंजाब से जुड़ना कठिन हो जाय; क्योंकि पाँचवीं दिसम्बर को पृथ्वीसिंह काशी आनेवाले थे, किन्तु न तो उनके दर्शन हुए और न पंजाब का ही समाचार मिला। ऐसे अवसर पर पिंगले के मिल जाने से ऐसी प्रसन्नता हुई मानो कुबेर का धन हाथ लग गया हो। पिंगले के आ जाने से हम लोगों को सचमुच बड़ा आसरा मिल गया। इनकी देह समुन्नत और बलिष्ठ थी, खूब गोरा रंग था और इनकी आँखों तथा चेहरे से सुतीक्ष्ण बुद्धि झलकती थी। इस बुद्धिमत्ता ने उस दिन हमारे मन में खास जगह कर ली थी। इन्हें देखने और इनसे बातचीत करने से हम लोगों को पक्का विश्वास हो गया था कि इनके हाथों हमारे कई काम सिद्ध होंगे, किन्तु सच तो यह है कि मनुष्य को पहचान लेना बड़ा कठिन काम है।

मनुष्य जीवन का आदर्श कैसा हो—इस सम्बन्ध में पिंगले के साथ बहुतेरी बातें होते-होते न जाने किस तरह गीता की चर्चा छिड़ गई और उस समय जब उन्होंने गीता के कुछ श्लोक पढ़कर सुनाए तब हम लोगों को ज्ञात हुआ कि गीता इन्हें कण्ठस्थ है। उन्होंने स्वयं कहा कि 'जब हम साधु हो गए थे तब अठारहों अध्याय गीता मुखाग्र थी।' इस पर उनके जीवन का थोड़ा-बहुत पिछला इतिहास जानने की इच्छा प्रकट करने पर उन्होंने कोट इत्यादि उतारते-उतारते विस्तार-पूर्वक बतलाया कि वह किस प्रकार साधु होकर भारत के विभिन्न स्थानों में विचरते रहे, फिर किस तरह मैकेनिकल इंजीनियरिंग पढने के लिए अमेरिका गए और वहाँ इस विप्लवदल मे भर्ती हो गए।

8
पंजाब की कथा

पिंगले के जीवन की पिछली बातों का आज मुझे ठीक-ठीक स्मरण नहीं। आज तो इतना ही याद पड़ता है कि साधु होकर उन्होंने समूचे भारत की यात्रा की थी और फिर अमेरिका के मैकेनिकल इंजीनियरिंग कालेज में पढ़ते समय वहाँ के विप्लव दल में सम्मिलित हो गए थे; किन्तु यह नहीं मालूम कि वह किसलिए साधु हुए और क्यों इंजीनियर हुए और इसके पश्चात् किस तरह गदर-पार्टी में शामिल हुए? शायद स्वयं पिंगले ने भी इस विषय में और कुछ नहीं बतलाया था।

इस अध्याय में जो बातें मुझे कहनी हैं उनमें से बहुतेरी बातें आज स्मृति में धूमिल हो गई हैं, इससे शायद कुछ बातें लिखने से रह जायँ। ऐसा लगता है कि इस भूल जाने और याद रहने के साथ हमारी प्रकृति का घना सम्बन्ध है। हमारे स्मृतिपट पर कितनी ही बड़ी-बड़ी चीजें छोटा रूप धारण कर लेती हैं और छोटी चीजें बड़े रूप में आ जाती है, फिर बहुतेरी बातो को न जाने हम किस तरह भूल ही जाते है। इसका कारण यह मालूम होता है कि जो बात हमारे स्वभाव के अनुकूल है, जिसका हमारी प्रकृति से मेल मिलता है वह चाहे कोई घटना हो या कोई दार्शनिक मत अथवा चाहे कुछ और हो, वह तो हमारे चेतन अथवा अव-चेतन में भी स्मृति-पट पर चित्र की भाँति अपने आप अंकित हो जाती है। परन्तु जो बात हमारे स्वभाव के प्रतिकूल होती है उसे या तो हम भूल जाते हैं या केवल खण्डन करने के लिए ही याद रखते हैं और खण्डन करने मे जिन युक्तियों तथा घटनाओं से हमें सहायता मिलती है उन्हें भी हम अपनी अवस्था और अभिज्ञता के अनुरूप याद रखते हैं।

मुझे याद आता है कि अण्डमन द्वीप में रहते समय एक दिन रामेन्द्र बाबू की 'विचित्र प्रसंग' नामक पुस्तक पढ़ने से बिलकुल इसी ढंग के अनेक प्रकार के विचार मन मे गम्भीर भाव से फैल गए थे और उनको मैंने अपनी नोट-बुक में लिख रखा था। उन्हें मैं उपेन्द्र दादा (उपेन्द्रनाथ बनर्जी जो कि 'युगान्तर' के सम्पादक थे और जिन्हें अलीपुरवाले मामले में काला पानी हुआ था) को प्रायः दिखलाता था और वह उनकी तारीफ़ करते तो इससे मन में बड़ा आनन्द होता था। अण्डमन की बातें जहाँ लिखी जाएँगी वहीं बतलाया जाएगा कि मेरी वह नोट-

बुक किस तरह नष्ट हुई।

हमने पिंगले को दो-एक दिन काशी में ठहराकर पंजाब भेज दिया। उनका अनुरोध था कि पंजाब में हम उनके पास बेहिसाब बमगोले भेज दें, अतएव उनसे कहा गया कि गोले तो भेजे जा सकते हैं किन्तु एक-एक बमगोले के बनवाने में सोलह रुपये के लगभग खर्च बैठता है, इसलिए रुपये की मदद मिले बिना बेहिसाब बमगोलों का भेजा जाना कठिन है। इनसे पृथ्वीसिंह और करतारसिंह की भी चर्चा कर दी गई। अब रुपये लाने और पंजाबियों का कच्चा हाल जानने के लिए पिंगले पंजाब को गए। पिंगले के पास इनके कुछ साथियों का पता-ठिकाना था। लगभग एक हफ्ते में ही ये काशी लौट आए। अब रासबिहारी की पंजाब-यात्रा में भी कुछ रोक-टोक न थी। किन्तु उनके जाने के पहले मैं एक बार फिर पिंगले के साथ पंजाब हो आया।

दिसम्बर महीने के एक सवेरे खासी ठंड पड़ रही थी जब मैं साधारण हिन्दुस्तानी के लिबास में पिंगले के साथ अमृतसर पहुँचा। मैं तो पंजाबी भाषा बोल न सकता था किन्तु पिंगले को इसका अभ्यास था। हम लोग एक गुरुद्वारे में जाकर ठहरे। यहाँ पर पिंगले ने एक पंजाबी मुखिया से मेरा परिचय कराया। इनका नाम मूलासिंह था।

मूलासिंह शंघाई के पुलिस विभाग मे नौकर रह चुके थे और वहाँ पर भी पुलिस के हड़तालियों के मुखिया बने थे। इस बार उन लोगों से भी मेरा परिचय हुआ जो कि पिनांग में नौकर रह चुके थे। इस समय मैंने बहुत से देहाती सिक्खों को यहाँ आते-जाते देखा था। ये अधिकतर किसान या मजदूर थे, किन्तु ये भी देश का काम करने के लिए मतवाले हो रहे थे। सिक्ख सम्प्रदाय की ऐसी ही शिक्षा-दीक्षा है। इनमे से बहुतेरों की देह खासी गठीली और कसी हुई थी।

इस बार मैंने मूलासिंह को एक केन्द्र बनाने की आवश्यकता भली भाँति समझाई और इसके अनन्तर इन्ही ने केन्द्र का भार ग्रहण किया। किन्तु यदि ये केन्द्रपति न बनते तो बहुत अच्छा होता।

पंजाब के विभिन्न स्थानो से आए हुए कार्यकर्ता लोग इस समय हाथ मे कुछ काम न होने और खाने-पहनने का सुभीता न रहने के कारण कुनमुना रहे थे और इनमे से बहुतों के दिल में एक तरह से असन्तोष की आग धधक रही थी। इसका दायित्व प्रधानतया मूलासिंह पर ही था। ये सब लोग जी लगाकर देश का काम करने के लिए दूर-दूर से घर-द्वार और अपना काम-काज छोड़कर आये हुए थे। इनमे से कोई भी जीविका के लिए कुछ उद्योग नही करता था और उस समय जैसी दशा थी उसके लिहाज से उद्योग करने का कुछ सुभीता भी न था। यदि दो रोटियों के लिए शाम-सवेरे नेताओ से तकाजा करना पड़े तो ऐसी स्थिति मे काम करने मे सचमुच सभी का चिढ जाना सम्भव है। बेचारे ये सभी लोग गुरुद्वारे में तो रहते और पास के होटल में खाते थे। अपने यहाँ देश का काम करने की इस दशा मे अक्सर इस तरह की मामूली छोटी-छोटी बातो ने बहुतो के दिलो को

दुखाया है और इसके फलस्वरूप कई अवसरो पर बहुत-कुछ अनर्थ भी हुए हैं। इससे कई बार यह विचार आता है कि जब तक गाँठ में काफ़ी रकम न हो तब तक दूसरों की दी हुई रोटियों के भरोसे देश का और दस भाइयों का कार्य करने को तैयार होना ठीक नही। फिर यह भी देखा है कि आर्थिक स्वाधीनता प्राप्त करने की चेष्टा में प्रायः अर्थोपार्जन करना ही मुख्य काम हो जाता है और तन-मन से देश का काम न किया जाय तो प्रायः कुछ भी नही होता। इसके सिवा काम न रहने से भी बहुत से दल नष्ट हो चुके हैं। इस समय पंजाब में उपयुक्त नेता न रहने के कारण वहाँ बहुतेरे कार्यकर्ता हाथ पर हाथ रखे बेकार पड़े थे, काम न किया जाने के कारण देश चौपट हो रहा था और मजा यह कि काम करनेवालों को खोजने पर भी काम न मिलता था। रासबिहारी ही एक ऐसे 'नेता' थे जिन्होंने इस उतावले जनसघ को कुछ परिमाण मे सुनियन्त्रित कर लिया था। मैंने भी इस गोलमाल को सुधारने की भरसक कोशिश की थी। मूलासिंह से मुझे मालूम हुआ कि विद्रोह होने पर बहुत-सी रेजिमेंटो ने देशवासियों के अनुकूल हो जाने का वचन दिया है। जिन पलटनो मे इस समय तक अपने आदमी नही भेजे गए थे उनकी मैंने एक फेहरिस्त बनाई और विभिन्न प्रदेशो से आए हुए पंजाबी कार्य-कर्ताओ को उल्लिखित पलटनो मे भेजने की व्यवस्था की।

मूलासिंह से मेरा परिचय कराके पिंगले अन्यान्य परिचित सिक्खो की तलाश मे 'मुक्तसर' के मेले को गए। इस मुक्तसर के मेले का थोडा-सा अद्भुत इतिहास पाठको को सुनाए बिना मुझसे नही रहा जाता।

एक बार 'आनन्दपुर' के किले मे गुरु गोविन्दसिंह अपने परिवार और अन्यान्य लोगो के साथ शत्रु मुसलमान सेना द्वारा घेर लिये गए। यह घेरा लगातार सात महीने तक रहा। घेरे के कारण दोनो दल—जो किले मे घिरे हुए थे, और जो लोग बाहर से घेरा डाले हुए थे—बहुत ऊब गए। मुसलमानो की ओर से बार-बार गुरु से 'आनन्दपुर' छोडकर चले जाने का प्रस्ताव किया गया किन्तु गुरु ने इसे नही माना। गुरु को उस प्रस्ताव पर किसी भी तरह राजी न होते देख, बाहर जाने की इच्छा से कुछ सिक्खो ने गुरुजी की स्त्री गुजरी को वहाँ से हट जाने के प्रस्ताव पर राजी कर लिया, किन्तु गुरु गोविन्दसिंह इतने पर भी अपने निश्चय से विचलित न हुए। भूख के कारण बहुतेरे सिक्ख अधीर हो रहे थे। पेट की ज्वाला के कारण उस समय वे गुरु की आज्ञा टालने पर उतारू हो गए। तब गुरु गोविन्दसिंह ने कहा—"तुम लोग अब तक सिक्ख गुरु के आश्रय मे थे, किन्तु अब भूख के मारे बेचैन हो, गुरु का वाक्य उल्लंघन करके शत्रुओ के हाथ मे आत्म-समर्पण करने जा रहे हो। इसमे सिक्ख गुरु की कोई जवाबदारी नही है। अतएव इसके लिए 'बे-दावा' लिखकर चाहे जहाँ चले जाओ।" और सब सिक्ख तो इस प्रकार 'बे-दावा' लिखकर गुरु को वही छोडकर चलते हुए किन्तु चालीस सिक्खो ने गुरु का साथ नही छोडा। अन्त मे गुरु गोविन्द-सिंह को भी यह स्थान छोड़ना पडा और शत्रु के पीछा करने पर वे अनेक

स्थानों में बचाव के लिए दौड़-धूप करने लगे। किन्तु उन चालीस सिक्खों ने किसी भी दशा में गुरु का साथ नहीं छोड़ा। इस प्रकार घूमते-फिरते हुए गुरु गोविन्दसिंह जब भद्र देश में पहुँचे तब उन 'बे-दावा' सिक्खों में से बहुतों ने आकर गुरु से भेंट की। अब इन्होंने शत्रु से सन्धि करने के लिए गुरुजी से दुबारा अनुरोध किया। इस पर गोविन्दसिंह ने कहा—"जो तुम चाहो तो यह लिखकर चले जा सकते हो कि हम सिक्ख नही हैं।" तब 'हम सिक्ख नहीं हैं' यह बात लिखकर और वह पत्र गुरुजी को देकर चालीस सिक्ख चले गए। किन्तु इस संकट के समय श्रीगुरु को छोड़कर चले जाने के कुछ ही देर बाद उन लोगों के मन में बड़ा पछतावा हुआ। इधर 'खेदराना' नामक तालाब के समीप शत्रु-दल ने फिर गुरु गोविन्दसिंह पर हमला किया। घोर संग्राम करते-करते गुरु ने देखा कि किसी ओर से एक दल ने आकर शत्रु-पक्ष पर धावा बोल दिया है। गुरु गोविन्दसिंह की समझ में न आया कि इस विपत्ति के समय में हमारी सहायता करने यह कौन आ पहुँचा है। इन नए आये हुए योद्धाओं की मार के आगे मुसलमान तो ढीले पड़ गए परन्तु ये सब थोड़ी देर युद्ध करके प्रायः सभी जूझ गए। इस युद्ध में एक मुसलमान के बल्लम से निहत एक व्यक्ति की लाश उठाकर देखी गई तो वह लाश एक स्त्री की निकली इसका नाम माई भागो था। इसी की सलाह और प्रेरणा से 'बे-दावा' सिक्खों ने अपनी भूल को सुधारने का मार्ग ढूँढ़ निकाला था। युद्ध का अन्त हो चुकने पर गुरु गोविन्दसिंह रणभूमि में लेटे हुए प्रत्येक मृत सिक्ख के पास जाकर उसके धूल में लिपटे हुए मुँह को पोंछकर वैसे प्यार और आदर का व्यवहार कर रहे थे जैसाकि पिता अपने पुत्र का करता है। अन्त में उन्होंने देखा कि एक व्यक्ति में उस समय तक प्राण थे। इसका नाम महासिंह था। महासिंह के मस्तक को अपनी गोद मे रखकर और उसके सिर पर हाथ फेरते-फेरते गुरु गोविन्दसिंह ने पूछा— 'महासिंह, तुम क्या चाहते हो ?" महासिंह की आँखो में आँसू भर आए। उसने कहा—"मैं यही चाहता हूँ कि हम लोगो के उस पत्र को फाड़ डालिए जिसमे हम लोगों ने लिख दिया था कि हम लोग सिक्ख नही हैं।" अब गुरुजी ने समझा कि दूसरी ओर से शत्रु पर किसने हमला किया था। गुरुजी ने देखा उन चालीसों सिक्खों ने रणक्षेत्र मे प्राण दे दिए हैं। लाशो मे उन्होंने स्त्रियों की भी लाशें देखी। अब 'सिक्ख नहीं' वाला पत्र गुरुजी ने फाड़कर फेंक दिया। महासिंह भी महानिद्रा मे मग्न हो गया। वहाँ पर जो लोग उपस्थित थे उनसे गुरु गोविन्दसिंह ने कहा कि 'जिस खालसा' में ऐसे महाप्राण हैं वह खालसा सहज ही नष्ट नही होगा। जहाँ पर एक भी भक्तप्राण आत्माहुति देता है वह स्थान पवित्र हो जाता है यहाँ पर तो इतने अधिक महाप्राण व्यक्तियों ने प्राण दे डाले हैं, इसलिए इस स्थान का नाम 'मुक्तसर' हुआ और यहाँ के तालाब मे जो कोई स्नान करेगा, वह मुक्त हो जाएगा। इस प्रकार मुक्तसर-मेले की उत्पत्ति हुई। यह सिक्खों का महामेला है। यहाँ पर हर साल एक लाख से अधिक सिक्खों का जमाव होता है। सिक्खों के प्रत्येक उत्सव के साथ ऐसे एक-

न-एक अपूर्व इतिहास की कथा संलग्न है और हरेक एक सिक्ख का ऐसे उत्सव और उमग के बीच लालन-पालन होता है तथा ऐसे ही वातावरण मे वह मनुष्य बनता है। मेरी समझ से तो सिक्ख जाति भारत की एक अपूर्व वीर जाति है।

पिछले जिस समय 'मुक्तसर' के मेले से लौटकर आए उस समय करतारसिंह, अमरसिंह आदि सभी गुरुद्वारे मे उपस्थित थे। मुझे देखकर करतारसिंह बहुत ही प्रसन्न हुए और पूछा कि "बोलो, रासबिहारी कब आएँगे ?" मैंने कहा—"बस, अब उन्ही का नम्बर है; यहाँ ठहरने के लिए कुछ इन्तजाम हो जाए और आपका काम भी तनिक सिलसिले से होने लगे, बस फिर उनके आने मे देर नही।" इस समय मैंने करतारसिंह को केन्द्र की आवश्यकता विशेष रूप से समझाई और यह भी कहा कि केन्द्र का भार मूलासिंह ने ग्रहण कर लिया है। रासबिहारी के लिए अमृतसर और लाहौर मे दो-दो किराए के मकान लेने को कह दिया। इन सारी बातो के सम्बन्ध मे दादा ने मुझसे पहले ही कह रखा था, एक ही समय मे विभिन्न स्थानों पर कई मकान अपने अधिकार मे होने चाहिए। अत. ऐसा ही किया गया। अमृतसर का मकान तो मैंने ही देखकर पसन्द किया। लाहौर मे मकान लेने के लिए दूसरा आदमी भेजा गया। पंजाब की उस समय की दशा का हाल करतारसिंह से सुनकर मुझे बहुत कुछ आशा हुई। मैंने सोचा कि इस बार सचमुच कुछ कहने लायक काम हो रहा है। इस समय सिक्खो का एक और दल अमृतसर मे आया। यह दल अमेरिका से लौटकर आया था इस दल के कुछ नेताओ को मैने देखा। इनमे एक तो इतने बूढे थे कि उनके गालो मे झुर्रियाँ पडकर लटकने को थी। मेरा ख्याल है कि ये वही वृद्ध पुरुष थे जिन्होने बाद मे अण्डमन टापू मे भी बडे तेज के साथ के अपनी थोडी-सी शेष आयु बिताकर साठ या सत्तर वर्ष की अवस्था मे उसी द्वीप मे जीवन को विसर्जित कर दिया। इस बुढापे मे भी इन्होने अण्डमन मे हडतालियो के साथ हडताल करने मे कभी पीछे पैर नही रखा। इस दल का कोई व्यक्ति उस समय अपने घर न पहुँचा था। अमेरिका से भारत मे आकर अमृतसर मे ही ये लोग ठहरे थे। इन्होने अपनी गाढी कमाई मे से हम लोगो को पाँच सौ रुपये दिए थे।

इन दिनो करतारसिंह अद्भुत परिश्रम कर रहे थे। वे प्रतिदिन साइकिल पर बैठकर देहात मे लगभग चालीस-पचास मील का चक्कर लगाते थे। गाँव-गाँव मे काम करने को जाते थे। इतना परिश्रम करने पर भी वे थकते न थे। जितना ही वे परिश्रम करते थे उतनी ही मानो उनमे फुर्ती आती थी। देहात का चक्कर लगाकर अब वे उन पलटनो मे गए जिनमे कि काम नही किया गया था। इन लोगो के काम करने का ढग इतना कच्चा था कि इसमे इस समय इनमे से बहुतो की गिरफ्तारी के लिए वारट निकला। करतारसिंह को गिरफ्तार करने के लिए इस समय पुलिस ने एक गाँव को जाकर घेर लिया। उस समय करतारसिंह गाँव के पास ही कही मौजूद थे। पुलिस के आने की खबर पाते ही वे साइकिल पर

सवार हो उस गाँव में ही आ गए ! पुलिस उन्हें पहचानती न थी। इस मर्तबा करतारसिंह इसी असीम साहस के कारण साफ बच गए। यदि वे ऐसा न करते तो संभवत: रास्ते में ही पकड़ लिए जाते।

इस समय रुपये-पैसे का खर्च इतना अधिक बढ़ गया था कि अब दान की रकम से काम न चलता था, इसलिए अब वे कुछ-कुछ डकैती करने के लिए विवश हुए। बाद में मालूम हुआ कि मूलासिंह भला आदमी न था, इसने दल का रुपया-पैसा भी हड़प लिया। जिस समय ये बातें मालूम हुई उस समय सुधार का कोई उपाय नहीं था। क्योंकि जहां तक मुझे स्मरण है, वह इसके थोड़े ही दिन बाद नशे की हालत में शीघ्र ही गिरफ्तार कर लिया गया। इसके सिवा व्यक्तिगत शत्रुता के कारण उसने एक आदमी के यहाँ डकैती भी कराई थी।

सभी बड़े-बड़े आन्दोलनों में देखा गया है कि साधु और महान् चरित्रवान् पुरुषों के साथ कुछ नर-पिशाच भी दल में आ मिलते हैं। यह आन्दोलनों का दोष नहीं है, यह तो हमारे मनुष्य-चरित्र का ऐब है। शायद लेनिन ने भी कहा था कि प्रत्येक सच्चे बोलशेविक के साथ कम से कम उन्तालीस बदमाश और साठ मूर्ख उनके दल में मिल गए थे।[1] और मैंने श्रद्धेय शरच्चन्द्र चट्टोपाध्याय जी से सुना है कि देशबन्धु दास ने भी कदाचित् कहा था कि वकालत करते-करते हम बुड्ढे हो गए और इस बीच हमको बड़े-बड़े धोखेबाजों से भी साबिका पड़ा; किन्तु असहयोग आन्दोलन में हमने जितने धोखेबाज आदमी देखे वैसे जिन्दगी-भर में नहीं देखे थे।

मैं इस बार पंजाब में हफ्ते-भर के लगभग इन लोगों के साथ रहा। अतएव इनके बहुत-से आचार-व्यवहारों को मैंने ध्यान से देखा। यद्यपि ये लोग कड़ाके की ठण्ड में भी बहुत ही तड़के नहा-धोकर ग्रन्थसाहब इत्यादि का पाठ करते थे किन्तु होटल में भोजन करने के कारण इनका खान-पान शुद्धतापूर्वक न होता था, परन्तु इनका आपस का बर्ताव बहुत ही भला था। एक-दूसरे को बुलाते या बात-चीत करते समय ये 'सन्तो', 'सज्जनो', बादशाह' इत्यादि सम्मानसूचक शब्दों के सिवा और किसी शब्द का प्रयोग न करते थे। इस बार भाई निधानसिंह से मेरी मुलाकात हुई। यही वह पचास वर्ष के बूढ़े सिक्ख थे। ये कोई तीस-पैंतीस वर्ष से देश के बाहर थे और चीन में रहते समय एक चीनी सुन्दरी से इन्होंने विवाह कर लिया था। मैं इन्हें अक्सर धर्म-चर्चा और धर्म-ग्रन्थ का पाठ करते देखता। एक बार मैंने स्टेशन पर जाकर देखा कि वहाँ प्लेटफार्म पर बैठे हुए आप छोटी-सी धर्म-पुस्तक को मन ही मन पढ़ रहे हैं। ये कुछ सिर्फ दिखावे के लिए ही ऐसा नहीं करते थे, क्योंकि मैंने अण्डमन में भी इनकी यही दशा देखी थी। मैंने इनमें जैसा तेज देखा है वैसा नौजवानों में भी नही देखा।

1. Russia's Ruin by E. Wilcox p. 249

साधारण पंजाबियो के यौन आचरण के सम्बन्ध मे प्रतिष्ठित भारतीय आदर्श की दृष्टि से सामान्य जन-धारणा अच्छी नही होती और फिर पजाबियो मे सिक्खों के यौन-व्यवहार को तो और भी चिन्त्य समझा जाता है। शायद इसका प्रधान कारण पंजाब में पुरुषो की अपेक्षा स्त्रियों की सख्या बहुत ही कम होना है। इसके सिवा पजाब प्रान्त शायद तमोमुखी राजसिक भाव से परिपूर्ण है। लगातार मुद्दत से विदेशियो के संघर्ष मे रहने के कारण और क्रमश: निम्नतर सभ्यता के ही संस्पर्श मे आते रहने से यहाँ की सभ्यता मानो धीरे-धीरे फीकी पड गई है। अवनति के दिनों मे विदेशियो का यह संस्पर्श जैसे हानिकारक हुआ है वैसे ही उन्नति के जमाने मे इससे सर्वश्रेष्ठ सभ्यता का विकास भी हो सकता है। जो लोग बुरे मार्ग पर बहुत आसानी मे चले जाते है उनमे भले बनने का भी बहुत-कुछ सामर्थ्य है, इतना कि शायद और लोगो मे उतना न हो। इस कारण असयम, निष्ठुरता, नीचता और हिंसा-वृत्ति से सिक्खो का चरित्र जिस प्रकार कलंकित हुआ है उसी प्रकार सयम उदारता और क्षमावृत्ति मे भी वे लोग अपना सानी नही रखते। तभी तो इन गए-बीते दिनो मे भी अध पतित सिक्ख जाति ने, 'ननकाना साहब' और 'गुरु का बाग' मे अद्भुत वीरता और सयम का नमूना दिखला दिया।

पजाब मे पुरुषो की अपेक्षा स्त्रियाँ ही अधिक बदनाम हैं किन्तु इसी पंजाब मे उस दिन सतीत्व की ऐसी गौरवोज्ज्वल स्निग्ध किरण प्रकट हुई थी जिसकी तुलना इस कलिकाल मे मिलनी कठिन है। डी० ए० वी० कालेज लाहौर के भूत-पूर्व अध्यापक भाई परमानन्द के छोटे चचा के बेटे, भाई बालमुकुन्द, दिल्ली षड्यन्त्र के मुकदमे मे गिरफ्तार किए। इन्ही बालमुकुन्द के पूर्वपुरुष मोतीदास को सिक्खो के अभ्युत्थान-समय मे आरे से चीरकर मार डाला गया था। गिरफ्तार होने मे एक ही वर्ष पहले भाई बालमुकुन्द का विवाह हुआ था। इनकी पत्नी श्रीमती रामराखी परम सुन्दरी ललना थी। उम्र इनकी नई थी ही। जिस दिन इनके पति गिरफ्तार हुए उसी दिन से ये व्याकुल हो गईं और अनेक प्रकार से देह को सुखाने लगी। फिर जब भाई बालमुकुन्द को फाँसी का हुक्म हो गया तब ये उनसे मिलने गईं। किन्तु इनके मर्माश्रुओ ने, जी भरकर स्वामी के दर्शन न करने दिए। घर लौटकर ये एक प्रकार से अधमरी दशा मे समय बिताने लगी। एक दिन ये अपने कमरे मे थी कि बाहर से रोने का कोलाहल सुन पडा। कमरे से बाहर आने पर श्रीमती रामराखी को असल बात मालूम हो गई। ये अब और न सहन कर सकी। पति का मृत्यु-समाचार पाकर सती-साध्वी, खासी नीरोग दशा मे, पति का ध्यान लगाकर मानो पति से जा मिली। मिट्टी मे मिल जाने के लिए ही मानो उनकी देह लोक मे पडी रह गई। ऐसे पति-प्रेम और आत्मोत्सर्ग की तुलना है कही? इस घटना का स्मरण होते ही देह और मन पुलकित होकर कण्टकित हो जाता है! बालमुकुन्द की गृहिणी! तुम धन्य हो। ऐसी पत्नी के बिना क्या ऐसा पति हो सकता है! हाय रे भारत के नसीब, ऐसी पत्नी और ऐसे पति का बना रहना भी तेरे भाग्य मे न था!

9
काशी केन्द्र की कहानी

इस बार पंजाब से नया उत्साह लेकर लौटने पर भी काशी आने पर मुझे ऐसा लगा मानो अब तक मैं बहुत अनाचार और अनियमों में था। मैं नहीं कह सकता कि पंजाब के मुकाबले में काशी कितनी मनोहर और पुनीत मालूम हुई। मैं नहीं कह सकता कि ऐसा क्यों हुआ, किन्तु इस मर्तबा काशी के जिस स्निग्ध रूप का अनुभव मुझे हुआ उसका अनुभव काशी मे मुद्दत से रहने पर भी नहीं हुआ था। देह में काशी की हवा लगते ही ऐसा मालूम हुआ कि बहुत दिनों की अपवित्र देह शुद्ध हो गई। काशी में सिर्फ एक दिन रहने से ही ऐसा जान पड़ा कि बहुत दिनों की सचित ग्लानि दूर हो गई।

विप्लव की तैयारी व्यर्थ हो जाने पर रासबिहारी जब काशी मे वापस आए तब उनके मन मे भी बिलकुल ऐसा ही भाव हुआ था।

काशी लौट आने पर पूर्व बंगाल के एक नेता से भेंट हुई। हमारे एक पूर्व-परिचित नेता इसमे पहले ही गिरफ्तार हो चुके थे। इसमे, ऐसी आशा के वातावरण में सभी पूर्व-परिचित व्यक्तियों के जेल चले जाने से मुझे एक अनिर्दिष्ट-सी वेदना हो रही थी। इतने काम-काज के बीच ज्यों ही थोड़ी-सी फुरसत मिल जाती थी त्यों ही अक्सर मन में यह बात कसकने लगती थी कि आज वे लोग क्यों हमारे साथ नही है। उस आनन्द को उस समय सभी के साथ न लूट सकने से जब-तब उनका वह विच्छेद प्राणों को बहुत ही सताने लगता था।

कलकत्ता-विभाग के एक सुप्रसिद्ध नेता, श्रीयुत यतीन्द्रनाथ मुखोपाध्याय, इन्हीं दिनों काशी आए। विप्लव-युग के श्रेष्ठ कार्यकर्ताओं के बीच इनका स्थान बहुत उच्च है। इतिहास में यह अक्सर देखा जाता है कि जब कोई नया आन्दोलन समाज अथवा राष्ट्र के आम व्यवहार के विरुद्ध सिर उठाता है तब जो लोग वैसे आन्दोलन के प्राण-स्वरूप होते हैं उनका चरित्र अनन्य-साधारण हुए बिना वह आन्दोलन कारगर नहीं हो सकता। इसी से जिस समय कोई सम्प्रदाय राज-रोष में दग्ध किया जाता है अथवा समाज के निग्रह में पीसा जाता है उस समय भी उस सम्प्रदाय के व्यक्तियों के चरित्र में कुछ न कुछ विशेषता अवश्य रहती है। यही कारण है कि ऐसे सम्प्रदायों की सदस्य-संख्या स्वल्प होते हुए भी समाज पर उनका प्रभाव कुछ कम नहीं पड़ता। विप्लव के विगत इतिहास से भी इस बात

की सचाई सिद्ध हुई है। यतीन्द्र बाबू ऐसे ही सम्प्रदाय के प्राण-स्वरूप थे और कई विभिन्न सम्प्रदायों पर उन्होने अपने चरित्र-बल से अपना सुदृढ़ आधिपत्य जमा लिया था।

विप्लव का काम-काज बहुत ही गुप्त रीति से करना पड़ता था। भारत के विभिन्न स्थानों में विप्लव के लिए भिन्न-भिन्न कितने ही दल बन गये थे। उन सब का शायद अब तक भली भाँति पता भी नही लगा। शक्तिशाली महापुरुषों की सर्वग्राही प्रतिभा का आश्रय न मिलने से ये दल एक विशाल सगठन मे संगठित न हो सके। वे अलग-अलग ही रहे। इन छोटे-छोटे स्वतन्त्र दलों का होना भला हुआ या बुरा, यह कहना कठिन है।

इन विभिन्न दलो को सम्मिलित करके एक बिराट् दल के रूप मे परिणत करने का उद्योग बहुत दिनो मे किया जा रहा था किन्तु कोई शक्तिशाली नेता न रहने से किसी भी दल ने दूसरे दल में मिलकर अपनी स्वतन्त्रता खो देना स्वीकार नही किया। इन दलों के मुखिया लोग ही अक्सर इस कारण कि वे अपने-अपने दलों पर अपना साधारण आधिपत्य बनाए रखना चाहते थे ऐसे मिलन के विरोधी थे। 'मनुष्य सहज ही पराई अधीनता स्वीकार करने को तैयार नही हो जाता, परन्तु फिर भी सचमुच शक्तिशाली पुरुष के आगे उसे माथा झुकाना ही पडता है।' जिस समय किसी अभिनव आदर्श अथवा अद्भुत कार्य की प्रेरणा मे मनुष्य जाग पड़ता है उस समय व्यक्तिगत अहंकार की ये सारी तुच्छताएँ और स्वार्थपरताएँ सिर नही उठा सकती।

यतीन्द्र बाबू का नेतृत्व इस ढग का था कि इसके प्रभाव से बंगाल के बहुत-से छोटे-छोटे दल एक मे मिल गये थे। यद्यपि यतीन्द्र बाबू कोई धुरन्धर विद्वान् नही थे किन्तु इनके चरित्र के प्रभाव से बहुतेर शिक्षित युवको ने इन्हें आत्मसमर्पण कर दिया था। इनमे जैसा अतुल साहस था वैसे ही इनके प्राण भी उदार थे। इनके चरित्र-बल की बाते बंगाल के विप्लवपन्थी लोगो को भलीभाँति मालूम है। किन्तु इनके द्वारा इन भिन्न-भिन्न दलो का एक सूत्र में आबद्ध होना उसी दिन सम्भव हुआ जिस दिन कि पजाब मे गदर होने की तैयारी के समाचार से एक नये काम की प्रेरणा ने उन सबको उतावला कर दिया था। फिर भी, इस मिलन-कार्य मे यतीन्द्र बाबू का चरित्र बहुत ही सुन्दर रूप में प्रकट हुआ है। क्योकि दल के भिन्न-भिन्न सम्प्रदायो में कुछ इने-गिने ही आदमी न थे, और इन सबका स्वभाव और चरित्र भी मामूली आदमियो के स्वभाव और चरित्र जैसा नही था, अतः उन सबके मन पर आधिपत्य कर लेना कुछ मामूली शक्ति का काम नही है।

सच तो यह है कि बंगाल मे इस समय विप्लव का उद्योग करने वाले दो ही दल थे। इनमें से एक के मुखिया यतीन्द्र बाबू थे। दूसरे दल के दो भाग किये जा सकते हैं, एक बंगाल के बाहर काम करता था और दूसरे ने बंगाल के भीतर ही अपना कार्यक्षेत्र बना रक्खा था। बंगाल के बाहर की कुल जिम्मेदारी रासबिहारी

को दी गई, किन्तु बंगाल के भीतर जो काम हो रहा था उसका भार किसी एक व्यक्ति पर न था।

यतीन्द्र बाबू काशी इसलिए बुलाये गए थे जिसमें कि सारा उत्तर भारत एक सूत्र में और एक सुर में कर लिया जाए। इस प्रकार पंजाब के सीमान्त प्रदेश से लेकर पूर्व बंगाल और असम की सीमा तक समूचा देश एक संगठन में रहकर विप्लव के लिए तैयार ही था। पंजाब के सिपाही इस समय कुछ कर दिखाने के लिए ऐसे उतावले हो गए थे कि अब किसी भी तरह इन्हें शान्त न रखा जा सकता था। मैं नहीं कह सकता कि इस प्रकार इन्हें संयत कर देना अच्छा हुआ या बुरा, क्योंकि यदि हम लोगों की रोक-टोक न रहती तो पंजाब में अवश्य ही कुछ न कुछ भीषण घटना हो जाती। कौन कह सकता है कि उसका फल क्या और कैसा होता? हम लोगों ने उनकी जल्दीबाजी को इसलिए रोका था कि सारा देश एक मत से विप्लव के ताण्डव-नृत्य में सम्मिलित हो जाय।

मालूम नहीं कि यतीन्द्र बाबू के काशी आने का हाल सरकार को कुछ ज्ञात हुआ था या नहीं, और यदि हुआ था तो कितना? अतः मुझे यह स्पष्ट करना चाहिए कि यहाँ पर इस बात का उल्लेख मैंने किसलिए किया है। क्योंकि यहाँ तक मैंने जो कुछ लिखा है उसमें एक भी गुप्त बात प्रकट नहीं की गई है, यहाँ तो मैंने उन्हीं घटनाओं का उल्लेख किया है जिन पर कि षड्यन्त्र-सम्बन्धी मुकदमों में प्रकाश पड़ चुका है और जो अदालतों में प्रमाणित हो चुकी हैं। कुछ बातें तो ऐसी भी हैं जिन्हें सरकारी पक्ष ठीक-ठीक नहीं जानता, इसीलिए इन घटनाओं को भी मैंने छोड़ दिया है। क्योंकि उन घटनाओं को सिद्ध करने योग्य उपयुक्त प्रमाण इस समय तक सरकार के पास नहीं हैं। जिन घटनाओं के प्रकट होने से किसी पर तनिक भी आँच आने की सम्भावना नहीं है और जिन्हें सरकार तो भली भाँति जानती है किन्तु हमारे देशवासी जिनके अत्यन्त अस्पष्ट आभास के सिवा और कुछ भी नहीं जानते, ऐसी ही घटनाओं का वर्णन मैं अपनी लेखन-शक्ति क्षीण होते हुए भी करना चाहता हूँ। विगत युद्ध के समय भारत में जो षड्यन्त्र-सम्बन्धी मुकदमे हुए थे उनकी सुनवाई अधिकतर जेलों में हुई थी, उन मुकदमों का कच्चा हाल जनता को प्रायः मालूम ही नहीं हुआ, क्योंकि पुलिस और न्यायकर्ता को जिस बात का प्रकाशन पसन्द न होता था, फिर वह भले न्यायकर्ताओं के सामने प्रमाणित हो चुकी हो उसका समाचार प्रकाशित न किया जाता था। इन कारणों से ये घटनाएँ बहुतों के लिए बिलकुल ही नई होंगी। मैं सिर्फ यही चाहता हूँ कि जो बातें सरकार तक पहुँच गई हैं उनसे जनता भी परिचित हो जाय। जो सचमुच एक दिन देश में हुआ था और जिसको जान लेने से अपनी शक्ति-सामर्थ्य का ज्ञान हो जाता है और यह भी मालूम हो जाता है कि किस जगह हमारी दुर्बलता थी, कहाँ हमने दुर्बुद्धि का परिचय दिया था, और किस स्थान पर हमारे मन की संकीर्णता तथा कार्य की त्रुटि प्रकट हुई थी—अतएव ही उन घटनाओं पर मैं निःसंकोच होकर प्रकाश डालना चाहता हूँ। इससे हमारा

भला ही होगा, बुराई नतिक-सी भी न होगी। देश में विप्लव की जैसी प्रचण्ड तैयारी हुई थी उसे छिपाने की अब कुछ भी आवश्यकता नहीं है। मैं तो चाहता हूँ कि देशवासियों को उसका रत्ती-रत्ती-भर हाल मालूम हो जाय। मेरी पुस्तक पूर्ण होने पर देशवासियों को मालूम होगा कि गदर की तैयारी कुछ इने-गिने लड़कों और नवयुवकों के मन की लहर ही न थी, और न इसकी तैयारी ही कुछ ऐसे अव्यवस्थित रूप में हुई थी जैसाकि रौलट रिपोर्ट मे प्रकट किया गया है। रौलट रिपोर्ट तो लिखी ही इस दृष्टि से गई है कि भारतवासियो को आत्मशक्ति पर विश्वास न होने पावे, अतः उसमे घटनाओं का वर्णन इस ढग पर किया गया है जिससे कि सरकार की दमन-नीति को सहायता मिले। इस रिपोर्ट मे बहुत-सी बातें बढ़ाकर लिखी गई हैं, किन्तु इनमे यह बढ़ावा बिलकुल तुच्छ विषयों को दिया गया है और यह काम इस ढंग से किया गया है जिससे कि विप्लववादी लोग देशवासियों की नजर मे हास्यास्पद जँचें। फिर ऐसी खास-खास बातें बड़ी सफाई से दबा दी गई हैं कि जिनके प्रकट होने से देशवासियो के मन में आशा का सचार हो सकता है। रौलट-रिपोर्ट पढ़ने से यह हर्गिज नही मालूम हो सकता कि कितने समय से, बडी सावधानी के साथ बहुत ही धीरे-धीरे कितने नर-रत्न किस प्रकार इकट्ठे किये गए थे, फिर कितने दुःखो और कष्टों के बीच होकर, कितने भीतरी-बाहरी कष्टो की कसौटी पर कसे जाकर कितनी नीरव वीरताओ की महिमा से मण्डित हुए इन नर-रत्नो की माला गूँथी गई थी। मुझे तो इसी बात का दुःख है कि उन सारी बातों को उपयुक्त रूप मे प्रकट करने योग्य शक्ति मुझमें नही है, तथापि जैसा मुझसे बनता है, करता हूँ।

बहुत-से लोग यह भी सोच सकते है कि इस प्रकार सारी बाते प्रकट कर देना (मानो ये बातें अभी तक गुप्त है!) सरकारी पक्ष को दमन-नीति का प्रयोग करने के लिए और अधिक मौका देना है। किन्तु इसके उत्तर मे मुझे यही कहना है कि विप्लव की जो आग एक दिन सिर्फ बगाल के एक प्रान्त की सीमा के ही भीतर थी उसी की अग्निशिखा सोलह-सत्तरह वर्ष की दमन-नीति का ईंधन पाकर रावलपिण्डी और पेशावर तक फैल गई थी, अतएव जो लोग इस दमननीति की जड़ उखाड़ना चाहते हो उनसे मेरा यही कहना है कि कृपया विगत युग के विप्लव की तैयारी के प्रयत्न को मजाक मे उड़ाकर नाचीज न कहिए या उसके अस्तित्व को ही अस्वीकार मत कीजिए, प्रत्युत सरकार को भलीभांति समझा दीजिए कि देश की सच्ची आकांक्षा को दबाने का उद्योग करने से, अथवा वैध आन्दोलन का विकास होने के लिए मौका और समय न देने से, इस प्रकार गुप्त-प्रलयाग्नि का उत्पन्न होना अनिवार्य है। वैध प्रकाश्य आन्दोलन की अपेक्षा छिपकर विप्लव का उद्योग करना कम शक्तिशाली नही जान पड़ता है। इंग्लैंड मे प्रकाश्य आन्दोलन करने का सुभीता रहने के कारण—फिर वह आन्दोलन कितना ही उग्र क्यों न हो—वहाँ गुप्त रूप मे विप्लव का उद्योग उतने ही परिमाण मे नही किया जाता जितने परिमाण में कि फ्रांस अथवा यूरोप के

अन्यान्य देशों में किया जाता है। मरणोन्मुख जाति ही दमनास्त्र से वश में कर ली जाती है किन्तु विकासोन्मुख जाति के आत्मप्रकाश करने के उपायों को किसी भी दमनास्त्र द्वारा व्यर्थ नहीं किया जा सकता। आज यह बात, क्या सरकार और क्या भारत की जनता, सभी को अच्छी तरह जाननी चाहिए।

यतीन्द्र बाबू अब इस लोक में नहीं हैं, इसी से उनकी बात प्रकट करने में मुझे झिझक नहीं हुई। शायद हमारे देशवासियों को ठीक-ठीक मालूम नहीं कि इस समय हम लोग सारे उत्तरी भारत में एक दिल से और एक ही उद्देश्य के लिए काम कर रहे थे; और शायद बंगाल के विप्लवकारी दलों को भी इसका सोलहों आने पता न था।

यतीन्द्रबाबू का विशेष रूप से अनुरोध था कि इस विप्लव के लिए निर्धारित दिन इतना पीछे हटा दिया जाए जिससे कि बंगाल में पहुँचने पर उन्हें कम से कम दो महीने का समय मिले और इस बीच वे कुछ रुपये-पैसे भी जमा कर सकें। उन्होंने बार-बार कहा कि बिना हाथ में काफ़ी धन किए इस काम में कूदना ठीक नहीं। किन्तु उनकी इस 'काफ़ी' की धारणा की सीमा बड़ी लम्बी-चौड़ी थी। उतने अपरिमित द्रव्य का थोड़े समय में संग्रह किया जाना भी असाध्य काम था। इस बात को अन्त में यतीन्द्रबाबू ने स्वीकार कर लिया था किन्तु इस ओर की दशा को वे ठीक-ठीक समझ न सकते थे। उस समय पंजाब के सिपाही बहुत ही अधीर हो रहे थे। इसका एक कारण यह अनिश्चय की स्थिति थी कि वे न जाने किस दिन पश्चिम के रणक्षेत्र में भेज दिये जाएँ। इसके सिवा भारत के विभिन्न सैनिक-दलों को भी लगातार एक छोर के स्थान से दूसरे छोर के स्थान में बदलकर भेज दिया जाता था। इसीलिए, अनुकूल दशा में न रहने दिये जाने पर, यदि उन सैनिकों को सुदूर दक्षिण की किसी छावनी में भेज दिया जाय तब तो उनकी सारी आशाओं पर पाला पड़ जायगा। ऐसे ही अनेक कारणों से पंजाब के सिपाहियों को शान्त रखना तो कठिन हो ही गया था, साथ ही हमें भी यह बड़ा खटका था कि विप्लव के लिए तैयार किये गए सैनिक कहीं अन्यत्र न भेज दिये जाएँ। इन कारणों से हम लोग यतीन्द्रबाबू के अनुरोध को न मान सके हम लोग भी कुछ-कुछ उतावले हो गये थे कि ऐसा बढ़िया मौका किसी कारण हाथ से न निकल जाय। इसी से एक ओर तो हम सिपाहियों को शान्त रखने का उद्योग कर रहे थे और दूसरी ओर ऐसी तैयारी में लगे हुए थे जिससे कि देश-भर मे एक-जी होकर कुछ कर दिखाया जाय। साथ ही यह भी ध्यान रक्खा गया था कि इस काम में वृथा विलम्ब न होने पाये। यतीन्द्र बाबू से भी ये सारी बातें समझाकर कही गईं और लाचारी से उन लोगों को भी हमारे साथ ही साथ समान भाव से क़दम बढ़ाना पड़ा।

यह हम बहुत दिनो से समझते थे कि अपढ़ जनता को उभाड़ देना कुछ कठिन काम नहीं है, परन्तु इसके साथ-साथ हम यह भी जानते थे कि सिर्फ जनता को भड़का देने से ही हमारी कार्य-सिद्धि की आशा विशेष रूप से नहीं है।

इसी से हमने इस कार्य की ओर विशेष रूप से ध्यान नहीं दिया था। हम लोगों का विचार था कि पहले देश के शिक्षित युवकों को सम्मिलित करके एक विराट् देशव्यापी संघ का संगठन कर लिया जाय और फिर उसके बाद यदि देशी फ़ौजों को अपने भाव की दीक्षा दी जा सके तभी विप्लव की नींव पक्की होगी परन्तु इस तैयारी के साथ-साथ हम लोगों ने विदेशियों से कुछ भी सम्पर्क नहीं रक्खा और गदर के उद्योग में यही बड़ी भारी भूल थी। कई मर्तबा यह विचार भी हुआ था कि इस तैयारी के साथ-साथ अधिक परिमाण में अस्त्र-शस्त्रों के मँगाने का भी बन्दोबस्त होना चाहिए; किन्तु नेता लोग इस ओर से उदासीन थे। वे कहते थे कि वह समय अभी दूर है। किन्तु जब समय आया तब फिर न इसका बन्दोबस्त करने को समय रहा और न कोई ज़रिया ही मिला। सारे देश में तो नहीं, किन्तु बंगाल और पंजाब में युवकों का जो संघ बनाया गया था उसकी व्यापकता कुछ कम न थी किन्तु इस संघ का विकास और परिणति बंगाल में जैसी हुई थी वैसी और कही भी नही हुई। व्यक्ति के भीतरी गठन और कुछ समय-व्यापी साहचर्य के फल से यह संघशक्ति जैसी प्रस्फुटित होती है वैसी और किसी तरह नही होती। यही कारण है कि सच्ची संघशक्ति बगाल में ही गठित हुई थी, क्योंकि पंजाब में जो विप्लव की तैयारी हुई थी उसका तो सारा ही बन्दोबस्त खासकर उन सिक्खो ने ही किया था जो कि अमेरिका-प्रभृति देशों से लौटकर भारत मे आए थे। इन विदेश से आये हुए सिक्खों के साथ देश का वैसा घना हेल-मेल न था, और फिर इस दल का संगठन भी भिन्न-भिन्न व्यक्तियों के कुछ काल-व्यापी साहचर्य से नही हुआ था। देशवासी लोग भी उनकी ओर से कुछ लापरवाह थे, किन्तु बंगाल की जनता बगाल के दल से इतनी उदासीन नही थी। इसके सिवा यह बात भी है कि जिन व्यक्तियों के सहयोग से सघ संगठित होता है उनके मन और प्राणों मे आदर्श की प्रेरणा जितनी गम्भीर होगी और उस आदर्श का ठाठ जितना ऊँचा बाँधा जायगा उसी परिमाण में सघ भी शक्तिशाली होगा। इस दृष्टि से बंगाल के बाहर का कोई भी संघ बंगाल की सघशक्ति के समान शक्तिशाली न था,—बंगाल मे भिन्न-भिन्न आदर्शों के घात-प्रतिघात की क्रीड़ा जैसे अभिनव रूप में देख पड़ी, वैसी बगाल के बाहर देखने मे नही आई। हमारी इस विप्लव की तैयारी के साथ भारत के जातीय जागरण का भिन्न-भिन्न ओर से क्या सम्बन्ध था, और विप्लववादियों के व्यक्तिगत जीवन में वह किस प्रकार प्रतिफलित हुआ था, इसकी चर्चा वहाँ होगी जहाँ बंगाल का वर्णन किया जायगा। इसका प्रधान कारण यह है कि उस आदर्श के द्वन्द्व का जैसा अनुभव मुझे बंगाल मे हुआ है वैसा अन्यत्र नहीं हुआ, और यहाँ तो मै मुख्य रूप से बंगाल के बाहरी प्रदेश के आन्दोलन का वर्णन कर रहा हूँ। बगाल के बाहर तो हम लोग प्रधानतया विप्लव की तैयारी की मामूली बातों में ही लगे हुए थे किन्तु बगाल मे मानो भारत के वास्तविक जातीय जागरण के लिए—क्या धर्म, क्या कर्म, क्या साहित्य और क्या सामाजिक आचार-विचार—सभी कामों में हम लोग लगे हुए थे।

अन्यान्य प्रदेशवालों को फ़ौजों में भर्ती होने का जैसा सुभीता रहता आया है वैसा सुभीता यदि बंगाल में बंगालियों को होता तो वहाँ न जाने कब का गदर मच गया होता। किन्तु इस समय में, पंजाब में जिस फ़ुर्ती से विप्लव की तैयारी हो रही थी, उसको देखते हुए हम लोग सोचते थे कि बंगाल न जाने इस समय किस प्रकार विप्लव में शामिल होगा। बंगाल के पिछले युग के कलंक का स्मरण होने से मेरे मन को बड़ा कष्ट होता था। यही कारण था कि बंगाल में जाकर काम करने की इच्छा होती थी। इससे यतीन्द्र बाबू वगैरह जब बंगाल को वापस चले गए तब वहाँ जाने के लिए मैं विशेष रूप से उत्सुक हुआ, किन्तु दादा इसके लिए किसी प्रकार राज़ी न हुए। उन्होंने कहा कि वे स्वयं तो पंजाब जाएँगे और मुझे बंगाल और पंजाब के मध्य के देश में रहकर उक्त दोनों प्रदेशों की कारंवाई का सिलसिला जोड़े रखना होगा। इससे मन मारकर मुझे काशी में ही रहना पड़ा।

इसी समय बंगाल में मोटर-डकैती का आरम्भ हुआ और थोड़े ही समय में कई जगह डाके डाले गए और इस तरह बहुत-सा धन संग्रह किया गया। इन घटनाओं के कुछ ही दिन पहले रोडा कम्पनी के यहाँ से पचास मोज़र पिस्तौलों और पचास हज़ार के लगभग टोंटों की चोरी हो गई। अब तक बंगाल में विप्लव की तैयारी का कार्यक्रम दो-एक दलों में ही आबद्ध था। यतीन्द्र बाबू थे तो खासे कार्य-कुशल किन्तु अब तक कुछ-कुछ खाली रहते थे। इससे अन्यान्य दलों का भी कुछ भी काम-काज न होता था। इस बार यतीन्द्र बाबू के पूर्ण उद्यम से काम में जुटते ही बंगाल में बड़े सपाटे से काम-काज होने लगा। उनके इस नये आत्म-प्रकाश को देखकर हम लोगों को बड़ा ही हर्षपूर्ण अचरज हुआ।

इधर रासबिहारी भी पंजाब को रवाना हुए। उन्हें गिरफ़्तार करा देने के लिए साढ़े सात हज़ार रुपये का इनाम घोषित किया गया था। रासबिहारी को गिरफ़्तार न कर सकने के कारण सरकारी पक्ष की कार्य-कुशलता में बट्टा लग गया था और उन्हें गिरफ़्तार करने के लिए भारत सरकार ने कुछ उठा न रक्खा था। एक ओर तो वह प्रबल प्रतापशाली ब्रिटिश राजशक्ति थी जिसको अपार धन-बल और लोकबल प्राप्त है, जो इतने बड़े सुनियन्त्रित राज्य की चालक है, देश के एक सिरे से लेकर दूसरे सिरे तक जिसका अद्भुत संगठन (Organisation) है, और जिसके जासूस-विभाग की होशियारी की तुलना रूस के सिवा एशिया में किसी से भी नहीं हो सकती, और दूसरी ओर था भारत का हमारा यह दरिद्र विप्लव दल—इतना दरिद्र कि एक दिन रासबिहारी ने हम लोगों से कहा कि 'मुझे अंग्रेजों के हवाले करके साढ़े सात हज़ार रुपए वसूल कर लो।' इस दल के साथ देशवासियों की आन्तरिक सहानुभूति तो थी किन्तु वे डर के मारे किसी भी तरह उसकी सहायता करने को तैयार न थे, और फिर इस दल के नेता समाज में बिलकुल ही अपरिचित थे, सौ बात की एक बात तो यह है कि ये लोग

बिलकुल ही असहाय थे, इनका एकमात्र बल और भरोसा था केवल अपना असीम विश्वास तथा चित्त की अद्भुत दृढता; किन्तु अपने घर मे ही ये अपने स्वदेशवासियो से उपेक्षित थे। ऐसे दो दलो के असम द्वन्द्व मे विप्लव-दल ने बहुत दिनो तक केवल आत्मरक्षा ही नही की थी, बल्कि उसने अंग्रेज सरकार को भी कितने ही नाच नचा दिए थे और इस प्रकार अग्रेजी साम्राज्य की प्रबल शक्ति जो रासबिहारी को गिरफ्तार नही कर सकी इसका प्रधान कारण था हमारे सघ की व्यापकता और बहुत बढिया बन्दोबस्त। उपयुक्त शक्तिशाली सुनियन्त्रित सघ न होता तो रासबिहारी को बचा लेना कदापि सम्भव न होता। इसमे सन्देह नही कि इतने पर भी रासबिहारी का कुशलता और उनका भाग्य कुछ कम सहायक नही हुआ। कितने ही भीषण सकट के अवसरो पर वे उनमे से सहज ही बच निकले थे। अब उन बातो का ख्याल होने से ही देह मे रोमाच हो आता है। इसे भगवान् की विशेष कृपा के सिवा और क्या कहा जाय! इन सब बातो का वर्णन दूसरे भाग मे होगा। केवल रासबिहारी ही इस प्रकार अपने को छिपाने म सफल न हुए थे, अपितु और भी कितने ही युवक इसी समय से, तथा इसके पश्चात् भी प्रबल प्रतिद्वन्द्वी की सारी शक्ति को व्यर्थ करके तीन-चार वर्ष तक—कोई-कोई तो इससे भी अधिक समय तक—छिपे रहने मे समर्थ हुए थे। यदि उन छिपे हुए लोगो का रहस्यपूर्ण इतिहास लिखा जाय तो भारत के साहित्य को एक नई सम्पत्ति प्राप्त हो।

रासबिहारी रात की गाडी से दिल्ली होते हुए पजाब को रवाना हुए। इस समय से प्राय. हर वक्त हम लोगो मे से कोई-न-कोई रासबिहारी के साथ-साथ रहता था। दिल्ली पहुँचने तक कोई खास घटना नही हुई। गाडी जिस समय दिल्ली स्टेशन को पीछे छोडकर आगे बढने लगी उस समय रासबिहारी ने अकस्मात् देखा कि उनके छोटे से डिब्बे मे उन्ही का पहचाना खुफिया पुलिस का दारोगा बैठा हुआ है। उस समय रासबिहारी के मन की जो दशा हुई होगी उसकी हमे कल्पना से ही जान लेना चाहिए। जो हो, सौभाग्य से उस रात को वे अपने सिर पर टोपी लगाय रहने की बदौलत साफ बच गए, और अगला स्टेशन आने पर वे उस डिब्बे से निकलकर दूसरे डिब्बे मे जा बैठे, किन्तु गए वे उसी गाडी से; इसी से समझ लीजिए कि उनमे कितना साहस था। इस प्रकार बडी शान्ति से, किन्तु दृढता के साथ, रासबिहारी सब बातो को जानते रहने पर भी दहकती हुई आग मे कूद पडे। वे अमृतसर पहुँच गए।

इधर युक्तप्रदेश, बिहार और बगाल की भिन्न-भिन्न छावनियो मे हमारे आदमियो ने अपना आना-जाना आरम्भ कर दिया। थोडे ही दिनो मे पंजाब से करतारसिह तथा और भी कई सिक्ख पजाब का समाचार लेकर काशी आए। उस समय उत्तर भारत की तमाम छावनियो का हाल हमने मालूम कर लिया था। सब स्थानो का समाचार मिलने पर समझ मे आ गया था कि उस समय देश मे गोरी सेना बहुत ही थोडी थी और जितने गोरे थे भी, वे निरे रगरूट थे। टेरी-

टोरियल सेना के छोकरों और दुबले-पतले लम्बे नौजवान सिपाहियों को देखकर हम लोग चाहते थे कि अब बहुत जल्द हमें शक्ति की जाँच करने का मौका मिल जाय। उन दिनों समूचे उत्तर भारत की दो-तीन बड़ी-बड़ी छावनियों और काबुल के सीमान्त देश के सिवा कहीं भी तीन सौ से अधिक गोरे सिपाही न थे। बड़ी-बड़ी छावनियों में भी इनकी तादाद एक और दो हजार के बीच में थी। भिन्न-भिन्न छावनियों में जितने अस्त्र-शस्त्र थे उनकी सहायता से कम-से-कम वर्षभर तक तो मजे में युद्ध जारी रक्खा जा सकता था। हम लोगों ने उन सब बातों का रत्ती-रत्ती पता लगा लिया था जिनका कि लग सकता था। जैसे—किस रेजिमेंट में कितने वाक्स राइफलें हैं ? कारतूसों के कितने बक्स हैं ? मेग-जीन पर किनका पहरा रहता है और कैसा पहरा रहता है ? इत्यादि। हिन्दुस्तानी फ़ौजों की मानसिक दशा उस समय बहुत ही खराब थी। उन्हें हर घड़ी यह खटका बना रहता था कि बस अब यूरोप जाने का हुक्म होता ही है। जो दम गुजरता था ग़नीमत समझा जाता था। छावनियों में पहुँचते ही हमारे युवकों का सिपाही लोग बड़ा आदर-सत्कार करते और बड़े आग्रह से उनकी बातें सुनते थे। एक बार एक युवक किसी छावनी में गया; तब उसी दिन, रात को वहाँ सिपाहियों की बैठक हुई। उस बैठक में बड़े ओहदेदारों के सिवा और सभी सिपाही एकत्र हुए, उस विदेश से आये हुए युवक की बातें उन लोगों ने बड़े आग्रह से सुनी। अन्त में उन लोगों ने कहा कि इस विद्रोह में हम लोग अगुआ न बनेंगे; हाँ, हम लोग ऐसा जरूर करेंगे जिसमें विप्लव के समय हमारे हाथ से मेगज़ीन न निकल जाने पाए, जब गदर सचमुच मच जाएगा तब हम भी उसमें शामिल हो जाएँगे।

काशी की रेजिमेंट में मैं और भी कई बार गया था। इस रेजिमेंट में दिल्ला-सिंह के सिवा और सभी अच्छे आदमी थे। वे लोग सचमुच देश के भले के लिए विप्लव में शामिल होने को तैयार थे। दिल्लासिंह ने एक दिन हम लोगों से पूछा—'बाबू, देश के स्वाधीन हो जाने पर क्या हम लोगों को कुछ जागीर या माफ़ी वगैरह मिलेगी ?' एक दिन गनकाटन ले जाकर उसे हम लोगों ने अपनी करामात दिखलाई और कहा कि देखो यह मामूली रुई नहीं है, इसमें आग छूते ही किस प्रकार भक से सारी की सारी जल उठती है, तनिक-सी भी बाकी नहीं रहती। यह लीला देखकर वे लोग अचरज करते थे। इस प्रकार हम लोग कई तरह से दिल्ला-सिंह और उसके अनुयायी साथियों को अपने मत में लाने की कोशिश करते थे। इस रेजिमेंट के कुछ आदमियों से बाद को मेरी भेंट हुई। उन्होंने बड़े भक्तिभाव से माथा झुकाकर मुझसे बातचीत की थी। इनमें एक सिपाही की उम्र पचास से ऊपर थी। उसने मुझसे कहा—बाबू मेरे साथ जान-पहचान वाले अब कोई भी जीवित नहीं। एक मैं ही रह गया हूँ। सो मेरा समय नजदीक है। बाबू अब मैं मौत से नहीं डरता, तुम्हीं मेरे गुरु हो गए, क्योंकि दुनिया के झमेलों से मेरे चित्त को हटाकर तुम्हीं ने भगवान् की ओर कर दिया है।

कितनी ही रेजिमेंटों में हमारी पहुँच हो चुकने पर उनकी अन्य स्थानों में

बदली हो गई। इससे यह हुआ कि हमारे कार्य का प्रचार देश में बहुत दूर तक हो गया।

रेजिमेंटों के प्रचार करने के अलावा इसी समय हमने देहात में जाकर वहाँ की जनता मे भी अपनी रसाई करने की कोशिश की। युक्तप्रदेश में कुछ ऐसे गाँव हैं जहाँ केवल ठाकुरों की ही बस्ती है। ऐसे अनेक केन्द्रों में अंग्रेजों की फ़ौजों के लिए रगरूट चुने जाते थे। युक्तप्रदेश और पंजाब के अपढ़ लोग बंगाल की अशिक्षित जनता की भाँति नहीं हैं। एक तो वे बंगालियों की अपेक्षा शरीर से बहुत कुछ बलवान् हैं, दूसरे अपने-पराए गर्व का स्मरण इनमें अब तक यथेष्ठ परिमाण मे बना है। ये अपढ़ हैं सही, किन्तु राजनीतिक संस्कार इनमें अत्यन्त प्रबल हैं। बंगाल की जनता और शिक्षित सम्प्रदाय की अपेक्षा भी यहाँ वालों मे अपने धर्म पर बहुत अधिक प्रीति और मोह है। सुयोग्य नेता की अधीनता मे परिचालित किए जाने से ये अशिक्षित लोग एक बार असम्भव को भी सम्भव कर सकते है।

इन लोगों में भी हमारा आना-जाना होने लगा था और इन लोगों से भी हमको कुछ कम आशाजनक उत्तर न मिला था।

इधर रासबिहारी भी पजाब मे सैनिकों से मेल-मुलाकात करने लगे। वे जिस मकान मे रहते थे उसमे किसी से भी भेंट न करते थे। दूसरों से मिलने-जुलने के लिए दो-तीन मकान बिलकुल अलग थे। सिपाहियों से वे ऐसे ही एक अलग मकान में मिला करते थे। इस समय के लाहौर के दो सैनिकों का जो हाल मैंने सुना है वह सदा स्मरण रखने योग्य है। एक का नाम लछमनसिंह था। दूसरा सिपाही मुसलमान था, उसका नाम मुझे याद नही। ये दोनो ही हवलदार थे। सिपाहियों पर लछमनसिंह का खासा प्रभाव था। इस रेजिमेंट के एक सिपाही से बाद मे अण्डमन मे मेरी बातचीत हुई। उससे पता चला कि लछमनसिंह ने बहुत पहले से अपनी रेजिमेट मे एक छोटा-सा दल बना रखा था। वे बीच-बीच मे अक्सर एकत्र होते थे। उस समय सिक्ख धर्म-सम्बन्धी पुस्तकें पढ़ी जाती थीं और अनेक विषयो पर चर्चा इत्यादि होती थी। कई बार इसकी खबर पाकर रेजिमेट के अंग्रेज हाकिम इसे रोकने का हुक्म दिया करते थे। इस प्रकार बीच-बीच में बन्द होकर भी यह कार्य छोटे रूप में कई वर्ष से लगातार होता चला आ रहा था। रेजिमेट के सभी लोग लछमनसिंह को बड़ा धर्मात्मा और उन्नत चरित्र का पुरुष समझते थे। लछमनसिंह को फाँसी का हुक्म हो चुकने पर जब मुसलमान हवलदार को जान बख्श देने का लालच देकर सरकार की ओर से कुछ गुप्त बातों की टोह लेने की कोशिश की गई और उससे कहा गया कि तुम एक काफ़िर के साथ-साथ फाँसी पर चढ़ना कैसे पसन्द करोगे, तब उस वीर देशभक्त मुसलमान हवलदार ने बड़ा ही बढ़िया उत्तर दिया। उसने कहा—"अगर मैं लछमनसिंह के साथ-साथ फाँसी पर टाँगा जाऊँ तो मुझे बहिश्त मिले।" उनको भी फाँसी हो गई।

विद्रोह का निर्दिष्ट दिन जितना ही समीप आने लगा उतना ही हम लोगों

को खटका होने लगा कि 'क्या हम लोग पार पा जाएँगे ? इतनी बड़ी जिम्मेदारी को क्या हम लोग ले सकेंगे ?' विप्लव के लिए जैसी तैयारी करने की तरकीब हमें सूझ पड़ती थी उसमें तो हम लोगों ने कोई कसर रखी नहीं, किन्तु फिर भी उस बहुत जल्द आनेवाले दिन के विचार से ही शरीर थर्रा जाता था। पंजाब जाने से पहले दादा भी कई बार यही बात कह चुके थे।

असल में हम लोग यह चाहते थे कि एक दिन एकाएक—बिना किसी को अपनी इच्छा बतलाए—उत्तर भारत की छावनियों में तमाम अंग्रेज़ी सैनिकों पर, एक ही दिन और ठीक एक ही समय, एकदम हमला कर दिया जाय और उस रेल-पेल के वक़्त जो लोग हमारी शरण में आ जाएँ उन्हें क़ैद कर लिया जाए। विद्रोह रात के वक्त शुरू किया जाय और उसी दम शहर के तार इत्यादि काटकर अंग्रेज वालण्टियरों तथा तगड़े पुरुषों को क़ैद में डाल दिया जाय और फिर खजाना लूट करके जेल से क़ैदी रिहा कर दिये जाएँ। इसके पश्चात् उस शहर का इन्तजाम अपने चुने हुए किसी योग्य पुरुष को सौंपकर तमाम बलवाइयों का दल पंजाब में जाकर एकत्र हो। हम लोग यह न समझे बैठे थे कि गदर मचने पर अन्त तक अंग्रेजों के साथ सम्मुख युद्ध में हमारी विजय ही होती जायगी, किन्तु इसका हमे पक्का भरोसा था कि उल्लिखित रीति के अनुसार एक बार गदर मचते ही एक ऐसी अन्तर्राष्ट्रीय विचित्र दशा उपस्थित हो जाएगी कि यदि हम कम-से-कम वर्ष-भर तक इस युद्ध को ठीक ढंग पर जारी रख सके तो विदेशों के भिन्न-भिन्न राष्ट्रो के आपसी विद्वेष के फल से, और अंग्रेज़ो को शत्रुओं की सहायता से, देश को स्वाधीन कर लेना हमारे लिए, अत्यन्त कठिन होने पर भी, असम्भव न होगा।

एक दिन पंजाब से यह समाचार लेकर कुछ आदमी आए कि विप्लव का मुहूर्त पक्का कर लिया गया है। इक्कीस फरवरी को गदर मचा दिया जायगा। काम रात को ही आरम्भ होगा। यह सूचना मुझे इतवार को मिली थी। क्षण-भर मे तीव्र आवेग से देह और मन न जाने कैसे भाव से कम्पित हो उठे। वह ऐसा विचित्र भाव था जिसका पहले कभी अनुभव नहीं हुआ था। न ही उसे आनन्द कहा जा सकता है और न आशंका ही। विप्लव का आरम्भ होने के लिए अब एक हफ़्ते-भर की देर थी। अपने अन्यान्य स्थानों को भी विप्लव की तारीख की सूचना दे दी गई।

बहुत ही शीघ्र होनेवाले इस विप्लव की तैयारी में हममे से बहुतो के मन में एक अस्पष्ट अनिर्देश्य भय और सन्देश का भाव विद्यमान था, मानो हम किसी भी तरह विप्लव आरम्भ हो जाने का निसन्देह विश्वास न कर सकते थे। सैकड़ो-हज़ारो वर्ष की दीनता और हीनता से, पराधीनता की हज़ारों तहों में लिपटे रहने से, आत्मशक्ति को हम यहाँ तक खो बैठे थे कि स्वाधीनता के पूर्ण आदर्श की कल्पना कर लेने और उस आदर्श को वास्तविक रूप देने की भरसक चेष्टा कर चुकने पर भी और इसकी उत्कट अभिलाषा रखते हुए भी, हम मानो

यह विश्वास ही न कर सकते थे कि सचमुच विप्लव का अड्डा खड़ा कर दिया जायगा। जन्म-भर का दुखिया जिस प्रकार किसी भी तरह यह विश्वास नहीं कर पाता कि किसी दिन उसका भी नसीब जागेगा—उसे सुख मिलेगा—जिस प्रकार ऐसा व्यक्ति, जो सदा लापरवाही से दुतकारा गया है, जो बार-बार धोखा खा चुका है, वह आशा की कल्पना मे मुग्ध होकर सारा जीवन भले बिता दे पर वह किसी तरह यह विश्वास नही कर पाता कि किसी दिन वह भी फिर किसी का प्रेमास्पद होगा, इसी तरह मै भी भारत के भाग्योदय के सम्बन्ध मे हताश हो चुका था।

10
विश्वासघात और निराशा

मन में ऐसा भाव रहने पर भी विप्लव की तैयारियाँ होने लगीं। बंगाल के भिन्न-भिन्न केन्द्रों में काम करने वाले विप्लववादियों के लिए हाफ पेंट सिलवाये गए। पंजाब में भारत की राष्ट्रीय पताका बना ली गई। उस पताका के रंगों में अपनी विशेषता सूचित करने वाले खास रंग को स्थान दिलाने के लिए सिक्खों ने बड़ा आग्रह किया। इसलिए हिन्दू, मुसलमान, सिक्ख और भारत की अन्यान्य जातियों के चिह्न-स्वरूप भारत की जातीय पताका चार रंगों की हुई। कहीं रसद का बन्दोबस्त हुआ, कहीं-कहीं पर स्थानीय मोटर-लारी प्रभृति सवारियों की फेहरिस्तें बनाई जाने लगीं। उत्तर भारत के समग्र विप्लवपन्थी बड़े ही उद्वेग से पंजाब की ओर देखकर दिन गिनने लगे, मानो पंजाब से इशारा मिलते ही क्षणभर में ज्वालामुखी पर्वत भीषण आग उगलने लगा। सुना गया था कि कदाचित श्री श्रीमहाप्रभु जगबन्धु[1] ने कहा था कि बारह वर्ष की तपस्या के पश्चात् जिस दिन वे अपनी गुफा से बाहर निकलेंगे उसी दिन मे भारत की स्वाधीनता का युग आरम्भ हो जायगा। सो वे भी, शायद, इसी 1915 ई० के फरवरी में अपनी गुफा के बाहर आ गए। इस विप्लव का हाल उन्हें रत्तीभर भी मालूम न था। किन्तु गुफा में बाहर आने पर उन्होंने संकेत से बतलाया कि अभी तो कुछ देर है, यह कहकर वे फिर अपनी गुफा में चले गए। भगवान् का अभिप्राय हर वक़्त ठीक-ठीक समझ में नहीं आता। हज़ारों वर्ष से भारत का सारा पुरुषार्थ जिस तरह बार-बार व्यर्थ होता रहा है उसी तरह इस बार भी समग्र उत्तर भारत की विप्लव की इतनी बड़ी इमारत भरभराकर गिर पड़ी। कुसुमकली को खिलने के पहले ही मानो वृन्त से तोड़कर देवता की पूजा में चढ़ा दिया गया। सुनिये यह क्योंकर हुआ।

पंजाब के खुफ़िया पुलिस महकमे के एक मुसलमान डिप्टी सुपरिंटेंडेंट ने कृपालसिंह नाम के एक सिक्ख को विप्लव दल में भर्ती करा दिया। यह उक्त अफ़सर का जासूस था। एक व्यक्ति जो रिश्ते में कृपालसिंह का एक भाई होता था अंग्रेज़ों की फ़ौज में नौकर था और इस दल में भी शामिल था। प्रधानतया इसी

1. ये बंगाल के एक पहुँचे हुए महात्मा हैं। बाल्यावस्था से ही ये साधना कर रहे हैं।

सैनिक की सहायता से कृपालसिंह का सम्भवतः फरवरी महीने में इस दल में प्रवेश हुआ था। किन्तु इसके कुछ ही दिन बाद कृपालसिंह की गतिविधि पर बहुत लोगों को सन्देह हो गया। तब कुछ नेताओं की सलाह हुई कि उस पर हरदम नज़र रहनी चाहिए। इसका फल यह हुआ कि दो-चार दिन में ही इसका पुलिस के हाकिमों के पास प्रतिदिन एक निर्धारित समय पर आना-जाना देख लिया गया। इधर विप्लव का झण्डा खड़ा करने को दो-चार दिन की देर रह गई थी, इसलिए सोचा गया कि इस दशा में यदि इसे दुनिया से हटा दिया जाय तो ऐसी विकट गड़बड़ मच सकती है जिससे कि शायद हमारे अन्तिम मनोरथ की सिद्धि में बेढब विघ्न आ पड़े। इस आशंका के मारे इस काँटे को निकालने का कुछ भी उद्योग नहीं किया गया। ऐसी दशा में पूर्व बंगाल वाले उसे दुनिया के झंझटों से छुड़ाये बिना कभी न मानते। अस्तु, बाद में पता चला कि विप्लव के लिए जो दिन मुकर्रर किया गया था उसकी खबर पुलिस को लग चुकी है, क्योंकि कृपालसिंह से वह दिन छिपाया नहीं गया था। अतएव निश्चय हुआ कि कृपालसिंह अब घर से बाहर न जाने पावे और विप्लव की तारीख इक्कीस फरवरी के बदले उन्नीस फरवरी—यानी दो दिन पहले—कर दी गई। किन्तु दुर्भाग्य से हो या होनहार के कारण हो—कुछ भी कहिए—इस नई तारीख की सूचना छावनी में दे आने का काम जिन्हें सौंपा गया था उन्होंने उक्त संवाद छावनी में पहुँचकर जब रासबिहारी से कहा, "छावनी में उन्नीस फरवरी की इत्तिला दे आया" तब कृपालसिंह वहीं बैठा हुआ था। कृपालसिंह का हाल सब लोगों को मालूम न था। शायद यह घटना अट्ठारह फरवरी की है। उसी दिन दोपहर के समय जब भोजन करने के लिए सब लोग इधर-उधर चले गए तब कृपालसिंह ने वहाँ से टरक जाना चाहा। किन्तु उस पर नज़र रखने के लिए जिनकी नियुक्ति कर दी गई थी उन्होंने उसका हाथ पकड़कर खींच-तान नहीं की, बल्कि हर वक्त उसके साथ बने रहे। कृपालसिंह ने मकान के बाहर आते ही देखा कि भेदिया पुलिस का एक आदमी साइकिल पर उसी ओर आ रहा है। उससे कृपालसिंह की मुलाकात होते ही उन्नीस फरवरी की इत्तला पुलिस को मिल गई और इसके कुछ घण्टे बाद धर-पकड़ शुरू हो गई। जिस मकान में कृपालसिंह था उसमें सात-आठ गिरफ्तारियाँ हुईं। इसमें कुछ मुखिया भी थे। जिस मकान में रासबिहारी रहते थे उसका पता दो-एक मुखियों के सिवा और किसी को मालूम न था, क्योंकि जिनसे मिलने-जुलने की जरूरत होती थी उनसे रासबिहारी अन्यान्य मकानों में ही मिलते थे। इधर मेगजीन पर देशी सिपाहियों के बदले गोरों का पहरा हो गया। शहर के अंग्रेज वालण्टियर फ़ौजी तैयारी से लैस कर दिये गए। उन सबको कैम्प बनाकर रहने का हुक्म हो गया। युद्ध के समय चौकन्ने होकर रहने की जिस प्रणाली को 'पिकेट' करना कहते हैं, उस प्रणाली से गोरे सिपाही और वालण्टियर लोग पहरा देने लगे। हथियार-बन्द गोरे सिपाहियों की टोलियाँ फ़ौजी ढंग से बस्ती-भर में चक्कर लगाने लगीं। लाहौर, दिल्ली, फिरोजपुर सभी जगह ऐसा ही हुआ। लोगों ने समझा कि इस

फ़ौजी तैयारी का कारण यूरोपीय युद्ध का कोई खटका होगा। देशी सिपाहियों के मन में घबराहट छा गई (उन्हीं के जो कि गुप्त-योजना में थे) इधर विप्लव की तारीख दो दिन पहले कर देने से देहात के सब लोग अपने-अपने निर्दिष्ट स्थानों में एकत्र नहीं हो सके। सिर्फ करतारसिंह सत्तर-अस्सी आदमियों के साथ फिरोजपुर की छावनी में, जैसा कि पहले निश्चय हो चुका था, पहुँच गए। उस समय वहाँ भी वही हाल था जैसा लाहौर में हो रहा था—मेगज़ीन देशी सिपाहियों को हटाकर गोरों के अधिकार में दे दी गई थी और उस पर गोरे सिपाही बड़ी मुस्तैदी से पहरा दे रहे थे। किन्तु करतारसिंह को लाहौर की नई घटना का कोई समाचार नहीं मिला था।

बारकों में ऐसी चौकसी रहने पर भी करतारसिंह आकर काली पलटन के हवलदार से मिले। हवलदार ने कहा कि अब कुछ दिन तक इन्तजार किये बिना हम लोग कुछ भी नहीं कर सकते, क्योंकि ऐसी दशा में यदि कुछ किया जायगा तो सत्यानाश हो जायगा, इससे करतारसिंह ने समझ लिया कि इस बार अब कुछ होने की आशा नहीं। उन्होंने ताड़ लिया कि दो-चार दिन में कैसी दशा हो जाने वाली है। उन्होंने कई तरह सैनिकों को समझाने का असफल उद्योग किया कि यदि आज इसी दम कुछ न किया जायगा तो फिर और कुछ होने का नहीं, यही पहला और आखिरी मौक़ा है। परन्तु सिपाहियों ने अंग्रेज पहरेदारों की ओर उँगली से इशारा करके कहा कि इस समय कुछ कर गुजरने की कोशिश बिलकुल बेकार होगी। आँखों देखते भला मक्खी कैसे निगली जा सकती है, जान-बूझकर कैसे आग में कूदा जाय? उस दिन भारतवासियों के हाथ में यदि उपयुक्त परिमाण में अस्त्र-शस्त्र होते तो ऐसा विश्वासघात हो जाने पर भी भारत में विप्लव किसी के रोके न रुक सकता था। अथवा यदि पहले से ही शिक्षित और उपयुक्त मनुष्य विप्लव की दीक्षा लेकर फ़ौजों में भर्ती होते तो भी उस समय की विप्लव की तैयारी व्यर्थ न जाती। उस दिन लाचार होकर करतारसिंह को खाली हाथ लौट जाना पड़ा। देहात के आदमी अपने-अपने घर को चले गए। करतारसिंह लाहौर पहुँचे। अब सारे पंजाब में धड़ाधड़ गिरफ़्तारियाँ होने लगी। जो लोग पकड़े जाते थे उनमें से कोई-कोई भंडाफोड़ करके और भी दस-पाँच साथियों का नाम-धाम प्रकट करने लगे। इस प्रकार कभी-कभी गोरी फ़ौज किसी गाँव को जा घेरती और तब बहुत-से आदमी एक ही जगह गिरफ़्तार कर लिए जाते। भारतीय सिपाहियों के मन में एक तरह की बेचैनी देख पड़ी। रावलपिंडी की एक काली पलटन बरखास्त कर दी गई। लाहौर में जहाँ-तहाँ खानातलाशियाँ और गिरफ़्तारियाँ होने लगी। किसी सिक्ख पर ज़रा-सा भी सन्देह होते ही उसे सीधा थाने में पहुँचाया जाता था। इसी तरह पकड़-धकड़ होने में कभी-कभी दोनों तरफ़ से गोली चल जाती थी। दो ही चार दिन में मामला इस तरह संगीन हो गया। अब दल में परस्पर एक-दूसरे पर विश्वास करना कठिन हो गया।—करतारसिंह बुद्धिमान युवक थे। लाहौर आते ही वे सीधे रासबिहारी के डेरे पर पहुँचे और

किसी भी स्थान पर नहीं गए। क्योंकि रासबिहारी वाले मकान को बहुत कम आदमी जानते थे, इसलिए वह सबसे अधिक सुरक्षित था। उस समय रासबिहारी बड़ी उदासी से एक खाट पर मुर्दे की तरह पड़े थे। करतारसिंह भी चुपचाप उनकी बगल में पड़ी हुई एक खाट पर लेट रहे। थकावट के मारे उनका शरीर शिथिल हो रहा था। दोनों ही चुप थे। उनके उस म्लान मौन से मर्म की बड़ी ही निदारुण पीड़ा प्रकट होने लगी। हम में से कितने लोगों को जीवन में उतनी बड़ी चोट सहनी पड़ी है? जिसकी कल्पना जितनी अधिक बड़ी होती है, भाव की सघनता और गम्भीरता जिसकी जितनी ही अधिक होती है, उसको जीवन में उतनी ही भारी चोट भी लगती है। उनकी कितनी बड़ी आशा छिन्न-भिन्न हो गई? उनका विराट् आयोजन बात की बात में धूल में मिल गया। ऐसी दशा में शिक्षित मन का भाव भी बहुत-कुछ बदल जाता है, फिर सिपाहियों के मन पर यदि विषम आतंक का भाव अपना अधिकार जमा ले तो इसमें विचित्रता कुछ भी नहीं। दोनों नेताओं ने सोचा कि यूरोपीय महासमर की उलझन के दिनों में भी—ऐसा बढ़िया सुभीता रहने पर भी, विप्लव दल सारी तैयारी करके भी कुछ नहीं कर सका। कौन जाने अब फिर कब ऐसा मौका मिलेगा!—किन्तु यह भयंकर चोट खाकर भी वे फिर कमर कसकर काम में लग गए। उनके हृदय की असीम आशा, हृदय का बल मानो घटना चाहता ही नहीं था। इसी से वे फिर नये उत्साह से घोर अन्धकारावृत भारत-आकाश के एकान्त कोने में अपने वक्षःस्थल की दीप-शिखा के ही बल और भरोसे पर उस हताशाच्छन्न जीवन-मार्ग पर फिर आगे बढ़े। उनके दिल में बड़ी गहरी चोट लगी थी किन्तु इससे उनके हाथ-पैर फूल नहीं गए। इतने बड़े मानसिक बल की मर्यादा को समझने वाले हममें कितने मनुष्य हैं? वीर की इज्जत करना वीर ही जानता है, इसी से भारत के विप्लवकारी दल को अंग्रेज जिस दृष्टि से देखते थे, या देखते हैं, उस दृष्टि से उस दल को कितने भारतवासी देख सकते हैं? भारतीय विप्लवपन्थी दल को भारतवासियों ने सदा उपेक्षा की दृष्टि से देखा है। यह लापरवाही भारतीय विप्लवकारी दल की छाती को, एक बड़ी वजनदार चट्टान की तरह, बड़ी बेदर्दी से दबाया करती थी। उक्त दल की ऐसी अवज्ञा और किसी ने भी नहीं की। इस दल को जिनसे सबसे अधिक सहानुभूति की आशा थी उन्हीं ने उसकी लानत-मलामत की है, किन्तु इतने पर भी दल ने हिम्मत नहीं छोड़ी। इस दलवालों के प्राण मानो किसी स्वप्नलोक की कल्पना से भरपूर थे; अपने प्राणों की पूंजी के सिवा इन्हें और किसी का भरोसा न था—विप्लव की यह तैयारी बेकार तो हो गई थी किन्तु सफलता-निष्फलता की कसौटी से किसी भी आन्दोलन पर विचार करना ठीक नहीं। इस आन्दोलन पर विचार करने के लिए यह देखना चाहिए कि इस आन्दोलन के पीछे कितने बड़े आदर्श की कल्पना थी और इस आदर्श को प्राप्त करने के लिए कितने व्यक्तियों ने प्राणों की बाजी लगाकर कहाँ तक त्याग अंगीकार किया था। ऐसी-ऐसी बातों पर ध्यान देकर ही इस आन्दोलन पर विचार किया जाना चाहिए। किस आदर्श की

प्रेरणा से जाग्रत होकर भारत के युवकों ने हथेली में जान लेकर यह खेल खेला तथा यूरोपीय महायुद्ध छिड़ने से पहले भारत में विप्लव करने की इच्छा रखने वाला दल इसके लिए कैसी तैयारी कर रहा था, और पंजाब में गदर का उद्योग निष्फल हो जाने के पश्चात् भारत के इस विप्लवपन्थी दल का क्या स्वरूप हो गया था, इन बातों पर इस पुस्तक के अगले भागों में विचार करने की इच्छा है।

द्वितीय भाग

1
पहली निष्फलता के बाद

पंजाब की विप्लव योजना भले ही विफल हो गई हो किन्तु इतने से ही भारत में विप्लव की चेष्टा शान्त नहीं हुई। एक-एक करके विप्लवियों की सभी चेष्टाएँ व्यर्थ हुईं, एक-एक दो-दो करके कितने लोगों ने फांसी के तख्ते पर जान न्योछावर कर दी, क़ैदखानों मे बन्दी होकर उनके कितने साथी तिल-तिल करके प्राणों की बलि देने लगे और इसके कारण कितने ही परिवार बरबाद हो गए, कितनों ही की माताएँ ये सब दृश्य अधिक न सह सकी और पागल हो गईं, कितनों ही के पिताओं की सरकारी नौकरी चली जाने से उनका परिवार ग़रीबी की चक्की में पिसकर आश्रय की खोज में दर-दर फिरने लगा, समाज के अन्दर एक मर्मवेधी अन्तर्नाद घहरा उठा, किन्तु विप्लवियों का दल फिर भी न दहला। क्यों ऐसा हुआ ?

भारत के इतिहास में प्रायः देखा गया है कि किसी अच्छे नेता की अधीनता में भारतवासियों ने कितनी ही बार वीरता दिखाकर भारत का मुख उज्ज्वल किया है, कितनी बार असम्भव को सम्भव कर दिखाया और सारे संसार को चकित कर दिया है, किन्तु भारत के दुर्भाग्य से ज्योंही यहाँ नेता का अभाव हुआ, त्योंही फिर देश ने घोर निद्रा में मग्न होकर ऐसा रूप धारण कर लिया कि फिर सहसा यह विश्वास नही होता कि यही भारत वह भारत है,—अतीत काल की कीर्ति मानो उस समय भ्रम-सा दिखाई देने लगती है। इसी से हम देखते हैं कि रणजीतसिंह के बाद खालसा समाज में वैसे किसी और शक्तिशाली पुरुष का आविर्भाव न होने से सिक्ख जाति फिर सिर उठा ही नहीं सकी, राणा राजसिंह के बाद राजपूताना मर-सा गया और महाराज छत्रसाल के बाद बुन्देलखण्ड ने म्लान मौनता धारण कर ली। ऐसा होने का कारण है भारत की पूर्व सुकृति के बल से कभी-कभी यहाँ भाग्यशाली महापुरुषों का आविर्भाव हो जाता है तो भी प्रत्येक जीवन जिस प्रकार पुरुष-परम्परा में अपना प्रवाह बनाये रखता है उस प्रकार भारत की जीवन प्रतिष्ठा नहीं होती है इसीलिए[1] यहाँ एक महापुरुष के

1. मध्यकाल में आकर भारतीय राष्ट्र की जीवनधारा क्षीण हो जाती है, एक सतत प्रवाह के साथ नहीं बहती यह ठीक है। भारतीय राष्ट्र के समूचे जीवन के लिए यह नहीं कहा जा सकता। भारतीय इतिहास में Stagnation का यह काल शायद आज समाप्त हो रहा है। यह एक इतिहास का गहरा प्रश्न है जिस पर यहाँ पूरा विचार नहीं हो सकता।

बाद दूसरे महापुरुष का आविर्भाव सम्भव नहीं हो पाता।

किन्तु इस बार के इस नवीन युवकों के विप्लव आन्दोलन की विशेषता यह थी कि यह आन्दोलन किसी का मुँह नहीं देखता रहा। देश के गण्यमान्य लब्धप्रतिष्ठ नेता लोग जब एक रास्ते पर चल रहे थे, तब यह गुमनाम ग़रीब युवकों का सम्प्रदाय सैकड़ों विपदाओं में डगमगाये बिना अनेक बाधाओं और कष्टों में हिम्मत हारे बिना, देश के नेताओं के विरुद्ध ही नहीं, प्रत्युत उनके द्वारा निषिद्ध मार्ग में जाते हुए हिचकिचाता न था। महामति तिलक ने जेल से बाहर आकर पुराने आदर्शों में भ्रम देखा और अपना मत बदल लिया, और अन्त में देश छोड़कर जर्मनी जाने का संकल्प भी प्रकट किया। मनीषी विपिनचन्द्र भी इंग्लैंड से वापस आकर अपनी सारी शक्ति के प्रयोग से यह प्रचार करने लग गये कि पूर्ण स्वाधीनता का आदर्श भारत के लिए सुविधाजनक न होगा। ऋषि अरविन्द राजनैतिक क्षेत्र से छुट्टी लेकर भगवान् की लीला के उपयुक्त आधार बनने के लिए तपस्या करने लगे, और पूर्ण योग के आदर्श का, गृहस्थ और संन्यासी जीवन में सामंजस्य की कल्पना का, तथा यह जगत् मिथ्या नहीं, उसी सर्वशक्तिमान् का विलास ही है, लीलामय का लीलाक्षेत्र है, इत्यादि बातों का प्रचार करने लगे। भारत के राजनैतिक क्षेत्र में उस समय उल्लेख योग्य और कोई प्रभावशाली नेता नहीं रहे। इन्हीं कुछ नेताओं ने भारतवर्ष में पूर्ण स्वाधीनता के आदर्श का पहले प्रचार किया था। उसी के फलस्वरूप समाज में जो प्राणों की स्फूर्ति हुई, उसी नवजागरण की तरंग आज भी भारत के हृदय को विचित्र प्रेरणा से स्पन्दित कर रही है। इनमें से दो जनों ने तो पुराने आदर्श को छोड़ ही दिया; तीसरे ने मौन साध लिया। भारत के राजनैतिक क्षेत्र में कोई और पथ-प्रदर्शक न रहा। पर भारत के प्राण तो जाग चुके थे, उनमें गति आ चुकी थी। जहाँ जीवन है वहाँ प्राण तो पथ-प्रदर्शक होते है। अपने अन्तरात्मा की ओर ही लक्ष्य रखकर जिन्होंने जीवन-पथ की यात्रा की थी, भारत के उन युवकों ने अपना मत नही बदला। वे देश के नेताओं से सलाह लेकर तो इस काम में नहीं उतरे थे, और न कभी इन नेताओं पर उन्होंने भरोसा ही रक्खा था। नेताओं ने जिन आदर्शों का प्रचार किया था उन आदर्शों को पाने के लिए जो कुछ करना उचित था सो उन्होंने कभी किया नहीं। भारत के लब्धप्रतिष्ठ विख्यात नेताओं में से दो-एक को छोड़कर सबके विषय में कहा जा सकता है कि वे जिस बात को अपनी विवेचना से उचित समझते हैं उसे कहते नहीं हैं और अनेक बार जो कहते हैं सो करते नहीं हैं। अर्थात् जिस आदर्श का वे प्रचार करते हैं उसे कार्य में परिणत करने को जितना अग्रसर होना चाहिए उतना अग्रसर वे नहीं होते।

किन्तु भारत के उन नवयुवकों के विषय में यह बात नहीं कही जा सकती। देश के अधिकांश नेता, हम स्वयं क्या कुछ कर सकते हैं या नहीं कर सकते यही देखकर फ़ैसला देते हैं कि देश के लिए क्या कार्यक्रम उचित है, क्या अनुचित; किन्तु हमारे युवक जो कुछ सिद्धान्त तय करते हैं उसमें क्या कर सकते हैं, क्या

नहीं कर सकते, इस बात की चर्चा नहीं रहती। बल्कि हमें क्या करना उचित है यही उनके नजदीक सबसे बड़ी बात होती है। युवकों के मन की अवस्था ऐसी थी या है इसी कारण उनमें से ही विप्लवियों का आविर्भाव सम्भव हुआ है। और ठीक इसी कारण विप्लवी लोग जीवन-पथ में अग्रसर होते समय किसी बड़े नेता का मुंह ताकते न रहते थे और न सफलता-निष्फलता का हिसाब जाँचा करते थे। जिस चरित्र-बल के रहने से जीवन की समस्त व्यर्थताओं के बीच मनुष्य आदर्श-भ्रष्ट नही होता, सम्पद-विपद में, सफलता-निष्फलता में, जीवन की सब अवस्थाओं में जिस चरित्र-बल के जोर पर मनुष्य अपने आदर्श को लिये हुए डटा रहता है, विप्लवियों के बीच वैसे चरित्र वाले लोग जिस परिमाण में पाये जाते हैं, विप्लव दल के बाहर कुछ एक महाप्राण नेताओं को छोड़कर वैसे बलिष्ठ-चरित्र के आदमी पाना दुर्लभ है। और विप्लव दल मे वैसे चरित्र का अभाव न था इसी कारण विषम विपत्ति के दिनों में भी वे चंचल नही होते और पथ को दुर्गम देखकर वे लोग कभी पीछे नही हटते। इसीलिए पजाब की विप्लव चेष्टा के नष्ट हो जाने पर भी भारत मे विप्लव का प्रयत्न उसी तरह चलता रहा।

अपने दल के विश्वासघात के कारण पजाब मे दो सौ आदमी पकड़े गए। पंजाब का विप्लव दल इस प्रकार प्राय: नष्ट हो गया। जो जीवन-मरण के खेल के साथी थे, अब वे प्राय: सभी सरकार के क़ैदी हो गए। जीवन रहते भी मानो वे मर से गए। पग-पग पर प्रमाणित होने लगा कि यह आग के साथ खेलना है। आज जो हमारा साथी था कल वही पुलिस के पजे में फँस जाता है। आज जो विश्वासी था कल वह विपत्ति मे पड़कर कर्तव्याकर्तव्य भूल जाता है, जीवन का आदर्श क्षुद्र-स्वार्थ के नीचे दब जाता है। विप्लवियों के जितने केन्द्र थे एक-एक करके प्राय. सभी प्रकट हो गए। लाहौर के मुहल्ले-मुहल्ले मे खानातलाशी और धर-पकड़ होने लगी। कही एक घर मे बम मिला, कही तार काटने के औज़ार आदि। रासबिहारी जिस बैठक में रहते थे वह बैठक दो-चार आदमियो के सिवाय किसी को जानी न थी इसी कारण तब ही वे निरापद रहे। पर हालात रोज बदल रहे थे। कब क्या होता कुछ कहा नही जा सकता था—फिर नये सिरे से विप्लव की आयोजना होने लगी। पहले तीन सिक्खों को लाहौर से बाहर भेजने का सकल्प हुआ। ताँगा करके ये तीन सिक्ख जा रहे थे। सड़क के एक मोड़ पर पुलिस ने ताँगा रोका, कारण—कि ये सिक्ख थे, सिक्ख देखते ही पुलिस ने ताँगा रोककर कहा, एक बार उन्हें थाने जाना होगा और फिर उनका नाम-धाम आदि लिखा जाने पर वे अपनी जाने की जगह जा सकेंगे। उनके पास रिवाल्वरें थीं। इसके अलावा वे जानते थे कि पुलिस को पूर्ण सन्तोषजनक उत्तर वे दे न सकेंगे। कहाँ से आते हैं, कहाँ जाते हैं यह बतलाना उनके लिए उस समय सम्भव न था; आखिरकार थाने जाने का अर्थ ही था, अथाह समुद्र के तल मे डूब जाना। इस दशा मे बगैर कुछ कहे-सुने पकड़े न जाकर एक बार उन्होने अन्तिम बार भाग्य-परीक्षा कर देखी! रिवाल्वर की गोली खाकर पुलिस के कई आदमी मरे और

घायल हुए। तीन सिक्खों में से केवल एक को ही पकड़ा न जा सका, एक को एक रास्ता चलते मोटे मुस्टंडे मुसलमान ने धर गिराया, तीसरे को पुलिस ने ही पकड़ा। मुसलमान ने जिनको पकड़ा उनका नाम था जगतसिंह। सिक्खों में भी उन दैत्याकार जगतसिंह के मुकाबले का कोई न था। वे जैसे बलवान् और साहसी थे उनका शरीर भी ठीक वैसा ही दैत्य का-सा था। पुलिस के साथ यह कांड करके वे पुलिस की आँख से बचकर निकल गए थे, किन्तु पूरी तरह बे-खटके होने से पहले ही रास्ते के एक नलके से जल पीकर वे शान्ति मे जब अपना मुँह पोंछ रहे थे, उस समय उनकी अपेक्षा भी बलवान् एक मुसलमान ने आकर दोनों हाथों से उनके दोनों पैर इस तरह जोर से दबाकर पकड़ लिए कि जगतसिंह फिर हिल न सके। जगतसिंह धक्का न संभाल सके और गिर पड़े। मुकदमे में जगतसिंह को फाँसी हुई। इस प्रकार रासबिहारी के कुछ विश्वस्त आदमी फिर पकडे गए। यथासमय यह समाचार रासबिहारी के पास पहुँचा। उस समय सारे लाहौर शहर में उन्हें आश्रय देनेवाला कोई नहीं था। उनका दल उस समय एकदम टूट गया था। उनके साथी-सहायकों में से उस समय तक कुछ गुमनाम सिक्ख युवक ही बचे थे। अपार समुद्र के मध्य में मानो वे उस समय पालविहीन डोंगी पर किसी तरह बह रहे थे। जो पुलिस वाले मरे और घायल हुए वे भारतवासी थे, जो पकड़े गए, फाँसी पर चढे या जेल में सड़ने लगे वे भी भारतवासी थे और इनमें आपस में कोई द्वेष, कोई विरोध न था!

इस समय के कुछ पहले ही मुसलमानों के बीच भी विप्लव का षड्यन्त्र आरम्भ होता है। आगे इस मुसलमान जाग्रति की विस्तृत आलोचना करनी होगी, इसलिए अभी यहाँ इतना ही कहना यथेष्ठ है कि तुर्की-इटालियन युद्ध के बाद से भारतीय मुसलमानों में एक नई चेतना का सचार होता है। किन्तु हमारे दल के साथ मुसलमान दल का संयोग होता है ठीक उस समय से, जिस समय की कहानी अब हम सुना रहे हैं। उनके साथ परामर्श करके रासबिहारी ने ठीक किया कि अब काबुल जाकर ही पहले आश्रय लेना होगा और वहीं ठहरकर भारत की विप्लव चेष्टा को नियन्त्रित करना होगा। उन्होंने एक मौलवी से कलमा पढ़ना सीखा। खालिस मुसलमान के वेश में ही काबुल जाना तय पाया। कुछ सिक्ख नेता भी रासबिहारी के साथ जाते। सब ठीक हो चुका था, और दो-एक दिन में ही यात्रा करनी होती, जब एक दिन दोपहर को रासबिहारी बोल उठे, "नहीं भाई, काबुल जाना अब नहीं होता, मुझे जान पड़ता है कि इस समय काबुल की ओर जाने से विपत्ति आने की सम्भावना है, दूसरी ओर लाहौर में भी अब घड़ी-भर और देर करने की इच्छा नहीं होती, दिल कहता है इस समय देर करने से जरूर आफ़त आएगी। रासबिहारी के दिल में जब जो आता था कभी उससे उलटा न करते थे। इसलिए उसी वक़्त ठीक कर डाला कि उसी दिन रात की गाड़ी से रवाना होंगे। काशी के दो युवक इस समय उनके पास थे। एक का नाम था. विनायकराव कापले, वे मराठा थे पर बहुत दिन काशी

में रहे थे, दूसरे युवक का नाम हमारे समझने की सुविधा के लिए धरा जाता है, गंगाराम। यह बहुत दिन तक फ़रार रहे। रासबिहारी और विनायकराव रात को आठ बजे की गाड़ी से रवाना हुए। तय हुआ कि गंगाराम कुछ सिक्ख नेताओं को लेकर दो-एक दिन बाद काशी आएँगे। करतारसिंह, हरनामसिंह और दूसरे कई सिक्ख नेताओं ने काबुल जाना ठीक किया।

रासबिहारी जिस मकान में रहते थे वही मकान सबकी अपेक्षा बेखटक था, क्योंकि इसका पता बहुत लोगों को न था। जिन सब मकानों पर वे भिन्न-भिन्न लोगों से मिलते-जुलते थे, उन सब मकानों से इस समय कोई सम्बन्ध न रखा जाय, रासबिहारी का यह विशेष अनुरोध था। किन्तु यह होने पर भी गंगाराम रासबिहारी को स्टेशन पर पहुँचाकर लौटते समय एक बार उसी पुराने मकान को झाँककर देखने गए, उनकी इच्छा थी यदि खटका न देखा तो अपने बहुत-से कपड़े-लत्ते जो उस मकान में थे लेते आएँगे। किन्तु पुलिस ने पहले से ही इन सब मकानों के चारों ओर अपने आदमी रख छोड़े थे। गंगाराम ने उस मकान के निकट जाकर झाँका ही था कि पुलिस ने उन्हें पकड़ लिया।

पकड़े जाने के कुछ दिन के अन्दर ही गंगाराम ने पुलिस के नज़दीक सब बातें मान ली। उनके इज़हार से पुलिस ने उस मकान का सूराग भी पा लिया जिसमें रासबिहारी अन्तिम बार ठहरे थे। उस मकान की खानातलाशी लेने पर पुलिस को उनके हाथ के लिखे दो-एक कागज़ भी मिले। इससे पहले जिन्होंने इज़हार दिये थे उनसे ही पुलिस को पता लग चुका था कि रासबिहारी फिर पंजाब आए थे और इसी लाहौर में थे। गंगाराम को पाकर उन्होंने यह भी सुन लिया कि भयंकर धर-पकड़ के समय भी रासबिहारी लाहौर में ही थे। पुलिस यह भी जान गई कि रासबिहारी काशी से आए थे और फिर काशी वापस चले गए हैं।

मौत के मुंह से इसी प्रकार रासबिहारी कई बार बचे थे। इससे बहुत दिन पहले की बात है, एक दफे और रासबिहारी इसी लाहौर में आए थे, उस समय तक वे देहरादून ही में नौकरी करते थे, कुछ दिन की छुट्टी ली थी और दिल्ली होकर लाहौर की तरफ दल का काम-काज देखने आए थे। इधर दिल्ली में खानातलाशी और गिरफ़्तारियाँ आरम्भ हो गईं। रासबिहारी इस बारे में कुछ भी न जानते थे। दिल्ली की खानातलाशी के फलस्वरूप पुलिस को दीनानाथ नामी लाहौर के एक युवक का सन्धान मिला, एक आदमी के मकान पर रासबिहारी का ट्रंक और कपड़े-लत्ते आदि भी मिल गए। किन्तु लाहौर में रासबिहारी ठीक किस जगह हैं इसका सूराग पुलिस को न मिला। तो भी दीनानाथ का ठिकाना पुलिस को मिल गया और लाहौर मे उसे पकड़ लिया गया। तब भी रासबिहारी लाहौर में थे। दीनानाथ जिस दिन पकड़ा गया उससे अगले दिन शाम के समय डी० ए० वी० कालेज के बोर्डिंग के एक विद्यार्थी ने रासबिहारी के पास आकर उन्हें दीनानाथ की गिरफ़्तारी की खबर दी। तब तक उन्हें यह खबर न मिली थी। सबकी सलाह से तय पाया कि उसी रात रासबिहारी लाहौर

छोड़ दें। रासबिहारी दिल्ली चले गए। इस तरह सलाह-मशविरा करते-करते रात अधिक हो जाने पर वह विद्यार्थी बोर्डिंग में वापस न गया, जिस मकान पर रासबिहारी थे वह रात उसने भी वहीं काट दी। सवेरे पुलिस ने वही मकान घेर लिया। तीन युवक गिरफ्तार हुए पर रासबिहारी न पकड़े गए। दीनानाथ जिस दिन पकड़ा गया उसके अगले दिन रात के समय उसने सब बातें खोल दीं। यदि एक दिन पहले वह मुखबिर हो जाता तो रासबिहारी भी पकड़ लिए जाते।

इधर फिर दिल्ली आकार रासबिहारी अमीरचन्द के मकान की ओर जाने को ही थे कि राह में उन्होंने थाने के नजदीक अमीरचन्द के मकान वाले नौकर को कहीं जाते देखा। उन्हें जरा सन्देह-सा हुआ, नौकर को बुलाकर पूछा अमीरचन्द कहाँ है। नौकर मालिक के दोस्त को पहचानकर बड़ी हड़बड़ाहट से बोल उठा—"बाबू हमारे मकान पर न जाएँ, मालिक को पुलिस पकड़ ले गई है, मैं उनके लिए थाने पर खाना ले जा रहा हूँ!" रासबिहारी के हाथ में उस समय जो रुपया-पैसा था उससे कलकत्ते तक का रेल का टिकट खरीदा जा सकता था। वे फिर स्टेशन लौटकर एकदम सीधा चन्दननगर चले आए। उस दिन से रासबिहारी का अज्ञातवास आरम्भ होता है। तब से "Thou art but a wandering voice" (तू एक उड़ती-फिरती आवाज है) की तरह यह पकड़ा, वह पकड़ा होने पर भी मानो उनका पता नहीं मिलता। इस प्रकार बार-बार विपत्ति से उद्धार पाकर भी वे फिर उसी विपत्ति में पड़ते रहे।

2

काशी अंचल की कहानी

काशी में बैठे-बैठे हम पंजाब की दुरवस्था की बात कुछ भी न जान पाए थे। तो भी कुछ दिन तक पंजाब का कोई संवाद न पाने पर हम कुछ चिन्तित होने लगे। रासबिहारी इस बार जब पहले पंजाब गए थे तब कह गए थे कि जल्दी ही पंजाब से कुछ सिक्ख कार्यकर्ताओं को भेज देंगे, क्योंकि सिक्खों की पल्टन में यदि सिक्ख ही जाकर काम करें तो खूब फल हो। पंजाब से जब करतारसिंह आदि एक बार काशी आए थे तब उनकी ज़बानी भी सुना था कि रासूदा[1] शीघ्र ही कुछ सिक्खों को इधर भेजना चाहते हैं। उस समय तक कानपुर, लखनऊ, फ़ैजाबाद (अयोध्या) आदि शहरों में हमारे आदमी नहीं गए थे। विप्लव ठीक कब आरम्भ होगा, यह संवाद एक आदमी हमारे पास ले आया था, और इसके बाद हमें पंजाब का और कोई संवाद नहीं मिला था। पंजाब से कुछ लोग सीधे फ़ैजाबाद ज़रूर आए थे, एवं कानपुर और लखनऊ में भिन्न-भिन्न समय पर पंजाब से ही लोग भेजे गए थे। इधर हम लोग काशी की छावनी में आने-जाने लगे। 21 फरवरी सन् 1915 रविवार को विप्लव शुरू होने की बात थी, हम शनिवार रात तक काशी की छावनी में गए थे। उधर पंजाब में विप्लव की तारीख 21 से हटाकर 19 कर दी गई थी उसका हमें कुछ भी पता न था। शनिवार रात को भी काशी की पलटन के हवलदार और नायब हवलदार आदि ने हमें आश्वासन दिलाया था कि विप्लव आरम्भ हो जाने पर वे निश्चय ही विप्लव दल का साथ देंगे।

किन्तु इस समय कई विचारों ने हमें एकदम चंचल कर दिया था। हम लोग सोचते थे कि अंग्रेजों के विरुद्ध विप्लव करने जा रहे हैं, और यदि सचमुच विप्लव आरम्भ हो गया तो अपने परिवारों को कहाँ किस दशा में रक्खा जाएगा। विप्लव आरम्भ होने पर विप्लवी दल को दिल्ली ले जाकर दूसरे विप्लवी दल के साथ मिलाना होगा। उस अवस्था में यदि अंग्रेज़ी फ़ौज आकर काशी पर दखल करे तो हमारे परिवारों की क्या अवस्था होगी? इस भावना

1. बड़े भाई को बंगला में दादा कहते हैं, उसका संक्षेप 'दा' भी हो जाता है।

ने हमें थोड़ा व्याकुल नहीं किया।

विप्लव सचमुच शुरू हो जाने पर पल्टन के सिपाहियों को तथा शहर के गुंडों को संयत शासन के अधीन रखना कितना कठिन काम होगा, यह भी हम भूल न गए थे, विप्लव के समय सैकड़ों-हज़ारों परिवारों के मंगल-अमंगल का उत्तरदायित्व भी हमीं लोगों के सिर पर था, यह बात भी कभी हमारे ध्यान से नहीं हटी। किन्तु विप्लव जब करना ही था तब समस्याएँ चाहे कितनी कठिन क्यों न हों इनका समाधान भी हमें करना ही था।

और भी एक विचार ने हमें उससमय चिन्तित किया था। हम सोचते थे कि यदि दूसरे स्थानोंमें विप्लव आरम्भ हो जाय और हमारे यहाँ न हो, तब हम लोगों की, जो पहले से ही पुलिस की विष-दृष्टि में पड़ चुके थे, क्या गति होगी ? और दूसरे स्थानों में विप्लव आरम्भ हुआ कि नहीं, यह भी जानेंगे कैसे ? इस अवस्था में अन्यान्य केन्द्रों की पक्की बात जाने बिना काशी की पल्टन को उभार देना युक्ति-संगत होगा कि नहीं, यह हम सोचकर तय न कर पाए थे। हम जानते थे कि काशी में हमारे अपने दल को जो कुछ शक्ति थी उससे हम काशी की अंग्रेज़ छावनी पर हमला कर सकते थे। ऐसी अवस्था में देशी पल्टन को भी कोई एक पक्ष अवश्य लेना पड़ता, और हमारा विश्वास था कि देशी पल्टन हमारी तरफ़ ही योग देगी। इस तरह हम जानते थे कि इच्छा हो तो हम काशी में विप्लव का सूत्रपात कर सकते हैं। किन्तु और स्थानों की बात जाने बिना, विशेषत: पंजाब की बात जाने बिना कुछ करने की हिम्मत न होती थी। यदि अपने दल में काफ़ी तादाद में अस्त्र-शस्त्र रहते तो भी ऐसा करने की हिम्मत हो जाती। जो हो इन सब भावनाओं के बाद हमने तय किया था कि रेलवे स्टेशन और तार-घर के पास जाँच-पड़ताल करके ही हमें इस बात का संशय दूर करना होगा कि पजाब की ओर से तार आने में कुछ गोल-माल हुआ है कि नहो। यदि तार न आया तो जान लेंगे कि वहाँ कुछ गोलमाल शुरू हो गया है, विचार था कि विप्लव शुरू होने के कुछ पहले ही सब तरफ तार काट दिए जाएँगे। हमें स्टेशन पर ट्रेनों के आने-जाने में भी गोलमाल होने की आशा थी।

हमने स्थिर किया था कि इस प्रकार अन्य स्थानों की बात जानकर ही काशी की अंग्रेज़ी पल्टन पर आक्रमण करेंगे और रात के समय समर्थ अंग्रेज़ पुरुषों को जेल में डालकर जेल के क़ैदियों को मुक्त कर देंगे। हमने समझा था कि जेल के क़ैदी इस तरह हमारी मदद से छूट जाएँगे तो उनमें से कुछ तो ज़रूर हमारा साथ देंगे। तब तक हम जेल न गए थे, इसलिए जेलों की अवस्था कुछ भी न जानते थे। यह तो अब जान पाया है कि यह आशा कैसी बड़ी दुराशा थी। जो हो, हमारा मतलब यह था कि आधी रात को मेगज़ीन और ख़ज़ाना हाथ में करके कुछ लोगों को एकदम इलाहाबाद और दानापुर की ओर विप्लव की ख़बर के साथ भेज देते, और सवेरा होने पर आम खुली सभा बुलाकर शहर के धनी लोगों से धन-संग्रह करके शहर के युवकों से वालण्टियर होने का अनुरोध

करते। उस समय काशी में हमारे बंगाली लोगों की कई खुली सभा-समितियाँ थी। काशी में जितने भले लडके थे सभी इन समितियों के सदस्य थे। इन समितियों के सदस्यों की संख्या कम-से-कम दो सौ पचास थी। ये सभी लिखने-पढ़ने, स्वभाव और चरित्र एवं शारीरिक सामर्थ्य में काशी के बंगाली समाज के उज्ज्वल रत्न थे। इसी से काशी के शिक्षित लोगों को हमारी इन समितियों से बड़ी सहानुभूति थी। कालेजों के प्रोफेसर, स्कूलों के मास्टर, बड़े-बड़े चिकित्सक, म्युनिसिपल कमिश्नर आदि अनेक बंगाली थे और इन सब के कोई-न-कोई सम्बन्धी हमारी समितियो के सदस्य थे। अनेक पर्वों और मेलों पर काशी में यह समिति के सदस्य लोग यात्रियो के आने-जाने और उनके स्नान आदि का ऐसा बन्दोबस्त करते थे कि सब लोग चकित हो जाते थे। इन्हीं सब समितियों से अनेक भले घरों की विपत्तिग्रस्त विधवाओं की अनेक प्रकार से सहायता की जाती थी, बीमारी आदि के समय यही समितियों के सदस्य लोगों के घरों पर जाकर सेवा-शुश्रूषा करते थे। काशी के गरीब छात्रों के लिखने-पढ़ने के बन्दोबस्त के लिए इन्ही समितियो के सदस्य लोग स्कूल आदि खोलते थे। इस तरह इन सब समितियो का प्रभाव काशी के बंगाली समाज पर कुछ कम न था। इसीलिए हमने तय किया था कि विप्लव के समय काशी मे शान्ति और शृंखला रखने का भार इन्ही समितियो के सदस्यो पर डाल दिया जायगा। इन समितियों के सदस्यो ने यद्यपि गुप्त रूप से हमारे इस विप्लव के आयोजन मे साथ न दिया था, किन्तु तो भी इनमे स्वदेश-प्रेम या सगठन-शक्ति कुछ साधारण न थी। इस प्रकार प्रकट रूप से साहित्य और इतिहास की चर्चा करने के कारण तथा नित्य नियमित व्यायाम का अभ्यास करने से इन समितियो के सदस्य लोग शहर की शान्ति-रक्षा का भार उठाने के लि, अन्य सबसे अधिक उपयुक्त थे। हम आशा करते थे कि विप्लव आरम्भ होने पर इनमे मे और शहर के हिन्दुस्तानी युवकों मे से भी निश्चय ही बहुत-से स्वेच्छा-सेवक मिलेंगे जो आग्रहपूर्वक हमारे विप्लव मे साथ देंगे और ऐसे भी बहुत-से मिलेंगे जो स्थानीय काम के लिए काशी मे ही रह जाएँगे। उस दिन कल्पना की आंखो से जब देखते कि काशी की गली मुहल्लो, राह-घाटो मे बगाली स्वेच्छासेवक हाथ मे गोली-भरी पिस्तौल लिये और कमर मे पैनी कृपाण लटकाये, दल बांधे घूम रहे हैं तब गर्व से हमारी छाती दस हाथ फूल उठती थी। हमने तय किया था कि अपने सब विप्लवियों के परिवारो का काशी के ही किसी एक स्थान मे इकट्ठा रहने का बन्दोबस्त कर दिया जायगा। हमारे इन स्वेच्छा-सेवको का दल जिस प्रकार सारी काशी का अमन क़ायम रखता उसी प्रकार हमारे परिवारों का भी ध्यान रखता।

हम यह भी जानते थे कि विप्लव आरम्भ होने के बाद सिपाही लोग ज्योंही जान पाएँगे कि अस्त्र-शस्त्र जो कुछ है सो सब उन्ही के पास है और उनकी

सहायता बिना हम देश के साधारण लोग कुछ भी करने में असमर्थ हैं, तब स्वभावत: ही वे सिपाही स्वेच्छाचारी हो जाएँगे। किन्तु दूसरी तरफ हमने यह भी सोच लिया था कि एक बार विप्लव में साथ देने के बाद जब तक कोई एक फैसला न हो जायगा तब तक ये सिपाही लोग निश्चिन्त न रह सकेंगे, और फलत: अपने स्वार्थ के लिए ही विप्लव सफल बनाने की ओर ध्यान देना होगा, और इस प्रकार बाधित होकर उन्हें देश के शिक्षित और दृढ़चित्त विप्लव-नेताओं के अधीन रहना पसंद होगा। इसके अलावा मेगजीन हाथ में आते ही जितना जल्द हो सकता, हम अपने आदमियों को हथियारबन्द कर डालते और तब हम लोग भी बिलकुल निहत्थे न रहते।

युद्ध-नीति से हम बिलकुल अनभिज्ञ थे, इस तरफ जैसी शिक्षा का प्रबन्ध करना उचित था वह हमने किया नहीं था। कारण यह कि जर्मन-युद्ध इतनी जल्दी छिड़ जायगा और इतनी जल्दी खुले तौर से विप्लव शुरू करना होगा, यह हम पहले से समझ न सके थे। जो हो, रासबिहारी के पंजाब जाने पर मैंने और मेरे एक बन्धु विनायकराव कापले ने Encyclopaedia Britannica (अंग्रेज़ी विश्व-कोष) लेकर Strategy और Warfare (समरनीति) विषयक लेख पढ़ना आरम्भ किया, और इससे पहले भी अनेक पत्रिकाओं आदि में इस विषय पर जो लेख निकलते थे वह भी हम बराबर पढ़ते रहते थे। इस प्रकार ये सब पोथियाँ पढ़कर हम युद्ध-कुशल सेनापति न हो सकेंगे, यह हम जानते थे; Encyclopaedia में भी पढ़ा था कि generals are made in the field of battle (युद्ध-क्षेत्र में ही सेनानायक तैयार होते हैं) और इतिहास में इसके अनेक दृष्टान्त भी देखे थे। आजकल के जमाने में भी ऐसे दृष्टान्तों का अभाव नहीं है, रूस के अभी उस दिन के विप्लव का इतिहास देखने से भी इसके प्रमाण मिलते हैं। अस्तु, जो भी हो, हम लोगों ने जो किया था वही लिखे देता हूँ, उससे यदि हमारी कुछ नादानी का परिचय मिले तो लज्जित नहीं हूँ।

स्टेशन और तारघर का हालचाल देख आने के लिए 21 फरवरी रविवार को मैं बाइक पर चढ़कर काशी कैंटूनमेंट के स्टेशन पर शाम के समय आया था। स्टेशन पर आकर सुना कि उस समय तक ट्रेन अथवा टेलीग्राफ़ का कुछ भी गोल-माल नहीं हुआ। उसी स्टेशन पर उसी दिन शाम के वक़्त पल्टन के एक हवलदार के आने की बात थी। उसकी बाट जोहते-जोहते प्लेटफार्म पर घूमते-फिरते दिल में आई कि अखबार खरीद कर पढ़ूँ। पायोनियर खरीदकर देखा लाहौर में धर-पकड़ आरम्भ हो गई है और यूरोपियन फ़ौज शहर में पिकेट कर रही है, अर्थात् लडाई के समय की तरह सावधान होकर डेरे डालकर पड़ी है। समझ गया, काम कुछ उलट-पुलट हो गया है। झट शहर में लौट आया। हमें अब सन्देह नहीं रहा कि इस बार की विप्लव योजना भी छिन्न-भिन्न हो गई। किन्तु ठीक उसी दिन सिंगापुर में विप्लव शुरू हो जाना है। सिंगापुर के साथ सीधे तौर पर हम लोगों का कोई सम्बन्ध न था, यह इतिहास एक और परिच्छेद में बतलाया जायगा।

यदि सिंगापुर भारत के अन्दर की कोई जगह होती तो भारत की अवस्था अत्यन्त भयानक रूप धारण कर लेती, इसमें सन्देह नहीं। जिस समय सैकड़ों पल्टनें विदेश के युद्ध-क्षेत्र में रोज ही भेजी जाती हों उस समय विप्लव शुरू हो जाने पर सचमुच अधिकांश देशी पल्टनें हमारी ओर आ जातीं। हमारी यह आशा एकदम निर्मूल या भ्रमपूर्ण न थी। सभी पल्टनों से हमें आशा का संवाद मिला हो, यह बात भी न थी। एक तरफ जहाँ एक सिक्ख पल्टन के सिपाहियों ने हमारे दल के एक तरुण युवक के मुंह से विप्लव नजदीक होने की खबर पाकर आग्रह और उत्साह के साथ उसी रात पल्टन के मुखियों को बुलाकर गुप्त रूप से एक बैठक करके तय किया था कि पहले वे जरूर कुछ न करेंगे, पर सचमुच विप्लव शुरू हो जाने पर वे निश्चय ही विप्लव में साथ देंगे, वहाँ दूसरी तरफ एक और जगह की मुसलमान पल्टन ने यह उत्तर दिया था कि "तुम क्या हमको बिलकुल बच्चा समझते हो? अंग्रेजों के साथ युद्ध करना क्या लड़कों का खेल है? तुम्हारी तरफ कोई नवाब या राजा-महाराजा है? जब नहीं है तो तुम्हें रुपये से मदद कौन देगा? इसके अलावा विप्लव शुरू होते ही वायरलेस टेलीग्राफी (बेतार के तार) पर उसी समय भारत के चारों ओर खबर चली जायगी और थोड़े दिनों मे चारों ओर की फ़ौज तुम्हारे ऊपर आ पड़ेगी। इस अवस्था में क्या तुम किसी तरह टिक सकोगे? तुम्हारे हाथ में अस्त्र-शस्त्र ही कितने हैं? तुम्हारी सामरिक शिक्षा-दीक्षा ही क्या है? ये बाते क्या सोच देखी हैं? हम लोग न बच्चे हैं न पागल, ऐसी बातें फिर हमारे नजदीक कहने मत आना, हाँ, अगर सचमुच विप्लव शुरू हो गया तो अवश्य हम लोग भी देशवासियों के विरुद्ध न चलेंगे, किन्तु देखना, होगा कुछ भी नही, इत्यादि।"

उस समय सिक्ख लोगों में जैसा उत्तेजना और उत्साह देखा गया था, वैसा उत्साह केवल पंजाबी मुसलमानों और पठानो मे ही कुछ हद तक देखा है। भारत की अनेक जातियों के साथ मिल-जुलकर समझ सका हूँ कि सिक्खों के समान मजबूत, समर्थ और भावुक जाति भारत मे कोई नही है। सिक्ख लोग जैसे सहज रूप से जितने थोड़े समय में उत्तेजित हो उठते हैं वैसी सहजता से भारत की और कोई जाति उत्तेजित नही हो उठती। रासबिहारी जब विप्लव का उद्योग व्यर्थ हो जाने पर पंजाब छोड़कर फिर काशी की ओर लौट रहे थे तब ट्रेन में एक सिक्ख सैनिक के साथ उनकी बातचीत हुई। साधारण बातें होते-होते प्रसंगवश भारत की वर्तमान अवस्था की बात आई। इतने थोड़े समय की बातचीत से ही वह सिक्ख इतना उत्तेजित हो उठा कि रासबिहारी के साथियों को डर हुआ कि कहीं कुछ अनर्थ न हो जाय क्योंकि ट्रेन के कमरे मे और भी कई तरह के लोग हैं, यह भूलकर उस सिक्ख ने उत्तेजित स्वर में कहना शुरू कर दिया था कि वह देश के लिए जरूर प्राण देगा। जो हो, बड़ी मुश्किल से उन्होंने उस यात्रा में छुटकारा पाया।

इस विषय में सब बंगालियों को दोष देते हैं। बंगाली भी बेशक बड़ी भावुक

जाति है, पर भाव के उन्माद में सिक्ख लोग घड़ीभर में जैसे एक असम्भव काण्ड कर सकते हैं, वैसे भारत की और कोई जाति नहीं कर सकती। सिक्खों के कहने और करने के बीच अन्तर बहुत थोड़ा रहता है। इसलिए मैं समझता हूँ कि ऐसा कोई काम नहीं जिसे ये सिक्ख लोग उपयुक्त नेतृत्व में परिचालित होने पर न कर सकें। सिक्ख समाज में आज केवल एक ही चीज का अभाव दीखता है और उस अभाव को पूरा करने के लिए सिक्ख समाज इस प्रकार जाग्रत हो गया है कि वह अभाव भी थोड़े ही दिनों में नहीं रहेगा। संसार की विचारधारा के साथ रहने के लिए जैसी शिक्षा चाहिए सिक्ख समाज में वैसी शिक्षा का बिलकुल अभाव है और इस अभाव को दूर करने के लिए छोटे-छोटे सिक्ख जमींदार भी जैसी आर्थिक सहायता करते हैं वैसा दृष्टान्त भारत की और किसी जाति मे नहीं पाया जाता। तो भी सिक्खों में संकीर्णता बड़ी है, इसलिए सिक्ख समाज के लिए वे जो कुछ करते हैं उसका सौ में एक हिस्सा भी दूसरे समाजों के लिए नहीं कर सकते। सिक्ख सम्प्रदाय में से बहुतों का विश्वास है कि यदि वे उपयुक्त-शक्ति सामर्थ्य का उपार्जन कर लें तो फिर वे भारत में अपना साम्राज्य खड़ा कर सकते हैं। जो हो, वे फिर एक साम्राज्य खड़ा कर सकें या न कर सकें, भविष्य में यदि उनमें उपयुक्त शिक्षा का प्रचार न होगा तो भारत के भाग्य में बहुत दुःख लिखे हैं, इसमें सन्देह नहीं।

खैर, जाने दो इन बातों को, जो बात हम कह रहे थे उसे ही फिर कहें; कह रहे थे कि किस तरह पंजाब की दुरवस्था की खबर हमने काशी में जान पाई थी। पायोनियर में यह कुसमाचार देखकर हमें बड़ी चोट लगी। हमें मालूम होने लगा मानो हम भारतवासियों का कोई संकल्प भी अन्त तक नहीं रहता। हम जो सोचेंगे, कुछ भी न होगा। अंग्रेज लोग जो करने की बात कहेंगे उसी में कृतकार्य हो जाएँगे। न जाने विधाता का यह कैसा विधान है।

भारतवासी का जीवन मानो केवल दूसरों के खेल की सामग्री है। उसकी अपनी मानो कोई साध, कोई वासना ही नहीं, या वह है भी तो मानो उसे पूर्ण करने की शक्ति उसमें नहीं है। भारतवासी की सब चेष्टाओं का परिणाम मानो केवल व्यर्थता से पूर्ण है, भारत का इतिहास भी वैसे एक विराट् व्यर्थता के कारण उदास स्वर मे भरा है। भारत के इतिहास की तरह भारत की विप्लव चेष्टा का इतिहास भी एक सिरे से व्यर्थता का ही इतिहास है।

: 2 :

रेलवे स्टेशन मे मुरझाया हुआ घर वापस आया। घर में अनेक साथी मेरी प्रतीक्षा में बैठे थे। मुहल्ले-मुहल्ले में कुछ युवकों के दल भी हमारे आदेश की प्रतीक्षा में थे। उन्हें विप्लव की बात मालूम न थी, पर इतना तो सब जानते थे कि शायद कोई भी भीषण काण्ड हो सकता है जिससे जान हथेली पर रखकर उन्हें

उस कार्य में साथ देना होगा। साथियों ने सब सुना। विप्लव रुक गया यह समझ लिया, तो भी दो-तीन दिन बड़ी उत्कण्ठा में कटे। जो हुआ सो एकदम आशा के विपरीत रहा हो ऐसा भी नहीं, कारण यह कि इस व्यर्थता की आशंका बड़े जोर से पहले ही दिल में उठी थी, इसलिए पायोनियर की खबर सुनकर हम मानो मौन स्वर से बोल उठे —"यही तो कहते थे कि इतनी जल्दी क्या भारत का भाग्य पलट जायगा !"—दो-तीन दिन में ही लाहौर में ताँगे की दुर्घटना का समाचार अखबार में पढ़ा, हममें से बहुतों ने सोचा कहीं भाग जानेवाले व्यक्ति रासबिहारी ही न हों किसी-किसी ने कहा नहीं, रासबिहारी निश्चय ही वहाँ न थे कारण कि रासबिहारी का भाग्य बड़ा उज्ज्वल है, उनका भाग्य ही उनकी रक्षा करता है, इसीलिए विपत्तियों के मुँह में वे कभी नहीं पड सकते। इसके सिवाय अखबार में तो साफ ही लिखा है कि ताँगे के यात्री सिक्ख थे। इस प्रकार रासबिहारी का भला-बुरा सोचते-सोचते हमारे दिन कटने लगे। क्योंकर और कितने दिन तक रासबिहारी बेखटके काशी आ पहुँचेंगे इसी भावना में हम अस्थिर होकर दिन गिनने लगे। पंजाब की दुर्बलता के कारण काशी के दल को भी कहीं चोट न लगे इसी आशंका में हम कई आदमी घर पर बिलकुल न रहते थे, केवल बीच-बीच में घर आकर खबर ले जाते थे कि पुलिस का उत्पात बढ़ रहा है या घट रहा है। उस समय भी घर पर बराबर पुलिस का पहरा था। उनकी आँखों में धूल डालकर ही सब काम करना होता था। काशी मे हम लोग इसी प्रकार दिन काटने लगे।

इधर पंजाब से करतारसिंह और हरनामसिंह काबुल की ओर रवाना हुए। राह में उन्हें न जाने क्या सूझी कि वे फिर सिपाहियों में विप्लव का प्रचार करने के लिए छावनी में घुस पड़े। इस समय जगह-जगह सिपाहियों में धर-पकड़ आरंभ हो गई थी। इसलिए स्वभावत: उनके बीच एक आतंक-सा छाया देख पड़ता था। इस अवस्था में सिपाहियों के बीच फिर प्रचार करने जाना करतार-सिंह के लिए हरगिज़ उचित न था। फलत: सिपाहियों ने ही करतारसिंह को पकड़वा दिया। उन्हें लाहौर लाया गया। जंजीरों में जकड़े हुए करतारसिंह की तरुण मुखश्री मे वीरत्व की ऐसी महिमा झलकती थी कि उस मूर्ति को देखकर शत्रु-मित्र सभी एक साथ मुग्ध हो जाते थे। भाई परमानन्द ने अपनी 'आप बीती' नामक पुस्तक में उस दृश्य का मर्मस्पर्शी भाषा में वर्णन किया है। ऊँचे दर्जे के अंग्रेज़ राज्याधिकारी भी वीर को उपयुक्त मर्यादा देने मे प्राय: त्रुटि नहीं करते। पिछले विप्लव युग की कहानी देखते हुए साधारण रूप से यह कहा जा सकता है कि अंग्रेज़ राज्याधिकारी विप्लवियों के वीरत्व और गुणों पर बहुधा मुग्ध हो उठा करते थे।

इधर एकाएक एक दिन सुना, रासूदा काशी आ गए। रासूदा से भेंट होने पर पंजाब की सब अवस्था मालूम हो गई। एक तो पंजाब का समाचार बंगाल में देना आवश्यक था, दूसरे मेरा काशी मे ठहरना किसी तरह अभीष्ट न था, इस-

लिए दादा ने मुझसे एकदम काशी छोड़ देने को कहा। हमारा यह नियम था कि धर-पकड़ आरम्भ होने पर तुरन्त ही हम पहले का बन्दोबस्त जड़ से बदल देते थे, अर्थात् मनुष्य के मन का हम पूरी तरह कभी विश्वास न करते थे, क्योंकि हम जानते थे मनुष्य अपने मन को आप ही ठीक-ठीक नहीं पहचानता, इसलिए किसी के पकड़े जाने पर हम उसी क्षण सावधान हो जाते थे।

इसी समय काशी में पुलिस की निगरानी ऐसी कड़ी हो गई कि कोई भी नया बंगाली पुलिस की नज़र बचाकर आ ही न सकता था। बंगाली टोले के हर मुहल्ले में पुलिस हरएक घर जाकर पता लगाती थी कि वहाँ कोई नया बंगाली तो नहीं आया। चन्दननगर और बंगाल में रासबिहारी को पहचानने वाले खुफ़िया पुलिस के जितने कारिन्दे थे सबको काशी के भिन्न-भिन्न स्टेशनों पर पहरे पर नियुक्त किया गया था। चौबीस घण्टा ऐसा ही पहरा रहता था। इसके अलावा काशी में जो लोग पुलिस की विष-दृष्टि में पड़ चुके थे उनके ऊपर भी जहाँ तक कड़ा पहरा रखना पुलिस के लिए सम्भव था, उसमें पुलिस ज़रा भी कसर न छोड़ती थी। जो भी बंगाली काशी में आते उन सभी का नाम-धाम पुलिस लिख लेती, और फिर मकान पर जाकर पता लगाती कि उनकी बात सच है या नहीं। इस प्रकार पुलिस काशी में रासबिहारी की टोह लेती थी। और ऐसी भीषण अवस्था में भी रासबिहारी बेखटके काशी आ पहुँचे थे।

हम कुछ लोग पहले से ही सावधान थे। बहुत थोड़े समय ही घर पर टिकते थे। अधिक समय जिस जगह रहते थे उसे दल के कुछ आदमियों को छोड़कर कोई न जानता था। और रासूदा ही घर-घर जाकर रात को हमारा पता लेते थे। क्योंकि रासबिहारी को काशी में कोई बहुत पहचानता न था। काशी में हमारा खूब अच्छा दल था, इसीलिए रासबिहारी ऐसी अवस्था में काशी मे अनायास एक महीने से ऊपर रह सके थे। रासबिहारी को पकड़ने के लिए ब्रिटिश गवर्नमेण्ट ने कमर कस ली, और काशी के दल को बचाने के लिए रासबिहारी ने भी कमर कस ली। काशी के युवक लोग चुपचाप घरों में बैठे और रासबिहारी ही घर-घर जाकर पूछ-ताछ करने लगे। किसे किस उपाय से काशी से बाहर भेज दें। प्रत्येक युवक के निकट जाकर रासबिहारी रोज़ यही बात ठीक करते। पहले मैं काशी छोड़कर चला गया, फिर एक और मित्र ने भी काशी छोड़ दी। इसी तरह धीरे-धीरे बहुत लोग काशी से खिसककर बंगाल आ गए। जो युक्तप्रदेश के थे वे अपना शहर छोड़कर दूसरे शहर में जाकर रहे, जैसे काशी वाले लखनऊ गए और लखनऊ वाले काशी आ गए।

मेरे बंगाल में खिसक आने के कुछ ही दिन बाद हमारे काशीवाले मकान की खानातलाशी हुई, इसके थोड़े ही दिन बाद काशी के एक और युवक के घर की खानातलाशी हुई, वे युवक उस समय काशी में ही थे, पर अपने घर पर न रहते थे। तड़के तीन बजे पुलिस ने घर घेर लिया, पर सवेरे व्यर्थ मनोरथ होकर लौट गई! रासबिहारी के पास उस युवक ने सुना कि उनके घर की खाना-तलाशी

हुई है। कुछ दिन बाद विनायकराव कापले के घर की भी तलाशी हुई। विनायक उस समय गगा स्नान करके लौट रहे थे। वे रहते थे भाड़े के मकान पर, किन्तु भोजन करते थे अपने ही मकान पर। मकान के नजदीक आने पर विनायक ने सुना कि उनके मकान पर अनेक साहब लोग उनकी प्रतीक्षा कर रहे हैं। यह बात सुनते ही विनायक भी अन्तर्धान हो गए। इस प्रकार पुलिस किसी को भी न पा सकी। उस समय भी रासबिहारी काशी मे ही रहे।

जिस समय सरकार की तरफ का गवाह विभूति स्पेशल ट्राइब्युनल की अदालत मे इन सब बातो का विवरण करने लगा उस समय अदालत के जज भी आँखे फाड़कर केवल विभूति के मुंह की ओर ताकते रहे और कुछ देर के लिए नोट लिखना भी भूल गए। सरकारी कौन्सल और हमारी ओर के वकील-बैरिस्टर आदि भी वैसे ही आग्रह और अचम्भे के साथ निर्वाक् होकर रासबिहारी के अद्भुत कामो की कहानी सुनने लग गए, और बीच-बीच म कोई-कोई हमारी ओर मुंह करके धीरे से बोल उठते—"ओह, रासबिहारी की ऐसी हिम्मत है !" हम भी उस समय आनन्द और गर्व से गद्गद् हो जाते थे। एक बार विभूति के मुंह की ओर देखकर समझने की चेष्टा की थी कि विभूति क्या सोचता है। ख्याल आता है कि मन मे उस समय इस बात का दु:ख हुआ था कि विभूति क्यो हमारे गर्व और आनन्द मे भाग नही लेता। इस समय ठीक याद नही आता कि विभूति भी सचमुच ऐसी मुखबरी करने के बाद गर्व अनुभव करता था कि नही।

इस प्रकार काशी के अनेक युवक बगाल मे आकर इकट्ठे हो गए। जिन लोगो का पजाब से कोई सीधा सम्बन्ध न हुआ था, अर्थात् जिनका नाम-धाम पजाब मे कोई न जानता था, वे काशी मे ही रहे। ऐसे युवको की सख्या कम न थी, और इसीलिए ऐसे भीषण सकट के समय भी रासबिहारी बेखटके काशी मे रह सके थे। जिन युवकों को कोई विप्लवी रूप से नही जानता, जिन पर कोई सन्देह भी नही करता, ऐसे लोगो की संख्या जिस विप्लव दल मे जितनी अधिक हो उतना ही वह दल बलशाली और कार्यक्षम होता है।

काशी मे हम लोग इस प्रकार सतर्क हो गए, पर पजाब के नेताओ मे से लगभग सभी एक-एक करके पकड लिए गए। डा० मथुरासिह आदि केवल दो-तीन आदमी काबुल भाग जाने मे सफल हुए। पिंगले तब भी पकडे न गए थे। पजाब की गोलमाल के बाद पिंगले भी काशी की तरफ ही आए थे। राह मे वे भी करनारसिह की तरह मेरठ छावनी मे विप्लव फैलाने के लिए घुस पड़े। इस प्रकार मेरठ छावनी के एक मुसलमान दफादार के साथ उनकी बातचीत हुई। उस दफादार ने पिंगले के नजदीक विप्लव की बात मे खूब उत्साह दिखाया और पिंगले के साथ ही काशी आ गया। किन्तु रासबिहारी ने पिंगले को ऐसे काम मे हाथ डालने के लिए खास तौर स रोका। उन्होने कहा अब सिपाहियो मे जाने का काम नही, पर पिंगले निरुत्साह न हुए। अन्त मे दादा को भी इस काम मे

स्वीकृति देनी पड़ी। पिंगले को सबसे बड़े किस्म के दस बम देकर भेजा गया। ये सब बम इतने बड़े थे कि इनमें से एक भी जिस जगह गिरता उस जगह और कोई चिह्न तक न रहता। बारकों पर पड़ता तो अनेक बारकें एक ही साथ भूमिसात् हो जाती। रौलट कमेटी की रिपोर्ट में इन्हीं बमों के सम्बन्ध में लिखा है—Sufficient to annihilate half a regiment अर्थात् आधी रेजिमेंट को समूल ध्वंस कर देने की शक्ति इन बमों में थी।—अन्त में रासबिहारी का सन्देह ठीक ही निकला। उस दफ़ादार ने पिंगले को अपनी छावनी मे ले जाकर बमों सहित पकड़ा दिया। मेरठ के प्रायः दस-ग्यारह सिपाहियों ने भी बाद में फाँसी के तख्ते पर जीवन दिया।

जिस समय पिंगले मेरठ गए उसी समय दादा ने मुझसे बंगाल मे कहला भेजा कि मैं सीधा दिल्ली जाकर वहाँ के सभी ऊँचे अंग्रेज कर्मचारियों के बँगले इत्यादि अच्छी तरह देख रक्खूँ। उसी समय दिल्ली में एक बड़ा काड करने की आयोजना चल रही थी। मुझे दादा से सलाह किए बिना दिल्ली जाना ठीक न जँचा किन्तु पुलिस उस समय मुझे बुरी तरह खोजती थी। काशी जाना उस समय मेरे लिए बड़ा विपत्तिकर था। पर तो भी मैं काशी आया। मै हमेशा से बेपरवाह तबीयत का था। मैंने कभी कल्पना भी न की थी कि मुझ पर भी कभी विपत्ति पड सकती है। अपनी इसी उच्छृंखल निर्भीकता के कारण ही अन्त में मैं पकड़ा गया। रासबिहारी निर्भीक थे पर उच्छृंखल नहीं।

रात को मुगलसराय स्टेशन पर एक गुप्तचर के साथ मेरी भेंट हुई। किन्तु मेरी मौसी सग मे थी, इसलिए भागने का कोई चारा न था। बगाल के एक युवक भी मेरे संग थे और उनके साथ कुछ बम भी थे। उन युवक को सावधान करके कह आया था कि मेरे साथ इकट्ठे एक गाड़ी में न चढ़ें और स्टेशन पर मेरे पास से कुछ दूरी पर ही रहें। जो हो, स्टेशन पर कुछ गोलमाल नही हुआ। मौसी से कह रक्खा था कि मै पकड़ा जाऊँ तो वे अमुक पता बताकर घर पहुँच जाएँ। काशी की ट्रेन प्लेटफार्म पर आई तो वह गुप्तचर मेरे साथ एक ही डिब्बे में चढा, और न जाने क्यों, वह युवक भी मेरे ही डिब्बे मे आ चढ़े। उस गुप्तचरके साथ मेरा परिचय था इसलिए उसने पूछा मेरे साथ की महिला कौन है। मुझे मौसी के साथ निश्चिन्त होकर घर जाते देखकर मालूम हुआ कि गुप्तचर को कुछ आश्वासन मिला, और शायद उसने सोचा कि बहुत दौड़-धूप करने की कुछ आवश्यकता नही है। इसके अलावा मालूम होता है उसका सम्बन्ध काशी के खुफिया विभाग के दारोगा यतीन्द्र मुखोपाध्याय के साथ था, इसलिए कोई गुप्त समाचार मिलने पर यतीन्द्र के सिवाय और किसी के नजदीक वह प्रकट न करता। अन्दर का मामला ऐसा ही रहा होगा। इसी से मालूम होता है उस यात्रा में मैं बच सका। बहुत सवेरे घर आ पहुँचा, और घर पर बहुत थोड़ी देर टिककर फिर बाहर निकल पड़ा। मेरा रंग-ढंग देखकर घर के सब लोग बड़े दुखी हुए। घर में सबसे मैंने खुल्लमखुल्ला कह दिया कि किसी समय भी मैं पकड़ा जा सकता

हूँ। मेरी ताई मेरे दोनों हाथ अपने दोनों हाथों में दबाकर बड़ी अनुनय के साथ कहने लगीं, "तू क्यों डरता है शची, मैं कहती हूँ तुझे कुछ न होगा, तू घर पर ही रह।" किन्तु मैंने किसी की कोई बात न सुनी। उस समय मालूम हुआ रात खतम होकर भोर हुआ चाहता है, चार या साढ़े चार बजे होंगे, मैं घर छोड़कर रासबिहारी के ठिकाने पर आ ठहरा। फिर दूसरे दिन सुबह के वक्त काशी से चला गया, उसी दिन सवेरे ही हमारे घर की खानातलाशी हुई। हमारे घर के सामने ही एक गुप्तचर रहता था। सभी गुप्तचरों के मुँह से पुलिस ने मेरे घर आने की खबर पाई थी, पर घर की तलाशी लेने पर मुझे न पाकर वे सब अत्यन्त आश्चर्य करने लगे, यहाँ तक कि कई पुलिस वालों ने समझा मैं अभी भागा हूँ और सड़कों पर दौड़-धूप भी की। पीछे कलकत्ते जाकर सुना कि पुलिस मुझे पकड़ने आई तो पुलिस के सामने ही, कहते हैं, मैं छतों-छतों पर भागता हुआ गायब हो गया, और वह सब देखती हुई भी कुछ न कर सकी।

राजपूताना के एक युवक के साथ मैं दिल्ली आ पहुँचा। अपने दल के ही एक युवक के डेरे पर अतिथि हुआ। दिल्ली मे जो करना था सो किया। दिल्ली में ही पिंगले के साथ भेंट होने की बात थी। उस समय के होम मेम्बर सर रेजिनल्ड क्रैडक साहब तब दिल्ली में न थे, और एक-दो और कारण थे, जिससे दिल्ली मे कुछ किया नही गया।

दिल्ली में एक दिन बाइक पर घूमते-घूमते साँझ हो गई थी। रास्ते में जगह-जगह लिखा था शाम को साढे छः बजे बत्ती जला लेना चाहिए। मैंने भी बाइक की बत्ती जला ली। मेरी बत्ती कुछ खराब थी। मैं बाइक पर तेजी से जाते हुए ज्योंही रास्ते के मोड से घूमा त्योंही देखा कि एक अंग्रेज घुड़सवार बड़े रोब से घोडा दौडाये चला आता है। मुझे देखते ही मेरी ओर हाथ बढाकर उसने अँगुली से इशारा किया 'ठहरो', मैं भी झट बाइक से नीचे उतर पडा। घुड़सवार ने मेरे नज़दीक आकर प्रश्न किया, "बत्ती क्यों नहीं जलाई ?" तब देखा बाइक की बत्ती बुझ गई है। मैंने कहा, "बत्ती अभी बुझ गई है हाथ लगाकर देखो अभी गरम है।" "बत्ती जलाओ" कहकर अंग्रेज घुड़सवार ने घोड़ा छोड़ दिया। मैं कुछ देर एकटक उस दर्पोन्मत्त अंग्रेज घुडसवार की ओर देखता रह गया, और सोचने लगा, "हाय रे ! कब हम भी घोडे पर चढ़कर इस तरह माथा ऊँचा करके छाती फुलाये घूमेंगे।"

मेरठ में पिंगले कृतकार्य हों या न हों, दिल्ली में हमें कुछ काम करना था। इसी बीच समाचारपत्र में पढ़ा, मेरठ छावनी में पिंगले पकड़े गए। और ठीक इस समय मैं भी बुरी तरह बीमार पड़ गया। लाचार मुझे दिल्ली छोड़नी पड़ी। इस बीमारी में मैं पन्द्रह दिन तक एक साथ खाट पर पड़ा रहा। दूसरे सप्ताह निमोनिया के लक्षण भी दिखाई दिए। उस समय जिन युवकों ने मेरी सेवा की थी उनके यत्न की बात मैं जीवन-भर भूल नहीं सकता। मुझे उस समय उठने की भी ताक़त न थी। उस समय वही युवकगण मेरा मल-मूत्र तक साफ करते थे।

उधर पंजाब में लाहौर षड्यन्त्र के मामले की सुनवाई आरम्भ हो गई। लाहौर के मामले में शायद अनेक बातें सुनने लायक हैं। किन्तु मुझे इस विषय में कुछ विशेष नहीं कहना है।

इस प्रसंग में सबसे पहले यह बात ध्यान में आती है कि इस मामले में सौ विप्लवियों में से प्राय: दस व्यक्ति विप्लव धर्म को तिलांजलि देकर अपने ही बन्धुओं को विपत्ति के मुंह में डालने से भी नही चूके। इन सब मुखबिरों के विषय में देश मे अनेक आलोचनाएं हुई हैं। इन्हीं को देखकर ही बहुत लोगों की विप्लवियों के विषय में बड़ी हीन धारणा हो गई है। पर एक बात याद रहे कि ईसामसीह के शिष्यों में भी विश्वासघातकता का दृष्टांत पाया जाता है। मसीह-जैसे महापुरुष के सम्पर्क में आने के बाद भी मनुष्य का अध:पतन हो जाता है। तब अन्य स्थानों में ऐसा अध:पतन हो जाने में आश्चर्य ही क्या है ?[1] हमारा विश्वास है कि विप्लव का काम जितना आगे बढ़ेगा विश्वासघातकता भी उसी परिमाण में बढ़ेगी। इन सब षड्यन्त्र के मामलों में जैसे एक तरफ विश्वासघात के दृष्टांत पाये जाते है, वैसे ही दूसरी तरफ वीरता की भी अद्भुत कीर्ति हम देख पाते हैं। जो हो, लाहौर षड्यन्त्र के मामले की केवल दो बातें मैं पाठकों को देता हूं।— अदालत में विचार के समय ज्वालासिंह नामी एक सिक्ख ने अभियुक्तों के शिनाख्त के विषय में एक उज्र पेश किया। केवल इसी अपराध पर जेल के सुपरिण्टेण्डेण्ट ने उन्हें तीस बेतों की सजा दी। आश्चर्य की बात है कि पजाब में कही भी इसका ज़रा भी प्रतिवाद नहीं हुआ। करतारसिंह ने मुकद्दमे के समय अदालत में सब बातें स्वीकार कर ली पर अंग्रेज जज ने पहले दिन उनकी किसी बात को दर्ज नहीं किया। उन्होंने करतारसिंह को समझाकर कहा कि उनकी स्वीकारोक्ति से उनका अपना Case बहुत खराब हो जायगा। इस पर भी करतारसिंह ने अपना मत न बदला। उन्होंने सब घटनाओं का दायित्व स्वयं अपने ही सिर पर लिया। विवश होकर जज ने कहा, "करतारसिंह आज मैंने तुम्हारी कोई भी बात नहीं सुनी तुम्हें एक दिन का और समय देता हूँ। अच्छी तरह सोच-विचारकर कल जो

1. नागपुर के झण्डा सत्याग्रह में 1764 स्वयंसेवकों में से दो सौ से अधिक माफ़ी माँगकर छूट गये थे। यह भी न भूलना होगा कि इन स्वेच्छा-सेवकों को सारा देश एक आवाज से प्रोत्साहन और साधुवाद दे रहा था, चारो तरफ धन्य-धन्य की गूंज सुन पड़ती थी, इनके, सगे-सम्बन्धी इनकी वीरता पर अभिमान करते थे, यहाँ तक कि बहुतों की स्त्रियां और बहने 'युद्ध-क्षेत्र' में साथ उपस्थित थीं और जेल में साथ जाने तक को तैयार थीं। दूसरी तरफ यदि ये लोग सिर न झुकाते तो इन्हें औसतन केवल तीन मास की सादी या कड़ी क़ैद मिलती। षड्यन्त्र के अभियुक्तों के लिए प्रत्येक बात इससे ठीक उलटी थी। कहना पड़ता है भारतवासियों की रीढ़ की हड्डी अभी तक भी बहुत कमजोर है और वे गर्दन सीधी करके खड़ा होना नहीं जानते। आध्यात्मिकता की कितनी [ही डींगें हाँका करें, घटनाएँ सिद्ध करती हैं कि चरित्र-बल में वे संसार की सब स्वतन्त्र जातियों से पीछे हैं।

कहना हो वह कहना।" दूसरे दिन फिर करतारसिंह ने सब दायित्व अपने ही सिर पर ले लिया। उनकी शान्त वीरता पर सब मुग्ध हो गये। भारत के इतिहास मे करतारसिंह का नाम सदा अमर रहेगा। भारत के विप्लव युग को भी करतारसिंह ने स्मरणीय कर दिया।

इस षड्यन्त्र के मामले मे लाहौर डी० ए० वी० कालेज के भूतपूर्व अध्यापक भाई परमानन्द भी पकड़े गए, उन्हे भी अन्त में आजन्म कालेपानी का दण्ड मिला। लाहौर जेल में रहते समय वे करतारसिंह के पास की कोठरी ही मे बन्द थे। उस समय प्राय: सभी राजनैतिक अपराधी एक ही बैरक मे बन्द रहते थे। रात को वे सभी अपनी-अपनी कोठरी से एक-दूसरे के साथ गप-शप करते थे। कहते है एक दिन भाई परमानन्द ने करतारसिंह से कहा "देखो यदि मालूम होता कि अन्त मे मुझे भी यही दुर्गति भोगनी होगी तो मै भी तुम्हारे काम मे पूरा उद्यम से योग देता!" भाई परमानन्द के एक ओर करतारसिंह थे और दूसरी ओर की कोठरी मे एक और सिक्ख थे। वे अब भी बचे हुए है और इन्ही से मैने उक्त घटना अण्डमन में सुनी थी।

3

दिल्ली में

(1) प्रताप की कहानी

राजपूताना के जिस युवक के साथ मै दिल्ली गया उसका नाम था प्रतापसिंह। ये राजपूताना के चारण वंश के थे। चारण लोग राजपूतो मे पूज्य माने जाते है। प्रताप के पिता का नाम था सरदार केशरीसिंह। वे उदयपुर के राणा के विशेष प्रिय थे और अब मुझे ठीक याद नही, या तो प्रताप के पिता या उनके दादा उदयपुर के राणा के मन्त्री पद तक पहुंचे थे। उनकी जागीर मेवाड के अन्तर्गत शाहपुरी राज्य में थी।

एक दिन था, जब यही राजपूताना वीरो का लीला-निकेतन कहा जाता था, एक दिन इसी राजपूताना में भीष्म के समान महापुरुषों का भी आविर्भाव हुआ था, बंगाल की कल्पना दृष्टि में शायद आज भी राजपूताना उसी अतीत युग की शूरता, वीरता और उदारता की प्रतिमूर्ति-रूप ही प्रतीत होता है, किन्तु पौराणिक युग का वह गौरवमण्डित राजपूताना आज नही है। तथापि राजपूताना के आज बिलकुल अध:पतित हो जाने पर भी उस अतीत युग के संस्कार आज भी प्रत्येक राजपूतानावासी के हृदय में अंकित हैं। प्रताप-परिवार की कहानी देखकर यह बात मेरे मन में स्वत: जाग उठती है।

यह परिवार राजपूताना के गण्य-मान्य समृद्ध जमीदारों में गिना जाता था, किन्तु स्वदेश-प्रीति और तेजस्विता की खातिर इन्हें अपना घर-बार बरबाद करना पड़ा।

सबसे पहले दिल्ली षड्यन्त्र के मामले के सम्बन्ध मे प्रताप और प्रताप के बहनोई पकड़े गए। किन्तु उनके विरुद्ध कोई विशेष प्रमाण न रहने से उस बार उनका छुटकारा हो गया। इसके कुछ ही दिन बाद कोटा में ही एक और राजनैतिक मामले में प्रताप के पिता सरदार केशरीसिंहजी को आजन्म कालेपानी का दण्ड हुआ और प्रताप के एक सगे चचा के नाम भी वारण्ट निकला, सम्भवत: आज भी वे पकड़े नहीं गए। केशरीसिंहजी का स्वास्थ्य अच्छा न रहने से उन्हें अण्डमन नहीं जाना पड़ा, देश की जेलों में ही रहना पड़ा।[1]

---

1. बाद में जुलाई सन् 1919 में उन्हें छोड़ दिया गया था पर उनके भाई का वारंट अभी तक नहीं हटाया गया।

इस मामले के फलस्वरूप सरदार केशरीसिंहजी की और उनके छोटे भाई की समूची सम्पत्ति तो जब्त हुई ही, इसके अलावा उनके जो भाई राजनीति के पास फटकते भी न थे, उनकी भी सारी सम्पत्ति जब्त हो गई। इस तरह वे समृद्ध-सम्पन्न जागीरदार की अवस्था से एकदम रास्ते के भिखारी हो गए। प्रताप की माता के दुःखों की उस समय सीमा न थी, आज एक सम्बन्धी के पास रहतीं तो कल दूसरे सम्बन्धी के घर जाकर अतिथि बनतीं। अन्त में अपने पिता के घर जाकर किसी तरह दिन काटती रहीं, प्रताप के मामा के घर की हालत भी विशेष अच्छी न थी। विधाता जब किसी के प्रति निर्दय होते हैं तब उनकी निष्ठुरता के निकट संसार की सब निष्ठुरता फीकी पड जाती है और वे जिनको वीर बनाकर उठाते हैं, उनके वीरत्व के निकट भगवान् की निष्ठुरता भी हार मानने को बाध्य होती है। इसी से इतनी विपत्ति में पड़कर भी प्रतापसिंह बराबर विप्लव दल में काम करते रहे। काम करने-करने में भी अन्तर है, केवल कर्त्तव्य ज्ञान से काम करना एक बात है, और काम करके आनन्द पाना दूसरी बात; हमारा विचार है कि काम करके आनन्द पाया जाय यही हमारा कर्त्तव्य है; अर्थात् जैसा काम करके मन में किसी तरह का अनुताप-परिताप न हो, जैसा काम करने से मन में और प्राण में ग्लानि की कोई सूचना भी न हो और सबसे बढ़कर जैसा काम करने से मनुष्य साक्षात् रूप से आनन्द भी पाये, हमारा विचार है वैसा काम ही मनुष्य का कर्त्तव्य है और जो करके मनुष्य आनन्द तो पाये ही नहीं, प्रत्युत उससे क्लेश का आभास हो वह काम करना मनुष्य को उचित नहीं। वैसी स्थिति में मानना होगा कि अनधिकार चेष्टा की जा रही है, क्योंकि वैसी स्थिति में आनन्द अथवा तृप्ति कुछ भी नहीं होती। अर्थात् लज्जा की खातिर, लोक-निन्दा के भय से कर्त्तव्य-कार्य में योग देना एक बात है, और कर्त्तव्य-कार्य करके सचमुच आनन्द पाना दूसरी बात। प्रताप ने जो अपनी पारिवारिक अवस्था के भीषण संकट-काल में भी इस प्रकार विप्लव कार्य में योग दिया था उससे उनके दिल के किसी कोने में किसी तरह की ग्लानि अथवा संकोच तो था ही नहीं, वरन् विपत्ति की ऐसी कराल मूर्ति आँखों से देखकर भी वे पिता के अभिप्रेत प्रिय कार्य में फिर भी अपने को लगा सके, इससे उनका दिल आनन्द और गर्व से फूल उठता था। ऐसे बहुत सज्जन देखे गये हैं जो केवल कर्त्तव्य की खातिर अथवा बन्धुत्व को निबाहने के लिए ही इस विप्लव कार्य मे योग देते थे, इसी से उनके कार्य में वैसा उत्साह न देखा जाता था और इसीलिए वे अधिकांश समय मुरझाये से रहते थे। ऐसा भाव देखकर हम उन्हें अधिक दिन यह विडम्बना न भोगने देते, और शीघ्र ही निर्विवाद रूप से आनन्द भोगने का अवसर दे देते थे, जिससे वे छुटकारा पाकर शान्ति से दम ले सकें। किन्तु जब-जब ऐसा नहीं किया गया है, जब-जब प्रकृति और प्रवृत्ति के विरुद्ध आचरण किया गया है, तब-तब प्रकृति देवी ने अपना पूरा बदला चुकाया है। प्रताप वैसे कर्त्तव्य की खातिर ही उस कार्य में योग न देते थे। उन जैसे युवक मैंने बहुत ही कम देखे हैं। प्रताप केवल स्वयं ही आनन्द में रहते हों या नहीं,

उनके संग में जो रहते थे वे भी आनन्द पाते थे। तो भी बीच-बीच में प्रताप का मन माता-पिता के लिए अधीर न होता हो सो नहीं, हमारा तो विचार है कि जिसका मन ऐसी अवस्था में माता-पिता के लिए अधीर न होता हो उसका विश्वास करना उचित नहीं है। माया-मोह का एकदम अभाव होना एक बात है, और माया-मोह में लिप्त न होना दूसरी बात। मनुष्य की दृष्टि से मैं तो उन्हीं को श्रेष्ठ कहूँगा जिनके स्वभाव में माया-मोह की पूरी सत्ता है किन्तु जो माया-मोह में लिप्त नही होते। इसी से प्रताप को जब दुःखी देखता तब मेरे प्राणों में बड़ी ही व्यथा होती। किन्तु कार्य-क्षेत्र में जब देखता प्रताप किसी से भी पीछे नही है तब फिर वैसा ही आनन्द भी प्रतीत होता।

भले-बुरे का द्वंद्व भी प्रताप के अंतःकरण में चरम अवस्था तक जा पहुँचा था। प्रताप के पकड़े जाने पर पुलिस बहुत दिन तक अनेक प्रकार के प्रलोभन दिखाकर उन्हें सब गुप्त बातें प्रकट कर देने के लिए विशेष तग करती रही। पुलिस प्रताप से कहती कि सब गुप्त बातें कह देने पर केवल प्रताप को ही नही वरन् उसके पिता को भी छोड़ दिया जायगा; यही नही उसके चाचा पर से भी मुकद्दमा उठा लिया जायगा, उनकी सब सम्पत्ति फिर लौटा दी जायगी, और इस सबके अलावा और भी कुछ पुरस्कार दिया जायगा। प्रताप की माता ने कितना कष्ट पाया है, प्रताप के भी दण्डित हो जाने से माता की अवस्था कैसी शोचनीय हो जायगी और इस आघात को वे कैसे सह सकेंगी, यह सब बातें पुलिस अपनी स्वभावसिद्ध चतुराई के साथ बार-बार समझाती थी। पुलिस की ये सब बातें बिलकुल निर्मूल हों सो भी तो न था। पहले-पहल तो वे पुलिस के साथ ज्यादा देर ठीक तरह बात ही न करते थे। पीछे उन लोगों के साथ बात करना प्रताप को मानो कुछ-कुछ भला लगने लगा। एक दिन पुलिसवालो के साथ प्रताप की क़रीब तीन-चार घटे बातचीत हुई। हम सब पास की निर्जन कोठरी मे बैठे-बैठे दम थामकर ज़मीन-आसमान की बातें सोचने लगे, सन्देह हुआ कि अब की बार प्रताप फूट पड़ेगा। पीछे मुकद्दमा आरम्भ होने पर जब हम सबको प्रायः दिनभर इकट्ठा रहने का सुयोग मिला तब मालूम हुआ कि सच ही प्रताप का मन बहुत विचलित हो गया था। यहाँ तक कि अन्त में एक दिन प्रताप ने पुलिस से कह दिया कि वे एक दिन और सब बातों पर विचार कर लें फिर कहना होगा तो कह देंगे। किन्तु अगले दिन जब पुलिस प्रताप से मिलने आई, प्रताप बोले, "देखिए बहुत सोचा-विचारा अन्त में तय किया है कि कोई बात नहीं खोलूंगा। अभी तक तो केवल मेरी ही माता कष्ट पा रही हैं, किन्तु यदि मैं गुप्त बातें प्रकट कर दूँ तो और भी कितने लोगों की माताएँ ठीक मेरी माता के समान दुःख पाएँगी, एक माँ के बदले और कितनी माताओं को तब हाहाकार करना होगा।"—मन के एक बार नीचे फिसल पड़ने पर उसे फिर अपनी जगह लौटा लाना कितना कठिन कार्य है, यह चिन्ताशील व्यक्ति ही समझ सकते हैं।

नहीं मालूम, आज भारत में कितने ऐसे पिता हैं, जो सरदार केशरीसिंहजी

की तरह सब जान-बूझकर अपने को और अपनी सन्तान को इस प्रकार देश के कार्य में बलि दे सकेंगे। भारत का दुर्भाग्य है कि प्रताप-सा युवक आज इस जगत् में नहीं है। बरेली जेल में अंग्रेजों का दण्ड भोगते-भोगते उसका नश्वर शरीर उस दिव्य आत्मा का साथ न निबाह सका। इसी प्रताप के साथ मैं दिल्ली गया था और कई दिन तक इकट्ठे काम करने का अवसर पाया था। उस समय प्रताप की आयु लगभग बाईस बरस की रही होगी। दिल्ली में, हमने इस यात्रा में कितना काम किया यह दूसरे परिच्छेद में लिखा जायगा।

(2) मुसलमान विप्लवदल की कहानी

पहले ही कह चुके हैं कि पंजाब का विप्लवायोजन विफल हो जाने के बाद मुसलमान विप्लव संघ के साथ हमारे दल का पहले-पहल परिचय हुआ। इस बार दिल्ली मे रहते समय इस विप्लव दल के साथ हमें और भी घनिष्ठ परिचय करने का अवकाश मिला।

इस मुसलमान विप्लव दल के विषय में हमारे देशवासी एकदम कुछ भी नही जानते; कारण, कि इनका काम-काज प्रकट रूप से कुछ भी दिखाई नहीं दिया। गत तुर्की इटैलियन युद्ध के समय से ही भारत मे इस विप्लवदल का सूत्रपात हुआ है। उसी युद्ध के समय, शायद 1911 ई० में, भारत के मुसलमानों ने युद्ध में घायलों की सेवा-सुश्रूषा करने के लिए तुर्की में एक दल (Medical Mission) भेजा। उस दल में अधिकतर मुसलमान लोग ही थे। पंजाब के 'जमींदार' पत्र के सम्पादक श्रीयुत जफरअलीखां भी उस दल में थे।

इस दल ने तुर्की के सुलतान और अन्यान्य स्वदेश-प्रेमी मुसलमान सेनापतियों और राजकर्मचारियो के निकट विशेष सम्मान और आदर पाया। मेरे एक मुसलमान बन्धु मुझसे कहते थे कि उसी आदर की अधिकता से उनका माथा गर्म हो गया था। जिन्हें भारत में पग-पग पर लांछन और अपमान सहना होता था, उन्हें जब तुर्की में राजा के अतिथि रूप में राजसम्मान के साथ समग्र तुर्की में भ्रमण करने का सुयोग मिला तब उनका माथा गर्म होना ही चाहिए था। भारत की आबहवा में रहकर इतने दिन तक मुसलमान समाज में किसी चेतना के लक्षण दिखाई नही दिए, किन्तु जब इसी मुसलमान दल के लोग तुर्की की स्वाधीन आबहवा के स्पर्श में आए और जब उन्होंने देखा कि आज भी उनके स्वधर्मी लोगो ने यूरोपवालों के देश में भी अपना आधिपत्य बराबर बना रखा है, और ऐसे एक स्वधर्मावलम्बी राज्य के बाल-वृद्ध-वनिता तक, प्रत्येक व्यक्ति ने जब भारतीय मुसलमान दल को आदर के साथ अपनाया, तब उनकी कितने ही समय की मोह-निद्रा मानो पल-भर में उड़ गई, सहसा भारतीय मुसलमानों ने अपने को पहचान लिया। तुर्की इटैलियन युद्ध के फलस्वरूप भारतीय मुसलमान समाज में साधारण रूप से एक जागृति के लक्षण दिखाई दिए थे। काशी में देखा, धुनिये-जुलाहे और गाडीवान तक रोज़ तुर्की का संवाद जानने के लिए व्यस्त रहते थे। स्वधर्मी लोगों की समवेदना किसी मुसलमान को कष्ट के साथ अर्जन नहीं

करनी पड़ती, यह तो उसका जन्मगत संस्कार होता है। इस साधारण जागृति के सिवाय, तुर्की में मैडिकल मिशन भेजने के बाद भारत के मुसलमानों में भी विप्लव का कार्य आरम्भ हो जाता है। रौलट रिपोर्ट में लिखा है कि अंग्रेजों के तुर्की इटैलियन युद्ध के समय तुर्की को सहायता न देने के कारण भारतवर्ष के मुसलमानों में असन्तोष का भाव फैल गया। पर हमारे विचार में यह बात ग़लत है। अंग्रेज तुर्की की सहायता करते तो भी मुसलमानों में यह जागरण अवश्यं-भावी था, क्योंकि असल बात तो यह थी कि बाहर के आघात से, बाहर के संस्पर्श में आने से एक अपने को भूली हुई जाति जाग गई? अंग्रेजों के साथ उस जाति का क्या सम्बन्ध था, यह दूसरी बात है।

जो हो, इस मैडिकल मिशन के अनेक युवक तुर्की के संस्पर्श में आने से विप्लव धर्म में दीक्षित हो गए और भारत में आकर उन्होंने मुसलमान सम्प्रदाय के बीच विप्लव का कार्य आरम्भ कर दिया। और तुर्की की गवर्नमेंट ने इन मुसलमानो में से किसी-किसी को अथवा इनके पसन्द के व्यक्तियों को भारतवर्ष में तुर्की राजदूत (Consul) नियुक्त कर दिया था। देश के जनसाधारण को इन बातों का कुछ भी पता न मिल सका, किन्तु भारत सरकार इन सब बातों के अलावा और भी बहुत कुछ जानती है।

किन्तु मुसलमान विप्लव दल पहले से ही बाहर की मुसलमान शक्तियों की ओर ही विशेष लक्ष्य रखता था। इनको सब आशा-प्रतीक्षा इसीलिए भारत के बाहर ही केन्द्रित थी। मुसलमान विप्लव दल के जिन सज्जन के साथ दिल्ली में मेरी बातचीत हुई थी उनके नज़दीक सुना था कि इस विप्लव दल ने इसी बीच काबुल से भारत पर आक्रमण करने के लिए अनेक बार अनुरोध किया था। मैंने उस दिन उनके इस कार्य का घोर प्रतिवाद किया था। उन्होंने मुझे यह समझाने का यत्न किया कि बाहर की किसी राजशक्ति की सहायता के बिना भारत की विप्लव चेष्टा सार्थक न होगी मैंने भी उन्हें यह समझाने की चेष्टा की कि बाहर की सहायता चाहने का यह अर्थ न होना चाहिए कि बाहर की कोई राजशक्ति आकर भारत में दखल कर ले। उन्होंने मुझे बड़े यत्न से यह समझाना चाहा कि काबुल वाले भारत में आकर यहाँ स्थायी रूप से कभी न रहेंगे। हमें स्वाधीन कराकर ही चले जाएँगे। भारत के बहुत-से मुसलमानों की ऐसी ही धारणा है।

किन्तु इन्हीं मुसलमान लोगों ने बीच-बीच में कई बार हमारी धन से सहायता की थी। उनके साथ बातचीत करके जहाँ तक समझ सका हूँ उससे जान पड़ता है कि मुसलमानों का यह विप्लव दल सारे देश में एक साथ ही कार्य करता था। उनका यह विप्लव दल पंजाब के सीमान्त प्रदेश से लेकर सुदूर ब्रह्म देश तक फैल गया था। किन्तु हमारे बंगाल के विप्लव दल में दलबन्दी का अन्त न था। पर सौभाग्य से बंगाल के बाहर उत्तर भारत में एकमात्र हमारा दल ही था, इसी से इधर दलबन्दी का कोई विशेष अवकाश न था।

हमारे दल से मुसलमान दल का यही भेद था कि हम लोग स्वाधीन भारत के जिस रूप की कल्पना करते थे, उसमें हिन्दुओं के स्वावलम्बन की बात भले रही हो, हिन्दुओं की प्रधानता का कोई विचार न था, एवं हमारी कार्य-प्रणाली में मुसलमानों को अलग रखने का ख्याल दूर रहा, हम तो उन्हें दल में खींचने की ही चेष्टा करते थे। हमारे बुलाने पर मुसलमान यदि नहीं आते थे तो उसका कारण यह था कि मुसलमान लोग भारतवर्ष से हिन्दुओं की तरह प्रेम न करते थे। मुसलमानों के साथ मिलने-जुलने से हमारी यह धारणा हुई है कि हमारे देश के मुसलमान लोगों का तुर्की, मिश्र, अरब, फारिस अथवा काबुल की ओर जितना खिचाव है, भारत की ओर उतना नही है। वे तुर्की के गौरव में अपने को जितना गौरवान्वित मानते है, भारतवासियों के, हिन्दुओं के गौरव में अपने को उतना गौरवान्वित नहीं मानते। मुसलमानों के मन के भाव बहुत कुछ ऐसे थे इसी कारण उनका विप्लव दल भी एक स्वतन्त्र रूप से गठित हुआ था। नवीन तुर्की के आदर्श से अनुप्राणित होकर भारत के अनेक मुसलमान विप्लववादियों ने भी विश्व-इस्लामिक (Pan-Islamic) आदर्श को ग्रहण किया था, इसीलिए भारत के मुसलमान विप्लव दल को केवल भारतीय विप्लव दल न कहकर भारत का मुसलमान विप्लव दल कहना संगत है। हमारे इन दोनों विप्लव दलों के सिवाय दिल्ली मे और भी एक दल था और सम्भवतः अब भी है। यह दल कोई गुप्त समिति न थी। इस विषय की आलोचना आगे की गई है।

(3) दिल्ली के निष्कलंकी दल की कहानी

इन्द्रप्रस्थ, हस्तिनापुर अथवा दिल्ली हिन्दुओं के मन पर कैसा मोहजाल डाल देती है! काल के चक्कर मे पडकर कितने भिन्न-भिन्न राजवंश, कितनी देश-देशान्तर की जातियाँ आकर दिल्ली के कितने नये-नये रूपों की सृष्टि कर गईं, कितनी जातियों के उत्थान और पतन के बीच दिल्ली का इतिहास गठित हुआ है, और दिल्ली के इतिहास की तरंग के साथ मानो भारत का इतिहास भी तरंगित होता रहा है। हिन्दुओं की गौरवमंडित दिल्ली विदेशी विधर्मियों के पैरो तले आकर आर्य-कीर्ति को लांछित करने लगी, फिर इसी दिल्ली में ही युग-युग में भिन्न-भिन्न राजशक्तियो की परीक्षा चलने लगी, कितने संघर्ष, कितने राष्ट्र-विप्लव, कितने विरोधो के बीच दिल्ली का आधुनिक इतिहास गठित होता है। इसी से दिल्ली के इतिहास का अर्थ हो जाता है, भारत साम्राज्य का इतिहास। और इस क्षात्र-शक्ति के संघर्ष के इतिहास में जहाँ दिल्ली का इतिहास गठित होता है, वहाँ इसी दिल्ली में ही अनेक साधु-सम्प्रदायों का भी आविर्भाव होता है। मुसलमान आधिपत्य के समय जैसे दिल्ली के निकट सतनामी सम्प्रदाय का आविर्भाव हुआ था वैसे ही अंग्रेजों के इस आधिपत्य के समय इसी दिल्ली में निष्कलंकी दल का आविर्भाव हुआ है। सतनामी सम्प्रदाय के समान यह दल भी बहुत ही क्षुद्र है। आज प्रायः तीस साल से यह दल दिल्ली में है। इन तीस वर्षों

में ये लोग भारत की स्वाधीनता के लिए समस्त पृथ्वी पर सत्ययुग को लाने के लिए भगवान् के निकट नित्य प्रार्थना करते आए हैं। वे विश्वास करते हैं कि कलियुग समाप्त हो गया है और कल्किदेव के आविर्भाव का समय हो गया है। आजकल ये लोग प्रचार करते हैं कि कल्किदेव ने जन्म ले लिया है और शीघ्र ही प्रकट होंगे। किन्तु इस शीघ्र का अर्थ क्या है अर्थात् ठीक कितने दिन में कल्किदेव दिखाई देंगे, यह ये लोग नहीं कह सकते। ये लोग कहते हैं कि जब श्री भगवान ने रामचन्द्र रूप में जन्म लिया था तब सारे भारत में केवल बारह ऋषि जानते थे कि श्रीराम भगवान् के ही अवतार हैं; और लोग यह बात जानते भी न थे और उस समय विश्वास भी न करते थे। इसी प्रकार वर्तमान काल में भी ऐसे लोग बहुत नहीं हैं जो यह जानते हों कि भगवान् का अवतार हुआ है। ये लोग कहते हैं कि वर्तमान युग में भारतवर्ष में अनेक महापुरुषों ने जन्म लिया है, उनमें से अनेक अपने असल रूप को नहीं जानते। जिस दिन उन महापुरुषों के सम्राट् अपने को प्रकाशित करेंगे, उसी दिन ये सब अपनी शक्ति-सामर्थ्य की बात और अपने पूर्व जन्म की बात जान सकेंगे। इन महापुरुषों में से कई बड़े ही शक्तिशाली हैं, एवं इनमें से कोई-कोई ऐसे भी हैं जो समझते हैं कि वे ही शायद भगवान् के अवतार हैं। ये लोग कहते हैं कि इस बार भगवान् ने ब्राह्मण के घर में जन्म लिया है, इसी से वे सभी के पूज्य होंगे। अन्यान्य युगों में क्षत्रिय आदि के घर जन्म लिया था इसी कारण उन्हें भगवान् का अवतार होते हुए भी ब्राह्मणों के चरणों में झुकना पड़ता था, इस बार वे ब्राह्मण के घर में जन्म ग्रहण कर सबसे पूजा ग्रहण करेंगे और ब्राह्मण के घर में जन्म लेने के कारण ही इस युग में उनका आचरण ऐसा होगा कि देश-विदेश में ऐसा कोई न होगा जो उनके किसी भी कार्य पर अँगुली उठा सके। अन्यान्य युगों के अवतार-पुरुषों का आचरण ऐसा नहीं हुआ कि उनके चरित्र में कोई दोष न दिखाया जा सके, किन्तु इस बार उनका आचरण ठीक भगवान् की ही तरह निष्कलंक होगा। ये लोग विश्वास करते हैं कि कल्किदेव खड्गधारी होने पर भी किसी के विरुद्ध अस्त्र धारण न करेंगे। ये लोग कहते है कि भारत की स्वाधीनता के लिए इस बार हिन्दुओं को अस्त्र ग्रहण न करने होंगे; कारण कि भारत के जो शत्रु है, जो पापी लोग हैं, जिनकी प्रकृति खल और असुर भावों से पूर्ण है, वे सभी आपस में ही मार-काट करके नष्ट हो जाएँगे और उनमें से जो बचे रहेंगे वे भी रोग, महामारी और दुर्भिक्ष में मर जाएँगे। इस तरह इस बार पृथ्वी पाप-भार से मुक्त हो जाएगी और इस प्रकार जो सत् प्रकृति के पुरुष हैं, वे ही बच जाएँगे और पृथ्वी पर सत्ययुग का आविर्भाव होगा। वे कहते हैं कि सत्ययुग का कार्य आरम्भ हो गया है एवं और कुछ बरसों के अन्दर ही संसार से पाप का लोप हो जायगा।

इनकी साधना की पद्धति होती थी, लगातार कल्किदेव का नाम जपना और उनके निकट भारत के और जगत् के मंगल के लिए सामूहिक रूप से और व्यक्तिगत रूप से नित्य प्रार्थना करना। ये कहते हैं भगवान् ही जब जगत् के एकमात्र

कर्ता और नियन्ता हैं, तब सब प्रकार से उन्हीं के शरणागत होकर उन्हें स्मरण करना और उनकी ध्यान-धारणा करना ही हमारा एकमात्र कार्य है। संसार के सब कार्य करते रहने पर भी भारत की स्वाधीनता और भारत के सर्वांगीण मंगल के लिए एक प्रार्थना करने के सिवाय और कुछ भी ये लोग नहीं करते—और ये लोग कोई संन्यासी भी नही होते। इनके प्रायः सभी सिद्धान्त विप्लवियों के समान हैं, और भारत के विप्लव प्रयासी दल के लोगों को ये खूब अच्छा भी मानते थे, किन्तु कार्यक्षेत्र में और सब प्रकार से साधारण संसारियों की तरह होने पर भी भारत की स्वाधीनता के लिए ये लोग एक प्रार्थना के सिवाय और कुछ भी करना नहीं चाहते या नहीं करते। कह नही सकता इन लोगों में सचमुच कोई मानसिक या चरित्रगत दुर्बलता है कि नही, क्योंकि इन लोगों के साथ अच्छी तरह मिल .-जुलने का सुयोग अथवा अवसर मुझे नहीं मिला। इस बार दिल्ली में आने से पहले ही यद्यपि इस सम्प्रदाय की बात मैं सुन चुका था, तो भी इनमें से किसी के भी साथ अब तक साक्षात् रूप से बातचीत और परिचय न हुआ था। इस बार दिल्ली में रहते समय इनके दल के नायक के साथ केवल दो-तीन दिन बात करने का सुयोग पाया। इन्हें सब लोग बालमुकुन्द उर्फ हनुमानजी कहते थे। सुना था कि ये बीच-बीच में दिल्ली की आम सड़क पर पुकार उठते थे कि भगवान् कल्किदेव का आविर्भाव हो गया है, पापी लोग सावधान हो जाओ, इस समय सब लोग भगवान् के नाम का जप करो और पूर्ण रूप से सरल अन्तः-करण के साथ उनके शरणागत हो जाओ, इस बार पापियों का और कोई निस्तार नहीं है, समय रहते सब सावधान हो जाओ, और पिछले पाप कर्मों के लिए अनु-तप्त होकर भगवान् कल्किदेव के शरणागत हो जाओ, इत्यादि-इत्यादि।

प्रताप के साथ इस बार दिल्ली में रहते समय मैंने इन्हीं बालमुकुन्दजी के साथ बातचीत की थी। ये बिलकुल सीधे-सादे ग़रीब ब्राह्मण थे, लिखना-पढ़ना कुछ भी नही जानते थे। अपने हाथ से ही रसोई करते और अपने जूठे बर्तन आदि स्वयं साफ़ करते। इस दल के सभी लोग इन पर यथेष्ठ श्रद्धा-भक्ति रखते थे। इनके इस दल में मध्यम दर्जे के शिक्षित श्रेणी के लोग कोई बहुत न थे। प्रायः ये सभी अंग्रेज़ी से अनभिज्ञ और गोहत्या करनेवालो के परम शत्रु थे।

इनके नायक बालमुकुन्दजी अब देह त्याग कर चुके हैं, और आज मालूम होता है पाँच-छः वर्ष से मध्यम श्रेणी के अंग्रेज़ी पढ़े लोग भी इनके दल में आकर योग देने लगे है।

यह अवतार के आविर्भाव की बात दिल्ली के निष्कलंकियों के दल के सिवाय और भी अनेक लोगों से सुनने में आई है। मेरे जेल से लौटने के बाद गोरखपुर मे मेरे मामाजी के पास एक साधु आये थे। वे भी निष्कलंकी दल की तरह अनेक बातें कह गए थे। पिछले युद्ध के समय अमेरिका जब जर्मनी के विरुद्ध अंग्रेज़ों के पक्ष में नहीं मिला था, उस समय यही साधु आकर मामाजी से और मेरे मंझले भाई से अमेरिका के अंग्रेज़ों से मिल जाने और अन्त में अंग्रेज़ो के पक्ष के जीतने

की भविष्यवाणी कर गए थे; अण्डमन में रहते समय ही यह सब बात मुझे लिख भेजी गई थी; वह पत्र अब भी मेरे पास है। इसके सिवाय कलकत्ता हाईकोर्ट के भूतपूर्व वकील "ब्रह्मविद् ऋषि ओ ब्रह्मविद्या" नामक ग्रंथ के लेखक श्रद्धेय श्रीयुत ताराकिशोर शर्मा महाशय भी इस अवतार की बात का बहुत दिन से प्रचार करते आते हैं। युगान्तर के प्रसिद्ध सम्पादक उपेन बाबू से भी कई साधुओं ने इस प्रकार की अनेक बातें कही थीं। इन सबकी बातें पूरी तरह एक न होने पर भी इन सबकी बातों का सारांश प्राय: एक ही था।

(4) दिल्ली के विप्लव दल का पुनर्गठन

दिल्ली के विप्लव दल के दो मुख्य कार्यकर्ता श्रीयुत अवधबिहारी और श्रीयुत अमीरचन्द उत्तर भारत के अनेक विप्लवियों की अपेक्षा बहुत अंशों में श्रेष्ठ थे। इनकी प्रकृति में धर्म-भाव अत्यन्त प्रबल था। धर्म और कर्म का इस प्रकार एकत्र समावेश भारत के बहुत थोड़े विप्लवियों में देखने को मिला है। अवधबिहारी की आयु जब केवल तेईस या चौबीस वर्ष की थी, तब से अथवा उसके भी कुछ दिन पहले से ही वे इस विप्लव दल में योग देते थे। इस आयु में ही उनकी प्रकृति में जैसा धर्म-भाव देखा गया था उससे कहना पड़ता है कि ऐसा संस्कार लेकर ही उन्होंने जन्म लिया था। एक उर्दू कविता उन्हें बहुत प्रिय थी, जिसे वे प्राय: दोहराया करते थे। वह कविता इतनी सुन्दर है कि उसे यहाँ उद्धृत किये देता हूँ। कविता यह है—

"एहसान नाखुदा[1] का उठाये मेरी बला,
किश्ती खुदा पै छोड़ दूँ लंगर को तोड़ दूँ।"

सचमुच ठीक इसी प्रकार अगाध विश्वास हृदय में रखते हुए अवधबिहारी ने अपनी जीवन नौका आरपार हीन महासागर के बीच ही छोड़ दी थी।

अवधबिहारी की अपेक्षा अमीरचन्द उम्र में बीस वर्ष बड़े थे। अमीरचन्द शिक्षक का कार्य करते थे और बचपन से ही अवधबिहारी अमीरचन्द के पास, पहले छात्र रूप में और फिर शिष्य रूप में तथा मित्र रूप में, उन्हीं की संगत में पले और बड़े हुए थे। ये अमीरचन्द स्वामी रामतीर्थ के विशेष भक्त और शिष्य थे। और इनके साथ स्वामीजी का साक्षात् परिचय भी था। स्वामीजी की वक्तृता आदि का इन्होंने ही सबसे पहले प्रचार आरम्भ किया था।

इन्हीं के प्रभाव से दिल्ली के अन्यान्य कार्यकर्त्ताओं में भी ऐसा ही धर्म-भाव अंकित हो गया था। इनमें से श्रीयुत लछमीनारायण और श्रीयुत गणेशीलाल खास्ता का नाम विशेष रूप से उल्लेखनीय है।

अमीरचन्द और अवधबिहारी के साथ मेरी वैसी घनिष्ठता न हुई थी; कारण कि वे पहले ही पकड़े गए थे। किन्तु इस बार प्रताप के साथ दिल्ली आकर

1. नाखुदा = मल्लाह।

लछमीनारायण और खास्ताजी के साथ खूब घनिष्ठ रूप से मिलने का अवसर पाया।

दिल्ली के निष्कलंकियों की बात अवधबिहारी आदि सभी जानते थे; किन्तु इनमें से लछमीनारायण निष्कलंकियों के प्रति अगाध श्रद्धा रखते थे, मैं जिस समय की कहानी कह रहा हूँ उस समय लछमीनारायण वैद्यक पढ़ते थे और निष्कलंकियों की तरह अंग्रेजी के नजदीक न फटकते थे।

अवधबिहारी और अमीरचन्द के पकड़े जाने पर दिल्ली के विप्लव दल का कार्यभार लछमीनारायण और गणेशीलाल पर आ पड़ा। गणेशीलाल फ़ारसी के बड़े पण्डित थे और बड़ी अच्छी कविता लिख सकते थे। लाला हरदयाल खास्ता जी का बहुत-सी कविताएँ अपनी 'गदर' पत्रिका में उद्धृत कर देते थे; और हमारे मुकद्दमे में केवल इस किस्म की जातीय भावपूर्ण कविता लिखने के अपराध में ही उन्हें सात बरस की कड़ी क़ैद की सजा हुई थी। खास्ताजी भी अंग्रेजी लिखना-पढना कुछ न जानते थे, किन्तु फ़ारसी भाषा के सहारे जितना ज्ञान पाया जा सकता है वह सब उन्होंने पाया था। खास्ताजी का दर्शनशास्त्र से विशेष प्रेम था, उनकी प्रकृति में ज्ञान की प्रवृत्ति ही विशेष पुष्ट हुई थी।

मैं इस बार प्रताप के साथ दिल्ली आने के पहले और भी कई बार दिल्ली आया था, और तब से ही देखता था कि अवधबिहारी आदि की गिरफ़्तारी के बाद से दिल्ली में हमारा काम प्रायः कुछ भी आगे नहीं बढ़ रहा था। लछमी और खास्ताजी का उत्साह धीरे-धीरे मन्द-सा होता जाता था। दिल्ली षड्यन्त्र के मामले की सुनाई खतम होने के बाद पहले-पहल लछमी और सबकी अपेक्षा अधिक उत्साही थे, और अनेक विपत्तियों के बीच में भी हमारे साथ मिलते-जुलते थे। पहले-पहल वे विपत्ति की परवाह न करके दल के अनेक कार्य करते थे, किन्तु थोड़े ही दिन में उनका उत्साह मन्द हो गया। धीरे-धीरे अवस्था ऐसी हो गई कि लक्ष्मी अब लोक-संग्रह की वैसी चेष्टा न करते थे, और आधी इच्छा से जिन सब लोगों का उन्होंने संग्रह किया था वे भी वैसे उत्साही न होते थे। किन्तु इस समय लछमीनारायण के मन में एक और भाव क्रमशः बढ़ने लगा। दिल्ली के निष्कलंकियों के साथ घनिष्ठता होने के कारण उनमें यह परिवर्त्तन हुआ। उनके मत में कोई परिवर्त्तन न होने पर भी क्रमशः वे कार्य में निश्चेष्ट होते जाते, और अधिकांश समय भगवान् का नाम जपने और उनकी आराधना में ही गँवा देते। इस तरह धीरे-धीरे वे हमारे काम की अवहेलना करने लगे। वे स्वयं जिस प्रकार निष्कलंकियों के प्रति अगाध विश्वास रखते थे उसी प्रकार जिन कुछ कार्यकर्त्ताओं का संग्रह किया था उन्हें भी इसी निष्कलंकी दल के विश्वासी भक्त बना डालने लगे। फलतः हमारे कार्य में उनका वैसा उत्साह न रहा। अन्त में हमने सुना कि लछमीनारायण खाली प्रार्थना करने के सिवाय हाथ से या क़लम से और कुछ भी न करेंगे, और उनके अनुयायी भी उन्हीं के मार्ग का अनुसरण करेंगे।

इन सब कारणों से अनेक प्रकार से विप्लव की चेष्टा विफल होने के बाद हम

और प्रतापसिंह नये सिरे से कार्य चलाने के लिए दिल्ली आये। हमारे दिल्ली आने का यह भी एक कारण था। कीड़क साहब के दिल्ली में न रहने से हमें अपना एक विशेष कार्य अन्त में स्थगित ही रखना पड़ा, किन्तु दिल्ली की विप्लव समिति के पुनर्गठन में हम पूर्ण उद्यम से लग गए।

दिल्ली में हमारे लिए मकान किराये पर ठीक कर देना, दिल्ली के पुराने कार्यकर्त्ताओं के साथ आलाप-परिचय करा देना आदि साधारण कार्यों को छोड़ लछमीनारायण और कुछ न करते थे। अर्थात् दिल्ली का सब कार्यभार हमारे हाथों सौंपकर उन्होंने विप्लव के कार्य से छुट्टी पाने का प्रबन्ध कर लिया।

हम लोग दिल्ली में एक मकान भाड़े पर लेकर प्रायः पन्द्रह दिन रहे। दिल्ली से राजपूताना बहुत दूर नहीं है, मैं दिल्ली में ही रहा और प्रताप को दो बार जयपुर भेजा। हमारी इच्छा थी कि राजपूताना के कुछ युवकों को दिल्ली में लाकर दिल्ली के विप्लव केन्द्र को सुगठित कर डालें। प्रताप राजपूताना में कार्य करते और मैं दिल्ली के कार्यकर्त्ताओं के साथ मिलता-जुलता और उनमें से अपने दिल के मुताबिक आदमी छाँटता। इस प्रकार दिल्ली में कुछ दिन काम करने के फलस्वरूप शास्ताजी के मन में बुझी हुई आग फिर प्रज्वलित हो उठी। उन्होंने अपना पुराना उद्यम फिर पा लिया। हमने देखा लछमीनारा" के बदले शास्ता जी ही दिल्ली का कार्यभार ग्रहण कर सकेंगे। उन्हीं की चेष्टा से इस बार हमारे साथ दिल्ली के मुसलमान विप्लव दल का घनिष्ठ परिचय हुआ। मुसलमानों के साथ ठीक हुआ कि वे हमें पिस्तौल, रिवाल्वर और गोली जुटा देंगे और हम उन्हें बम जुटा देंगे। इसके सिवाय जिस प्रकार हम दोनों दल शीघ्र ही और भी अधिक सम्मिलित रूप से कार्य कर सकें उसका भी विस्तृत आयोजन किया जाने लगा। इतने दिन बाद मानो मालूम होने लगा कि दिल्ली में फिर से कार्य का स्रोत बहने लगा। हमारे पास से बम लेने के लिए हो अथवा यथार्थ में सहायता करने के लिए हो, दिल्ली में मुसलमान दल ने हमारी इस बार बड़ी आर्थिक सहायता की।

इस प्रकार जिस समय दिल्ली का कार्य क्रमशः आगे बढ़ने लगा। मैं भी ठीक उसी समय खूब बीमार पड़ गया। लाचार प्रताप को संग लेकर मैं बंगाल चला आया, मेरे नाम उस समय वारण्ट निकल आया था, इसलिए युक्त प्रदेश में न रहकर बंगाल आना ही ठीक समझा।

विप्लव के कार्य में लछमीनारायण भले ही निश्चेष्ट हो गए, किन्तु दूसरी ओर प्रायः हर समय उन्हें कल्कि और काली का नाम जपते देखा जाता। वे सचमुच बड़े भक्त थे, इसमें कोई सन्देह नहीं, किन्तु इस प्रकार कर्म में निश्चेष्ट होना हमें अच्छा नहीं लगा। लछमीनारायणजी की कर्म में यह निश्चेष्टता उन्हें निष्कलंकियों से ही मिली थी। लछमीनारायण और उनके कुछ बन्धुओं के सिवाय हम सब लोग निष्कलंकियों की बातों पर अविश्वास भी नहीं करते और उनका सब बातों पर विश्वास भी नहीं करते। भगवान् का स्मरण और उनके

श्री चरणों में आत्मोत्सर्ग करके जीवन को भगवान् के भाव से पूर्ण कर डालने की आन्तरिक चेष्टा हम में से बहुतों ने की, परन्तु निष्कलंकियों की बातों में हमें खूब आनन्द भले ही आता हो, उनकी सब बातों में हम पूर्ण रूप से आस्था नही कर सके।

एक बात हम सभी ने सुनी है कि धर्म-कर्म करते-करते हमारा देश एकदम उजड़ गया है। बड़े ही दु:ख के साथ एक बात स्वीकार करनी पड़ती है कि दस-बारह बरस के विप्लव-कार्य के तजुरबे में हमने देखा है कि जो लोग धर्म-धर्म बहुत पुकारा करते थे उनमें सौ में से निन्यानवे आदमी बाद को लोकहित के कार्य में निरुत्साह हो जाते थे और अन्त मे इने-गिने, दो-एक आदमियों के सिवाय और सभी प्राय: तामसिक वृत्ति के हो जाते थे। धर्म और आन्तरिकता की पूरी परख होती है त्याग में; और इस त्याग की कसौटी पर कसे जाने पर अधिकांश धार्मिक कहलानेवाले लोग तामसिक और स्वार्थपरायण प्रमाणित हुए है। हमारा विश्वास है कि आर्य-सभ्यता में दो बड़े ऊँचे सिद्धान्त है—अधिकारभेद और गुरुवाद, इन दोनों की ओर एकदम ध्यान न देकर जब हम धर्म-कर्म करते जाने को कहते हैं तब स्वधर्म छोड़कर परधर्म करने लगते है, और इसी कारण हमारी दुर्गति होती है। इसी से सात्विकता की ओट में हम प्राय: तामसिकता को आश्रय देते है और धर्म के नाम पर केवल अधर्माचरण करने लगते है।

लछमीनारायण में सचमुच तेज था, उन्होने सचमुच आन्तरिक भाव से भगवान् का स्मरण करना आरम्भ किया था, किन्तु सांसारिकता और आध्यात्मिकता के बीच वे सामञ्जस्य नही रख सके और लक्ष्मी की देखा-देखी उनके बन्धुओं ने भी कर्म को त्यागकर केवल भक्ति को ग्रहण कर लिया था, किन्तु विपत्ति के दिन, हम सब के पकड़े जाने पर इन्ही लछमी के बन्धुओ ने जिन्होने इतने दिन तक भगवान् का नाम लेना ही जीवन का एकमात्र कर्त्तव्य बना रक्खा था; पुलिस के पंजे में पड़कर अपने को बचाने के लिए हम सबके विरुद्ध गवाही दी थी और तो और लछमीनारायण के विरुद्ध गवाही देने से भी वे नही चूके।

विपत्ति में पड़ने से पहले तक लछमीजी उनके विषय मे कहते थे कि इस समय वे लोग बिलकुल भक्ति-साधना मे लिप्त हैं, इसी से उनके द्वारा मैं विप्लव का कोई काम-काज कराना नहीं चाहता, इसके सिवाय इस समय भगवान् को स्मरण करना ही एकमात्र काम है, अपने हाथ से हमें कुछ करना नहीं है, श्री कल्कि-भगवान् प्रकट होंगे, और पूर्णत: उन्ही की शरणागत होना इस समय हमारा प्रधान कर्त्तव्य है। लछमीनारायणजी बहुत दिनों से बहुत विपत्तियों के बीच विप्लव समिति में काम-काज करने आते थे, इसी से दूसरे साथियों की अपेक्षा उनकी मानसिक शक्ति बहुत अधिक थी। हमारा विचार है इसी कारण विपत्ति में पड़कर भी वे अपने को भूले नही, किन्तु उनके दिखाए कर्मविमुखता के आदर्श में अनेक लोग उलटे रास्ते पड़ गए, इसीलिए असल परीक्षा के समय वे लोग मनुष्योचित व्यवहार न कर सके।

अवधबिहारी भी बड़े ही भक्त थे और वे भी निष्कलंकियों के निकट आया-आया करते थे, किन्तु ऐसा होते हुए भी उन्होंने अपना धर्म नहीं त्याग दिया था, इसी से सांसारिकता और परमार्थिकता के बीच वे सामंजस्य रख सके। वर्तमान भारतीय समाज में सांसारिकता और आध्यात्मिकता के इसी सामंजस्य का विशेष अभाव है।

4

बंगाल में

(1) रासबिहारी का भारत त्याग

बारी का बुखार लेकर प्रताप के साथ बंगाल मे मैं अपने केन्द्र में आ उपस्थित हुआ। बंगाल में हमारी विप्लव समिति का केन्द्र था कलकत्ता के निकट एक गाँव। अनेक कारणों से उस गाँव का नाम अब भी नही लिखा जा सकता। इसी स्थान में मुझे पन्द्रह दिन तक खाट पर पडे रहना पड़ा। और इसी स्थान के युवकों ने उस समय बड़े यत्न से मेरी सेवा-शुश्रूषा की। प्रताप मुझे बंगाल में छोड़कर राजपूताना चले गए। बात थी कि मैं स्वस्थ होने पर राजपूताना जाऊँगा और इस बार बड़े यत्न के साथ राजपूतान' में विप्लव के केन्द्र स्थापित करने होंगे। परन्तु जब उनके साथ मेरी फिर भेंट हुई, तब हम दोनों ही जेल में थे।

मैं जब इस प्रकार बीमार होकर खाट पर पड़ा था तब पूर्व बंगाल के एक नेता श्रीयुत नगेन्द्रनाथदत्त उर्फ गिरिजा बाबू प्राय मेरे पास आया करते थे। उनके साथ परामर्श करके हमने निश्च· किया कि रासूदा को अब किसी प्रकार भी भारतवर्ष में नही रहने देना होगा। बहुत हो चुकी, भगवान् अनेक प्रकार से उनको अब तक बचाते आए हैं। अब और अधिक उन्हें भारतवर्ष में बेखटके रहना सहज नहीं है। हमारा दल चोट के बाद चोट खाकर फैलने का सुयोग नहीं पाता। जिस समय हमारा दल उन्नति की ओर अग्रसर होने लगता है, ठीक उसी समय एक ऐसी बड़ी चोट उस पर आ लगती है कि उस चोट के बाद सम्हलने में फिर कुछ दिन लग जाते हैं। पहले दिल्ली षड्यन्त्र मामले की चोट सम्हालते-सम्हालते हमारा एक वर्ष चला गया, उस चोट के बाद सम्हलकर फिर जब गवर्नमेंट पर और जोर की चोट करने लायक शक्ति-संचय किया ठीक उसी समय फिर लाहौर षड्यन्त्र का मामला हो गया। इस चोट ने हमें एकदम पंगु कर दिया। इस चोट से हमारा पंजाब और युक्तप्रदेश का दल भग्नप्राय हो गया। बंगाल में भिन्न-भिन्न दलों को चोट के बाद चोट सहनी पड़ी। इस अवस्था में रासबिहारी को भारतवर्ष में रखना हमें कुछ भी युक्तसंगत न जान पड़ा, क्योंकि दल का अच्छा जोर न रहने पर अंग्रेजों की विधि व्यवस्था के विरुद्ध टिका रहना किसी प्रकार सम्भव न था। रासूदा को जो हम लोग इतने दिन तक बचाए रख सके तो केवल अपने आर्गनिजेशन (संगठन) के सुप्रबन्ध के जोर पर। दिल्ली

षड़यन्त्र के मामले के बाद रासूदा को पकड़ा देने के लिए साढ़े सात हजार रुपया इनाम की घोषणा की गई थी, उसके एक वर्ष बाद लाहौर षड़यन्त्र के मामले में रासबिहारी का कीर्ति-कलाप प्रकाशित हुआ। इसके फलस्वरूप पंजाब गवर्नमेंट ने उन्हें पकड़ा देने के लिए और ढाई हजार रुपया देने की घोषणा की, अर्थात् उन्हें पकड़ा देने के लिए इस समय सब मिलाकर दस हजार रुपया इनाम था; और बनारस षड़यन्त्र के मामले के बाद युक्तप्रदेश की गवर्नमेंट ने ढाई हजार इनाम और बढ़ा दिया। तब उन्हें पकड़ा देने का कुल पुरस्कार साढ़े बारह हजार रुपये तक जा पहुँचा। इन सब कारणों से हमने निश्चय किया कि रासूदा को इस बार भारत के बाहर भेजना ही होगा।

इतने दिन तक हम लोग इस बात की ओर बड़े उदासीन थे। हम इतने दिन तक समझते थे कि विप्लव वस्तुत: शुरू होने में काफ़ी देर है, इसी से हमने इतने दिन तक उचित परिमाण में विदेश से अस्त्र-शस्त्र लाने का कोई विशेष आयोजन नहीं किया था। किन्तु इस बार देश की अवस्था देखकर हमने समझ लिया कि उपयुक्त परिमाण में अस्त्र-शस्त्र रहें तो विप्लव आरम्भ करने में अधिक देर न होगी। इसी से इस बार रासूदा को विदेश भेजकर नये सिरे से विप्लव का आयोजन करना तय हुआ। रासूदा भी देश छोड़ने से पहले कह गए थे "इस बार भारत के प्रत्येक युवक और युवती को सशस्त्र करना होगा, उसके बाद देखेंगे अंग्रेज किस तरह भारत पर शासन करते हैं।"

रासूदा पहले विदेश जाने के प्रस्ताव से वैसे सहमत न होते थे, वे कुछ दिन और प्रतीक्षा करना चाहते थे; किन्तु हमारे अनुरोध को वे अन्त में न टाल सके। किस प्रकार, कब और कहाँ जाना होगा ये सब बातें रासूदा से भेंट होने के बाद ठीक की गईं। बात थी कि रासूदा विदेश जाते ही सबसे पहले यथेष्ठ परिमाण में मोजर पिस्तौलें और उनकी गोलियाँ भेज देंगे और बाद में विप्लव के लिए उपयुक्त परिमाण में अस्त्र-शस्त्र भेजने का बन्दोबस्त कर चुकते ही देश चले आएँगे। किस प्रकार अस्त्र-शस्त्र देश में आ पहुँचेंगे और विप्लव आरम्भ करने की विस्तृत आयोजना कैसी होनी चाहिए, यह सब विदेश के उपयुक्त और जानकार समर-कुशल व्यक्तियों के साथ परामर्श करके ठीक करने का विचार था।

काशी से रासूदा विनायक कापले को संग लेकर पहले नदिया आए और फिर विदेश जाने के पहले तक कलकत्ता के पास ही कहीं रहे। विदेश जाने के चार दिन पहले वे कलकत्ते की ही एक कलकलपूर्ण बस्ती में आकर रहे और एक दिन दोपहर हम और गिरिजा बाबू जाकर उन्हें जहाज पर चढ़ा आए। यह अप्रैल सन् 1915 की बात है। मैं और रासूदा एक गाड़ी में और गिरिजा बाबू दूसरी गाड़ी में जहाज तक गए। रासूदा का मुझसे बड़ा ही प्यार था। रास्ते में रासूदा मुझे अपने अत्यन्त निकट खींचकर मेरे कन्धे पर हाथ रखकर बड़े स्नेह के साथ कहने लगे, "भाई देश छोड़ते मुझे कितना कष्ट होता है यह तुमसे नहीं कह सकता, देखो, खूब सावधान होकर सुनो। भाई, देश के काम को ठीक ढंग पर लाकर तुम भी मेरे पास चले आना।" उनके साथ मेरी यही अन्तिम बात हुई थी।

इस प्रकार तय था कि देश में आर्गेनिजेशन (संगठन) ठीक ढंग पर हो जाने के बाद मैं भी विदेश जाकर उनका साथ दूंगा, कारण कि मेरे नाम भी वारण्ट निकल गया था और देश में रहने से उस समय पकड़े जाने की बड़ी सम्भावना थी। वारण्ट निकलना तो दूर की बात है, यदि केवल पुलिस की सन्देह दृष्टि में पड़ जाएँ तो भी काम करने में बड़ी असुविधा हो जाती है। देश में भिन्न-भिन्न स्थानों के विप्लवकारियों को परस्पर मिला देनेवाला कोई और रहता तो मैं भी रासूदा के साथ ही विदेश चला जाता, किन्तु वैसे किसी और व्यक्ति के न रहने से कार्य की खातिर उस विपत्ति के बीच भी मुझे देश में ही रहना पड़ा। काशी छोड़ने से पहले रासूदा ने मेरी माताजी से यह प्रतिज्ञा ले ली थी कि मेरे विदेश जाने के खर्च के लिए वे एक हजार रुपये दे देंगी। मैं ऐसे विप्लव कार्य में लिप्त हूँ, यह बात मेरी माताजी बहुत दिन से जानती थी और इन सब बातों में उनकी यथेष्ठ सहानुभूति भी थी। मेरे बहुत जन्मों के सुकर्मों का फल था कि बंगाली के घर में मुझे ऐसी माँ मिली थी।

रासूदा के विदेश जाने का रहस्यपूर्ण विस्तृत इतिहास लिखने का समय अभी नहीं आया; केवल इतना ही यहाँ कहे देता हूँ कि बाहर से यह काम कितना ही रहस्यपूर्ण क्यों न दिखाई दे, असल में यह बड़ा सहज और सरल था। इस प्रकार जाने के लिए केवल साहस और भगवान् का भरोसा करने के सिवाय और किसी चीज की आवश्यकता न थी। जिस समय रासबिहारी विदेश गए उस समय यूरोप की लड़ाई भयंकर रूप से चल रही थी, और उस समय विदेश जाना या विदेश से देश में आना कुछ कम कठिन बात न थी। इसके सिवाय रासबिहारी की-सी दशा के आदमी के लिए एक जगह से दूसरी जगह घूमते फिरना कुछ कम खतरनाक न था। अवश्य ही उस समय उनके पास हर वक़्त गोली-भरी पिस्तौल रहती थी और हममें से भी कोई-न-कोई हर वक़्त उनके नजदीक मौजूद रहता था। इसी से उन्हें जीते-जी पकड़ लेना एक हिम्मत का ही काम था किन्तु सबसे अधिक वे भगवान् के अनुग्रह पर ही निर्भर रहते थे। जब वे अन्तिम बार कलकत्ते आए तब उन्होंने रिवाल्वर संग लेने मे भी अनिच्छा प्रकट की थी। रासबिहारी का बदन दोहरा था, इसी से मेरी धारणा थी कि वे दौड बिलकुल नही सकते। एक दिन मैंने उनसे पूछा, यदि पुलिस पकड़ने आवे तो आप दौड़ने की चेष्टा करेंगे कि नहीं?" उसके उत्तर मे हँसते-हँसते बोले कि वे बिलकुल दौड़ न सकेंगे, उस अवस्था में शान्ति से आत्मसमर्पण कर देंगे। ऐसे ही और एक प्रश्न के उत्तर में उन्होंने कहा था कि उनकी आयु जब तक पूरी न होगी वे पकडे न जाएँगे। आयु के ऊपर तो और किसी का हाथ नही है।

रासबिहारी अब जापान मे हैं। वहाँ वे जापानियों को अंग्रेजी पढ़ाते हैं, 'एशियन रिव्यू' मासिक पत्रिका की सम्पादकी करते हैं, जापान के विभिन्न स्थानों में भारतवर्ष के विषय में वक्तृता आदि देते हैं, और भिन्न-भिन्न सामयिक पत्रिकाओं आदि में लेख लिखते हैं। जापान में बहुत पहले ही वे अंग्रेजों के हाथ क़ैदी हो

जाते, किन्तु जापान के एक ऊँचे दर्जे के अफ़सर के विशेष यत्न और चेष्टा से उस आफ़त से छुटकारा पा सके। अब उन्होंने एक उच्च कुल की जापानी महिला का पाणिग्रहण किया है। और उन्हें एक पुत्र और एक कन्या-रत्न प्राप्त हुआ है। पुत्र का नाम है भारतचन्द्र। हमारी भावज सम्भवतः इतने दिन में बंगला सीख चुकी हैं। रासबिहारी अब जापान सरकार की प्रजा हैं।

जापान से रासबिहारी ने अब जो लेख यंग इंडिया और अन्य पत्रिकाओं आदि में भेजे हैं उन्हें शायद बहुत लोग जानते हैं। उनसे उनका वर्तमान मत बहुत कुछ जाना जा सकता है। इसके सिवाय अपने कई बन्धुओं को भी उन्होंने अब पत्र लिखे हैं, यहाँ उनका कुछ अंश उद्धृत कर दूंगा, उसी से उनके वर्तमान मतामत का कुछ पता लग सकेगा।

(1)

Tokyo, Japan.
12.4.22

My dearest......

......The idea that I could not protect...all from the inhuman ...they were subjected to makes me restless. O course I consoled myself with the fact that by passing through the agony of fire......have come out a better and purer soul. But I did not like the tone of pessimism that pervaded some parts of...letter. There is enternal life, so work is eternal. You need not be anxious about impurity even if there is any ......Of course there is no necessity of secret work, and I quite agree with you. Hitherto our knowledge of international situation was very meagre. We mostly confined our attention to India. But now I have come to understand a bit of international politics. This has greatly altered my former ideas. Please remember that we shall have to—rather we are destined to—takle the problem of the world. It is India's mission to usher in a new era of real peace and happiness in the world. India's freedom is but a means to this end, it is not an end in itself......

(2)

Tokyo

My dearest...... 9th July, 22

Your letter......reached me yesterday. What did you

wish me to write ? And what was your heart's desire ? I think I was sufficiently clear in my letter. Of course there are many things which I cannot write in letters for obvious reasons and your curiosity about them must remain unsatisfied till we meet again. The most noteworthy thing however is that my whole outlook has been broadened and I gave you a hint in this connection in my last letter. Independence India must have. Because her independence is essential for the regenerartion of the whole world. It is not the end in itself but it is a means to an end and that end is the destruction of Imperialism and Militarism and the creation of a better world for all to live in. It is India's mission and therefore your and my mission...I like Japan and I have come to adore her, because I am convinced that she will stand for Assian Independence when time comes. When I came here first, the Japanese has little knowledge of the state of affairs in India. It is chiefly through our efforts and sacrifices that to-day every Japanese is closely following the trend of event in India. I have got many Japanese friends, from the cabinet ministers down to lawyers, M. Ps., journalists and students. Many books in Japanese about Gandhi and Indian movement have been published, and the papers and magazines are regularly carrying articles on India. This month a professor in the Tokyo Imperial University, published a voluminous book in Japanese on India. Next month I am engaged to deliver lectures on Indian Situation for three days...To-day most of the young men here are staunch advocates of Asian Independence. Even older men and responsible officials are in sympathy with the new awakening noticed from Persia to China The most remarkable national trait (here) is patriotism. And the people are ready to revere and love those who have the same characteristics. This is the reason that we are given protection. But for Japanese sympathy and love, I would have been dead long ago...About going back to India well brother, I do not want to return till India is free...Your Bowdidi is learning Bengali.

इसका भावार्थ यह है :—

टोकियो, जापान
12-4-22

प्राणों के···, उन्हें मैं अमानुषिक निर्यातनों से बचा नहीं सका, यह धारणा मुझे अत्यन्त अधीर किए रखती थी। जो हां, मैं यही कहकर अपने को सान्त्वना देता था कि इस प्रकार आग में तपकर वे और भी निर्मल और उज्ज्वल हो उठेंगे। किन्तु भाई तुम्हारे पत्र में जगह-जगह जो निराशासूचक बातें थी वे मुझे बिलकुल अच्छी नहीं लगीं। हमारा जीवन अनन्त है, इसी से हमारा कार्य भी अनन्त है। यदि सचमुच तुम्हारे अन्दर कोई मलिनता हो भी तो चिन्ता की कोई बात नहीं··· अवश्य ही अब गुप्त कार्य करने की कोई आवश्यकता नही है, इस विषय में तुम्हारे साथ मेरी पूरी सहमति है। अब तक हमें अन्तर्राष्ट्रीय अवस्थाओं के विषय में कुछ भी ज्ञान न था। हमने अब तक भारत की ओर ही ध्यान रखा था। किन्तु अब अन्तर्राष्ट्रीय राजनीति मैं कुछ-कुछ समझने लगा हूँ। इससे मेरे पहले विचारों में बहुत परिवर्तन हो गया है। एक बात याद रखो—हमें अन्त में सारे संसार का प्रश्न हल करना होगा, हमारे भाग्य में यही लिखा है। संसार मे नवीन युग लाकर सत्य और शान्ति की स्थापना का दायित्व भारत के ही सिर पर है। भारत की स्वाधीनता इसी उद्देश्य का साधन है, यह स्वयं उद्देश्य नही है।

(2)

टोकियो,
9 जुलाई, 1922

प्राणों के······तुम्हारी चिट्ठी कल मिली। लिखते हो मेरे पत्र से तुम्हारी आशा पूरी नही हुई। तुम्हारे हृदय की इच्छा क्या थी? मुझे तो प्रतीत होता है अपने पत्र में मैंने सब बात स्पष्ट करके लिखी थी। अवश्य ही ऐसी अनेक बातें हैं जो पत्र में नही लिखी जा सकतीं। जब तक फिर हमसे भेंट नहो होती तब तक उन बातों के विषय में तुम्हारी उत्सुकता तृप्त नहीं हो सकती। तो भी सबसे बढ़कर जानने लायक बात यही है कि मेरी दृष्टि पहले से बहुत विस्तृत हो गई है, इस बात का मैंने पिछले पत्र में भी संकेत किया था। पूर्ण स्वाधीनता भारत को चाहिए ही, क्योंकि उसकी स्वाधीनता पर सारे संसार का पुनरुद्धार निर्भर है। यह स्वयं एक साध्य नहीं, प्रत्युत एक उद्देश्य का साधन है, और वह उद्देश्य है साम्राज्य-सत्ता और सैनिक आधिपत्य का संहार और सब लोगों के रहने को एक नये अच्छे संसार की सृष्टि। यही भारत का उद्देश्य है, और इसीलिए तुम्हारा और मेरा उद्देश्य है,····· मैं जापान को बहुत चाहता हूँ और उस पर श्रद्धा करने लगा हूँ, मुझे दृढ़ विश्वास हो गया है कि उपयुक्त समय आने पर जापान एशिया की स्वाधीनता के लिए सिर उठाएगा। जब मैं पहले यहाँ आया,

जापानियों को भारत की अवस्था का कुछ भी ज्ञान न था। किन्तु अब मुख्यतः हमारी चेष्टा और त्याग के कारण प्रत्येक जापानी भारत के घटना-प्रवाह को उत्सुकता से देख रहा है। मन्त्रिमण्डल के सदस्यों से लेकर वकीलों, पार्लमेण्ट के मेम्बरों, पत्र-सम्पादकों और विद्यार्थियों तक मेरे बहुत-से जापानी मित्र हैं। जापानी भाषा में गांधी और भारतीय आन्दोलन के विषय में बहुत-सी पुस्तकें प्रकाशित हुई हैं, और पत्र-पत्रिकाओं में भारत पर लगातार लेख निकल रहे हैं। इसी महीने टोकियो इम्पीरियल विद्यापीठ के एक प्रोफेसर ने जापानी में भारत-विषयक एक विराट् ग्रन्थ लिखा है। अगले महीने मुझे भारत के विषय में तीन दिन व्याख्यान देने होंगे। आज यहाँ के बहुत-से नवयुवक एशिया की स्वाधीनता के कट्टर पक्षपाती हो गए हैं। बूढ़े लोग और जिम्मेदार अफ़सर भी फारस से चीन तक फैली हुई नई जागृति से सहानुभूति रखते हैं। देशभक्ति तो जापानियों की जातीय विशेषता ही है। और ये लोग जिनमें भी वह गुण देखते हैं उन्हीं पर प्रेम और श्रद्धा करने लगते हैं। यही कारण है कि हमें शरण मिली है। जापानियों की सहानुभूति और प्रेम न मिलता तो मैं बहुत पहले मर चुका होता।······भाई देश में वापस आने के विषय में मुझे यही कहना है कि जब तक भारत स्वाधीन न हो मैं वापस आना नहीं चाहता।······तुम्हारी बौदीदी (भावज) बंगला सीख रही हैं।······

इन पत्रों से रासबिहारी के मन की वर्तमान अवस्था के विषय में बहुत कुछ जाना जा सकता है। किन्तु वर्तमान अवस्था की बात छोड़कर जिस समय की अवस्था लिख रहा था, उसी समय की बात फिर लिखता हूँ।

(2) केन्द्र की कहानी

रासूदा भारत छोड़कर चले गए; उन्हें जहाज पर चढ़ाकर हम और गिरिजा बाबू अपने केन्द्र में वापस आ गये। केन्द्र के साथ हमारा सम्बन्ध खूब घनिष्ठ नहीं था और ऐसा होने के अनेक कारण थे।

प्रथमत. केन्द्र के नेताओं के साथ हमारे राजनीतिक मतों में मेल न था। वे इस विप्लव समिति की स्थापना के आरम्भ से ही टॅररिज्म (त्रास फैलाने) के पक्षपाती थे। उन्होंने अब तक देश में सशस्त्र विप्लव करने के लिए कोई चेष्टा न की थी। वे समझते थे कि यदि कुछ दिन तक देश के एक छोर से दूसरे छोर तक अंग्रेज गवर्नमेंट के ऊँचे कर्मचारियों का रिवाल्वर और बम से काम तमाम कर दिया जाय तो गवर्नमेंट घबड़ाकर देश को अनेक राजनीतिक अधिकार दे देगी। और इस प्रकार तमंचे के ज़ोर से अधिकार के बाद अधिकार प्राप्त करते हुए अन्त में पूर्ण स्वायत्तशासन तक ले लेना सम्भव है, ऐसा उन लोगों के मन का विश्वास था। भारत के लिए पूर्ण स्वायत्तशासन ले लेने का ही अर्थ होता स्वाधीनता की प्रथम सीढ़ी पर पहुँच जाना, क्योंकि पूर्ण स्वायत्तशासन प्राप्त कर लेने पर भारत के लिए स्वाधीनता पाना कुछ कठिन बात न होती। वे यह भी

कहते थे कि इस प्रकार अथवा किसी और प्रकार स्वायत्तशासन पाये बिना भारत के लिए पूर्ण स्वाधीनतापाना सम्भव नहीं है। उनका विश्वास था, टैररिज्म (त्रास फैलाने) के द्वारा ही सहज में और थोड़े समय में पूर्ण स्वायत्तशासन पाया जा सकता है। यह कार्य-प्रणाली उन्हें बंगाल के किन्हीं स्वनामधन्य देशपूज्य नेता से प्राप्त हुई थी। किन्तु इस टैररिज्म को भी सार्थक करने के लिए दल का जैसा गठन करने की आवश्यकता थी वह भी वे न कर सके थे। जैसे किसी जगह के एक मैजिस्ट्रेट को मारना होता तो एक युवक को रिवाल्वर देकर उस जगह भेज देते, यद्यपि पहले से उस जगह पर दल के गठन की कोई चेष्टा न हुई होती थी।

सुनियन्त्रित, उपयुक्त और शक्तिशाली संघ के बिना आजकल कोई कार्य भी सफल नहीं हो सकता; और न भारत के लिए स्वायत्तशासन पाने का अर्थ स्वाधीनता पाना ही है; ऐसे एक विराट् और कठिन कार्य को सफल करने के लिए कैसे विशाल और शक्तिशाली संघ की आवश्यकता थी, हमारे केन्द्र के नेता लोग यह बात भली प्रकार नहीं समझ सके। इसी से इनकी नायकता में बंगाल में कोई भी विशेष दल नहीं उठ खड़ा होता; इनके दल का क्षुद्र दायरा ग्राम की सीमा पार नहीं कर पाता। इस प्रकार कार्य करने से कृतार्थ न होने की ही सम्भावना थी; इसी से केवल इनके यत्न से, कहा जा सकता है, त्रास (Terrorism) की कोई चेष्टा सार्थक नहीं हुई। इस कार्यप्रणाली के विषय में इनके साथ मेरा प्राय: घोर विवाद होता था।

इस प्रकार दल का आदर्श केवल टैररिज्म रक्खा जाने के कारण ही मेरे समान अनेकों युवक इनके आदर्श में जी-जान एक करके साथ न दे सकते थे। और इस प्रकार के त्रास का आदर्श सचमुच चिन्ताशील युवकों के हृदयों को आकर्षित नहीं कर सकता। यथार्थ में खूब ऊँचे, उदार और विशाल आदर्श की प्रेरणा के बिना कोई व्यक्ति अपने जीवन की और अपने सर्वस्व की बाजी लगाकर देश के कार्य में योग नहीं दे सकता। इसी से टैररिज्म के आदर्श पर लोक-संग्रह सम्भव न था। इसीलिए लोक-संग्रह के लिए अन्यान्य अनेक आदर्श लाये जाते और विप्लव-समिति की कार्यप्रणाली के विषय में प्राय: सबको ही घोर अँधेरे में रक्खा जाता। इस प्रकार केवल कुछ लोगों का संग्रह करके उनके द्वारा केवल टैररिज्म के काम कराये जाते, यह बात हमारे मन के माफ़िक न थी। रासबिहारी और उनके मतावलम्बी युवकों के साथ बातचीत होने के बाद जिस दिन पहले-पहल इन सब नेताओं के साथ मेरा परिचय हुआ उस दिन मैं एकदम स्तब्ध-सा हो गया था, सोचता था यह फिर कैसे दल में आ घुसा! उनकी बातों का प्रतिवाद मैंने उसी दिन किया था और रासबिहारी के साथ फिर बातचीत होने पर उनसे भी इस विषय में शिकायत की थी। उसी दिन से रासबिहारी ने मुझसे कह दिया कि कर्मयोग और धर्मसाधना की बातों के सिवाय अपनी कार्यप्रणाली के विषय में कोई बात इनके साथ फिर मत करना।

रासबिहारी बचपन से ही इनके संसर्ग में थे, पर इनकी प्रकृति के साथ उनकी प्रकृति का मेल न था। जरा बड़े होकर जब वे देहरादून नौकरी करने गए तभी वे अपने कार्य की धारा को अपने आप ही सृष्टि करने लगे। प्रकृति देवी जैसे सबसे अलक्षित ही अपने सब कार्यों की सृष्टि कर डालती हैं, रासूदा भी वैसे ही अपने नेताओं से अज्ञात एक विशाल दल खड़ा कर डालते हैं, बेशक कार्य कुछ आगे बढ़ जाने के बाद केन्द्र के नेताओं को उन्होंने बहुत कुछ बतला दिया था। रासबिहारी इनके समान केवल त्रास (Terrorism) के पक्षपाती न थे, इसी कारण उनकी कार्यप्रणाली एक और ही क़िस्म की थी। किन्तु इनके साथ मत का मेल न रहने पर भी रासबिहारी विरोध और दलबन्दी के पक्षपाती न थे. इसी से इनके साथ जहाँ तक सम्भव होता था मिल-जुलकर ही काम करते थे।

एक और कारण से भी केन्द्र के नेताओं के साथ हमारा भारी विरोध रहता था। ये नेता लोग समझते थे कि आध्यात्मिकता का गूढ़ मर्म केवल वे ही लोग प्राप्त कर सके थे, इसी से उनके साथ मतभेद होते ही वे कह देते कि हम लोग बिलकुल पाश्चात्य आदर्श में मतवाले हो गये हैं, मानो त्रास फैलाने (Terrorism) की अपेक्षा खालिस विप्लव की चेष्टा अधिक पाश्चात्य आदर्श से अनुप्राणित थी, विरुद्ध पक्ष के मत का खण्डन करने की यह अकाट्य युक्ति आजकल बहुत लोगों की जबान पर सुनी जाती है।

ये लोग अनेक प्रकार से प्रचार करते थे कि वैराग्य-साधना अथवा ध्यान-धारणा और समाधि का मार्ग ही भगवान् को पाने का एकमात्र श्रेष्ठ मार्ग नहीं है। इसी से ये लोग प्रचार करते थे कि संसार को त्यागे बिना संसार के सब कार्यों को ठीक प्रकार करते हुए संसार में अनासक्त होकर रहना ही श्रेष्ठ मार्ग है, किन्तु व्यवहार क्षेत्र में ये अपनी क्षुद्र टोली को राजनीति से प्रयत्नपूर्वक पृथक् कर रखने की भरपूर चेष्टा करते थे। इसी से हमारे साथ इनका नित्य ही विरोध होता। जिस दिन पंजाब का विप्लवायोजन विफल होने के बाद हमने इस केन्द्र में आकर जरा दम लेने के लिए आश्रय लिया उसी दिन इन लोगों ने चुटकी लेकर हम से कहा था, "बहुत कूद-फाँद हो चुकी, अब जरा शान्त होकर बैठकर भगवान् की आराधना करो।"

हमारा विचार है कि इनकी प्रकृति विप्लव धर्म की विरोधी थी, इसी से ये लोग अनेक घटनाचक्र में पड़कर क्रमशः इस विप्लव के चक्कर से बहुत दूर हटते गए। ये लोग मुँह से ज्ञान, कर्म और वैराग्य के बीच समन्वय करके चलने के आदर्श का प्रचार भले ही करते थे, किन्तु कार्यक्षेत्र में और सब प्रकार से संसार के कार्य में लिप्त रहकर भी राजनीति से, विशेषतः जिस राजनीति के आदर्श का अनुसरण करने से अंग्रेज सरकार के साथ विरोध होना जरूरी होता उस मार्ग से बड़े यत्न के साथ बच-बचकर चलने की चेष्टा करते थे। निःसन्देह जब तक ये लोग दूसरे विप्लवियों के संस्पर्श में थे, तब तक सब तरह से भीषण विपत्ति की भी परवाह न करते हुए उन सब विप्लवियों की सहायता करते थे, किन्तु इनकी

प्रकृति दूसरी तरह की थी इसीसे इन्होंने प्राय: इन सब विप्लवियों का संग छोड़ दिया था। जिस प्रकार वैराग्य की प्रवृत्ति वाले महापुरुष पहले-पहल संसार और भोग में लिप्त रहते हैं, किन्तु स्वधर्मवश धीरे-धीरे उसी वैराग्य के मार्ग का अवलम्बन कर अन्त में संसार त्याग देते हैं, उसी प्रकार हमारे ये नेता लोग पहले-पहल विप्लव समिति के साथ अन्तरंग रूप से लिप्त थे, पर स्वधर्मवश ये लोग सब प्रकार के विप्लव के अनुष्ठान से धीरे-धीरे दूर सरक गए और अन्त में विप्लव कार्य में योग देना तो इन्होंने छोड़ दिया लेकिन हाँ बस संसार को ही नहीं छोड़ा इसी प्रकार राजनीति को ही छोड़ा पर और सब प्रकार से समाज की सेवा ये लोग करते रहे।

इन सब कारणों से इनके साथ हमारा मन न मिलता था। जब तक रासबिहारी देश में थे तब तक वे इनसे दूर-दूर रहने पर भी इनको बड़ा मानकर चलते थे, मालूम होता है इसका प्रधान कारण यह था कि रासबिहारी बचपन से ही इन्हीं की नायकता में ऊपर उठे थे, किन्तु क्रमश: रासूदा के चरित्र में भी ऐसा परिवर्तन हो गया था कि भारत त्याग करने से पहले जब वे इनके पास अन्तिम बार आए थे तब ये रासूदा के व्यक्तिगत प्रभाव को देखकर कह उठे थे, "इसे किस प्रकार छिपा रखें? इसे जो देखेगा उसी की दृष्टि इस पर अटक जायगी, इसे देखकर ही मानो मालूम होता है 'हाँ, एक मनुष्य—असल मनुष्य' बैठा है।". जिस समय की यह बात है उस समय इनके मकान की मरम्मत का काम चलता था, इसीलिए कुली-मजदूर आदि नित्य मकान के भीतर जाया-आया करते थे। इन सब कुली-मजदूरों के जाने-आने का ख्याल करके ही उन्होंने यह बात कही थी। एक दिन यही रासूदा के गुरु के समान थे, किन्तु अन्त में शिष्य के प्रभाव से मुग्ध हो गए थे। रासबिहारी के विदेश चले जाने के बाद से क्रमश: हम लोग इन सब नेताओं से दूर हटते गए। इस समय बंगाल में जो सब विप्लव दल थे उनमें से ढाका के विप्लव दल के साथ हम सबसे अधिक घनिष्ठ रूप से मिल-जुलकर काम करते थे।

(3) ढाका अनुशीलन समिति की कहानी

बंगाल में सभी विप्लव दलों की धारणा थी कि ढाका की अनुशीलन समिति दूसरी विप्लव समितियों के साथ मिल-जुलकर काम करने को अनिच्छुक है, अथवा बंगाल की कोई भी विप्लव समिति ढाका की अनुशीलन समिति के साथ मिल-जुलकर काम न कर सकेगी। किन्तु वे लोग यह न जानते थे कि ढाका की समिति चन्दननगर अथवा रासबिहारी के दल के साथ पूरी तरह मिल गई थी, और यह मिलना यूरोपियन महायुद्ध से बहुत पहले ही हो गया था। मेरी जहाँ तक जानकारी है उससे इतना कह सकता हूँ कि सब दोष-गुण मिलाकर यह ढाका की अनुशीलन समिति बंगाल की अन्यान्य अनेक विप्लव समितियों की अपेक्षा श्रेष्ठ थी। इनके समान बड़ा दल बंगाल में और किसी विप्लव समिति का न था। पूर्व

बंगाल और उत्तर बंगाल के प्राय: प्रत्येक जिले में इनकी शाखाएँ-प्रशाखाएँ थीं। यह तो सभी मानते हैं कि संख्या और विस्तार में बंगाल के सब विप्लव दलों से ये बढ़े-चढ़े थे। किन्तु पश्चिम बंग के विप्लव दल के नेता पूर्व बंग के दल को कम बुद्धिमान् समझते थे, इसी से पूर्व बंग के दल को वे विश्वास की दृष्टि से न देखते थे। पश्चिम बंग के विप्लव दल के युवक लोग पूर्व बंगाल के युवकों की अपेक्षा अपने को अधिक सस्कृत और सुशिक्षित (Cultured) समझते थे। इसके सिवाय ढाका की अनुशीलन समिति को बंगाल के प्राय. सभी विप्लव दल परिमाण में छोटा होने के कारण ईर्ष्या की दृष्टि से देखते थे, इन्हीं सब कारणों से चन्दननगर अथवा रासबिहारी के दल को छोड़कर बंगाल का और कोई दल भी ढाका के अनुशीलन दल के साथ मिलकर एक अखण्ड दल खड़ा कर लेने को इच्छुक न था। मनुष्य का अहंकार बड़ी भयानक वस्तु है। यह मनुष्य को ऊपर उठाने मे जैसे सहायता करता है वैसे ही नीचे गिराने मे भी कसर नहीं करता। अहंकार को सुसंयत करना बड़ा कठिन काम है, इसी से प्राय: सभी जगह अनेक अनर्थों की सृष्टि इसी अहंकार से हुई है। बंगाल मे भिन्न-भिन्न विप्लव दल मिलकर एक विराट् दल मे परिणत न हो सके इसका मुख्य कारण इन भिन्न-भिन्न दलो के नेताओं की क्षुद्र अहंकार-बुद्धि ही थी। बंगाल का कोई दल यदि दूसरे दलो के साथ मिल-जुलकर एक होने की चेष्टा नहीं करता, और अन्त मे चेष्टा करने पर भी कृतकार्य नहीं हो सकता तो इसी अहंकार के प्रभाव के कारण। इसीलिए बंगाल मे अनेक क्षुद्र विप्लवदलो का अस्तित्व था। ऐसा जान पड़ता है मानो बंगाल मे कार्यकर्ता उनकी अपेक्षा नेताओं की संख्या ही अधिक है। बंगाल मे जो दस युवको को भी एकत्र कर पाया वही एक नेता बनकर खड़ा हो गया; एक बार नेता हो जाने पर फिर वे अन्य किसी दल के साथ मिल जाना स्वीकार न करते; इसका प्रधान कारण यही था कि ये सब नेता कहलानेवाले सोचते थे कि इस प्रकार अन्यान्य दलो के साथ मिल जाने से उनकी स्वतन्त्रता एकदम नष्ट हो जायगी। मेरा विचार है कि बंगाल के भिन्न-भिन्न क्षुद्र दलों के नेताओं के मन में ऐसा भाव था इसी कारण वे ढाका के दल के साथ मिलना स्वीकार न करते थे; वे सोचते थे कि किसी बड़े दल के साथ मिल जाने से उनका क्षुद्रत्व प्रकट हो जायगा और उस बड़े दल मे शायद उनकी प्रधानता कुछ भी न रहेगी। बहुत बार मैंने स्वयं बंगाल के कुछ विप्लव दलो को ढाका दल के साथ मिलाने की चेष्टा की है, किन्तु किसी बार भी कृतकार्य नहीं हुआ। नि.सन्देह ऐसा मिलाप न होने का एक और भी विशेष कारण था। बंगाल के भिन्न-भिन्न विप्लव दलो के बीच ऐसे कोई प्रतिभावान् शक्तिशाली पुरुष नहीं हुए जिनकी व्यक्तिगत मोहनी शक्ति के बल से खिचकर भिन्न-भिन्न दल अन्त मे एक दल मे परिणत हो सकते। अवश्य ही वैसे किसी प्रभावशाली व्यक्ति के होने पर भी बंगाल के सब दल मिलकर एक हो जाते कि नहीं इसमे भी सन्देह है।

चाहे जिस कारण से हो बंगाल के प्राय: सभी विप्लव दल ढाका की समिति

के प्रति असन्तुष्ट थे। शायद इसका एक कारण यह था कि पूर्व बंगाल की अनुशीलन समिति के प्राय: सभी सदस्यों के मन में कुछ ऐसे गर्व का भाव था कि उनके समान शक्तिशाली दल बंगाल में और कोई नहीं है। जान पड़ता है कि इसीलिए पश्चिम बंगाल के विप्लव दलों का पूर्व बंगाल के दो-एक छोटे-छोटे विप्लव दलों के प्रति वैसा द्वेष न था जैसा इस ढाका समिति के प्रति था। ऐसा होने का एक और कारण भी था। ढाका समिति पुलिन बाबू द्वारा स्थापित हुई थी। और इन पुलिन बाबू की प्रकृति में स्वेच्छाचारिता (autocracy) का भाव भयानक रूप से प्रबल था। पुलिन बाबू सचमुच और किसी के साथ मिलकर काम करने के पक्षपाती न थे। पुलिन बाबू का आधिपत्य जहाँ जरा भी कम हो वहाँ पुलिन बाबू का रहना असम्भव होता, इस अंश में पुलिन बाबू और वारीन बाबू एक ही प्रकृति के आदमी थे। इसी कारण पुलिन बाबू की विद्यमानता में ढाका की समिति और किसी समिति के साथ न मिल सकी, और बहुत कुछ पुलिन बाबू के कारण ही उसी समय से बंगाल के सभी दल ढाका समिति के प्रति असन्तुष्ट हो जाते हैं और समय बीतने पर वही असन्तोष की आग क्रमश: बुरा रूप धारण कर लेती है। असल मे मिल-जुलकर काम करने के लिए जो समझौते की प्रवृत्ति (compromising attitude) होनी चाहिए, पुलिन बाबू में उस जिन्स का विशेष अभाव था। किन्तु पुलिन बाबू को जेल होने के बाद ढाका समिति में एकछत्र आधिपत्य और किसी का नहीं रहता। तभी से यह समिति बहुत-कुछ गणतन्त्र के आदर्श पर गठित हो गई। बंगाल के भिन्न-भिन्न दल अपने नेताओं के नाम से ही परिचित थे, जैसे यतीन बाबू का दल, विपिन बाबू का दल इत्यादि। किन्तु पूर्व बंगाल की इस ढाका समिति का कोई एक निर्दिष्ट नेता न रहने से यह अन्त तक ढाका अनुशीलन समिति के नाम से ही परिचित होती आई है। इस प्रकार सर्वांश में एक व्यक्ति के नेतृत्व में न रहने से यह दल कुछ कम शक्तिशाली हो गया हो सो भी नहीं, कारण कि जितने आँधी-तूफानों में से इस ढाका समिति को गुजरना पड़ा है उतने किसी और दल ने भी सहे हैं कि नहीं इसमें सन्देह है। बार-बार विषम विपत्तियों में पड़कर भी फिर यह दल सिर उठाकर खड़ा हो गया है। पूर्व बंग के युवकों की यही एक विशेषता है कि वे एक बार जिसे ग्रहण कर लें उसे जीवन रहते तक चिपटकर पकड़े रहते हैं। पश्चिम बंग के लोग पूर्व बंगाल के चाहे जितने दोष देखा करें, मुझे तो प्रतीत होता है कि पूर्व बंगाल के युवक पश्चिम बंग के युवकों की अपेक्षा अधिक सरल और अधिक दृढ़प्रतिज्ञ निकलते हैं। पश्चिम बंग के लोगों में आन्तरिकता कम है, और स्वदेशी युग के इतिहास की आलोचना करने से देखा जाता है कि पूर्व बंगाल सभी प्रकार से राष्ट्रीय कार्यों में पश्चिम बंगाल की अपेक्षा अधिक अग्रसर रहा है। पूर्व बंगाल के युवक और सब बातों में अच्छे हैं, पर उनमें यह एक बड़ा दोष है कि वे अनेक बार बड़े तिकड़मी (in riguing) साबित होते हैं और उनमें, मालूम होता है, संकीर्ण प्रादेशिकता का भाव भी कुछ प्रबल है। खैर, जो भी हो, पुलिन बाबू के बाद ढाका

समिति के जो नेता हुए, उन्होंने बहुत कुछ समझ लिया था कि देश के भिन्न-भिन्न विप्लव दल मिल-जुलकर सम्पूर्ण रूप से एक न हो जाएँगे तो देश का मंगल नहीं है। इसी से वे देश के सभी दलों के साथ मिलने को इच्छुक थे, इसीलिए सम्भवतः बारी-साल षड्यंत्र के मामले के समय ही ढाका समिति चन्दननगर दल के साथ मिल जाती है। काशी का दल भी इस ढाका समिति की मार्फत ही रासबिहारी के उत्तर भारत के दल के साथ परिचित हुआ। इस प्रकार हमारा दल पूर्व बंगाल से लेकर पंजाब तक फैलकर एक साथ काम करता रहा। पंजाब के विप्लवायोजन के संवाद भी अधिकांश स्थानों में इसी ढाका समिति की मार्फत ही बंगाल के भिन्न-भिन्न विप्लव दलों के पास भेजे जाते थे। लाहौर, दिल्ली, काशी, चन्दननगर और ढाका के विप्लव दल इस प्रकार बिलकुल एक हो जाते हैं। किन्तु इस बात को बंगाल के अन्यान्य विप्लव दल उस समय घुणाक्षर न्याय से भी न जान सके थे।

जिस समय डिफेंस ऑफ इंडिया एक्ट (भारत रक्षा क़ानून) से कई हजार युवक केवल सन्देह के फेर में बिना विचारे क़ैद हो गए, उस समय बंगाल के सभी दलों ने शक्तिहीन होकर परस्पर मिल-जुलकर एक साथ काम करने की इच्छा प्रकट की और कुछ दिन तक उस प्रकार कार्य चला भी। यह मिलाप यदि समय रहते हो जाता तो शायद फल और ही तरह का हो सकता था। रासबिहारी भारत छोड़ने से पहले जब एक बार कलकत्ता के निकट कहीं आए, उस समय उन्होंने कलकत्ता अंचल के भिन्न-भिन्न दलों के निकट मिलकर एक हो जाने का प्रस्ताव कर भेजा। किन्तु कलकत्ता अंचल के किसी भी दल ने इस मिलने के प्रस्ताव की कुछ परवाह नहीं की। विवश होकर रासूदा को इस चेष्टा से हाथ खींचना पड़ा।

जो हो रासूदा की विदेश यात्रा के बाद भी हम इस पूर्व बंगाल के दल के साथ पहले की तरहही मिलकर काम करने लगे। रासूदा की विदेश यात्रा का खर्च एक हजार रुपया, इसी ढाका समिति से लिया गया। जिस समय रासूदा को विदेश भेजा गया तब तक भी बंगाल के विप्लव दलों की शक्ति कुछ भी कम न हुई थी। प्रत्युत उस समय बंगाल के भिन्न-भिन्न विप्लव दलों के बीच प्रतियोगिता चलती थी कि कौन कितना काम करके दूसरे दलों को लज्जित कर सकता है। रासूदा को विदेश भेजकर हमने समझा था कि विदेश से अस्त्र मँगाने की चेष्टा हमारे दल से ही सबसे पहले हुई है, किन्तु हम उस समय न जानते थे कि यतीन बाबू के दल ने भी ठीक इसी समय अपने आदमी विदेश भेजे थे। देश में चाहे हम भिन्न-भिन्न दल इस प्रकार विच्छिन्न होकर कार्य करते थे किन्तु विदेश में उस समय सभी दल, मालूम होता है, मिल गए थे।

इस समय की घटनाएँ भली भाँति मेरी जानी नहीं हैं, विशेषकर विदेश में किस प्रकार काम चलता था उसकी अनेक बातें मैं नहीं जानता, क्योंकि रासूदा के विदेश जाने के दो-तीन मास बाद ही मैं पकड़ा गया। तो भी पूर्व बंग के गिरिजा बाबू जब नवम्बर मास (सन् 1915) में पकड़े जाकर काशी आए थे तब उनसे

सुना था कि रासूदा ने कहीं संवाद भेजा है कि वे शीघ्र ही देश वापस आने वाले हैं। उनके साथ बात थी कि विप्लव चलाने के लिए उपयुक्त अस्त्र-शस्त्र यथेष्ठ परिमाण में पहुँचाने का पूरा बन्दोबस्त कर चुकने पर ही वे देश आएँगे, इसी से उनकी 'देश वापस आता हूँ' यह खबर पाकर हमने समझा कि उन्होंने अस्त्र-शस्त्र पहुँचाने का कोई अच्छा बन्दोबस्त कर लिया है। किन्तु ठीक उसी समय एक और विश्वस्त सूत्र से हमने जान पाया कि सरकार बहादुर विदेश से अस्त्र लाने के सभी संवाद जान गई थी और भारतवर्ष के तट के निकट दो-तीन अस्त्र भरे जहाज भी कहीं पकड़ लिये गए हैं। पीछे रौलट कमेटी की रिपोर्ट में अनेक बातें पढ़ीं। विगत विप्लव युग के इतिहास का यह अंश श्रीयुत नलिनीकिशोर गुह प्रणीत 'बांगलाय विप्लववाद' में विस्तृत रूप से आलोचित हुआ है। विप्लव युग के इस अंश को मैं नलिनी बाबू के ग्रन्थ से ही कुछ-कुछ उद्धृत करके पाठकों की भेंट करूँगा।

(4) विदेश में भारतीय विप्लववादी गण

भारत की विप्लव चेष्टा को सार्थक करने के लिए विदेशी राजशक्ति की सहायता अत्यन्त आवश्यक है, यह बात भारत के प्राय: सभी विप्लववादी स्वीकार करते थे। वे जानते थे कि पृथ्वी पर अंग्रेजों के जो अनेक शत्रु हैं, सुविधा और सुयोग पाने पर वे भारतवासियों को भी अंग्रेजों के विरुद्ध सहायता देने में पीछे न रहेंगे, और यदि भारतवर्ष में वैसे उपयुक्त नेताओं का आविर्भाव हो जाय तो वे एक ऐसी अन्तर्राष्ट्रीय समस्या की सृष्टि कर सकेंगे जिसके द्वारा पृथ्वी के शक्तिशाली साम्राज्यों के बीच प्रतिद्वन्द्विता और ईर्ष्या का सदुपयोग करके वे भारतवर्ष को स्वाधीनता के उच्च शिखर पर ले जाने में समर्थ हो जायँ।

संसार में ऐसे दृष्टान्तों का अभाव नहीं है जहाँ प्रबल राजशक्तियों के परस्पर के द्वन्द्व के कारण अपेक्षाकृत दुर्बल जातियाँ प्रबलों के ग्रास से छुटकारा पा गई हैं। एवं पुराने जमाने की अपेक्षा आजकल यह बात, मालूम होता है, और भी नि:संशय रूप से कही जा सकती है कि पृथ्वी पर ऐसा कोई भी देश नहीं है जिसके भले-बुरे अथवा उत्थान-पतन के साथ पृथ्वी के अन्य देशों का कोई भी सम्बन्ध अथवा स्वार्थ न हो। इसी से भारत के विप्लववादियों की दृष्टि पहले से ही विदेश की तरफ़ आकर्षित हुई थी। किन्तु वे यह भी भली प्रकार जानते थे कि भारत का विप्लव दल यदि उपयुक्त रूप से शक्तिशाली न होगा तो विदेशियों की सहायता भारतवासी ग्रहण न कर सकेंगे, और सहायता ले सकनेवाले आदमी न रहें तो सहायकों के रहने से भी कुछ नहीं बनता। प्रबल की सहायता और प्रबल की दुर्बल को निगल लेने की चेष्टा इन दोनों के बीच जो भेद है उसे भारत के विप्लववादी खूब समझते थे, और ठीक इसी कारण से बहुत दिन तक, जब तक घर में शक्ति न थी, देश के विप्लव दल ने विदेशों की ओर दृष्टि नहीं लगाई थी।

किन्तु विप्लव चेष्टा के आरम्भ से ही इस प्रकार विदेशों की ओर दृष्टि रखी

जाती तो गत जर्मन-युद्ध के समय भारत का विप्लवायोजन बिलकुल व्यर्थ न होता। भारतीय विप्लव दल में वैसे कोई दूर दृष्टिवाले प्रतिभावान् उपयुक्त पुरुष न रहने से ठीक समयानुसार वे देश को भी तैयार न कर सके, और ठीक किस समय से विदेशियों के साथ सम्बन्ध सूत्र स्थापित करना उचित है, यह भी वे निर्णय न कर सके।

विप्लववादी भारतवासियों में से सबसे पहले श्यामजी कृष्ण वर्मा विदेश गए और उनके संस्पर्श से और उनकी चेष्टा से अनेक विदेशस्थ भारतीय युवक विप्लव धर्म में दीक्षित होते रहे। सन् 1905 के दिसम्बर महीने में श्यामजी ने इस बात का विचार किया कि छः उपयुक्त भारतवासियों को छः हजार रुपया वृत्ति देंगे जिससे वे यूरोप, अमेरिका और पृथ्वी के अन्यान्य स्थानों में घूमकर भारतवासियों को स्वाधीनता के मन्त्र में दीक्षित करने के लायक शिक्षा उपार्जन कर सकें। इसी समय एस० आर० राणा नामक एक महाराष्ट्र के सज्जन ने श्यामजी के पास पैरिस से इसी विषय का एक पत्र लिखा कि वे भी तीन भारतवासियों को छः हजार रुपया राह खर्च के लिए वृत्ति देंगे, और ये वृत्तियाँ राणा प्रतापसिंह, शिवाजी और किसी स्वनामधन्य मुसलमान राजा के नाम पर समर्पित की जायँगी। इनका उद्देश्य था इस प्रकार उपयुक्त शिक्षित भारतवासियों को भारत के बाहर लाकर विप्लव कार्य में उपयुक्त कार्यकर्त्ता रूप से तैयार कर देना। किन्तु इनकी चेष्टा से कोई विशेष कार्य हुआ कि नहीं, मुझे मालूम नहीं।

ईसवी सन् 1906 में विनायक दामोदर सावरकर नामक एक प्रतिभावान महाराष्ट्र-ब्राह्मण लन्दन में बैरिस्टरी पढ़ने गए और इनके आने पर श्यामजी कृष्ण वर्मा का कार्य खूब तेजी से अग्रसर हुआ। किन्तु ये भी विदेश की किसी भी राजशक्ति के साथ कोई भी सम्बन्ध-सूत्र स्थापित नहीं कर पाये।

विनायक सावरकर लन्दन में ही रहते थे। जब बंगाल के प्रसिद्ध हेमदास भी विलायत गए, किन्तु हेमदास बम और विस्फोटक पदार्थ बनाने की शिक्षा पाने की खातिर ही विदेश गए थे, इसी से उन्होंने भी विदेशी राजशक्ति के साथ कोई भी सम्बन्ध स्थापित करने की चेष्टा नही की।

पंजाब के विख्यात लाला हरदयाल भी इस समय विलायत में थे एवं विलायत के विप्लववादियों के संस्पर्श में आकर वे भी पूरे उद्यम से विप्लव कार्य में योग देने लगे, किन्तु इन्होंने भी उस समय किसी राजशक्ति की सहायता लेने की ओर ध्यान नहीं दिया।

इसी बीच स्वदेशी आन्दोलन की प्रबल बाढ़ में बंगाल प्लावित हो गया और बंगाल के अशान्त युवकों के मन-प्राण, उस समय दुस्साध्य साधन में, विपत्ति के मुँह में कूद पड़ने लगे। इतने दिन तक केवल धनियों की ही सन्तान बैरिस्टरी अथवा आई० सी० एस० पढ़ने के लिए अथवा विलायत के भोगविलास के दृश्य अपनी आँखों देख आने के लिए ही भारत के बाहर जाया करती थी, किन्तु बंगाल के नवजागरण के प्रभाव से कई युवक देश सेवा के आदर्श से उद्बुद्ध होकर और

दूसरे ऐसे भी अनेकों जो देश शान्त, सुबोध, भले लड़के होने की ख्याति पाने से वंचित थे, जिनकी उद्दाम प्रकृति की अशान्त गति देश की आबहवा में प्रकाशित होने का सुयोग न पाती थी—ऐसे भी अनेकों युवक अमेरिका में आ इकट्ठे हुए। इनमें से श्रीयुत तारकनाथदास के नाम से हम लोग सुपरिचित हैं।

श्यामजी कृष्ण वर्मा लन्दन में कुछ दिन काम करने के बाद अन्त में फ्रांस भाग आने को विवश हुए। इस समय पैरिस में एक विप्लववादी पारसी रमणी भी थी, जिसका नाम था मैडम कामा।

लाला हरदयाल भी इसी बीच एक बार देश आकर फिर अमेरिका वापस चले आए। अमेरिका के कुछ विश्वविद्यालयों में उन्होंने बीच में कुछ दिन हिन्दू-दर्शन-शास्त्र के अध्यापक का काम भी किया। इसी समय तारकनाथदास भी अमेरिका के एक विश्वविद्यालय में अध्यापक नियुक्त हो गए। इनके सिवाय और भी एक बंगाली सज्जन इस समय अमेरिका के एक विश्वविद्यालय में अध्यापक का कार्य करते थे। यही 'बांगलाय विप्लववाद' में उल्लिखित सुरेन्द्रकर थे कि नहीं, कह नहीं सकता। अमेरिका में 'गदर' दल स्थापित होने के कुछ दिन बाद लाला हरदयाल और बंगाली अध्यापक ने एक बार अमेरिका के तत्कालीन प्रेसीडेण्ट के साथ भेंट की और उनसे अनुरोध किया कि अमेरिका में भारतवासियों को युद्ध-विद्या सीखने और अन्यान्य कई विषयों में सुयोग दिया जाय। अमेरिका के प्रेसीडेण्ट ने उनसे भेंट ही की; उनके किसी अनुरोध को माना नहीं। इधर अकृतकार्य होकर उन्होंने एक अन्य राजशक्ति के पास अपना आवेदन रखा और इस दफ़ा उनका आवेदन स्वीकृत भी हो गया। इस घटना का इस पुस्तक के प्रथम भाग में (तीसरे परिच्छेद में) उल्लेख किया गया है। किन्तु अमेरिका के इस विप्लव दल के साथ भारत के विप्लव दल का वैसा सम्बन्ध न था।

इसी समय या इससे कुछ पहले बंगाल की एक विप्लव समिति की ओर से एक युवक को बर्लिन भेजा गया, किन्तु ये जर्मन सरकार के ऊपर कुछ भी प्रभाव न डाल सके। विदेशी राजशक्ति पर प्रभाव डालने के लिए जिस योग्यता और चरित्रबल की आवश्यकता होती है, इस युवक में इसका अभाव था।

जो हो, जिस समय अमेरिका में विप्लव दल एक विदेशी राजशक्ति के साथ सम्बन्ध सूत्र स्थापित करने में कृतकार्य हुआ उससे कुछ ही दिन बाद यूरोप का महायुद्ध छिड़ गया; और लाला हरदयाल, तारकनाथ आदि अमेरिका छोड़ यूरोप भाग आए। उनकी विप्लव की सुन्दर योजना इस प्रकार विफल हो गई।

लालाजी पहले कोन्स्टैंण्टिनोपल आए और फिर जेनेवा होकर बर्लिन में अन्यान्य भारतीय विप्लववादियों के साथ आ मिले।

यूरोपियन युद्ध आरम्भ होते ही अलीगढ़ ज़िले के एक समृद्ध ज़मींदार श्रीयुत महेन्द्रप्रतापसिंह स्विटज़रलैंड गए। लाला हरदयाल के जनेवा आने पर महेन्द्र-प्रताप के साथ उनकी भेंट हुई। लाला हरदयालजी के साथ वे बर्लिन आ उपस्थित हुए। इस प्रकार महेन्द्रप्रताप भारतीय विप्लव दल में आ मिले।

लाला हरदयाल आदि के चले आने पर अमेरिका के विप्लव दल का भार रामचन्द्र नामी एक विप्लववादी सज्जन पर डाला गया।

इससे पहले ही यूरोप में भारतीय विप्लववादी एक दल संगठित कर चुके थे, इस यूरोपियन विप्लव दल के नेताओं में डा० चक्रवर्ती और श्रीयुत वीरेन चट्टोपाध्याय प्रमुख थे।

ये वीरेन चट्टोपाध्याय हमारे अघोर चट्टोपाध्याय महाशय के पुत्र हैं। श्रीमती सरोजिनी नायडू और 'शमा' पत्रिका की वर्तमान सम्पादिका श्रीमती मृणालिनी चट्टोपाध्याय इन्ही वीरेन्द्र की ही बहनें हैं। वीरेन्द्र ने एक धर्मप्राण रोमन कैथोलिक युवती[1] का पाणिग्रहण किया है किन्तु इन दम्पति में यथेष्ठ प्रेम रहने पर भी इन दोनो के ही धर्म-विश्वास इतने दृढ थे कि इनमें परस्पर इन धर्म-विश्वासों के कारण बड़ी अशान्ति रहती, इसी से अन्त मे इन्होंने अलग रहना आरम्भ कर दिया। अब भी इनमे से किसी ने दूसरा विवाह नही किया और एक-दूसरे से दूर-दूर रहने पर भी इनके प्रेम में कोई व्यतिक्रम नही हुआ। वह ही युवती अब भी चट्टोपाध्याय महाशय का सब खर्च-भार उठाती है।

खैर, यूरोपियन महायुद्ध आरम्भ हो जाने पर अमेरिका और यूरोप के विभिन्न विप्लव दलों के नेता जर्मनी मे एकत्र हो गए और जर्मन सरकार के राजप्रतिनिधियों के साथ परामर्श करके एक साथ भारत में विप्लव संगठन का आयोजन करने लगे।

जर्मनी मे जो सब भारतीय विप्लवी इकट्ठे हुए थे उनमें से हरदयाल, तारकनाथ, बरकतुल्ला, चन्द्रकुमार चक्रवर्ती, हेरम्बलाल गुप्त, वीरेन्द्र सरकार, महेन्द्रप्रताप और चम्पकरामन पिल्लै का नाम हम रौलट कमेटी की रिपोर्ट में देख पाते है। चम्पकरामन स्विटजरलैंड के विप्लव दल के सभापति थे। वीरेन चट्टोपाध्याय का नाम हमने बहुत बार अनेक कागजों मे देखा है।

पहले हरदयाल आदि कई एक सज्जनो ने जर्मनी के बाहर से सम्भवतः स्टाकहाल्म शहर से एक पत्रिका निकाली। यह पत्रिका निकालने का उद्देश्य था यूरोपियन देशो की भारतवासियों के प्रति सहानुभूति प्राप्त करना और अंग्रेज किस प्रकार इस बीसवी शताब्दी मे भारत पर शासन करते हैं उसका विस्तृत परिचय यूरोप वालो को देना। यूरोप और अमेरिका में भारत-विषयक ज्ञान के प्रचार करने से कितना लाभ है, आज भी हमारे देश-नायक यह भली प्रकार नही समझ सके, क्योकि यदि वे समझ पाते तो उस तरफ अवश्य ध्यान देते।

इस प्रकार अपने स्वार्थों की सिद्धि के लिए प्रचार-कार्य में अंग्रेज कितना रुपया खर्च करते हैं और कैसे विचारशील उपयुक्त व्यक्तियो को इस काम में नियुक्त करते और उनकी कैसी सहायता करते हैं, यह हमारे देश-नायकों की नजर मे अभी तक नही पड़ा, इसी से आज भी जब विदेशों में कुछ भारतवासी

1. उनका नाम है—नेसस्मैकूले। उनके लेख प्राय. भारतीय पत्रिकाओ में छपा करते हैं।

इस बात का प्रचार करते हैं कि भारतवासी संसार में स्वाधीन होकर ही रहना चाहते हैं तब हमारे अपने देश में देश के नेतागण ब्रिटिश साम्राज्य की महिमा का कीर्तन करते हैं। खैर, जाने दो उस बात को।

एक तरफ जैसे प्रचार का कार्य चलने लगा दूसरी तरफ वैसे ही भारतवासियों का अस्त्र-शस्त्र जुटवा देने का भी आयोजन आरम्भ हो गया; सब कुछ हुआ पर समय पर कुछ भी न हुआ। चीन के शांघाई शहर में जर्मनी के जो राजप्रतिनिधि (German Consul General) थे, उन्हीं के ऊपर यह अस्त्रादि भिजवाने का सब भार था। फिर ये भी अमेरिका के वाशिंगटन शहर में जो जर्मन राजप्रतिनिधि थे उनके आदेशानुसार सब काम करते थे। इस प्रकार यूरोप और अमेरिका के सभी भारतीय विप्लव नेता जर्मनी के राजप्रतिनिधि और युद्धसचिवों की सहकारिता से भारत में विप्लव की आग प्रज्वलित करने का आयोजन करने लगे।

जर्मन के विभिन्न विद्यापीठों में जो सब भारतीय युवक पढ़ते थे, अंग्रेजों के साथ युद्ध छिड़ते ही जर्मन गवर्नमेंट ने पहले उन्हें क़ैद कर लिया और पीछे उनमें से बहुतों को भारत में विप्लव प्रचार कार्य के लिए सहमत कर लिया और उनके हाथ में भरपूर रुपया देकर उन्हें भारत भेज दिया, तब भी सम्भवत: यूरोप के (भारतीय) विप्लववादियों के साथ जर्मन गवर्नमेंट की कोई बातचीत न हुई थी। इस प्रकार जर्मनी से रुपया लेकर जो देश में आए उनमें से प्राय: सभी ने वह रुपया हजम कर लिया। उनमें से केवल दो-एक व्यक्तियों ने देश में आकर विप्लव दल के लोगों के साथ भेंट की। यूरोपियन विप्लव दल यदि पहले से ही सतर्क और चेतन होकर कार्य करता तो ये सब विशृंखल घटनाएँ होने की सम्भावना न रहती। रौलट कमेटी की रिपोर्ट पढ़कर तो मालूम नहीं होता कि यूरोप में वैसा कोई शक्तिशाली विप्लव दल था, अमेरिका के 'गदर' दल ने ही यूरोप में जाकर जो कुछ हो सका, किया।

जो हो, जर्मन एक्सपर्ट्स (विशेषज्ञों) के साथ परामर्श करके तय हुआ कि बर्मा के सीमा के पास ही भारत में विप्लवप्रवासी युवकों को युद्ध-विषयक कुछ-कुछ शिक्षा देकर बर्मा पर आक्रमण करना होगा और जिस किसी उपाय से हो, विप्लव चलाने के लिए उपयुक्त अस्त्र-शस्त्र भारतवर्ष में विप्लववादियों के हाथ में पहुँचा ही देने होंगे। 'गदर' दल के कुछ सिक्ख जैसे भारतवर्ष में आए थे वैसे ही और भी बहुत-से सिक्ख उस समय अमेरिका, चीन और मलय उपद्वीप में भी थे; इनके द्वारा ही बर्मा पर आक्रमण करने का उद्योग चलता था। उस समय बटेविया (जावा की राजधानी), मनीला (फिलिपाइन्स की राजधानी), बैंकाक (स्याम की राजधानी) और शांघाई आदि स्थानों में भारतीय विप्लववादियों का आना-जाना हरदम जारी था।

इधर जैसे 'गदर' दल का आयोजन चलने लगा; उधर वैसे ही भारत के दल भी बाहर के विप्लव दल के साथ मिल जाने की यथाशक्ति चेष्टा करने लगे। सम्भवत: 1915 ईसवी के फरवरी महीने में यतीन बाबू के दल के श्रीयुत भोला-

नाथ चट्टोपाध्याय बैंकाक गए, किन्तु इनके द्वारा कार्य कितना आगे बढ़ा यह कह नहीं सकता। यतीन्द्रनाथ लाहिड़ी नामक एक युवक के यूरोप से आने के बाद ही उनके कथनानुसार यतीन बाबू के दल के नरेन्द्रनाथ अप्रैल मास में पहले बटेविया गए और तभी से असल कार्य आरम्भ हुआ। रासबिहारी भी अप्रैल मास में शांघाई में थे। बटेविया और बैंकाक का सम्पूर्ण आयोजन शांघाई के जर्मन कौंसल जनरल के परामर्श से और 'ग़दर' दल की सहायता से ही चलता था। बटेविया के 'ग़दर' दल के साथ बंगाल के दल का संयोग स्थापित हो गया था।

29 अप्रैल, 1915 के दिन कैलिफोर्निया के सानपेड्रो बन्दर से मैवरिक नामी एक जहाज़ भारत के उपकूल की ओर प्रस्थित हुआ। यह जहाज़ पहले स्टैंडर्ड आयल कम्पनी का तेल लाने ले जाने के काम आता था, पीछे सानफ्रांसिस्को की एक जर्मन कम्पनी ने इसे खरीद लिया था। चलते समय इस जहाज़ में सब मिलकर पच्चीस कर्मचारी और पांच नौकर बने हुए व्यक्ति थे। ये अपने को ईरानी बतलाते थे, पर ये असल में भारतवासी ही। सानफ्रांसिस्को के जर्मन कौन्सिल और विप्लव दल के रामचन्द्र के उद्योग से ही यह जहाज़ भेजा गया था। बात थी कि आनी लार्सन (Aannie Larsen) नामक एक और छोटा जहाज़ अस्त्रादि लेकर इस मैवरिक के साथ रास्ते में मिलेगा और लार्सन के अस्त्रादि मैवरिक ले लेगा। किन्तु आनी लार्सन समय पर मैवरिक से मिल न सका, इससे विवश होकर मैवरिक केवल कुछ भारतवासियों और जर्मन एक्सपर्ट्स (विशेषज्ञों) को लेकर बटेविया आ गया। बटेविया के उच्च अधिकारियों ने मैवरिक की खानातलाशी कराई। किन्तु कोई आपत्तिजनक वस्तु न पाकर मैवरिक को छोड़ दिया। दूसरी ओर आनी लार्सन (Aannie Larsen) जून महीने के अन्त के क़रीब अस्त्रादि लेकर वाशिंगटन पहुँचा, किन्तु अमेरिका की सरकार ने वे सब अस्त्रादि ज़ब्त कर लिए, वाशिंगटन के जर्मन कौन्सिल ने उन सब अस्त्रों के लिए दावा किया, पर अमेरिका सरकार ने उसे नामंजूर किया। मैवरिक अन्त में बटेविया से अमेरिका लौट आया और उसी में नरेन्द्रनाथ (जिनका वर्तमान नाम मानवेन्द्रनाथ राय—एम० एन० राय है) अमेरिका भाग गए।

हेनरी एस० (Henry S.) नामक एक और जहाज़ अस्त्रादि लेकर मनीला पर्यन्त आ गया, किन्तु वहाँ फिलिपाइन के अधिकारियों ने वे सब अस्त्र जहाज़ से उतरवा लिए। इस जहाज़ में बोहेम नामक एक जर्मन सेनापति थे, इन्ही पर सुनते हैं बर्मा की सीमा के निकट भारतीय विप्लववादियों को सामरिक शिक्षा देने का भार था। ये सिंगापुर में पकड़े गए। जावा के जर्मन कौंसिल के साथ परामर्श करके नरेन्द्रनाथ ने ठीक किया था कि मैवरिक के साथ सब अस्त्रादि बंगाल में रायमंगल के पास उतारे जाएँगे। रायमंगल में भी इस बात का सब आयोजन हो गया था, पर मैवरिक आया नही। जुलाई, 1915 मे अंग्रेज़ सरकार को सब बातें मालूम हो गई और उसके फलस्वरूप भारत मे धर-पकड़ आरम्भ हो गई।

किन्तु इसके बाद भी रासबिहारी ने फिर देश में अस्त्र भेजने का आयोजन किया। इस आयोजन के अनुसार दिसम्बर, 1915 में भारत में विप्लव आरम्भ होने की बात थी। इस बार का आयोजन इस प्रकार का था कि एक जहाज़ अस्त्रादि लेकर अण्डमन के सब राजनैतिक क़ैदियों को मुक्त करके सीधा बर्मा पर आक्रमण करता और दूसरे दो जहाज़ अस्त्रादि लेकर भारत के तट पर आते। बंगाल के विप्लव दल की सहायता करने के लिए छियासठ हज़ार गिल्डर्स (हालैंड का चाँदी सिक्का) लेकर एक चीनी सज्जन भारत की ओर आ रहे थे। ये भी सिंगापुर में पकड़े गए। इनके पास रुपये के अतिरिक्त पिनांग के एक बंगाली का पता और कलकत्ते के दो पते पाये गए। सिंगापुर में अवनी मुखर्जी नामक एक और विप्लवी पकड़े गए। उनकी नोटबुक में रासबिहारी का शांघाई का पता, शांघाई के दो चीनियों का पता, चन्दन नगर के मतिलाल राय का पता, कलकत्ता, ढाका और कुमिल्ला के कुछ पते एवं स्याम के एक सिक्ख इंजीनियर अमरसिंह का पता पाया गया। शांघाई में खानातलाशी हुई और जिन दो चीनियों के पते अवनी बाबू की नोटबुक में पाये गए थे। उनके पास बहुत-से रिवाल्वर और कई हज़ार गोलियाँ पाई गईं। पहले के आयोजन में यह ठीक हुआ था कि हेनरी एस० जहाज़ अस्त्रादि लेकर स्याम के इन्हीं इंजीनियर अमरसिंह के पास जाता और उन अस्त्रों आदि का कुछ अंश अमरसिंह के ज़िम्मे रख देता। रौलट (सिडीशन) कमेटी की रिपोर्ट में छपा है कि अमरसिंह को फाँसी दी गई है, किन्तु इन्हीं अमरसिंह के साथ मेरी अंडमन में भेंट हुई थी। यह सच है कि इन्हें फाँसी का हुक्म हुआ था किन्तु दूसरे अनेक विप्लवियों के साथ इन्हें भी फाँसी के बदले आजन्म कालापानी हो गया था।

जो कुछ अस्त्रपूर्ण जहाज भारत की ओर आते थे, सुना था कि उनमें से एक को डच सरकार ने अन्तर्राष्ट्रीय युद्ध के नियमों के अनुसार पकड़ लिया था, और एक को सुनते हैं अंग्रेज़ों के लड़ाई के जहाज़ एच० एम० एस० कार्नवाल (H. M. S. Cornwall) ने अण्डमन के निकट डुबा दिया था। तीसरे जहाज़ का क्या हुआ कह नहीं सकता। इसी बीच यतीन बाबू के दल के एक और युवक भी शांघाई आये, किन्तु बड़ी मुश्किल से शांघाई पहुँचते ही वे पकड़ लिये गए।

इस प्रकार विप्लव योजना की तीसरी चेष्टा भी व्यर्थ हुई। यूरोपियन महायुद्ध आरम्भ होने के एक बरस बाद तक भी भारत के बाहर जाना-आना वैसी कठिन बात न थी, किन्तु जब अंग्रेज सरकार को विप्लव योजना के सभी सम्वाद मिल गए तब से भारत के बाहर जाना-आना अत्यन्त कठिन कार्य हो गया, और इसी कारण अस्त्रपूर्ण जहाज़ अंग्रेजों की प्रखर दृष्टि से बच न सके। इसके सिवाय जर्मनों को भी पश्चिमी सीमान्त के युद्ध में इतना व्यस्त होना पड़ा कि इधर वे, उस प्रकार ध्यान न दे सके। भारतीय विप्लव दल भी अपने अस्तित्व का ऐसा कुछ परिचय न दे सका कि विदेशी राज-शक्तियों की दृष्टि इधर आप-से-आप खिंचती। यदि युद्ध के बहुत पहले से ही भारतीय विप्लव दल विदेशों की

और उस प्रकार ध्यान दे सकते तो अवश्य ही और तरह का फल होता।

जो लोग यह सोचते हैं कि संसार की इम्पीरियलिस्टिक (साम्राज्य कामी) गवर्नमेंटों से भारतीय विप्लववादियों की सहायता पाने की आशा बिलकुल दुराशा मात्र थी उन्हें जान लेना चाहिए कि ससार की इन साम्राज्यकामी गवर्नमेंटों की परस्पर शत्रुता के कारण ही चीन अब तक अत्यन्त बुरी अवस्था मे रहने पर भी एकदम असहाय होकर पराधीनता की जकड़ मे नही आया, अफ़गानिस्तान, फारिस, तुर्की आदि देश भी इसी प्रकार विभिन्न राजशक्तियों की सहानुभूति और सहायता पाकर ही क्रमश: एक-एक शक्तिशाली जाति के रूप मे परिणत होते जाते हैं, पिछले बोअर युद्ध के समय जर्मनी ने बोअरों की अस्त्र-शस्त्र द्वारा कम सहायता नही की और अभी पिछले युद्ध के कारण तुर्की की दशा तो एकदम निढाल हो गई है, कमालपाशा ने तो उस समय एक प्रकार से तुर्की गवर्नमेंट के विरुद्ध ही विद्रोह की घोषणा करके मित्र शक्तियो के सन्धि-पत्र को भी निकम्मा कर दिया किन्तु ऐसा हो सका फ्रांसीसियों की सहायता से और फिर आज भी एकदम फ्रांसीसियों पर ही बिलकुल निर्भर न रहना पड़े इसीलिए अमेरिका के साथ अंगोरा की जान-पहचान बनाने की चेष्टा चल रही है।

असल बात यह है कि दुनिया मे यदि कोई माथा ऊँचा करके खड़ा हो सके तो उसे सहायता का अभाव नही रहता. अन्दर की शक्ति के अभाव से ही सभी लाछनाएँ होती हैं, अन्दर की दीनता से ही कगाली होती है, "बाहर से दिया ही जा सकता है किन्तु लेना होता है अपने गुण से।"

5

बर्मा की कहानी

भारतवासियों के प्रयत्न से ब्रह्मदेश में जो विप्लव की चेष्टा हुई उसके बहुत पहले से ही वहाँ के स्वाधीनता-प्रयासी बर्मियों ने भी बहुत बार विप्लव का आयोजन किया था। अण्डमन में भी इस प्रकार के राजनीतिक अपराधों में दण्डित बहुत-से बर्मी थे। युद्ध समाप्त होने के बाद ही उनमें से प्रायः सभी को छोड़ दिया गया था। तो भी अंग्रेज गवर्नमेंट इन सब विप्लव चेष्टाओं को भय की दृष्टि से न देखती थी। जान पड़ता है कि उसका कारण यह था कि यहसब विप्लवान्दोलन एक व्यापक जातीय जागरण का फल न था, इसी से वैसा शक्तिशाली भी न हो सका था। किन्तु भारतीय विप्लववादियों की चेष्टा से बर्मा में भी अत्यन्तनिबिड़ रूप से विप्लव का आयोजन हो गया था। रौलट रिपोर्ट में लिखा है "Burma, however has not been altogether free from criminal conspiracy connected with the Indian revolutionary movement. It has been the scene of determined efforts to stir up mutiny among the military forces and to overthrow the British Government." अर्थात् "बर्मा भी भारत के विप्लवान्दोलन से सम्बद्ध षड्यन्त्रों से बचा नहीं रहा। ब्रिटिश सरकार को उखाड़ डालने और सेनाओं में विप्लव खड़ा कर देने की दृढ़ चेष्टाओं की वह रंगस्थली बन चुका है।" किस प्रकार ये दृढ़ चेष्टाएँ (determined efforts) हुई थी उसका कुछ संक्षिप्त परिचय देता हूँ।

गत तुर्की-इटालियन युद्ध के समय भारतवर्ष के मुसलमानों ने एक मैडिकल मिशन, अर्थात् युद्ध में घायलों की सेवा के लिए एक दल, तुर्की भेजा था। इस दल में फैज़ाबाद के निकट अकबरपुर के रहनेवाले अलीअहमद सिद्दीकी नामक एक तरुण युवक भी थे; अपने संरक्षकों को पता दिए बिना ही उन्होंने दल में प्रवेश किया था और भारत का तट छोड़ने से पहले घर के लोगों को केवल एक पत्र से जता दिया था कि वे भारतीय मैडिकल मिशन में शामिल होकर तुर्की जाते हैं।

तुर्की में कार्यवश इन्हें अनवर पाशा के साथ प्रायः चार मास तक समरांगण में ही रहना पड़ा। उस समय इन्होंने अनवर पाशा के जीवन की अनेक रहस्यपूर्ण कहानियाँ सुनीं। तुर्की-इटालियन और तुर्की-ग्रीक युद्ध के समय अंग्रेजों की कूट राजनीति की महिमा का तुर्क लोगों ने मर्मान्तिक अनुभव कर पाया था, अंग्रेजों

की कूटनीति की कहानी, तुर्की के भाग्यनियन्ता उस यंग टर्क (तरुण तुर्क) दल की कहानी, किस प्रकार इस तरुण तुर्क दल ने तुर्की में पहले-पहल अपने को प्रकट किया, किस प्रकार इस तरुण दल ने मृतप्राय तुर्क समाज में नवचेतना का संचार करके विप्लव पथ में चलते हुए अब्दुलहमीद के समान प्रबल दुर्दान्त और क्रूर सुलतान को पदच्युत करके तुर्की में नवीन नियमतन्त्र राज्यप्रणाली का प्रवर्तन किया। ये सब बातें, दिन पर दिन, अलीअहमद, अनवर पाशा के पास स्वप्नाविष्ट की तरह एकान्त में तन्मय होकर सुनते थे। मुस्लिम-जगत् की कितनी ही मर्म-कथाएँ, कितनी ही वीरता की कहानियाँ, कितनी ही मनुष्योचित अभिव्यक्ति की घटनाएँ सुन-सुनकर उनका हृदय मानो एक अननुभूत आनन्द से खिल उठता, मुस्लिम-जगत् के गौरवमय उज्ज्वल भविष्य का चित्र उन्हें अधीर-सा कर डालता था। तुर्की के एक सर्वप्रधान यूरोप-प्रसिद्ध सेनापति और प्रसिद्ध नेता जो तुर्की के भाग्य-परिवर्त्तन के प्रधान अवलम्बन थे, जब ऐसे एक प्रसिद्ध व्यक्ति भारत के एक नगण्य तरुण युवक के साथ निःसंकोच दिल खोलकर बातें करते होते, तब एक ओर जहाँ उनकी प्रशस्त उन्नत छाती फूलकर स्पन्दन करने लगती, वहाँ दूसरी ओर वैसे ही उसी एक मुहूर्त में उनका मन भारत की उस हीनता और दीनतापूर्ण जीवन-यात्रा के प्रतिदिन के अपमानों की कहानी स्मरण कर मानो अनजाने में ही घोर अंग्रेज-विद्वेषी हो उठता, और उनकी धमनियों का रक्त नाच-नाचकर दुर्निवार वेग से उन्हें विप्लववादियों के दल में खींचकर ला रखता।

पीछे अलीअहमद आदि कई भारतवासियों ने तुर्की का देश देखने की इच्छा प्रकट की तो तुर्की के भिन्न-भिन्न स्थानों के राजप्रतिनिधियों ने बड़ा समारोह करके राज-सम्मान के साथ उन्हें अपना सारा देश दिखलाया। इस प्रकार देश में भ्रमण करते समय जब नगर-नगर में तुर्क नर-नारी इकट्ठे होकर ऊँचे स्वर में जयकार बुलाकर उनका आदर करते, जब राजपथ के दोनों ओर झरोखों में से सुन्दरियों को उत्सुक दृष्टि और उनके हाथों से टपके हुए फूल उनके अंगों पर झड़ पड़ते, तब वे भारतवासी तुर्क देश को भारतवर्ष की अपेक्षा भी सौ गुना अधिक अपना समझकर चाहने लगते। स्वदेश में उन्हें अंग्रेजों के नजदीक जो सलूक मिलता उसके साथ वे इन तुर्कों के व्यवहार की तुलना किए बिना न रह सकते, इस प्रकार अली अहमद विप्लव मन्त्र में दीक्षित हुए और अन्य अनेक भारतवर्षीय मुसलमानों की तरह अलीअहमद भी तरुण तुर्क (यंग टर्क) दल में शामिल हो गए।

इसी तुर्की-इटालियन युद्ध के समय पंजाब के एक और युवक, अबूसैयद, रंगून से ईजिप्ट गए और फिर ईजिप्ट से तुर्की आए। इन्हीं अबूसैयद के अनुरोध और प्रस्ताव से तरुण तुर्क दल के एक सदस्य, ताफ़िक बे को सन् 1916 में रंगून भेजा गया। रंगून के एक मुसलमान व्यवसायी अहमद मुल्ला दाऊद को ताफ़िक बे तुर्की का कौन्सल नियुक्त करा गए। पिछले युद्ध के समय यह मुल्ला दाऊद ही तुर्की के कौंसल रूप में रंगून मे थे।

बन्दी जीवन

बलकान युद्ध समाप्त हो जाने पर अथवा यूरोपीय युद्ध आरम्भ हो जाने के बाद अलीअहमद देश में लौट आए और कुछ दिन घर पर रहकर अपनी स्त्री के आभूषण आदि बेचकर कुछ थोड़ा रुपया ले अपना व्यापार करने के लिए रंगून चले आए। कौन्स्टैण्टिनोपल से फायमअली नामक एक और भारतीय मुसलमान को तुर्क लोगों ने दिसम्बर सन् 1914 में तरुण तुर्क दल का प्रतिनिधि बनाकर रंगून भेजा। फायमअली और अलीअहमद सिद्दीकी दोनों ने रंगून आकर परस्पर मिलने के बाद तुर्की के नेतृत्व में बर्मा में विप्लव-षड्यन्त्र आरम्भ कर दिया। कुछ ही दिनों में इन्होंने स्थानीय मुसलमानों के पास से पन्द्रह हज़ार रुपया चन्दा जमा कर लिया। इस चन्दा करने के सम्बन्ध में एक बात यहाँ कहे बिना नहीं रह सकता, वह यह कि बंगाल के सम्पन्न व्यक्ति विप्लववादियों की धन से ज़रा भी सहायता न करते थे, इसी से बंगाल में राजनैतिक डकैती का प्रादुर्भाव अनिवार्य हो गया था।

एक ओर यदि ये पैन-इस्लामिक (विश्व-इस्लामिक) दल के मुसलमान विप्लव का आयोजन करते थे, तो दूसरी ओर अमेरिका का 'गदर' दल भी निश्चेष्ट न था। खेमचन्द दामजी नामक एक गुजराती सज्जन किसी समय रंगून से अमेरिका गए और अमेरिका में आते ही वहाँ के गदर दल में सम्मिलित हो गए। पहले-पहल इन्हीं खेमचन्द की सहायता से केवल बर्मा में 'गदर' पत्रिका भेजी जाया करती थी, युद्ध के समय यह पत्रिका गुजराती, हिन्दी और उर्दू तीन भाषाओं में छापी जाती थी। यूरोप के युद्ध के कारण बर्मा के मुसलमान लोग भी उत्तेजित हो उठे थे और इस 'गदर' पत्रिका के प्रभाव से उत्तेजना का स्रोत क्रमशः बढ़ता गया। इसी समय बम्बई में बिलोची पल्टन के एक सैनिक ने अपने अंग्रेज़ अफ़सर की हत्या कर डाली, जिससे इस सेनादल को फिर यूरोप न भेजकर रंगून में रोक रखा गया। रंगून के मुसलमान 'गदर' अखबार के सहारे इस सेना में विप्लव की बातों का प्रचार करते रहे; फलतः जनवरी, 1915 तक यह सेनादल खुल्लमखुल्ला विप्लव आरम्भ करने को उद्यत हो गया, किन्तु समाचार का आभासमात्र मिलते ही सेनापतियों ने इस दल को कठोर दण्ड दिये। दो सौ बिलोचों को भारत की भिन्न-भिन्न जेलों में भेज दिया।

इस समय सिंगापुर में दो रेजिमेण्टें थीं। उनमें से एक के साथ बर्मा के मुसलमान विप्लवी दल का जोड़-तोड़ हो गया। सिंगापुर के कासिममंसूर नामी एक गुजराती मुसलमान ने रंगून में अपने पुत्र को पत्र लिखा, उसमें तुर्की के जो कौंसल रंगून में थे उनके नाम भी एक पत्र था। उस पत्र में लिखा था, सिंगापुर का एक सेनादल विद्रोह करके तुर्की का साथ देने को तैयार है और इस समय तुर्की का एक लड़ाऊ जहाज़ सिंगापुर में आना आवश्यक है। यह पत्र अंग्रेज़ों के हाथ लग गया और सिंगापुर की रेजिमेंट को दूसरी जगह भेज दिया गया।

इसी बीच अमेरिका के 'गदर' दल के लोग भी सिंगापुर में आ उपस्थित हुए। इन्होंने एक ओर जहाँ उसी सिंगापुर की दूसरी सेना के बीच प्रचार आरम्भ

कर दिया, वहाँ दूसरी ओर बर्मा में भी अपने आदमी भेजे। सन् 1915 के आरम्भ में ही सोहनलाल पाठक और हसनखाँ नामक गदर दल के दो व्यक्तियों ने बैंकाक से रंगून आकर अपना केन्द्र स्थापित कर दिया। यहाँ एक बात गौर करने की है कि 'गदर' दल में मुसलमानों को भी लिया जाता था किन्तु मुसलमान विप्लव दल में हिन्दुओं के लिए स्थान न था।

सिंगापुर की सेना मे प्रचार करने का फल यह हुआ कि इस बार सचमुच ही विप्लव आरम्भ हो गया। यद्यपि इस सिंगापुर के विप्लवायोजन के साथ पंजाब के विप्लवायोजन का कोई भी सम्बन्ध न था, तो भी आश्चर्य की बात है कि 21 फरवरी सन् 1915 को सिंगापुर में विप्लव शुरू हुआ और पंजाब में भी ठीक यही 21 फरवरी विप्लव शुरू करने की तिथि निश्चित हुई थी। इस 21 फरवरी के दिन सिंगापुर के सैनिक बहुत दिनों के संस्कारों को तोड़कर खुल्लमखुल्ला अंग्रेजों के विरुद्ध खड़े हो गए। एक सप्ताह के लिए सिंगापुर भारतीय सेना के हाथ में हो गया, किन्तु सिंगापुर भारत के बीच में न था इससे विप्लव की वह आग चारों तरफ फैल न सकी, और एक सप्ताह के बाद रूसी, जापानी और अंग्रेजों के लड़ाकू जहाजों ने आकर सिंगापुर को घेर लिया। इस एक सप्ताह-भर विप्लवियों ने स्थानीय अंग्रेजी सेना के साथ योग्यता से युद्ध किया था, और अंग्रेजी सेना को उस युद्ध में हार भी माननी पड़ी थी। किन्तु रूस इंग्लैण्ड और जापान के जंगी जहाज आ जाने पर दो दिन की लड़ाई के बाद अन्त में बाध्य होकर विप्लवियों को भागना पड़ा। विप्लवियों ने वनों-जंगलों में जाकर आश्रय लिया, जो भाग न सके, वे वहीं अंग्रेजों के हाथ बन्दी हो गए। सिंगापुर से भागकर एक ही बार छुटकारा पाने का भी कोई उपाय न था, कुछ ही दिनों में प्रायः सभी विप्लवी पकड़े गए—अंग्रेजी अखबारों मे छपा, सिंगापुर में एक दंगा हो गया, किन्तु अंग्रेज गवर्नमेण्ट और भारतीय विप्लव दल दोनों ही की समझ में निःसंशय रूप से आ गया कि विप्लवियों का देशी सिपाहियों को हाथ में कर लेना कुछ वैसी कठिन बात नहीं है।

सिंगापुर की दुर्घटना के बाद 'गदर' दल के दो-एक बचे हुए व्यक्ति बर्मा चले आये और पूरे उद्यम से फिर वे देशी सेना में विप्लव की बात का प्रचार करने लगे। एक तरफ से बर्मा के सेनादल में विप्लव प्रचार चलने लगा, दूसरी तरफ वैसे ही बर्मा के सीमान्त पर स्याम में भी जर्मनों की सहायता से विप्लव का आयोजन होता रहा। उत्तर स्याम प्रदेश में जर्मन इंजीनियरों की अधीनता में एक रेलवे लाइन तैयार होती थी। इस कार्य में अधिकांश मिस्त्री और मजदूर पंजाबी ही थे। इसी रेलवे लाइन की दिशा से बर्मा पर आक्रमण करने की योजना चलने लगी। अमेरिका, चीन आदि देशों से लौटे हुए सिक्ख और पंजाबी यहीं स्याम के सीमान्त में इकट्ठे होने लगे।

शिवदयाल कपूर नामक एक सिक्ख (पंजाबी) अमेरिका से लौटते समय शांघाई आए। शांघाई के एक जर्मन ने इन्हीं की मार्फत बहुत-सा रुपया बैंकाक

के जर्मन कौन्सल के पास भेजा। इस रुपए का कुछ अंश बर्मा जाने वाले सिक्खों की खातिर खर्च हुआ और बाकी बैंकाक के एक बंगाली वकील की मार्फत बंगाल के विप्लवियों के पास भेजा गया। कहते हैं, इसी बंगाली वकील ने, यह सब विप्लवायोजन की बात अन्त में अंग्रेज गवर्नमेण्ट के सामने खोल दी। जो विप्लवा-योजन युद्ध छिड़ने से बहुत पहले से ही करना उचित था जब वही आयोजन युद्ध के समय में बड़ी दौड़-धूप में किया गया, तब ऐसे तुच्छ जीवों से भी काम लेना आवश्यक हो गया। न जाने किसकी सिफारिश पर इस बंगाली वकील को इस काम पर लगाया गया था। जो भी हो, इस प्रकार विदेश की विप्लव योजना विफल हुई।—किन्तु बर्मा के कार्यकर्ताओं ने एक बार और विप्लव की चेष्टा कर देखी।

सोहनलाल पाठक और नारायणसिंह ये दो जने एक बार फिर बर्मा में विभिन्न स्थानों की छावनियों में जाकर सिपाहियों के बीच विप्लवमन्त्र का प्रचार करने लगे। सोहनलाल बर्मा के एक गोलन्दाज सिपाहियों के दल में अंग्रेज-विद्वेष फैलाने लगे, अंग्रेजों की तरफ रहकर प्राणों की बलि देने में कुछ भी सार्थकता नहीं है, यही बात उन्हें समझाने लगे। यदि प्राण देने ही हों तो स्वदेश और स्वधर्म के लिए प्राण देने का कितना महान् गौरव है, यह भी सिपाहियों को समझाने लगे। सिपाहियों द्वारा भले ही उनका कोई अनिष्ट न हुआ किन्तु सिपाहियों के एक जमादार ने एक दिन सोहनलाल को पकड़ लिया। उस दिन उस जगह उस जमादार और सोहनलाल के सिवाय और कोई नही था। सोहनलाल के जामे की पाकेट में तब दो-तीन रिवाल्वर और भरपूर गोलियाँ भी थीं, किन्तु क्या जाने सोहनलाल उस घड़ी किसी स्वप्न की खुमारी में थे कि उस दिन रिवाल्वर की सहायता से उन्होंने उस प्राणघाती जमादार के हाथ से मुक्ति पाने की कोई चेष्टा ही नहीं की। उस दिन ऐसी अवस्था में सोहनलाल के मुँह से केवल कुछ ऐसे ही शब्द निकले थे—"अरे भाई तू मुझे पकड़ा देगा? तू क्या भूला जाता है कि मैं तेरा भाई हूँ? भाई होकर भाई को पकड़ा देगा? भाई को पकड़ा देने में तुझे क्या कुछ भी दर्द नहीं होता? अरे, तू कैसा भाई है, भाई होकर भाई को पकड़ाए देता है?" लेकिन जमादार सोहनलाल को खींच ही ले चला। यह सच है कि सोहनलाल बहुत बलिष्ठ न थे किन्तु यह बात भी सच है कि कोई भी आदमी दूसरे एक आदमी को किसी और की सहायता बिना पूरी तरह क़ाबू नहीं कर सकता, चाहे वह कितना ही बलवान् व्यक्ति क्यों न हो। असल बात यह है कि सोहनलाल ने उस स्वार्थान्ध जमादार के ऊपर जरा भी शारीरिक बल का प्रयोग नहीं किया। इस प्रकार अंग्रेजों के पंजे में पड़ने का अर्थ उनके सामने खूब सुस्पष्ट था, इच्छा होती तो वे उस प्राणलोलुप जमादार के हाथ से, रिवाल्वर की सहायता से क्षणभर में छुटकारा पा सकते थे। किन्तु न जाने भगवान् ने उनके मन को उस घड़ी किस दिव्य-लोक में भेज दिया था—वे मानो उस दिन इस संसार में एकदम थे ही नहीं।

सोहनलाल जेल में डाल दिये गए सही, किन्तु जेल के किसी नियम का पालन वे न करते थे। जेल के अधिकारी जेल के परिदर्शन के लिए आते तो सारे क़ैदी जिस प्रकार आईने के मुताबिक उनको सम्मान दिखलाते थे, सोहनलाल वैसा न करते। वे कहते—मैं अंग्रेज़ों के राजत्व को ही जब अन्याय और अत्याचार मानता हूँ तब अंग्रेज़ों की जेल के नियमों का ही क्योंकर पालन करूँ?" जेल सुपरिण्टेण्डेण्ट अथवा जेलर उनके सम्मुख आते तो वे और सबकी तरह सम्मान के लिए उठकर खड़े न होते, इसी से जब बर्मा के लाटसाहब सोहनलाल के पकड़े जाने के ठीक बाद ही जेल का परिदर्शन करने आए, तब जेलर साहब ने अत्यन्त संकोच के साथ सोहनलाल से अनुरोध किया कि वे कम-से-कम लाटसाहब को तो सम्मान दिखाएँ, किन्तु वे इस पर सहमत न हुए। किन्तु ऐसे निर्भीक और आत्ममर्यादा पर इस प्रकार सुप्रतिष्ठित होते हुए भी सोहनलाल मनुष्य के साथ मनुष्य की तरह व्यवहार करते थे, कभी किसी प्रकार की अभद्रता नहीं दिखाते थे। कोई उनके साथ बात करने आए तो वे भद्रतापूर्वक यथोचित सम्मान करके उससे बात करते। कोई उनके साथ खड़ा होकर बात करे तो वे भी खड़े होकर बात करते। इसी से लाटसाहब के सोहनलाल के पास आने से ठीक पहले जेलर सोहन के पास आकर खड़े होकर बात करने लगे। इसीलिए लाटसाहब के आने पर नए सिरे से उन्हें खड़ा नहीं होना पड़ा, और इस प्रकार जेलर ने अपनी और लाटसाहब की मर्यादा की उस बार रक्षा की।

लाटसाहब ने प्राय: दो घण्टे सोहनलाल के साथ वार्तालाप किया। लाटसाहब ने सोहनलाल से बड़ा अनुरोध किया कि वे क्षमा माँग लें; लाटसाहब ने कहा कि वे केवल एक बार क्षमा की प्रार्थना कर दें, बस, उनकी प्राणदण्ड से रक्षा हो जायगी। सोहनलाल ने लाटसाहब को भली प्रकार समझाकर कहा कि इस समय जो कुछ अन्याय या ज़ोर-ज़ुल्म हो रहा है, सब अंग्रेज़ों की तरफ से ही हो रहा है, अंग्रेज़ों ने केवल डंडे के ज़ोर से इस देश पर दख़ल किया है और डंडे के ज़ोर से ही इस देश में शासन कर रहे हैं, इसलिए क्षमा-प्रार्थना यदि किसी को करनी चाहिए तो लाटसाहब को ही,—सोहनलाल ने यह सब बात लाटसाहब को समझा देनी चाही।

फाँसी होने के दिन जब सोहनलाल को फाँसी के तख्ते पर खड़ा किया गया तब भी एक अंग्रेज़ मैजिस्ट्रेट ने उन्हें फिर एक बार समझाया कि अब भी यदि वे केवल मुँह से क्षमा-प्रार्थना कर लें तो एकदम उनकी प्राण-दण्ड से रक्षा हो सकती है। इस अंग्रेज़ अधिकारी ने सोहन से कहा कि उनके पास आदेश आया है कि अन्तिम बार एक दफ़ा फिर सोहनलाल से क्षमा-भिक्षा माँगने के लिए अनुरोध किया जाय। जीवन और मरण के सन्धि-स्थल में खड़े सोहनलाल के मुँह की ओर जेल के कर्मचारी और राज्याधिकारी अवाक् होकर ताक रहे थे। सोहनलाल धीरे-धीरे मुस्कराने लगे और अनायास ही बोले—"क्षमा माँगनी हो तो अंग्रेज़ तुमसे क्षमा माँगें, मैं किसलिए तुम्हारे पास क्षमा माँगने आऊँगा।" अंग्रेज़ राज्या-

धिकारी ने फिर भी सोहनलाल से बड़ा अनुरोध किया, अनेक प्रकार समझाया कि वृथा प्राण देकर कुछ लाभ नहीं होगा। अन्त में सोहनलाल कुछ सोचकर बोले—"देखो, यदि मुझे बिलकुल छोड़ दो और यदि मैं इच्छानुसार चला आ सकूँ, तो क्षमा प्रार्थना करनेको प्रस्तुत हूँ।" अंग्रेज राज्याधिकारी ने दु:खित होकर कहा, "वैसा कोई अधिकार उनके हाथ में नहीं है।" सोहनलाल ने कहा, 'तो और ज़रा भी देर न करो, अपने कर्तव्य का पालन करो, और मुझे भी अपना कर्तव्य पूरा करने दो।"

सोहनलाल को फाँसी हो गई।

बर्मा के मुसलमान विप्लववादियों ने फिर बकरीद के समय विप्लव का आयोजन किया। किन्तु आयोजन पूरा न होने से विप्लव का दिन पच्चीस दिसम्बर तक हटा दिया गया। बर्मा की मिलिटरी पुलिस की एक बारक में रिवाल्वर, डाइनामाइट आदि बहुत-सी चीज़ें पकड़ी गईं और उसके बाद बर्मा के सब सन्देह-जनक व्यक्तियों को डिफेंस ऑफ़ इंडिया ऐक्ट के अनुसार नज़रबन्द करा दिया गया। उसके बाद बर्मा में कोई उपद्रव नहीं हुआ है।

6

परिणाम

विप्लवियों की सभी चेष्टाएँ बार-बार व्यर्थ हुई, उसका फल यह हुआ कि स्वदश में और विदेश में भिन्न-भिन्न राजशक्तियों की चक्की मे पिसते हुए उनकी लांछनाओं की सीमा न रही। स्वदेश की तो बात ही नही, विदेश में भी वे एक देश से दूसरे देश को मारे-मारे फिरने लगे और स्वदेश में 'भारत रक्षा आईन' के नीचे ज़रा-सा सन्देह होते ही दल-के-दल युवकों को जेलों में या गांवों की नज़रबन्दी में ठेल दिया जाता। जिनके विरुद्ध तनिक-सा भी प्रमाण पाया गया, उन्हें अंग्रेज़ सरकार के हाथ कठोर दण्ड भोगना पड़ा। अनेकों ने फाँसी के तख्ते पर जीवन दिया, बहुतों को कालापानी हुआ। पुलिस का उत्पात या जेल की कठोरता न सह सकने पर कई युवकों ने आत्महत्या का आश्रय लिया, इन सब करुण-कथाओं ने कितने ही तरुण युवकों की माताओं के दिल निष्ठुरता से टुकड़े-टुकड़े कर डाले। विप्लव दल प्रायः छिन्न-भिन्न हो गया। विप्लवियों के नेता या तो जेल मे डाले गए, या फाँसी के तख्ते पर चढ़े। विप्लव दल जब इस प्रकार छिन्न-भिन्न होकर देश के चारों ओर बिखर गया तब अनेक स्थानों पर पुलिस के साथ उनके जो सब सघर्ष हुए, विप्लव युग के इतिहास में वे स्मरणीय रहेंगे।

पजाब के विप्लवान्दोलन की गम्भीरता और व्यापकता जब प्रकट हो गई, तब गवर्नमेंट जान गई कि इस विप्लव दल की अब किसी प्रकार अवहेलना करने से काम न चलेगा। भारत के प्रवीण, विज्ञ और राजनीति-विशारद नेता लोग बहुत समय से यह बात कहते आते थे कि भारत का यह विप्लव प्रयास बिलकुल लड़कपन है, किन्तु अंग्रेज़ गवर्नमेंट यह बात अच्छी तरह जान गई थी कि इन विप्लवियों को यदि कुछ दिन भी निर्विघ्न रूप से अपने अभीष्ट के अनुसार काम करने का अवसर और सुयोग मिल जाय तो भारत की अवस्था में सचमुच एक अभूतपूर्व परिवर्तन हो जायगा। भारतीय विप्लववादियों के लिए क्या-कुछ कर डालना सम्भव है, इसकी अंग्रेज़ गवर्नमेंट जैसी कल्पना करती थी, भारत के राजनीतिक नेताओं ने वैसी कल्पना कभी नही की। अण्डमन जाने से पहले कुछ ऊँचे अंग्रेज़ अधिकारियों के साथ मेरी इस विषय में अनेक बार बातचीत हुआ करती थी। इनकी बातचीत से मैं समझ पाया था कि गवर्नमेंट भारत के भिन्न-भिन्न आन्दोलनों में से एकमात्र विप्लवान्दोलन को चिन्ता करने लायक

गिनती थी, इसी से इस गवर्नमेंट में जो कुछ जहर था, इन्हीं विप्लवियों पर उसका प्रयोग किया गया। इसी से पंजाब के विप्लव आन्दोलन का पता लगते ही भारत सरकार ने भारत के मंगल के लिए 'भारत-रक्षा-आईन' के समान अत्यन्त कठोर शासन-प्रणाली जारी कर दी।

इतिहास में जो चिरकाल से होता आता है, भारत की बारी में भी उससे उलटा नहीं हुआ। जब कोई पराधीन जाति जागने लगती है तब उस जागरण को व्यर्थ करने के लिए ऐसी ही कठोर शासन-नीति जारी की जाती है। किन्तु जाति जब सचमुच जाग उठती है तब संसार की कोई भी कठोर नीति उस जागरण को व्यर्थ नहीं कर सकती, वरन् इस तरह की कठोर दमन-नीति के द्वारा जाति की केवल शक्ति-परीक्षा होती है। जाति में यदि सचमुच प्राणों की कुछ शक्ति हो तो यह सब कठोरता जागृति की रुकावट न होकर सहायक हो जाती है। इसी से जागरण के दिन राजकोप को वास्तव में कोप न समझकर भगवान् का अनुग्रह समझना उचित है। भारत के विप्लवियों ने भी सचमुच कभी भी इस दमन-नीति के लिए अंग्रेज़ों को दोषी नहीं ठहराया, प्रत्युत वे तो यह सोचते थे कि इन सब कठोरताओं में से गुज़ारकर भगवान् हमें जाति को पुनरुज्जीवित करने के लिए आह्वान करते हैं। वे जानते थे कि पराधीन जाति का स्वाधीनता-प्रयास इन सब कठोरताओं में से गुज़रकर ही सार्थक होता है। सभी दमन-नीति मानो एक प्रकार के मीलों के पत्थर (Milestone) हैं। कौन पराधीन जाति स्वाधीनता प्राप्ति के पथ में कितनी आगे बढ़ी है यह सब दमन-नीति ही मानो उसका परिचय देती है, भारतीय विप्लववादी यही विश्वास करते थे। इसी विश्वास के कारण वे सब दु:ख-लांछनाएँ प्रफुल्ल-वदन से सह सके, प्राणों के बलिदान से ही जाति में प्राणों का संचार होता है, इसी विश्वास से वे प्राणों की बलि देने से भी घबराते न थे।

डिफेंस ऑफ़ इण्डिया ऐक्ट जारी होने के बाद से समरी ट्रायल्स (संक्षिप्त मुकद्दमे) आरम्भ हो गए। बारी-बारी से पंजाब में तीन षड्यन्त्र केस चले। प्रत्येक मामले में साठ-सत्तर आसामी थे। इन सब मुकद्दमों के फलस्वरूप पंजाब में एक साथ अट्ठाईस व्यक्तियों को फाँसी हुई। मेरठ पलटन में ग्यारह व्यक्तियों को फाँसी हुई, सातवीं राजपूत सेना में कई व्यक्तियों को सम्भवत: दिल्ली में फाँसी हुई, जिन्हें फाँसी न हुई, उन्हें प्राय: सभी को कालापानी हुआ। ऐसी अवस्था के बाद भी पंजाब के बचे हुए विप्लवियों के बीच फिर विप्लव की योजना चलने लगी। कुछ अकाली दल इन सब क़ैदी विप्लवियों को जेल से छुड़ाने के इरादे बाँधने लगे। सिक्खों के एक और दल ने अस्त्र-शस्त्र की ओर ध्यान दिया। उन दिनों बड़े-बड़े रेलवे-स्टेशनों पर और बड़े-बड़े पुलों के नीचे हथियारबन्द सिपाहियों का पहरा रहता था। एक बार विप्लवियों के एक छोटे-से दल ने, जान पड़ता है, केवल सात-आठ व्यक्तियों ने मिलकर अमृतसर के पुल के सिपाहियों पर एकाएक हमला कर दिया। वहाँ पंद्रह सिपाही, पंद्रह मैगज़ीन राइफ़लें और प्राय: सात

सौ पचास कारतूस थे। सात-आठ पिस्तौलधारी विप्लवी सात सौ पचास कारतूस समेत पंद्रह-की-पंद्रह राइफलें छीन ले गए। किन्तु उस समय दल की कुछ अच्छी विधि-व्यवस्था न रहने से थोड़े दिनों में ही बन्दूकों समेत पाँच विप्लवी पकड़े गए। उन पाँचों को फाँसी हुई। इससे पहले ही अट्ठाईस व्यक्तियों को फाँसी हो चुकी थी। इन्हें फाँसी देने के बाद भी फिर से कुछ सिक्ख स्कूल-मास्टरों ने मिलकर विप्लव की धारा को अक्षुण्ण रखने की चेष्टा की, सम्भवतः उसका सिलसिला आज भी चलता होगा। डा० मथुरासिंह आदि कई विप्लवी भारत त्यागने के बाद अफ़ग़ानिस्तान में से होकर फ़ारस में और मेसोपोटामिया की भारतीय सेनाओं में विप्लव की बातों का प्रचार करते रहे। एक बार घटना-क्रम से डा० मथुरासिंह भारत-अफ़ग़ानिस्तान के सीमान्त प्रदेश में पकड़े गए। उन्हें भी फाँसी हुई। जो इस प्रकार फाँसी और कालापानी से बच पाए उनमें से अनेकों को इण्टर्नमेंट (नज़रबन्दी) भोगनी पड़ी। उस युग में बंगाल और पंजाब की जितनी इण्टर्नमेंट और किसी प्रान्त में नहीं हुई, और कालापानी और फाँसी उस बार पंजाब में ही और सब प्रान्तों की अपेक्षा अधिक हुई।

उक्त प्रदेश में भी बनारस षड्यन्त्र मामले के बाद मैनपुरी को केन्द्र बनाकर प्रायः एक बरस-भर में ही फिर एक बड़ा विप्लव दल उठ खड़ा हुआ। इस विप्लव दल की बात भी प्रायः दो-एक बरस के बीच ही प्रकाशित हो गई। इस प्रसंग में एक बात कह देना चाहता हूँ; रूस में प्रायः कोई भी विप्लवी दो मास से अधिक समय तक अप्रकाशित रूप से काम न कर पाते थे। दो महीने के अन्दर ही या तो वे राज्य से दण्ड पा जाते थे, या उन्हें देश छोड़कर विदेश का आश्रय लेना पड़ता था। भारतवर्ष में अब तक प्रायः देखा गया है कि यहाँ विप्लवियों का कार्यकलाप और उनका परिचय दो बरस से अधिक समय गुप्त नहीं रह पाता।

बंगाल में उस समय फाँसी और कालापानी की अपेक्षा नज़रबन्दी ही अधिक हुई। इन नज़रबन्दियों के कारण बंगाल का विप्लव दल बहुत-कुछ टूट गया, तब यह विप्लव दल भिन्न-भिन्न भागों में बँटकर देश मे बिखर गया। उस समय यदि विप्लवियों के हाथ में उपयुक्त परिमाण में अस्त्र-शस्त्र रहते तो वे सरकार का राज्य चलाना असम्भव कर डाल सकते थे।

उस समय तक रासबिहारी काशी में ही थे। एक दिन केन्द्र से संवाद आया कि बंगाल के प्रसिद्ध विप्लवनेता श्रीयुत यतीन्द्रनाथ मुखोपाध्याय को अज्ञातवास में रहना होगा, और उन्होंने काशी में आकर रहने की इच्छा प्रकट की है। हमने परामर्श करके देखा कि उन्हें काशी में बेखटके रहना कुछ ऐसी कठिन बात नहीं है; किन्तु हमने यह भी देखा कि काशी के बाहर उनके दल की भूल-चूक के कारण काशी पर भी विपत्ति आ सकती है। जिस दल की प्रत्येक विधि-व्यवस्था अपने नियन्त्रण के अधीन हो उसकी भूल-चूक के लिए दायित्व लिया जा सकता है, और उस अवस्था में भूल-चूक पकड़ना और उसका संशोधन करना भी अपनी ताक़त में होता है। किन्तु जिस दल की विधि-व्यवस्था के ऊपर अपना कोई हाथ

नहीं, उसकी भूल-चूक पकड़ने का सुयोग कहाँ होता है ? यह सच था कि बंगाल के बहुत-से क्षुद्र-क्षुद्र दल यतीन बाबू के नेतृत्व के अधीन सम्मिलित हो गए थे, किन्तु वे पूर्व बंगाल की अनुशीलन समिति के साथ अथवा चन्दननगर के विप्लवियों के अर्थात् रासबिहारी के साथ सम्मिलित न हुए थे, और न होने की कोई चेष्टा ही करते थे, जापान जाने से पहले रासबिहारी ने उनके साथ भेंट करने की बहुत चेष्टा की, किन्तु जिस किसी कारण से हो, भेंट न हो सकी। ख़ैर, जो भी हो, जब यतीन बाबू के काशी आने की बात चली तब हमने सब तरफ़ देख-भालकर उन्हें काशी में रखने का भार लेना स्वीकार कर लिया, किन्तु क्या जाने क्यों उन्होंने ख़ुद ही काशी न आना ही तय किया।

उस समय भी यतीन बाबू कलकत्ता छोड़कर गए नहीं। एक दिन वे अपने पाथुरियाघाट वाले एक मकान पर आये हुए थे। वहाँ और भी कई फ़रार विप्लवी थे। उस समय उसी घर में घटनाक्रम से थोड़े दिनों का परिचित एक आदमी आ उपस्थित हुआ। इस आदमी पर वे गुप्तचर होने का सन्देह करते थे, इसी से भली प्रकार आगे-पीछे देख-भाल करने से पहले ही विप्लवियों में से एक ने इस थोड़े दिन के परिचित आदमी को देखते ही गोली दाग़ दी। सुविधा होती तो यतीन बाबू को गवर्नमेंट निश्चय से पकड़ लेती। यतीन बाबू को बचाने की ख़ातिर ही सम्भवतः इस युवक ने इस प्रकार गोली दाग़ दी थी। यह बात सच है कि यतीन बाबू ने गोली नहीं मारी, किन्तु इस व्यक्ति ने डाइंग-डिक्लेरेशन (मरते समय के इज़हार) में यतीन बाबू के नाम पर ही गोली मारने का अभियोग लगा दिया। इस प्रकार यतीन बाबू के नाम पर फाँसी का परवाना लिखा गया। जब उस व्यक्ति को गोली ही मारनी थी तब फिर डाइंग-डिक्लेरेशन देने का सुयोग क्यों दिया गया, यह कह नहीं सकता।

लाचार यतीन बाबू को दूसरी जगह जाना पड़ा। यतीन बाबू के लिए एक निरापद स्थान ठीक हुआ। वहाँ जाने का समय आया तो यतीन्द्रनाथ अपने साथियों से कह उठे, "जब तक मैं भली भाँति न जान लूँ कि तुमने और सबके लिए भी ऐसे ही निरापद स्थान ठीक कर रखे हैं, जैसा मेरे लिए किया है, तब तक मैं तुम्हारा यह बन्दोबस्त मान नहीं सकूँगा, हम सब बरख़ास्त किये हुए सिपाही हैं, हर घड़ी मृत्यु का आदेश सुनने की प्रतीक्षा में हैं, इसीलिए सभी एक संग रहना चाहते हैं, जिससे एक प्रभावशाली मुठभेड़ (effective struggle) की जा सके, which will create a moral impression जिससे जनता पर एक नैतिक प्रभाव हो सके।

अन्त में उनकी इच्छानुसार ही व्यवस्था हो गई, जिससे वे लोग पाँच व्यक्ति बालेश्वर के निकट एक अड्डा बनाकर रहने लगे। इधर विप्लवान्दोलन भी बन्द नहीं हुआ। दूर बालेश्वर में रहते हुए भी यतीन्द्र बाबू विप्लव कार्य की परिचालना करते थे। यदि विप्लवी लोग भागकर फिर से विप्लव के कार्य में ध्यान न देकर निश्चेष्ट होकर केवल अपने को गुप्त रखने का ही ख़याल करते, तो मालूम

होता है, कोई भी विप्लवी पकड़ा न जाता। विप्लवी लोग अपने को गुप्त रखकर भी बराबर विप्लव कार्य में लिप्त रहते थे, इसी कारण वे बार-बार विपत्ति में पड़ते थे। किन्तु केवल प्राण बचाना ही तो विप्लवियों का उद्देश्य न था। जीवन यदि देश के काम में न लगा तो जीवन बना रहने से क्या बनेगा, यही थी विप्लवियों की धारणा। उधर पूर्व परिच्छेद में उल्लिखित उसी बैंकोक के वकील ने जब विप्लवायोजन के सब सम्वाद सरकार के पास खोल दिये तब उसी सिलसिले में कलकत्ता में और कुछ धर-पकड़ हुई। इसी सूत्र से फिर यतीन्द्रनाथ के अड्डे का सम्वाद भी पुलिस को मिल गया। यतीन्द्रनाथ को भी पता लग गया कि पुलिस को उनका सुराग मिल गया। वे चाहते तो उसी समय भाग सकते थे, पर तुच्छ प्राणों के डर से यतीन्द्रनाथ भागना न चाहते थे। उद्देश्य-सिद्धि के लिए यदि उन्हें दूसरी जगह जाना होता तब भी वे अपने साथियों को छोड़कर भागने को राजी न थे। वे अपने साथियों के जीवन और अपने जीवन में कोई भेद न देखते थे। इसी से तय हुआ कि सभी एक संग ही जाएँगे, किन्तु उनके साथियों में से दो उस समय बारह मील दूर घने जंगल में थे। उनका किसी प्रकार भी छोड़कर जाना नही हो सकता। यतीन्द्रनाथ अपने दूसरे संगियों को ले अँधेरी रात में पहाड़ी रास्ते से जंगल के बीचोंबीच अपने साथियों को लाने के लिए चल पड़े। अपरिचित रास्ते पर बारह मील रास्ता तय करके फिर बारह मील वापस आकर दूसरी जगह जाना असंभव था। तब भी यतीन्द्र बाबू का हृदय इसे असम्भव कहकर रह नही सकता था। असाध्य साधन ही उनके जीवन का व्रत था—उस दिन भी उस असाध्य साधन में ही वे अग्रसर हुए। लौटते हुए रात बीत गई। उस समय जंगल के साथ-साथ गाँवों के पड़ोस मे नदी के किनारे-किनारे चौकियाँ बैठ गई थी; किन्तु इतना आयोजन होने पर भी वे बस्ती में घुसकर बालेश्वर की ओर भाग चले। उनके साथ चित्तप्रिय, मनोरंजन, नीरेन्द्र और ज्योतिष ये चार युवक थे। उस समय सबेरा हो गया था, गाँव के लोगों को पुलिस ने समझा दिया था कि एक भयकर डकैतों का दल उनके इलाक़े में छिपा हुआ है, उन्हें पकड़ने अथवा पकड़ा देने पर यथेष्ठ पुरस्कार दिया जायगा। पिछले दो दिन यतीन्द्रनाथ को खाना या सोना कुछ नसीब न हुआ। दिन दोपहर की धूप में उन्हें फिर भी ग्राम, नदी, नाले पार करके चलना पड़ रहा था। राह में एक नदी पार होते समय माझी से कहा कि सारा दिन उन्हें कुछ खाने को नही मिला, थोड़ा-सा भात राँध दे तो उनके प्राण बचें, किन्तु हिन्दू माझी अपने जन्म-जन्मान्तरों के संस्कारों की रक्षा में ही व्यस्त रहा ब्राह्मण की प्राण-रक्षा हो या न हो, ब्राह्मण को भोजन करा के वह नरक जाने को प्रस्तुत न था, वह नीच जाति का होकर ब्राह्मणों को किसी प्रकार भात राँधकर न दे सकता था, इसी कारण भात राँधने की हाँडी भी न दे सकता था। इधर पुलिस को भी सन्धान मिल गया कि यतीन्द्रनाथ अमुक गाँव में से गुजर रहे हैं। यतीन्द्रनाथ के पीछे-पीछे सशस्त्र पुलिस दल छूट पड़ा। इस प्रदेश में यदि विप्लवियों का आर्गनिजेशन(संगठन) रहा

होता तो उस विपत्ति में भी वे रक्षा पा सकते थे। किन्तु आर्गेनिजेशन न रहने से उन्हें क्रमशः एक गाँव से दूसरे गाँव भागना पड़ा। इस प्रकार सन्ध्या के बाद बालेश्वर के निकट एक जंगल में आ उपस्थित हुए। उस समय ज़िले के मैजिस्ट्रेट और ज़िले के सुपरिण्टेण्डेण्ट, आर्म्ड (सशस्त्र) पुलिस सर्चलाइट (search light) इत्यादि खण्डयुद्ध (skirmish) का सब सरंजाम संग लेकर यतीन्द्रनाथ के पीछे दौड़ते आते थे। यतीन्द्रनाथ दल सहित आगे-आगे जा रहे थे, और पीछे पुलिस दल दो भागों में बँटकर जंगल के दोनों बाज़ू पर सर्चलाइट छोड़ते हुए क्रमशः एक-दूसरे के नज़दीक होते हुए यतीन्द्रनाथ का पीछा कर रहा था। इस प्रकार जंगल में से खिसक जाना यतीन्द्रनाथ के लिए सम्भव न रहा। भोर भी हो गया। अब और निस्तार नहीं—पुलिस बहुत ही निकट थी। उस समय यतीन्द्रनाथ के साथियों ने सजल नेत्रों से प्रार्थना की—वे मरते हैं तो मरें, यतीन्द्रनाथ कपटवेष से दूसरी जगह निकल जायँ। किन्तु यतीन्द्रनाथ ने यह प्रस्ताव नहीं माना। वे बोले—"प्यारे भाई, देखो, विचार करो, हम सब पिता-माता की स्नेहमयी गोद, स्त्री-पुत्रों का माया-बन्धन, बन्धु-बान्धवों का प्यार-दुलार और घर की सुख-शान्ति छोड़कर आये हैं, एक संग काम करेंगे यही कहकर न ? अब इस विपत्ति के समय वह प्रण क्योंकर छोड़ दें ? मनुष्य तो अमर नहीं है। एक-न-एक दिन उसे मरना ही होगा। तब कायरों की तरह मरने से लाभ क्या !"

युद्ध करना ही तय पाया। एक ओर प्रायः हज़ार से अधिक गाँववाले, डाकू पकड़े जा रहे हैं यह समझकर, हथियारबन्द पुलिस सेना का साथ दे रहे हैं—दूसरी ओर हैं केवल पाँच विप्लवी ! वे फिर जंगल छोड़कर गाँव मे आ घुसे। भूख, अनिद्रा और राह की मेहनत से वे सभी हारे-थके थे। एक पैसे का चना-चबेना खरीदकर खा लेने का भी चारा न था। इतने मे दोनो दलों ने एक-दूसरे को देख लिया, दोनों ओर से गोली चली। पुलिस की ओर के एक साहब विप्लवियों की ओर ज़रा अधिक आगे बढ़े, उसी समय चित्तप्रिय की एक गोली से उनकी टोपी आसमान में उड़ गई। पुलिस के साहब फिर आगे न बढ़े। विप्लवी लोग ऊँची-नीची ज़मीन पर लेटकर निशाना बाँधकर गोली छोड़ने लगे। पुलिस की ओर से भी धारा-प्रवाह गोलियाँ बरसने लगीं। इस प्रकार प्रबल शत्रुओं के मुक़ाबले में थके-माँदे, भूखे-प्यासे पाँच आदमी कब तक युद्ध कर पाते ? विप्लवियों की गोलियाँ भी खतम होने को आईं। वे सभी घायल हो गए थे। किन्तु घायल होने पर भी उन्होंने हथियार नहीं रखे। इतने में एक घातक गोली आकर चित्तप्रिय को अमर-धाम ले गई, और सब भी उस समय बुरी तरह घायल थे। यतीन्द्रनाथ उस समय साथियों से बोले, "अब और शक्ति क्षय करने से कुछ लाभ न होगा। चित्तप्रिय गया, मैं भी बचूँगा नहीं, तुम अब वृथा प्राण न दो, शायद तुम फिर भविष्य में कुछ काम कर सको," किन्तु साथी लोग लड़कर प्राण देना चाहते थे, पर यतीन्द्रनाथ उनके प्राण बचाना चाहते थे। अन्त में उन्होंने यतीन्द्रनाथ के आग्रहपूर्ण अनुरोध से आत्मसमर्पण कर दिया। बहुत खून गिरने से

यतीन्द्रनाथ का शरीर अवसन्न होकर गिर पड़ा, प्यास से उनका गला सूख गया था। डूबती आवाज़ में उन्होंने कहा, "पानी!" बालक मनोरंजन के शरीर से उस वक्त रक्त-धारा बह रही थी। किन्तु नेता की इस अन्तिम आकांक्षा को पूर्ण करने के लिए वह उस समय भी पास के जलाशय से चादर भिगोकर पानी लाने के लिए चल पड़ा। इस दृश्य से पुलिस के साहब भी पिघल गए। वे मनोरंजन से बैठने को कहकर कोई बर्त्तन न होने से अपनी टोपी में ही जल भरकर मरते आदमी के मुँह में डालने लगे। गले में पानी पहुँचने पर यतीन्द्रनाथ के मुँह से बात निकली, उस समय स्निग्ध मधुर हँसी हँसकर वे साहब से बोले, "इस मामले में मैं ही अकेला उत्तरदायी हूँ, इन मेरे साथियों ने मेरे आदेश का ही पालन किया है।" यतीन्द्रनाथ ने कटक के अस्पताल में प्राण-त्याग किया। मनोरंजन और नीरेन्द्र को फाँसी हुई। ज्योतिष को आजन्म कालेपानी की सज़ा मिली। यही ज्योतिषचन्द्र बच गए थे, इसी से उनके पास से यह सब संवाद पाकर आज हम देशवासियों को दे सके हैं। अण्डमन जेल मे नाना रूप निर्यातनों को सह न सकने से ज्योतिषचन्द्र वहीं पागल हो गए थे। आजकल सुना है वे बहरामपुर के पागलखाने में रहते हैं।[1]

मृत्यु की गोद में बैठे हुए, कटक के फाँसी-घर के अँधेरे कोने से मनोरंजन और नीरेन्द्र ने जो अन्तिम चिट्ठी कलकत्ते भेजी थी, उस अतीत की स्वप्नमय कहानी प्रकाशित करते हुए छाती मे कैसे-कैसे स्पन्दन अनुभव होते हैं! उन्होने लिखा था—

"चित्तप्रिय और दादा (भैया) चले गए, हम भी जाते है। आशा है आप लोग पहले की तरह काम चलाएँगे। भगवान् आप लोगो को सफलता दान करेंगे। आज हमारे जीवन की विजयादशमी है। अलविदा! अलविदा! जो चले गए उन्हें लौटा लाने का कोई उपाय नही। किन्तु ज्योतिष की मुक्ति के लिए क्या करना चाहिए, यह उनके स्वदेशवासी ही निश्चय कर सकेंगे।"

इस चिट्ठी के प्रसंग से एक और चिट्ठी की बात याद आ गई। जैन-धर्मावलम्बी होते हुए भी उन्होने कर्त्तव्य की खातिर देश के मगल के लिए सशस्त्र विप्लव का मार्ग पकडा था। 'निमेज'[2] के खून के अपराध में वे भी जब फाँसी की कोठरी में क़ैद थे, तब उन्होने भी जीवन-मरण के वैसे ही सन्धिस्थल में अपने विप्लव के साथियों के पास जो पत्र भेजा था, उसका सार कुछ ऐसा था, "भाई, मरने से डरे नहीं और जीवन की भी कोई साध नही है; भगवान् जब जहाँ जैसी अवस्था में रखेंगे, वैसी ही अवस्था में सन्तुष्ट रहेंगे।" इन दो युवकों में से एक का

1. पीछे अख़बारों में छपा था कि ज्योतिषचन्द्रपाल बहरामपुर के पागलख़ाने में स्वर्गवासी हो गए।
2. निमेज के महन्त का वध सन् 1913 में हुआ था। रौलट कमेटी की रिपोर्ट के बिहार-उड़ीसा प्रकरण (आठवें अध्याय) मे उसका उल्लेख है।

नाम था मोतीचन्द और दूसरे का नाम था माणिकचन्द या जयचन्द ।

इन सब विप्लवियों के मत के तार ऐसे ऊँचे सुर में बँधे थे, जो प्रायः साधु और फ़क़ीरों के बीच ही पाया जाता है। इन सब विप्लवियों के जो प्रतिपक्षी थे, वे अंग्रेज भी अनेक बार दिल खोलकर इनकी प्रशंसा किए बिना नही रह सके। उस जमाने के खुफ़िया विभाग के सर्वेसर्वा, आजकल कलकत्ता के पुलिस-कमिश्नर मि० टेगार्ट ने, सुनते हैं, परलोक गत प्रतिष्ठित बैरिस्टर मि० जे० एन० राय को यतीन्द्रनाथ के सम्बन्ध में कहा था, "Though I had to do my duties I have great admiration for him. He was the only Bengali who died in an open fight from a trench." (यद्यपि मुझे अपना कर्त्तव्य पालना पड़ा, पर मेरे दिल में उसके लिए बड़ा आदर है। वह एकमात्र बंगाली था जो एक खुली लड़ाई में खन्दक से लड़ता हुआ मारा गया)।" किन्तु टेगार्ट साहब ने जिस समय यह बात कही थी उसके बाद और भी अनेक बंगाली ऐसी ही खुली लड़ाई में काम आए, उनका भी थोड़ा-सा परिचय पाठको को देता हूँ।

9 सितम्बर सन् 1915 को यतीन बाबू और उनके साथियों ने खुली लड़ाई में प्राण दिए। किन्तु उसके बाद भी प्रायः 1918 तक विप्लवियों के अस्तित्व का परिचय विशेष रूप से मिलता रहा। सन् 1916 के अन्तिम भाग में खुफ़िया विभाग के डिप्टी सुपरिण्टेण्डेण्ट बसन्तकुमार चट्टोपाध्याय पर, जो इससे पहले दो बार आश्चर्यमय तरीकों से बच गए थे, तीसरी बार विप्लवियों ने हाथ साफ़ किया। सन् 1917 में गोहाटी में विप्लवियों के साथ पुलिस का खंड-युद्ध (skirmish) हुआ, और सन् 1918 में ढाका में फिर पुलिस के साथ विप्लवियों का सशस्त्र मुकाबिला हुआ, जिसमें विप्लवियों के दो व्यक्ति खेत रहे। पाबना मे भी एक छोटी-मोटी मुठभेड़ हुई, इस सबके अलावा खून-डकैती तो जारी ही थी। इन सब सशस्त्र मुठभेडों का थोड़ा-बहुत परिचय यहाँ देते हैं। सम्भवतः सन् 1916 में विप्लव दल की ओर से बिहार में विप्लववाद का प्रचार करने को वीरभूम के नलिनी बाक्चि भागलपुर के कालेज में पढ़ने भेजे गए। कुछ ही दिन में इस बंगाली पर पुलिस की नज़र पड़ गई। नलिनी पढ़ना छोड़कर फ़रार हो गए। नलिनी छात्रवृत्ति पाने वाले अच्छे विद्यार्थी थे, पर छात्रवृत्ति के झंझट में कौन पड़े? नलिनी एकदम खालिस बिहारी बनकर बिहार के शहर-शहर में घूमने लगे। कुछ दिन बाद फिर पुलिस की नज़र में पड़े। नलिनी बंगाल आए तब था सन् 1917, बंगाल का उस समय बुरा हाल और ढेढ़े दिन थे—चारों ओर थी धर-पकड़, खाना-तलाशी, इण्टर्नमेण्ट (नज़रबन्दी), डिपोर्टेशन (देशनिकाला) और गोलियों की बौछार ! इसी से बंगाल में रहना तब बेखटके न था। विप्लव दल में तब यह फ़ैसला हुआ कि दल के अच्छे-अच्छे कार्यकर्त्ताओं को आसाम के किसी अच्छे स्थान में रिज़र्व फोर्स (सुरक्षित सेना) के रूप में रखा जाए। फलतः नलिनी वाक्चि, नलिनी घोष, नरेन बैनर्जी और अन्य अनेक लोगों ने गोहाटी (आसाम)

में आकर आश्रय लिया। सोते समय उनके बिछौने के तले भरी रिवाल्वरें रहतीं और उन्हीं में से एक-एक आदमी दो-दो घंटे के लिए पहरेदार के रूप में खिड़की के नजदीक सावधानी से बैठा रहता। कलकत्ते की पुलिस ने किसी गिरफ्तार विप्लववादी के पास से गोहाटी का संवाद पाकर, 9 जनवरी सन् 1917 को यह मकान घेर लिया। पहरेदार ने पुलिस को आते देख सबको जगा दिया, पर चुपचाप ही। रिवाल्वर और पिस्तौल हाथ में लेकर सभी बाहर आकर पुलिस पर गोलियाँ दागने लगे। इस एकाएक आक्रमण से पुलिस छिन्न-भिन्न हो गई, और इसी बीच विप्लवी भी पहाड़ की ओर खिसक गए, किन्तु तीसरे पहर अनगिनत सशस्त्र पुलिस ने आकर सारी पहाड़ी के आस-पास घेरा डाल दिया। दोनों ओर से गोली चली। बहुत-से घायल होकर पकड़े गए। इनमें से केवल दो जन पुलिस की आँख बचाकर भाग सके। इन दो में से एक यही नलिनी थे। छः दिन रास्ता चलकर पहाड़ पार होकर नलिनी लार्मडिंग स्टेशन पर आ पहुँचे। वह यात्रा क्या सीधी बात थी? बगैर खाये और सोये प्रतिदिन चढ़ाई-उतराई पर गोड़े तोड़ने पड़े थे। सदा पुलिस की नजर से अपने को बचाते हुए, कभी वृक्ष पर चढ़कर, कभी पहाड़ की चोटी पर--किसी चट्टान पर सोकर रात कटती थी। बराबर तेज़ चाल से पहाड़ की चढ़ाई-उतराई में चलते-चलते हाथ-पैर की तलियों मे दरारें पड़ गईं। फिर क्या केवल चलने का ही कष्ट था? पहाड़ की एक किस्म की चिपचिपी चिचड़ी नलिनी के माथे और पीठ में चिपट गई, अनेक तरह से खींचने-छुटाने से भी वह नहीं छूटी। इस चिचड़ी का विष चढ़ जाने की पीड़ा से जर्जरित होकर नलिनी एकदम बेहाल हो गए। अस्तु, मौत के साथ लड़ाई लड़कर आसाम की पुलिस के हाथ से बचकर नलिनी बिहार आए; किन्तु वहाँ रहना निरापद न था। यह देख वे फिर बंगाल चले आए। हावड़ा स्टेशन पर उतरकर जिनके मिलने की आशा की थी उनमें से किसी को न देख पाया। संग में एक रिवाल्वर था। कहाँ जाएँ? पखवाड़े से अधिक हो चुका था जब से न खाना, न सोना, न कोई और नियम रहा था, शरीर टूट चुका था, जहरीला कीड़ा तब भी माथे और देह में चिपटा हुआ था, हावड़ा में ही नलिनी को तेज बुखार हो गया। लाचार कोई उपाय न देखकर वे किले के मैदान के एक पेड़ के नीचे सो गए। मुर्दे की तरह दिन-रात वहीं पड़े रहे। परले दिन दैवयोग से उनके एक परिचित विप्लवी ने उन्हें देख लिया। उनके सब अंगों में उस समय चेचक के चिह्न दिखाई दिए। कलकत्ते में विप्लवियों की अवस्था उस समय अत्यन्त शोचनीय थी, प्रायः सभी विप्लवी पकड़े जा चुके थे। टका-पैसा तब किसी के हाथ में न था, दो-चार जन जो बाकी थे वे भी तब क्षीण आशा के साथ इधर-उधर घूमते फिरते थे। कलकत्ते की एक छोटी-सी कोठरी में उन्हें रखा गया। चेचक से उनकी आँखें और मुंह ढक गए, जिह्वा अचल हो गई थी। तीन दिन तक बात करना भी बन्द रहा। इस प्रकार पैसा पास न होने से चिकित्सा कराए बिना दिन काटते रहे। इस मकान में उस समय केवल एक और विप्लववादी अपने-आपको छिपाये हुए थे।

मृत देह की यथोचित क्रिया करने को भी लोग कैसे जुटेंगे, यह समझ में न आता था। सन् 1918 में विप्लवियों की अवस्था ऐसी ही शोचनीय हो गई थी। किन्तु नलिनी इस चेचक से भी मरे नहीं। मृत्यु और भी महनीय रूप में दिखाई देने के लिए उस समय तक ढाका में प्रतीक्षा कर रही थी। चंगे होकर नलिनी बुझते विप्लव दीप का भार लेकर फिर ढाका में आ रहे। नलिनी और तारिणी मजूमदार एक ही मकान में रहते थे। सन् 1918 की 15 जून को भोर के समय पुलिस ने फिर नलिनी का मकान घेर लिया। फिर दोनों ओर से गोली चली। तारिणी के अंगों में बहुत गोलियाँ लगने से वे वहीं मरकर गिर पड़े। नलिनी ने गोली खाकर भी भागने की चेष्टा की, परन्तु फिर बन्दूक की गोली से घायल होकर उनका शरीर भी जमीन पर लोटने लगा।

विप्लववादी नलिनी घायल अवस्था में अस्पताल में लेटाये हुए हैं—पुलिस नाम-धाम लेने में व्यग्र है,—डाइंग-डिक्लेरेशन—मरते समय का इजहार, माँगती है।

मृत्यु-शय्या पर लेटे हुए घायल विप्लववादी असह्य यन्त्रणा सहते हुए मृत्यु की प्रतीक्षा में हैं। ऐसे समय साधारण व्यक्ति अपने को छिपा नहीं सकता, वरन् इच्छा होती है कि उसके कार्यों को देशवासी भली भाँति जान जाएँ। जिनके लिए वह मरता है वे जान जाएँ कि किस प्रकार वह दूसरों के लिए प्राण दे गया, साधारण मनुष्य की यही इच्छा होती है। किन्तु विप्लववादियों की अपने को छिपाने की शैली साधारण नहीं होती। शिक्षा और साधना के बिना आत्मगोपन का वैसा सामर्थ्य आता ही नहीं। मृत्यु के समय भी इच्छा नहीं है, कोई उन्हें जान जाए, या कोई उनका 'मूल्य' समझ ले—कोई मैसेज (सन्देश) नहीं है[1]—'Unwept, unhonoured, unsung' ही वह जाना चाहता है! वह नहीं चाहता कोई उस पर आँसू बहाये, कोई उसका नाम याद करे, कोई भी उसका गीत गाए!—इसीलिए मृत्यु-शय्या पर पड़े विप्लववादी के क्षीण कण्ठ से उत्तर निकला, 'Don't disturb please, let me die peacefully', "तंग न करो भाई, मुझे शान्ति से मरने दो।"

पुलिस ने अनेक प्रकार से बात निकालने की चेष्टा की—कहा नाम तो बताओ—घर कहाँ है? किन्तु उसका वह एक ही उत्तर था, "don't disturb please, let me die peacefully—कृपा कर और तंग न करो भाई, शान्ति से मरने दो।"

इस प्रकार जो मृत्यु को महिमामय बना सकते थे, इस प्रकार जिन्होंने आत्म-गोपन करना सीखा था, उनकी कहानी पर देशवासियों ने क्या कभी गौर करके

---

1. इस प्रसंग में असहयोग के दिन की याद आ जाती है, जब प्रत्येक छोटे-बड़े नेता चार दिन की हवालात होने पर भी कॉलमों लम्बे 'मैसेज' अखबारों में भेजना अपना पहला कर्त्तव्य समझते थे।

देखा है ? वे लोग जीवन की सब आशा-प्रतीक्षा अपूर्ण रखकर संसार से एकदम निश्चिन्त हो गए हैं। प्रतिष्ठा की रत्ती-भर भी कामना उन्होंने नहीं रखी। मृत्यु के दरवाजे पर पहुँचकर, जहाँ कोई बात खुल जाने का डर नहीं, वहाँ भी ख्याति का निषेध करके वे शान्ति से मरते हैं। वे अपने कर्म से यदि किसी को तृप्त करना चाहते हैं तो अपने ही अन्तरात्मा को, इसीलिए किसी और से कुछ भी अपेक्षा न रखकर शान्ति से मरना चाहते हैं। संसार की किसी चीज़ की भी चाह नहीं है, वे केवल देने के ही धनी हैं।

इन सब विप्लवियों को न जाने क्या कहकर पुकारना चाहिए ? शायद ये पागल थे, या शायद ये भ्रान्त निर्बोध बालक थे, क्योंकि हमारे इस अभागे देश के अभिज्ञ नेता और राजनीति-विशारद विचक्षण पंडित इन्हें इन्हीं शब्दों से पुकारते रहे हैं।

इन विप्लवियों का सबसे बड़ा दोष, जान पड़ता है, यही था कि ये अपने उद्देश्य-साधन में कृतकार्य नहीं हो सके। मास के बाद मास और बरस के बाद बरस विप्लव के लिए अनथक परिश्रम करने के बाद भी ये केवल एक बड़ी व्यर्थता का ही उपार्जन कर सके ? जिस पथ का अन्तिम परिणाम केवल व्यर्थता हो वह पथ क्या भ्रान्त नहीं है ? इस व्यर्थता का कुछ भी मूल्य है ? भारत के अभिज्ञ नेता और विचक्षण समालोचक विप्लवियों से ऐसे ही प्रश्न प्रायः करते रहे हैं।

व्यर्थता के एक ही पहलू पर हमारा ध्यान जाता है; किन्तु इस व्यर्थता की आड़ में जगत् की श्रेष्ठ सम्पद् किस प्रकार अपने को छिपाए रहती है, विफलताओं के द्वारा किस प्रकार शक्ति का संचार होते-होते एक दिन इस व्यर्थता के बीच सार्थकता आकर दर्शन देती है, विफलता और पराजय के निराशा-वेदना पूर्ण अवसाद के समय में इन सब बातों को हम में से बहुत-से हृदयंगम नहीं कर पाते। सभी समाजों में, सभी समयों में विप्लवी लोगों पर समाज के विज्ञ और अभिज्ञ लोग हँसते और लांछन लगाते रहे हैं। इसका कारण यही है कि प्रायः सभी देशों के सभी विप्लवियों की पहली चेष्टाएँ व्यर्थ हुई हैं, और समाज के विज्ञ और अभिज्ञ लोग इसी व्यर्थता के माप से ही सब विषयों पर विचार करते रहे हैं। उसी नियम से भारत के विप्लववादी भी विज्ञ और अभिज्ञ लोगों के मत में भ्रान्त-पथ के यात्री हैं। और इन समालोचकों में से जो बड़े ही प्रवीण और होशियार हैं वे इन विप्लवियों को 'ईडियट' (बुद्धू, पागल) कहने में भी संकोच नहीं करते। भारत की लब्धप्रतिष्ठ मासिक पत्रिका 'मॉडर्न रिव्यू' के विचक्षण सम्पादक ने विप्लवियों को निर्देश करके कहा था कि 'यदि भारत में कुछ भी लोग सशस्त्र विप्लववादी हैं तो भारतवासियों को निश्चय से अपनी बुद्धि-विवेचना पर सन्देह करना होगा।'

विप्लवियो और समालोचको मे भेद यही है कि विप्लवी लोगों की अपने आदर्श पर अटूट श्रद्धा है, इसीलिए उन्होने अद्भुत निष्ठा के साथ अपने आदर्श

की ओर जानेवाले पथ पर चलते हुए जीवन बिताया है, और इन समालोचक लोगों ने आराम-चौकी पर बैठकर समालोचना करने को ही जीवन का पेशा बना डाला है और बहुतों का तो यह समालोचना करना ही जीविका अर्जन करने का मुख्य अवलम्ब हो गया है। जीविका कमाने के लिए अनेक बातों का हिसाब करके चलना होता है, किन्तु इस प्रकार हिसाब करके चलने से हमेशा सत्य की मर्यादा को अटूट रखना शायद सम्भव नहीं होता। इस सबके अलावा विप्लवियों मे और इन सारे समालोचकों में एक और भी बड़ा भेद है, विप्लवियों के नजदीक जो चीज 'Faith' (श्रद्धा) है; समालोचकों के लिए वह केवल 'Opinion (सम्मति) है। यह 'सम्मति' प्रायः सफलता का मोह पार नहीं कर सकती; इसीलिए फलाफल पर निर्भर होकर ही बहुधा 'सम्मति' बनती है। किन्तु जो लोग इतिहास-स्रष्टा के आसन पर बैठते हैं वे इस 'सम्मति' की परवाह नही करते; वे निष्ठावान् और श्रद्धा-सम्पन्न व्यक्ति होते हैं। विफलता उन्हें श्रद्धा-भ्रष्ट नही कर पाती। इसी कारण इतिहास मे वे चिरस्मरणीय हो जाते हैं; इसी से ये श्रद्धा-सम्पन्न व्यक्ति ही जगत् में कुछ स्थायी काम कर जाने मे समर्थ होते हैं।

भारत के विप्लववादी भी ऐसे ही श्रद्धा-सम्पन्न व्यक्ति थे। भारत के इन विप्लवियों की ओर निर्देश करके ही प्रसिद्ध क़ानून-वेत्ता बैरिस्टर नार्टन साहब ने एक बार कहा था, "ये सब विप्लवी अपने अभीष्ट साधन मे कृतकार्य नही हो पाते, इसी कारण आज वे सरकार के अपराधी है, किन्तु यदि ये अपने उद्देश्य को सफल कर सकते तो फिर यही ससार मे स्वदेश-भक्त, वीर तथा साधक कहकर पूजे जाते।"

भारतीय विप्लवियो ने जो मार्ग ग्रहण किया था उस मार्ग से ही भारत की मुक्ति होगी कि नही, कौन कह सकता है! शायद उन्होंने उल्टा ही रास्ता ग्रहण किया हो; किन्तु उनके साथ हमारा मत नही मिलता, इसी कारण तो उन्हें 'ईडियट' (बुद्धू) कहना उचित नही है। न जाने ससार के सभ्य लोगो में भारतवासियो के मान-इज्ज़त की इन विप्लवियो के द्वारा अधिक रक्षा हुई है अथवा इनके विरोधी समालोचकों की युक्तियो के ज़ोर पर! तो भी यह बात तो हम जानते है कि गत साठ बरसों तक जब रूसी विप्लववादियो के सभी प्रयास निष्फल हुए थे, जब प्रबल प्रतापी आस्ट्रिया की राजशक्ति के विरुद्ध इटली के मुट्ठी-भर विप्लववादियो ने पहले-पहल सिर उठाया था, तब इन देशों के विप्लववादियों को भी ऐसे ही व्यग्य और गालियाँ सहनी पडती थी। साठ बरस के अनथक परिश्रम के बाद, अनेक बाधाओ और व्यर्थताओं में से गुज़रकर सारे जगत् की उपेक्षा और प्रतिकूलता को सहकर आज रूसी विप्लववादियों की आशा सफल होने जा रही है। प्रायः चालीस बरस की कशमकश के बाद, कितने त्याग, कितने कष्ट और कितनी अशान्तियो को लाँघकर इटली ने स्वाधीनता पाई थी। किन्तु जो इस मुक्ति-पथ के प्रथम यात्री थे उन्हें उनकी पहली विप्लव चेष्टाओ के व्यर्थ होने के दिन

कितनी निन्दाएँ सहन न करनी पड़ी थीं ! इस प्रसंग में आइरिश वीर टी० मेक्स्विनी की चिरस्मरणीय बात याद आती है—"Any man who tells you that an act of armed resistance---even if offered by ten men only—even if offered by men armed with stones—any men who tell you that such an act of resistance is premature, imprudent, or dangerous, any and every such man should be atonce spurned and spat at, for remark you this and recollect that somewher and somehow and by somebody a beginning must be made and that the first act of resistance is always and must be ever premature, imprudent and dangerous." अर्थात् "कोई आदमी जो तुम्हें यह कहे कि एक सशस्त्र मुकाबला—चाहे दस आदमी ही ऐसा मुकाबला करें— चाहे उन आदमियों के पास पत्थरों के सिवाय और कोई हथियार न हो—कोई आदमी जो तुम्हें कहे कि ऐसा मुकाबला अपरिपक्व है, अक्लमन्दी का काम नहीं है या खतरनाक है; प्रत्येक ऐसा आदमी लात खाने लायक और मुंह पर थूका जाने लायक है । क्योंकि यह बात समझ लो और याद रखो कि कहीं-न-कहीं, किसी-न-किसी तरह और किसी-न-किसी को मुकाबले का आरम्भ करना होगा और मुकाबले का पहला काम हमेशा अपरिपक्व और खतरनाक होता है और होना ही चाहिए ।"

मैंने अपनी शक्ति के अनुसार इन विप्लवियों का एक संक्षिप्त क्रमबद्ध इतिहास लिखने की चेष्टा की है। किन्तु इतिहास का प्राण होता है—जजमेण्ट—निर्णय । इस जजमेण्ट (निर्णय) के बिना इतिहास खाली घटना-पंजिका (chronicle of events) रह जाता है। इसी से मैं वक्त-ब-वक्त घटनाएँ छोड़कर और अनेक बातों को भी ले आया हूँ और विप्लवियों की मैंने प्रशंसा की है, इससे कोई यह न समझे कि मैं विप्लववाद का प्रचार करता हूँ। मैं कहना चाहता हूँ कि उनके साथ हमारा मतभेद रहने पर भी उनके चरित्र-बल को हम अस्वीकार नहीं कर सकते । किन्हीं के साथ मतभेद रहने से ही उनसे घृणा करना या उनको गाली-गलौज करना तो अभीष्ट नहीं है, और विप्लवियों के विरोधी अंग्रेज राज्याधिकारियों ने भी इनके चरित्र की भरपूर प्रशंसा की है, इससे वे (अंग्रेज) भी सचमुच विप्लववादी नहीं हो गए ।

इतिहास लिखने बैठा हूँ, इसी से भारतीय विप्लवियों को भारतवासी किस दृष्टि से देखते थे, क्यों इस दृष्टि से देखते थे, और उन्हें किस दृष्टि से देखना उचित है ? इन सब विषयों की भी आलोचना कर गया हूँ । विप्लवियों ने सचमुच पागलपन किया था कि नहीं, यह नहीं जानता हूँ, तो भी उनके पागलपन की बात सुनकर रवि बाबू की एक कविता के कुछ पद याद आते हैं—

"कोन आलोते प्राणेर प्रदीप
ज्वालिए तुमि धराय आस[1]
साधक ओगो प्रेमिक ओगो
पागल ओगो धराय आस।"

"हे साधक, हे प्रेमिक, हे पागल, तुम इस भूमि पर आते हो—किस ज्योति से प्राणों के प्रदीप को जलाकर तुम इस भूमि पर आते हो !"[2]

---

1. उच्चारण—आसो।
2. इस अध्याय के कुछ अंश नलिनी बाबू के 'विप्लववाद', 'आत्मशक्ति' में प्रकाशित, गोपेन्द्रलाल राय के एक लेख और 'शंख' में प्रकाशित 'नलिनी वाक्चि' की कहानी से लिए गए है।

—लेखक

7
विप्लव का प्रयास व्यर्थ क्यों हुआ ?

भारतीय विप्लवियो के सभी प्रयास क्यो व्यर्थ हुए। यह जानने के लिए पहले यह समझ लेना होगा कि वे चाहते क्या थे ? उनका उद्देश्य भली भाँति समझे बिना यह जानना भी कठिन होगा कि वे कहाँ तक विफल हुए कहाँ तक नही, और उनकी इस विफलता का कारण क्या था। इसीलिए उनकी इस व्यर्थता का कारण खोजने से पहले उनका उद्देश्य क्या था इस विषय की कुछ आलोचना करना आवश्यक है।

भारतीय विप्लववादियो का उद्देश्य क्या था, इस विषय पर कहने को इतनी बातें हैं कि यहाँ पर उनकी पूरी आलोचना सम्भव नही है, कारण कि यह आलोचना करने के लिए भारत के राष्ट्रक्षेत्र मे इस विप्लव के आविर्भाव से आरम्भ कर उनकी क्रमिक परिणति के इतिहास की भी आलोचना करना आवश्यक हो जाता है, और इस प्रकार यह आलोचना इतनी बड़ी हो जाएगी कि हम आलोच्य विषय से बहुत दूर जा पडेंगे। इसीलिए इन सब आलोचनाओं को किसी और समय करने की इच्छा है। इस समय केवल अपना विषय समझाने के लिए जितनी आलोचना आवश्यक प्रतीत होती है, उतनी ही करूँगा।

भारतीय विप्लव दल के बीच चाहे कितने ही मतभेद क्यो न रहे हों, परन्तु इस विषय मे सभी सम्पूर्णतः एकमत थे कि भारत को अक्षुण्ण स्वाधीनता प्राप्त करनी ही होगी, अर्थात् भारत-भिन्न कोई भी जाति भारत के भले-बुरे की विचारकर्त्ता होकर भारत के मगल के लिए भारत के किसी भी काम मे हस्तक्षेप न कर सके—भारत के लिए किस प्रकार की शासन-प्रणाली सबसे अधिक मंगलकारी होगी इस विषय के विचारकर्त्ता और परिचालक भारतवासी ही हों। भारत का सामाजिक आदर्श क्या होगा, भारत मे सामाजिक समस्या का समाधान किस प्रकार करना सबसे अधिक मगलजनक होगा, भारतेतर राष्ट्रों के साथ भारत किस प्रकार का सम्बन्ध-सूत्र स्थापित करेगा, भारत के व्यवसाय-वाणिज्य को किस प्रकार परिचालित करने से भारत का और जगत् का मगल होगा, इन सब बातो को भारतवासी ही जैसा ठीक समझें वैसा ही हो, और किसी भी

राष्ट्र का उसमें कोई हाथ न रहे—यही थी भारतीय विप्लवियों की दुराकांक्षा ! भारत की यह स्वाधीनता ब्रिटिश साम्राज्य के बीच रहकर किसी तरह भी अक्षुण्ण नहीं रह सकती, बालक जिस प्रकार निःसंशय रूप से अपने माता-पिता को पहचानता है, भारत के विप्लवी भी यह बात उसी प्रकार निःसंशय रूप से जानते थे। इसी से भारतीय विप्लवियों की सब चेष्टाओं की जड़ में यह बात थी कि भारत को इस प्रकार शक्ति सामर्थ्य-सम्पन्न कर दिया जाय जिससे वह भारत-भिन्न सभी जातियों के हाथ से सब प्रकार से छुटकारा पा सके। इस भारतेतर राष्ट्रों के समूह में अंग्रेज अपवाद नहीं हैं, वरन् साक्षात् रूप से इन अंग्रेजों के साथ ही पहला संघर्ष आरम्भ होता है। कारण कि अंग्रेजों का ही साक्षात् रूप से भारत की सब अभिलाषा-आकांक्षाओं और भारत के सब उद्यमों के साथ घनिष्ठ रूप से संसर्ग है और वे लोग यह समझते थे कि भारत को इस प्रकार स्वाधीन करने का सबसे मुख्य उपाय है, भारत की क्षात्र शक्ति को जागृत कर देना—इस क्षात्र शक्ति के आदर्श को ही केन्द्र बनाकर हमारे विप्लवियों ने अपनी सर्व कर्म-प्रचेष्टा को नियन्त्रित किया था। महात्मा गांधी का भारत के राष्ट्र-क्षेत्र में आविर्भाव होने से बहुत पहले से ही हमारे विप्लवियों को इस क्षात्र आदर्श और ब्राह्मण्य आदर्श के विषय में बहुत आलोचनाएँ और द्वंद्व करने पड़े हैं। उन दार्शनिक आदर्शों का विचार और विश्लेषण करने की जगह यहाँ नहीं है, समय और सुयोग मिलने पर किसी और जगह वह करने की इच्छा है। तो भी, संक्षेप से यहाँ इस सम्बन्ध में केवल दो-चार बातें कह देना बुरा न होगा। यथार्थ बात तो यह है कि ब्राह्मण्य आदर्श और क्षात्र आदर्श में, सच-मच कहें तो, कोई भेद नही है, क्योंकि ब्राह्मण्य आदर्श की अंतिम परिणति जहाँ होनी है, क्षात्र आदर्श की भी अन्तिम परिणति ठीक वहीं होती है। अर्थात् क्षत्रिय धर्मावलम्बी पुरुष जब प्रकृति-ज्ञान का अवलम्बन करके जीवन को नियन्त्रित करते हैं तब उसका जो फल होता है, ब्राह्मण भावापन्न पुरुष भी वैसे ही प्रकृति ज्ञान का अवलम्बन लेकर जीवन बिताएँ, तो उसका भी वही एक ही फल होता है। अर्थात् यह जगत् ब्रह्म का ही प्रकाश है, और ब्रह्म ही कभी सगुण और कभी निर्गुण रूप में अपना प्रकाश करते हैं, यह विश्व ब्रह्माण्ड जो नित्य नये-नये रूपों में परिवर्तित होता है वह भी उसी ब्रह्म का ही सगुण प्रकाश है, और जो अनिर्वचनीय है, जो मुँह से प्रकट नहीं किया जाता, जहाँ जाकर मन-बुद्धि धक्का खाकर प्रवेश करने में असमर्थ होकर वापस लौट आते हैं, जिसे किसी भी विशेषण से विशेषित नहीं किया जा सकता, अर्थात् जो ब्रह्म का ही निर्गुण स्वरूप है—उस निर्गुण और सगुण ब्रह्म में यथार्थ में कोई भेद नही है, उस ज्ञान की उपलब्धि करना ही ब्राह्मण्य और क्षात्र आदर्श का अन्तिम लक्ष्य रहा है। वेदान्त के इस आदर्श का अनुसरण करें तो ब्राह्मण्य और क्षात्र धर्म में सचमुच कोई भेद नही रहता, किन्तु वेदान्त के इस धर्म को सब लोग स्वीकार नही करते; भारत के सब सम्प्रदाय यह बात नहीं मानते कि ब्रह्म का सगुण स्वरूप सम्भव है। वे

कहते है, गुणातीत ब्रह्म का रूप-भेद सम्भव नही है, ब्रह्म ही एकमात्र वस्तु है, और सभी अनित्य है, ब्रह्म के सिवाय और किसी वस्तु का यथार्थ रूप मे कोई अस्तित्व नही है—आपातत. उनका होना प्रतीत होता है, पर वह भ्रममात्र है, यही ब्रह्म माया है। यह माया कहाँ से आई और इस माया का स्वरूप क्या है ? इस सम्बन्ध मे वे कहते है कि वह कहा नही जाता, वह अनिर्वचनीय है,— इसी से वे ससार को भी अनित्य कहते है और इसी से उनके जीवन का श्रेष्ठ आदर्श रहा है इस संसार को त्यागकर, ससार के रास्ते से दूर जाकर निर्जन मे, वन मे, पर्वत मे, गुफा मे रहकर अर्थात् सन्यास लेकर तपस्या करना, भगवान् की आराधना करना। ब्राह्मणो द्वारा परिचालित हिन्दू समाज का यही सनातन और सर्वश्रेष्ठ आदर्श रहा है यह बहुतो की धारणा है, इस आदर्श को ही जो मानव-समाज के सम्मुख श्रेष्ठ आसन पर प्रतिष्ठित करना चाहते है, वे ब्राह्मण्य धर्म के पक्षपाती है, इसी आदर्श का मैने ब्राह्मण्य धर्म कहकर उल्लेख किया है। और क्षात्र धर्म कहने से मेरा प्रयोजन उस आदर्श से है, जिस आदर्श मे इस नित्य नूतन परिवर्तनशील जीव-जगत् को मिथ्या माया कहकर उडा नही दिया जाता, जिस आदर्श मे इस जीव-जगत् को इस ससार को निर्गुण ब्रह्म से अभिन्न समझा जाता है, जिस आदर्श की प्राप्ति के लिए इस ससार की अवहेलना न करके, इसका त्याग न करके, इस ससार के भले-बुरे को, इष्ट-अनिष्ट को, हिंसा-अहिंसा को, राग-द्वेष को समतुल्य समझकर इस भीषण सग्रामस्थल मे रहकर ही ब्रह्म ही जीव-जगत् हुए है और इस जीव-जगत् मे जो कुछ भला या बुरा है वह सभी ब्रह्म का ही स्वरूप है, इस सत्य की उपलब्धि करने के लिए सासारिक कर्म मे लिप्त रहकर ही अर्थात् सासारिक कर्म के साथ ज्ञानयोग को युक्त करके, कर्मयोग के पथ मे जो साधन करना होता है, उसको ही मै क्षात्र धर्म कहकर पुकारता हूँ। इन दोनो आदर्शो मे सचमुच तीव्र द्वन्द्व रहा है। एक का आदर्श है बुद्ध और दूसरे का आदर्श नही कुरुक्षेत्र के श्रीकृष्ण, एक का आदर्श है श्री चैतन्य और दूसरे का आदर्श गुरु गोविन्द। एक के आदर्श का अनुसरण करने पर इस ससार को अनित्य माया-ज्ञान कहकर इसकी अवज्ञा और अवहेलना करनी होती है और दूसरे के आदर्श की प्राप्ति करने के लिए इस ससार को नित्य नये-नये रूपो मे सजाकर पूजना होता है, युग-युग मे सृष्टि की उद्दाम प्रेरणा से इस संसार को तोड-फोडकर, चूर-चूरकर फिर नये सिरे से गढकर खडा करना होता है। कभी ज्ञान के आलोक मे जगत को उद्भासित करके, कभी खड्ग की धार से रक्त का स्रोत बहाकर, पृथ्वी को रँगकर, कभी प्रेम के प्रवाह मे धरित्री सुन्दरी को स्नान करा के, संसार के सौन्दर्य को अद्भुत कारीगरी के साथ विविध आभाओ मे अनेक रगों मे रगीन, स्निग्ध और उज्ज्वल करके विस्मयकर बना डालना होता है।

आदर्शों का यह सब द्वन्द्व केवल वाक्चातुरी अथवा भाषा का द्वन्द्व ही न था, इस दल मे जिन्होने जिस आदर्श को श्रेष्ठ समझा, उन्होने उसी आदर्श के पीछे सारा जीवन व्यतीत किया; इस प्रकार कितनो ने ही घर-बार छोड़कर सन्यास

का आश्रय लिया और अनेकों ने तिल-तिल करके पूर्ण रूप से अपने परिवारवालों और राज्याधिकारियों द्वारा अनेक कष्ट भोगते हुए जीवन के भोग-विलास को तुच्छ समझकर विपत्ति के बीच ही जीवन बिता दिया। जो भी हो, विप्लवियों ने वर्तमान काल में क्षात्र आदर्श को ही श्रेष्ठ आसन दिया था। इसी से इस क्षात्र आदर्श का ही वे भारत के जनसाधारण में प्रचार करने का प्रयास करते रहे।

इस प्रकार से विप्लवी लोग भारत के ग़रीब-से-ग़रीब जनसाधारण तक को ही समझते थे, किन्तु किस प्रकार ये ग़रीब-से-ग़रीब जनसाधारण तक अपनी अभिलाषाएँ व्यक्त करेंगे और किस प्रकार सचमुच ही इन जनसाधारण की अभिलाषाएँ अक्षुण्ण रह सकेंगी, देश के समाज में धनी और निर्धनों के बीच, जमींदारों और उनकी रैयत के बीच, धनी व्यवसायपतियों और कुली-मजदूरों के बीच, देशी और विदेशी व्यवसायपतियों के बीच परस्पर जो अनेक स्वार्थों के द्वंद्व उपस्थित हो गए हैं, और इन विरुद्ध स्वार्थों के संघर्ष के कारण जगत् में जो अनेक प्रकार की अशान्ति, अनेक प्रकार के वैषम्य, अनेक अत्याचारों, यन्त्रणाओं और अनेक भीषण रक्तपातों की सृष्टि हो रही है, इन सब द्वंद्वों को कैसे सुलझाना होगा, और यथार्थ विप्लवी होने पर राष्ट्र के समान समाज को भी चूर-चूर कर नये सिरे से गढ़ना होगा, ये सब बातें भारत के विप्लवी लोग भली भाँति हृदयंगम नहीं कर पाए, और इन सब समस्याओं की ओर ध्यान देते हुए भारत के भावी राष्ट्र को सच ही किसी विशेष रूप में गढ़ना होगा, यह बात भी उन्होंने गम्भीर चिन्तन के साथ नहीं सोची थी। वे सोचते थे कि ये सब बातें स्वाधीनता पाने के बाद देखी जाएँगी। तो भी अधिकांश विप्लवियों का यही मत था कि भारत की राष्ट्र-शासन-पद्धति की नींव गणतन्त्र के आदर्श पर ही स्थापित होगी। इस व्यापार में अधिकांश विप्लवी राजा के लिए कोई स्थान नहीं रखते थे। अधिकांश इसलिए कहता हूँ कि इनमें ऐसे भी कुछ व्यक्ति थे जो सोचते थे कि यदि भारत के कोई स्वाधीन कहलानेवाले राजा भारत के इस स्वाधीनता समर में प्राण और मन से योग दें तो उन्हें भारत का राज्यासन दिया जा सकता है, और उस दशा मे भारत का राष्ट्र संघटन इंग्लैंड की पार्लियामेंट के अनुसार गठित होगा। महाराष्ट्र में 'अभिनव भारत' नामक गुप्त समिति की ओर से, "Choose oh Indian Princes," (अर्थात् भारत के राजाओ, अपना रास्ता चुन लो) शीर्षक की एक छोटी-सी पुस्तिका का गुप्त रूप से प्रचार किया गया था, उसमें बड़ौदा के राजा गायकवाड़ का स्पष्ट रूप से उल्लेख करके ही उपर्युक्त भाव का प्रचार किया गया था। पंजाब के सिक्खों में से अनेकों की इच्छा थी कि भारत में फिर खालसा राज्य स्थापित किया जाय। फिर विप्लवियों में से अधिकांश हिन्दू ही थे, इसलिए उनके बीच किसी-किसी के दिल में यह इच्छा गुप्त रूप से थी कि भारत के स्वाधीन होने के माने हिन्दू राज्य की पुनः स्थापना के होंगे। किन्तु क्रमशः यह भाव बिलकुल लुप्त हो जाता है, और अन्त में यद्यपि वे मुख्यतः

हिन्दुओं के स्वावलम्बन के ऊपर ही भरोसा करके अपने कार्य में आगे बढ़ते थे, तो भी स्वाधीन भारत की कल्पना में भारत की किसी भी जाति को उन्होंने दूसरी जाति के अधीन कर रखने का संकल्प नही रखा, अर्थात् भारत की स्वाधीनता के लिए भले ही हिन्दू मुख्यतः परिश्रम करें तो भी स्वाधीन भारत में प्रत्येक जाति का समान अधिकार रहेगा अर्थात् प्रत्येक जाति का स्वार्थ अक्षुण्ण रहेगा, यही था भारतीय विप्लवियों का राजनैतिक आदर्श।

हमारे देश के प्रायः सभी लोग एक सुर मे कहते रहे है कि भारत का विप्लव-प्रयास बिलकुल ही व्यर्थ हुआ है, और इस प्रकार उसका व्यर्थ होना ही अवश्यम्भावी था। वे कहते हैं, वर्तमान युग में नवीन वैज्ञानिक उन्नति के कारण किसी भी राजशक्ति के विरुद्ध कोई प्रजा सामरिक शक्ति की सहायता से विप्लव नहीं कर सकती, और वे सोचते है, कि अंग्रेजों के समान शत्रु को सामरिक शक्ति की सहायता से हराकर स्वाधीनता पाने की कल्पना करना भी निरा पागलपन है, इसी से वे भारत के विप्लवियों को पागल और अविवेकी अथवा निर्बोध समझते थे और समझते है।—अवश्य ही, इन सब समालोचकों की बातें यदि सत्य हैं तो भारत को चिरकाल तक पराधीन ही रहना है, कारण कि पूर्ण स्वाधीनता पाने का और कोई रास्ता भी ये समालोचक लोग दिखा नही सके, और इस आधुनिक युग में भी रूस और जर्मनी के विप्लव दलों ने प्रबल राज-शक्ति को हरा दिया है, यह बात न मानने का भी तो कोई चारा नही है; इसी से यह कहना, जान पड़ता है, युक्तिसगत न होगा कि वर्तमान युग में कोई भी प्रजा शक्ति सुप्रतिष्ठित राज शक्ति को विप्लव के रास्ते से सामरिक शक्ति की सहायता से हरा नही सकेगी, और भारत के विप्लव दल के साथ रूस और जर्मन के विप्लव दलों की तुलना करने से एक बात विशेष रूप से हमारे ध्यान में आती है कि जर्मन और रूसी विप्लवियों को अपने ही लोगों के विरुद्ध अस्त्र धारण करने पड़े थे, परन्तु किसी विदेशी राज शक्ति के साथ लड़ाई हो तो सारे स्वदेशवासियों की सहानुभूति और सहायता पाने की यथेष्ठ संभावना रहती है। इसी से विदेशी राज शक्ति के विरुद्ध विप्लव करना सिविल वार (गृह युद्ध) करने की अपेक्षा अनेक अंशों में सहल है। तो भी यह बात तो सच है कि भारत का विप्लव प्रयास व्यर्थ हुआ और रूसियों और जर्मनों के विप्लव प्रयास सफल हुए हैं। यह बात सच भले ही है, किन्तु इस व्यर्थता के कारण के विषय में ही तो अनेकों के साथ मेरा मतभेद है, और यहाँ मैं इस कारण का ही अनुसंधान कर रहा हूँ। भारतीयों को सचमुच विप्लव के पथ में जाना चाहिए कि नहीं, इसकी मैं कोई आलोचना नहीं कर रहा हूँ, यहाँ पर तो केवल अपने विरुद्ध पक्षवालों की प्रधान युक्ति का ही विश्लेषण कर दिखाने की तनिक-सी चेष्टा की है। एक बात पाठक मन में रखें कि मैं अतीत की बातों की आलोचना कर रहा हूँ और अतीत की आलोचना करना ही इतिहास लिखते समय ठीक है, इसी से भविष्य में क्या होगा अथवा क्या होना उचित है यह मेरा आलोच्य विषय नहीं है। अस्तु,

जो भी हो, जो हम कह रहे थे उसी पर फिर आ जाएँ, हम कह रहे थे कि भारतीयों का विप्लव प्रयास व्यर्थ क्यों हुआ ?

अनेक लोग कहते हैं कि उपयुक्त समय नही आया था इसी कारण भारतीयों का विप्लव प्रयास व्यर्थ हुआ, अर्थात् विप्लव प्रयास को सफल करने के लिए जो परिस्थिति अपेक्षित है वह परिस्थिति भारत में अब भी नही है, भारत के जन-साधारण सचमुच विप्लव करना नही चाहते, इसीलिए विप्लव का प्रयास व्यर्थ हुआ। भारतवासी सचमुच स्वाधीनता नहीं चाहते, पराधीनता की ज्वाला को सच ही अनुभव नही करते, इसी से वे विप्लव पथ में अग्रसर नही होते; बहुतों के मत मे विप्लवियों के असफल होने का यही सर्व-प्रधान कारण है।

किन्तु भारतवासी सच ही स्वाधीनता नही चाहते, पराधीनता की ज्वाला का अनुभव नही करते, यह तो मैं नही मानता, किन्त उस स्वाधीनता को पाने के लिए जिस त्याग, जिस बीरता की आवश्यकता होती है, भारतवासियों में उन सब गुणो का एकदम अभाव है, यह बात न मानने का भी तो कोई चारा नही है। किन्तु जो लोग यह कहते है कि देश के अशिक्षित जन साधारण (Mass) ने इस विप्लवान्दोलन मे योग नही दिया इसी कारण विप्लव का प्रयास व्यर्थ हुआ उनकी बात भी मुझे ठीक नही मालूम होती—कारण कि विप्लवियों ने कभी किसी भी दिन प्रकट या गुप्त रूप से देश के किसानो अथवा कुली-मजदूरों को इस विप्लवान्दोलन मे भाग लेने के लिए पुकारा ही नही, देश के शिक्षित लोगो ने जब जिस रूप मे जन-साधारण (Mass) को पुकारा है, जन-साधारण ने अनेक त्याग करके भी बहुधा इस पुकार का उत्तर दिया है। देश के शिक्षित लोग अपने कर्तव्य को समझ लेने पर भी जो काम नही कर सकते, देश के अशिक्षित जन-साधारण अनेक बार अपनी सहज बुद्धि से वह काम अनायास ही कर डालते है। अवश्य अशिक्षित जनता कर्तव्य की खातिर बहुत दिन तक त्याग अथवा कष्ट स्वीकार नही कर सकती, इसी से अशिक्षित जनता के खयाल पर निर्भर करके कोई भी बडा या स्थायी कार्य करना सम्भव नही।

और जो लोग यह कहते है कि देश के अधिकांश लोग अशिक्षित हैं, इसीलिए भी विप्लव का प्रयास सार्थक नही होता, और जब तक देश के अधिकांश लोग शिक्षित नही होते, तब तक विप्लव का प्रयास व्यर्थ होगा ही, इनसे मै रूस का दृष्टान्त दिखाकर कह सकता हूँ कि विप्लव प्रयास की सार्थकता अथवा व्यर्थता देश के लोगो के लिखना-पढ़ना जानने न जानने पर निर्भर नही करती।

तो फिर भारत का विप्लव प्रयास व्यर्थ क्यों हुआ ? किन्तु सच ही क्या भारतीय विप्लवियों का इतना त्याग, इतना अद्‌भुत साहस सब एकदम व्यर्थ ही हुआ है ? इन्होंने कितने ही कष्ट सहे, कितनी ही बिषम विपत्तियों के बीच ऐसी निष्ठा के साथ अविचलित रहे, कितनी ही दुर्घटनाओं के तीव्र आघात, कितने ही विश्वासघातकों के निर्दय व्यवहार और कितनी ही पराजयों की मर्मपीड़ा सहकर ऐसी दुर्दमनीय दृढ़ता के साथ वे बार-बार अपने संकल्प की साधना में अग्रसर

रहे, यह सब क्या सच ही एकदम व्यर्थ हो गया ! आत्म शक्ति के आदर्श ने क्या देश में कुछ भी प्रतिष्ठा नहीं पाई ? मरने का डर क्या भारतवासियों के मन से कुछ भी दूर नहीं हुआ ? देश के अन्यान्य प्रकाश्य आन्दोलनों पर विप्लव आन्दोलन क्या किसी तरह का भी प्रभाव नही डाल पाया ? वर्ल्ड पॉलिटिक्स (विश्व की राजनीति) पर, संसार के सभ्य देशों में क्या भारत का यह विप्लवान्दोलन कुछ भी छाया नही डाल सका ? अथवा इस विप्लवान्दोलन के कारण भारत का गौरव जगत् की सभा में कुछ भी नही बढ़ा ? इस सम्बन्ध में हार्वर्ड विश्वविद्यालय के प्रोफ़ेसर ऐसर लिखित 'पैन-जर्मनिजम', बर्न हार्डी कृत 'जर्मनी एण्ड दि नेक्स्ट वार' इत्यादि ग्रन्थों की ओर ध्यान देने का पाठकों से अनुरोध करता हूँ—इससे वे मेरी बात का तात्पर्य बहुत-कुछ हृदयंगम कर सकेंगे।

बहुत लोग कहते हैं कि विप्लवियों के कार्यों के कारण मंगल की अपेक्षा अमंगल ही अधिक हुआ, अंग्रेज़ सरकार को इन विप्लवियों के कारण ही प्रजा-पीडन का अधिक सुयोग मिल गया है, इसी से नित्य नये-नये कठोर-से-कठोर क़ानूनों के सहारे भारत के वैध खुले आन्दोलनों में भी अंग्रेज़ सरकार अनेक प्रकार से बाधाएँ डाल पाई है। पर सच बात कहें तो वैध प्रकाश्य आन्दोलन का दमन होने के बाद से ही विप्लव का कार्य-कलाप प्रकाशित होने लगा है, और रौलट कमेटी की सिडीशन रिपोर्ट मे अग्रेजो ने कदाचित् अनजान मे ही इस प्रकार सब विषयो की आलोचना की है जिससे स्पष्ट प्रतीत होता है कि विप्लवियों के प्रत्येक उद्योग के कारण ही बारी-बारी अग्रेजो ने भारत को राजनैतिक अधिकार दिए हैं।

यह बात भी अवश्य ही बहुत लोग स्वीकार करते है कि भारत को जो कुछ सामान्य राजनैतिक अधिकार मिले है वे मुख्यतः भारत के इन दृढ़चित्त विप्लवियों के प्रयास से ही मिले हैं।

खैर, जो भी हो, विप्लवियो ने जो चाहा था वह तो नही हो पाया; विप्लवी देश को स्वाधीन करना चाहते थे, सो वे कर नही सके, विप्लवियों की मुख्य चेष्टा व्यर्थ हुई।

मैं समझता हूँ, चिन्तनशील प्रतिभावान् उपयुक्त नेता का अभाव ही इस व्यर्थता का सबसे बड़ा कारण था। रूस या जर्मनी के विप्लव दल के बीच ऐसे बहुत व्यक्ति हैं या थे, जो संसार के श्रेष्ठ चिन्तनशील व्यक्तियों मे आसन पाने योग्य थे, किन्तु भारतीय विप्लव दल में ऐसे कोई भी चिन्तनशील शक्तिमान् व्यक्ति न थे जिन्हें ठीक थिंकर (विचारक) कहा जा सके, इसी से भारतीय विप्लव दल अपना प्रचार-कार्य, कहना चाहिए, कुछ भी नहीं कर पाया और इसीलिए इस विप्लव दल का प्रभाव वैसा नही दिखाई दिया जैसा होना चाहिए था। यह भले ही सच है कि भारत के इस विप्लववाद के अन्दर विवेकानन्द का ज्वलन्त आदर्श वर्तमान था और भारतीय विप्लवियों में से अधिकांश इसी महा-पुरुष की प्रेरणा से अनुप्राणित थे किन्तु विवेकानन्द के समान कोई भी प्रतिभा-

सम्पन्न व्यक्ति साक्षात् रूप से इस विप्लव दल में न थे। श्री अरविन्द घोष और लाला हरदयाल यदि अन्त तक इस दल में रहते तो जान पड़ता है, कि विप्लव दल का यह दैन्य बहुत कुछ दूर हो जाता, किन्तु वे भी अन्त में इस दल को छोड़ गए। इन्हीं अरविन्द के प्रसंग में मेरे एक परिचित व्यक्ति मुझसे एक प्रसिद्ध कविता के कुछ एक पद कहा करते थे, यहाँ उन्हें उद्धृत करने का लोभ नही रोक सकता हूं—

He is gone to the mountain
And he is lost to the forest;
The spring is dried in the fountian.
When the need was the sosest.

इस प्रकार के चिन्तनशील प्रतिभावान् पुरुषों की बात छोड़ भी दें, तो इस विप्लव दल में किसी बड़े साहित्यिक, किसी बड़े समाचार पत्रों के लेखक अथवा किसी बड़े कवि ने भी योग नही दिया। एक तरह से कह सकते हैं, कि इस विप्लव दल में इण्टलैक्चुअल्स (intellectuals) नहीं थे और इस प्रकार के लोगों का विशेष अभाव था, इसी कारण यह विप्लव दल प्रचार कार्य की ओर प्राय: उदासीन ही रहा। जो कुछ गुप्त पत्रिकाएँ आदि बीच-बीच में प्रचारित होती थीं, वे केवल सामयिक उत्तेजनापूर्ण प्रतिहिंसा के उच्छ्वास से भरी होती थी, इन सब लेखों में विचारशीलता का कोई भी परिचय नहीं पाया जाता, जीवन का कोई नया आदर्श इनसे प्रकट नही होता। भारत के साहित्य में इनका कोई स्थान नहीं रहेगा, इसमें कोई सन्देह नहीं। भारतीय विप्लवी किसी स्थायी साहित्य की सृष्टि नहीं करसके। इस प्रकार विप्लव दल का प्रयास व्यर्थ होना ही था।— तो भी विप्लवान्दोलन के इस प्रथम युग में बारीन्द्र और उपेन्द्र द्वारा परिचालित 'युगान्तर' पत्रिका ने इस तरफ बहुत काम किया था। इस युगान्तर पत्रिका का अद्भुत प्रभाव आज भी हम देखते हैं। इसी से बारीन्द्र एक दिन गर्व के साथ अण्डमन में कहते थे, "जो पथ मैं एक बार दिखा आया हूँ, बंगाल आज भी उसी एक पथ का अनुसरण किए चलता है, कोई भी नया पथ निकालने की ओर किसी ने क्षमता न दिखाई; छि: !"

इसके सिवाय यह विप्लव दल प्रकाश्य रूप से अपनी कोई भी कार्यधारा नहीं चला सका। इस विप्लव दल में ऐसे कोई भी नेता न थे जो प्रकाश्य आन्दोलन में भाग लेकर तिलक अथवा गांधी के समान मर्यादा के अधिकारी हो सकते। इसी से यह विप्लवान्दोलन जन-साधारण से क्रमश: अलग होकर एक संकीर्ण दायरे की सीमा में बन्द हो जाता है। इस प्रकार प्रकाश्य आन्दोलन के नेता न हो सकने पर देश की अशिक्षित जनता को अपने आदर्श की ओर नहीं लाया जा सकता, यह बात भी विप्लव दल के नेता लोग शायद भली भाँति नहीं समझ सके, या शायद उनके बीच ऐसे उपयुक्त आदमियों का अभाव था इसी कारण वे बाध्य होकर इस विषय में उदासीन रहे। विप्लव दल में उपयुक्त नेता का

अभाव होने से ही भारत के दूसरे राजनैतिक दलों के नेता अनेक बार इस विप्लव दल को अनेक प्रकार से एक्सप्लायट करते (ठगते) रहे है। जो हो, उससे देश की कोई विशेष क्षति तो भले ही नही हुई, किन्तु विप्लव दल की दीनता उससे विशेष रूप से प्रकट होती है।

इसके अलावा और जिन सब कारणो से यह विप्लव का प्रयास व्यर्थ हुआ उनका, 'बन्दी जीवन' मे अनेक जगह प्रसंगानुसार उल्लेख कर आए है, यहाँ उन सब बातों को दुहराने की आवश्यकता नही।

किन्तु इस विप्लवान्दोलन के विफल होने के बाद भारत के अनेक विप्लवियो ने अच्छे कृतित्व का परिचय दिया है। जिन सब गुमनाम युवको को यहाँ कोई पूछता भी न था, यहाँ तक कि विप्लव दल मे भी जो नेतृत्व नही पा सके; देश के लोग जिन्हें अर्धशिक्षित या साधारण रूप से शिक्षित कहते थे, विदेश के कार्यक्षेत्र में उन्ही युवको की अनेक प्रकार से अपनी शक्ति का परिचय देने की कहानियाँ सुनी जाती है। सभ्य जगत् मे आज उनका स्थान हमारे देश के विख्यात नेताओ की अपेक्षा अधिक भले ही न हो, कम नही है। लाजपत के समान नेताओं की अपेक्षा भी इस विप्लव दल के नेताओ ने विदेश मे अधिक सम्मान पाया है, यह बात भी सुनने मे आई है। ऐसा होने का कारण है, इन युवको ने संसार के श्रेष्ठ नेताओ के सस्पर्श मे आने पर अथवा विदेश की स्वाधीन आबहवा के सस्पर्श मे आने पर देखा है कि उनका वही पुराना गुप्त सकीर्ण पथ ही एक मात्र पथ नही है, और उन्होने जब नये मार्गों मे कदम रखा, तब वह अन्दर की प्रसुप्त शक्ति अवसर और सुयोग पाकर पूर्ण रूप मे विकास पा उठी।

इन सब विदेश-प्रवासी विप्लवियो के जीवन से यह भी जाना जाता है कि विप्लव दल मे सच ही ऐसे अनेक गुमनाम युवक थे जिनके विषय मे हमारे देश-वासी शायद अब भी कुछ विशेष नही जानते —और जो अवकाश और सुयोग पाने पर शायद एक दिन ससार के श्रेष्ठ विचारको के साथ एक आसन पर बैठने लायक हो सकते है। पुस्तक पढ़ने या परीक्षाएँ पास करने से ही तो विचारशील नही हुआ जाता, पुस्तक पढ़ना एक बात है और विचारक (Thinker) होना दूसरी बात। जगत् के एक श्रेष्ठ विचारक मनीषी हर्बर्ट स्पेन्सर तो मातृभाषा और फ्रांसीसी भाषा के सिवाय और कोई भी भाषा न जानते थे, और ऐसे अनेक पण्डित है जो बहुत भाषाओ के सचमुच पण्डित है, किन्तु वे तो हर्बर्ट स्पेन्सर के समान नही है। हमारे देश मे अनेक लोग थे जो विवेकानन्द की अपेक्षा अधिक पण्डित थे, किन्तु विवेकानन्द के समान विचारक और कितने हुए है ? जगत् के अनेक विचारशील कवियों और दार्शनिको की जीवन-कथा देखने से यह बात समझी जा सकती है कि पाण्डित्य और विचारशीलता एक वस्तु नही।

'पेड़ जैसे नही जानता कि कब उसके फूल फूट निकलेंगे, पक्षी, जैसे नही जानता कि ठीक कब उसे गाना गाने की चाह होगी। प्राणों की समूची शक्ति मे से उनका उद्यम जागता है, इसलिए उन्हें जैसे सोच-विचार कर इरादा नही

बनाना पड़ता।' उसी प्रकार जो विचारशील हैं, भावुक हैं, जो सचमुच ही प्रतिभावान् थिंकर्स (विचारक) हैं वे पण्डित हुए बिना भी पोथी पढ़ने या परीक्षाएँ पास करने में वैसी योग्यता दिखाए बिना भी संसार के अनेक अद्भुत विस्मय-जनक रहस्यों की घोषणा कर सकते हैं।

विप्लवियों के कार्यकलाप को बहुत लोग पागलपन कहते हैं। वे कहते हैं, दिमाग़ में कुछ खराबी हुए बिना कोई विप्लव दल में योग नहीं दे सकता।—विप्लवियों के अन्दर सुनते हैं, सुबुद्धि का—अक्लमन्दी का विशेष अभाव है—किन्तु रविबाबू ने कहा है,—'सुबुद्धि नाम का पदार्थ मर्त्यलोक में पाया जाता है, किन्तु ऊँचे दर्जे का जो खालिस पागलपन है वह देवलोक की वस्तु है। इसी से जान पड़ता है कि सुबुद्धि की गढ़ी हुई चीजें टूट-फूट पड़ती हैं। और पागलपन जिन चीज़ों को उड़ाकर लाता है वे बीज की तरह जंगलों के जंगल उगा डालती हैं।'

तृतीय खंड

सन् 1920 के बाद उत्तर भारत में विप्लववादी आन्दोलन

1

रिहाई की सूचना

वह दिन आज भी मुझे खूब याद है। जाड़े का मौसम था, और था सन् 1920 का फरवरी महीना। मैं सेल्यूलर जेल के अस्पताल में बीमार पड़ा था। एक क़ैदी-अफ़सर ने आकर मुझे इत्तिला दी कि जेलर साहब आपको दफ्तर में बुला रहे हैं। सुनते ही सिर से पैर तक आग लग गई। फिर वही बात, फिर वही दृश्य, फिर वही झगड़े की नौबत दिखाई देने लगी। क्योंकि पोर्ट ब्लेयर की सेल्यूलर जेल में प्रायः ऐसा हुआ करता था कि जेल के अधिकारीगण, क़ैदी-अफ़सर से लेकर जेलर और सुपरिण्टेण्डेण्ट तक, वहाँ के राजनैतिक बन्दियों को मौका-बेमौका, जायज-नाजायज तरीकों से तंग करना चाहते थे। और ऐसे अवसरों पर जेल के अधिकारीगणों के साथ राजबन्दियों का खूब झगड़ा हो जाता था। कभी-कभी इन झगड़ों के परिणाम में राजबन्दियों की मृत्यु तक हो गई है। ये सब बातें अण्डमन के जेल-जीवन के अन्तर्गत आती हैं। लेकिन ये सब बातें किसी दूसरे स्थान पर लिखने की इच्छा है। यहाँ इतना ही कह देना पर्याप्त है कि मेरे समय में, और मेरे अण्डमन जाने के पहले भी, उच्च पदस्थ राजकर्मचारियों की प्रेरणा से ही अण्डमन के जेल अधिकारी राजबन्दियों से इस प्रकार कठोर व्यवहार करते थे। इसलिए जब उस क़ैदी अफ़सर ने आकर मुझे जेलर साहब का हुक्म सुनाया और यह कहा कि जेलर साहब आपको दफ्तर में बुला रहे हैं तो मेरे मन में स्वतः ही एक विरोध की भावना पैदा हो गई कि मैं तो अस्पताल की चारपाई पर बीमार पड़ा हूँ फिर भी, इस हालत में भी, जेलर साहब मुझे दफ्तर में बुला रहे है। फ़ौरन ही मुझे यह ख्याल हुआ कि मुझे अपमानित और तंग करने के लिए ही जेलर ने ऐसा हुक्म दिया है। यदि मैं नहीं जाता हूँ तो जेलर से झगड़ा होता है, और यदि जाता हूँ तो मेरा अपमान होता है; और यदि झगड़े को बचाने के लिए मैं इस अपमान को भी सह लेता हूँ तो मैं अपने मित्रों की दृष्टि में गिर जाता हूँ। क्षण-भर के लिए इन सब भावनाओं ने मेरे मन में एक कठिन समस्या पैदा कर दी। लेकिन उसी क्षण मैंने इन समस्याओं की मीमांसा भी कर ली। मैंने उस क़ैदी अफ़सर से कहा कि मैं बहुत कमज़ोर हूँ दफ्तर नहीं जा

सकता। वह क़ैदी चला गया, लेकिन थोड़ी ही देर में फिर वापस आया और कहा कि बहुत जरूरी काम है, जेलर साहब आपको दफ्तर में ही बुला रहे हैं। यह सुनकर मुझे बड़ी चिन्ता हुई। तरह-तरह के खयाल दौड़ने लगे; कहीं ऐसा तो नहीं हुआ कि कोई मेरी लिखी हुई गुप्त चिट्ठी पकड़ा गई हो या कोई नया झगड़ा तो नहीं खड़ा हो गया। बात क्या है कि मैं अस्पताल में बीमार पड़ा हूँ फिर भी दफ्तर में ही बुलाने पर इस क़दर जोर है। लेकिन मुझे ज्यादा सोचने का मौका न था। उस दिन मुझे बुखार न था, और न मैं इतना कमजोर ही था कि दफ्तर तक आ न सकता। ऐसे अवसरों पर घर में तो यह सवाल ही नहीं पैदा होता कि आवश्यकता पड़ने पर बिस्तर से उठकर किसी से मिलने जाएँ या न जाएँ। यहाँ तो आत्म-सम्मान का सवाल था। असली बात तो यह थी कि एक राजबन्दी को बीमार अवस्था में कैसे कोई जेलर दफ्तर बुला सकता है। अब तो झगड़े की नौबत साफ नजर आई, परन्तु मैंने सोचकर निश्चित किया कि झगड़ा नहीं करना चाहिए। क्योंकि अभी थोड़े ही दिन पहले काफ़ी झगड़ा हो चुका था। अतः मैं जितना दुर्बल था उससे कहीं अधिक दुर्बल बनकर धीरे-धीरे जेलर के दफ्तर की ओर चल पड़ा। जब जेलर के सामने पहुँचा तो उसने बड़ी प्रसन्नतापूर्वक दोस्ताने के तौर पर आदर के साथ अपनी कुर्सी के पास एक बेंच पर बैठने को कहा! मैं तो एक तूफान का इन्तजार कर रहा था। यह दृश्य देखकर कुछ चकित-सा रह गया। और अभी बैठा भी न था कि जेलर एकाएक कहने लगा, "Cheer up man, you are released"—"क्या सुस्त हो यार मौज करो, अब तो तुम छूट गए।" मुझे इस अवसर पर यह संवाद सुनने की आशा न थी यद्यपि मुझे यह दृढ़ विश्वास था कि थोड़े ही दिनों के अन्दर छूट अवश्य जाऊँगा। 18 अगस्त सन् 1916 को मैं कालेपानी पहुँचा था। उस दिन से ही मैं सदा यह कहा करता था कि अपने अट्ठाइसवें साल की अवस्था में मैं अवश्य छूट जाऊँगा। ऐसी कोई शक्ति नहीं है जो उस निश्चित समय के बाद भी मुझे जेल में रख सके। उस समय कालेपानी में कोई ऐसा राजबन्दी न था जो इस बात को न जानता हो और जिसने इस बात को लेकर मेरी हँसी न उड़ाई हो। मेरे इस दृढ़ विश्वास के मूल में भृगुसंहिता की एक भविष्यवाणी थी जिसके बारे में अन्य स्थान पर कुछ लिखूँगा। महायुद्ध शान्त हो जाने के बाद जब मामूली क़ैदियों को तो बहुत-कुछ माफ़ी दे दी गई थी और राजबन्दियों में से कुछ से यह कहा गया था कि साल पीछे एक महीने की माफ़ी तुम लोगों की क़ैद में की गई, तब तो अवश्य मेरे मन में कुछ नाउम्मीदी-सी आ गई थी। इस अवस्था में जेलर ने मुझे मुक्ति का संवाद सुनाया। लेकिन यह संवाद सुनकर मेरे मन में कुछ विशेष उल्लास नहीं पैदा हुआ क्योंकि मुझे कुछ ऐसा प्रतीत हुआ कि छूटना तो मुझे था ही, जो अवश्य होना था वही तो हुआ मानो यह कोई असाधारण बात न थी। इसलिए मैंने बहुत शान्तिपूर्वक अपनी मुक्ति का संवाद सुना। मेरे इस अस्वाभाविक शान्त भाव को देखकर जेलर ने कहा, "What is the matter with you young man ? It seems you do not want to go home. Cheer-up man you are released"—"अरे ! तुम्हें हो क्या गया है ? मालूम पड़ता है कि तुम घर नही जाना चाहते। बात क्या है ? तुम खुश क्यों नहीं हो रहे हो ? मौज करो, अब तो तुम छूट गए।" मैं मुस्कराने लगा। मैं अपने स्थान पर वापस चला आया। धीरे-धीरे मुक्ति पाने का उल्लास मेरे मन में बढ़ता गया। अस्पताल में जिस जगह मैं रहता था उसके नीचे ही एक नम्बर की बैरक का आँगन था। इस आँगन में वीरेन्द्र, उपेन्द्र, हेमचन्द्र इत्यादि प्रसिद्ध पुराने क्रान्तिकारी स्वयं अपना भोजन बनाया करते थे। भारतवर्ष में जो सर्वप्रथम क्रान्तिकारी षड्यन्त्र का मुकदमा चला था उसी मानिकतल्ला बम केस में इन सबने आजीवन कालेपानी की सजा पाई थी। कुछ दिन अण्डमन में रहने के बाद मुसीबत उठाते-उठाते ये लोग दुर्बल चित्त हो गए थे। मेरे सामने कालेपानी मे राजबन्दियों के साथ जेल-अधिकारियो के जितने सघर्ष हुए और उसके परिणामत: जितनी भूख-हड़तालें एव काम बन्द रखने की हड़तालें हुईं उनमें से किसी में भी इन लोगों ने किसी प्रकार का भाग नही लिया था, बल्कि मेरी नजरों मे ये लोग जेल-अधिकारियो के विश्वासपात्र बन गये थे। इनकी धारणा थी कि इन सब हड़तालो में भाग न लेने से एवं जेल-अधिकारियों के पक्ष मे रहने से सम्भव है, छूटने में बहुत-कुछ सहायता मिले। इसलिए इन लोगों ने अन्य राजबन्दियों के विरुद्ध जाकर हमेशा जेल-अधिकारियों का ही पक्ष लिया था। इन सब बातो से राजबन्दियों की श्रद्धा इनकी तरफ से हट गई थी। इधर ये लोग भी यह समझते थे कि जेल-अधिकारियों से हमेशा संघर्ष करने का परिणाम क्या होता है। यह इन दूसरे राजबन्दियों को तभी मालूम पडेगा ऐन वक़्त पर, जब उनकी रिहाई के प्रश्न पर विचार करने का अवसर आएगा। परन्तु मैने तो जिस दिन मे कालेपानी मे कदम रखा था, उसी दिन से लेकर मुक्ति पाने के दिन तक हमेशा जेल-अधिकारियों के खिलाफ़ राजबन्दियों का पक्ष ही अपनी सामर्थ्य के अनुसार ग्रहण किया था। इसलिए जब मुक्ति का आनन्दप्रद समाचार मुझे मिला तो मेरे दिल में सर्वप्रथम यही इच्छा हुई कि इन दूरदेश सावधान राजबन्दियों को जाकर अपनी मुक्ति की बात सुनाऊँ और यह समझा दूं कि राजनीति के मार्ग मे दूरदेश और सावधान रहने से ही हमेशा लाभ नही होता है। मन में यही भाव भरे हुए, जेलर के पास से लौटकर मैं सीधा बरामदे में आकर खडा हो गया और उपेन्द्रनाथ को बुलाकर अपनी मुक्ति की बात सुनाई। उपेन्द्रनाथ आए, मेरी बात सुनी, मुझे बधाई दी या न दी, मुस्कुराहट की रेखा चेहरे पर आई भी न थी कि उन्होंने सिर नीचा कर लिया और मुंह लटकाकर वापस लौट गए। मैं अपनी चारपाई पर लौट आया। आज साढ़े अठारह वर्ष के बाद मुझे यह याद नही है कि चारपाई पर आकर मैंने क्या सोचा और उस समय मेरे दिल पर क्या गुजरी। इतना अवश्य याद है कि मैं मुक्ति का संवाद पाकर चंचल नही हुआ था। केवल एक भावना सर्वोपरि मुझे विकल

कर रही थी। मैं यही सोचकर परेशान हो रहा था कि कैसे मैं अपने साथियों के सामने आकर खड़ा हूँगा। जिस क्षण मैंने यह सुना कि मैं मुक्त हो गया हूँ बस जेल मे रहते हुए भी उसी क्षण से मैं यह एकाएक अनुभव करने लगा कि मैं अब इस जगह का रहनेवाला नही हूँ मानो मैं यहाँ अतिथि हूँ, दो घडी ठहर कर बाद को चला जाऊँगा। मेरे और सब साथियो के चेहरे जब मुझे याद आए और उनके आजन्म द्वीपान्तर वास का दड उनके चेहरो पर लिखा देख रहा था तो मेरे लिए यह दृश्य असहनीय हो गया। इस दृश्य को देखते हुए मै अपनी मुक्ति के आनन्द से कुछ भी हर्षोत्फुल्ल नही हो पाया। मुझे इस समय याद नही कि उस दिन मेरे साथ अस्पताल मे और भी कोई राजबन्दी थे या नही।

जेलर ने हमे बतलाया था कि अभी हमे करीब बीस दिन अण्डमन जेल मे ही रहना पडेगा। कैदियो को ले जानेवाला जहाज अभी अन्यत्र गया हुआ है। यह जहाज वापस आएगा तभी मुझे उस पर सवार कराया जाएगा, इन बीस दिनो तक मुझे जेल के अन्दर ही रहना पडेगा। जेल का ही भोजन नसीब होगा और दूसरे कैदियो की तरह रात को कोठरी मे ही सोना पडेगा। मैने एक बार यह आग्रह किया था कि कम-से-कम एक दफा तो मुझे जेल के बाहर अण्डमन टापू का दृश्य देखने का मौका दिया जाए। आजन्म कालेपानी की सजा लेकर आए, चार साल तक जेल के अन्दर ही रहे, अब जन्मभूमि की तरफ लौटने के पहले तो एक स्वाधीन व्यक्ति की तरह अण्डमन टापू को देखने का मौका मिले। लेकिन मेरी प्रार्थना स्वीकार नही की गई। यह अजीब परिस्थिति थी कि मै रिहा भी कर दिया गया था, लेकिन बीस दिन तक जेल के बाहर भी नही जा सकता था। खाना, पीना, रहना जेल के अन्दर ही दूसरे कैदियो की तरह ही होता रहा।

आजन्म कालेपानी की सजा पाकर साल के प्रति दिन, प्रति घडी जिस सुअवसर की बाट जोह रहा था वह दिन आ गया। लेकिन जब वह दिन आया तो वह कल्पनातीत हर्ष मैने क्यो नही अनुभव किया ? इसका उत्तर आज भी मैं ठीक तरह से नही दे सकता। दूसरे बहुत-से कैदियो को मैंने छूटते हुए देखा। उन कैदियो के हर्षोद्वेग की सीमा नही रहती थी। वे आपे से बाहर हो जाते थे, स्वप्नाविष्टो की तरह विह्वल होकर वे इधर-उधर घूमा करते थे। मुझे ठीक मालूम है कि मै विह्वल नही हुआ। सम्भव है कि अपने दूसरे साथियो की अवस्था को सोचकर अनजाने ही मैं अपने हृदयावेग को सहज तरीके से सयत कर पाया। ऐसी परिस्थिति मे अस्पताल को छोडकर अपनी बैरक मे मैं अपने साथियो के बीच वापस आया।

अस्पताल से अपनी बैरेक मे लौटने तक जेल-भर मे यह समाचार फैल गया कि भारत के सर्वप्रथम षड्यन्त्र केस के कैदी वारीन्द्र, उपेन्द्र एव हेमचन्द्र भी छूट गये हैं। और वे भी मेरे साथ एक ही जहाज मे स्वदेश लौटेगे। उन्हे भी मेरी तरह अभी बीस दिन तक और जेल म ही रहना पडेगा।

बैरक मे पहुँचते ही मेरे सब साथी मेरे पास आ खडे हुए, चारो तरफ से मुझे

घेर लिया और सब बातें पूछने लगे। अपने कल्पना-नेत्रों से जो चित्र मैंने देखा था वही दृश्य मेरे सामने आया। अभी दो-एक दिन ही पहले जिन साथियों के साथ हम अपने बन्धन के दिन बिता रहे थे, आज उन्हीं साथियों के बीच होते हुए भी कैसे उन्हें ग़ैर समझने लगे मानो मैं और मेरे वे साथी दो अलग-अलग दुनिया के निवासी हैं। यह बात कहने की न थी, हममें प्रत्येक ने अपने मर्म स्थान में इस बात का अनुभव किया। एक तरफ मुझमें आनन्द की दबी हुई आशा थी, दूसरी तरफ वेदना की स्फुट व्यंजना। यह अजीब परिस्थिति थी अपने अनजान में ही मैं यह अनुभव कर रहा था। अपने स्वाभाविक अभूतपूर्व कल्पनातीत आनन्द को व्यक्त करना इस अवस्था में तो नितान्त अपराध ही हो गया। इस प्रकार से अनजाने ही प्रतिक्षण अपने भावों को छिपाने का व्यर्थ प्रयास करता रहा।

सम्भव है, मेरे साथियो के मन मे बन्धन में पड़े रहने की वेदना के साथ मुक्ति पाने की भी क्षीण आशा की झलक दिखलाई दी हो; सम्भव है कि भविष्य में मुक्ति न पाने की आशंका से वे अत्यन्त वेदना का अनुभव कर रहे हों।

उनमे से जो सबसे कम उम्र का युवक था उसने मुझसे एक पुस्तक स्मृति-चिह्न-स्वरूप माँगी। मैं उस समय सब-कुछ दे सकता था, मैंने सहर्ष अपनी पुस्तकों में से एक पुस्तक उसे दे दी। इस प्रकार मैंने अपनी सब पुस्तकें सेल्यूलर जेल-निवासी बहुत से राजबन्दियों को स्मृतिचिह्न-स्वरूप दे दीं। मेरे लिए पुस्तकों से अधिक और कोई प्रिय वस्तु नहीं है। मैं कोई धनी व्यक्ति नहीं था। चौदह-पन्द्रह वर्ष की अवस्था में ही मेरे पिता का देहान्त हो गया था। पिताजी इंश्योरेंस इत्यादि मे कुछ छोड़ गए थे, उसी से हम चार भाइयों तथा मेरी विधवा माता का निर्वाह हो रहा था। मुक्ति के बाद भी, इन पुस्तकों में से कुछ तो आजकल अप्राप्य ही हैं, तथापि उनके लिए जो जीते-जी कब्र मे रह गए, उसी कब्र से मुक्ति पाने के दिन मैं क्या न दे सकता था। केवल एक पुस्तक मैंने अपने पास रख ली। वह पुस्तक थी, ईसाइयों की धर्म-पुस्तक—होली बाइबिल और इसमें मेरे पिताजी के हस्ताक्षर थे। मैंने अपने साथियों को जो पुस्तकें दे दी थी उनमें से जिनके नाम मुझे याद हैं, वे हैं—

1. Liberation of Italy by Countess Matrinengo ceseresco.
2. Life of Voltaire by Morley.
3. Life of Rousseau by Morley.
4. Life of Gladstone by Morley.
5. बुद्ध जीवनी—डॉ० रामदास सेन।
6 दो-तीन वर्ष के भारतवर्ष और प्रवासी मासिक पत्रों की फाइलें।

अन्य लगभग आठ-दस पुस्तकें भी थी, जिनका नाम मुझे इस समय याद नहीं है। इनमें पहली पुस्तक आजकल लाइब्रेरियों में छोड़कर अन्यत्र नहीं मिल रही

है। और बुद्ध-जीवनी दुष्प्राप्य है। बारीन्द्र और हेमचन्द्र के पास सौ-दो-सौ से भी अधिक अति उत्कृष्ट पुस्तकें थी। ये सब पुस्तकें वे अपने साथ वापस ले आए थे। जहाज आने मे अभी कुछ दिन बाकी थे कि इतने में खबर आई कि सन् 1919 के पंजाब के मार्शल-ला मे सजा पाए कैदियो मे से अठारह कैदी रिहा किये गए, ये भी सब मेरे ही साथ एक ही जहाज मे भारत वापस भेजे जाएँगे।

बैरक मे लौटने के बाद यह भी पता चला कि जिस दिन सुबह जेलर ने मुक्ति का संवाद सुनाया था, उसी दिन करीब दस-ग्यारह बजे जेल के सुपरिण्टेण्डेण्ट ने बारीन्द्र, हेमचन्द्र और उपेन्द्र को भी उनके मुक्त होने का संवाद सुनाया था। बारीन्द्र और हेमचन्द्र हमेशा दफ्तर आया-जाया करते थे। जेल के अन्दर एक छोटा-सा छापाखाना था। इसका सब काम बारीन्द्र के सुपुर्द किया गया था। जेल मे जिल्दसाजी का काम भी होता था। यह काम हेमचन्द्र के सुपुर्द था। अपने काम के सिलसिले मे ये हमेशा दफ्तर आते-जाते थे। जिस घडी सुपरि-टेण्डेण्ट ने इनको मुक्ति की बात सुनाई, उस क्षण बारीन्द्र और हेमचन्द्र बताते थे, उनके पैर कापने लगे, वे कहाँ खडे थे, यह भूल गए। उन्हे यह होश न था कि वे कठिन भूमि पर खड़े हुए हैं। सुपरिण्टेण्डेण्ट ने जो कुछ काम बताया, उनके कान के अन्दर वह कुछ न गया। वे भौंचक्के रह गए। बैरक मे वापस आये। आनन्द की वार्ता सबको सुनाई तब फिर दफ्तर लौट गए दुबारा काम को समझने के लिए।

जब तक छूटने की बात नही थी तब तक जी-भर के पढने की कोशिश करते थे। रिहाई पाने के करीब साल-भर पहले से बारीन्द्र के छापेखाने मे हम काम करते थे। सुबह दस बजे तक काम करते थे। काम करने के बाद नहाते थे, रोटी खाते थे एव बाद को प्राय. अधिकाश दिन पढने मे लग जाते थे। जिस किसी दिन रोटी खाने के बाद भी कुछ सरकारी काम आ जाता था उस दिन बहुत ही बुरा लगता था।

जिस दिन गत महायुद्ध का अवसान हुआ था उस दिन बारीन्द्र इत्यादि के मन मे तीव्र आशा का संचार हुआ था। जेल सुपरिण्टेण्डेण्ट मेजर मरे ने इस अवसर पर आशा दिलाई थी कि "सम्भव है कि तुम लोग छूट जाओ। मैंने बंगाल सरकार से तुम लोगो को छोडने के बारे मे जोरदार सिफ़ारिश की है।" यह दम-दिलासा पाकर बारीन्द्र वगैरह के पैर जमीन पर नही पडते थे। एक दिन आपस मे यह ऐसी बात करते थे कि देखा, अधिकारियो की खुशामद क्या यो ही करते रहे। यह सब सुनकर कभी-कभी तो मै उदास जरूर हो जाता था। लेकिन न जाने कैसे मन मे यह दृढ विश्वास था कि जिस दिन भारत के राष्ट्रीय मामलों मे हवा का रुख पलटेगा उस दिन यह सम्भव नही कि बारीन्द्र-जैसे दो ही तीन राज-बन्दी छूटे और शेष सब जेल मे पडे रहें। इसके अतिरिक्त व्यक्तिगत रूप से मेरे मन मे चाहे कुसंस्कार की वजह से हो चाहे सच्चे संस्कार के कारण हो, भारतीय फलित-ज्योतिष की भविष्यवाणी के आधार पर यह दृढ विश्वास था कि मैं अपनी अट्ठाइस साल की अवस्था मे शत्रुओ के हाथ से मुक्त हो जाऊँगा एवं

तब मेरी शादी अवश्य होनी ही है। मुझे अभी भी भारतीय फलित-ज्योतिष में विश्वास है। मैं इसे कुसंस्कार नहीं समझता। और यदि यह कुसंस्कार हो भी तो क्या हानि है; मुसीबतों के दिनों में तो मुझे इस संस्कार ने सहारा ही दिया।

गिरफ़्तार होने के पहले मेरी माँ ने मुझे बतलाया था कि मेरी जन्मपत्री बनारस के प्रसिद्ध भृगुसंहितावालों को दिखलाई गई थी। उन्होंने मेरे जीवन के अतीत, वर्तमान एवं भविष्य के बारे में जो कुछ बतलाया वह अक्षरशः सबका सब सही निकला। मेरी गिरफ़्तारी का समय, शत्रु-परिवेष्ठित रहने का काल, मुक्ति पाने एवं विवाह का समय, पुनः गिरफ़्तारी होने का काल, ये सबकी सब बातें मैंने बिलकुल सही पाईं। फ़रार हालत में अदूर भविष्य में विवाह होने की सम्भावना से अपने दिल को मैंने इस तरह तसल्ली दी कि आखिर यह सब झंझट और मुसीबत के दिन शीघ्र ही व्यतीत हो जाएँगे, नहीं तो शादी कैसे सम्भव हो सकती है। जिस दिन माँ के मुँह से मैंने यह सब भविष्यवाणी की बातें सुनी थीं उसी दिन से मैं मन-ही-मन शादी के लिए तैयार हो गया था। इसके पहले हज़ारों कोशिशें होने पर भी एवं हज़ारों प्रलोभन दिलाने पर भी मैं शादी के लिए तैयार नहीं हुआ था। लेकिन भविष्यवाणी के कारण फ़रार हालत में विवाह की भावना सुखकर भी थी और यह सब प्रकार के फ़सादों से निष्कृति पाने का इंगित भी था। मन में सोचा, चलो अब क्या है, विवाह कर ही लेंगे। अनिर्दिष्ट काल के लिए फ़रार रहना और सुनिर्दिष्ट काल के अन्दर विवाह होना भला यह भी कोई समस्या है जिसकी मीमांसा में कोई परेशानी हो सकती है! इस मनोवृत्ति से कालेपानी में मुसीबत के दिन बिताने में मुझे बहुत सहायता मिली।

आजन्म कालेपानी की सज़ा कोई दिल्लगी तो है नहीं। कितने ही राजबन्दी इस बोझ से दब से गये थे। मानो सर्वांग पर किसी ने रोलर-सा चला दिया हो। ऐसी अवस्था में बिचारे बारीन्द्र और उनके साथी झूठे आश्वासन पर भी भरोसा करने लगे थे। और अन्य राजबन्दीगण मजबूरी का नाम सब्र, इस कहावत को अक्षरशः सिद्ध कर रहे थे।

दुर्भाग्यवश जिस सुपरिण्टेण्डेण्ट ने रिहाई का दिलासा दिलाया था, उसी ने युद्धावसान का दिन मनाने के अवसर पर बारीन्द्र वग़ैरह को दफ़्तर में बुलाकर यह हुक्म सुना दिया कि सरकार ने तुम्हारी सज़ा में साल पीछे एक महीना माफ़ी दे दी है। और हम लोगों को जो अभी तक जेल के अधिकारियों के साथ झगड़ते आए थे, बुलाकर यह हुक्म सुनाया गया कि यदि हम और साल-भर ठीक चाल-चलन दिखाएँ तो इसके बाद हम लोगों को भी साल पीछे एक महीने की माफ़ी दी जायगी।

यह खबर सुनकर बारीन्द्र वग़ैरह को दिन में तारे दिखने लगे थे। और हम सब खुश हुए थे।

मैं अपनी बात जितनी निश्चयतापूर्वक कह सकता हूँ, दूसरों के मन की बात उतने निश्चयात्मक रूप से कैसे कह सकता हूँ! महायुद्ध के अवसान पर अंग्रेज़ों

ने जो खुशी मनाई उस सिलसिले में बर्मा के तमाम राजबन्दियों को सरकार ने छोड़ दिया। दूसरे मामूली क़ैदियों में से भी पुराने क़ैदियों को छोड़ दिया। यह सब देखकर भारत के राजबन्दियों के मन में कुछ नाउम्मीदी अवश्य हो गई थी, तथापि मेरे मन में सांत्वना बनी रही। आशा की छलना से संसार-भर के मनुष्यों का निर्वाह होता है। मेरी आशा तो सत्य के आधार पर बनी हुई थी तथापि यह भी सच है की कभी-कभी निराशा के अंकुर ने मुझे भी चंचल किया था। भागते हुए पक्षियों की छाया की तरह यह दुर्भावना आई और चली गई। मैं अपने पढ़ने में लगा रहा। उन दिनों मिल की लिखी हुई 'प्रिंसिपल्स ऑफ़ पॉलिटिकल एकॉनमी' पढ़ रहा था। किताब पढ़ चुका था। इतने में एक दिन क़रीब तीन बजे शाम को रायटर का तार छपने के लिए आया। तार की अधूरी भाषा से ज़ाहिर हो रहा था कि बादशाह ने राजबन्दियों की रिहाई के बारे में कुछ ऐलान किया है। बस, उस दिन से लिखना-पढ़ना चौपट हो गया। सिवा एक चर्चा के कि कब छूटेंगे, कौन छूटेगा, क्या होगा, क्या न होगा, और कोई बातें ही न रही। खाते-पीते, लेटते-जागते हर घड़ी वही चर्चा और वही चिंता। वारीन्द्र दौड़-धूप करके दफ़्तर से 'बंगाली' नाम के अख़बार की एक प्रति ले आए, जिसमें बादशाह की घोषणा छपी हुई थी। वह पढ़कर जैसे आशा का संचार हुआ, वैसे ही दूसरी तरफ़ इस दुर्दमनीय सन्देह ने भी हम सबको बेचैन कर दिया कि बादशाह की घोषणा में यह तो अवश्य था कि ज़्यादा-से-ज़्यादा राजबन्दियों को छोड़ दिया जाय, लेकिन इसके साथ यह भी एक वाक्य था कि 'भारत के बड़े लाटसाहब जिस किसी को भी ऐसा समझें कि उसके छोड़ने से अभी उपद्रव की सम्भावना है, तो उसे वे नहीं भी छोड़ सकते हैं।' अब हम लोगों में धुकधुकी पैदा हुई। जाने लाटसाहब किसे क्या समझें। दुःस्वप्न की भयानक छाया की तरह यह विभीषिका हम लोगों के मन में हर घड़ी बनी रही। हम लोगों में से अब किसी को चैन न रहा। लेकिन मेरी आशा अब और बलवती हो गई। जब मैं पहले-पहल कालेपानी में आया था और यहाँ के राजबन्दियों के साथ मैंने अपने अदूर भविष्य में छूटने की भविष्यवाणी के बारे में बात की थी, तो सबों ने मेरी हँसी उड़ाई थी एवं उपेन्द्र वग़ैरह ने यह कहा था कि 'अंग्रेज़ों की हुकूमत रहते हुए तो तुम छूट नहीं सकते।' इस पर मैंने कहा था कि 'यदि मेरे छूटने के लिए अंग्रेज़ी हुकूमत का अन्त होना आवश्यक है, तो अंग्रेज़ी हुकूमत का अन्त अवश्य होगा, क्योंकि मुझे छूटना तो अवश्य है ही।' अवश्य ही ये सब बातें हँसी-मज़ाक के तौर पर होती थीं। दिल बहलाने का यह एक तरीक़ा था। इसी सिलसिले में वारीन्द्र और उपेन्द्र ने उल्लासकर की कही हुई एक बात सुनाई थी कि अब बड़े कठिन आदमियों से पाले पड़े हैं, ये हमारे हाड़ खाएँगे, मांस खाएँगे, चमड़े से डुगडुगी बजाएँगे। बादशाह का ऐलान होने के बाद मैंने इन लोगों से कहा, 'कहो अब कैसी रही!' फिर कुछ दिन ऐसे ही बीते। न कोई छूटा, न छाटा। न लिखने-पढ़ने में मन बहले और न काम करने में ही दिल लगे। इतने में एक दिन वारीन्द्र ने आकर ख़बर सुनाई कि चीफ़ कमिश्नर

के पास मेरे भाई का एक तार आया है जिसमे पूछा गया है कि क्या राजबन्दी शचीन्द्रनाथ छूट गए? फिर आशा और निराशा के झूले मे हम लोग झूलने लगे। फिर कही कुछ नही। शायद इस दर्मियान एक सिक्ख राजबन्दी छूट गया। मैं अस्पताल मे चला गया। आखिर अस्पताल मे ही मुझे यह बात बहुवाछित शुभ-सवाद मिला।

2
कालेपानी से विदाई

जहाज की इन्तजारी करते-करते वे बीस दिन भी बीत गए। जहाज में चढने के दिन जितने क़रीब आए, उतने ही एक आनन्द के साथ एक उतनी ही काली छाया भी मन को घेरे रहती थी। हर घड़ी मेरे मन में यही खयाल बना रहता था कि कैसे मैं अपने साथियों को इस संकटपूर्ण स्थान में असहाय अवस्था में छोड़कर जाऊँ! सबसे मैंने यह वादा किया कि देश में पहुँचते ही उन लोगों को छुड़ाने के लिए मैं भरसक प्रयत्न करूँगा। मानो, मेरे पास यही एक बात थी जिससे मैं अपने साथियों को सांत्वना दे सकता था।

इस समय भाई परमानन्द एकाएक कोठरी में बन्द कर दिये गए थे। यह वही परमानन्द है, जो आजकल हिन्दू महासभा के महा कट्टर नेता है। सुनने में आया था कि पंजाब के अखबारों में परमानन्दजी की धर्मपत्नी ने परमानन्दजी के बारे में कुछ छपवाया था। इसी कारण से उन्हें कालेपानी में दिन-रात कोठरी मे बन्द कर दिया गया था। अपने साथियों से मैंने यह भी वादा किया कि भाई परमानन्दजी के बारे में भी देश वापस लौटकर मैं जो कुछ कर सकूंगा, करूँगा।

एक दिन प्रातःकाल जाने की तैयारी होने लगी। मैंने यह अच्छी तरह से देखा कि पंजाब के मार्शल-लों के अठारह बन्दी एवं वारीन्द्र और हेमचन्द्र तथा उपेन्द्र खुशी से फूले नही समा रहे थे। मुझे तो अपने आँसू पीकर हट जाना पड़ा। मानो बादल उमड रहे हो, पानी गिरने ही वाला है। जेल से छूटने पर जो कपडे दिए जाते है, वे हमे दिये गए। वारीन्द्र ने अपने छूटने की आशा में पहले ही कुछ कपड़े मंगा लिये थे। उसमे से मुझे उन्होंने एक धोती और एक कोट दिया। मेरा खयाल है कि उन्होने मुझे तीन रुपये भी दिए थे। बाकी खर्च तो सरकार का ही था। छूटते समय भी दो-दो करके हम सब छूटनेवालों को कतार में खड़ा कर दिया गया। छूटने के दिन भी डिसिप्लिन के साथ फाटक की तरफ चले। जिस दिन मैं कालेपानी आया था, उस दिन भी मुँह पर हँसी थी, जी में रुआंसा था। आज छूटने के दिन भी मुँह पर हँसी थी, जी में रुआंसा था। मुझे खूब याद है जिस दिन सर्वप्रथम मैं कालेपानी पहुँचा उस दिन मेरे मन में क्या भावनाएँ थी। एक

सो मुझे दृढ़ विश्वास था कि मैं जल्दी छूट जाऊँगा, इसलिए मेरे दिल में वेदना का असर ज्यादा न था। दूसरी बात यह थी कि मेरे मन में यह आशा थी कि बारीन्द्र, उपेन्द्र इत्यादि जो बहुत-से राजबन्दी पहले ही से कालेपानी में हैं, वे अवश्य ही दूसरे आनेवाले राजबन्दियों के लिए रास्ता साफ़ कर रहे होंगे। इसलिए मुसीबत को सामने देखते हुए भी उस दिन मन ज्यादा चंचल नहीं हुआ था। लेकिन दो-चार दिन में ही मेरा यह माया-जाल छिन्न-भिन्न हो गया। जितने दिन बीतते गए, उसाँस भी बढ़ती गई। आज छूटने के दिन रोने की तबीयत हो रही थी और हर्ष जी में छिपा हुआ था। जैसे-जैसे समय बीतता गया, वैसे ही हर्ष की मात्रा बढ़ती गई और निरानन्द का भाव लुप्त होता गया। लेकिन छूटने के दिन सचमुच आँसुओं को रोकना एक मुसीबत हो गई।

फाटक के बाहर आते ही पंजाब के सिख राजबन्दीगण गगनभेदी निनाद से दस दिशा कम्पित करके 'सत्य श्री अकाल' के नारे लगाने लगे। एक ने कहा—'जो बोले सो निहाल' और सबों ने प्रत्युत्तर में एक स्वर से कहा—'सत्य श्री अकाल'। फाटक के अन्दर तक कठिन डिसिप्लिन था। फाटक के बाहर भी एक प्रकार से जेलखाना ही था। लेकिन जब ये नारे लगने लगे, तो जेलखाने के अधिकारीगण ताकते ही रह गए। लेकिन जितने ज़ोरों से यह नारे लगने लगे उतने ही तीव्र रूप से मेरे हृदय को यह आघात लगने लगा कि जेल के अन्दर जितने राजबन्दी इस घड़ी बन्द हैं और जो कोठरियों में पड़े हुए हैं उनके हृदयों पर इस निनाद का क्या असर पड़ता होगा! हर एक नारे के साथ मेरे रोएँ-रोएँ खड़े हो जाते थे। सुबह का समय था, चारों दिशा मे शान्ति विराज रही थी। दिग्दिगन्त-व्यापी समुद्र फैला हुआ था और उसके बीच में छोटी-छोटी पहाड़ियाँ हरे पेड़ और पौधे से भरी हुई अपूर्व शोभा दे रही थी। सिख लोगों के लगाये हुए नारे चारों दिशाओं में गूँज रहे थे। लेकिन क़तार अभी बनी हुई थी और वैसे ही पूर्ववत् हम लोग जोड़े-जोड़े से खड़े हुए थे। जब कई बार नारे लग गए तो हम लोग आगे बढ़े। नारों की जगह अब पंजाबी भाषा में गाने होने लगे। उसकी एक कड़ी मुझे आज भी याद है—'चिड़ियों से मैं बाज लड़ाऊँ, तभी गोविन्दसिंह नाम धराऊँ।' पहले की ही तरह से दो-तीन आदमी इस गाने की एक कड़ी को शुरू करते; बाद को तमाम आदमी उसे दुहराते। अब तो मेरी आँखो मे आँसू भर आए। अभी तक एक भावना दिल मे दबी हुई थी, अब वह उमड़ पड़ी। अण्डमन में रहते हुए प्रत्येक दिन मैंने जी-जान लड़ाकर यह प्रयत्न किया था कि छूटने के बाद फिर से राजनीति मे काम करने के लिए अपने को सर्व प्रकार से उपयुक्त बनाऊँगा। जिस दिन मुझे मुक्ति का संवाद मिला, उस दिन एक क्षण के लिए मेरे दिल मे यह ख़याल हुआ कि जिसके लिए मैंने आज तक तैयारी की है वह समय आज आ गया। क्या मैं अब उस दिन के लिए तैयार हूँ? सिखों के ये गाने सुनकर कल्पना के नेत्रों से हम मुगल-जमाने के दृश्य देखने लगे। गुरु गोविन्दसिंह ने चिड़ियों से बाज को परास्त किया था। आज इस नवीन युग मे एक नवीन गुरु गोविन्दसिंह की आवश्यकता है। मैंने मन-

ही-मन यह सोचा कि जो नई ज़िम्मेदारी मेरे सिर पर आ रही है, क्या मैं उसके लिए तैयार हूँ ? मेरा जीवन तो खतम हो ही गया; इस पुनर्जन्म के बाद से क्या अपनी ज़िन्दगी पर मेरा व्यक्तिगत अधिकार है ? क्या मेरा जीवन अब समाज के कामों में ही न्योछावर न होना चाहिए ? इस भावना ने मुझे उस घड़ी उतावला कर दिया। हम लोग समुद्र के किनारे आ पहुँचे। समुद्र के पानी को स्पर्श करते ही मैंने ऐसा समझा कि यही पानी मेरी प्रिय मातृभूमि का भी स्पर्श कर रहा है। उसे स्पर्श करके मानो मैंने मातृभूमि का भी स्पर्श कर लिया। मैंने ऐसी कल्पना की कि मानो इस समुद्र का पानी आँचल की तरह बिछा हुआ है। उसका एक छोर भारतवर्ष को और दूसरा छोर मुझे स्पर्श कर रहा है। नाव पर सवार होकर कुछ दूर जाने के बाद जहाज़ मिला। वारीन्द्र वग़ैरह के कुछ पुराने मिलने-वाले केला आदि फल-मूल भेंट करने के लिए ले आए थे।

जब कालेपानी आए थे, तो जहाज़ में जिस जगह माल इत्यादि लादा जाता है, उसी सबसे नीचे की तह में हम मनुष्यों को बे-जानदार वस्तुओं की तरह लादा गया था; तिस पर भी पैरों में बेड़ियाँ भी पड़ी थीं और संगीन लिये हुए सिपाहियों का पहरा था। आज मुक्ति के दिन ऐसा नहीं हुआ। हम लोग जाकर डेक पर बैठे। पैरों में बेड़ियाँ न थीं, न कोई पहरे का इन्तज़ाम। अब मालूम होने लगा कि हम लोग सचमुच छूट रहे हैं। दिल में आया, क्या इधर-उधर जा सकते हैं, घूम-घामकर कुछ देख सकते हैं ? तो देखा कि कोई मना करनेवाला नहीं है। स्वाधीनता पाने की यह प्रथम अनुभूति थी। जहाज़ में इधर-उधर जाकर मैं घूमने लगा। इधर देखा, उधर देखा, कहाँ पर कैसे आदमी सवार हैं, इंजिन किधर है, खाना पकाने की जगह कहाँ है और कहाँ स्नानागार और शौचागार है। आनन्द की मात्रा बढ़ने लगी और सोचा, अब छूट गए। अब खाने-पीने की फ़िक्र हुई। हिन्दुओं के लिए खाने का कोई इन्तज़ाम न था। या तो चना-चबेना चबाकर रहो या जहाज़ के मुसलमान खलासियों के हाथ का पका हुआ भोजन खाओ। वारीन्द्र घूम-घामकर जहाज़ के स्टुअर्ड के साथ खाने-पीने का कुछ बन्दोबस्त कर आए। इस इन्तज़ाम में हम चार आदमी शामिल थे—वारीन्द्र, उपेन्द्र, हेमचन्द्र और मैं। यहाँ पर यह बतला देना आवश्यक है कि खाने-पीने की छुआछूत में हम लोगों ने कभी भी कोई परहेज़ नहीं किया। हाँ, अवश्य ही गो-मांस आज तक नहीं खाया। लेकिन जब विचार करने बैठते हैं तो कबूतर के मांस में और बछड़े के मांस में क्या अन्तर होगा, यह समझ में नहीं आता। यह तो समझ में आता है कि नीति की दृष्टि से किसी भी प्रकार के मांस का खाना अनुचित है, अन्याय है, अशोभन है और सम्भव है कि बहुत-से अवसरों पर हानिकारक भी है। लोभ के वश में आकर आजन्म के अभ्यास के कारण एवं संग-सोहबत की वजह से अकसर मांस खा लेता हूँ। और कभी-कभी दूसरे प्रकार के संग-सोहबत के कारण मैंने कई दफ़ा मांस खाना छोड़ भी दिया और फिर शुरू भी कर दिया।

जब कालेपानी को आए थे तो बरसात का मौसम था। चार दिन और तीन

रात जहाज में रहना पड़ा था। अब वापस जाने के वक़्त भी चार दिन और तीन रात जहाज पर रहना पड़ा। आकाश साफ़ था। नभ-मण्डल में कोई चंचलता न थी। जहाँ तक मुझे याद है पंजाब के मार्शल-लॉ के क़ैदियों को हम लोगों से अलग रखा गया था और सम्भवतः उनके पैरों में बेड़ियाँ भी थीं और शायद उनसे यह भी कहा गया था कि पंजाब में ले जाए जाकर ही वे लोग छोड़े जाएँगे। लेकिन मुझे ये सब बातें अब ठीक याद नही हैं। सम्भव है, मैं कुछ ग़लती कर रहा होऊँ। यह ठीक याद है कि हम चार आदमी एक तरफ़ थे और मार्शल-लॉ के क़ैदी दूसरी तरफ़ थे। हम लोगों की रिहाई के सर्टिफिकेटों में चाल-चलन के कॉलम में 'फेयर' लिखा हुआ था, यानी न ज्यादा अच्छा और न ज्यादा खराब। और रिहाई के कारण के कॉलम में यह लिखा था कि 'बादशाह के ऐलान के सिलसिले में रिहा किए जा रहे हैं।' एक और लक्ष्य करने की बात यह थी कि रिहाई के सिलसिले में यह लिखा था, 'कारसपांडेन्स एण्डिग इन ए टेलीग्राम' अर्थात् चिट्ठी-पत्र व्यवहार के बाद आखिर में तार आया तब छूटे। मेरे जीवन की यह एक खूबी है कि आज तक जीवन-भर मेरा कोई काम निर्विघ्न रूप से सहज सरल तरीके से कभी भी नही हुआ। मुझे हमेशा कठिन-से-कठिन बाधाओं का सामना करना पड़ा है। छूटते वक़्त भी आखिरकार तार आया तब छूटे। आखिर शादी के सिलसिले में भी मुझे कोसों पैदल चलना पड़ा, तब जाकर कहीं लडकी को देखना नसीब हुआ। इसी तरह से इस जीते-जी पुनर्जन्म के बाद फिर जब मैंने यात्रा प्रारम्भ की तो पग-पग पर मुझे कठिन बाधाओं का सामना करना पड़ा।

अंग्रेजों के बच्चों को मैंने जहाज पर इधर-उधर निस्संकोच घूमते हुए देखा। जहाज के बिलकुल एक किनारे से ऊपर के डेक से नीचे की डेक में जाने की एक सीढी थी। थोड़ी-सी ही असावधानी के कारण बच्चे इस सीढ़ी से गिरकर अथाह समुद्र मे जा गिर सकते थे, लेकिन निस्संकोच ये बच्चे नीचे से ऊपर और ऊपर से नीचे आया-जाया करते थे, कूदा-फाँदा करते थे। इनकी देखभाल के लिए कोई साथ न रहता था। इस दृश्य ने मेरे मन पर अपनी गम्भीर छाप लगा दी। मैं हैरान रह गया कि कैसे इनके माँ-बाप निश्चिन्त होकर चैन से अलग बैठे होंगे। क्या हम भारतवासी इस प्रकार ऐसे अवसर पर बेफ़िक्र बैठे रह सकते हैं? मैं अपने को काफ़ी हिम्मत वाला समझता हूँ, लेकिन मेरे लिए आज भी ऐसा सम्भव नही है। एक और भी दृश्य आज भी मुझे याद है। मैं उस वक़्त छात्र था। बनारस के क्वीन्स कॉलेज में पढ़ता था। करीब तीन-चार बजे शाम को कॉलेज के प्रांगण मे होता हुआ कहीं जा रहा था। सामने देखा कि कॉलेज के प्रिंसिपल मिन्सेण्ट साहब एक प्रोफ़ेसर के साथ आ रहे हैं। प्रिंसिपल साहब का एक शिशु-सन्तान जमीन पर खेल रहा था। पास ही आया बैठी थी। वह शिशु पेड़ पर चढ़ने को गया। आया ने रोका तो प्रिंसिपल साहब ने आया को समझाया कि बच्चों को उनकी गतिविधि में कभी रोका न करो। पेड़ पर चढ़ना चाहता है, तो चढ़ने दो। तुम देखती रहो कि वह गिर न पड़े।

जिनके साथ मुझे चार दिन तीन रात हर घड़ी एक साथ रहना पड़ा, उनकी मनोवृत्ति एवं मानसिक झुकाव के साथ मेरा कोई ऐक्य न था। सम्भवतः हमारे हरएक की दुनिया अलग-अलग थी। हम अपनी दुनिया में विचरण कर रहे थे, वे किसी और दुनिया में विचरण कर रहे होंगे। आपस में मौखिक बात-चीत तो होती रही, हँसते भी थे लेकिन एक-दूसरे के हृदय को स्पर्श नहीं कर पा रहे थे। यह अनैक्य की बात एक-दूसरे से छिपी हुई न थी; मानो हरएक के दिल के सामने एक पर्दा पड़ा हुआ था और उसी पर्दे की आड़ में रहकर हम लोग एक-दूसरे से बातचीत कर रहे थे।

ऐसी परिस्थिति से ऊबकर मैं कभी-कभी सिख भाइयों के पास जाता था। लेकिन वहाँ भी दिल को तसल्ली नहीं मिलती थी; क्योंकि हम लोगों का मानसिक विकास विभिन्न मार्ग से अपनी-अपनी प्रकृति के अनुसार विभिन्न ध्येय को लेते हुए हुआ है। इतने आदमियों के साथ रहते हुए भी मैं यह अनुभव करता था कि मैं कितना अकेला हूँ। क्या करता, मजबूरी थी। पाठक यह महसूस कर सकते हैं कि मैं इस आनन्द के दिन कितना निरानन्द रहा!

इसी जहाज पर अण्डमन टापू के अंग्रेज डिप्टी-कमिश्नर एवं कई एक बंगाली मैडीकल ऑफिसर हिन्दुस्तान वापस लौट रहे थे। वारीन्द्र वग़ैरह से इन लोगों का परिचय था। इन लोगों से मिलने के बाद एक दफ़े वारीन्द्र हम लोगों के पास आकर कहने लगे कि हिन्दुस्तान की हालत बहुत नाजुक है। अब यह नहीं पता चलता कि कौन मित्र है और कौन शत्रु। स्कूल के हेड-मास्टर, टीचर, डॉक्टर और छात्र इनमें सब खुफ़िया पुलिस के आदमी भरे पड़े हैं। पड़ोस में जो रहते है उनमें कौन खुफ़िया पुलिस के हैं और कौन नहीं, यह कहना बहुत मुश्किल है। दूसरे मौके पर डिप्टी-कमिश्नर लुइस साहब से मिलकर लौटने के बाद वारीन्द्र यह कहने लगे : 'भई, लुइस साहब बड़े भलेमानस हैं। उनसे बहुत देर तक बातचीत की। सुख-दुःख की बातें पूछी। कहाँ रहेंगे इत्यादि बातें होते-होते उल्लासकर की बात आई। लुइस साहब ने अकपट हृदय से यह कहा कि 'उल्लासकर का मन बड़े ऊँचे स्वर से बँधा हुआ था। इसी प्रकार से सिख राजबन्दियों के बारे में बातचीत हुई। सिखों के साहस एवं उनकी विरोधी पक्ष के सामने खड़े होने की शक्ति की बहुत प्रशंसा की।' ऐसा कहते हुए वारीन्द्र ने इस शुभ मुहूर्त्त में यह स्वीकार किया कि जो राजबंदीगण जेल-अधिकारियों के विरोध में सिर ऊँचा रखते हुए आत्म-सम्मान के लिए हमेशा लड़ा करते थे, वे यथार्थ में वीर थे और सराहनीय थे। उनके मुकाबले में वारीन्द्र ने अपनी कमज़ोरी स्वीकार की।

यहाँ पर उल्लासकर का कुछ परिचय दे देना आवश्यक है। इनके पिता शिवपुर में इंजिनीयरिंग कॉलिज के प्रोफ़ेसर थे। वारीन्द्र वग़ैरह के दल में शामिल होने के पहले ही उल्लासकर ने अपने घर में ही एक रसायनागार बना लिया था और वहाँपर वह विस्फोटक पदार्थ के विषयों में परीक्षण किया करते थे। उल्लास-कर बड़े विचारशील और आध्यात्मिक प्रकृति के मनुष्य थे। वारीन्द्र का दल

इनके दल में शामिल होने से बहुत पुष्ट हो गया था। मुकदमे के दौरान में बयान देते समय उल्लासकर ने यह कहकर गौरव अनुभव किया था कि 'अमुक बम ने अमुक स्थान पर जो भैरव-लीला दिखाई थी, वह मेरे ही हाथ का बना हुआ था।' एक अदालत के कमरे में एक राष्ट्रीय संगीत गाकर उल्लासकर ने सबको मुग्ध कर दिया था। प्रसिद्ध राष्ट्रीय नेता स्व० विपिनचन्द्र की एक कन्या के साथ उनका प्रणय हो गया था और विवाह की बात स्थिर हो चुकी थी, परन्तु इस बीच में अलीपुर षड्यन्त्र के मामले में उल्लासकर गिरफ़्तार हो गए और उन्हें सज़ा हो गई। विपिनपाल की लड़की ने आज तक शादी नहीं की। जब तक उल्लासकर जेल में थे तब तक तो कोई बात ही नहीं थी। जेल में उल्लासकर का मस्तिष्क विकृत हो गया है, यह जानकर तब उसने शादी न करना ही उचित समझा। जहाँ तक मुझे मालूम है, उस लड़की ने फिर शादी नहीं की।

अण्डमन के जेल में रहते हुए उल्लासकर एक दिन कहने लगे कि आखिर क्यों मैं जेल की मशक़्क़त करूँ। एक बागी के लिए जेल में भी बग़ावत का रास्ता अख़्तियार करना ही मुनासिब और इज्ज़त का रास्ता है। इस तरह से जेल में कई बार क़ानून तोड़कर उल्लासकर ने तरह-तरह की सज़ायें पाईं। एक दफ़े जेल के बाहर कड़ी धूप में ईंट की भट्ठी में काम करते समय पहले की तरह काम करने से इनकार कर दिया। उल्लासकर और उनके कुछ साथियों को जेल में ले आया गया और तनहा कोठरी में दीवाल में लगे हुए लोहे के छल्ले से हथकड़ी में बाँधकर इन्हें खड़ा कर दिया गया। इसे जेल में खड़ी हथकड़ी कहा करते हैं। क़ानूनन यह एक दिन में आठ घण्टे तक ही लगाई जाती है एवं लगातार सात दिन से अधिक ऐसी खड़ी हथकड़ी लगाने का हुक्म नहीं है। लेकिन जेल के अधिकारी-गण जब किसी क़ैदी को सताना चाहते है तो इन सब कानूनों की पाबन्दी नहीं की जाती। दफ़्तर के कागज़ात मे कार्रवाई क़ानून के हिसाब से सही तौर से रखी जाती है, लेकिन अमल में कुछ और ही होता है। अगर कोई क़ैदी अदालत के सामने यह सब बातें साबित करना चाहे तो यह ग़ैरमुमकिन-सी बात है, क्योंकि जेल के अधिकारियो के खिलाफ कोई गवाह नही मिल सकता। ख़ैर, जो कुछ हो, उल्लासकर को खड़ी हथकड़ी की हालत मे ही एक सौ तीन या एक सौ चार डिग्री बुख़ार आ गया। फिर भी वे खड़ी हथकड़ी मे ही रखे गए। इस हालत मे वे बेहोश हो गये। बेहोशी की हालत मे वे अस्पताल भेजे गए एवं जब उन्हें होश आया तो देखा गया कि वे पागल हो गए हैं। यही उल्लासकर कहा करते थे कि भाई अब ऐसे आदमियों के पाले पड़े हैं कि ये हाड खाएँगे, मांस खाएँगे, चमड़ी से डुगडुगी बजाएँगे। अण्डमन के डिप्टी-कमिश्नर लुइस साहब उल्लासकर के विषय में बहुत ऊँचे ख़याल रखते थे।

जब बारीन्द्र ने आकर लुइस साहब की बातें सुनाईं और इस सिलसिले में उल्लासकर का ज़िक्र आया तो मुझे उल्लासकर के बारे मे ऊपर लिखी बातें मालूम हुई। ये सब बातें सुनकर पिछले दिनों के वे नज़ारे आँखों के सामने घूमने

लगे और मैं सहम-सा गया। उस समय के इतने अत्याचारों की रोमांचकारी कहानी मैंने सुनी जिसे यहाँ पर लिखने की हिम्मत मुझमें नहीं है, क्योंकि अदालत के सामने इन सब बातों का सबूत मैं नहीं दे सकता।

जब मैं कालेपानी आया था तो प्रकृति विरूप थी। अगस्त का महीना था। आँधी-पानी और बादल का गरजना, जहाज के नीचे की तह में बैठे-बैठे ऐसा मालूम हो रहा था, मानो एक प्रलयकारी बाढ़ में दुनिया डूब रही है। अब लौटते वक़्त प्रकृति शान्त थी, मानो हम सबके छूटने से चारों दिशाओं में प्रफुल्लता छा रही हो। रात में तय हुआ कि प्रात:काल यह देखना है कि समुद्र के बीच से सूर्योदय कैसे होता है! सोते-सोते जब पहले आँख खुली तो देखा कि चारों दिशा में उषा की लाली स्मित ज्योति से उद्‌भासित हो रही थी। मैं उठ खड़ा हुआ। समझा कि वक़्त आ गया है, सूर्योदय अब होने ही वाला है। देखा कि हेमचन्द्र भी उठ बैठे हैं। मैंने औरों को भी जगाना चाहा, लेकिन हेमचन्द्र ने कहा, अभी थोड़ा और देख लें कि सूर्योदय में कितनी देर है। हम दोनों डेक के किनारे आकर खड़े हो गए। रेलिंग को पकड़कर क्षितिज की ओर टकटकी लगाये ताकते रहे। नीचे समुद्र का पानी उच्छलित हो रहा था। हम लोगों में से किसी के पास घड़ी तो थी ही नहीं। पता नहीं चल रहा था कि वक़्त कितना हुआ। खड़े-खड़े हम लोग थक गए, लेकिन उषा के प्रकाश मे कुछ अन्तर नहीं हुआ। अब भी हमारे साथियों में से कोई जगा न था। मैं और हेमचन्द्र जहाज में इधर-उधर घूमने लगे ताकि किसी सूरत से पता चले कि वक़्त क्या है। शायद स्टुअर्ड के पास से पता चला कि अभी तो तीन ही बजा है। दिल में आया अभी थोड़ा और लेटे रहें, लेकिन हेमचन्द्र ने मुझे रोक लिया और दोनों डेक चेयर में या शायद किसी और चीज़ पर बैठ गए। तीन बजे से क़रीब साढ़े पाँच बजे तक यों ही बैठे रहे। आश्चर्य की बात तो यह थी कि समुद्र मे उषा की स्थिति तीन-तीन घण्टे तक क़रीब-क़रीब एक-सी रही। साढ़े चार या पाँच बजे से मेरे दूसरे साथी भी पास आ गए। चारों दिशाओं में तो उजाला छा गया, लेकिन जिस केन्द्र मे चारों दिशा में यह ज्योति विकीर्ण हो रही थी उसका अभी भी कोई पता न था। हम सब अस्थिर हो गए। केवल हर घड़ी यही सोचते रहे जाने समुद्र में सूर्योदय कैसा होता है। यह इन्तज़ारी अब बुरी लगने लगी। लेकिन जिस दृश्य को देखने के लिए घण्टो से बैठे है अब उस दृश्य को बिना देखे जायँ कैसे? एकाएक सबका मन चंचल हो उठा और हाथ फैलाकर सबों ने इशारा किया कि वह सूर्योदय का प्रारम्भ हुआ। सबों ने देखा एक ज्योतिपुंज समुद्र से धीरे-धीरे उग रहा है। चारों दिशा में अथाह पानी और पानी। अनन्त का आभास कुछ मिलने लगा। एक तरफ सूर्योदय हो रहा है दूसरी तरफ अनन्त मानव मूर्त होकर दर्शनीय हो रहा है। मानो शान्त और अनन्त का मिलन हो रहा हो। मस्तक के ऊपर अनन्त आकाश, नीचे अनन्त घटा के बीच एक हमारा ही जहाज इच्छापूर्वक एक विशेष दिशा की तरफ असाध्य साधन करने की भाँति

इस अनन्त दिशा को पार करने की अदम्य चेष्टा कर रहा है और दूसरी तरफ ज्योति-पुंज की गति से भी यह प्रतीत होता था कि अनन्त के साथ शान्त का मिलन है। और हम नितान्त दिशाहीन होकर भटक नहीं रहे हैं।

सूर्य का उदय अब प्रत्यक्ष हो रहा था। अर्धगोलाकार ज्योतिपुंज समुद्र के ऊपर दिखाई दे रहा है। लेकिन स्थल देश में सूर्यास्त के समय जैसे मनोहर रूप में अवर्णनीय लालित्य के साथ सूर्य दिखाई देता है, समुद्र के बीच सूर्योदय के समय वह लालित्य न था। उस दिन आकाश में एकदम मेघ न थे। सम्भव है, इसीलिए सूर्य की किरणों से कोई रंग बिखर नहीं रहा था। समुद्र के बीच सूर्यो-दय के समय एकमात्र विचित्र बात हम लोगों ने यह देखी थी कि अचानक वह ज्योतिपिंड जो अभी तक वृत्ताकार पानी के ऊपर दिखाई दे रहा था, मानो एकाएक पानी से कूदकर अलग हो गया और आकाश में सूर्य के रूप में दिखाई देने लगा। इस विचित्र कूदने को छोड़कर समुद्र में सूर्योदय के वक्त और कोई ऑब्जेक्टिव ब्यूटी हम लोगों ने नहीं दिख पाई। कुछ ने तो कहा कि यही समुद्र में सूर्योदय की ब्यूटी है। वृथा तीन घंटे बरबाद हुए।

हम सब अपनी जगह पर चले आए और हँसी-दिल्लगी में वक्त बिताने लगे। खाने-पीने की कोई खास चीज तो मिलने को थी नहीं और न पल्ले पैसा ही था।

आकाश की तरफ या क्षितिज की तरफ देखने से यह पता नहीं चलता था कि हमारा जहाज किसी तरफ अग्रसर हो रहा है या नहीं। लेकिन नीचे पानी की तरफ देखने से प्रतीत होता था कि किसी अज्ञात दिशा की तरफ हमारा जहाज आगे बढ़ रहा है। अनन्त समुद्र में एकमात्र अपने ही जहाज को पानी के ऊपर तैरते देखकर जैसे एक ओर अनन्त का अर्थ अनुभव करते थे, वैसे ही दूसरी ओर मेरे मन मे एक असहायता की भावना एक प्रकार की अव्यक्त आशंका की सृष्टि करती थी। मैं जहाज के पीछे की तरफ चला गया। उस निर्जन स्थान में अकेले खड़े होकर मैं देखता था कि कैसे हमारा जहाज अथाह समुद्र पर तुच्छ-सा विक्षोभ पैदा करके समुद्र पर पानी का रास्ता बनाता चला जा रहा है। मन में आया कि यदि हम गिर जाएँ तो क्या कोई सहायता हमें मिल सकती है! थोड़ी देर में फिर वही बात याद आई कि मेरा जीवन तो समाप्त हो चुका था, मेरी इस नई जिन्दगी पर मेरा क्या अधिकार है? दिवा-स्वप्न देखने लगा। क्या फिर देश-सेवा के कार्य मे निर्भीकता के साथ अपने जीवन को लगा पाऊँगा? मुझे याद आया कि मेरी माता विधवा है और मैं आज तक किसी भी प्रकार से जननी को लौकिक दृष्टि से सुखी नहीं कर पाया। क्या अब लौटकर अपनी माता के लिए कुछ कर पाऊँगा? अब तो माताजी शादी के लिए अवश्य कहेंगी। शादी मैं अवश्य करूँगा, लेकिन शादी करने के बाद क्या मैं फिर त्याग के रास्ते को ग्रहण कर सकूँगा? इन्हीं सब भावनाओं मे मैं तल्लीन था। जब मैंने एकाएक सिर उठाया तो देखा कि हेमचन्द्र मेरे पास खड़े हुए हैं। उनके आग्रह करने से मैंने अपने मन की सब बातें बताईं।

हेमचन्द्र कानूनगो एक अति श्रद्धेय सज्जन थे। जब जेल में आए होंगे तब वह अवश्य जवान रहे होंगे। लेकिन जिस दिन मैंने प्रथम बार अण्डमान की जेल में क़दम रखा था उस दिन जब मैंने दूर से हेमचन्द्र को एक स्टूल पर बैठे देखा उस दिन का दृश्य मैं कभी नहीं भूल सकता। दाढ़ी के बाल आधे से ज़्यादा सफेद हो गए हैं, छाती तक बाल लटक रहे हैं, आँख में चश्मा है और रंग गंदुमी। मैं यह सोचने लगा कि भारत के स्वाधीनता संग्राम में इन सज्जन ने, अपने बाल सफेद कर लिये, सालों से जेल में पड़े हुए हैं, मुखमंडल चिंतनशील गंभीरता-मंडित दिखाई दे रहा है, एकाग्र चित्त से कोई किताब पढ़ रहे हैं।

कालेपानी में आकर एक नवीन युवक दत्तचित्त होकर उन्हें इस तरह से टकटकी लगाकर देख रहा है, हेमचन्द्र को इस बात की कोई-खबर नही। अपने देश से सहस्रों मील की दूरी पर समुद्र-परिवेष्टित एक छोटे-से टापू के कारागार में एक प्रौढ़ के साथ एक नौजवान का इस परिस्थिति मे मिलना आज भी मुझे याद है। ये वही हेमचन्द्र हैं जो अपनी जायदाद बेचकर फ्रांस चले गये थे बम इत्यादि बनाना सीखने के लिए। जिस समय हेमचन्द्र इस वैप्लविक मनोवृत्ति को लेकर फ्रांस गए थे उस समय भारत के राष्ट्रीय क्षेत्र में किसी नेता ने भी यह कल्पना नही कर पाई थी कि भारत के नौजवानों मे देश को स्वाधीन करने की इतनी प्रबल आग्रहपूर्ण क्रांतिकारी भावनाएँ तीव्र रूप से फैल रही हैं।

आज वही हेमचन्द्र बारह साल जेल-जीवन व्यतीत करने के बाद घर वापस जा रहे हैं। घर में उनके स्त्री है एवं एक पुत्र। बारह साल मे अण्डमन मे उन्होने जितनी पुस्तकें एकत्रित की थी अपने पुत्र के लिए आज वे सब पुस्तकें अपने साथ लिये जा रहे हैं। जो युवक काले पानी मे कदम रखते ही उनको देखकर दग रह गया था, आज मुक्ति पाने के दिन जहाज मे वे उसके ही पास आकर मित्र की तरह खड़े हुए हैं और भविष्य की आशा और आकाक्षाओं की बातें पूछ रहे है।

दिन यो ही बीत गया। आज जहाज़ पर आखिरी रात थी। हम सब मातृभूमि के क़रीब आ गए हैं। बहुवांछित तटभूमि अभी दिखलाई नही दी है। सम्भव है, कल दिखलाई दे। जहाज़ मे बिजली की बत्तियाँ काफ़ी जल रही थी। चारों दिशाओ में अंधकार छा रहा था। आकाश मे नक्षत्र चमक रहे थे। क्षितिज स्पष्ट रूप से दिखाई नही दे रहा था। अनन्त गगन-मण्डल अतल समुद्र मे समा गया था। या यों कहिए कि सीमाहीन समुद्र असीम गगन मे समा गया था। इस असीमता के बीच में जल के बुदबुदों की तरह हमारा जहाज़ समुद्र की लहरों के ऊपर भासमान था। तारो की वजह से अंधकार समुद्र के बीच भयानक मालूम हो रहा था। मैं डेक पर रेलिंग के किनारे खड़ा था। नीचे समुद्र की लहरें उमड रही थी। अगर जहाज पर बिजली की बत्तियाँ न होती तो नीचे की लहरें बिलकुल न दिखाई देती लेकिन बिजली की बत्तियो की रोशनी के कारण नीचे लहरों का भीषण रूप मैंने देखा। यह दृश्य भी भूलना सम्भव नही। भयानां भय भीषणं भीषणानाम् इस श्लोक की पंक्तियाँ सुनी ही थी। अब यह दृश्य आँखों देखने

का अवसर आया। छोटी-सी बत्ती के सहारे गहन अंधकार ने मानो आँखों के सामने रूप ग्रहण किया हो। अंधकार का भी रूप होता है, यह पहले-पहल ही अनुभव किया। लहरें उमड़ रही हैं, लेकिन वह पानी नहीं मालूम हो रहा है। यदि हम अचानक पानी में गिर पड़ें तो किस अनिर्देश्य अज्ञात कराल लोक में जा पहुँचेंगे इसका कोई ठीक-ठिकाना नहीं है। काल की कराल छाया मानो उन लहरों के रूप में उमड़ रही है। अंधकार को भी देखा जा सकता है। जिन्होंने देखा है वे ही स्वीकार कर सकते हैं, दूसरे नहीं।

सम्भव है रात को किसी समय पाइलट हमारे जहाज में सवार हो गया हो। प्रात:काल सुदूर में एक रेखा की तरह स्वदेश भूमि को देख पाता था, ऐसा मुझे खयाल है। नदी और समुद्र के संगम-स्थल को किस समय मैंने पार किया था, यह मुझे ठीक याद नहीं। अभी भी समुद्र था या नदी आ गई थी, मैं इसको भी ठीक नहीं कह सकता था।

चौथे दिन समुद्री पक्षियों को समुद्र में मछली का शिकार करते हुए देखा। एकाध बार मछलियों को भी थोड़ी दूर तक उड़ते हुए देखा था। ये समुद्री पक्षी जिन्हें अंग्रेजी में सीराल्ज कहते हैं, अण्डमन टापू से दो सौ मील की दूरी तक दिखाई दिए, और इधर भी भारत की तटभूमि से सौ मील की दूरी पर दिखाई दिए होंगे। अब मुझे ठीक-ठीक याद नहीं है लेकिन जहाँ तक मैं स्मरण कर सकता हूँ, ये समुद्री पक्षी बीच समुद्र में नहीं दिखाई दिए थे। यूरोपियन पुरुष और स्त्रियाँ इन पक्षियों के खाने के लिए कुछ फेंक दिया करते थे। समुद्री पक्षी इसलिए जहाज के आस-पास खूब उड़ा करते थे। इन साहबों की बदौलत इन पक्षियों की लीलाएँ देखकर हम भी आनन्द-उपभोग करते थे।

हेमचन्द्र ने कहा कि हम लोग रात में गंगासागर संगम पार कर चुके हैं। प्रात:काल में भी बहुत दूर पर जो क्षीण रेखा दिखाई दे रही थी, इसमें सन्देह है कि यथार्थ में वह रेखा तटभूमि की द्योतक थी या नहीं। हम लोगों में बात छिड़ी कि जाने कितने दिनों में हममें जहाज चलाने वाले आदमी पाइलट इत्यादि पैदा होंगे। जितना दिन चढ़ता गया उतनी ही तटभूमि की रेखा निकटवर्ती होती गई। वह दृश्य बड़ा मनोहर था। अब स्पष्ट रूप से तटभूमि दिखलाई देने लगी थी, लेकिन इधर पानी का प्रसार समुद्रवत् ही था। एक तरफ जल का अनन्त प्रसार, दूसरी तरफ तटभूमि का इंगित; यह सान्त और अनन्त का सम्मेलन बहुत ही हृदयग्राही होता है। केवल अनन्त से हमारा काम नहीं चलता और न केवल सान्त से ही हम तुष्ट रह सकते हैं। अनन्त समुद्र में भी आसमान व जहाज मेरे साथी थे; जहाज के निवासी भी साथी थे, सम्भव है इसलिए वहाँ पर सान्त और अनन्त का मिलन रहा। लेकिन निरे अनन्त में जी घबरा जाता है। सम्भव है मुझमें अभी भी वासनाएँ प्रबल हैं इसलिए अभी केवल अनन्त से जी घबराता है। एक दफा श्री रामकृष्ण परमहंस ने स्वामी विवेकानन्द को कुछ अनुभव कराया था। स्वामी विवेकानन्द घबराकर कहने लगे, "अभी मेरे माता-

पिता हैं, भाई-बहनें हैं!"

दिन चढ़ता गया, श्यामल तटभूमि क्रमश: हमारे क़रीब आती गई। उस श्यामलता के बीच मनुष्यों को काम करते देखकर हमने एक अनोखे आनन्द का अनुभव किया। इन मनुष्यों को देखते ही मानो इनके परिवार-वर्ग को भी मैंने देखा। उनके गृहस्थ-जीवन के सुख-दु:ख को इनकी कर्म-प्रचेष्टा के साथ जड़ित देखा। क्रमश: पुरुष के साथ नारी को भी चलते-फिरते देखा। छोटे-छोटे नद और नदियाँ इस समुद्रगामी नदी में आकर सम्मिलित हुई हैं। इसके किनारे-किनारे तटभूमि के प्रान्त में खेती दिखाई देने लगी। इन खेतों के बीच ग्राम बसे हुए थे। अब भी नदी बहुत प्रसारित थी। तटभूमि घने वृक्षों से शोभायमान थी। नदी के दोनों ओर हरियाली और बीच में पानी—यह दृश्य बड़ा मनोहर था। इस नद-नदी-हरियाली परिवेष्टित ग्राम-जीवन को देखकर मन में अजीब प्रसन्नता होती थी। कुछ दिनों से पारिवारिक जीवन से अलग होने के कारण मन में—अन्त:स्तल में पारिवारिक जीवन के प्रति स्पृहा बनी हुई थी। इसके कारण, या सम्भव है जन्मजन्मान्तर के संस्कार के कारण, पाँच साल के बाद जब मैंने स्त्री-पुरुष परिवेष्टित पुरुष को घर-गृहस्थी के काम में लगा हुआ देखा तो हृदय में एक उल्लास-सा पैदा हुआ। सम्भव है, कौमार्य-जीवन व्यतीत करते-करते दाम्पत्य जीवन के प्रेमास्वादन की अनिर्देश लिप्सा के कारण ही मैं चारों ओर की प्रकृति में इतना अनुभव कर रहा था।

दोपहर के बाद जब दिन ढलने को हुआ तो हमारा जहाज़ लोगों से भरपूर तटभूमि से घिरी सकीर्ण नदी के भीतर से गुज़र रहा था। मैं और हेमचन्द्र पास-पास खड़े थे। कारबार के सिलसिले मे माल से लदी हुई बड़ी-बड़ी नौकाएँ इधर-उधर आ-जा रही थी। अर्धनग्न मल्लाह इन नावो को खे रहे थे। कमर के नीचे और घुटने के ऊपर तक ही वे कुछ कपड़े लपेटे हुए थे। सुबह से शाम तक कठिन परिश्रम किया करते थे। इन्हें धूप और पानी की समान रूप से अवहेलना करनी पड़ती थी।

इन अर्द्धनग्न मल्लाहों को देखकर हेमचन्द्र ने मुस्कराते हुए कहा कि देखो, जेल मे कैदियो को फिर भी कपड़ा तो पहनने को मिलता है, जेल के अन्दर धूप और पानी मे क़ैदियो से तो काम नही लिया जाता। काम करने की एक सीमा तो है। लेकिन ये हमारे आज़ाद देशवासी अर्द्धनग्न अवस्था में किन कठिन परिश्रमों का सामना कर रहे है। बात तो सच थी, लेकिन मुझे वह पसन्द नहीं आई। मुझे ऐसा लगा कि जेल के अधिकारीगणों के पक्ष में यह दलील दी जा रही है। अण्डमन जेल के क्रूर एवं निर्लज्ज अधिकारीगणों के पक्ष में कोई बात सुन सकना मेरे लिए सहज न था। मेरे दिल की बेचैनी ने मेरे चेहरे को अवश्य विकृत कर दिया होगा, मानो मैंने अपने उस विकृत चेहरे को अपनी आँखो से देखा। मैंने उत्तर में हेमचन्द्र से कहा कि अपनी स्वाधीन इच्छानुसार चाहे कितनी भी मुसीबत हम बर्दाश्त कर लें, यह सब गवारा है, लेकिन जिस मुसीबत को झेलने के लिए मुझे मजबूर किया

जाए वह चाहे कितनी भी थोड़ी हो, वह पहाड़-सी भारी मालूम होती है। मालूम नहीं हेमचन्द्र ने इसके उत्तर में क्या कहा था। दिन ढलने लगा, नदी धीरे-धीरे संकीर्ण होने लगी। मालूम होने लगा कि अब कलकत्ता निकट है। जन कोलाहल से भरी विशाल नगरी की याद आते ही मन मे एक अजीब चंचलता पैदा हुई। कहाँ शत्रु से घिरे अण्डमन के कारागार का जीवन और कहाँ लोगों से भरी-पूरी बस्ती के बीच विशाल राजधानी, जहाँ की मधुर स्मृति कारागार की काल-कोठ-रियों में हमें निरन्तर प्रलुब्ध करती रहती थी ! मुक्ति का पूरा आस्वाद पाने के लिए मन व्यग्र हो उठा। यह हम जानते थे कि भारत में किसी को पता भी नहीं है कि अण्डमन के राजबन्दी मुक्त होकर वापस आ रहे हैं। कलकत्ता के बन्दरगाह में किसी भी सुपरिचित स्नेहातुर कमनीय मुख के देखने की आशा न थी। मुद्दत के बाद घर लौट रहे हैं। असीम दुःख को झेलने के बाद स्नेहीजन परिवेष्टित संसार में लौट रहे हैं। ऐसे अवसर पर दिल चाहता था कि स्वदेश की भूमि पर सर्वप्रथम क़दम रखते समय किसी स्नेही से मुलाकात हो जाए, लेकिन यह दुराशा मात्र थी। जेल में रहते समय जब हम दिल बहलाने के लिए बातें किया करते थे, तो एक दिन उपेन्द्रनाथ ने यह दृश्य खीचकर हम लोगों का मन बहलाया था कि मानो हम लोग छूट रहे हैं। श्वेत ऐरावत आकर सूंड़ उठाकर गंध पुष्प-माल्य उठा रहा है और देवबालाएँ वस्त्रालंकार से सुशोभित होकर शंख-निनाद से हम लोगों का स्वागत करने के लिए चारों दिशाओं में खड़ी हैं। कल्पना ही से जब काम लेना है तो फिर कमी भला किसी भी बात की क्यों रखें। वंचित जन इसी तरह से दिल बहलाव करते हैं। आज जब जीते-जी दूसरे जन्म के आस्वादन का समय आया एवं बहुवांछित कलकत्ता महानगरी समीपवर्ती हो आई तो उल्लास के साथ मन मे एक विषाद की छाया भी थी। मन में तीव्र वासना थी कि जहाज से उतरते वक़्त किसी स्नेही से मुलाकात हो, लेकिन हम जानते थे यह नहीं होने का।

3

मातृभूमि की गोद में

हम उम्मीद किए थे कि शाम से पहले ही कलकत्ता पहुँच जाएँगे। लेकिन कलकत्ता पहुँचने में संध्या बीत गई। अभी भी दुःख का अन्त न हुआ था। जहाज से उतरते-उतरते एक घंटा से भी अधिक समय लग गया। उतरने के बाद फिर वही जोड़े-जोड़े खड़े कर दिये गए। और फिर दो-तीन मील दूर एक थाने में पैदल जाना पड़ा। अण्डमन जाते वक्त भी इसी तरह सुबह प्रेजीडेन्सी जेल से जहाज तक जोड़े-जोड़े बेड़ियाँ पहने मार्च करके आना पड़ा था। टाल्स्टाय के रिसरेक्शन ग्रन्थ में क़ैदियों के दल का पैदल सफर करने का एक ऐसा ही हृदय-विदारक दृश्य आया है। आज छूटने के दिन भी फिर जहाज से थाने की तरफ जोड़े-जोड़े से जाना पड़ा। उधर सौभाग्य से बारीन्द्र, उपेन्द्र और हेमचन्द्र अर्थात् भारत के सर्वप्रथम बम केस के राजबन्दियों से मिलने के लिए सी० आई० डी० के अफ़सर आये हुए थे। उन्होंने इन्हें सीधे घर जाने की अनुमति दे दी। हमेशा की तरह मेरे दुर्भाग्य ने मेरा पीछा नहीं छोड़ा। मिटिया बुर्ज के थाने के विशाल प्रांगण में हम सब मुक्त क़ैदी एकत्र किए गए। अब फिर शक होने लगा कि हम सचमुच मुक्त हुए हैं या नहीं। लेकिन किसी ने कोई रोक-टोक नही की। इससे हमने अनुमान किया कि यह सब मामूली अनुशासन की कार्रवाई है। थाने के बाहर बढ़े तो किसी ने रोका नहीं। आगे और बढ़े, इस तरह से बढ़ते-बढ़ते थोड़ी दूर तक और चले गए, सोचा अब कुछ खाएँ। पुलिस की तरफ से कोई व्यवस्था दिखलाई नही दी। बारीन्द्र ने मुझे तीन रुपये दिए थे, उसी में से कुछ खर्च करके खाया-पिया। कलकत्ता के पास जाकर भी कलकत्ता में नहीं जाने पाए। खाने के लिए बहुत रद्दी चीज मिली। मन में लग रहा था कि दौड़कर कलकत्ता चले जाएँ। लेकिन फिर डर यह हो रहा था कि कही आसमान से गिरकर खजूर पर न अटक जाएँ। रात तो किसी सूरत से बिताई। मालूम हुआ दूसरे दिन लाल दिग्घी थाने में जाकर रेलवे इत्यादि का खर्च मिलेगा तब कही जाकर पुलिस के पंजे से ठीक-ठीक छुटकारा मिलेगा।

प्रात:काल होते ही बहुवांछित जनकोलाहलपूर्ण भारतवर्ष की राजधानी महानगरी कलकत्ता में प्रवेश करने की प्रबल इच्छा हुई। पूछताछ करने पर मालूम हुआ कि मिटियाबुर्ज के थाने से लालदिग्घी थाने में जाना पड़ेगा। अभी थाने में

कम-से-कम दो-तीन घंटे की देरी है। यह जानकर कि यदि मैं फिलहाल मिटिया-बुर्ज थाने से चला जाऊँ और सीधा लालदिग्घी थाने में जाकर वहाँ फिर मुक्त क़ैदियों के दल में सम्मिलित हो जाऊँ तो पुलिस को आपत्ति न होगी, मैंने सीधा ट्राम का रास्ता लिया। ट्राम में चढ़कर कालीघाट आ पहुँचा। कालीघाट में मेरे चचेरे भाई रहते थे। लेकिन मैंने सबसे पहले बी० सी० चटर्जी बैरिस्टर के यहाँ जाने का निश्चय किया।

बंगाल एवं यू० पी० में चटर्जी साहब ने बहुत-से राजनीतिक षड्यन्त्रों के मामले में पैरवी की थी। आप प्रसिद्ध नेता सुरेन्द्रनाथ बनर्जी के दामाद थे। क्रांतिकारियों के साथ आप विशेष सहानुभूति रखते थे। बनारस षड्यन्त्र केस में भी आपने पैरवी की थी। इस सिलसिले में चटर्जी साहब को घनिष्ठ रूप में जानने का मौका मिला था। राजनैतिक क्षेत्र में आप अरविन्द की नीति के पक्ष-पाती थे। बंग-विच्छेद के बाद बंगाल में जो अग्निमय युग आया था उस ज़माने में अरविन्द एवं विपिनचन्द्र पाल के संचालन में 'वन्देमातरम्' नाम का एक प्रसिद्ध दैनिक पत्र निकला करता था। हमारे राष्ट्रीय आन्दोलन के इतिहास में इस पत्र का विशेष स्थान है। इस पत्र में अरविन्द के सहयोगी के रूप में श्री बी० सी० चटर्जी भी लिखा करते थे। कलकत्ता हाईकोर्ट में जितने वकील-बैरिस्टर थे उनमें सी० आर० दास, बी० सी० चटर्जी एवं एस० एन० हलदार प्रमुख थे। बी० सी० चटर्जी साहब ने हम लोगों से अनुरोध किया था कि हम लोग डकैती करना छोड़ दें। हम लोगों के लिए जितने रुपयों की आवश्यकता होगी, सब वे संग्रह करके देंगे। लेकिन थोड़े ही दिनों बाद आपने हमसे कह दिया था कि 'भाई, तुम लोग जो चाहो सो करो, रुपया कोई देता नहीं है। हमने आशा की थी कि हम काफ़ी रुपयों की मदद तुम्हें दे सकेंगे, लेकिन हम निराश हो गए हैं। अब तुम्हें अधिकार है जो ठीक समझो, सो करो।' क्रांतिकारियों के साथ ये इतनी गहरी सहानुभूति रखते थे, अत: मुक्ति पाने पर कलकत्ते में क़दम रखते ही आज सीधा मैं उन्ही बी० सी० चटर्जी के मकान की तरफ रवाना हो गया। मुझे उनके स्थान का ठीक पता नहीं था। कालीघाट में ट्राम से उतरकर मैंने एक युवक से बी० सी० चटर्जी का पता पूछा। सौभाग्य से इस युवक ने मेरे साथ बहुत सहानु-भूति दिखाई। लेकिन जितनी आशा थी उतनी सहानुभूति नहीं मिली। पहले तो इस युवक ने मुझे यों ही समझा के टालना चाहा कि अमुक रास्ते पर जाने पर गन्तव्य स्थान को पहुँच जाऊँगा। लेकिन जब मैंने बतलाया कि मैं अभी सीधा कालेपानी से आ रहा हूँ, यदि आप कृपापूर्वक मेरे साथ हो लें और बी० सी० चटर्जी साहब का मकान दिखला दें तो मैं बहुत अनुगृहीत हूँगा। इस पर पहले तो वह युवक हिचकिचाया, लेकिन मेरे अनुरोध करने पर वह मेरे साथ हो लिया। कालीघाट से बालीगंज तक एवं पुन: बालीघाट से कालीघाट तक इस बेचारे ने मेरा साथ नहीं छोड़ा। कालीघाट से बालीगंज काफ़ी दूर था।

प्रथम साक्षात में चटर्जी साहब ने मुझे नही पहचाना, लेकिन एक-दो क्षणों के

बाद ही वे कुर्सी से कूदकर खड़े हो गए और दौड़कर मेरे गले से लग गए। फिर हमें प्रेम और आदर के साथ अपने पास बैठाया और टेबुल पर से मेरी ही लिखित एक चिट्ठी उठाकर मुझे दिखलाई। यह चिट्ठी मैंने अण्डमन से अपने भाई को लिखी थी। मैंने देखा कि इस चिट्ठी में कई स्थान पर स्याही से कुछ लाइनें इस प्रकार लीप-पोत दी गई थीं कि पढ़ी नहीं जा सकती थीं। इस चिट्ठी में और बातों के साथ मैंने यह भी लिखा था कि भारत में अब नया शासन-विधान प्रचलित होनेवाला है। अधिकारीगण यह कह रहे हैं कि भारत को अपनी राजनीतिक उन्नति के लिए पर्याप्त अवसर दिया जाएगा। यदि यह बात सच है, यदि इंग्लैंड एवं फ्रांस की तरह हमें भी अपनी उन्नति के लिए उचित मौका मिले तो ऐसा कौन पागल होगा जो कि खामखा खून-खराबी के रास्ते को ही ग्रहण करेगा और यों ही अपनी जान को जोखिम में डालकर बन्दूक और तलवार के रास्ते को अख्तियार करेगा। क्रान्तिकारीगण सचमुच पागल तो हैं नहीं। यदि अधिकारीगणों का कहना दिली हक़ीकत है तो उन्हें अवश्य राजबन्दियों को छोड़ देना चाहिए। इस चिट्ठी को मेरे भाई साहब ने बी० सी० चटर्जी के पास भेज दिया था। बी० सी० चटर्जी साहब ने यह चिट्ठी दिखलाकर मुझसे यह कहा कि उन्होंने इस चिट्ठी को अपने ससुर श्री सुरेन्द्रनाथ बनर्जी को दे दिया था। उन्होंने असेम्बली में इस चिट्ठी के आधार पर राजबन्दियों को छोड़ने के लिए ज़ोरदार अपील की थी एवं अनेक राज-पुरुषों को यह चिट्ठी दिखलाई भी थी। बी० सी० चटर्जी ने यह भी कहा कि वे स्वयं मांटेग्यू साहब से इस सम्बन्ध में मिले भी थे। उनके मुंह से मैंने यह भी सुना कि जिस समय वे मैनपुरा केस की पैरवी कर रहे थे, उसी समय सम्राट् की घोषणा का पत्र प्रकाशित हुआ, जिसमें राजबन्दियों को छोड़ने की इच्छा प्रकट की गई थी। सी० आई० डी० के डिप्टी-इंस्पेक्टर जनरल सैण्ड्स साहब भी उस समय चटर्जी साहब के पास ही थे। सैण्ड्स साहब ने चटर्जी साहब से कहा कि शचीन्द्र की माता से माफी की दरखास्त दिलवा दें और इस पर उन्होंने स्वयं सिफारिश कर देने को कहा। चटर्जी साहब ने तार से मेरे मामा को इस बात की इत्तिला दी। मामा ने माताजी के मार्फत दरखास्त दिलवाई। सैण्ड्स साहब ने इस दरखास्त पर सिफारिश लिख दी। यह इसी सब का परिणाम हुआ कि मैं कारावास से मुक्त हो गया और बी० सी० चटर्जी से यह सब सुनने का सौभाग्य मुझे प्राप्त हुआ।

बी० सी० चटर्जी ने मुझे तेईस साल की अवस्था में देखा था। अब जब मैं लौटकर आया तो मेरी अवस्था अट्ठाईस साल की थी। बाल बहुत बड़े-बड़े हो रहे थे। बकरे की दाढ़ी की तरह मेरी दाढ़ी भी बढ़ी हुई थी। इसीलिए प्रथम दर्शन में तो चटर्जी साहब मुझे पहचान नहीं पाए थे। चटर्जी साहब ने चाहा कि मेरे भाई को तार द्वारा मेरी रिहाई का संवाद भेज दें। मैंने मना किया। मैंने चाहा कि अचानक घर में जाकर खड़ा हो जाऊँ। बहुत हर्ष के साथ चटर्जी साहब से विदाई ली। एक मुक्त डेटेन्यू भी चटर्जी साहब के पास बैठे थे, उनसे भी

विदाई ली। पुनः अपने उस अपरिचित युवक के साथ कालीघाट में वापस लौट आए। रास्ते में मैंने इस युवक के साथ राजनैतिक मामलों पर बातचीत की। कलकत्ता में क़दम रखने के बाद रंगरूट भरती करने की मेरी यह सर्वप्रथम चेष्टा थी। कालीघाट में मेरे चचेरे भाई रहते थे। मुझे पता था कि वह कहाँ रहते थे। चटर्जी साहब के यहाँ से लौटने के बाद मैं सीधा भाई के पास नहीं आया। मैं तो सबसे पहले इस युवक का ही घर देखने चला गया, तब कहीं बाद को भाई के पास आया। लेकिन दुःख के साथ बताना पड़ता है कि रंगरूटी का मेरा यह प्रथम प्रयत्न विफल रहा। यह युवक मेरे काम में शामिल नहीं हुआ। इस वक़्त तो मैंने सिर्फ़ इस युवक का केवल घर ही देख लिया एवं थोड़ी-बहुत राजनीतिक आलोचनाएँ कीं। बाद को मैं जब कलकत्ता आया तो मैंने फिर इनका पीछा किया एवं कुछ दिनों तक यह प्रयत्न करता रहा कि यह युवक मेरे प्रभाव के अंदर आ जाय। लेकिन मैं जैसा पहले कह चुका हूँ, इस प्रयत्न में मैं असफल ही रहा।

इस युवक के घर होते हुए भाईसाहब के घर आया। दरवाज़े पर खड़े होकर मैं यह पूछ रहा था कि अब भी मेरे भाईसाहब उसी मकान में रहते हैं या नहीं। जंगले से उचककर भाईसाहब ने मुझे देखा एवं देखकर बोल पड़े, "शचीन्द्र! आ गए हो! आओ, भीतर आओ।" भाईसाहब बार-बार मेरे मुँह की तरफ़ ताकने लग गए। हँसकर मैंने कहा, "हजामत बहुत दिनों से नहीं बनी है।" नाई आया, हजामत बनी। भाईसाहब ने कहा कि बनारस से मेरे छोटे भाई मुझे ले जाने के लिए कलकत्ता आए थे। उन्हें पता ही नहीं चला कि जहाज़ कहाँ पर आया था। बेचारे नाउम्मेद होकर वापस चले गए। नहाया-धोया। अब कुछ मालूम पड़ा कि मैं छूट गया हूँ। क़ैद होने के बाद आज सर्वप्रथम मैंने घर का भोजन किया। पाँच साल लगातार क़ैद का भोजन करते हुए भी रुचि नहीं बदली। नित्य प्रतिदिन खाते-खाते भी यह आदत नहीं पड़ी कि जेलखाने के भोजन के प्रति भी रुचि हो जाय। इससे यह प्रमाणित होता है कि स्थूल रूप से किसी काम को बराबर करने ही से कहीं आदत नहीं बना करती, अच्छे भोजन के लिए हर घड़ी जी में चाह बनी रहती थी। इसलिए वासना की तृप्ति न होने के कारण स्थूल व्यवहार का कोई असर स्वभाव पर नहीं पड़ा। यथार्थ में वासना-जगत् में कोई परिवर्तन हुए बिना शारीरिक या स्थूल व्यवहार का कोई असर मनुष्य-जीवन पर नहीं होता। इस प्रकार हम यह थोड़ा-बहुत अनुभव कर सकते हैं कि जगत् प्रधानतः वासनात्मक है। पाँच साल के बाद आज महत् तृप्तिपूर्वक भोजन किया। भाई ने कहा कि घर को तार द्वारा मेरे छूटने का संवाद दे दूँ। इस वक़्त ठीक याद नहीं है कि तार किसने भेजा था—चटर्जी साहब ने या इन्हीं भाई साहब ने। सम्भव है कि भाईसाहब ने ही भेजा हो, क्योंकि शायद ऐसा हुआ हो कि मेरे छोटे भाई का कलकत्ता आना और अकेले वापस चले जाने का असर मेरे ऊपर हुआ था। भाई साहब ने मुझे समझाया कि जो कुछ होना था सो हो गया, अब मैं दत्तचित्त होकर गृहस्थी के काम में लग जाऊँ। उम्र काफ़ी हो चुकी है। इस वक़्त की

अवहेलना से बाद में पछताना पड़ेगा।

खाने-पीने के बाद कुछ आराम करके लालदिग्घी पहुँच गए। इतने में एक मोटरकार थाने के प्रांगण में आई। इसमें कलकत्ता के सुपरिचित बैरिस्टर आई० बी० सेन एवं बी० के० लाहिड़ी थे। ये आए थे बारीन्द्र वग़ैरह की खोज में। संवाद-पत्र में पढ़ा होगा कि बारीन्द्र वग़ैरह छूट गए हैं। मैंने इनको बतलाया कि वे तो कल रात ही अपने-अपने ठिकाने पहुँच गए होंगे। मुझे इस वक़्त याद नहीं है कि आई० बी० सेन आए थे कि जे० एम० सेन गुप्ता। बी० के० लाहिड़ी ने मेरे परिवार के साथ अपना कुछ रिश्ता बतलाया। बारीन्द्र को न पाकर इन्होंने मुझसे ही अनुरोध किया कि कलकत्ता में एक खिलाफ़त कांफ्रेंस हो रही है और मुझे वहाँ चलना होगा। मैं जी में ज़रा-सा घबराया, सोचा कि आज ही तो कलकत्ता में पहले दिन क़दम रखा है! अभी भी पुलिस के पंजे से छुटकारा नहीं पाया है और लालदिग्घी थाने के प्रांगण के अन्दर ही राजनीतिक कांफ्रेंस मे जाने का यह साग्रह अनुरोध! यह सच है कि बिना किसी प्रकार की शर्त लगाये हुए ही मुझे छोड़ दिया गया था। मुक्ति पाने का जो सर्टिफिकेट मुझे मिला था उसमें एक स्थान पर ऐसा लिखा था कि अपने स्थान पर पहुँचते ही ज़िला-कलेक्टर को हम इत्तिला दे दें कि कालेपानी से लौट आए हैं। अत: मैंने बैरिस्टर साहबों से कहा कि अभी हम थाने मे ही हैं, ऐसी हालत मे कांफ्रेंस में जाने से कोई हर्ज तो नहीं है? कांफ्रेंस में मेरे लिए जाना क्या कोई विशेष आवश्यक बात है? परन्तु गुप्ता साहब तथा लाहिड़ी साहब ने इस पर भी विशेष आग्रह किया कि मैं कांफ्रेंस में अवश्य चलूँ, तो मैं तैयार हो गया। मुझे उन्होंने मोटर में बैठा लिया और कांफ्रेंस के पंडाल मे हाज़िर कर दिया। कांफ्रेंस के बाद मै मौलाना शौकतअली से मिलने गया। गिरफ़्तार होने के पहले मेरे आदमी मौलाना शौकतअली एवं मौलाना मोहम्मदअली के पास क्रान्तिकारी उद्योग के सम्बन्ध मे पहुँचे थे। इसलिए मौलाना मोहम्मदअली तथा मौलाना शौकतअली साहब मुझे जानते थे। शौकतअली साहब ने मुझसे अनुरोध किया कि अब मैं खुले मैदान कूद पड़ूँ। चोरी छिपकर काम का अब प्रयोजन नहीं है। मैंने शान्तिपूर्वक सब सुन लिया। वहाँ से विदा होकर पंजाब-कैम्प में आए। विशेष अनुरोध पर मुझे यहाँ कुछ खाना पड़ा। अच्छी-अच्छी चीजें देखकर लोभ तो बहुत हो रहा था, लेकिन जी मे डर रहा था कि ऐसा खाना खा लूँ तो सम्भव है, हज़म न कर पाऊँ। अभी तक एक प्रकार का भोजन खाते आए थे जिसमें तेल तो नाम के लिए होता भी था परन्तु घी की तो सुगन्ध भी न होती थी। इस चहल-पहल से लौटकर फिर वही निरानन्दमय अशुभ थाने के प्रांगण मे लौट आया। अब भी नाम वग़ैरह लिखे जाने एवं राह के खर्च मिलने में काफ़ी देर थी। ये घड़ियाँ मुझे बहुत ही नागवार गुज़री। पुलिस की परछाईं से भी मुझे घिन थी। पुलिस के द्वारा जीवन में बहुत-कुछ दुख पाया था सम्भवत: इसीलिए पुलिसवालों की हवा से भी चिढ़ पैदा हो गई थी। कालेपानी के पाँच साल काटने में जितनी भी पीड़ा मालूम हुई हो उसके

मुकाबिले में लालदिग्घी के पाँच घंटे बहुत भारी प्रतीत हुए। आखिर इसका भी अन्त हुआ। पुलिस वाले हमें फिर हावड़ा स्टेशन ले गए। ख़ैरियत यह थी कि अब की जोड़ा-जोड़ा नहीं जाना पड़ा। चालीस-पचास मुक्त बन्दियों के लिए कागजात के आधार पर पुलिसवालों ने टिकट कटवाया। स्टेशन पर टिकेट देने वाली ऐंग्लो-इण्डियन मेमसाहिबा टिकट देते-देते चिढ़ गईं और अपशब्द कहने लगीं। मैं सामने ही खड़ा था। सम्भव है, मुस्कराता रहा होऊँ। दिल में तो मैं हँसता ही था और सोच रहा था चलो मेरी भी गिनती बदमाशों में हो गई। मैं डर रहा था कि कहीं पुलिस घर तक मेरे साथ न चले। लेकिन जब टिकट मेरे हाथ में देकर पुलिसवाले चले गए तो मानो मनों बोझ सिर से उतर गया। रेल के छोटे-से डिब्बे में तो अवश्य रहे, लेकिन मैंने यही सर्वप्रथम यथार्थ स्वच्छन्दता अनुभव की। मानो मैं जहाँ-तहाँ विचरने लग गया हूँ। रेल की रफ़्तार मुझे धीमी मालूम पड़ी। तूफ़ान में सवार होकर यदि मैं घर पहुँच सकता तो मानो जी को कुछ तसल्ली होती। रात कैसे बीती, मुझे याद नहीं। जाड़े के दिन थे। मेरे पास न कोई बिस्तरा था न पहनने के गर्म कपड़े। वारीन्द्र का दिया हुआ एक कोट और एक धोती और कुछ पैसे मेरे पास थे। जेल के दिये हुए कुछ कपड़े भी साथ थे।

मुझे खूब याद है, भोर होते ही मैं बनारस पहुँचा। असल में छूटने का जो आनन्द है वह मुझे बनारस पहुँचने पर ही मिला। मेरे लिए बनारस से प्रिय भूमि संसार में और कोई नहीं है। मेरी यह जन्मभूमि है; शिशु-अवस्था मैंने यहाँ पर कैसे बिताई, मुझे वह याद नहीं और बाल्यावस्था मैंने यहाँ बिताई नहीं, लेकिन जीवन का जो श्रेष्ठ अंश है, जो मधुरतम भाग है, अपनी वही किशोरावस्था मैंने बनारस ही मे बितायी है। इसलिए मेरे जीवन की मधुरतम स्मृति बनारस के वायु-मण्डल में, बनारस की भूमि के प्रति रज-कण में अनन्तकाल के लिए विजड़ित है। स्टेशन से जब घर की तरफ चला तो प्रति क्षण आनन्द की मात्रा बढ़ती गई। लेकिन जिस क्षण मैंने इक्के से उतरकर गली के भीतर क़दम रखा तो मुझे ऐसा मालूम पड़ा कि क़दम के नीचे की भूमि भी मानो कठिन एवं स्थिर नहीं है मानो वह भूमि भी आनन्द के स्पर्श से चचल हो रही थी, हिल-डुल रही थी। मैं चलकर घर नहीं आया बल्कि दौड़ता हुआ घर पहुँचा। क्या हृदयावेग की आकर्षण शक्ति धरित्री की मध्याकर्षण शक्ति ही की तरह है कि अण्डमन से जब चले तब से लेकर घर पहुँचने तक यह आकर्षण का वेग बढ़ता ही गया और घर के पास आकर आखिर मुझे दौड़ना ही पड़ा। मकान के नीचे के कमरे का जंगला खुला हुआ था। मैं मुहूर्त-भर जंगले के सामने आकर खड़ा हो गया। कई एक युवक वहाँ लेटे हुए थे। इनमें मेरे दो भाई रवीन्द्र और जितेन्द्र भी थे। रवीन्द्र मुझे देखते ही हर्षोत्फुल्ल स्वर से नाति-उच्च कण्ठ से चिल्ला उठे, "अरे, दादा हैं।" रवीन्द्र बिस्तरे से ऐसे उचक पड़े मानो नीचे से किसी ने जोर का धक्का देकर उन्हें ऊपर फेंक दिया हो। घूमकर दरवाजे होते हुए अन्दर आए एवं हरएक

को मैंने छाती से जोर से लिपटा लिया। मेरी यह नई जिन्दगी थी। मेरा यह नया जन्म प्रारम्भ हुआ।

जिस रोज मैं घर पहुँचा उसके पहले दिन ही मेरे कनिष्ठ भ्राता का उपनयन-संस्कार हो चुका था। घर में यह किसी को पता न था कि आज यहाँ आ पहुँचूँगा। मैंने सबसे पूछा, माताजी कहाँ हैं ? माताजी बगल के मकान में कुछ काम से गई हुई थीं। मैं पूछताछ कर ही रहा था कि इतने में वे आ गईं। मुझे देखते ही आनन्द के मारे रो पड़ीं और कहने लगीं, "बेटा मेरा, आ गए हो, मेरा बेटा आ गए हो।" और मेरे सिर पर, मेरे बदन पर, मेरे कन्धे पर और हाथ-पर-हाथ फेरने लग गईं। कहने लगीं, "जाने कितनी मुसीबत तुमने झेली !"

मैंने जब सबसे छोटे भाई को देखा तो मुझे एक अजीब-सा धक्का पहुँचा। इस कनिष्ठ भ्राता को आठ साल की उम्र में घर पर छोड़ आया था। मेरे मन में अभी तक उसकी वही आठ साल की कमनीय मूर्ति बनी हुई थी। अब जब मैंने इसको देखा तो उस कमनीय मूर्ति के साथ इसका कोई सादृश्य नही पाया। मैंने कल्पना नहीं की थी कि भूपेन्द्रनाथ को जब देखूँगा तो उसको किसी और मूर्ति में देखूंगा।

जीवन का एक अध्याय समाप्त हुआ अब दूसरा प्रारम्भ होगा।

4

बन्दी साथियों की चिन्ता

घर पहुँचने के दो-एक घण्टे के अन्दर ही पुराने मिलनेवालों में से एक युवक मेरे पास आए। इनका नाम था—जितेन्द्रनाथ मुकर्जी। कॉलेज छोड़ने के समय आप मेरे सहपाठी थे। लेकिन आप मेरी गुप्त समिति के सदस्य नही थे। जैसे भाइयों से मिलते हुए हम एक-दूसरे से लिपट गए थे, वैसे ही देखते ही इनसे भी लिपट गए। बनारस के पुराने साथियों मे से कोई भी मुझसे मिलने नही आया। इनसे देश की राजनीतिक स्थिति पर बातचीत होने लग गई। मुझे भली भाँति स्मरण था कि देश पहुँचते ही मेरा प्रथम कर्तव्य क्या है। मैंने जितेन्द्र से पूछा, "कहो, मालवीयजी आजकल कहाँ है? मुझे मालवीयजी से मिलना है।" मैंने इन्हें अण्डमन की स्थिति बताई कि कैसे वहाँ पर दुखी राजबन्दी पड़े-पड़े सड रहे है, कैसे भाई परमानन्द कोठरी में एकाएक बन्द कर दिये गए हैं। भारत-भूमि से नितान्त विच्छिन्न होने के कारण अण्डमन टापू से दर्द की कोई कहानी भारत पहुँच नही पाती है। राजबन्दियों की मुक्ति के लिए कैसे, क्या किया जाय? जितेन्द्र मुकर्जी से पता चला कि महामना प० मदनमोहन मालवीय जी बनारस में ही हैं एवं सम्भवत: आज हिन्दू यूनिवर्सिटी कोर्ट की मीटिंग होगी और वहाँ मालवीय जी से हम मिल सकते हैं। रोटी खाकर दो काम करना ठीक हुआ। एक तो मालवीयजी के पास जाना, दूसरा मैजिस्ट्रेट के पास जाकर अपने आने की सूचना देना।

रोटी खाकर हिन्दू स्कूल पहुँचे। वाकई मीटिंग हो रही थी। मैंने एक स्लिप पर यह लिखकर मालवीयजी के पास भेज दिया, "Comming straight from the Andamans, an interview may be allowed in connection with the cases of Bhai Parmanand and other Political prisioners Sachindra Nath Sanyal."

स्लिप पहुँचते ही पंडितजी एवं डाक्टर गणेशप्रसाद फौरन चले आए। हम सब एक छोटे से कमरे में बैठ गए। मेरे लिए यह एक सौभाग्य की बात थी कि डाक्टर गणेशप्रसाद ने मुझे पहचान लिया। सम्भव है, मेरी स्लिप को पढ़ते ही पहचान लिया हो। मालवीयजी के सामने डाक्टर गणेशप्रसाद मेरी खूब प्रशंसा करने लग

गए। मैंने देखा कि उन्हें छोटी-छोटी बातें भी खूब याद थीं। वे जब मेरी प्रशंसा कर रहे थे तो मैं मन-ही-मन हँस रहा था। हँसने का कारण था।

एण्ट्रेन्स पास करके मैं क्वीन्स कॉलेज में भरती हुआ था। डाक्टर गणेश-प्रसाद उस समय गणितशास्त्र के अध्यापक थे। मैं उनका छात्र रह चुका था। मैं आज तक जितने अध्यापकों के पास पढ़ा हूँ उनमें से आप ही ऐसे अध्यापक थे जिनके छात्र अमूमन फेल नही होते थे। आप लड़कों से जबरन सब काम करा लेते थे। लेकिन आपका Task करने के बाद फिर कॉलेज का और कोई काम हो नही सकता था। स्कूल में गणित में मैं प्राय: शत प्रतिशत अंक (Full marks) पाया करता था। अब कॉलेज में आकर राष्ट्रीय आन्दोलन मे सक्रिय रूप से भाग लेने के कारण गुप्त षड्यन्त्रकारी आवर्त में फँसकर कॉलेज का काम यथोचित नही कर पाता था। पहले-पहल तो मैं डाक्टर साहब का काम पूरा कर देता था और मेरी गिनती अच्छे लडकों मे होने लग गई थी। इसलिए डाक्टर साहब अपनी निकटतम सामने की बेंच में दूसरे अच्छे लड़कों के साथ ही मुझे भी बैठाते थे। लेकिन थोड़े ही दिनों मे मेरा क्लास का काम ढीला पड गया। अत: फिर दूसरी बेंच में बैठना पड़ा, और फिर तीसरी मे। जिस छात्र से डा० गणेशप्रसाद अत्यन्त असन्तुष्ट हो जाते थे, उसे वे आखिरी बेंच पर बैठाते थे एव उसके साथ ऐसा व्यवहार करते थे मानो वे हैं ही नही। फिर उनको न वे कोई Task देते न लेते थे; न उनसे बोलते थे। ऐसे लड़कों को वे Non-entity कहा करते थे। आप नही चाहते थे कि उनके छात्र कोर्सबुक को छोड़कर और कोई किताब पढ़ें। छात्र प्राय: उपन्यास आदि पढ़ा करते थे तो उनसे छिपाकर ही पढ़ा करते थे। मैं डा० साहब के क्लास मे Non-entity रह चुका था। इसी हालत मे एक दिन मैं जान-बूझकर पाठ्य पुस्तक के अलावा एक अंग्रेजी किताब क्लास मे ले आया था और उसको मैंने किताबों मे सबसे ऊपर रखा था, यह देखने के लिए कि डा० साहब इस किताब को देखकर मुझे कुछ कहते हैं या नही। रामकृष्ण मिशन के स्वामी अभेदानन्द के अमेरिका मे प्रदत्त व्याख्यानों का सग्रह India and her people नाम से मुद्रित हुआ था। इसी पुस्तक को मैं क्लास मे ले आया था। डा० गनेशप्रसाद ने मेरे पास से गुजरते हुए किताब को देखा; देखकर उठा लिया; किताब के पन्नो को इधर-उधर उलटकर थोडा-सा देखा और फिर किताब को यथास्थान रख दिया। मैं देखना चाहता था कि वे मुझे डाँटते हैं या नही। क्लास मे तो मेरे साथ उनके ऐसे ताल्लुकात थे, लेकिन आज मालवीयजी के सामने वे मेरी कितनी प्रशंसा कर रहे थे, इसका थोड़ा-सा कारण अवश्य है। कॉलेज में पढ़ते समय हम लोगों ने अपनी चेष्टा से, अपने ही उद्योग से, एक स्कूल खोला था। वह स्कूल मिडिल तक पहुँचा था। इस स्कूल के वार्षिकोत्सव के अवसर पर हम लोगो ने डा० गणेशप्रसाद को सभापति का आसन ग्रहण करने के लिए निमन्त्रित किया था। हम अन्तिम परीक्षा के पहले Non-entity नही रह गए थे।

मालवीयजी ने सब बातें सुन लीं और आखिर में कहा कि मुझे लिखकर रजिस्ट्री पत्र द्वारा सब बातें सूचित करो। मैंने गोरखपुर आकर वैसा ही किया था। Acknowledgement due की रसीद तो मुझे मिल गई। लेकिन मालवीय जी ने राजनीतिक बन्दियों की मुक्ति के लिए एक आवाज भी नहीं उठाई।

जितेन्द्र मुकर्जी एवं मेरे भाइयों का कहना था कि आजकल युक्त प्रदेश में उदीयमान नेता पण्डित जवाहरलालजी नेहरू हैं। यदि वे राजनीतिक क़ैदियों का प्रश्न उठाएँ तो कुछ काम हो सकता है।

मैं बनारस में दो ही दिन ठहरा और फिर गोरखपुर चला गया। मेरे साथ मेरे सर्वकनिष्ठ भाई भूपेन्द्रनाथ थे। बनारस षड्यंत्र के मामले में आजन्म काले-पानी की सजा के अतिरिक्त मेरे ऊपर यह भी दण्ड था कि मेरी तमाम जायदाद छीन ली जाय। बनारस में जिस मकान मे हम लोग रहते थे वह मेरी आजी का मकान था। मुझे सजा होने के बाद पुलिसवालों ने इस मकान को अपने क़ब्ज़े में कर लिया था। मकान के साथ बिस्तरे आदि भी, जो कुछ मकान में थे, पुलिस के ही व्यवहार में आए। अर्थात् जो पुलिस वाले रखवाली के तौर पर उस मकान में रहते थे, वही वह सब सामान अपने इस्तेमाल में ले आए। उस समय में मेरी माताजी, मेरी आजी, मेरी मौसी एवं मौसी की पाली हुई एक लड़की और मेरा सबसे छोटा भाई मेरे पकड़े जाने के बाद सब यहीं घर में रह गए थे। जब पुलिस ने मकान को अपने क़ब्जे में कर लिया तो इनके रहने के लिए स्थान न रहा। ऐसी विकट परिस्थिति में मेरे मामा इन सबको गोरखपुर ले आए। जब मैं काले-पानी से छूटकर आया तो मेरे भाई, माँ इत्यादि गोरखपुर मे मेरे मामा के पास ही थे। मेरी आजी मेरे चाचा के पास चली गई थी।

गोरखपुर से मैं एक दफे पं० जवाहरलालजी से मिलने आया। राजनैतिक बन्दियों के विषय में और विशेषकर कालेपानी में स्थित घोर दुर्दिन में पड़े हुए बहुत-से लम्बी सजा पाये हुए राजबन्दियों के प्रति जवाहरलालजी की दृष्टि मैंने आकर्षित की। जवाहरलालजी सब बातें सुनकर यह कह उठे—"हम लोग तो स्वय ही जेल जाने का इन्तजाम कर रहे है और आप दूसरों को छुड़ाने की बातें कर रहे हैं।" मैं उनके मुँह की तरफ ताकता ही रह गया और सोचने लगा कि मैं इनसे और क्या कहूँ। मैंने यह समझ लिया अपने ही आदमी हुए बगैर दूसरों के दु:ख को समझना सहज नही है। यदि जवाहरलालजी अपने दल के आदमी होते तो वे मेरी प्रार्थना के महत्त्व को अनुभव कर पाते। और शायद यह भी बात थी कि जब सरकार के साथ झगड़ा ही करना है तो फिर सरकार से किसी बात के लिए अनुरोध कैसे किया जाय। मैं बहुत नाउम्मेद हो गया।

सितम्बर, सन् 1920 में कलकत्ता मे स्पेशल कांग्रेस हुई। भारत के प्रत्येक राजनीतिक नेता की दृष्टि उस समय महात्माजी के Non-cooperation प्रस्ताव पर लगी हुई थी। वहाँ भी कुछ काम नहीं बना। कांग्रेस में तो हम कुछ कर नही पाए लेकिन दूसरे मुक्त राजबन्दियों को साथ लेकर मैं लाला लाजपतराय

के पास गया। ऑल इण्डिया पॉलिटिकल सफरर्स कांफ्रेन्स में सभापति का आसन सुशोभित करने के लिए उनसे अनुरोध किया। लाजपतरायजी राजी हो गये। उनके सभापतित्व में इण्डियन एसोसियेशन के हाल में ऑल इण्डिया पॉलिटिकल सफरर्स कांफ्रेन्स हुई। इस कांफ्रेन्स को बुलाने में प्रसिद्ध बैरिस्टर श्री बी० सी० चटर्जी एवं कलकत्ता के पुराने क्रांतिकारी नेताओं की विशेष सहायता मिली थी।

बहुतों ने वक्तृता दी। किसी की वक्तृता हृदयग्राही थी और किसी की शुष्क। स्व० श्यामसुन्दर चक्रवर्ती ने हृदयावेग से गद्‌गद होकर सबसे लंबी स्पीच दी, लेकिन उनकी स्पीच मर्मस्पर्शी नही हुई। वक्तृता देते-देते वे सभापति के शरीर के ऊपर आ गिरते थे। भूल जाते थे कि सभापति के आसन पर कोई बैठा है। पंडित मदनमोहन मालवीयजी ने जो वक्तृता दी उससे क्रांतिकारियों के प्रति सहानुभूति रखनेवाले बहुत कुछ असन्तुष्ट हो गए। इसके प्रत्युत्तर मे कलकत्ता के बैरिस्टरगण जे० एन० राय, बी० सी० चटर्जी इत्यादि ने मालवीयजी को कुछ बातें सुनाईं। लेकिन इस कांफ्रेन्स में स्वर्गीय एनीबेसेण्ट महोदया ने जो मर्मस्पर्शी एवं ओजस्विनी वक्तृता दी थी, उसकी तुलना की वक्तृता जीवन-भर मे और नही मिली। उस दिन यह पता चला कि वाग्मी किसे कहते हैं। वे दृश्य जीवन मे भूले नहीं जा सकते, मानो एक श्वेत प्रस्तर-मूर्ति जीवन्त होकर निश्चल रूप में खड़ी है, कभी-कभी हाथ और सिर थोड़ा-थोड़ा हिल जाता है, केवल ओठ चल रहे हैं। और उस प्रस्तरमूर्ति के मुख से मानो स्वय सरस्वती हृदयग्राहिणी भाषा उद्‌गीर्ण कर रही है। मालवीयजी लज्जित हो गए। तमाम हाल में मानो बिजली का संचार हो गया। लाला लाजपतरायजी ने सभापति के आसन से यहाँ तक भी कह डाला कि इन राजबन्दियों में ऐसे आदमी भी हैं जिनके जूते के फ़ीते खोलने लायक यहाँ के लाटसाहब भी नही। मीटिंग समाप्त होने के बाद मालवीयजी ने apology (क्षमा-याचना) के तौर पर कुछ कहा, जिसका आशय यह था कि उनके कहने का मतलब तो यह-वह कुछ और था इत्यादि। इस प्रकार से राजबन्दियों के लिए कुछ प्रोपेगैण्डा किया गया।

उसी साल नागपुर मे जो कांग्रेस हुई, उसमें घटनाचक्र से मै Subjects Committee (विषय-निर्वाचिनी समिति) में पहुँच गया। महात्माजी के असहयोग आन्दोलन के कारण राजनीतिक barometer बहुत ही चढा हुआ था। सरकार के साथ जब झगडा मोल लिया जा रहा था तब कैसे उसी सरकार से यह अनुरोध किया जाय कि राजबन्दियो को छोड़ दो। मैंने स्व० विपिनचन्द्रपालजी से बहुत अनुरोध किया कि कुछ तो हमें करना ही चाहिए। मेरे कहने पर विपिनचन्द्र ने एक प्रस्ताव तैयार किया। मैं उसी प्रस्ताव पर राजी हो गया और उसे विषय निर्वाचिनी (Subject Committee) समिति से पास करवा लिया। नागपुर कांग्रेस के अधिवेशन में भी स्व० विपिनचन्द्रपाल ने इस प्रस्ताव को रखा और इसका अनुमोदन दूसरों के साथ मैंने किया। जीवन में सर्वप्रथम आम सभा में

इसी मौके पर मैंने व्याख्यान दिया था। इस कांग्रेस में बीस हजार के क़रीब डेली-गेट्स थे। मैं ही ऐसा सर्वप्रथम बगाली था जिसने कांग्रेस मे हिन्दी में वक्तृता दी हो। आजकल के हिन्दू महासभा के सभापति बैरिस्टर श्रीयुत् विनायक दामोदर सावरकरजी के छोटे भाई श्रीनारायण दामोदर सावरकर के पास मैं मंच पर बैठा हुआ था। व्याख्यान देने के बाद जब मैं डा० सावरकर के पास लौट आया तो उन्होने मुझसे कहा कि तुम्हारे व्याख्यान से लोग रो पड़े है। प्रस्ताव का पूरा मसविदा मुझे इस वक्त याद नही है। सभव है ऐसा रहा हो—This congress sends its message of hope and sympathy to all political prisioners incorcerated in the different Jails of India and in the distant Andamans islands अर्थात् "भारतवर्ष की विभिन्न जेलो मे एवं अण्डमान के सुदूर टापू मे जो भारतीय राजबन्दी पड़े सड रहे हैं उनके लिए यह कांग्रेस की महासभा सहानुभूतिपूर्ण और आशा का सन्देश भेजती है।" इसके बाद प्रस्ताव मे कुछ और भी शब्द थे जो कि मुझे याद नही है। मेरी और श्री विपिन-चन्द्रपालजी की सलाह मे यह प्रस्ताव बना था एव स्व० देशबन्धु चितरजनदासजी की सहायता से यह प्रस्ताव कांग्रेस से पास हुआ। विजय्राघवाचार्यजी ने जो कांग्रेस के सभापति थे मुझे पांच मिनट-मात्र का समय दिया था। अण्डमन से देश लौट आते ही बम्बई मे डाक्टर सावरकरजी को मैंने पत्र भेज दिया था और लिखा था कि राजबन्दियो की मुक्ति के लिए कुछ करना चाहिए। इसके बाद डाक्टर सावरकर और मै दोनो सुरेन्द्रनाथ बनर्जी के पास गए। सुरेन्द्रनाथजी ने पहले तो यह कहा कि हमे तो तुम लोग गाली दिया करते हो। इसके जवाब मे हमने उनको यक़ीन दिलाया कि राजनैतिक बन्दियो के लिए उन्होने जितना काम किया है उतना और किसी ने नही किया है। बात सच भी थी। हृदय से जो बात कही जाती है उसका असर भी होता है। सुरेन्द्रनाथजी ने सब नोट इत्यादि कर लिया। यहाँ पर एक बात कह देना आवश्यक है कि हम दोनो सुरेन्द्रनाथजी के पास विनायक दामोदर सावरकरजी के विषय मे ही कहने गए थे।

राजबन्दियो की रिहाई के लिए मैंने जो कुछ किया वह कुछ भी नही था। ब्रिटिश गवर्नमेण्ट ने ही जिसे चाहा, उसे छोडा। महात्मा गाधी के सत्याग्रह आन्दोलन के कारण भारत के राजबन्दियो का प्रश्न दब-सा गया। भारत के राज-नीतिक वातावरण मे स्वाधीनता के प्रश्न ने अभी भारतीयो के हृदय को जरा भी बेचैन नही किया था। यही कारण था कि जिन लोगो ने भारतवर्ष को स्वाधीन करने के लिए अपने जीवन को निछावर कर दिया था उसके लिए भारतवासी एक प्रकार से उदासीन थे। आज भी भारत की दशा कुछ अधिक आशाप्रद नही है। आज भी भारत के राष्ट्रीय कार्यकर्ताओ के मन मे स्वाधीनता की चाह नही पैदा हुई है। अरविन्द और तिलक के समय मे स्वाधीनता का ही प्रश्न अन्तिम रूप से राष्ट्रीय कार्यकर्ताओ के सामने जीवन का ध्येय बन गया था। यही कारण है कि बगाल का क्रान्तिकारी आन्दोलन तीस साल तक दमन-चक्र चलनेपर भी दब नहीं

सका। आखिरकार बंगाल के गवर्नर भारत के लाट साहब एवं इंग्लैण्ड के मंत्रियों को मजबूर होकर यह कहना पड़ा था कि जब तक उन्हें बंगाल की जनता की सहायता नहीं मिलती है तब तक वे क्रान्तिकारी आन्दोलन को दबा नहीं सकते।

बनारस में मालवीयजी से मिलने के बाद मैं और जितेन्द्र मुकर्जी सीधे कलक्टर के यहाँ चले गए। ऊपर लिख चुका हूँ कि छूटने के समय मुझे जो सर्टिफिकेट मिला था उसमें एक हिदायत यह थी कि अपने स्थान पर पहुँचने पर जिला कलक्टर को मैं इत्तला दे दूँ कि मैं कालेपानी से वापस आ गया हूँ। इसी हिदायत के मुताबिक मैंने ज़िला-कलक्टर को अपने आने की इत्तला कर दी। कलक्टर ने कहा कि पुलिस सुपरिटेण्डेण्ट को इत्तला दे दो। यह बात बहुत बुरी मालुम हुई, लेकिन आखिर पुलिस सुपरिण्टेण्डेण्ट के दफ्तर पर चले गए। लेकिन वहाँ पर असिस्टेण्ट पुलिस सुपरिण्टेण्डेण्ट ही मिले। उनको भी मैंने अपने आने की इत्तला कर दी। उन्होंने कहा कि सुपरिण्टेण्डेण्ट अभी नहीं हैं। मैंने कहा कि वह हों, या न हों मैंने अपना फ़र्ज अदा कर दिया और अब मैं जा रहा हूँ। उन्होंने मेरा नाम और पता नोट कर लिया। नतीजा यह हुआ कि मेरे ऊपर पहरा लग गया। जहाँ तक मुझे याद है, अण्डमन से लौटकर बनारस में सिर्फ़ एक दिन रहा। दूसरे दिन अपने कनिष्ठ भाई भूपेन्द्र को लेकर गोरखपुर चला आया। गोरखपुर में दो-चार महीने पड़ा रहा। यह दो-चार महीने मैंने निश्चिन्त होकर कुछ आराम से बिताए। लेकिन प्रतिदिन मेरे मन में यह खटकता रहा कि आखिर मैं उचित रूप से जीवन व्यतीत कर रहा हूँ या नहीं। मैं प्रतिदिन यह अवसर ढूँढ़ रहा था कि फिर कैसे नये सिरे से कार्य आरम्भ करूँ। मैं एक दफा कलकत्ता जाना चाहता था, लेकिन पास में पैसा न था। गोरखपुर से एक साप्ताहिक पत्र 'स्वदेश' नाम से निकलता था। उसके सम्पादक श्री दशरथजी द्विवेदी से मैंने परिचय प्राप्त कर लिया। बहुत इशारे से मैंने एक दिन उनसे अपनी मनोभिलाषा व्यक्त की। कलकत्ता जाने की इच्छा प्रकट करते हुए मैंने उनसे सहायता माँगी। मुझे आशा तो मिली, लेकिन सहायता नहीं मिली। इसी बीच मे मैं एक दिन इलाहाबाद पंडित जवाहरलालजी से मिलने के लिए गया एवं अण्डमन की दशा लिखकर रजिस्ट्री द्वारा पं० मदनमोहन मालवीयजी के पास भेजी। इन सबका जो कुछ परिणाम हुआ उसे मैं पहले बता चुका हूँ। किसी कार्यवश एक दिन बनारस गया। वहाँ पर अपने पुराने साथी श्री प्रियनाथ भट्टाचार्य एव श्री सुरेशचन्द्र भट्टाचार्य से मिला। इन लोगों से मैंने संगठन-कार्य का प्रस्ताव किया। इसके थोड़े ही दिनों के अनन्तर सी० आई० डी० के डिप्टी इंस्पेक्टर जनरल मिस्टर बिगैन के पास से मेरे भाई के पास इत्तला आई कि मैं फिर संगठन की बातचीत चला रहा हूँ। मुझे आश्चर्य हुआ। बाद को पता चला कि प्रियनाथ भट्टाचार्य ने छूटने के पहले ही एक लम्बा इकरारनामा पुलिस को दे दिया था। इसके बाद से मैं फिर कभी प्रियनाथ से नहीं मिला।

5

मि० सैण्ड्स और बैरिस्टर चटर्जी

बनारस षड्यन्त्र के मामले में हम चार भाइयों में से तीन गिरफ्तार हो चुके थे। मेरे तीसरे भाई जितेन्द्र को दो साल की सज़ा भी हो गई थी। मेरे मझले भाई रवीन्द्रनाथ अदालत से तो बरी कर दिये गए थे, लेकिन बाद को गोरखपुर में अपने मकान में नज़रबन्द कर दिये गए। जितने दिनों के बाद मैं अण्डमन से लौटकर आया उतने दिनों में जितेन्द्र ने एण्ट्रेंस और इण्टरमीडिएट पास करके बी० ए० में पढ़ना शुरू कर दिया। रवीन्द्रनाथ बी० ए० में पढ़ने के लिए जाने वाले थे या चले गए थे, यह मुझे ठीक-ठीक याद नहीं। अण्डमन जाने के पहले मैं बी० एस-सी० के प्रथम वर्ष में पढ़ रहा था। अब छूटने के बाद मैंने भी चाहा कि बी० ए० पास कर लूं। मेरे भाई और माताजी की इच्छा न थी कि मैं बी० ए० पढ़ूँ। लेकिन मेरे अत्यन्त आग्रह करने पर वे राज़ी हो गए। मन में यह था कि कॉलेज में पढ़ने से मुझे नौजवानों से मिलने का प्रचुर अवसर मिलेगा। कुछ यह भी इच्छा थी कि बी० ए० की डिग्री ले लूं शायद भविष्य में कुछ काम आए।

इलाहाबाद जाने के पहले मेरे एक आत्मीय के पास जो कि रिश्ते में मेरे मामू लगते थे, डिप्टी इस्पेक्टर जनरल ऑफ़ पुलिस सैण्ड्स साहब के पास से एक चिट्ठी आई थी, जिसमें लिखा था कि शचीन्द्र को कालेपानी से लौटने पर अवश्य मेरे पास एक दिन भेज दें।

यहाँ पर सैण्ड्स साहब के बारे मे दो शब्द कह देना नितान्त आवश्यक है। आप ही के तत्वावधान में बनारस षड्यन्त्र केस चला था। मैनपुरी षड्यन्त्र केस भी आप ही के ज़िम्मे था। मुझे सज़ा हो जाने के बाद माताजी ने सरकार के पास माफ़ी का एक आवेदन-पत्र भेज दिया था; लेकिन सरकार की तरफ से यह जवाब मिला था कि अभी छोड़ा नही जा सकता। इसके बाद जब सन् 1919 के दिसम्बर महीने में सम्राट के मुँह से राजबन्दियों को छोड़ने की घोषणा हुई तो सैण्ड्स साहब ने कलकत्ता के प्रसिद्ध बैरिस्टर बी० सी० चटर्जी साहब से यह कहा कि अब शचीन्द्र की माता से माफ़ी का आवेदनपत्र देने के लिए कह दीजिए, मैं उनके लिए सिफारिश कर दूंगा। बी० सी० चटर्जी उस समय मैनपुरी केस की अपील की पैरवी के लिए आये हुए थे। मेरे छूटने की कहानी दूसरे स्थान पर बतलाई जा चुकी है।

मैनपुरी केस के कुछ फरार व्यक्तियों के छुटकारे के लिए भी सैण्ड्स साहब ने अपनी तरफ से पूरी कोशिश की। उन्होंने सबसे कहला दिया कि फरार व्यक्ति आत्म-समर्पण कर दें हम उन्हें छुड़वाने का प्रबन्ध कर देंगे। इस प्रकार से मैनपुरी के क़रीब-क़रीब सब कैदी कुछ शर्त पर छोड़ दिए गए। लेकिन एक व्यक्ति पं० देवनारायणजी सैण्ड्स साहब से तो मिले लेकिन उन्होंने कोई शर्त कबूल नहीं की। तब सैण्ड्स साहब ने कहा कि मैं आपको गिरफ्तार नहीं करूँगा, क्योंकि आप अपनी खुशी से मेरे पास आए हैं। हम लोगों ने आपको नहीं ढूंढ़ा था। आपकी जहाँ खुशी हो, चले जा सकते हैं। मैं आपको चले जाने का काफ़ी मौक़ा दूंगा। लेकिन मेरी सलाह है कि आप हमारी शर्त को मान लें।

आखिर में यह तय हुआ था कि पं० देवनारायणजी अपने स्थान पर जाकर रहेंगे; पुलिस उन्हें गिरफ्तार नहीं करेगी; और इस बीच में सैण्ड्स साहब अपने ऊपरवालों से यह तय करेंगे कि पं० देवनारायणजी को बिना शर्त छोड़ दिया जा सकता है या नहीं; नहीं तो उन्हें भाग जाने का काफ़ी मौक़ा दिया जाएगा। ऐसी सूरत में देवनारायणजी ने सैण्ड्स साहब से एक चिट्ठी ले ली थी जिसमें यह हिदायत थी कि पुलिस उन्हें गिरफ्तार न करे। इसके बाद न तो उन्हें किसी ने गिरफ्तार ही किया और न उन्हें कोई हुक्म ही मिला। आधुनिक भारत के इतिहास में इस प्रकार का शायद यही एक ऐसा दृष्टान्त है और सम्भवत: सैण्ड्स साहब को छोड़कर आज तक ऐसा व्यवहार और किसी ने नहीं किया। लेकिन यह भी बात सच है कि असहयोग आन्दोलन के सिलसिले में चौरी-चौरा में पुलिस की तरफ से जो बीभत्स काण्ड हुआ था वह भी सैण्ड्स साहब के ही हुक्म से हुआ था लेकिन चौरी-चौरा के मामले में प्रजा की तरफ से भी पुलिस के ऊपर जो कुछ हुआ था उसी के कारण पुलिसवाले उत्तेजित हो गए थे और इस उत्तेजना के आवेश में दोनों ही तरफ से ज्यादतियाँ हुईं।

खैर, कुछ भी हुआ हो, अण्डमन से लौटने के बाद एक दफा मुझे सैण्ड्स साहब से मिलने जाना ही था। गोरखपुर में आने के बाद जाँच करने पर मालूम हुआ कि सैण्ड्स साहब खुफिया विभाग से अलग होकर साधारण विभाग में डिप्टी इंस्पेक्टर जनरल के पद पर हैं और इस समय फैजाबाद में हैं। फैजाबाद में मेरे एक बड़े पुराने मित्र आचार्य नरेन्द्रदेव भी रहते थे। सैण्ड्स साहब से मिलने का मैंने यही अच्छा अवसर समझा। सैण्ड्स साहब से मिलने के बहाने नरेन्द्रदेवजी से भी मिल लूंगा।

मैं फैजाबाद चला गया और सैण्ड्स साहब से मिला। मुझे क़रीब दस मिनट तक एक कमरे में ठहरना पड़ा। बगल के कमरे में सैण्ड्स साहब एक डकैती के मामले की तहकीकात कर रहे थे। इतनी शान्तिपूर्वक बातचीत हो रही थी कि किसी को यह पता भी नहीं चल सकता था कि कमरे मे कोई है भी। जब सैण्ड्स साहब हमसे मिले तो बड़ी भद्रतापूर्वक शिष्टाचार के साथ हाथ-मे-हाथ मिलाकर मुझे अपने पास बैठाया और कहा कि रस्सी को एक तरफ आप लोग खींच रहे थे

और दूसरी तरफ हम लोग। अब रस्सी-खिचाई खत्म हो गई। अब आगे चलकर क्या करने का इरादा है ? मेरी सलाह है कि खेती का काम करो, जो कुछ करो उसमें अगर मेरी मदद की जरूरत है तो मुझे बतलाना, मैं मदद करने के लिए तैयार हूं।" मैंने सैण्ड्स साहब से कहा था, "मैं पढ़ना चाहता हूं और आप इतना कर दीजिए कि मुझे किसी कालेज में भर्ती होने में दिक्कत न पड़े।" मैंने देखा सैण्ड्स साहब को यह बात ज्यादा पसन्द नहीं आई। लेकिन मेरे मुंह पर तो उन्होंने यही कहा, "मेरी मदद से यदि तुम कॉलेज मे भर्ती हो सको तो मैं मदद करने के लिए तैयार हूँ। लेकिन कॉलेज के अधिकारियों पर मेरा कोई अधिकार नही है।" मैंने कहा, "पुलिस की तरफ से बाधा आने पर किसी कॉलेज में भर्ती नही किया जा सकता।" सैण्ड्स साहब ने कहा, "इतना हम कर देंगे कि पुलिस की तरफ से बाधा न आए।" मैं मन-ही-मन समझ गया कि मेरे लिए कॉलेज में भर्ती होना आसान नही है। इसके बाद मैं नरेन्द्रदेवजी से मिलने चला गया। जब मैं सन् 1910 और 1911 में क्वीस कालेज मे पढ़ता था, तभी से नरेन्द्रदेवजी से मेरी जान-पहचान है।

कई कारणों से मैं गोरखपुर छोडना चाहता था। मेरे तीसरे भाई जितेन्द्र ने जब बी० ए० पास कर लिया तब सभी ने सलाह दी कि जितेन्द्र को अब एम० ए० पढना चाहिए। जितेन्द्र एम० ए० पढने के लिए कतई राजी नही हुआ। सयोग-वश जितेन्द्र को इलाहाबाद मे एंग्लो-बंगाली मिडिल स्कूल में हेडमास्टरी मिल गई। जहाँ तक मुझे याद है, जितेन्द्र ने इस पद पर साल-भर तक काम किया। इसके थोड़े ही दिन पहले मैं कॉलेज मे भर्ती होने के लिए इलाहाबाद आया था। मैंने म्योर सेण्ट्रल कॉलिज मे नाम भी लिखा लिया था लेकिन दो ही दिन के बाद प्रिंसिपल साहब ने मुझे दफ्तर मे बुलाया और कह दिया कि तुम इस कॉलेज मे नही लिए जा सकते। मैंने सैण्ड्स साहब की दुहाई दी लेकिन कुछ बस न चला। मुझे कुछ खुशी भी हुई और कुछ दुःख भी हुआ। दुःख होना तो स्वाभाविक ही था, लेकिन मन-ही-मन खुशी भी इसलिए हुई कि चलो इम्तहान देने से छुट्टी मिली। कही फेल हो जाते तो दुर्दशा की सीमा न रहती। फिर कायस्थ पाठशाला के प्रिंसिपल डा० ताराचन्द से जाकर मिले। मालूम हुआ कि प्रिंसिपल ताराचन्द लाला हरदयाल के साथी हैं एव उनकी उनसे रिश्तेदारी भी है।

मैं जिन विषयो को साथ-साथ लेना चाहता था वे मुझे कायस्थ पाठशाला मे नही मिले। फिर भी मैं भर्ती हो गया। लेकिन दो-चार दिन के बाद छोड़ दिया। कारण, मुझे अभिप्रेत विषयो का संयोग न मिलने से पढ़ने में उत्साह नही मिला। संभव है, फेल होने का भय भी मन मे छिपा हो।

इसी समय से मैंने सर्वान्तःकरण से क्रान्तिकारी दल के पुनः संगठन का काम प्रारम्भ कर दिया। यह पहले ही बतला चुका हूँ कि अण्डमन से लौटते ही बनारस में हमारे पुराने साथी श्री जितेन्द्रचन्द्र मुकर्जी हम से आकर मिले। मैं जानता था कि जितेन्द्रचन्द्र मुकर्जी क्रांतिकारी दल में सम्मिलित नहीं होंगे। इन्ही के छोटे

भाई श्री धीरेन्द्रचन्द्र मुकर्जी इलाहाबाद में पढ़ते थे। ये बी० एस-सी० प्रशंसा के सहित पास करके अब एम० ए० में अर्थशास्त्र लेकर पढ़ने लग गए थे। उनमें अब राजनीतिक कार्यों में भाग लेने के लिए प्रबल उत्साह पैदा हुआ था। जितेन्द्र की तरह धीरेन्द्र भी इलाहाबाद में मुझसे मिलने आए। एक ग्राहक को पाकर दूकानदार जैसे खुश होता है या जैसे किसी चिड़िया को देखकर बाज प्रलुब्ध होता है, वैसे ही धीरेन्द्र को देखकर मैं मन-ही-मन में प्रसन्न हुआ और प्रलुब्ध हुआ। मैंने देखा कि सशस्त्र विप्लव आन्दोलन के प्रति धीरेन्द्र का उतना उत्साह नहीं है जितनी सहानुभूति उनकी अहिंसात्मक असहयोग के प्रति थी। फिर भी मैंने आशा नहीं छोड़ी। भविष्य में इनके बारे में बहुत कुछ कहना है, इसलिए यहाँ पर इसकी उपक्रमणिका-मात्र कर दी। जैसे किसी अच्छे ग्राहक को पाकर भी जब दुकानदार बिक्री नहीं कर पाता है या बाज जैसे अपने शिकार को सामने पाकर भी कभी-कभी चूक जाता है और विफल मनोरथ हो खिन्न होता है, उसी प्रकार धीरेन्द्र को अपने दल में सम्मिलित न कर पाने के कारण मैं मन में बहुत खिन्न हुआ। मैं गोरखपुर वापस लौट आया।

कालेपानी जाने के पहले मैं एक प्रकार से छात्र-जीवन ही व्यतीत कर रहा था। कमाने की फिक्र नहीं थी। घर का खाता था। मनमाना काम किया करता था। अब कालेपानी से लौटने के बाद मैंने अपने को उम्र में भी कुछ बड़ा पाया और दायित्व-बोध भी मैं पहले से कहीं अधिक मात्रा में अनुभव करने लगा। जीवन में अब ही सर्वप्रथम मैंने यह अनुभव किया कि अपने भोजनाच्छादन के लिए अब मुझे अपने उपार्जन पर ही निर्भर करना पड़ेगा। मेरी अवस्था इस समय क़रीब सत्ताईस वर्ष की थी। अर्थोपार्जन के लिए आज तक मैंने अपने को तैयार नहीं किया था। अब मुझे एक तरफ तो अर्थोपार्जन रूपी संकट का सामना करना पड़ रहा था, दूसरी तरफ मेरा यह प्रबल आग्रह था कि मैं अपने जीवन के स्वप्न को वास्तविक जगत् में रूप-दान करूँ। अण्डमन से लौटने के बाद यह समस्या जैसे गम्भीर रूप से दिखलाई पड़ी थी आज अठारह साल के बाद भी वही समस्या और भी कठिन एवं गम्भीर रूप में जीवन-पथ में आकर खड़ी हुई है।

इसी समय सैकड़ों की संख्या में बंगाल के नज़रबन्द क़ैदी छूटने लगे। इन सबके सामने भी यही समस्या थी। कलकत्ता हाईकोर्ट के प्रसिद्ध बैरिस्टर श्रीयुत बी० सी० चटर्जी ने इस समस्या को हल करने के लिए कुछ रुपये इकट्ठे किए थे। एक बड़ा-सा मकान किराए पर लिया गया था। राजबन्दीगण मुक्त हो-होकर इस मकान में आकर ठहरते थे। दोनों समय भोजन का अच्छा प्रबन्ध था। यहाँ पर महीना-पन्द्रह दिन तक लोग ठहर सकते थे। बंगाल के विभिन्न जिलों से राजबन्दी यहाँ आकर ठहरते थे। श्रीयुत बी० सी० चटर्जी साहब एवं यंगमेन्स क्रिश्चियन एसोसिएशन की तरफ से यह व्यवस्था की गई थी। आगे चलकर अर्थोपार्जन के लिए भी इनकी तरफ से सहायता मिलती थी। अखबार में ये सब

बातें पढ़कर मैं भी बेनियापुकुर लेन में स्थित इस मकान में आकर उपस्थित हुआ। बंगाल के तमाम राजबन्दियों से यहाँ पर मिलने का अवसर मिला। यहाँ पर बीसियों राजबन्दी ऐसे मिले जिनको देखकर मन में किसी प्रकार की भी आशा का संचार नहीं हुआ। एक ही समय में इस मकान में कम-से-कम पचास राजबन्दी ठहरते थे। सब जगह मैं घूम-घूमकर देखा करता था कि ये राजबन्दी किस तरह जीवन व्यतीत कर रहे हैं, क्या सोचते हैं, क्या बातें करते हैं। इनमें से अधिकांश को मैंने ऐसा पाया कि इनके बारे में मैं यही सोचता रहा कि आखिर यह क्यों और कैसे राजबन्दी हुए थे। बहुतेरे पुराने साथियों से भी मैं मिला, भविष्य के बारे में बहुत बातचीत भी हुई, लेकिन सबके सामने वही कठिन समस्या थी जो कि मेरे सामने थी। फिर भी मैंने यह अनुभव किया कि जैसे प्रबल बाढ़ के कारण स्रोतस्विनी नदी का पानी प्रचण्ड वेग से बहकर ग्राम और जनपद में बाधा पाकर ठहर जाता है, उसी प्रकार से विप्लववाद का प्रबल प्रवाह अभी थोड़ी देर के लिए बाधा पाकर ठहर गया है। समय और अवसर मिलने पर जिस प्रकार बाँध के टूटने पर बाढ़ आ जाती है उसी प्रकार बंगाल में फिर क्रान्ति की लहर चारों दिशा में उमड़ पड़ेगी। जिस प्रकार बाढ़ के कारण गृहस्थ विस्थापित हो जाता है और कहीं ठहरने का आश्रय ढूँढ़ा करता है उसी प्रकार से मुक्ति पाकर विप्लववादी राजबन्दीगण जन-कोलाहलपूर्ण संसार में आकर अपने को नितान्त आश्रयहीन अनुभव कर रहे थे। कहीं पर टिकने का, ठहरने का स्थान ढूँढ़ रहे थे।

पिछले युग में जो लोग विप्लववादी आन्दोलन के कर्णधार थे, जैसे बारीन्द्र और उपेन्द्रनाथ उनके समान बुद्धि-शक्ति सम्पन्न, विचारशील, प्रतिभावान, मस्तिष्क परिचालन में तत्पर, शक्तिशाली लेखक एवं कार्यकुशल नेता मैंने अपने युग में और किसी को नहीं देखा। अण्डमन में बैठे हुए एक दिन बारीन्द्र ने परिपूर्ण अवज्ञा के शब्दों में तिरस्कारपूर्वक आँख-मुँह बनाकर यह कहा था : "जो रास्ता मैंने एक मर्तबा दिखलाया, बंगाल आज भी इतने दिनों तक उसी एक रास्ते का अनुसरण करता आया। आज भी बंगाल के विप्लववादी कोई नया रास्ता नहीं निकाल पाए।" बात कुछ ज्यादा झूठ न थी।

अभी मेरे पुराने साथियों में से सब नहीं छूटे थे। जो लोग छूट गए थे उनसे मैं मिला। लेकिन मुझे सन्तोष नहीं हुआ। पहली बात तो यह थी कि जिनसे मैं मिला, वे पुराने कार्यकर्ता तो अवश्य थे, लेकिन मेरे साथ उनके ताल्लुकात गहरे न थे।

जब मैं अण्डमन से छूटकर आया था तो श्रीयुत बी० सी० चटर्जी साहब ने मुझसे एक बात कही थी जिसका उल्लेख यहाँ कर देना आवश्यक है। मैंने अण्डमन से एक चिट्ठी में ऐसा लिखा था कि यदि ब्रिटिश सरकार भारतवासियों को यथार्थ में यह मौका देती है कि हम अपने देश की भलाई के लिए जो ठीक समझें उसे कर सकें तो गुप्त षड्यन्त्र के द्वारा खून-खराबी के रास्ते से आग को लेकर हम खिलवाड़ क्यों करें। चटर्जी साहब ने मुझसे यह कहा था कि "ब्रिटिश

सरकार सचमुच ऐसा अवसर हमें देगी इसलिए अब तुम्हारा कर्त्तव्य है कि सच्चे दिल से माण्टेगू के सुधार को लेकर काम करो और गुप्त षड्यन्त्र के रास्ते को त्याग दो। इसी आशा से और इसी विश्वास से सरकार ने तुम्हें छोड़ दिया है।" मैंने जवाब में यह कहा था कि "विनायक दामोदर सावरकर ने भी तो अपनी चिट्ठी में ऐसी ही भावना प्रकट की थी जैसीकि मैंने की है तो फिर सावरकर को क्यों नहीं छोड़ा गया और मुझी को क्यों छोड़ा गया? यदि आपकी बात सत्य होती तो सावरकर को भी छोड़ना चाहिए था। मैं तो यह समझता हूँ कि मेरे छूटने और सावरकरजी के न छूटने में दो बातें हैं। एक तो यह कि बंगाल के जनमत ने मेरे जैसे राजनीतिक बन्दियों को छुड़ाने के लिए प्रबल आग्रह किया था। राजबन्दियों की रिहाई के मूल में यही बात बहुत बड़ी थी। लेकिन महाराष्ट्र में उतना तीव्र आन्दोलन नहीं हुआ जैसाकि बंगाल में हुआ। दूसरी बात सावरकरजी के न छूटने में यह थी कि सावरकरजी और उनके दो-चार साथियों की गिरफ्तारी के बाद महाराष्ट्र में क्रान्तिकारी आन्दोलन समाप्त-सा हो गया था। इसलिए सरकार को यह डर था कि यदि सावरकर इत्यादि को छोड़ दिया जाय तो ऐसा न हो कि फिर महाराष्ट्र में क्रान्तिकारी आन्दोलन प्रारम्भ हो जाए। इसके अतिरिक्त एक बात यह भी थी कि सावरकरजी के द्वारा इग्लैंड के एक अंग्रेज की हत्या हुई थी। इस पर ब्रिटिश सरकार को विशेष क्रोध था। राजबन्दियों की मुक्ति के समय सरकार ने यह नीति बना ली थी कि जिन पर किसी की हत्या करना या डकैती करने का अपराध लगाया गया था उन्हें न छोड़ा जाय। इस नीति के अनुसार भी सावरकर नहीं छोड़े जा सकते थे। कारण उन पर हत्या करने का अपराध लगाया गया था।" चटर्जी साहब ने इस पर यह कहा था कि "बात असल में यह है कि मरहठों के ऊपर अंग्रेजों का बिल्कुल विश्वास नहीं है। बंगालियों के ऊपर अंग्रेजी सरकार यह भरोसा कर रही है कि बंगाली जैसा कहेंगे, वैसा करेंगे लेकिन मरहठे ऐसा कभी नहीं कर सकते।" इस बात को सुनकर मैंने मन-ही-मन कुछ लज्जा अनुभव की और हँसा भी। लज्जा इसलिए अनुभव की कि राजनीतिक दृष्टि से चटर्जी साहब महाराष्ट्र को उच्च स्थान दे रहे थे और बंगालियों को भ्रम से ऐसा स्थान दे रहे थे कि राजनीतिक दृष्टि से दूरदर्शितापूर्ण नहीं कह सकते। हँसा इसलिए कि चटर्जी साहब भी समझ रहे हैं कि अंग्रेज सरकार हमें अपने आदर्श को प्राप्त करने के लिए पूर्ण अवकाश देगी। मैं जानता था कि ब्रिटिश सरकार कभी भी यह मौका नहीं देगी, इसलिए हमें अवश्य क्रांति का मार्ग ग्रहण करना ही पड़ेगा और खुले तौर पर मैंने चटर्जी साहब से यह कहा भी था कि यदि ब्रिटिश सरकार हमें पूरा मौका देती है, अपने देश को उस सीमा तक पहुँचाने के लिए जिस सीमा तक अंग्रेजों ने अपने देश में अपने राष्ट्र को पहुँचाया है तभी एकमात्र उसी अवस्था में ही यह बात भी सही होगी कि सशस्त्र क्रांति के मार्ग को छोड़कर भी हम आगे बढ़ सकते हैं।

अबकी बार फिर जब कि मैं बेनियापुकुर के मकान में ठहरा हुआ था तो चटर्जी।

6

चेम्सफोर्ड सुधार और असहयोग

जेल में बैठे हुए भी हम यह देख रहे थे कि माण्टेगू-चेम्सफोर्ड सुधार के बारे में हमारे नेताओं में तीन प्रकार की मनोवृत्ति दिखाई दे रही थी। एक तो मदनमोहन जी मालवीय इत्यादि नरम मनोवृत्तिवाले नेतागण यह चाहते थे कि बिना किसी प्रकार की कोई उलझन पैदा किये पूर्ण शक्ति से इस सुधार को काम में लाया जाय। दूसरी मनोवृत्ति के कुछ नेता यह चाहते थे कि इस सुधार को एकदम ठुकरा दिया जाय। तीसरी मनोवृत्तिवाले कुछ ऐसे नेता भी थे जो कि इस नए सुधार से फायदा तो उठाना चाहते थे लेकिन वे यह भी चाहते थे कि पूर्ण स्वतन्त्रता के आदर्श को प्राप्त करने के लिए भी राजनीतिक आन्दोलन को ऐसे मार्ग पर चलाया जाय जिससे देशवासी इस नये सुधार से सन्तुष्ट न होकर आगे बढ़ने के लिए तैयार हों।

जेल में बैठे-बैठे विभिन्न प्रदेश के राजबन्दियों में यह होड़ लगी रहती थी कि कौन-सा प्रान्त सबसे उग्र मनोवृत्ति का परिचय देता है, अर्थात् माण्टेगू-चेम्सफोर्ड के सुधार को कौन-सा प्रान्त सबसे उग्र रूप में ठुकराता है। इस बात को देखने के लिए अण्डमन के राजबन्दियों में विशेष उत्सुकता रहती थी। कभी-कभी क्रांतिकारी होने पर भी हम यह भूल जाते थे कि इन नये सुधारों को ठुकरा देना एक बात है और उनका सदुपयोग करना और बात है।

अण्डमन से लौटकर हमारे सामने वही प्रश्न फिर आ खड़ा हुआ। बी० सी० चटर्जी साहब उन व्यक्तियों में से थे जो क्रान्तिकारी आन्दोलन की आवश्यकता समझते थे, लेकिन इन नए सुधारों को ठुकरा देना नहीं चाहते थे। महात्मा गांधी एक समय बिलकुल मॉडरेट थे, लेकिन समय के फेर से वे क्रमशः मॉडरेट नीति को त्याग रहे थे। सम्भव है आज भी महात्मा गांधी मॉडरेट मनोवृत्ति को सम्पूर्णतया त्याग नहीं पाए हों। सी० आर० दास क्रान्तिकारी न होने पर भी क्रान्तिकारियों के प्रति गहरी सहानुभूति रखते थे। उन्हें यह सहानुभूति जितनी उनके त्याग को देखकर होती थी उतनी ही राजनीतिक दृष्टि से भी होती थी, क्योंकि वे यह समझते थे कि क्रान्तिकारी आन्दोलन के कारण भारत के दूसरे सब आन्दोलनों को बल पहुँचता है। तिलक और सी० आर० दास क़रीब-क़रीब एक ही मनोवृत्ति के थे। सी० आर० दास को अभी राजनीति में आए हुए थोड़े ही

दिन हुए थे। अलीपुर बम केस में श्री अरविन्द घोष की पैरवी करते समय उनमें कुछ-कुछ क्रान्तिकारी भावनाएँ आने लगी थीं।

तिलक और दास माण्टेगू-चेम्सफोर्ड सुधारों को ठुकराना भी नहीं चाहते थे और उसे पूर्ण रूप से स्वीकार भी नहीं करना चाहते थे। मोतीलालजी तो पहले मॉडरेट थे लेकिन उनके ऊपर उनके पुत्र का प्रभाव क्रमश: बढ़ रहा था। इन सब विभिन्न नेताओं की परस्पर विरोधी मनोवृत्ति के संघर्ष में आकर भारत की राजनीति एक विचित्र मार्ग पर चल पड़ी थी। महात्मा गांधी की मनोवृत्ति न तब क्रान्तिकारी थी और न अब ही है। लेकिन उनके महान् व्यक्तित्व के कारण भारत की राजनीति पर उन्हीं का प्रभाव सबसे अधिक है।

महात्माजी के नेतृत्व में यह तय हो गया कि माण्टेगू-चेम्सफोर्ड सुधार एकदम ठुकरा दिया जाय। बंगाल के क्रान्तिकारियों में से अधिकांश की यह राय थी कि इस नये सुधार को जहाँ तक हो सके, काम में लाया जाय। बी० सी० चटर्जी की भी यही राय थी। लेकिन इस समय मुक्त राजबन्दीगणों ने एक साथ बैठकर किसी नीति का निर्णय नहीं किया था। अभी कुछ प्रभावशाली क्रान्तिकारी नेता मुक्त नहीं हुए थे। भारत के राजनीतिक आन्दोलन का नेतृत्व इसी समय से क्रमश: महात्मा गांधी के हाथ में अनिवार्य रूप से आ रहा था। क्रान्तिकारीगण इस बात को पसन्द नहीं कर रहे थे। सी० आर० दास भी महात्मा जी के पक्ष में नहीं थे। तिलक, पाल, सी० आर० दास, लाजपतराय इत्यादि पुराने गर्म दल के नेतागण महात्माजी के साथ नहीं थे।

अण्डमन से लौटने के बाद मैंने उत्तर भारत में जो क्रान्तिकारी आन्दोलन की सृष्टि की थी उसको समझने के लिए एक ओर तो उस समय की राजनीतिक परिस्थिति को समझना आवश्यक है, दूसरी ओर कुछ ऐसी बातें हैं जिनका बिना समझे 1920 के बाद के विप्लववादी आन्दोलन को समझना कुछ कठिन है। इसका एक कारण यह है कि भारत का विप्लववादी आन्दोलन किसी एक ही संस्था के द्वारा परिचालित नहीं हो रहा था। सन् 1920 के बाद मैंने किस तरह से फिर क्रान्तिकारी आन्दोलन के कार्य को हाथ मे लिया, इसको समझने के लिए यह जानना भी आवश्यक है कि मैंने किसी पुरानी संस्था के साथ मिलकर काम किया या नहीं, और यदि किसी संस्था के साथ मैंने सहयोग किया तो उस संस्था के बारे मे भी कुछ बातें जान लेना आवश्यक है। इसके अतिरिक्त यह भी समझ लेना चाहिए कि भारत के गुप्त आन्दोलन में भी कुछ दलबन्दियाँ थी और इन दलबन्दियों के कारण मनुष्य के चरित्र मे कितनी ही त्रुटियाँ अनिवार्य रूप से आ जाती हैं। इसका परिचय मिलने से भी कुछ लाभ होगा।

अब थोड़ी-सी पुरानी बातें बतला देना आवश्यक है। सन् 1908 में कलकत्ता मे मेरे पूज्य पिताजी की मृत्यु हुई थी। सन् 1909 से मैं बनारस मे रहने लग गया। जब मैं कलकत्ता मे रहता था तभी प्रसिद्ध अनुशीलन समिति की कलकत्ता शाखा में भरती हो गया था। बनारस मे आकर मैंने इस समिति की

एक शाखा अपने यहाँ खोल दी। इस अनुशीलन समिति का इतिहास लिखने की आवश्यकता यहाँ नहीं है। इतना ही कह देना पर्याप्त है कि बंगाल की अनुशीलन समिति की दो शाखाएँ थीं—एक का केन्द्र था ढाका, दूसरी का केन्द्र था कलकत्ता। मैं कलकत्ता केन्द्र के अन्तर्गत था। बनारस में जब मैं इस समिति की शाखा खोल चुका था तो पहले अलीपुर कॉन्सपरेसी के बाद बंगाल की सरकार ने इस समिति को अनियमित घोषित कर दिया था। इसलिए हमें भी बनारस की समिति का नाम बदल देना पड़ा। अनुशीलन समिति से बदलकर अब इसका नाम हो गया युवक सम्मेलन। लेकिन भीतर-ही-भीतर मैं कलकत्ता की अनुशीलन समिति से सम्बन्ध रखना चाहता था। लेकिन घटना-चक्र के फेर में ऐसा हो नहीं पाया।

उधर बारीन्द्र आदि के प्रयत्न विफल हो जाने के बाद उसी संस्था के जो अवशिष्ट आदमी थे उनके कार्यक्रम का केन्द्र कलकत्ता के पास फ्रांसीसी बस्ती चन्द्रनगर बन गया था। इस केन्द्र से आजकल के प्रसिद्ध नेता श्री रासबिहारी बोस देहरादून पहुँचे। श्री रासबिहारी अपनी कार्यकुशलता के द्वारा पंजाब में एक अच्छा दल बना चुके थे।

ढाका अनुशीलन समिति के नेता श्री पुलिनबिहारीदास थे। पुलिनबिहारी को सात साल की कालेपानी की सजा हो गई थी। पुलिनबिहारी के बाद ढाका अनुशीलन समिति के जो लोग नेता के स्थान में काम कर रहे थे, उन्होंने अपने काम की गरज से चन्द्रनगर के दल के साथ सहयोग से काम करना प्रारम्भ कर दिया। इस समय चन्द्रनगर दल के नेता थे श्रीशिरीषचन्द्र घोष और मोतीलाल राय। ढाका अनुशीलन समिति मोतीलालराय के साथ मिलकर काम तो करती थी लेकिन उस समिति के नेतागण अपने दल के संगठन को सम्पूर्ण रूप से स्वतन्त्र रखे थे। चन्द्रनगर का दल बंगाल में कुछ बड़ा न था। लेकिन रासबिहारी ने पंजाब में अपना पूरा-पूरा संगठन किया था।

संयोगवश घूमते-घूमते मैं चन्द्रनगर के दल में आकर शामिल हो गया था। मैं पछाँह में रहता था, इसलिए रासबिहारी के अधीन मुझे रखा गया। श्री रासबिहारी एक अत्यन्त कार्यकुशल नेता थे। चन्द्रनगर में बम बनाने का केन्द्र था, इन सब कारणों से ढाका अनुशीलन समिति के साथ रासबिहारी का अत्यन्त घनिष्ठ सम्बन्ध हो गया था और रासबिहारी के जरिए से ढाका अनुशीलन समिति के मुख्य-मुख्य कार्यकर्त्ताओं के साथ मेरा भी घनिष्ठ परिचय हो गया था। यह सब होने में समय लगा था। ढाका अनुशीलन समिति के साथ चन्द्रनगर के दल का जो सहयोग हो रहा था उसकी एक शर्त यह थी कि उत्तर भारत में ढाका समिति स्वतन्त्र रूप से अपने किसी आदमी को नहीं भेजेगी। उत्तर भारत में जो काम होगा उसका समस्त उत्तरदायित्व रासबिहारी पर रहेगा। यदि ढाका समिति के कुछ आदमी रहें तो उनका भी सम्बन्ध रासबिहारी के साथ ही रहेगा, ढाका के साथ नहीं। मैं ढाका समिति के कुछ सदस्यों के जरिए से चन्द्रनगर के

दल में आ पहुँचा। ऊपर कही शर्त के अनुसार मुझे श्री रासबिहारी के अधीन रहकर काम करना पड़ा।

उस समय ढाका अनुशीलन समिति के सबसे बड़े-बड़े कार्यकर्त्ता थे: श्री प्रतुलचन्द्र गंगोली, श्री त्रैलोक्यनाथ चक्रवर्ती, श्री नरेन्द्रनाथ सेन, श्री रमेशचन्द्र आचार्य, श्री रमेशचन्द्र चौधरी और श्री नलिनीकिशोर गुह। इनमें से एक नरेन्द्रसेन को छोड़कर और सबसे मैं खूब परिचित था।

अण्डमन मे जाने के पहले गिरफ्तारी के दिन तक, मेरे साथ ढाका अनुशीलन समिति का अच्छा सहयोग था। यह बात तो थी कि रासबिहारी के जापान चले जाने के बाद ढाका अनुशीलन समिति के बचे-बचाए नेताओ ने अपनी सब बाते मुझे बता दी थी। लेकिन उनके आचरण से मुझे यह अनुभव हो रहा था कि मुझे पूर्ण रूप से अपनी सब बातें बताने मे ये धीरे-धीरे क्रमश: आगे बढ़ रहे थे। अत: उत्तर भारत का दल और ढाका अनुशीलन समिति क्रमश: एक-दूसरे के साथ अधिक-से-अधिक सहयोग करने के लिए आगे बढ़ रहे थे। ऐसी अवस्था मे ही मै गिरफ्तार हो गया था। अब अण्डमन से लौटने के बाद ढाका समिति के नेताओ के साथ भली प्रकार से विचार-विमर्श करने के पहले मैं कोई अलग कार्यक्रम बनाना नही चाहता था।

बनारस केस मे गिरफ्तार होने के बहुत पहले भी मैंने बहुत दफा बगाल के विभिन्न क्रान्तिकारी दलों को मिलाने की बहुत चेष्टा की थी, लेकिन कृतकार्य नही हुआ था। अब अण्डमन से लौटने के बाद भी मैंने फिर चाहा कि भारत के समस्त क्रान्तिकारी दल एक साथ मिलकर एक शक्तिशाली सगठन बनाएँ। बेनियापुकुर के मकान मे रहते समय बगाल के विभिन्न क्रान्तिकारी नेताओ के साथ मैं मिलता रहा। दूसरे दलो के प्रमुख नेताओ मे से मै जिन्हें अच्छी तरह से जानता था, वे थे श्री जदुगोपाल मुकर्जी, श्री विपिनचन्द्र गगोली, श्री मनोरजन गुप्त, श्री अरुणचन्द्र गुह इत्यादि। उस समय एम० एन० राय नरेन्द्रनाथ भट्टाचार्य के नाम से परिचित थे। ये सब उस समय बगाल के प्रसिद्ध क्रान्तिकारी श्री यतीन्द्रनाथ मुकर्जी के अधीन काम कर रहे थे। अण्डमन से छूटने के बाद मै इन सब परिचित नेताओ से मिला था।

एक तरफ महात्मा गाधी अपने सत्याग्रह आन्दोलन के लिए तैयारी कर रहे थे। दूसरी तरफ बगाल के क्रान्तिकारी नेतागण अपने लेख और पुस्तकादि द्वारा क्रान्ति की भावना फैलाने का प्रयत्न कर रहे थे। श्री अरविन्द के बाद बंगाल मे उल्लेख-योग्य नेता खुले आन्दोलन मे और कोई नही रह गए थे। सी० आर० दास, विपिनचन्द्रपाल, व्योमकेश चक्रवर्ती और कुछ हद तक बी० सी० चटर्जी और श्याम सुन्दर चटर्जी भी खुले आन्दोलन मे यथाशक्ति भाग ले रहे थे। उधर महाराष्ट्र मे तिलक एवं पजाब मे लाला लाजपतराय जीवित थे। श्री मदनमोहन मालवीय की गिनती नरम दल वालों मे थी। पं० जवाहरलाल नेहरू क्रमश: खुले आन्दोलन मे भाग लेने लगे थे। पुत्र के प्रभाव के कारण मोतीलाल नेहरू भी

क्रमशः उग्र दल की तरफ झुकने लगे थे।

मेरी गिरफ्तारी के पहले ही महात्माजी भारत में आ चुके थे। उन्होंने खुले-आम क्रान्तिकारियों से यह आवेदन किया था कि वे गुप्त मार्ग को छोड़कर यदि महात्माजी के मार्ग में आ जायें तो देश का बहुत कल्याण हो। सन् 1919 के सत्याग्रह आन्दोलन के बाद भारत के राजनीतिक क्षेत्र में महात्माजी ने अपना एक विशिष्ट स्थान प्राप्त कर लिया था। जलियाँवाला बाग की घटना के बाद मोतीलाल नेहरू भी क्रमशः महात्माजी की तरफ झुक गए थे।

महात्माजी के व्यक्तिगत चरित्र के साथ न सी० आर० दास का ही मुकाबला हो सकता था और न मोतीलाल नेहरू का ही। उनके मुकाबले में विशिष्ट चरित्रवान नेता अगर कोई थे तो वे लोकमान्य तिलक और लाला लाजपतराय ही थे। विपिनचन्द्रपाल का प्रभाव उनकी व्यक्तिगत दुर्बलता के कारण बहुत घट रहा था। इंग्लैण्ड से लौटने के बाद उनकी जो गिरफ्तारी हुई और उस गिरफ्तारी के समय पालजी ने जो दुर्बलता दिखलाई इसके कारण उनका नेतृत्व समाप्त-सा हो रहा था। सी० आर० दास में कुछ विशेषताएँ थीं जो कि क्रमशः परिस्फुट होने लगीं।

श्रीयुत सी० आर० दास एक ओर बड़े भारी बैरिस्टर थे, दूसरी ओर वे बड़े ही हृदयवान व्यक्ति थे। एक तरफ जैसे उन्होंने लाखों रुपये कमाए, दूसरी तरफ वैसे ही उन्होंने दान में, दुःखी जनों की सहायता में, एवं भोग-ऐश्वर्य में भी अपनी कमाई खूब खर्च की। उनके पिता बारह हजार रुपया कर्ज रखकर दुनिया से चल बसे थे। कर्जदार सी० आर० दास से क़ानून की सहायता से यह रुपया वसूल नहीं कर सकते थे। सी० आर० दास ने ईमानदारी की गरज से, इनसानियत के तकाजे के कारण, विलायत में अपना अध्ययन समाप्त करने के बाद स्वदेश में लौटकर कर्जदारों का तमाम रुपया धीरे-धीरे वापस कर दिया। सी० आर० दास के चरित्र में जो दृढ़ता एवं बल था उसके मूल में पराये दुख से कातर होना एवं न्यायनिष्ठा थी और उसके साथ अपने संकल्प को कार्यरूप में परिणत करने की प्रबल शक्ति भी थी। पहले अलीपुर बम कॉन्सपरेसी केस के समय श्री अरविंद की पैरवी करते हुए भारत के क्रान्तिकारी आन्दोलन के साथ सी० आर० दास का कुछ परिचय हुआ था।

यदि चाहते तो श्री बी० सी० चटर्जी भी सन् 1920 से बंगाल के प्रसिद्ध नेता बन जाते, लेकिन चटर्जी साहब राजनीतिक क्षेत्र में सी० आर० दास की तरह अवतीर्ण नहीं हुए। श्री अरविन्द के बाद बंगाल में सी० आर० दास ने ही राजनीतिक आन्दोलन को अपने हाथ में लिया।

बंगाल के खुले आन्दोलन के प्रमुख नेतागण भारतीय क्रान्तिकारी आन्दोलन के निन्दक नहीं थे। क्रान्तिकारी आन्दोलन के आतंकवाद के प्रति अन्तर में सहानुभूति रखते हुए भी ये लोग खुले तौर पर आतंकवाद की निन्दा तो करते थे, लेकिन कटूक्ति नहीं करते थे। स्पष्ट मालूम होता था कि इन लोगों की सहानुभूति

क्रान्तिकारी दल के प्रति है। और कभी-कभी तो क्रान्तिकारियों को फांसी होने के अवसर पर खुले आन्दोलन के ये नेता इस प्रकार से समवेदना के साथ वीरत्व की मर्यादा को अक्षुण्ण रखते हुए ऐसी ही आलोचना करते थे जिसके परिणामत: क्रान्तिकारी भावना को प्रोत्साहन ही मिलता था।

भारत के दूसरे प्रान्तों में अभी तक खुला राजनीतिक आन्दोलन कहने लायक कुछ भी नहीं हुआ था। सम्भवत: स्वर्गीय लाजपतराय के कारण पंजाब प्रान्त बंगाल को छोड़कर भारत के अन्य प्रान्तों से अधिक जागृत था। इसलिए हम देखते हैं कि पंजाब और बंगाल में क्रान्तिकारी आन्दोलन जैसा पनपा ऐसा और किसी प्रान्त में नहीं पनपा। बम्बई प्रान्त में राजनीतिक जागरण यथेष्ठ था। लेकिन लोकमान्य तिलक के बादबम्बई प्रान्त में किसी उपयुक्त नेता का आविर्भाव नहीं हुआ। लोकमान्य तिलक छ: साल तक मण्डला में क़ैद रहे। इस बीच महाराष्ट्र और गुजरात ने भारत के राजनीतिक आन्दोलन में विशेष महत्त्वपूर्ण भाग नहीं लिया। उद्योग-धन्धों की उन्नति बम्बई प्रान्त में जैसी थी ऐसी और किसी प्रान्त में नहीं थी। लोकमान्य तिलक के नेतृत्व में महाराष्ट्र भारत के दूसरे प्रान्तों से पीछे नहीं था। लेकिन तिलक के बाद उपयुक्त नेता न रहने के कारण महाराष्ट्र एवं गुजरात की अग्रगति रुक-सी गई। युक्त प्रान्त में अभी पं० जवाहरलालजी का अभ्युदय नहीं हुआ था। बिहार में अभी तक न कोई राजनीतिक आन्दोलन ही हुआ था और न किसी प्रभावशाली नेता का ही आविर्भाव हुआ था। सम्भवत: बिहार प्रान्त भारत में सबसे पिछड़ा हुआ प्रान्त था। मद्रास प्रान्त की हालत भी बिहार से कुछ अधिक अच्छी न थी।

लेकिन जब से महात्माजी राजनीतिक क्षेत्र में अवतीर्ण हुए, भारत की हालत एकदम पलट गई। अभी तक राजनीतिक और क्रान्तिकारी आन्दोलन के कारण भारत में थोड़ी-बहुत जागृति हो चुकी थी। अण्डमन जाने के पहले युक्त प्रान्त के शहर के आस-पास के देहातों में भी श्री अरविन्द का नाम मैंने सुना था। बम पार्टी के नाम से भारत के क्रान्तिकारी आन्दोलन का परिचय जन साधारण को प्राप्त हो चुका था।

इसके अतिरिक्त यूरोपियन महायुद्ध के कारण भी संसार-भर की हवा पलट गई थी। भारत में भी आम जनता में इसका असर पहुँचा। इस अभूतपूर्व परिवर्तन का परिचय तब मिला जब महात्मा गांधी अपने कार्यक्रम को लेकर भारत के राजनीतिक क्षेत्र में कूद पड़े।

महात्मा गांधी भारत के क्रान्तिकारियों के प्रति विशेष रूप से आकृष्ट हुए थे। इनके त्याग और इनके साहस से महात्मा जी समझ गए थे कि ऐसे ही त्याग और साहस के साथ यदि भारत के राजनीतिक नेतागण कार्यक्षेत्र में अवतीर्ण न हुए तो उनके काम का असर प्रजा या सरकार पर कुछ भी नहीं पड़ेगा। क्रान्तिकारी आन्दोलन को दबाने के लिए रौलट कमेटी की एक भीषण योजना प्रकाशित हो चुकी थी। महात्मा गांधी ने इस आयोजना के विरुद्ध तीव्र रूप से आन्दोलन

शुरू किया। इस आन्दोलन को शुरू करने के पहले चम्पारन में महात्माजी ने अपनी शक्ति की परीक्षा कर ली थी। देखने में और कार्य में भी बिहार प्रान्त भारत में सबसे पिछड़ा हुआ प्रान्त था। चम्पारन बिहार प्रान्त में ही था। इस चम्पारन के जिले में महात्माजी ने सर्वप्रथम सक्रिय किन्तु शान्त विप्लव प्रारम्भ किया था और यहीं देखा गया कि जिस प्रान्त को पिछड़ा हुआ समझा गया था वह भी महात्माजी के नेतृत्व में सुप्रतिष्ठित ब्रिटिश साम्राज्य के विरुद्ध विद्रोह करने को तैयार हो गया। महात्माजी ने अपने आत्म-चरित्र में इस बात को स्वीकार किया है कि सन् 1919 में पहली दफा व्यापक रूप से सत्याग्रह आरम्भ करने के पहले महात्माजी पंजाब नहीं गए थे एवं उस प्रदेश में उन्होंने अपने आन्दोलन का कोई प्रचार भी नहीं किया था, इसलिए महात्माजी ने यह आशा नही की थी कि पंजाब देश में भी उनका सत्याग्रह आन्दोलन जरा भी जोर पकड़ेगा। ये बातें महात्माजी की आपबीती में मिलेंगी। युक्त प्रान्त में भी महात्माजी ने अपने सिद्धान्त का कुछ भी प्रचार नही किया था। मुझे याद है, मेरे अण्डमन जाने के पहले मोतीलालजी ने इलाहाबाद में महात्माजी के South Africa (दक्षिण अफ्रीका) आन्दोलन के सिलसिले में सभा की थी। उस सभा में न अधिक आदमी आये थे और न कोई जोश दिखलाई दे रहा था। लेकिन महायुद्ध के बाद महात्मा जी जब अपने नवीन कार्यक्रम को लेकर मैदान में कूद पड़े तो समग्र भारत में उनके आह्वान की सजीव प्रतिध्वनि सुनाई पड़ी। महात्माजी ने स्वीकार किया है कि समग्र भारत ने जिस प्रकार से महात्माजी के आह्वान का उत्सुकता के साथ प्रत्युत्तर दिया उसकी आशा उन्हें न थी। समग्र देश मानो उपयुक्त नेता की अपेक्षा कर रहा था। महात्माजी जैसे महान् नेता यदि कार्यक्षेत्र में अवतीर्ण न होते तो शायद ही भारत में आज की जैसी जागृति होती। उपयुक्त नेतृत्व के कारण भारत की जन-शक्ति का परिचय मिला।

महात्माजी के आन्दोलन के प्रारम्भ होने के पहले ही भारत की जनता में जागृति पैदा हुई थी। और यह जागृति उत्तरोत्तर ब्रिटिश सरकार के विरुद्ध उग्र से उग्र रूप धारण कर रही थी। यदि महात्माजी की तरह महाप्रतिभावान नेता भी जनता के इस रुख के विरुद्ध जाते तो उन्हें भी पराजय स्वीकार करनी पड़ती। इस बात का भी प्रमाण महात्माजी की आपबीती में ही है। जिस चम्पारन जिले में महात्माजी अपना विद्रोह आन्दोलन सफल रूप से चला पाए उसी चम्पारन जिले में जब महात्माजी ने अंग्रेज सरकार को मदद देने की गरज से अपने आदमी भेजे तो जनता ने महात्माजी का साथ नही दिया। यहाँ तक कि महात्माजी के आदमियों को गाँव-गाँव जाने के लिए कोई सवारी तक नही मिली। अर्थात् जनता मे जागृति हो चुकी थी। महात्माजी ने उस जागृति से लाभ उठाया और भारत का प्रभूत कल्याण किया। भारत के अन्य नेतागण ऐसा नही कर पाए। यही महात्माजी की एक महान् विशेषता है।

1919 के व्यापक सत्याग्रह आन्दोलन के परिणामत: अमृतसर में जलियाँ-

वाला बाग का नृशंस गोलीकांड हो गया। समस्त सभ्य संसार स्तब्ध रह गया। अंग्रेजों के साथ अमेरिकनों की सन्धि थी। ऐसी परिस्थिति में ही भारत के हम बहुत-से राजबन्दी मुक्त किये गए। इसी परिस्थिति में अण्डमन से मुक्त होकर मैं भी भारत में वापस आया।

मुक्त राजबन्दियों में से बहुत-से राजनीति से अलग होकर गृहकार्य में लग गए। लेकिन ऐसे भी बहुत-से रहे जिनका यह विश्वास बना रहा कि सशस्त्र क्रान्ति को छोड़कर और किसी रास्ते से भारत को स्वतन्त्रता प्राप्त नहीं हो सकती। बेनियापुकुर के मकान में रहते समय बंगाल के विभिन्न क्रान्तिकारी दलों के सदस्यों से मैं मिला। लेकिन अभी तक बहुत-से क्रान्तिकारी नेतागण मुक्त नहीं हुए थे। जैसे किसी विशाल नगर में आग लग जाय अथवा भीषण बवंडर से यदि कोई शहर विध्वस्त हो जाय या यदि कोई प्रदेश भीषण बाढ़ के कारण अस्त-व्यस्त हो जाय और कोई इन सब दुर्घटनाओं के बाद उन सब प्रान्तों की जो दशा होती है उसे देखे, बस भारत के क्रान्तिकारी दलों की भी इन दिनों वही अवस्था हो रही थी। जैसे भीषण भूकम्प के बाद पुन: निर्माण कार्य प्रारम्भ होता है वैसे ही भारत में फिर से क्रान्तिकारी आन्दोलन का पुनर्गठन प्रारम्भ हुआ।

7

जमशेदपुर में मजदूर संगठन

सन् 1920 में महात्माजी का सत्याग्रह आन्दोलन समाप्त हो जाने के बाद ही मैंने पूर्ण रीति से विप्लव दल का संगठन प्रारम्भ किया था। लेकिन इसमें कितनी उलझनों का सामना करना पड़ा उसका कुछ हाल यहाँ दे देना आवश्यक है। जैसाकि मैंने पहले ही उल्लेख कर दिया है। मेरी तरह से दूसरे अनेक मुक्त राजबन्दियों के सामने भी सबसे कठिन प्रश्न यही था कि कैसे अपनी आर्थिक स्वतन्त्रता प्राप्त करें। कभी सोचा किताब की दुकान खोलें जिससे पढ़ने-लिखने की फुरसत रहे। विप्लव के कार्य को चलाने के लिए किताबों की दुकान उपयोगी होगी। लेकिन इसके लिए बहुत रुपयों की आवश्यकता थी। इसलिए इस खयाल को छोड़ना पड़ा। कभी सोचा छापाखाना खोलें। छापेखाने की सहायता से प्रचार कार्य का भी काम खूब चलेगा। पुस्तकें भी प्रकाशित की जाएँगी। लेकिन इसके लिए भी कम-से-कम दस हजार रुपयों की आवश्यकता थी। आखिरकार इस खयाल को भी छोड़ना पड़ा। फिर सोचा एक बिसातखाने की दुकान खोल दें। सोचा कि शायद एक-दो हजार रुपये की लागत में ऐसी दुकान खोल सकते हैं। पिता की कमाई के कुछ रुपये माँ के पास थे। मेरी माँ और मेरे सब भाई मेरे ऊपर अत्यधिक ज़ोर डाल रहे थे कि मैं किसी काम में लग जाऊँ। सी० आई० डी० के डिप्टी इन्स्पेक्टर जनरल ने हमारे मामू को लिखा था कि मुझे ऐसे काम में लगाया जाय कि जिससे दूसरे किसी उलझन मे पड़ने का अवकाश ही न मिले। इसलिए सी० आई० डी० जी० यह चाहते थे कि मेरे लिए ज़मीन ले ली जाय और मैं खेती के काम में लगा दिया जाऊँ। मैंने इस काम को स्वीकार नहीं किया। आखिर बिसातखाने की दुकान खोलने की ठहरी। वह कहाँ खोली जाए? यदि मौके का स्थान न मिले तो दुकान का खोलना ही व्यर्थ है।

बिसातखाने की दुकान के लिए मौका ढूँढ़ते-ढूँढ़ते कलकत्ता शहर को छान डाला। सुबह से शाम तक जगह की तलाश में घूमते थे। घूमते-घूमते थक जाते थे। एक दिन क्लान्त होकर दिल में ऐसा खयाल पैदा हुआ कि यदि मैं औरत होती तो मेरे लिए जीविका उपार्जन करने का कम-से-कम एक रास्ता तो खुला रहता ही जैसाकि मैंने कलकत्ता की बीसों सड़कों के अंगले पर बैठी हुई औरतों को देखा था। मेरी आँखों में आँसू आ जाते थे। मैं सोचा करता था आखिर

दूसरे देशों के क्रान्तिकारीगण कैसे निर्वाह करते होंगे। इस बात की खोज में मैंने बहुत-सी किताबें पढ़ीं, लेकिन मुझे कुछ पता न चला। टालस्टाय ने एक स्थान पर ऐसा लिखा है कि जिस पुस्तक में जिस बात की आशा करते हैं उस पुस्तक में उस बात को छोड़कर और बहुत-सी बातें मिलती हैं, लेकिन जिस बात के लिए पुस्तक लिखी गई है वह बात उस पुस्तक में बहुत कम मिलती है। विप्लववादियों के बहुत-से ग्रन्थ पढ़े लेकिन वे लोग अपना निर्वाह कैसे करते थे, इसका पता मुझे नही चला। सिर्फ एक पुस्तक में क्राप्टकिन साहब ने जो कुछ लिखा है उससे ऐसा मालूम होता है कि रूस मे भी क्रान्तिकारियों की वैसी ही दुर्दशा होती थी जैसी कि हमारे देश में होती है।

कलकत्ता में रहकर मैं काम-काज की खोज कर रहा था। उधर मेरी माँ मेरी शादी के लिए लडकी ढूंढने बगाल आई थी। कुछ स्थानों पर माँ के साथ मुझे भी जाना पड़ा। इसी सिलसिले में अपने कुछ दूर के रिश्तेदारों से बातचीत करने के बाद यह तय हुआ कि उन रिश्तेदारो के साथ मिलकर कलकत्ता के पास वर्द्धवान जिले के कालना नामक सब-डिवीज़न में ईंट बनाने का कारबार खोलें। कुछ महीने तक इस काम मे मुझे लगना पड़ा। ऊपर से तो काम करते थे, जी में रोते थे।

कालना में काम करते समय मैंने बन्दी जीवन लिखना प्रारम्भ किया। दिनभर काम करता था। आधी रात को लिखा करता था। पढने का समय थोड़ा ही मिलता था। वहाँ के नौजवानो से भी मिलने का प्रयत्न किया करता था। काम के सिलसिले में कभी-कभी कलकत्ता जाना पडता था। ऐसे अवसरों पर कभी-कभी देखता था कि बाढ़-पीड़ितों की सहायता के लिए नौजवान लोग टोली बनाकर सडक की दुकानों पर मे चन्दा संग्रह कर रहे हैं। इस प्रकार से नौजवानो की देश-सेवा की लगन को देखकर मेरा हृदय पिघल जाया करता था। उनके साथ अपनी तुलना करते हुए अपने प्रति नितान्त दुःख होता था। सोचता था मैं क्या चाहता था और क्या कर रहा हूँ। अपने को कर्त्तव्य-च्युत होते देखकर मैं रो पडता था। ट्राम मे बैठे हुए रोना भी तो मुश्किल था। दूसरे आदमी आँख में आँसू देखकर क्या कहेंगे। इसलिए दूसरो की आँख बचाकर अपनी आँखें पोंछा करता था।

मेरे ईंट के कारोबार में लगने के पहले कलकत्ता में कांग्रेस का अधिवेशन हो चुका था। इसका उल्लेख पहले ही कर चुका हूँ। जिन दिनों मैं ईंटों के कारोबार में लगा हुआ था उन दिनों मे कांग्रेस का विशेष कोई काम नहीं हो रहा था।

ईंट का कारबार बरसात के दिनों में बन्द होता है। इस कारबार में रुपये लगा दिए थे जब तक मैं इस लागत को वसूल नहीं कर लेता तब तक मैं इस कारबार को कैसे छोड़ सकता था। निश्चय तो मैंने कर लिया था कि इस कारबार को छोड़ दूंगा। इस कारबार को छोड़ने के पहले मेरी शादी हो गई। अन्त में मैंने अपने कारबार को अपने रिश्तेदारों के हाथ बेच दिया। मुझे एक हजार रुपये का घाटा हुआ। खाने-पीने का खर्च और मेहनत तो अलग ही रही।

ईंट के कारबार के बाद बी० एन० रेलवे में मैंने पचास रुपये की एक नौकरी कर ली। इस नौकरी का अनुभव कैसा रहा इस स्थान पर इसकी कोई चर्चा नहीं करना चाहता। इतना ही कहना पर्याप्त होगा कि एक दिन आत्म-हत्या भी करने की इच्छा हुई थी। इतने में एक दिन मेरे पास जमशेदपुर से एक आदमी आया। जमशेदपुर की मजदूर सभा के सभापति श्री एस० एन० हलदारजी ने इन्हें मेरे पास भेजा था। जमशेदपुर का मजदूर संगठन टूटता आ रहा था। वहाँ के मजदूर संगठन को सँभालने के लिए हलदारजी मुझे उसमें लगाना चाहते थे। देशबन्धु सी० आर० दास की धर्मपत्नी हलदार साहब की बहन लगती थीं। डेढ़ सौ रुपये मासिक वेतन पर मैं जमशेदपुर में लेबर यूनियन के काम पर चला गया। बी० एन० रेलवे के दफ्तर के हेड क्लर्क ने मुझे थोड़ा-सा समझाना चाहा कि रेलवे की नौकरी में स्थिरता है। लेबर यूनियन की नौकरी में कोई स्थिरता नहीं है। ऐसी दशा में मेरे लिए रेलवे की नौकरी को छोड़ देना उचित होगा या नहीं, यह बात अच्छी तरह से सोच लेनी चाहिए। लेकिन मैं तो नौकरी करना चाहता ही न था। इसलिए जमशेदपुर के मजदूर संगठन के काम को मैंने सहर्ष स्वीकार कर लिया। मानो मेरे लिए यह एक भारी आशीर्वाद था। रेलवे की नौकरी को छोड़कर जमशेदपुर चला गया। नौ महीने तक मजदूर सगठन का काम किया। जमशेदपुर में पचहत्तर हजार मजदूर काम करते थे। नौ महीने रात-दिन काम करते हुए मैंने मजदूर संगठन के बारे में यथेष्ठ अभिज्ञता अर्जन कर ली। जमशेदपुर में काम करते समय कांग्रेस के नागपुर अधिवेशन में सम्मिलित हुआ। इस अवसर पर भारत के समस्त प्रान्तों के क्रान्तिकारी व्यक्तियों से जान-पहचान, मेल-मुलाकात हुई। इस अधिवेशन में राजनीतिक बन्दियों के लिए जो कुछ किया था उसका उल्लेख पहले ही कर चुका हूँ।

महात्माजी का सत्याग्रह आन्दोलन जोरों से चला था। उसका इतिहास यहाँ पर लिखने की आवश्यकता नहीं है। जितने दिन यह आन्दोलन चलता रहा, मैं जमशेदपुर में मजदूर संगठन का काम करता रहा। महात्माजी का सत्याग्रह आन्दोलन जब निर्जीव होने लगा तब मैंने सोचा कि अब अपने क्रान्तिकारी दल का काम प्रारम्भ करना चाहिए। जमशेदपुर के काम से दो बार इस्तीफा दिया लेकिन दोनों बार लेबर यूनियन की कार्यकारिणी समिति ने मेरे इस्तीफे को स्वीकार नहीं किया। लेबर यूनियन से डेढ़ सौ रुपया लेना मैं ठीक नहीं समझता था। इसके अतिरिक्त क्रान्तिकारी दल का संगठन करना मजदूर संगठन की जिम्मेदारी को लिये हुए सम्भव नहीं था। मजदूर संगठन के काम में यदि कोई सोलह आना मन और चौबीस घण्टे का समय नहीं लगाता है तो इस काम को ठीक प्रकार से कोई भी नहीं कर सकता। और यदि कोई मासिक वेतन लेता है तो मजदूर संगठन के काम में उसे अपना पूरा समय लगाना उचित है।

जब से मैंने जमशेदपुर की लेबर यूनियन का काम हाथ में लिया था तब से यूनियन की काफ़ी उन्नति हुई थी। मेरे आने के पहले यूनियन का चन्दा कुछ भी

वसूल नही हो रहा था। मेरे आने के बाद एक तो मुझे इसी चन्दे में से डेढ़ सौ रुपया माहवार मिला करता था। इसके अलावा मैंने एकाउण्टेण्ट और ऑफिस क्लर्क भी पचास रुपया माहवार पर नियुक्त किया था। इन सब खर्चों को चलाकर भी यूनियन की तहवील मे एक हजार से ऊपर रुपया मैंने जमा कर लिया था। इस हालत में मेरे लिए डेढ़ सौ रुपया माहवार लेना ज्यादा बे-मुनासिब न था। लेकिन फिर भी मैंने यूनियन के काम को छोड देना ठीक समझा। यदि मुझे कोई दूसरा व्यक्ति मिल जाता जो कि क्रान्तिकारी संगठन के काम को सँभाल सकता तो मैं यूनियन के काम को न छोडता। बगाल मे क्रान्तिकारी व्यक्तियों की कुछ कमी तो थी नही। तो फिर मुझे यूनियन का काम क्यो छोड़ना पड़ा ?

जैसाकि मैंने पहले ही बतला दिया है, भारत मे एक ही संस्था विप्लव के मार्ग से भारत को स्वाधीन करने के काम मे नही लगी हुई थी। मेरे अण्डमन से लौटने के बाद ढाका अनुशीलन समिति के नेताओं ने मेरे साथ खुले दिल से सहयाग नही किया। रासबिहारी के रहते समय ढाका समिति का जो रुख था अब वह नही रहा। ढाका समिति इस नई परिस्थिति मे क्या करना चाहती थी, इस विषय को लेकर उसके नेताओ ने मेरे साथ किसी प्रकार का भी विचार-विमर्श नही किया। श्री पुलिनबिहारीदास ढाका समिति के सर्वमान्य एव सबसे पुराने नेता थे। राजबन्दियो के छूटने के बाद ढाका समिति का नेतृत्व श्री पुलिनबिहारी के हाथ मे था। इन पुलिनबिहारी के साथ मैं अण्डमन मे रह चुका था। पुलिन-बिहारी कैसे ढाका समिति के नेता बन गए थे, यह बात मेरी समझ में नहीं आती थी। न बुद्धि मे, न अध्ययन में, न विचारशीलता में और न समझदारी मे ही पुलिनबिहारी की कोई विशेषता थी। एसे तो वे बी० ए० तक पढे थे, लेकिन उनकी मानसिक प्रकृति नितांत ठस थी। सामाजिक प्रश्नों को लेकर न कभी उन्होंने किसी से कोई विचार-विमर्श या विचार-विनिमय ही किया और न सामाजिक या राजनीतिक समस्याओं पर लिखी हुई किताबों को पढ़ने में कोई रुचि ही दिखलाई। अण्डमन मे रहते समय अधिकारियों के साथ उनका कभी कोई सघर्ष नही हुआ। जिस समय अन्य राजबन्दीगण अनशन करते थे अथवा अन्य प्रकार से जेल अधिकारियो के साथ आत्म-मर्यादा की रक्षा के लिए अपमानो का प्रतिवाद करने के लिए लडा करते थे तो उस समय पुलिनबिहारीजी छिपकर इन झझटो से अलग रहते थे। एक बात तो समझ मे आती है कि हरएक प्रकार का दु.ख और कष्ट उठाने के लिए हरएक आदमी तैयार नही हो सकता और ऐसी आशा करना भी उचित नही है, लेकिन जो व्यक्ति ऐसा कर सकता है हृदयवान सच्चे मनुष्य के लिए यह स्वाभाविक है कि वह उस व्यक्ति के प्रति सहानुभूति सम्पन्न अवश्य होगा। यदि ऐसा व्यक्ति वीरो का साथ नही भी देता है तो भी उसके आचरण से सहज ही मे ममता के कारण समवेदना का और सहकारी होने का भाव टपकता है। पुलिनबिहारी मे मैंने इस प्रकार की कोई भावना नही पायी। अपनी मनुष्य चरित्र जानने की अभिज्ञता से मैंने यह समझ लिया था कि

पुलिनबिहारी में नेतृत्व की कुछ भी योग्यता न थी। इसलिए अण्डमन में रहते हुए ही मैंने यह निश्चय कर लिया था कि छूटने के बाद उनके साथ मैं किसी प्रकार से भी काम नहीं कर सकता। पुलिनबिहारीजी में मात्र योग्यता की ही कमी हो, केवल यही बात नहीं थी, नेतृत्व के लिए वे सर्वथा अयोग्य थे। वे शिक्षित समाज में बैठकर साधारण प्रश्नों पर भी युक्तिपूर्ण रूप से बातचीत नहीं कर सकते थे। एक दफा उन्होंने जिस बात को जिस प्रकार से ग्रहण कर लिया, फिर उस बात को दूसरे प्रकार से समझने की शक्ति उनमें नहीं थी। अधिक क्या कहूं उनके प्रति मेरे दिल में रत्ती-भर भी श्रद्धा न थी।

पुलिनबिहारी के छूट जाने के बाद ढाका अनुशीलन समिति उन्हीं के नेतृत्व में काम करने लग गई। ढाका समिति के अन्य नेतागण भी पुलिनबिहारी के प्रति अधिक श्रद्धावान नहीं थे। फिर भी उन्हें प्रारम्भ में पुलिनबिहारी को नेता मानना ही पड़ा।

महात्माजी का सत्याग्रह आन्दोलन ज़ोरों पर चलने लगा। देशबन्धुदास ने भी इस बढ़ती हुई लहर का साथ देने का निश्चय कर लिया। दासजी ने चाहा कि पुलिनबिहारी, मैं एवं एक-दो और क्रान्तिकारी नेता उनका साथ दें। मैं उस समय ईंट के कारबार में बुरी तरह फँसा हुआ था। इस कारण मन में प्रबल इच्छा रहने पर भी मैं दासजी का साथ नहीं दे पाया। पुलिनबिहारी में कुछ योग्यता तो थी ही नहीं, फिर सत्याग्रह में भी उनका विश्वास नहीं था। जो हो, पुलिनबिहारी ने भी दासजी का साथ नहीं दिया। बंगाल के क्रान्तिकारी दल के दूसरे नेताओं ने दासजी का साथ दिया। मैंने भी बहुत मर्तबा चाहा कि घर का सब काम छोड़कर खुले राजनीतिक आन्दोलन में जी-जान से लग जाऊँ। कभी-कभी ऐसा ख़याल आता है कि ऐसा न करके मैंने भारी भूल की। नागपुर कांग्रेस में मैंने हिन्दी भाषा में वक्तृता दी थी। उस वक्तृता को सुनकर दासजी ने ऐसी इच्छा प्रकट की थी कि मैं दासजी के साथ मिलकर मजदूर आन्दोलन को कांग्रेस आन्दोलन की एक शाखा बना दूं। लेकिन दासजी के एक मित्र बैरिस्टर श्री निशितसेनजी ने स्पष्ट शब्दों में एक बात मुझे समझा दी कि आर्थिक दृष्टि से यदि मैं स्वावलम्बी नहीं होता हूँ तो राजनीति के क्षेत्र में मैं अपना आसन जमा नहीं पाऊँगा। मैंने दासजी की इच्छा का उल्लेख किया। तिस पर भी सेनसाहब ने अपनी राय बदली नहीं। मैंने भी सेनसाहब की युक्ति को अस्वीकार नहीं किया। परिणामत: मैं जमशेदपुर में लेबर यूनियन के वेतन भोगी आर्गनाइज़िंग सेक्रेटरी का काम करता रहा।

इधर बंगाल के दूसरे क्रान्तिकारी दलों के नेता श्री सुरेन्द्रनाथ घोष, श्री विपिनबिहारी गंगोली इत्यादि ने देशबन्धुदास के साथ सत्याग्रह आन्दोलन में अपने दलों को अच्छी तरह से लगा दिया।

जैसा मैंने पहले बताया है, अनुशीलन समिति के दो केन्द्र थे। एक केन्द्र ढाका में था और दूसरा कलकत्ता में। कलकत्ता अनुशीलन समिति के सदस्यगण

कलकत्ता के अन्य क्रान्तिकारी दलों में शामिल हो गए। कलकत्ता अनुशीलन समिति का स्वतन्त्र अस्तित्व नहीं रहा। श्री यदुगोपालजी मुकर्जी कलकत्ता अनुशीलन-समिति के अनुभवी सदस्य थे। मैं भी कलकत्ता अनुशीलन समिति का सदस्य रह चुका था। अण्डमन जाने के पहले यदुगोपालजी से मेरा परिचय हो चुका था। अण्डमन जाने के पहले मैंने चाहा था कि यदुगोपाल और मैं मिलकर कलकत्ता अनुशीलन समिति का पुनर्गठन करें। लेकिन यदुगोपालजी ने इसका विशेष आग्रह नही किया। मैं बनारस मे अपना संगठन करता रहा। अब अण्डमन से लौटने के बाद जब मैं जमशेदपुर मे लेबर यूनियन के काम मे था तो यदुगोपालजी ने मुझे अपनी पार्टी मे शामिल होने के लिए कहा। अण्डमन जाने के पहले तक मै ढाका-समिति के साथ मिलकर काम कर रहा था। इस कारण मेरे लिए यह उचित था कि पहले मैं ढाका वालों से मिलकर इस बात को जान लूँ कि मेरे साथ वे लोग खुले दिल से काम करने के लिए तैयार हैं या नही। ढाका समिति के जितने नेतागण छूटकर बाहर आए थे, उनसे मेरी पटती नही थी। लेकिन अभी और कुछ नेता छूटने को बाकी थे। इसलिए उनके छूटने की प्रतीक्षा कर रहा था। लेकिन अब मैं समझता हूँ कि यदुगोपाल से न मिलना मेरे लिए एक और ग़लती हो गई।

एक बात और हो रही थी जिसका पता पहले मुझे न था। पुलिनबिहारीदास ने सी० आर० दास का साथ तो दिया ही नही, उलटे सी० आर० दास के विरोधी दल के आदमियों से मिलकर वे सत्याग्रह आन्दोलन के खिलाफ प्रचार-कार्य करने लग गए थे। बैरिस्टर एस० आर० दास, सी० आर० दास के आत्मीय थे और उस समय गवर्नमेंट एडवोकेट थे। एस० आर० दास और उनके अन्य राजभक्त बन्धु-बान्धव मिलकर सत्याग्रह आन्दोलन के विरुद्ध प्रचार-कार्य चलाना चाहते थे, जैसा युक्त प्रान्त में अमन सभाएँ किया करती थी। एस० आर० दास आदि से काफ़ी रुपया ढाका समिति को मिलता था। इन रुपयों से 'शंख' नामक एक साप्ताहिक पत्र एवं 'हक कथा' नामक पर्चे निकलते थे। मुझे यह पता न था कि राष्ट्रीय आन्दोलन के विरुद्धवादियों से रुपया लेकर यह साप्ताहिक पत्र निकाला जाता था। मैं इस पत्र मे लेख दिया करता था। लेनिन की एक जीवनी लिखनी प्रारम्भ की थी। करीब चार अध्याय लिख भी चुका था। इतने में एक दिन कलकत्ता में यदुगोपाल से मेरी बातचीत हुई। पता चला कि 'हक़ कथा' किस ढग से निकलता था। 'शंख' की भी जन्म-कथा मालूम हो गई। ढाका समिति के साथ मेरा सम्बन्ध पहले से ही कुछ अच्छा नही रहा। इन सब बातों को सुनकर ढाका समिति के प्रति मेरी अश्रद्धा और बढ़ गई। ढाका समिति के किसी नेता को भी मैंने ऐसा नही पाया था जिनकी योग्यता की तुलना बारीन्द्र, उपेन्द्र या हेमचन्द्र इत्यादि से कुछ भी हो सके। ढाका समिति की सबसे बड़ी बात यह थी कि वह संगठित थी। बगाल के दूसरे क्रान्तिकारी दल अलग-अलग टोलियों में बँटे हुए थे। संगठन की दृष्टि से एक तो छोटी-छोटी टोली होने के कारण,

एवं ये छोटी-छोटी टोलियाँ अपने स्वतन्त्र अस्तित्व को क़ायम रखना चाहती थीं, इस कारण से भी ढाका-समिति को छोड़कर बंगाल के दूसरे क्रान्तिकारी दल, संगठन की दृष्टि से दुर्बल थे। लेकिन बंगाल के दूसरे क्रान्तिकारी दलों के नेतागण व्यक्तित्व एवं एकता की दृष्टि से ढाका समिति के नेतागणों से कहीं उच्च श्रेणी के थे। मेरी हार्दिक सहानुभूति बंगाल के दूसरे दलों के नेताओं के प्रति थी। लेकिन अभी मैं 'त्रैलोक्य चक्रवर्ती' नामक ढाका समिति के एक प्रतिष्ठित नेता के छूटने की प्रतीक्षा कर रहा था। ऐसी परिस्थिति में मेरे लिए बंगाल के किसी भी क्रान्तिकारी दल में शामिल होना सम्भव नहीं था। मैंने एक प्रकार से तो निश्चय कर लिया था कि युक्त प्रान्त एवं पंजाब में स्वतन्त्र रूप से क्रान्तिकारी दल का संगठन प्रारम्भ कर दूँ, फिर बाद को निश्चय करूँगा कि बंगाल के किस दल के साथ हम सहयोग कर सकते हैं।

यह बात सच है कि कुछ सरकारी प्रतिष्ठा-प्राप्त लोगों से रुपया लेकर ढाका समिति कुछ हद तक अपना संगठन कर पाई थी। लेकिन राष्ट्रीय आन्दोलन का विरोध करने के कारण बंगाल में इसकी बहुत बदनामी फैल रही थी। इस कारण इस समिति के सदस्यों में असन्तोष फैल रहा था। ऐसे अवसर पर एक बात और फैली। पुलिनबिहारी दास ने एस० आर० दास को बंगाल के कुछ क्रान्तिकारियों के नाम की एक तालिका दे दी और यह सूचना भी उसके साथ दे दी कि ये लोग फिर क्रान्तिकारी आन्दोलन की तैयारी कर रहे हैं। इस बात के फैलने के बाद पुलिनबिहारी को ढाका समिति से अलग हो जाना पड़ा। पुलिनबिहारी की राजनीतिक मृत्यु तो पहले ही हो चुकी थी। अब इस बार उनकी अर्थी निकली।

बंगाल के मुक्त राजबन्दीगणों ने बंगाल के मासिक और साप्ताहिक पत्र और पत्रिकाओं में क्रान्तिकारी आन्दोलन के बारे में खूब लिखना प्रारम्भ कर दिया था। बंगाल की जनता की सहानुभूति भी इन राजबन्दियों के प्रति अधिक-से-अधिक थी। वहाँ के शिक्षित एवं अशिक्षित जन भी दिल से यह चाहते थे कि विप्लववादियों की उन्नति हो। बंगाल के कुछ जजों ने भी इस सहानुभूति को राजनीतिक मामलों का फैसला देते समय भी कार्य रूप में दिखलाया। मेरे अण्डमन जाने के पहले सर आशुतोष मुखर्जी के सामने एक मामला पेश हुआ था जिसमें चार नवयुवक बम बनाने के अपराध में अभियुक्त थे। आशुतोषजी ने इन चार में से तीन को छोड़ दिया और एक को सजा दे दी। बाद में आपस में बात करते हुए आशुतोषजी ने कहा था कि यदि मैं चारों को छोड़ देता तो सरकार अपील करती और फिर चारों को सजा हो जाती। इसलिए मैंने एक को तो पूरी सजा दे दी और तीन को छोड़ दिया। ऐसी हालत में सरकार के लिए अपील करना कुछ कठिन बात हो जाती है। बंगाल में ऐसे और भी जज हुए हैं जिन्होंने राजनीतिक मामलों में फैसला देते समय अपनी सहानुभूति को कार्य रूप में परिणत करके दिखलाया है। सरकारी नौकरी में भी जो बंगाली थे वे भी क्रान्तिकारी आन्दोलन के प्रति सहानुभूति सम्पन्न थे।

अंग्रेजी मासिक पत्र 'हिन्दू रिव्यू' ने खुल्लम-खुल्ला लिखा था कि 'क्रान्तिकारियों के एक-एक आतंकवादी काम पर सरकारी मुलाजिम भी उल्लसित हो उठता है।'

ऐसी परिस्थिति में भी महात्माजी ने जब अपना अहिंसात्मक आन्दोलन जोरों से प्रारम्भ कर दिया तो विप्लववादी आन्दोलन को गहरी चोट पहुँची।

महात्माजी के सत्याग्रह आन्दोलन के कार्यक्रम के अनुसार जेल जाना ही सबसे बड़ी बात थी। इसमें कोई संदेह नही कि महात्माजी के नेतृत्व में भारत का जन-आन्दोलन चरम शिखर पर पहुँचा। जनता में ब्रिटिश हुकूमत के विरुद्ध विद्रोह करने का माद्दा कुछ सीमा तक पैदा हुआ। जिस दिन से महात्माजी ने भारतीय जन-आन्दोलन में भाग लेना प्रारम्भ किया, उस दिन से यह निश्चय हो गया कि राष्ट्रीय आन्दोलन में भाग लेने का अर्थ है जेल जाना, मुसीबत सहना और कम-से-कम अपना पूरा समय राष्ट्रीय कार्य में लगा देना। इसके पहले भारत के राष्ट्रीय आन्दोलन में क्रान्तिकारी संस्था ही एकमात्र ऐसी सस्था थी जिसकी कार्य-प्रणाली मे अत्यन्त साहस, दुर्दमनीय वीरता, चरम स्वार्थ-त्याग, आन्तरिकता एवं परम लगन की नितान्त आवश्यकता थी। महात्माजी के राष्ट्रीय क्षेत्र मे आने से पहले भारतीय जन-आन्दोलन के नेतागणों में दो प्रकार की मनोवृत्ति के कारण उनमें आत्म-विश्वास की मर्यादा का अभाव दीख पड़ता था। इसलिए ये नेतागण अंग्रेज सरकार से आवेदन-निवेदन करना ही जानते थे। इनकी धारणा यह थी कि धमकी दिखलाकर अथवा दूसरो का अनुग्रह-प्रार्थी न होकर, अपने राष्ट्र के बल पर ही निर्भर रहते हुए हम कुछ नही कर सकते। हमारे देश मे इन नेताओं को लिबरल कहते थे। दूसरी मनोवृत्तिवाले नेताओं मे ये बाते नही पाई जाती थी। इन दूसरे नेताओं मे यह स्पष्ट भावना पैदा हो रही थी कि भीख माँगकर दुनिया मे कभी भी कोई राष्ट्र दुश्मनों के पंजे से अपने को मुक्त नही कर पाया है। इसलिए ये नेता यह चाहते थे कि राष्ट्रीय आन्दोलन को ऐसे मार्ग पर चलाया जाय जिससे जनता मे साहस, त्याग और विद्रोह की भावना पैदा हो। हमारे देश मे इन नेताओं को एक्सट्रीमिस्ट कहते थे। इन एक्सट्रीमिस्टों ने भारत के सामने पूर्ण स्वतन्त्रता के ध्येय को नितान्त स्पष्ट शब्दों में, निर्मल रूप मे, ऐसी आन्तरिकता के साथ, ऐसी अविचल श्रद्धा के साथ, ऐसे मर्मस्पर्शी शब्दों में, ऐसी उमंगभरी ललकार के साथ रखा था कि भारत के शत-शत नवयुवक प्राणों की बाजी लगाकर राष्ट्रीय बलिवेदी पर अपने को न्योछावर करने के लिए बेचैन हो उठे थे। इस अन्तिम ध्येय के प्रचार के परिणामत: जिस विप्लव-आन्दोलन की सृष्टि हुई थी आज चालीस साल के अकथनीय पीड़न के होते हुए भी वह आन्दोलन दब नहीं पाया, लेकिन फिर भी विप्लव-आन्दोलन जन-आन्दोलन नही बन पाया। तिलक, अरविन्द, लाजपत और विपिनचन्द्र के नेतृत्व में भारत का जन-आन्दोलन विप्लव के मार्ग में क्रमश: आगे बढ़ रहा था कि इतने में अरविन्द राजनीतिक क्षेत्र से अलग हो गए। तिलक क० प्राय के

लिए जेल में बन्द पड़े रहे, लाजपत भारत के बाहर चले गए, विपिनचन्द्र दुर्बल पड़ गए। ऐसी अवस्था में महात्माजी राजनीति के क्षेत्र में अवतीर्ण हुए। महात्माजी के साथ-साथ भारत के राष्ट्रीय आन्दोलन में अन्य और भी शक्तिशाली नेताओं का आविर्भाव हुआ। अभी तक इन नेताओं का कोई पता ही न था। महात्माजी का साथ देने के पहले बाबू राजेन्द्रप्रसाद का क्या अस्तित्व था? पंडित जवाहरलालजी को सन् 1919 में कौन जानता था? सुभाषचन्द्र बोस सन् 1919 में विलायत में एक छात्र मात्र थे। मोतीलालजी की गिनती लिबरलों में भी नरम आदमियों में थी। इलाहाबाद में तिलक के आगमन के समय लोग ऐसी तरकीबें सोचते थे कि जनता की तरफ से उनका शानदार स्वागत न हो। महात्माजी के राष्ट्रीय क्षेत्र में अवतीर्ण होने के कारण एक ओर जैसे जनता में विद्रोह की भावना फैलने लगी, उसी प्रकार से दूसरी ओर एक नवीन नेताओं के दल का आविर्भाव हुआ। महात्माजी की विशेष देन में ऐसे नेताओं का आविर्भाव होना भी एक विशेष महत्त्वपूर्ण बात है।

विप्लव-आन्दोलन में भाग लेने का अर्थ होता है फाँसी जाना या जन्म-भर के लिए कालेपानी के टापू में जिन्दा दफनाये जाने की तरह अदृश्य हो जाना। इतना त्याग और इतनी कठिनाई को सहने के लिए अधिक आदमी नहीं मिल सकते। लेकिन महात्माजी के आन्दोलन में भाग लेने से थोड़ा त्याग और थोड़ी मुसीबत सहने से ही काम चल जा सकता है। इसलिए महात्माजी के आन्दोलन में सहस्रों की संख्या में भारतवासियों ने भाग लिया; लेकिन महात्माजी के कार्यक्रम के अनुसार भारतवर्ष को किस प्रकार से पूर्ण स्वतन्त्रता मिल सकती है, यह बात मेरे जैसे नवयुवकों की समझ में नहीं आती थी। सहस्रों की संख्या मे जेल जाने ही से किस प्रकार से राजशक्ति प्रजा के हाथ में आ जायेगी, यह बात हम लोगों की समझ में नहीं आती थी। इसलिए मेरे-जैसे नवयुवकों ने यह मान लिया था कि सशस्त्र क्रान्ति की तैयारी तो करनी ही पड़ेगी। तथापि महात्माजी का सत्याग्रह-आन्दोलन जिस समय प्रबल रूप से चल रहा था, उस समय क्रान्तिकारी आन्दोलन के लिए वातावरण ऐसा बन गया था कि अधिक-से-अधिक संख्या में युवक वृन्द सत्याग्रह आन्दोलन में भाग लेने लग गए। महात्माजी ने यह कह दिया था कि हम एक साल के अन्दर स्वराज्य ले लेंगे। लेकिन क्रान्तिकारी आन्दोलन के लिए उपयुक्त तैयारी की आवश्यकता होती है और इसके लिए दो बातों की सख्त जरूरत है—एक तो प्रजा में राजनीतिक जागृति पर्याप्त परिमाण में होनी चाहिए, दूसरे सशस्त्र क्रान्तिकारी आयोजन के लिए ऐसे वातावरण की आवश्यकता होती है जिसमें हम लोग अन्तराल में रहकर, शासनकर्ताओं के सन्देह को जागृत न करते हुए बहुत दिनों तक कठिन परिश्रम करने का अवसर प्राप्त कर सकते हों। यदि हम अधिक-से-अधिक संख्या में जेल में गए और वह भी ऐसा काम करके नहीं गए जिससे कि ब्रिटिश सरकार की पलटनों में बगावत की भावना फैले, तो ऐसे जेल जाने से क्या लाभ है! और न खाली विद्रोह की भावना

फैलाने से ही काम बनता है। इसके लिए तो बहुत ही शृंखलाबद्ध संगठन की आवश्यकता है। यह संगठन कौन करेगा और कब करेगा ? इन सब कारणों से जिस समय महात्माजी का सत्याग्रह आन्दोलन जोरों पर चल रहा था, उस समय जमशेदपुर में मजदूर संगठन का काम करना ही मैंने उचित समझा।

जब महात्माजी का बारदोली कार्यक्रम स्थगित हो गया और महात्माजी गिरफ्तार हो गए तो सत्याग्रह आन्दोलन का प्रथम अध्याय समाप्त हो गया और देश के सामने दूसरा कोई कार्यक्रम नही रहा।

महात्माजी के गिरफ्तार होने के पहले ही मैंने चाहा कि जमशेदपुर के मजदूर संगठन के काम से छुट्टी ले लूँ और विप्लव का कार्य आरम्भ कर दूँ। इसके लिए मैंने दो बार जमशेदपुर के मजदूर-सगठन के कार्यकर्त्ताओं के पास त्यागपत्र भेज दिया, लेकिन उन कार्यकर्त्ताओं ने मेरा त्यागपत्र स्वीकार नही किया। वे लोग नहीं चाहते थे कि मैं मजदूर-सगठन के कार्य से अलग हो जाऊँ। जब तक महात्माजी गिरफ्तार नही हुए, तब तक मैंने भी मजदूर-सगठन के कार्य को छोड़ने की जिद नही की। महात्माजी की गिरफ्तारी के बाद मैंने ठान लिया कि अब समय नष्ट नही करना चाहिए और विप्लव के कार्य को हाथ मे उठा लेना चाहिए।

मजदूर संगठन का कार्य भी नितान्त आवश्यक काम है, यह मैं समझ रहा था। लेकिन सशस्त्र विप्लव के लिए भी संगठन का कार्य करना मजदूर संगठन के कार्य से अधिक महत्त्वपूर्ण है, ऐसा भी मैं समझ रहा था। मैंने यह समझ लिया कि मजदूर-आन्दोलन तो देशव्यापी विराट् सशस्त्र विप्लव आन्दोलन की एक शाखा मात्र बन सकता है नही तो केवल मजदूर संगठन के कार्य से हम देश को स्वाधीन नही कर सकते।

बंगाल की राजनीतिक परिस्थिति को देखते हुए मैंने यह विश्वास कर लिया था कि मुझे अकेला ही उत्तर भारत मे अर्थात् पंजाब और युक्त प्रान्त में काम करना पड़ेगा। ऐसी परिस्थिति में मैंने तृतीय बार जमशेदपुर की मजदूर सभा की कार्यकारिणी समिति के पास अपना त्यागपत्र भेजा और अबकी बार मैंने जिद की कि मेरा त्यागपत्र स्वीकार कर लिया जाय, क्योकि मुझे अब युक्त प्रान्त मे जाना ही पड़ेगा। मेरी जिद के कारण अबकी बार मजदूर सभा की कार्यकारिणी समिति ने मेरा त्यागपत्र स्वीकार कर लिया। मैं जमशेदपुर छोड़कर इलाहाबाद चला आया। उस दिन से यथार्थ रूप में मैंने उत्तर भारत मे विप्लव कार्य प्रारम्भ कर दिया और जीवन का एक नया अध्याय पुनः प्रारम्भ हो गया।

8

क्रान्तिकारी दल का पुनर्गठन

(1)

सन् 1921 मे जमशेदपुर के काम को छोड़कर मैं इलाहाबाद चला गया। इसके पहले ही मेरी शादी हो चुकी थी। जिस दिन मै बनारस से शादी के लिए रवाना हुआ था उस दिन मेरे कुछ पुराने साथी मुझे ऐसा कुछ कहने लगे थे कि मानो मैं शादी करके कर्त्तव्य से च्युत हो रहा हूँ। उनके ठेसदार शब्द उस दिन मेरे हृदय को खूब चुभे थे। जमशेदपुर से लौटकर मैंने उन दोस्तो की तलाश की। बनारस षड्यन्त्र मामले के बाद जितने व्यक्तियो ने युक्त प्रान्त मे विप्लव कार्य को सँभाला था उनमे से वे भी थे जिन्होंने मेरे विवाह पर आपत्ति की थी। जिस दिन इन्होने मुझे ठेसदार शब्द कहे थे उस दिन एक तरफ तो मुझे आघात लगा था, दूसरी तरफ वैसा ही मुझे आनन्द भी प्राप्त हुआ था। कारण कि मेरे दिल मे यह आशा जागृत हुई थी कि अपने काम के लिए मुझे आदमी मिलने मे दिक्कत नही होगी। जमशेदपुर से लौटने के बाद जब मैने इन्हे अपने काम के लिए आह्वान किया तो ये मेरे साथ हो लिए। अभी तक ढाका अनुशीलन समिति का कोई प्रतिनिधि युक्त प्रान्त मे नही आया था।

अण्डमन से लौटने के बाद एक महीने के अन्दर ही मै गोरखपुर से बनारस आया और अपने पुराने साथियो की तलाश करने लग गया। उस समय अपने पुराने साथी श्री सुरेशचन्द्र भट्टाचार्य से मिला। अपने एक और साथी प्रियनाथ भट्टाचार्य के सामने सुरेशबाबू के साथ संगठनकार्य के बारे मे बातचीत हुई। मुझे उस समय यह पता न था कि प्रियनाथ ने बहुत पहले ही पुलिस के पास एक लम्बा बयान दे दिया है। इस बात को मैं पहले ही बता चुका हूँ कि अण्डमन से लौटने के बाद पहले महीने के अन्दर ही सुरेशबाबू से मेरी जो बातचीत हुई थी, उसकी रिपोर्ट पुलिस के पास पहुँच गई। यू० पी० के खुफिया विभाग के जो प्रधान थे, उन्होने मेरे भाई के पास एक डेमी ऑफीशियल चिट्ठी भेजी जिसमे लिखा था कि तुम्हारे भाई फिर संगठन करने के बारे मे बातचीत चला रहे है। उन्हें होशियार कर दो। इनकी स्त्री और मेरे भाई इलाहाबाद में ऑक्सफोर्ड होस्टल में रहते थे। मेरे भाई एम० ए० में पढ़ते थे। और बिगेन साहब की स्त्री शायद बी० ए० मा

एम० ए० में पढ़ती थी। मुझे ठीक पता नहीं। पी० बिगेन सन् 21 और 22 में सम्भव है ए० टू० डी० आई० जी०, सी० आई० डी० थे। ए० टू० डी० आई० जी०, सी० आई० डी०, खुफिया डिपार्टमेण्ट में राजनीतिक विभाग में प्रधान होते हैं। जिस दिन खुफिया विभाग के तमाम कागजात विद्रोहियों के हाथ आएँगे उस समय ही यह पता लगेगा कि युक्त प्रान्त में महायुद्ध के बाद विप्लव कार्य का पुन: संगठन मैंने ही सर्वप्रथम प्रारम्भ किया था या नहीं। जहाँ तक मुझे ज्ञात है, अण्डमन से लौटने के बाद मैंने ही सर्वप्रथम युक्त प्रान्त मे विप्लव का संगठन पुन: प्रारम्भ किया था।

सन् 1920 में नागपुर मे कांग्रेस का अधिवेशन हो जाने के पश्चात् ढाका अनुशीलन समिति के प्रमुख नेता श्री अतुलचन्द्र गांगुली को साथ लेते हुए आगरा, इलाहाबाद, बनारस, लखनऊ इत्यादि शहरो मे घूमा था। उस समय तक भी ढाका अनुशीलन समिति की तरफ से कोई व्यक्ति यू० पी० मे नही भेजा गया था। लेकिन उस समय मैं यू० पी० मे एक-दो करके अपने आदमियो का संग्रह कर रहा था। जैसे प्रतुल गांगुली अपनी बात मुझे नही बतलाते थे, वैसे ही मैं भी अपनी बातें उन्हें नही बतलाता था। इसीलिए सम्भव है उनके दिल में यह खयाल पैदा हो गया हो कि शायद मैंने अभी अपने प्रान्त मे विप्लव कार्य प्रारम्भ नही किया है।

जिस समय मैं जमशेदपुर मे मजदूर संगठन का कार्य कर रहा था उसी समय भविष्य मे विप्लव कार्य चलाने के लिए अर्थ-संग्रह का काम भी कर रहा था। ढाका अनुशीलन समिति से असन्तुष्ट होकर दो-एक व्यक्ति मेरे पास आए थे, लेकिन वे व्यक्ति अपने संकल्प मे दृढ नही रहे। जिस समय मैं जमशेदपुर से इलाहाबाद के लिए रवाना हो रहा था उस समय विप्लव कार्य करने के लिए मेरे पास कुछ धन आ गया था। मेरे लिए यह एक परम सौभाग्य की बात थी कि उत्तर भारत में विप्लव कार्य करने के लिए धनी व्यक्ति मुझे नियमित रूप से सहायता देते रहे।

इलाहाबाद पहुँचकर मैंने कांग्रेस के प्रमुख नेताओं से मुलाकात की। कांग्रेस के विभिन्न कार्यकर्ताओ से भी परिचय प्राप्त करने लगा। इलाहाबाद के विभिन्न होस्टलों मे जाकर मैं नौजवानो से परिचित होने की चेष्टा भी करने लगा। कांग्रेस के नेताओ में से एक-आध ने मेरे साथ सहानुभूति तो अवश्य दिखलाई लेकिन कार्य-क्षेत्र में वे लोग एक क़दम भी आगे नही बढ़े। बनारस षड्यन्त्र केस के बाद मैनपुरी में एक षड्यन्त्र केस चला था। इसके साथ हमारे पुराने दल का कोई सम्बन्ध न था। अवश्य यह बात नि:सन्देह सत्य है कि बनारस केस के चलने के कारण ही यू० पी० के दूसरे नौजवानों में भी क्रान्तिकारी कार्य करने की प्रबल इच्छा पैदा हुई थी। इलाहाबाद में आकर मैंने चाहा कि मैनपुरी केस के बचे हुए व्यक्तियों से मेरा परिचय हो जाए। इस प्रकार से खोज करते-करते मैनपुरी दल के एक नेता श्री देवनारायणजी का पता चला। इलाहाबाद में ही उनसे

मुलाकात हो गई। मेरे मकान में आपने एक दिन खाना भी खाया। बाद को इनसे आगरा में जाकर मिला। श्री देवनारायणजी ने मैनपुरी केस के बारे में तमाम बातें मुझे बताईं। शाहजहाँपुर निवासी श्री रामप्रसादजी बिस्मिल भी मैनपुरी दल में एक प्रमुख व्यक्ति थे। श्री देवनारायणजी से पता चला कि रामप्रसादजी और देवनारायणजी में एक भीषण विरोध है। मेरे लिए अब यह एक समस्या हो गई कि इन दोनों व्यक्तियों में से किसको अपने दल में लूँ। मेरे दिल में एक सन्देह पैदा हुआ कि यदि देवनारायणजी को साथ लेता हूँ तो सम्भव है कि रामप्रसादजी मेरे साथ न आएँ और यदि रामप्रसादजी मेरे साथ आते हैं तो सम्भव है देवनारायणजी मेरा साथ न दें।

देवनारायणजी से मैंने कहा कि आप देहात को छोड़कर आगरा में आकर डट जाएँ। देवनारायणजी ने इस प्रस्ताव को स्वीकार कर लिया। श्री देवनारायणजी ने मुझे आगरा में कुछ बातें बताई थीं जिनका इस स्थान पर उल्लेख कर देना नितान्त प्रासंगिक होगा। एक तो देवनारायणजी ने मुझे यह अच्छी प्रकार समझाना चाहा कि अब मुझे प्रकाश्य आन्दोलन में क़दम रखना चाहिए। दूसरे, उन्होंने रामप्रसादजी के बारे में कुछ ऐसी बातें बताईं जिसे इस स्थान पर वर्णन करने में मन संकुचित हो जाता है। देवनारायणजी की बात पर यक़ीन कर लेने पर रामप्रसादजी को दल में ले लेना निहायत अनुचित जान पड़ता था। लेकिन मैंने दिल में सोचा कि देवनारायणजी और रामप्रसाद के बीच परस्पर घोर विद्वेष है, इसलिए देवनारायणजी की बातों पर पूर्ण रूप से विश्वास करना उचित नहीं है। प्रकाश्य आन्दोलन में मैं भी लगना चाहता था, इसलिए देवनारायणजी की इस बात को मैंने सर्वान्तःकरण से स्वीकार कर लिया। देवनारायणजी से बातचीत करके मुझे बहुत-कुछ प्रसन्नता हुई। वे बहुत गम्भीर प्रकृति के समझदार आदमी थे। लेकिन हमारे देश का यह परम दुर्भाग्य है कि गम्भीर प्रकृति के समझदार व्यक्तियों ने निहायत ही कम संख्या में भारतीय विद्रोह आन्दोलन में भाग लिया है। पता नहीं यह परम दुर्भाग्य या सौभाग्य की बात हुई कि श्री देवनारायणजी ने अपने वादे को पूरा नहीं किया। उनसे बातचीत करके यह तय हुआ था कि देवनारायणजी अपने गाँव को छोड़कर आगरा में जाकर अपना केन्द्र स्थापित करेंगे। यदि देवनारायणजी ऐसा करते तो उत्तर भारत का विप्लव आन्दोलन और भी गौरवमय रूप धारण करता।

इतिहास के पृष्ठों में 'सत्यं ब्रूयात् प्रियं ब्रूयात् मा ब्रूयात् सत्यं अप्रियम्' इस वाक्य का स्थान नहीं है। लेकिन मैं ऐसा कुछ लिखना नहीं चाहता जिससे क्रान्तिकारी आन्दोलन को धक्का पहुँचे। तथापि एक बात यहाँ यह कह देना नितान्त आवश्यक है कि क्रान्तिकारी आन्दोलन गुप्त और षड्यन्त्र रूप से होने के कारण अवांछनीय एवं अनुपयुक्त व्यक्तियों का इस आन्दोलन में शामिल हो जाना एक विषम संकट का कारण हो जाता है। आज भी मुझे अत्यन्त भय है कि यदि योग्य व्यक्ति क्रान्तिकारी आन्दोलन करना आरम्भ कर देता है तो शुद्ध हृदयवाले

त्यागी साहसी युवक तो उसे मिल जाएँगे लेकिन विचारशील एवं योग्य नेतृत्व के अभाव से इन सब नवयुवकों का अमूल्य जीवन सार्थक होने नहीं पाएगा। बंगाल में ऐसे बहुत-से तुच्छ अयोग्य छोटे-छोटे विप्लवी दलों से मैं खूब परिचित रहा। मुझे इस बात की आशंका रही कि यू० पी० मे भी वैसे ही अयोग्य व्यक्तियों के नेतृत्व में बंगाल की तरह भिन्न-भिन्न छोटी-छोटी पार्टियाँ न खड़ी हो जाएँ। जिस दिन मैंने अण्डमन से लौटकर सर्वप्रथम यू० पी० विप्लव दल का संगठन पुन: क़ायम किया था उस समय यहाँ पर और कोई दल काम नहीं कर रहा था।

सन् 1920 मे अगस्त-सितम्बर महीने में कलकत्ता मे कांग्रेस का एक विशेष अधिवेशन हुआ था। उस अवसर पर कलकत्ता के प्रसिद्ध बैरिस्टर श्री बी० सी० चटर्जी साहब ने मैनपुरी केस के एक मुक्त राजबन्दी के साथ मेरा परिचय करा दिया था। उनका नाम है श्री चन्द्रधर जौहरी। उनकी आँखों मे मैंने उस दिन जो जोश और आन्तरिकता देखी थी उससे यह अनुमान किया था कि यह व्यक्ति जिस काम को हाथ मे लेगा उस काम के पीछे सर्वस्व दे देगा। सच तो यह है कि जौहरीजी को देखकर तत्काल ही मेरे मन मे जो भावना पैदा हुई थी उसका अंग्रेज़ी नाम है Fanatical zeal, लेकिन दुर्भाग्य की बात है कि इनसे बाद को फिर मिलने का अवसर मुझे नही मिला। मुझे इस वक्त ठीक याद नही है कि जौहरीजी सन् '21 के आन्दोलन मे गिरफ्तार हो गए थे या नही। सम्भव है, हो गए हो और इसीलिए सभव है फिर बाद को उनसे मेरी मुलाकात नही हुई। ये बिचारे शर्त पर छोड़े गए थे। जिन शर्तों पर छूटे थे उनमे से एक शर्त यह भी थी कि यदि सरकार के खिलाफ किसी आन्दोलन मे जौहरीजी भाग लेंगे तो उन्हें फिर पुरानी कैद पूरी काटनी पडेगी। इस कारण जब जौहरीजी ने सत्याग्रह आन्दोलन मे भाग लिया तो ज़िला-कलक्टर ने उन्हें दफ्तर मे बुलाकर यह हुक्म सुनाया कि तुमने सरकार के विरुद्ध आन्दोलन मे भाग लिया है इसलिए तुम्हे अपनी पुरानी कैद फिर काटनी पडेगी और तुम यहाँ से सीधे जेल चले जाओगे। सभव है, यह सन् 1921 की बात है। इनसे जो मुझे आशा थी वह यो ही विलीन हो गई।

मैं स्वयं छात्र न था। एव पहले कभी इलाहाबाद मे रहा नही था इसलिए भी इलाहाबाद के युवकगणो से मेरा कुछ भी परिचय न था। क्रान्तिकारी आन्दोलन की सफलता युवक-मडली पर ही निर्भर रहती है ऐसी मेरी समझ थी। क्रान्तिकारी आन्दोलन के बारे में मेरी धारणा यह थी कि मध्यम श्रेणी के युवक वृन्द ही क्रान्तिकारी आन्दोलन का नेतृत्व कर सकते हैं। यह बात सत्य है कि संघर्ष के समय किसान-मज़दूरों की श्रेणी से ही आदमी निकलेंगे, जो यथार्थ में सिपाही का काम करेंगे। लेकिन सिपाही अपना नेतृत्व स्वयं नही कर सकता। इतिहास मे बहुत दफे ऐसा देखा गया है कि राष्ट्रीय उथल-पुथल के अवसर पर सेनापति गण सर्वेसर्वा बन जाते हैं। तब स्वाधीनता के स्थान पर प्रजातन्त्र की

जगह सामरिक तन्त्र स्थापित हो जाता है। इसका प्रतिकार तभी हो सकता है जब प्रजा में अपनी नेतृत्व करने की शक्ति पैदा हो। क्रान्तिकारी उथल-पुथल के इतिहास आदि पढ़कर अभी तक मेरी यही धारणा बनी रही कि मध्यम श्रेणी के शिक्षित सम्प्रदाय से ही भारत के भावी समाज-संगठनकारी गण निकलेंगे। महात्मा गांधी के अतुलनीय आन्दोलन के बाद भी मेरा यह दृढ़ विश्वास बना रहा कि भारत की आम जनता उथल-पुथल के लिए जितनी तैयार है उनका नेतृत्व करनेवाले उपयुक्त व्यक्तियों का उतना ही अभाव है। एक बात तो यह थी। दूसरी बात यह थी कि महात्माजी और उनके अनुयायीगण अथवा जन-आन्दोलन के दूसरे प्रतिष्ठित नेतागण भारतवर्ष को पूर्ण रूप से स्वतन्त्र बनाने के लिए सचेष्ट तो थे ही नही बल्कि वे नेतागण भारत की स्वाधीनता के प्रश्न को अलीक स्वप्नवत् समझा करते थे। वे कभी भी यह विश्वास नही करते थे कि भारतवर्ष को स्वाधीन करने का प्रश्न वास्तविक जगत् का प्रश्न है। ये सब लब्ध-प्रतिष्ठ नेतागण यह समझते थे कि कुछ बहके हुए भारत के नौजवान भारत को स्वाधीन करने का स्वप्न देखा करते हैं। यह प्रश्न आये दिन का प्रश्न ही नही है। भारत के सर्वमान्य नेतागण स्वाधीनता के प्रश्न को व्यवहार में लाने योग्य समझते ही न थे। सम्भव है आज भी वे ऐसा ही समझते हों। महात्माजी और उनके साथियों का कहना है कि "स्वाधीनता, स्वाधीनता करके चिल्लाने से क्या होता है। जो लोग ऐसा चिल्लाया करते हैं वे लोग आज तक कुछ करके दिखला भी सके है? जो कुछ कर सकते है वह तो करते नही? व्यर्थ का शोर मचाते है। लेकिन भारत को पूर्ण रूप से स्वतन्त्र करने के प्रश्न को जो युवकवृन्द व्यावहारिक रूप में लाना चाहते थे? वे ऐसा समझते थे कि भारत को स्वाधीन करने के लिए जो कुछ करना चाहिए, उसके लिए भारत के प्रकाश्य आन्दोलन के नेतागण प्रस्तुत नही थे। और इसीलिए वे भारत की स्वाधीनता के प्रश्न को व्यावहारिक प्रश्न नही समझते थे। क्रान्तिकारियों और कांग्रेस के नेतागणों के दृष्टिकोण में यही सबसे बड़ा अन्तर है। इस दृष्टिकोण में ऐसा अन्तर रहने के कारण क्रान्तिकारी और कांग्रेस-आन्दोलन के मार्ग में भी बहुत अन्तर है। अस्तु, इस स्थान पर क्रान्तिकारी मार्ग के बारे में मैं कोई विशेष विचार-विमर्श नही करना चाहता। यहाँ पर इतना कहना पर्याप्त है कि मैं जमशेदपुर से लौटकर युवकवृन्दों में ही काम करना चाहता था।

मेरे लिए इलाहाबाद के युवकवृन्दों से परिचित होने के लिए कोई सहज और सरल उपाय नही था। इसलिए मैंने प्रतिदिन इलाहाबाद के विभिन्न होस्टलों में जाना प्रारम्भ कर दिया। जान-पहचान तो किसी से थी ही नहीं। जहाँ देखता था कि दो-तीन नौजवान बरामदे में खड़े होकर बातचीत कर रहे है उनके पास थोड़ी दूर पर मैं भी जाकर खड़ा हो जाता था। उनकी बातें सुना करता था। खयाल यह रहता था कि यदि ये युवकगण राजनीति के बारे में कुछ बातचीत करने लगें तो मैं भी अवसर देखकर उसमें शामिल हो जाऊँ। लेकिन दुर्भाग्य की

बात है कि इलाहाबाद में जितने दिन ऐसी टोलियों के पास खड़े होकर इन लोगों का वार्तालाप सुना। उनमें से एक दिन भी इन लोगों को किसी भी राजनीतिक, सामाजिक या साहित्यिक प्रश्नों पर बातचीत करते हुए नहीं पाया। इन लोगों की बातचीत इतनी दुर्नीतिपूर्ण एवं मलीन होती थी कि उनके पास खड़ा रहना भी अपमानजनक एवं अधोगतिकारी मालूम होता था। इलाहाबाद के बड़े-बड़े होस्टलों में मैंने शायद ही किसी के कमरे में कोई मासिक पत्र देखा हो। जो दो-चार अच्छे लड़के होते थे, वे अपने पढ़ने-लिखने में ही मग्न रहते थे और कुछ छात्र खेल-कूद में लगे रहते थे। सन् 1920-21 में कितना बड़ा आन्दोलन हमारे देश में होता रहा लेकिन हमारे युवकवृन्द के मन को इस आन्दोलन ने कितना थोड़ा स्पर्श किया। मैं एक प्रकार से हताश हो गया। मैं बीच-बीच में बनारस भी जाता रहा और कानपुर भी। सुरेशबाबू कुछ दिन कानपुर के 'प्रताप प्रेस' में काम करते रहे और कुछ दिन 'वर्तमान' के दफ्तर में। बनारस में श्री सुरेन्द्रनाथ मुकर्जी नामक एक बड़े पुराने साथी थे। इनकी सहायता से श्री राजेन्द्रनाथ लाहिड़ी नामक एक युवक से मेरा परिचय हुआ। इनके अलावा एक और पुराने साथी भी थे, जिन्होंने मेरी शादी के समय कुछ चुभती हुई बातें मुझसे कही थीं। वे भी मेरे साथ काम करने लगे थे। इनका नाम अपने समझने के लिए यहाँ पर तारकनाथ रख देता हूँ। उधर कानपुर में जहाँ तक मेरा ख्याल है, सुरेशबाबू की सहायता से श्री रामदुलारे त्रिवेदी से जान-पहचान हुई। सुरेशबाबू की सहायता से और भी दो सज्जनों से जान-पहचान हुई। इनके नाम हैं: श्री वीरभद्र तिवारी एवं श्री मन्नीलालजी अवस्थी। उस समय मन्नीलालजी एक राष्ट्रीय स्कूल के हैडमास्टर थे। अवस्थीजी इलाहाबाद यूनिवर्सिटी के ग्रेजुएट भी थे। श्री राजेन्द्र लाहिड़ी बी० ए० में पढ़ते थे। इलाहाबाद में कांग्रेस कार्यकर्ताओं के साथ मैं मिलने-जुलने लग गया। इस प्रकार से दो नौजवान मुझे मिले—एक श्री बनवारीलालजी, दूसरे श्री नरेन्द्रनाथ बनर्जी। इन्हें कांग्रेसवाले नोटू भी कहा करते थे। इनकी सहायता से अलीगढ़ के ठाकुर खानदान के एक प्रतिष्ठित व्यक्ति के साथ मेरा परिचय हुआ। ये भी हमारे साथ काम करने लगे। इलाहाबाद के श्री बनवारीलाल की सहायता से रायबरेली में भी कुछ हमारे आदमी बन गए, जिनका नाम आज भी बतलाना उचित नहीं होगा। अलीगढ़ के ठाकुर साहब की सहायता से फतेहगढ़ पहुँचा एवं अलीगढ़ तहसीलों में भी पहुँचा। जहाँ तक मुझे स्मरण है इन्हीं ठाकुर साहब की सहायता से मेरठ में श्री विष्णुशरणजी दुबलिश के पास पहुँचा। इस वक्त मुझे ठीक स्मरण नहीं है कि दुबलिशजी की सहायता से श्री रामदुलारेजी के पास पहुँचा था या नहीं। श्री विष्णुशरणजी की सहायता से श्री महावीर त्यागीजी से जान-पहचान हुई। श्री महावीर त्यागी की सहायता से शाहजहाँपुर में श्री रामप्रसाद बिस्मिल और श्री अशफाकउल्लाजी के पास पहुँचा। कानपुर के श्री मन्नीलाल अवस्थी की सहायता से फतेहपुर पहुँचा। सन् 1922 के अन्दर इन आठ जिलों में मेरा काम फैल गया। लेकिन यह काम एक दिन में

नहीं हुआ। सम्भव है सन् 1922 के अन्त तक ढाका अनुशीलन समिति की तरफ से कोई प्रतिनिधि बनारस पहुँचे हों। सन् 1921 में नागपुर कांग्रेस से लौटने के पश्चात् जब ढाका अनुशीलन समिति के श्री प्रतुल गांगुली के साथ मैं बनारस आया था उस समय अर्थात् सन् 1922 के प्रारम्भ में बनारस में ढाका समिति के कोई प्रतिनिधि उपस्थित नहीं थे। यद्यपि श्री प्रतुल गांगुली के कुछ परिचित व्यक्ति उस समय बनारस में हिन्दू कॉलेज में पढ़ते थे परन्तु इन छात्रों से प्रतुलजी ने मेरा परिचय नहीं कराया। अर्थात् उस समय फिर मैंने यह अनुभव किया कि प्रतुल गांगुली अपने दल की सब बातें मुझे बताना नहीं चाहते थे। सन् 1922 के अन्त तक मेरा कार्य बहुत-कुछ अग्रसर हो चुका था। इसे संगठन न कहकर संगठन का एक ढांचा कहना ही उचित होगा। मुझे इस वक़्त ठीक याद नहीं है, लेकिन जहाँ तक मुझे याद है, सम्भव है, सन् 1922 में ही मैं भगतसिंह के पास लाहौर पहुँच गया। जिस प्रकार से मैं इलाहाबाद के होस्टल में नवयुवकों को ढूँढ़ता फिरता था, उसी प्रकार से एक दिन फतेहगढ़ में अपने अजीब तरीके के कारण एक प्रतिभावान नवयुवक के पास जा पहुँचा जिनकी सहायता से अन्त में मैं भगतसिंह के पास भी पहुँच गया। इसका एक पुरा इतिहास है। वह जैसा रोचक है, वैसा ही कौतूहलपूर्ण भी है।

जमशेदपुर से इलाहाबाद लौट आने के पहले मैं दो-तीन बार कलकत्ता गया था। कलकत्ता में विभिन्न क्रान्तिकारी दल के आदमियो से समय-समय पर बातचीत करता रहा। इलाहाबाद लौट आने के बाद भी मैं कई बार कलकत्ता गया। जिस प्रकार युक्त प्रान्त में मैं अपना संगठन कार्य करने की चेष्टा कर रहा था ? उसी प्रकार कलकत्ता मे भी मैं अपना एक दल बनाना चाहता था। जमशेदपुर मे रहते समय भी मैं नितान्त असावधान नही रहा। समय पाकर मैं कभी नही चूका।

एक दिन कलकत्ता के मिर्जा पार्क में मैंने देखा कि कुछ भद्र नौजवान एकत्र होकर बातचीत कर रहे हैं। मैं भी उनके पास जाकर बैठ गया। थोड़ी ही देर मे मालूम पड़ा कि ये सब नौजवान आधुनिक राजनीतिक प्रश्न पर बातचीत कर रहे हैं। मैंने भी इन लोगों के वार्तालाप में धीरे-धीरे योग देना प्रारम्भ कर दिया। इस प्रकार इस टोली के साथ मेरा खूब परिचय हो गया। इनमें से एक युवक महाशय अच्छे घर के थे। लड़ाई के समय ब्रिटिश सेना में सिपाही के रूप में इराक और मैसोपोटामिया तक पहुँच गए थे और अपनी कार्य-कुशलता के कारण पलटन में ओहदा भी पा चुके थे। जिस समय का मैं उल्लेख कर रहा हूँ, उस समय आप यूनिवर्सिटी कोर में एक अच्छे पदाधिकारी थे। इधर आप इंजीनियरिंग कॉलेज में भी पढ़ते थे। इनकी सहायता से बंगाल में कुछ और नवयुवकों से मेरा परिचय हुआ। लेकिन अनुशीलन समिति के किसी भी सदस्य को मैंने कभी कुछ बताया नहीं कि मैं क्या कर रहा हूँ और क्या नहीं कर रहा हूँ। एक दफा ढाका अनुशीलन समिति के प्रमुख नेता श्री प्रतुलचन्द्र गांगुली से मैंने यह कहा था,

"भाई ! पता नही मैं आगे चलकर फिर काम करूँगा या नही। यदि मैं काम करना छोड दूँ तो मेरे जितने रिसोर्सेज (अनुगामी व्यक्ति और साधन) हैं, सब आप लोगों के सुपुर्द कर दूँगा और यदि मैं काम करता रहूँगा तो आप लोगो को बता दूंगा कि ऐसा कर रहा हूँ या नही। लेकिन तुम लोग तो दिल खोलकर मेरे साथ भविष्य के बारे मे बातचीत कुछ करते ही नही हो। इस तरह कैसे काम चल सकता है ! सहयोगिता हो तो दोनो तरफ से हो। यदि तुम मेरे साथ खुलकर बातचीत नही करोगे तो मैं भी किस प्रकार से तुम लोगो के साथ दिल खोलकर काम करूँ।" मेरे लिए मुसीबत की बात यह थी कि कलकत्ता के विभिन्न क्रान्तिकारी दल के आदमी यह समझते थे कि मै ढाका अनुशीलन समिति मे शामिल हूँ। इधर ढाका अनुशीलन समितिवाले मेरे साथ खुले दिल होकर काम नही करना चाहते थे। ढाका समिति के एक और प्रमुख नेता श्री रमेशचन्द्र चौधरी ने तो एक दफा घमण्ड मे आकर ऐसा भी कहा था कि "संगठन के बारे मे आपसे हम लोग कुछ सीखना नही चाहते।" इन सब कारणो से मैंने भी समझ लिया था कि मुझे अकेला ही सब काम करना पडेगा। एक तरफ जैसे ढाका अनुशीलन समिति के नेतागण मुझे अपनी सब बाते नही बताना चाहते थे ? वैसे ही दूसरी तरफ वे यह भी नही चाहते थे कि मै उनसे अलग हो जाऊँ। इसलिए उनकी हमेशा यह नीति रहती थी कि हर प्रकार से मुझे अपने दल मे रखने के लिए तरह-तरह की कोशिशे करते थे। और मुझे समझाना चाहते थे कि मुझे अपनी सब बाते बता देने मे उन्हे कोई आपत्ति नही है। काम करते-करते सब बातें स्वय ही जान जाऊँगा। उनकी यह दुरगी चाल मुझे पसन्द न थी। इसलिए मैं उनसे हमेशा कन्नी काटा करता था। मैंने उन्हे समझने नही दिया कि मै भी कुछ काम कर रहा हूँ। सन् 1922 के अन्त तक मुझे पता चला कि ढाका समिति ने अपनी तरफ से एक आदमी बनारस को भेज दिया है जब कभी मै बनारस जाता था तो यह व्यक्ति मेरे पास आकर मेरे साथ बातचीत करने की चेष्टा करता था। इनका नाम था श्री सतीशचन्द्र सिह। मैंने कलकत्ता मे इनको कई बार देखा था। इनसे मेरा थोडा-बहुत परिचय था। जिस समय मैं बनारस षड्यन्त्र मामले के सिलसिले मे जेल मे था उस समय श्री सतीशचन्द्र सिंह बिहार मे काम करने आए थे। श्री सतीशसिंह कुछ पढे-लिखे आदमी नही थे। राजनीति वह क्या समझते होगे, मैं कह नही सकता। उनमे एक सच्चे सिपाही के सब गुण अवश्य थे। लेकिन केवल सिपाही-मात्र होने से ही तो सगठन का कार्य ठीक प्रकार से नही हो सकता। मुझे तो दुख के साथ यह भी कहना पडता है कि बारीन्द्र, उपेन्द्र, हेमचन्द्र इत्यादि के मुकाबले के क्रान्तिकारी नेता बगाल-भर मे और पैदा नही हुए। श्री अरविन्द के समय क्रान्तिकारी आन्दोलन का नेतृत्व-जैसे उपर्युक्त विशेष व्यक्तियो के हाथ मे था वैसा बाद को नही रहा। ढाका अनुशीलन समिति के नेताओ का बौद्धिक विकास नितान्त अपूर्ण था। वे यह नही समझ पाते थे कि क्रान्तिकारी आन्दोलन भारत के राष्ट्रीय आन्दोलन की एक शाखा मात्र है। भारत

के राष्ट्रीय आन्दोलन के मूल में एक नवीन राष्ट्र एवं नवीन सभ्यता की सृष्टि की प्रेरणा है। ये सब बातें न वे समझते थे, न इन सब बातों से उनका कोई सम्बन्ध ही था। इतिहास, दर्शन, साहित्य इत्यादि से बंगाल के क्रान्तिकारी नेतागणों का कोई विशेष परिचय न था। डेटिन्यू की हालत में वे नेतागण कुछ-कुछ पढ़ने-पढ़ाने लगे थे। लेकिन इनका पढ़ना अत्यन्त अव्यवस्थित होता था, जैसे चीन के बारे में बर्ट्रेण्ड रसेल की एक किताब पढ़ी लेकिन सनयातसेन की जीवनी या उनके लेख आदि नहीं पढ़े। संसार की राज्य-क्रान्तियों के इतिहास से इन लोगों का कोई परिचय न था। डेटिन्यू रहते समय भी इन लोगों में से अधिकांश ने पढ़ने-लिखने में विशेष रुचि नहीं दिखलाई। मैंने इन लोगों में से बहुतों के साथ छः महीने लगातार दिन-रात अलीपुर सेण्ट्रल जेल में बिताए हैं। मैं इन लोगों के बारे में बहुत अच्छी तरह जानता हूँ। आजकल के प्रसिद्ध नेता श्री मानवेन्द्रनाथ राय जब बंगाल में श्री नरेन्द्रनाथ भट्टाचार्य के नाम से काम करते थे उस समय इनकी गिनती कोई प्रमुख नेताओं में नहीं थी। आप बंगाल के प्रसिद्ध क्रान्तिकारी श्री यतीन्द्रनाथ मुकर्जी के मातहत रहकर काम करते थे। इनमें प्रतिभा थी लेकिन यूरोप और अमेरिका में जाकर ही उस प्रतिभा का विकास हुआ। श्री यतीन्द्रनाथ मुकर्जी भी कुछ विशेष पढ़े-लिखे विद्वान नही थे। लेकिन उनमें अद्भुत कर्म-शक्ति थी। श्री रासबिहारी भी इसी प्रकार से कुछ विशेष पढ़े-लिखे विद्वान् नहीं थे। लेकिन उनमें भी प्रचण्ड शक्ति थी। फिर भी ढाका अनुशीलन समिति के नेताओं के साथ बंगाल के अन्य क्रान्तिकारी दलों की तुलना करने पर मेरी श्रद्धा ढाका समिति के नेताओं के प्रति नहीं जाती थी। श्री विपिनचन्द्र गांगुली, श्री यदुगोपाल मुकर्जी, श्री मोतीलाल राय, श्री गिरीशचन्द्र घोष इत्यादि नेताओं के राष्ट्रीय दृष्टिकोण ढाका समिति के नेताओं से कही व्यापक एवं अन्तर्दृष्टिपूर्ण थे। यह बात सत्य है कि ढाका अनुशीलन समिति मे ऐसे बहुत-से सदस्य थे जिनकी अभिरुचि एव जिनका मानसिक झुकाव ढाका समिति के नेताओं से अधिक आशापूर्ण एवं प्रतिभाव्यंजक था। लेकिन इन सब प्रतिभाशाली नवयुवकों को उचित अवसर नहीं मिलता था जिससे वे अपनी प्रतिभा का पूर्ण विकास कर पाते। ढाका समिति का कार्यक्रम ऐसा नही था जिसके कारण प्रतिभावान नवयुवकों को यह अवसर प्राप्त होता कि वे साहित्य सृजन द्वारा या मासिक-साप्ताहिक पत्रों में लेख भेजकर या मच पर खड़े होकर वक्तृता देने में अपनी प्रतिभा को व्यक्त करने की प्रेरणा अनुभव करें। जब कही किसी संगठन के काम में किसी को भेजने की आवश्यकता होती तो ढाका समिति के नेतागण ऐसे व्यक्ति को चुनते थे जिसमें सिपाहियाना गुण तो अवश्य रहते थे लेकिन सांस्कृतिक दृष्टि से, अध्ययन की दृष्टि से उसमे ऐसे गुण नही होते थे, जिनमे वे समाज के श्रेष्ठ नवयुवकों को या समाज के प्रतिष्ठित गण्यमान्य व्यक्तियों को अपने चरित्रबल से, अपनी प्रतिभा से, अपने कार्यक्रम के प्रति आकृष्ट कर सकें। इसका मूल कारण तो यह था कि ढाका समिति के नेतागण स्वयं इस बात को नहीं समझते थे कि क्रान्तिकारी

आन्दोलन विराट् राष्ट्रीय आन्दोलन की एक शाखा मात्र है एवं इन नेताओं में राष्ट्रीय आन्दोलन के नेतृत्व करने की योग्यता नही थी। इस दृष्टि से, सम्भवतः भारत के दूसरे क्रान्तिकारी दलों मे भी उपयुक्त नेता नही थे। यही कारण था कि भारत के दूसरे क्रान्तिकारी दलो का कृतित्व भी जैसा होना चाहिए था, वैसा नही हुआ।

श्री सतीशचन्द्रसिंह से दल-सगठन के बारे मे मैंने कभी कुछ बातचीत नहीं की। यदि कोई व्यक्ति किसी काम मे जुटा रहे तो अवश्य ही उसे कुछ सफलता प्राप्त होती है। इस दृष्टि से सतीशचन्द्र ने भी दो-चार नवयुवकों को जमा कर लिया था। ढाका समिति के नेतागणों ने मेरे साथ कोई परामर्श न करके ही श्री सतीशचन्द्र को बनारस भेजा था। इस बात से भी मैं समझ गया कि ढाका समिति मेरी अपेक्षा न रखकर ही युक्त प्रान्त मे भी अपना सगठन बढाना चाहती है। मेरे और ढाका समिति के बीच जो अन्तर था वह इससे और भी बढ गया।

इधर सुरेशचन्द्रजी की सहायता से एक प्रतिभावान नवयुवक से मेरा परिचय हुआ। इनमे बातचीत करने पर मुझे यह विश्वास हो गया कि इस युवक में साहित्यिक रुचि है। बाद को इनके दो-एक छोटे लेख भी पढे। उनके उस समय के एक लेख का प्रभाव आज भी मैं भूल नही पाया। उस लेख का शीर्षक था—'माँ'। इस लेख को पढकर मैंने इस युवक से कह दिया था कि 'यदि आप साहित्य की चर्चा करते रहें तो हिन्दी लेखको मे आप अग्रणी हो सकते हैं। लेकिन आपको चाहिए कि अग्रेजी, बगला एव हिन्दी-साहित्य से खूब परिचित हो जाएँ।' ये अग्रेजी प्रायः जानते ही न थे। ये प्रतिभावान युवक 'आज' मे 'उग्र' नाम से अपना लेख दिया करते थे। आज ये सब बात स्मरण करके मैं यथेष्ठ गौरव अनुभव करता हूँ एव यह आत्म-तुष्टि भी अनुभव करता हूँ कि एक यथार्थ प्रतिभाशाली युवक को मैंने उसकी तरुण अवस्था मे ही पहचान लिया था। आज उग्रजी ने हिन्दी-साहित्य मे अपना सुनिर्दिष्ट स्थान प्राप्त कर लिया है। जिस दिन मैंने उन्हें पहचाना था उस दिन उन्होने साहित्य मे पदार्पण मात्र ही किया था। और उस दिन उन्हे हिन्दी ससार मे कोई विशेष रूप से जानता भी न था। हम लोगो के साथ परिचय होने के बाद ही, सभवत. उन्होने 'माँ' नामक लेख लिखा था। मुझे मर्मान्तिक दुःख है कि अग्रेजी के द्वारा हम लोगो का सम्बन्ध अधिक घनिष्ठ नही हो पाया। और मुझे यह भी अत्यन्त खेद है कि उग्रजी ने मेरे कथनानुसार अग्रेजी इत्यादि साहित्य मे वैसी रुचि नही दिखलाई, जैसी मै चाहता था। इसमे तो कोई सन्देह नही कि उनकी लेखनी मे अत्यन्त शक्ति है? लेकिन उनकी रुचि मे परिवर्तन हो जाने के कारण उनका सृष्ट साहित्य समाज को आशानुरूप कल्याण-प्रद सिद्ध नही हुआ, यह और बात है। परन्तु इसमे कोई सदेह नही है कि वे प्रतिभाशाली लेखक है। इनकी सहायता से हमारे दल को एक ऐसा महत्त्वपूर्ण लाभ हुआ कि जिसके लिए हम सब सदा उनके कृतज्ञ रहेगे। इस विषय का

उल्लेख यथास्थान किया जायगा।

अण्डमन से लौटने के बाद मुझे बनारस में रहने का अवसर नहीं मिला। इस कारण बनारस में मैं वैसा संगठन नहीं कर पाया जैसा होना उचित था। निजी सांसारिक कारणों से मुझे इलाहाबाद में रहना था। बनारस में अभी तक मुझे जितने व्यक्ति मिले थे उनमें श्री राजेन्द्रनाथ लाहिड़ी एवं श्री बेचनरामजी शर्मा विशेष उल्लेख योग्य थे। इसके अतिरिक्त और जितने व्यक्ति हमारे दल में आए थे उनमें से बहुतों ने बाद को काम करना छोड़ दिया। सौभाग्य की बात है कि इनमें से किसी ने भी बाद को विश्वासघात नहीं किया।

इलाहाबाद में राष्ट्रीय विद्यालय की सहायता से कुछ आदमी मिले। उनमें से एक थे श्री बनवारीलाल। कांग्रेस के कार्यकर्त्ताओं में से श्री केशवदेव मालवीय के साथ मेरा परिचय हुआ। इनके एक भाई श्री कपिलदेव मालवीय के साथ बहुत दिनों से मेरी तथा मेरे परिवार-भर की जान-पहचान थी। मैं प्रायः कपिलदेवजी के पास जाया-आया करता था। केशवदेवजी प्रायः मुझे अपने भाई के पास आते-जाते देखते थे। केशवदेव स्वयं ही मुझसे आकर मिले थे। इस समय आप मेरे साथ काम करने को तैयार हो गए थे। उनकी सहायता से और भी नवयुवकों से मेरा परिचय हुआ था। इस प्रकार से धीरे-धीरे मेरा दल बढ़ रहा था। एक दिन केशवजी ने मुझे बतलाया कि कानपुर में एक प्रतिभावान नवयुवक है जिनसे अपने कार्य के बारे में बातचीत की जा सकती है। इस नवयुवक का नाम था श्री बालकृष्ण शर्मा। केशवजी के आग्रह से यह निश्चय हुआ कि केशव कानपुर जाकर बालकृष्ण को मेरे पास बुला लाएँगे। एक दिन वे प्रातःकाल बालकृष्णजी को साथ लेते हुए मेरे पास आए। बहुत देर तक बातचीत हुई। अन्त में मैंने इस प्रकार से अपनी युक्ति प्रस्तुत की कि अदूर भविष्य में फिर लड़ाई छिड़ने की आशंका है, यदि हम उपयुक्त तैयारी कर सकें तो उस अवस्था में हम एक बार फिर स्वाधीनता को प्राप्त करने की चेष्टा कर सकते हैं, यदि हम अभी से तैयारी नहीं करते हैं तो अवसर आने पर भी हम कुछ नहीं कर पाएँगे। लेकिन कोई युक्ति काम नहीं आई। बालकृष्णजी ने कहा कि अभी शीघ्र लड़ाई की कोई संभावना नहीं है और अभी वह समय भी नहीं आया है कि हम क्रान्तिकारी मार्ग से षड्यन्त्र की रचना करें। आशा भंग की मर्मान्तिक पीड़ा से मैं व्यथित हो उठा।

क्रान्तिकारी दल का पुनर्गठन

(2)

इस समय श्री रासबिहारी से मेरा पत्र-व्यवहार होता था। वे सब पत्र मैं केशवजी के पास रख देता था। मेरे गोपनीय पत्रादि भी केशवजी के नाम पर आते थे। केशवजी का ग्रुप बनवारीलाल का ग्रुप और नरेन्द्रनाथ बनर्जी उर्फ नोदू का ग्रुप अलग-अलग बढ रहे थे। ये सब ग्रुप एक-दूसरे को नही जानते थे। बनारस के ग्रुप इलाहाबाद के ग्रुप को नही जानते थे। इलाहाबाद के ग्रुप अलीगढ या फतेहगढ के ग्रुप को नही जानते थे। इस प्रक र से जितने ग्रुप तैयार होते जाते थे वे सब एक-दूसरे को नही जानते थे। यह मै पहले ही बता चुका हूँ कि बनवारीलाल की सहायता से रायबरेली और प्रतापगढ मे इन लोगो का दल बनने लग गया था। इस बीच मे सन् 1922 के अन्त मे गया मे काग्रेस का अधिवेशन हुआ। इस अधिवेशन के समय 'बन्दी जीवन' प्रथम भाग की दो-तीन सौ कापियाँ छापाखाने से निकल चुकी थी। उन प्रतियो को लेकर कलकत्ता होते हुए मै गया पहुँचा। गया मे पजाब से आये हुए व्यक्तियो से बातचीत की। कालेपानी से लौटे हुए कुछ सिख मुक्त-राजबन्दियो से मुलाकात की। उसमे भाई प्यारासिंह भी एक थे। भाई प्यारासिंह बहुत प्रेम से आकर मेरे गले लग गए। सुख-दुःख की बहुत बातें हुईं फिर काम की बाते हुई। मैंने ऐसा अनुभव किया कि सम्भव है प्यारासिंह अब आगे नही बढ़ेंगे। गया मे मुझे एक बात यह भी मालूम हुई कि बम्बई से श्री एस० डागे आये हुए है और बंगाल के विभिन्न क्रान्तिकारी दलो के नेताओ से बातचीत कर रहे हैं। दुर्भाग्यवश मेरे साथ उनकी मुलाकात नही हुई। इसी बीच मे श्री प्रतुल गागुली से मेरी फिर बातचीत हुई थी। बनारस के श्री सतीशचन्द्रसिंह के बारे मे बातचीत छिडने पर मैंने यह कहा था कि बनारस मे जैसे उपयुक्त व्यक्ति की आवश्यकता है। श्री सतीशचन्द्र उस श्रेणी के नही हैं। बहुत सम्भव है कि मेरे ही कहने पर सतीशचन्द्र को बनारस से वापस बुला लिया गया और उनकी जगह पर श्री योगेशचन्द्र चटर्जी बनारस आए। अब सोलह साल की सब बाते अच्छी तरह याद नही हैं। मुझे इतना अवश्य याद है कि गया मे मैंने श्री सुरेशचन्द्र भट्टाचार्य, सरदार प्यारासिंह, पंजाब के कुछ और व्यक्ति जिनका नाम मैं आज भी लेना नही चाहता क्योंकि वे आज भी गिरफ्तार

नही हुए और बंगाल के कुछ व्यक्तियों से मिलकर भविष्य की कार्यप्रणाली के बारे में बहुत कुछ बातचीत की थी। अवश्य ही हम सब एकत्र बैठकर बातचीत नही करते थे क्योंकि हम लोगों के दल की यह नीति थी कि विभिन्न प्रान्त के कार्यकर्ताओ मे जान-पहचान जितनी कम हो उतना ही अच्छा।

गया कांग्रेस मे मेरे रवैये को देखकर मेरे एक रिश्तेदार के दिल में यह सन्देह पैदा हो गया कि मैं फिर कुछ ऐसा काम करनेवाला हूँ जिससे संकट का आना अनिवार्य है। मेरे ये आत्मीय घर मे जाकर कहने लग गए कि शचीन्द्रनाथ फिर गडबडी करनेवाले हैं। श्री सुरेशचन्द्र भट्टाचार्य जी खोलकर मेरे साथ सहयोगिता करते थे उनसे यदि किसी डकैती करने या किमी आदमी को गोली मारने को कहा जाये तो अपात्र से ऐमा कहा जाएगा। जिस व्यक्ति से जितना काम लेना उचित है यह न जानने पर दल का संगठन करना कठिन हो जाता है। यही कारण है कि हम लोगो की एवं भगतसिह की गिरफ्तारी के बाद हमारा दल टूटने लग गया था। मैं जानता था कि श्री सुरेशचन्द्र आदि से कितना काम लिया जा सकता है। श्री सुरेशचन्द्र बडे चरित्रवान, साहित्य मे रुचि रखने वाले, विचारशील और आदर्शवादी युवक थे। विप्लव-कार्य मे शामिल होने से कितना सकट है इसे वे जानते थे। यह जानते हुए भी हमारा साथ देने मे सुरेश बाबू कभी पीछे नही हटे। मेरे पास उनकी उस समय की एक चिट्ठी की नकल आज भी मौजूद है। उनके वचनो से यह पता चल सकता है कि सुरेश बाबू कैसे उच्चकोटि के विचार रखनेवाले शुद्ध हृदय के युवक थे। गया काग्रेस मे सुरेश बाबू ने मेरा खूब साथ दिया।

गया कांग्रेस से लौटने के बाद इलाहाबाद मे मैंने एक छोटा-सा मकान किराए पर ले लिया। जैसे मैंने भगतसिह को अपना घर छोडकर निकल आने को कहा था वैसे ही फतेहगढ के आर्गनाइजर श्री छेदालालजी को भी मैंने घर छोडकर निकल आने को कहा। श्री छेदालालजी ने भी मेरे कहने के अनुसार अपनी नौकरी से इस्तीफा दे दिया और इलाहाबाद चले आए। इसी प्रकार से श्री बनवारीलाल भी अपना घर-बार छोडकर इलाहाबाद के मकान मे श्री छेदालाल जी के साथ रहने लग गए। विभिन्न जिलो के कार्यकर्तागण प्रायः मेरे पास आते थे। उन्हे मै उसी मकान मे ठहराता था। इस प्रकार से विभिन्न जिलों के कार्यकर्तागण एक-दूसरे को थोड़ा-बहुत जानने लगे थे। लेकिन फिर भी एक-दूसरे का नाम या एक-दूसरे का पता कोई किसी से पूछ नही सकता था। उसी समय श्री छेदालालजी के मार्फत एक सन्यासी से मेरा परिचय हुआ। उसी मकान मे बातचीत हुई। सन्यासी जी अपने को आर्यसमाजी कहते थे। इनका कोई गिरोह था जिसका काम था डकैती करना। यह सन्यासीजी हमसे कहते थे कि उनके गिरोह का नियम यह रहा है कि डकैती के बाद माल इत्यादि बेचकर जितने रुपये हाथ आते थे वे सब समान रूप से सदस्यो मे बाँट दिए जाते थे। इस प्रकार से वह सन्यासी एक क्रान्तिकारी दल बना रहे थे। इस सन्यासी का कहना था कि संकटकाल में

हम किसी की कोई सहायता नही कर सकते हैं और न ऐसा करना सम्भव ही है। इसलिए डकैती के रुपये सदस्यों में बांट दिए जाते हैं। और इस प्रकार से सहायता देने पर अपने दल का संगठन कार्य बहुत सहज हो जाता है। स्वामीजी की सब बातें सुनकर मैंने नम्रतापूर्वक उनसे निवेदन किया कि ऐसी संस्था के साथ हम लोग कोई सम्बन्ध नही रखना चाहते है। मैने बता दिया कि हम लोगो का क्रान्तिकारी आन्दोलन दूसरे प्रकार के सिद्धान्तो पर प्रतिष्ठित है। हम लोग पुरस्कार के आधार पर सगठन-कार्य नही करते। यहाँ तो सर्वस्व खोने का प्रण करके कार्यक्षेत्र में अवतीर्ण होना पडता है। यहाँ तो व्यक्तिगत चरित्र एव समाज सेवा के मार्ग से नये आन्दोलन की सृष्टि करना हमारा काम है। समय आने पर केवल मात्र सिपाहियो की आवश्यकता होगी तब हम लोग पुरस्कार की बात सोचेगे। अभी तो हम लोगो का काम है सर्वस्व त्यागी नौजवानो की टोली तैयार करना। जब समग्र भारतवर्ष मे ऐसी टोली बन जाएगी तब हम लोग दूसरे काम के बारे मे सोचेगे। मुझे इस बात पर बहुत आश्चर्य हुआ कि उन नवीन सन्यासी महोदय ने मेरे साथ प्रचड तर्क किया यह प्रमाणित करने के लिए उनके सिद्धान्त हम लोगो के सिद्धान्त से कही अधिक कार्यकारी और समयोपयोगी है। सन्यासी जी चाहते थे हम सब उनके साथ मिलकर एक विराट् क्रान्तिकारी दल बनावे। मुझे इस बात से बहुत आश्चर्य हुआ कि हमारे साथी श्री छेदालालजी भी कुछ हद तक सन्यासीजी की बातो का समर्थन करते थे। मैने यह तो नही कहा कि पेशेवर डकैतो क साथ हम लोगो का कोई सम्बन्ध नही रह सकता लेकिन मैंने स्वामी जी को यह अच्छी तरह समझा दिया कि हम दोनो के सिद्धान्तो मे आकाश-पाताल का अन्तर है। हम दोनो के दल एक साथ काम नही कर सकते। स्वामीजी अन्त मे कुछ होश मे आकर यह कहकर चल दिए कि आप लोग कुछ भी नही कर पाएँगे। मैने मुस्कराकर नम्रता के साथ उन्हे विदा किया। फिर श्री छेदालाल को भी क्रान्तिकारी आन्दोलन के बारे मे बहुत कुछ कहा और समझा दिया कि किसी भी अवस्था मे हमे मामूली डाकुओ को अपने साथ नही लेना है। हमे भूलना उचित नही है कितने बडे ध्येय को सामने रखकर समाज मे नये सिरे से जान लाने के लिए हम लोग कार्यक्षेत्र मे अवतीर्ण हुए हैं।

इसी समय किसी विश्वस्त सूत्र से मुझे पता चला कि यू० पी० मे फिर एक क्रान्तिकारी षड्यन्त्र का मामला चलने वाला है और मुझे भी षड्यन्त्र मे घसीटा जाएगा। मुझे बहुत आश्चर्य हुआ। अभी तो मुश्किल से सालभर ही काम किया होगा। इतने मे ही फिर षड्यन्त्र का मामला चलने वाला है। मुझे अपने आदमियो मे से किसी-किसी पर कुछ सन्देह होने लगा। गुप्त रीति से काम मे यह एक बड़ा भारी दोष है कि जरा-सी बात से ही अपने विश्वस्त आदमियों पर भी सन्देह उत्पन्न हो जाता है। मुझे इस खबर पर कुछ सन्देह हुआ, कुछ डर भी हुआ। इस अवस्था मे मैंने यह उचित समझा कि अब घर मे नही रहना चाहिए। चाहे खबर सच है या झूठ फिर भी उचित यही है कि सावधानी से काम लिया जाय।

मैं भी श्री छेदालाल और श्री बनवारीलाल के साथ रहने लग गया, अवसर देख-कर घर ही में भोजन कर आता था, क्योंकि मैं नहीं चाहता था कि दल का खर्च अनावश्यक रूप से बढ़ जाय।

मुझे इस समय ठीक स्मरण नहीं है, संभव है, इसी के कुछ पहले निजी सांसारिक कारणों से कुछ अर्थोपार्जन की भावना से मैं व्यस्त हो उठा था। मुझे सैण्ड्स साहब की बातें याद आईं। सैण्ड्स साहब ने मुझे अण्डमन से लौटते ही कह दिया था कि यदि भविष्य में कभी भी किसी सहायता की आवश्यकता अनुभव करो तो मुझसे कह देना। मुझसे बन पड़ा तो मैं अवश्य ही तुम्हारी सहायता करूँगा। इस बात को ध्यान मे रखते हुए मैंने सैण्ड्स साहब के पास एक चिट्ठी भेजी। सैण्ड्स साहब उस समय सी० आई० डी० (C. I. D.) से अलग होकर मामूली पुलिस विभाग में डी० आई० जी० आफ पुलिस (D.I.G. of Police) थे इनसे मै अण्डमन से लौटते ही फैजाबाद में मिला था। सैण्ड्स साहब ने पत्रोत्तर मे मुझको लिखा अमुक तारीख को मैं बनारस जाऊँगा और उस समय मुझसे मुलाकात करो। मेरे पीछे सदा सर्वदा खुफिया पुलिस के सिपाही लगे रहते थे। जिस समय मैं दल के काम से जाता था तो इनकी दृष्टि बचाकर मै अक्सर खिसक जाया करता था। लेकिन जब निर्दोष काम में कहीं जाता था तो मुझे इस बात की परवाह नही रहती थी कि खुफिया पुलिस के आदमी मेरा पीछा कर रहे है। बनारस मे सैण्ड्स साहब से मिला। सैण्ड्स साहब जानना चाहते थे कि मैं किसी विभाग मे कितनी तनख्वाह पर काम कर सकता हूँ। कोई विशेष जगह कहीं पर खाली हो तो मैं उन्हें बताऊँ। यदि उनका कोई हाथ रहता है तो वह अवश्य मेरी मदद करेगे। मैंने उन्हें बताया कि किसी विशेष जगह के बारे मे मैं नहीं जानता इत्यादि। सैण्ड्स साहब ने बाद को मुझसे यह कहा कि जैसी परिस्थिति होगी और मै जो कुछ सहायता दे सकूंगा इसके बारे में मैं पत्र द्वारा तुम्हें सूचना दूंगा। कुछ दिन बाद मेरे पास उनका एक पत्र आया जिसमे लिखा था कि मुझे एक अच्छी जगह दी जा सकती है। करीब एक सौ रुपया तनख्वाह भी मुझे मिल सकती है। लेकिन मुझे एक शर्त स्वीकार करनी पड़ेगी कि भविष्य में जब तक मैं इस मुलाजमत मे रहूँगा तब तक किसी प्रकार के भी राजनैतिक आन्दोलन मे भाग नही लूंगा। सैण्ड्स साहब ने यह भी आशा दिलाई थी कि मुझे बहुत अच्छे डिपार्टमेंट में काम दिया जाएगा जिससे भविष्य में मेरे लिए बहुत उन्नति का मार्ग खुला रहेगा। मैंने देखा कि मुझे एक अच्छा अवसर मिल रहा है लेकिन किसी प्रकार की भी शर्त कबूल करने में मेरे दिल ने गवाही नही दी। मैंने सोचा कि आजन्म कालेपानी की सजा से मैं जब मुक्त हुआ तो उस समय भी मैंने कोई शर्त नही मानी थी। इस समय किसी प्रकार की शर्त मानना मेरे लिए उचित नही होगा यद्यपि मैं यह देख रहा था कि सैण्ड्स साहब के प्रस्ताव में एक बहुत ही न्याययुक्त बात यह थी कि जितने दिन तक मैं मुलाजमत में रहूँ उतने दिन तक किसी प्रकार के राजनैतिक आन्दोलन में भाग न लूँ। मैंने सैण्ड्स साहब को

एक पत्र भेजा और उसमें बहुत नम्रता के साथ यह लिखा कि "सैण्ड्स साहब आपने एक सच्चे अंग्रेज (Englishman) की हैसियत से जो उदारता दिखलाई है उसके लिए मैं जन्म-भर आपका कृतज्ञ रहूँगा। लेकिन बहुत दुख के साथ यह कहना पड़ता है कि अण्डमन से छूटते समय भी जब मैंने कोई शर्त स्वीकार नहीं की है तो मेरे लिए उचित है कि अब भी मैं कोई शर्त स्वीकार न करूँ। लेकिन सरकारी मुलाजमत जब मैं स्वीकार करता हूँ तो उसका अर्थ यह होता ही है कि सरकारी क़ायदे-क़ानून को भी मैं स्वीकार करता हूँ। इसके अतिरिक्त मैं और कोई शर्त कबूल करना उचित नहीं समझता।" इस पत्र का कोई उत्तर मुझे नहीं मिला और मिलना आवश्यक भी नहीं था। जब मैं बाल-बच्चों को साथ लेकर घरबार छोड़कर फरार हो गया था उस समय भी सैण्ड्स साहब की चिट्ठी आदि मेरे पास थी। लेकिन मेरी गिरफ्तारी के बाद ये सब चीजें एवं और भी बहुतेरे आवश्यकीय कागजात—पत्र एवं मेरी बहुत-सी किताबें—जाने कितनी जगह घूमघाम कर आज सब-के-सब खो गए हैं।

मुझे ठीक याद नहीं है, सम्भव है, थोड़े दिन श्री छेदालाल और श्री बनवारी-लाल के साथ रहकर जब मैंने देखा कि पुलिस की तरफ से कोई विशेष उत्पात की सम्भावना नहीं है तो मैं भी ढीला पड़ गया।

श्री छेदालालजी के साथ संगठन-कार्य के सिलसिले में मैं फतेहगढ़ गया हुआ था। शहर के कुछ हिस्सों में एवं देहात में भी जाना पड़ा था। हमारे संगठन-कार्य का यह तरीका था कि जितनी जगहों में हो सके उतनी जगहों में दृढ़ चित्त कर्तव्य-परायण त्यागी साहसी युवकों को बैठाया जाय। इन्हीं को केन्द्र करके क्रमशः एक विराट् दल संगठित हो जाता है। गाँव और शहर से वापस आकर गंगाजी के किनारे सुस्ता रहे थे। थोड़ी देर में गंगाजी के किनारे-किनारे घाट-घाट घूमना प्रारम्भ किया और यह देखना चाहा कि कोई ऐसा स्थान मिलता है या नहीं जहाँ पर मनुष्य विदेश से आकर टिक सकता है। उस समय फतेहगढ़ जिले के 'साध' नामक कौम के पुरुष और स्त्री बहुत संख्या में एकत्र हुए थे। बैलगाड़ी में लदकर परिवार के परिवार चले आ रहे थे। इनको देखने से मालूम पड़ता था कि ये लोग बड़े सुखी हैं निर्द्वन्द्व हैं। इनमें अधिकांश स्त्रियाँ थीं। ये अधिक पर्दा नहीं करती थीं। निःसंकोच होकर गंगाजी में नहाती थीं, किनारे पर आकर खाती-पीती थीं। टोलियों में बैठकर संसार की सुख-दुखे की बातें करती थीं। कभी-कभी कुछ स्त्री-पुरुष एक टोली से दूसरी टोली में आते-जाते थे। सुनने में आया कि अब 'साध' लोग बड़े अमीर होते हैं। और इन का पेशा है व्यापार करना। दिनान्त में कुछ बैलगाड़ी में लदकर और कुछ पैदल घर को वापस आते थे। उस समय मालूम होता था मानो किसी मेला से सब लौट रहे हैं। हम एक घाट से दूसरे घाट को जा रहे थे और इधर-उधर तीक्ष्ण दृष्टि से देखते जा रहे थे कि इस मेले के सदृश आदमियों की भीड़ में बुड्ढों, औरतों और बाल-बच्चों को छोड़कर नौजवान भी यहाँ पर हैं या नहीं और यदि हैं तो वे शिक्षित हैं या नहीं।

अर्थात् मेरे लायक भी कोई युवक इस भीड़ मे मिल सकता है या नही यह भी मैं देखता जा रहा था। एक दफा अचानक ही मैंने एक खुले कमरे के अन्दर एक युवक को बैठकर किताब पढते हुए देखा। मेरा दिल उल्लसित हो उठा। मैं सीधा उस कमरे के अन्दर चला गया। मेरे साथ मेरे दो-एक साथी भी कमरे के भीतर चले आए। हम लोगो को देखकर वह नौजवान किताब की तरफ से अपनी दृष्टि हटाकर हम लोगो की तरफ देखने लगा। मैंने उस नवयुवक की दो आँखो मे ऐसी चीजे देखी जिससे मैने अनुमान किया कि यह युवक नितान्त निविष्ट चित्त होकर अपनी किताब पढ रहा था। किताब की तरफ दृष्टि आकृष्ट होते ही मैंने देखा कि वह एक अग्रेजी किताब थी। मैंने उस युवक से क्षमा प्रार्थना करते हुए कहा कि इस स्थान पर एक नवयुवक को दत्तचित्त होकर किताब पढते हुए देखकर हम लोग आकृष्ट हुए है और इसलिए आपके पास आए हैं। युवक ने सहृदयता के साथ हम लोगो को अपने तख्त पर बैठाया। यह बिचारा भी तो नितान्त अकेला ही था। मनुष्य समागम से वह युवक कुछ असन्तुष्ट हुआ हो ऐसा मालूम नही पडा। अग्रेजी किताब को उठाकर मैंने देखा वह भारतीय इतिहास पर परजिटर साहब का आधुनिकतम ग्रन्थ था। भारतीय इतिहास पर युवक से बातचीत होने लगी। इस प्रकार कुछ देर तक बातचीत होने के बाद यह मालूम हुआ कि उस युवक की एक बहन श्रीमती पार्वतीदेवी सत्याग्रह आन्दोलन के सिलसिले मे राजद्रोहात्मक भाषण देने के कारण दो साल की कडी कैद की सजा फतेहगढ की सेण्ट्रल जेल मे भुगत रही है। अपनी बहन से मिलने के लिए वह युवक फतेहगढ आया हुआ है। यह भी मालूम हुआ कि आप लाहौर मे लाजपतराय की प्रतिष्ठित राष्ट्रीय पाठशाला मे अध्यापक हैं। इनका नाम है अध्यापक जयचन्द्रजी विद्यालकार। आप गुरुकुल के स्नातक है एव भारतीय इतिहास पर विशेष खोज करके आपने दो ग्रन्थ भी लिखे है जिनमे से एक ग्रन्थ के लिए मगलाप्रसाद पारितोषिक आपको मिला है। इस ग्रन्थ का नाम है 'भारतीय इतिहास की रूपरेखा'। बहस की बात होते-होते राजनीति और सत्याग्रह आन्दोलन पर खूब बातें होने लगी। मालूम पडा कि अमृतसर मे डा० किचलूसाहब ने एक आश्रम खोला था। उस आश्रम मे बंगाल के प्रसिद्ध क्रान्तिकारी अध्यापक श्री जोतिषचन्द्र घोष भी पधारे थे। लेकिन बाद को फिर उन लोगो के साथ कोई सम्बन्ध इत्यादि नही रहा। पहले तो जोतिष बाबू का नाम सुनकर दिल मे यह खटका पैदा हो गया था कि चलो मेरे पहले ही बंगाल वाले पजाब मे अपना अड्डा जमा लिए हैं और मुझे इसका कुछ पता भी नही। लेकिन जब बाद को सुना कि जोतिष बाबू के साथ इन लोगों का अब कोई सम्बन्ध नही है। तो मैं समझ गया कि अभी तक कोई संगठन कार्य नही हुआ है। जोतिष बाबू के साथ जयचन्द्रजी और उनके कुछ छात्रो की खूब बातचीत हुई थी यह सुनकर मैं समझ गया कि क्रान्तिकारी आन्दोलन पर भी निश्चय ही बहुत बातचीत हुई होगी। फिर हिंसा-अहिंसा पर, महात्माजी की नीति पर, सत्याग्रह आन्दोलन पर, एवं बाद को क्रान्तिकारी आन्दोलन पर भी

खूब बातचीत हुई। जयचन्द्रजी को जब मालूम हुआ कि मैं अण्डमन गया हुआ था और क़रीब चार साल तक वहाँ पर रहा तो वह मेरे प्रति बहुत आकृष्ट हो गए। उन्होने बतलाया कि फतेहगढ़ से वह इलाहाबाद आएँगे। उस समय 'बन्दी जीवन नामक मेरी पुस्तक छप चुकी थी। मैं चाहता था कि जयचन्द्रजी मेरी किताब पढ़े। किताब मेरे पास नही थी। इसलिए तथा जयचन्द्रजी से बातचीत और आगे बढ़ाने के लिए यह तय पाया कि इलाहाबाद मे राष्ट्रीय स्कूल मे जयचन्द्रजी से मेरी फिर मुलाकात होगी। इलाहाबाद मे फिर मुलाकात हुई। 'बन्दी जीवन' पढ़कर जयचन्द्रजी अत्यन्त प्रभावित हुए। इस प्रकार से जयचन्द्रजी हमारे दल मे सम्मिलित हुए। इन्होने मुझे लाहौर बुलाया। मैं लाहौर गया। अध्यापक जयचन्द्रजी के मकान मे ही अतिथि हुआ। लाहौर मे मै कुछ नौजवानो से परिचित हुआ। इन नौजवानो मे एक का नाम था सरदार भगतसिंह। लाहौर के नौजवानो मे से कोई तो रावलपिंडी का रहनेवाला था कोई था गुजरानवाला का, कोई था गुरदासपुर का और कोई होशियारपुर का। ये सब लाजपतराय के प्रतिष्ठित 'तिलक स्कूल आफ पालिटिक्स' के छात्र थे। एक-एक करके इन सब नवयुवको से देर तक बातचीत होती रही। सशस्त्र क्रान्ति के मार्ग को छोड़कर भारतवर्ष कभी भी स्वाधीन नही हो सकता, और सशस्त्र क्रान्ति होना निश्चय ही सम्भव है, इन सब बातो पर विशेष रूप से ज़ोर देते हुए और पिछले क्रान्ति युग के इतिहास को बतलाते हुए मैंने इन सब नवयुवको को क्रान्ति मार्ग में दीक्षित किया।

लाहौर मे हम लोगो के एक बहुत पुराने साथी थे श्री केदारनाथजी सहगल। इससे भी मै मिलने गया। ये व्यक्ति बारहो महीना, तीसो दिन, हर घडी सिर से पैर तक काले कपड़े पहने रहते थे। भारतवर्ष जब तक स्वाधीन नही होता है तब तक इनका प्रण था कि सफेद कपड़ा नही पहनेंगे।

श्री केदारनाथ के यहाँ और भी पुराने साथियो के साथ बातचीत हुई। श्री केदारनाथ और ये सब दूसरे पुराने साथी काम करने के लिए आगे नही बढ़े। श्री केदारनाथजी के ज़रिये यह मालूम हुआ कि पहले लाहौर षड्यन्त्र केस के श्री पृथ्वीसिंहजी के साथ उनका कुछ सम्बन्ध है। मैंने बार-बार आन्तरिक चेष्टा की कि पृथ्वीसिंहजी से मेरी मुलाकात हो जाय लेकिन मेरे दुर्भाग्य से उनसे मुलाकात नही हो सकी।

इस वक्त मुझे ठीक से याद नही है, यदि उस समय के सवादपत्रो आदि मे सहायता ली जाय तो सम्भव है, सिलसिले को ठीक रखते हुए सब बाते मै बता सकूं। इस समय कुछ आगे की बाते पीछे कह रहा हूँ या पीछे की बात आगे बता रहा हूँ या नही इसके बारे मे कुछ निश्चयपूर्वक मैं कह नही सकता। जिस समय नाभा मे अकालियो का सत्याग्रह हो रहा था उस समय मैं अमृतसर आया हुआ था। सम्भवत: जयचन्द्रजी से मिलकर मैं सीधा अमृतसर आया था। सिक्खों का जो महान् दृश्य उस समय मैंने देखा उसकी तुलना भारतवर्ष के किसी प्रान्त से

भी नहीं हो सकती। नाभा में प्रतिदिन गोली चल रही थी। उसके मुकाबले में प्रतिदिन सिक्ख जत्थे गोली का सामना करने के लिए नाभा जाते थे। पंजाब के हरएक प्रान्त से किसान, मजदूर, छात्र, नौजवान, बूढ़े, प्रौढ़ हरएक प्रकार के सिक्ख इन जत्थों में आ-आकर शामिल होते थे। मैंने स्वयं देखा है कि अमृतसर में जब ये जत्थे पहुँचते थे तो बिलकुल सामरिक रीति से इन जत्थों का स्वागत होता था। और इनकी कितनी ही माताएँ, बहनें, स्त्रियाँ इनसे आकर मिलती थीं। अपने प्रेम से, अपनी उमंग से, हृदय के अन्तस्तल से ये माताएँ, बहनें और स्त्रियाँ इन सिक्खों के गलों मे प्रीति के, स्नेहाशीर्वाद के, मंगल कामना के प्रतीक-स्वरूप मालाएँ पहनाती थीं। अमृतसर मे एक तरफ रसद का इंतजाम था, अस्पताल की व्यवस्था थी। नाभा से चोट खाए कितने व्यक्ति इन अस्पतालो मे आकर आश्रय लेते थे। एक अस्त्र को छोडकर और सब बातो में पूरी लडाई की तैयारी थी। इन सिक्खों के पीछे महात्माजी का आशीर्वाद नहीं था, इस सिक्ख आन्दोलन के पीछे कांग्रेस की प्रेस्टीज भी नही थी। कांग्रेस का कोई भी गण्यमान्य नेता इस सिक्ख आन्दोलन के साथ नही था। लेकिन एक बात अवश्य थी जिसे स्वीकार करना पडेगा कि सिक्ख लोग अपने नेतृत्व मे अपनी क़ौम के लिए जैसा असाध्य साधन करके दिखला सकते हैं, दूसरी क़ौम के साथ मिलकर, अखिल भारतवर्षीय आन्दोलन में उस आन्तरिकता के साथ वे वैसा नही करते।

इस अवसर पर एक सर्वमान्य सिक्ख नेता के साथ मेरी खूब बातचीत हुई थी। उसका नाम यहाँ पर उल्लेख करना कदापि उचित नही होगा। जिस दिन भारत स्वाधीन हो जाएगा उस दिन उनका नाम प्रकाशित किया जा सकता है। इस नेता ने बहुत आन्तरिकता के साथ मेरे पास एक प्रस्ताव किया था। उन्होने यह बतलाया था कि सिक्ख आन्दोलन अब ऐसी स्थिति पर आ पहुँचा है कि अब यह आन्दोलन आगे चलाना प्राय: असम्भव-सा हो गया है। सिक्खों के खेती का काम नष्टप्राय हो चला है। उनके सब व्यापार एवं काम-धंधे चौपट हो चुके हैं। सरकार से समझौते का भी कोई लक्षण नही दिखलाई देता। सिक्खो के गुरुद्वारा आन्दोलन का परिणाम क्या होगा, यह कहना बहुत ही कठिन हो गया है। ऐसी परिस्थिति में यदि प्रचण्ड रूप से आतंकवाद की सृष्टि की जा सके तो बहुत सम्भव है कि सरकार के ऊपर खूब दबाव पड़े। मैंने उन्हें यह आश्वासन दिलाया कि यदि कांग्रेस के कुछ नेतागण इस बात का विरोध न करें तो जैसा आप कहते हैं हम वैसा ही करेंगे। लेकिन हम यह नही चाहते है कि हमारे काम से कांग्रेस के आन्दोलन को कुछ भी धक्का पहुँचे।

इसी समय एक और विशेष महत्त्वपूर्ण बात हुई। लाहौर षड्यन्त्र केस के एक व्यक्ति सरदार गुरुमुखसिंह सरकार की हिरासत से भाग निकले थे। आपसे मेरी पहली मुलाकात अण्डमन जेल में हुई थी। मेरे छूट जाने के बाद सरदार गुरुमुख सिंह को भारत के जेल में वापस भेज दिया गया था। आपको मद्रास के एक जेल से दूसरे जेल में ले जाया जा रहा था। पैरों में लोहे की बेड़ी थी लेकिन इनके

दुर्लभ साहस को ले देखिए कि चलती ट्रेन से मौका देखकर सरदार गुरुमुखसिंह अन्धकार में कूद पड़े। पुलिस गफलत में पड़ी रही सरदार गुरुमुखसिंह उन्मत्त उत्ताल तरंग समाकीर्ण जीवन समुद्र में अदृश्य हो गए। किस प्रकार से बाद को वह अपनी बेड़ी से मुक्त हुए, एवं कैसे किधर गए इसका पूर्ण वर्णन मैंने 'विचार विनिमय' नामक अपनी पुस्तक में किया है। इसलिए इस बात को यहाँ पर दुहराने की कोई आवश्यकता नही है। लाहौर के सर्वमान्य नेता के साथ बातचीत करने के पश्चात् मुझे पता चला कि सरदार गुरुमुखसिंह भी इस समय अमृतसर में उपस्थित है; और फिर मै उनसे मिलने गया।

अमृतसर गुरुद्वारा के पास ही एक गली में एक छोटे-से मकान में आ पहुँचा। नीचे दुकानें थी, ऊपर सरदार गुरुमुखसिंह रहते थे। अकाली आन्दोलन के सर्वमान्य नेता भी मेरे साथ इस स्थान पर आए थे। सन् 1920 में सरदार गुरुमुखसिंह को अण्डमन में छोडकर आया था। इतने दिन के बाद फिर फरार हालत में सरदार गुरुमुखसिंह से मिलकर विचित्र आनन्द का अनुभव कर रहा था। एक तरफ साम्राज्य की तमाम शक्ति विप्लववादियों को कुचलने के लिए निर्मम रूप से लगी हुई है दूसरी तरफ अज्ञात कुलशील असहाय सम्पदहीन होते हुए भी आत्मविश्वास के कारण ही अपने आदर्श में अविचलित श्रद्धा रखने के कारण ही, विप्लववादी जीवन की बाज़ी लगाकर असंख्य बाधाओं का सामना करते हुए भी कैसी निष्ठा के साथ अपनेकाम में कैसे निर्भीक होकर उत्साह के साथ लगे हुए हैं। एक और विशेष महत्त्वपूर्ण बात ध्यान में रखने की यह है कि अकाली आन्दोलन एक प्रकाश्यजन-आन्दोलन था, वह आन्दोलन सशस्त्र क्रान्तिकारी आन्दोलन न था। उस आन्दोलन के नेतागण भी क्रान्तिकारी नही थे। लेकिन इस आन्दोलन के नेतागण अहिंसा नीति को आसमान पर नही चढ़ाते थे। जैसी परिस्थिति थी उसी के अनुकूल वातावरण में जन-आन्दोलन को जिस प्रकार से निर्भीक रूप मे चलाया जा रहा था उसी प्रकार से भारत के दूसरे राष्ट्रीय आन्दोलन के प्रति अकाली आन्दोलन के नेतागण उदासीन न रहकर उसके प्रति अपनी स्पष्ट सहानुभूति की अविचलित स्वर मे घोषणा करने मे हिचकते नही थे। इसीलिए सशस्त्र क्रान्तिकारी आन्दोलनकारियों के प्रति अकाली आन्दोलन के नेतागणों ने कोई भी असम्मानसूचक अथवा निरुत्साह-व्यंजक शब्दों का व्यवहार नही किया। अपनी कान्फ्रेंस मे अकालियों ने स्पष्ट शब्दों में यह घोषणा की कि अभी क्रान्ति का समय नही आया है, इसलिए हम सलाह देते हैं कि जो वीर और त्यागी नवयुवकगण क्रान्तिकारी कार्य मे लगे हुए हैं वे अपने कार्य से विरत हों। उनकी वीरता, उनका त्याग, उनका साहस सराहनीय है। लेकिन उनके कार्य अभी समयोपयोगी नही हैं। इस मनोवृत्ति के साथ यदि हम कांग्रेस के नेतागणों की मनोवृत्ति की तुलना करते हैं तो मन में ऐसा लगता है कि ये लोग विशेष करके महात्माजी और उनके अनुयायीगण मानो क्रान्तिकारियों को अपना और अपने देश का शत्रु समझते है। कांग्रेस के प्लेटफार्म से, एवं सभापति के आसन से भी, ऐसे विषवत् वाक्यों के उद्गार किए जाते

हैं जिससे देश में क्रूर एवं प्रबल दलबन्दी की भावना उत्पन्न होती है। ऐसा मालूम पड़ता है कि इन नेताओं के दिल में क्रान्तिकारियों के प्रति एक उग्र कटुता-सी है। कभी तो ये नेतागण क्रान्तिकारी आन्दोलन की उसे इर्फेंटाइल (Infantile) अर्थात बालकोचित कहकर निन्दा करते हैं और कभी क्रान्तिकारी आन्दोलन को फॅसिस्टक कहकर अपनी जलन को शान्त करते हैं। और कभी ऐसा भी कह देते हैं कि क्रान्तिकारियो ने देश की प्रगति को पचास साल पीछे हटा दिया है। यह भी आक्षेप किया जाता है कि क्रान्तिकारीगण बलपूर्वक असहाय निर्दोष व्यक्तियो को शहीद बना देते है। इस मनोवृत्ति के पीछे शान्त युक्ति नही है, इसके पीछे ऐतिहासिक प्रेरणा भी नही है और सर्वोपरि इसके पीछे देश-हित की कल्याणमयी कामना भी नही है। इसके पीछे केवल अहकार का एक उग्र रूप विद्यमान है। काग्रेस के नेताओ ने भी सरलतापूर्वक आत्यन्तिक रूप मे भारत की स्वाधीनता के प्रश्न को न स्वीकार किया और न उसका विचार किया। जिस समय ससार का प्रत्येक पराधीन राष्ट्र अपनी स्वाधीनता को प्राप्त करने के लिए बेचैन है, तडप रहा है, असाध्य साधन के लिए सर्वस्व विसर्जन करने को भी तैयार हो रहा है एव अद्भुत साहस और निष्ठा के साथ अपने ध्येय के पीछे लगा हुआ है, उस समय भारतवर्ष के लब्ध-प्रतिष्ठित नेतागण अपने सामर्थ्य को अपने ध्यान मे रखते हुए ही भारतवासियो को रास्ता दिखाने की हिम्मत करते है और उनके नेतृत्व मे जो विश्वास नही करते है, ऐसे क्रान्तिकारियो के प्रति वे कटुतापूर्ण उद्गार करते हैं। लेकिन जैसे अकाली नेतागण एक तरफ क्रान्तिकारियो के प्रति सहानुभूति सूचक शब्द व्यवहार करते थे इसी प्रकार दूसरी तरफ अकाली नेतागण सरदार गुरुमुखसिंह जैसे विद्रोहियो का छिपकर साथ देते थे और उनकी सहायता भी करते थे।

सरदार गुरुमुखसिंह के कमरे मे अकालियो के एक सर्वमान्य नेता थे। सलाह हो रही थी कि आतकवाद की सृष्टि करके अकाली आन्दोलन को सहायता पहुँचाई जा सकती है या नही। मै जानता था कि अपना दल अभी पूर्ण रीति से सगठित नही हुआ है तथापि यह भी मै जानता था कि दो-चार सरकारी अफसरो को यम-धाम पहुँचाने के लिए जितनी शक्ति की आवश्यकता है उतनी शक्ति हमने प्राप्त कर ली है। मैं यह भी जानता था कि आतकवाद के चक्कर मे पडकर क्रान्तिकारी आन्दोलन को काफी धक्का लग सकता है। मै यह भी खूब जानता था कि आतकवाद के द्वारा कभी भी देश को स्वाधीन नही किया जा सकता। लेकिन देशवासियों की सहानुभूति आकृष्ट करने के लिए जनान्दोलन के नेतागणो की सहायता पाने के लिए हम लोगो को बार-बार आतकवाद के चक्कर मे पडना पडा है। इस पहलू को विचार-विनिमय नामक अपनी पुस्तक मे पाठको के सामने रखना मै भूल गया हूँ। भारत के आतकवाद के मूल मे यह भी एक प्रबल बात थी कि बहुत-से धनी व्यक्ति क्रान्तिकारियो को सहायता देने के लिए इस शर्त पर तैयार हो जाते थे कि क्रूर अत्याचारी राजपुरुषो को समाप्त कर दिया जाय।

बारीन्द्र ने इस बात को प्रकाश्य रूप में स्वीकार किया है। पंजाब में भी अकाली नेता की मनोवृत्ति को देखकर वही बंगाल की बात याद आती है। सरदार गुरुमुखसिंह के कमरे में बैठकर यह तय हुआ कि भारत के बड़े लाट के ऊपर बम और पिस्तौल से हमला किया जाय। उस समय सरदार गुरुमुखसिंह भी पंजाब में बोलशेविक नीति पर एक दल के संगठन कार्य में लगे हुए थे। लेकिन उनके दल में यह सामर्थ्य न थी कि लाट साहब के ऊपर आक्रमण का कोई इन्तजाम कर सके। जैसा मैं पहले बता चुका हूँ मैंने युक्त प्रान्त में एक छोटा-सा दल खड़ा कर लिया था। मैंने इन लोगों से वादा किया कि बंगाल के देशबन्धु सी० आर० दास से सलाह करने के बाद ही मैं यह बता सकता हूँ कि लाट साहब के ऊपर हमले का दायित्व मैं ले सकता हूँ या नही। पंजाब के नेताओं को मैंने स्पष्ट शब्दों में समझा दिया कि हम ऐसा कोई काम करना नही चाहते जिससे जन-आन्दोलन को कोई धक्का पहुँचे। महात्मा गांधी से बंगाल के कुछ क्रान्तिकारियों ने वादा किया था कि सालभर महात्माजी के कार्य में वे लोग बाधा नही देंगे। मैंने अपने दिल में यह आशा पाली थी कि देशबन्धु सी० आर० दास और उनके ऐसे दूसरे कांग्रेसी नेताओ को विप्लव आन्दोलन के प्रति सक्रिय रूप में आकृष्ट करूँगा। इस मनोवृत्ति के कारण मैं यह नही चाहता था कि सी० आर० दास की इच्छा के विरुद्ध आतंकवाद की सृष्टि की जाय। मुझे ऐसा भी मालूम था कि अभी थोड़े दिन पहले ही सी० आर० दास में और ब्रिटिश सरकार के प्रतिनिधि में राजनीतिक मामलों के बारे मे कुछ समझौते की बातचीत चल रही थी। अकाली नेता एवं गुरुमुखसिंह ने मेरे दृष्टिकोण का समर्थन किया।

कहाँ पर लाट साहब के ऊपर हमला किया जाय इस पर भी विचार हुआ। पाठक सुनकर हैरान हो जाएँगे कि सिख आन्दोलन इतना व्यापक एवं गम्भीर हो चुका था कि बड़े-से-बड़े सिख अफ़सर भी इस आन्दोलन को हर प्रकार से सहायता देने के लिए तैयार हो गए थे। गुरुमुखसिंह के कमरे में जो सिख अफ़सर मौजूद था उसने मुझसे कहा कि शिमला मे ही हमला हो सकता है। और लाट साहब के चलने-फिरने के बारे मे एक घण्टे की खबर हमको दी जा सकती है। मैं शिमला के बारे म थोड़ा-बहुत परिचित था। क्योंकि मैं एक साल तक शिमला में रह चुका था। मै जानता था कि शिमला से बाहर निकल जाने के लिए सैकड़ों रास्ते है। शिमला मे मेरे आने-जाने का इन्तजाम होने लगा।

एक और विशेष महत्त्वपूर्ण बात यहाँ बता देना अप्रासगिक न होगा। मुझे एक तार की नकल दिखलाई गई। यह तार जंगी लाट की तरफ से नाभा के जंगी अफसर के पास जा रहा था। यह तार सकेत मे लिखा हुआ था। मुझसे कहा गया कि मै इस तार का मर्मोद्घाटन करूँ। मैने देखा हजार की सख्या मे (एकाई-दहाई सैकड़ा हजार ऐसे हजार की संख्या मे) कई एक अंक तीन लम्बी-लम्बी कतारों मे सजाये हुए है –अर्थात् मान लीजिए कि ऐसा है : पहले 4516 लिखा हुआ है, उसके नीचे 3721 लिखा है और उसके नीचे 7528 लिखा है इसी प्रकार

से तीन लम्बी-लम्बी कतारों में ऐसे आँकड़े सजाये हुए हैं। ऐसा गोपनीय तार भी सिख अफ़सर ने तार घर से नकल करके विप्लववादियों के हाथ में लाकर रख दिया है। मैंने इन्हें समझाया कि इस तार के अर्थ को समझने के लिए कई महीनों तक परिश्रम करना पड़ेगा। फिर संकेत विज्ञान से भी खूब परिचित रहना नितांत आवश्यक है। और मैं ऐसा परिचित नहीं हूँ। मैंने यह भी बतलाया था कि हम लोगों के सांकेतिक चिह्न आज भी सी० आई० डी० वाले समझ नहीं पाए हैं। हम लोगों के एक साथी श्री विनायक राव कापले के मृत-शरीर के साथ एक चिट्ठी भी पाई गई थी। उस चिट्ठी में कुछ सांकेतिक चिह्न थे आज भी सी० आई० डी० वाले इन चिह्नों का अर्थ समझ नहीं पाए हैं। तार की नकल तो और बात रही लाटसाहब के दफ़्तर से नाभा के सम्बन्ध में पूरी फाइल-की-फाइल (कागजात) अकालियों ने ग़ायब करा दी। इसका नाम है जन-आन्दोलन, इसको कहते हैं क़ौम की प्रीति! सिख लोग सरकारी नौकरी भी करते थे और अपनी जाति की सेवा के लिए भी सब कुछ करने के लिए तैयार रहते थे। भारतवर्ष की दूसरी जातियों में इसकी तुलना मिलनी कठिन ही नहीं, असम्भव है।

अकाली नेता और सिख अफ़सर से मिलने के बाद सरदार गुरुमुखसिंह से संगठन के बारे में बहुत बातचीत हुई। मुझे पता चला कि सरदार गुरुमुखसिंह रूस होकर आए हैं, काबुल में भी इनके अड्डे मौजूद हैं। काबुल में पंजाब को आने-जाने का विशेष उपाय निर्धारित है। गुरुमुखसिंहजी कई बार काबुल से पंजाब आए हैं और गए हैं। सरदार गुरुमुखसिंहजी बोलशेविकों के सिद्धान्त के आधार पर सिखों में ही अपना संगठन करना चाहते हैं। उनसे बातचीत करके मैंने यह अनुभव किया कि सिखों को छोड़कर दूसरी किसी क़ौम के साथ मिलकर अब ये लोग कुछ काम नहीं करना चाहते। मुझे बहुत दुःख हुआ। लेकिन मैं समझ गया कि क्रान्तिकारी आन्दोलन में भी साम्प्रदायिकता का विष अपना असर दिखाने लग गया है। मैंने यह खूब समझ लिया कि गुरुमुखसिंह अब मेरे साथ मिलकर कोई काम नहीं करेंगे।

अमृतसर से मैं लाहौर लौट आया। भविष्य में गुरुमुखसिंह से सम्बन्ध क़ायम रखने के लिए प्रयोजन कर लिया। अध्यापक जयचन्द्रजी को गुरुमुखसिंह के बारे में सब बातें बता दीं, लेकिन जहाँ तक मुझे आज याद है लाट साहब के ऊपर हमले की बात इन्हें नहीं बताई।

इधर भगतसिंह से बातचीत करने पर मालूम पड़ा कि भगतसिंह के पिता भगतसिंह की शादी कराने का तमाम आयोजन कर रहे हैं। मैंने खुद तो शादी कर ली थी लेकिन मैं यह खूब अनुभव कर रहा था कि मैंने शादी करके बड़ी भारी ग़लती की है। मैंने भगतसिंह को समझा दिया कि यदि शादी कर लोगे तो भविष्य में क्रान्तिकारी आन्दोलन में तुम अधिक काम नहीं कर पाओगे। भगतसिंह शादी करना नहीं चाहते थे। मेरा यह एक नियम था कि दल के आदमी की परीक्षा करने की गरज से मैं यह देखना चाहता था कि अपने दल का व्यक्ति त्याग

करने के लिए कहाँ तक तैयार है। हम लोग तो उसी को अपने दल का आदमी समझते थे जो व्यक्ति हर घड़ी इस बात के लिए तैयार हो कि जब कभी कहा जाय तभी घर-बार छोड़कर काम करने के लिए मैदान में उतर पड़े। इस नीति के अनुसार मैंने भगतसिंह से कहा कि "क्या तुम घर-बार छोड़ने को तैयार हो। यदि तुम शादी कर लोगे तो आगे चलकर अधिक काम करने की आशा तुमसे नही रहेगी। और तुम यदि घर में रहते हो तो उन्हें शादी करनी पड़ेगी। मैं नहीं चाहता कि तुम शादी करो। इसलिए मेरी इच्छा है कि तुम घर छोड़कर मैं जहाँ कहूँ वहाँ रहने लग जाओ।" भगतसिंह घर छोड़ने के लिए तैयार हो गए। मैंने एक दफा चाहा था कि सरदार किशनसिंह (भगतसिंह के पिताजी) से मिल मिला लें। क्योंकि अतीत युग में सरदार किशनसिंह से हम लोगों का कुछ सम्बन्ध रहा था। लेकिन भगतसिंह के घर से बाहर चले जाने की बात से मैंने यह निर्णय किया कि सरदार किशनसिंह से नही मिलूँगा। मुझे यह याद है कि एक दफा एक बंगले के सदृश मकान में मैं लाहौर शहर की बाहरी तरफ सरदार किशनसिंहजी से मिला था, किस बार मिला था मुझे इस बात का स्मरण नहीं है। मेरे कहने पर भगतसिंहजी घर छोड़कर युक्तप्रांत चले गए थे। पहले-पहल कानपुर में मन्नीलालजी अवस्थी के मकान पर उनके रहने का इन्तजाम किया गया था।

10

श्री मोतीलालजी, जवाहरलालजी तथा श्री सी० आर० दास से भेंट

इधर बंगाल की बातें कहने को बहुत कुछ रह गई हैं। जमशेदपुर के काम को छोड़ देने के बाद और इलाहाबाद आने के पहले एवं इलाहाबाद से भी मैं कई दफा कलकत्ता गया था। उसका विवरण देना अभी बाकी है।

पंजाब का समाचार लेकर के उस समय मैं बंगाल गया था। आज भी मुझे यह ठीक-ठीक स्मरण है कि मैं देशबन्धु सी० आर० दास से कई बार मिला था और पंजाब का संदेश लेकर उनसे बहुत बातचीत हुई थी। उसका सब वृतान्त आज प्रकाश कर देने से किसी की भी कोई हानि नही है ऐसा मैं समझता हूँ।* इसके पहले पं० जवाहरलालजी से भी मेरी जो बातचीत हुई थी उसे भी यहाँ लिख देना अप्रासंगिक नही होगा। विशेष करके पं० जवाहरलालजी ने अपनी आपबीती (मेरी कहानी) में क्रान्तिकारी आन्दोलन के बारे में जगह-जगह पर अपने बहुत कुछ मन्तव्य प्रकाशित किये हैं। जमशेदपुर के काम को छोड़ देने के बाद इलाहाबाद मे मैंने पं० मोतीलालजी नेहरू एवं पं० जवाहरलालजी नेहरू से मुलाकात की थी। उस समय पं० मोतीलालजी नेहरू स्वराज्य पार्टी बनाने में लगे हुए थे। अभी तक देहली मे कांग्रेस का विशेष अधिवेशन नहीं हुआ था। मुझे इस समय याद नही है कि गया में कांग्रेस का वार्षिक अधिवेशन हो चुका था या नही। मोतीलालजी से मैंने बहुत नम्रता एवं आन्तरिकता के साथ यह निवेदन किया था कि कांग्रेस कार्यक्रम का यह एक प्रधान अंग होना चाहिए कि कांग्रेस सदस्यों को लेकर जो संगठन हो उसका स्वरूप ऐसा होना आवश्यक है जैसा आयरलैंड का 'शिनफीना' संगठन था अथवा जैसा यूरोप के अन्य देशों में राजनीतिक संगठन होते थे। यहाँ आवश्यकता पड़ने पर आदमियों की मांग की जाती है और उस समय जाने कितने प्रकार के आदमी कितनी विभिन्न भावनाओं को लेकर थोड़े दिन के लिए कांग्रेस के काम में भाग लेते हैं। लेकिन होना यह चाहिए कि देश-सेवा के आदर्श को लेते हुए त्यागी मनुष्यों का ऐसा दल तैयार हो जिसमें प्रत्येक व्यक्ति देश-सेवा के आदर्श को यथार्थ रूप में हृदयंगम करके भ्रातृभाव से प्रणोदित होकर बहुकाल व्यापी त्याग का जीवन व्यतीत करने के लिए तैयार हो। मेरे दिल में और भी बहुत-सी बातें थीं जिन्हें प्रकाश करने के पूर्व ही

पं० मोतीलालजी मेरे प्रस्ताव की हँसी उड़ाने लग गए। मैं पंडितजी को यह नहीं समझा पाया कि फ्रांसीसी राज्य क्रान्ति के पहले फ्रांस में और विशेषकर पेरिस में कितने राजनीतिक क्लबों की स्थापना हुई थी। पंडितजी ने मेरी बातों को पूरी तरह से सुना भी नहीं और जब कभी अपने कामों से फुरसत पाते थे और मैं पास होता था तो पंडितजी मेरी तरफ दृष्टि निक्षेप करके मुस्कराकर मुझसे पूछते थे, "कहा मिस्टर सान्याल और कुछ ब्रिलियण्ट सजेशन हैं?" मैं भी अपनी लज्जा और झेंप को छिपाने के लिए कह दिया करता था, "जहाँ तो सभी ब्रिलियण्ट हैं इन सब के सामने मैं क्या अपनी ब्रिलियन्सी दिखलाऊँ।" पं० मोतीलालजी से तो इससे आगे बातचीत बढी नही। लेकिन पं० जवाहरलालजी से दो-तीन दिन तक बहुत बातचीत हुई थी। यदि पडितजी की राय मेरी राय से मिल गई होती तो आज ये सब बातें लिखने की आवश्यकता न होती। कारण उस अवस्था में तो वे हमारे सहयोगी होते और अपने आदमियो की बात शत्रुओं के सामने प्रकाशित कर देने का अर्थ होता है देशद्रोह करना। इसके अतिरिक्त पंडित जवाहरलालजी ने अपनी आत्म-कहानी मे क्रान्तिकारियो के प्रति अपनी राय व्यक्त करना उचित समझा है, तथा समय-समय पर भारत के राष्ट्रीय नेता की हैसियत से क्रान्तिकारियो के बारे में उन्होने बहुत-से वक्तव्य प्रकाशित किये हैं। मैंने भी एक क्रान्तिकारी होने के नाते प० जवाहरलालजी से जो बातचीत की थी राष्ट्रीय आन्दोलन के इतिहास मे उसका भी एक स्थान होना उचित है ऐसा मैं समझता हूँ। अण्डमन से लौटने के बाद राजनीतिक बन्दियो की मुक्ति के लिए आन्दोलन मे उनसे महायता पाने की इच्छा से एक दफा मैं प० जवाहरलालजी से मिला था। इसका उल्लेख मैंने पहले ही कर दिया है। इसलिए पण्डितजी से मेरी कुछ थोडी बहुत पहचान हो गई थी। प० मोतीलालजी से निराश होकर मैंने चाहा कि एक दफे पं० जवाहरलालजी से भी अच्छी तरह से बातचीत करके क्यो न देख लूं। एक दफे मिलने की इच्छा प्रगट करने पर पं० जवाहरलालजी ने मेरे मिलने के लिए एक समय नियत कर दिया। उस नियत समय पर एक दिन प्रातःकाल मैं 'आनन्दभवन' भवन मे पं० जवाहरलालजी से मिला। वह समय पण्डितजी का जलपान करने का समय था। बातचीत शुरू होते ही पंडितजी के लिए कुछ फल इत्यादि आए थे। मुझसे भी उन्होंने पूछा, 'कुछ खाओगे?' मैंने नम्रता से उत्तर दिया, 'नही, मेहरबानी है, मैं खाकर आया हूँ।' पंडितजी खाते-खाते मेरे साथ बातचीत करते रहे। कम-से-कम डेढ घण्टे तो अवश्य बातचीत हुई होगी। मैं पंडितजी को क्रान्तिकारी आन्दोलन की आवश्यकता और उसकी सफलता के बारे मे विश्वास दिलाना चाहता था।

प० जवाहरलालजी से जब मेरी बातचीत हो रही थी और मैं पंडितजी के चेहरे की तरफ देखता था तो मुझे ऐसा अनुभव होता था कि मानो मैं एक अर्वाचीन अल्प बुद्धि बहका हुआ सरल लेकिन नासमझ युवक हूँ और पंडितजी मानो निहायत कृपापूर्वक मेरे साथ बैठकर कुछ समय नष्ट कर रहे हैं। कुछ इस तौर

पर कि बिचारा एक सरल बहका हुआ युवक आया है, कुछ कहना चाहता है, क्या करें, कुछ तो समय देना ही पड़ेगा। अच्छा कहो, सुनते हैं। नाश्ते का समय है यों ही सही। लेकिन जैसे-जैसे बातचीत होने लगी वैसे-वैसे ही क्रमशः उनका निस्पृह उदासीन भाव चला गया और अपने पक्ष को लेकर पंडितजी ने भी वैसे ही गम्भीरतापूर्वक तर्क किया जैसा मैंने अपने पक्ष को लेकर आन्तरिकता के साथ उन्हें समझाना चाहा। पंडितजी ने बहुत शान्तिपूर्वक किसी बात को न छिपाकर अपनी बात को निहायत स्पष्ट शब्दों में मेरे सामने रख दिया। पंडितजी का कहना था कि आधुनिक काल में सुप्रतिष्ठित किसी भी राष्ट्र के विरुद्ध वहाँ की प्रजा के लिए सशस्त्र क्रान्ति करना असम्भव है। मैंने रूस और जर्मनी का दृष्टान्त दिया और कहा कि आधुनिक काल में इन देशों में सशस्त्र क्रान्ति सम्भव हुई है। पंडितजी ने मुझे समझाना चाहा कि गुप्त रीति से षड्यन्त्र के मार्ग को ग्रहण करने पर हम कभी भी सफलता प्राप्त नहीं कर सकेंगे कारण एक तो हमें इस मार्ग में बहुत थोड़े आदमी मिलेंगे और दूसरे यह कि जो आदमी मिलेंगे भी उनमें से हमेशा मुखबिर पैदा होंगे। इन मुखबिरों की वजह से संगठन का कोई काम पूर्ण नहीं हो पाएगा। हम लोग गुप्त रीति से षड्यन्त्र रचेंगे। थोड़े दिनों में सब बातें खुल जाएँगी। जेलखाने तथा फाँसी के तख्तों पर हम लोगों की जानें जाएँगी और इस मार्ग मे हम लोग कुछ भी नहीं कर पाएँगे। मैंने उनकी यह बात स्वीकार कर ली कि गुप्त रीति से काम करने पर मुखबिर तो अवश्य पैदा होंगे और इन मुखबिरों के मारे बार-बार हमारा संगठन टूट जायगा और बार-बार हमारे आदमी कालेपानी में तथा फाँसी के तख्तों पर जानें देंगे। तथापि बार-बार क्रान्तिकारी संगठन पुनः तैयार होगा और हर बार यह संगठन पहले की अपेक्षा अधिक शक्तिशाली एवं व्यापक बनता जायगा और फाँसी के तख्तों पर तथा कालेपानी में जीवन विसर्जन करने के परिणामतः देश-भर में लोगों के दिलों में त्याग की भावना फैलेगी। प्राणों का मोह कटेगा, साहस एवं दृढ़ता बढ़ेगी, एवं सर्वोपरि क्रान्ति की भावना अव्यर्थरूप में देश-भर में प्रसार-लाभ करेगी। मैंने उनसे यह भी कहा कि पहले पहल तो बंगाल में ही एक गुप्त षड्यन्त्र रचा गया। लेकिन इस क्रान्तिकारी षड्यन्त्र के मामले के परिणाम में क्रान्ति की लहर बंगाल से लेकर पजाब तक फैल गई। एक षड्यन्त्र के मामले के स्थान पर प्रतिवर्ष बीसियों षड्यन्त्र मामले चले एवं दिन ब दिन यह षड्यन्त्रकारी दल क्रमशः बढ़ता ही गया, घटा नहीं। जितनी फाँसियाँ हुईं, जितनी कालेपानी की सजाएँ हुईं उतने ही प्रबल रूप में क्रान्ति की भावना देश-भर मे फैली। फाँसी या मुखबिरों के कारण क्रान्तिकारी आन्दोलन दबा नहीं बल्कि बढ़ता ही गया। मुखबिरों के बारे में सच बात तो यह है कि हम लोगों का काम जितना बढ़ेगा उतने ही बड़े बड़े मुखबिर भी पैदा होंगे। तभी तो हम लोगों का काम थोड़े पैमाने में हो रहा है इसलिए अभी जो मुखबिर पैदा होंगे उनसे हमारी हानि थोड़ी ही होगी। लेकिन जैसे-जैसे हमारा काम अधिक व्यापक एवं प्रचंड होता जायगा

वैसे ही बड़े-बड़े देशद्रोही निकलेंगे जिनकी स्वार्थान्धता के कारण देश को बड़ी-बड़ी हानि पहुँचेगी। 'अमेरिकन बार आफ इण्डिपेण्डेन्स' अमेरिका के स्वातन्त्र्य युद्ध के समय बड़े-बड़े जेनरल देश-द्रोहिता करके अंग्रेज़ों की तरफ चले गए थे। पंडितजी ने यह प्रश्न किया था कि "ब्रिटिश गवर्नमेण्ट के मुकाबिले में तुम लोग कैसे अस्त्र-शस्त्र सग्रह कर सकते हो? अंग्रेजों की सुशिक्षित सेना के मुकाबिले में तुम क्या कर सकते हो? तुम्हारे पास वह शिक्षा कहाँ है?" मैंने इस बात को भी स्वीकार कर लिया औरकहा कि हमारे सामने यही तो काम है कि हम अपने आदमी विदेशों में भेजें जहाँ पर वे सामरिक शिक्षा एवं युद्ध सामग्री बनाने के कारखानो में शिक्षा पा सकें। यह काम भी प्रकाश्य रूप मे कोई कर नही सकता। इसके लिए भी तो गुप्त रीति से षड्यन्त्र करने की आवश्यकता है···अस्त्र-शस्त्र सग्रह करने के बारे में मैने उनसे जो कुछ कहा था उसे आज भी प्रकाशित करना उचित नही समझता हूँ। लेकिन पडितजी को यह विश्वास नही हुआ कि हम अंग्रेजों के मुकाबिले में सामरिक तैयारी या अस्त्र-शस्त्र ग्रहण कर सकते हैं। उन्होने कहा कि "मान लो तुम लोगों ने फ़ौजी अफ़सरों की शिक्षा भी पा ली लेकिन फिर भी अंग्रेज सरकार की फ़ौज के मुकाबले मे अपनी फौज कैसे तैयार करोगे। अगर यह बात भी मान ली जाय कि राइफल और गोली भी बाहर से मँगा सकोगे तो फिर मशीनगन आर्मर्डकार टैंक, तोपखाना, हवाई जहाज इत्यादि के मुकाबले मे तुम क्या कर सकते हो।" मैंने हँसकर इसका जवाब दिया था कि आखिर जर्मन राष्ट्र के मुकाबले में आधुनिक ससार में कोई राष्ट्र तो था नही। जर्मन जेनरलों के समान कार्यक्षम होना आसान बात नही है। फिर भी जर्मनी की रियाया ने कैसे सफलतापूर्वक जर्मन राज्य को तोड़कर वहाँ प्रजातन्त्र क़ायम किया? वहाँ भी तो तोपखाने मशीनगन और हवाई जहाज थे। लेकिन प्रजा के विद्रोह के सामने 'कैसर' को हॉलैण्ड भाग जाना पड़ा और "हिण्डेनवर्ग" को भी तो झुकना पड़ा। जिस पलटन ने फ्रांस, इगलैण्ड, इटली और अमेरिका की सम्मिलित शक्ति का मुकाबला किया था, जब उसी पलटन ने प्रजा के विद्रोह का साथ दिया तो वही मशीनगन, वही तोपखाने, वही हवाई जहाज कैसर के काम मे न आकर विद्रोहियों के काम मे आये। उसी प्रकार से अग्रेजों की शक्ति चाहे जितनी बडी क्यो न हो लेकिन भीतरी विप्लव के कारण जो भावना उत्पन्न होगी उसका मुकाबिला करना उनके लिए बहुत कठिन बात है। यदि अपनी तैयारी के साथ देशी पलटन हमारा साथ दे तो अंग्रेजो की तमाम शक्ति और उनके मशीनगन इत्यादि कोई काम नही दे सकती। लेकिन मेरी कोई युक्ति काम नही आई। पडितजी को यह विश्वास नही हुआ कि भारतवर्ष में सशस्त्र क्रान्ति सम्भव है। अन्त मे पंडितजी ने अहिसा की नीति पर बहुत जोर दिया और कहा कि वे तो अहिसा नीति पर विश्वास रखते है और यही मानवता है कि महात्माजी के दर्शाये हुए मार्ग से ही भारतवर्ष का कल्याण हो सकेगा। इस प्रकार मे बातचीत समाप्त होते समय सम्भव है मुझमें कुछ असहिष्णुता कुछ ऊष्णता आ गई हो।

क्योंकि आखिर में अहिंसा नीति के बारे में पं० जवाहरलालजी से मैंने कुछ ऐसे व्यक्तिगत प्रश्न किये थे जिसका सम्बन्ध विप्लववाद की युक्ति धारा के साथ कुछ भी न था। लेकिन पंडितजी ने मेरे सब प्रश्नों का उत्तर बड़ी शान्ति से दिया और मुझसे जरा भी असन्तुष्ट नहीं हुए। कारण कि मेरे प्रश्न असंलग्न न थे और मानसिक विश्लेषण की दृष्टि से व्यक्तिगत विकास को जानने के लिए वे यथेष्ठ संगत थे।

पंडितजी के साथ बातचीत के सिलसिले में प्रसंग-क्रम से यह भी बात छिड़ गई थी कि हमारे गुप्त आन्दोलन से प्रकाश्य आन्दोलन का क्या सम्बन्ध रहेगा। पंडितजी कहते थे कि प्रकाश्य रूप में व्यापक जन-आन्दोलन की सृष्टि किए बिना जन-साधारण में जागृति नहीं हो सकती है और जाग्रत जनता को छोड़कर भारत का राष्ट्रीय आन्दोलन सफल नहीं हो सकता है। गुप्त षड्यन्त्र से जनता में कोई जागृति नहीं उत्पन्न हो सकती है। मैंने भी बहुत अंशों में पंडितजी की यह बात मान ली थी लेकिन मैंने यह कहा था कि प्रकाश्य जन-आन्दोलन एवं गुप्त रूप में विप्लव के लिए षड्यन्त्र का काम भी साथ-साथ चलना चाहिए। एक को छोड़कर दूसरा काम अपरिपूर्ण रह जाएगा। पिछले दिनों के बंगाल के राष्ट्रीय आन्दोलन का उल्लेख करते हुए मैंने पंडितजी से कहा था कि बंगाल के मॉडरेट नेतागण भी बहुत दबी हुई जबान से विप्लव आन्दोलन की निन्दा तो करते थे लेकिन उनके कहने का सदा यह तात्पर्य रहता था कि प्रकाश्य आन्दोलन विफल होने पर भारत में भीषण रूप में ऐसा खूनी विप्लव आन्दोलन प्रारम्भ हो जाएगा जिसकी तुलना में आयरलैण्ड की अवस्था भी तुच्छ मालूम पड़ेगी अर्थात् बंगाल के मॉडरेट नेतागण अपना आन्दोलन इस प्रकार से चलाते थे जिससे बंगाल के विप्लव आन्दोलन का प्रभाव ब्रिटिश सरकार के ऊपर जरा भी कम न पड़े। जन-आन्दोलन की आवश्यकता तो अत्यन्त है इसमें कोई सन्देह नहीं। बंगाल में भी जन-आन्दोलन यथेष्ठ उग्र एवं प्रचण्ड हो चुका था, इसीलिए उस प्रान्त में क्रान्तिकारी आन्दोलन ने भी खूब जोर पकड़ा। युक्तप्रान्त, बिहार और मद्रास में यथेष्ठ रूप में प्रकाश्य आन्दोलन नही हुआ इसीलिए उन प्रान्तों में क्रान्तिकारी आन्दोलन भी प्रचण्ड नहीं हुआ। इसलिए उनसे मेरा नम्र निवेदन यह था कि भविष्य में जन-आन्दोलन का नियन्त्रण इस प्रकार से करें जिससे विप्लव आन्दोलन को कुछ भी आघात न पहुँचे। ये दोनों आन्दोलन एक-दूसरे के परिपूरक हों। ऐसा होना हम लोग उचित समझते हैं। लेकिन मुझे अत्यन्त दु:ख हुआ जब पंडितजी ने कहा कि ऐसा होना भी सम्भव नहीं है। कारण महात्मा गांधी के नेतृत्व में जो जन-आन्दोलन हो रहा है, और होगा वह एकदम अहिंसा नीति पर चलेगा और इसके साथ विप्लव आन्दोलन की कोई सहयोगिता नहीं हो सकती है। बल्कि विप्लव आन्दोलन के कारण अहिंसात्मक आन्दोलन को यथेष्ठ धक्का पहुँचेगा। यहाँ तक कि यदि विप्लव आन्दोलन चलता रहे तो अहिंसात्मक सत्याग्रह आन्दोलन के लिए वातावरण एकदम बिगड़ जाएगा। इसलिए हम लोग कभी भी नहीं चाहेंगे कि

विप्लव आन्दोलन का काम जनता के सामने आए। मैंने अवश्य ही पंडितजी को यह बतला दिया था कि ऐसी आशा करके आप नितान्त दुराशा कर रहे हैं। क्योंकि विप्लवीगण अब जो ठीक समझेंगे वही करेंगे। कारण, सिद्धान्तों का जब भेद है तो कर्म-प्रणाली में भी भेद अवश्य होता है इसे कौन रोक सकता है। पण्डितजी ने इस पर केवल यही कहा था कि ऐसा होना नहीं चाहिए।

सब बातें समाप्त होने पर हम एक-दूसरे के प्रति यथेष्ठ प्रीति की भावना लेकर एक-दूसरे से विदा हुए। इस घटना के बाद भी पण्डितजी से बीच-बीच में मैं मिलता रहा। 'बन्दी जीवन' प्रथम भाग छपने पर मैंने एक प्रति पंडितजी को उपहार दी थी। पंडितजी ने स्वयं भी इस किताब को पढ़ा था एवं दूसरों को इसे पढ़ने को कहा था। मुझसे पण्डितजी ने कहा था कि दूसरे भाग की भाषा कुछ और सरल होनी चाहिए। नैनी जेल मे भी पण्डितजी से बहुत बातचीत हुई थी। जिसका वर्णन जेल-जीवन के संदर्भ में ही करने की इच्छा है।

इलाहाबाद में जो दूसरे कांग्रेस के नेता थे उन सबसे भी मैं अच्छी तरह मिला था। उनमें से एक-दो सज्जन विप्लव आन्दोलन के प्रति यथेष्ठ सहानुभूति रखते थे। लेकिन व्यावहारिक रूप में इनमें से किसी ने भी हमें कुछ भी सहायता नही दी।

विप्लव आन्दोलन के सम्पर्क के प्रकाश्य नेताओं में से पडित जवाहरलालजी को छोड़कर देशबन्धु सी० आर० दासजी से सबसे अधिक एवं गम्भीर रूप में बातचीत हुई थी। पंजाब से लौटने के बाद किस समय मैं कलकत्ता गया था एवं सबसे पहले मैं कब देशबन्धु सी० आर० दासजी से मिला था यह मुझे इस समय ठीक-ठीक याद नही है। मैंने अपनी नीति यह बना ली थी कि हम प्रकाश्य आन्दोलन के नेताओं से अपना ऐसा सम्बन्ध स्थापित करें जिससे देश के गण्यमान्य व्यक्ति विप्लव आन्दोलन के प्रति यथेष्ठ रूप में सहानुभूतिपूर्ण हो जाएँ और यदि सम्भव हो सके तो उनसे अपने आयोजन के अनुसार सहायता लेने की भी चेष्टा करें। इस नीति के कारण एवं पंजाब के गुरुद्वारा आन्दोलन के नेता से बातचीत हो जाने के कारण देशबन्धु सी० आर० दासजी से मिलना मेरे लिए नितान्त आवश्यक हो गया था।

बड़े लाट साहब के ऊपर आक्रमण करने से प्रकाश्य राष्ट्रीय आन्दोलन को किसी प्रकार से आघात पहुँचेगा या नहीं यह समझ लेना मेरे लिए उचित था। और मैं यह भी नही चाहता था कि प्रकाश्य आन्दोलन के नेतागण हमारे ऊपर यह लांछन लगाएँ कि हमारे ही काम के कारण प्रकाश्य आन्दोलन में विघ्न पहुँचा। मैं यह भी चाहता था कि देशबन्धु से विप्लव आन्दोलन के लिए कुछ आर्थिक सहायता लूं। इन सब कारणों से देशबन्धु सी० आर० दासजी से मैं मिला, एकदम एकान्त में बातचीत हुई।

देशबन्धु सी० आर० दास के साथ बंगाल के कुछ क्रान्तिकारियों का सम्बन्ध था। लेकिन मेरे साथ उनका कोई सम्बन्ध नहीं था। श्री सुभाषचन्द्र बोस की एक

किताब से यह पता चला है कि देशबन्धु के उद्योग से सितम्बर सन् 1921 में महात्माजी से बंगाल के कुछ क्रान्तिकारियों की बातचीत हुई थी। इस बातचीत में देशबन्धु दास भी उपस्थित थे। महात्माजी से बातचीत होने के बाद इन क्रान्तिकारियों ने महात्माजी को यह वचन दिया था कि महात्माजी के कार्यक्रम में वे लोग बाधा तो देंगे ही नहीं बल्कि कांग्रेस आन्दोलन में योगदान देकर उनके कार्यक्रम को सफल बनाने की वे भरसक कोशिश करेंगे। जहाँ तक मुझे मालूम है इन क्रान्तिकारियों में ढाका अनुशीलन समिति के कोई व्यक्ति नहीं थे और सम्भव है कलकत्ता के दूसरे दलों के व्यक्तियों ने मुझे भी ढाका समिति का आदमी समझकर मेरे साथ कोई सलाह नहीं की थी। मैं इस समय जमशेदपुर के मजदूर आन्दोलन में काम कर रहा था। ढाका अनुशीलन समिति कांग्रेस आन्दोलन के विरुद्ध श्री सी० आर० दास के विरोधी दल के प्रमुख आदमियों की सहायता लेकर सत्याग्रह आन्दोलन का विरोध करती थी। बंगाल के दूसरे दलों के व्यक्तियों से मुझे यह संवाद मिला था। यह बात मैं पहले ही बता चुका हूँ।

पंजाब से लौटकर मैंने भी देशबन्धु दास के साथ सम्बन्ध स्थापित करने का निश्चय कर लिया। देशबन्धु दास से मेरा परिचय पहले ही हो चुका था। अण्डमन में रहते ही मैं अपने भाइयों के पास जो चिट्ठी भेजा करता था उसके अनुसार मेरे भाई देश के सर्वमान्य नेताओं के पास राजनीतिक कैदियों को छुड़ाने के लिए आवेदन-निवेदन पत्रादि भेजा करते थे। उस समय के राजनीतिक नेताओं में से केवल सी० आर० दास एवं अखिलचन्द्र नियोगी ने उन आवेदन-निवेदनों के उत्तर दिए थे। इस बात से भी देशबन्धु का महत्त्व व्यक्त होता है। इसके बाद नागपुर कांग्रेस में सी० आर० दासजी के साथ मेरा साक्षात परिचय हुआ। कुछ थोड़े आदमियो ने नागपुर मे देशबन्धु को यह आश्वासन दिलाया था कि यदि आप वकालत छोड़कर राजनीतिक क्षेत्र में अवतीर्ण हो तो हवा ऐसी पलटेगी जिसकी तुलना मिलनी मुश्किल है। इन थोड़े आदमियों में मैं भी एक था। श्री सी० आर० दास को यह भरोसा नही था कि उनके राष्ट्रीय क्षेत्र में पूर्णरूप से अवतीर्ण होने पर भी बंगाली जनता ठीक प्रकार से उनके आह्वान का प्रत्युत्तर दे सकेगी। स्कूल, कालेज के लड़के भी सत्याग्रह आन्दोलन में यथार्थ रूप में भाग लेंगे या नही, स्कूल-कालेज छोड़ेंगे या नही इसमें सी० आर० दासजी को काफ़ी संदेह था। जिन व्यक्तियों ने सी० आर० दासजी से यह कहा था कि आपके वकालत छोड़ने पर बंगाल के छात्रवृन्द अवश्य ही स्कूल-कालेज छोड़ देंगे उनमें बंगाल के एक वकील श्री गिरजाप्रसन्न सान्याल और मैं थे। नागपुर कांग्रेस के अधिवेशन के समय विषय समिति की बैठक में भी मैंने सी० आर० दास के पक्ष में दो-चार बातें कही थीं। उस समय दासजी के साथ महात्माजी की तनातनी चल रही थी। इसलिए जो व्यक्ति दास के पक्ष में कुछ कहता था उसके प्रति उनकी दृष्टि आकृष्ट होती थी। फिर खुले अधिवेशन में राजनीतिक बन्दियों के सिलसिले में ही एक बंगाली था जो सर्वप्रथम हिन्दी में सफलतापूर्वक बोला था। बाद को

मैंने सुना कि बंगाल कांग्रेस के लेबर-विभाग में मुझे लेने के लिए सी० आर० दासजी ने इच्छा प्रकट की थी। इन सब बातो के अतिरिक्त और भी एक बड़ी बात यह थी कि सी० आर० दास के सम्पादन में 'नारायण' नाम से जो मासिक पत्र निकलता था उसमे 'बन्दी जीवन' नाम का मेरा लेख प्रकाशित होता था। इस लेख के प्रति भी सी० आर० दासजी की दृष्टि प्रबल रूप में आकृष्ट हुई थी ऐसा मैंने सुना है। श्री हेमन्तकुमार सरकार उस समय देशबन्धु के अन्तरंग कार्यकर्ताओं में से थे। इन्ही की जबानी मैंने ये सब बाते सुनी थी। नागपुर काग्रेस के बाद देशबन्धु दास ने कुछ कार्यकर्ताओं को अपने यहाँ दावत दी थी। उस दावत मे मै भी निमन्त्रित था। मुझे नितान्त दु:ख है कि उस समय वर्दवान जिले के कालना नामक स्थान मे मैं ईंट के कारोबार मे बुरी तरह फँस गया था। इसलिए ऐसे सुनहले अवसर पर मैं देशबन्धु के साथ मिलकर काम करके अपने कर्मजीवन को सार्थक नही कर पाया। इन सब कारणो से देशबन्धु दास से मेरा यथेष्ठ परिचय हो चुका था। इसलिए जब मैंने देशबन्धु से एकान्त मे बातचीत करने के लिए कुछ समय चाहा तो दासजी ने सहर्ष मुझे इसके लिए समय दिया।

मेरे साथ देशबन्धु सी० आर० दास जी की बातचीत दो-तीन बार हुई थी। जहाँ तक मुझे स्मरण है मैंने उनसे जो पहली बार बातचीत की थी वह सबसे महत्त्वपूर्ण थी और उसी बातचीत मे मैंने पजाब के बारे मे भी बातचीत की थी। जब निर्दिष्ट समय पर दासजी के मकान पर आया तो वे विशेष स्नेह के साथ मुझे एक निर्जन कमरे मे ले गए। सबसे पहले मैंने उन्हें बताया कि उनके साथ जिनका मतभेद भी है उन्हें भी वे उदारता के साथ सहायता देते है यह बात सर्व-विदित है। अत: मैं भी आपके पास कुछ सहायता पाने की इच्छा से आया हूँ। सभव है वे मेरे आदर्श से सहमत न हो तथापि मैंने यह हिम्मत की कि उनसे सहायता की प्रार्थना करूँ। फिर मैंने दासजी को अपना गुप्त कार्यक्रम बताया। फिर पंजाब के अकाली नेता के बारे मे बातचीत की और कहा कि यदि वे समझें कि बडे लाट साहब के ऊपर आक्रमण करने पर प्रकाश्य आन्दोलन को धक्का नही पहुँचेगा और यदि इस बात पर उनको कोई आपत्ति न हो तो हम लोग वाइसराय पर आक्रमण करना चाहते हैं। और यदि वे समझे कि ऐसा करने से उनके आन्दोलन मे विघ्न पैदा होगा तो हम लोग ऐसा काम नही करेंगे। यदि हम लोग यह काम करते है और यदि हमारा आदमी पंजाबियों और विशेष करके सिक्खों के साथ सहानुभूति प्रकट करने के लिए पंजाब में जाकर आत्मबलिदान करता है तो इस प्रकार से हम सिक्खों के हृदय पर विजय प्राप्त कर सकते हैं। वाइसराय पर आक्रमण करने के परिणामत: जब हमारा आदमी अदालत के सामने कटघरे के अन्दर खड़े होकर वीरत्व व्यंजक शब्दो मे पंजाबियो के प्रति सहानुभूति दिखलाते हुए यह कहेगा कि राष्ट्र की समस्त शक्ति से तुम वाइसराय हमारे राष्ट्रीय आन्दोलन को बलपूर्वक कुचलना चाहते हो तो हमारा भी कर्तव्य हो जाना है कि हम भी दिखला दें कि बलपूर्वक किसी राष्ट्रीय आन्दोलन को कुचला नही

जा सकता। अंग्रेज ! तुम यदि समझते हो कि अकालियों के पीछे दूसरे भारतवासी नहीं हैं तो तुम अत्यन्त भ्रम में हो। इस भ्रम को दूर करने के लिए ही मैंने अपने प्राणों की बाजी लगाकर यह प्रमाणित करना चाहा कि भारतवर्ष में अकाली अकेले नहीं हैं। श्री सी० आर० दासजी सब बातें सुनकर गम्भीर हो गए और बाद में कहा, 'आज का दिन और रात मुझे समय दो। कल फिर मेरे साथ मिलो। सब बातें समझ-बूझकर कल मैं अपनी राय दूंगा।'

वायसराय के प्रश्न को छोड़कर सिक्ख नेताओं ने एक और बात मुझे बताई थी। इसे भी मैंने श्री सी० आर० दासजी के सामने रख दिया था। सिक्खों ने मुझ से कहा था कि अंग्रेज की नीति यह हो रही है कि काश्मीर को किसी-न-किसी बहाने से ब्रिटिश इण्डिया से अन्तर्मुक्त कर लिया जाय और काश्मीर को अंग्रेजों की एक कालोनी के रूप में परिणत कर दिया जाय। अंग्रेज चाहते थे कि काश्मीर में अधिक-से-अधिक संख्या में अंग्रेजी पल्टन रखी जाय। इसके विरुद्ध किस प्रकार से आन्दोलन खड़ा किया जाय यह भी सिक्ख नेतागण जानना चाहते थे। मैंने सिक्ख नेताओं से कह दिया था कि देशबन्धु सी० आर० दासजी से परामर्श किये बिना मैं कोई काम नहीं करूंगा। वे भी यह चाहते थे कि काश्मीर का प्रश्न सी० आर० दास के कानों तक पहुँच जाय।

सी० आर० दासजी ने काश्मीर के प्रश्न को विशेष महत्त्व नही दिया और इसके बारे में मुझसे कुछ कहा था या नहीं मुझे आज याद नहीं है। दूसरे दिन नियत समय पर मैं सी० आर० दासजी के मकान पर बहुत उत्सुकता के साथ पहुँचा। सी० आर० दासजी ने कहा 'तमाम रात मुझे नींद नही आई, तुम्हारे प्रश्न को लेकर बहुत गम्भीरता के साथ मैने दिन और रात सोचा। लेकिन अन्त में मैं इसी परिणाम पर पहुँचा हूँ कि अभी वायसराय के ऊपर कोई आक्रमण होना उचित नही है। तथापि यदि मैं गिरफ्तार हो गया तो मेरी गिरफ्तारी के बाद तुम लोग इस काम को कर सकते हो।' मैं सब बातें समझ गया। और क्या कहता ? लेकिन फिर भी राजनीतिक क्षेत्र में यदि काम करना है तो हरएक प्रकार के व्यक्ति से जितना लाभ हो सके उठाना चाहिए। फिर एक तो मैं सी० आर० दासजी से सहायता पाने की आशा कर रहा था और दूसरी बात यह थी कि अभी हमारा संगठन थोड़े दिन का था, इसलिए मैं नही चाहता था कि अभी हम लोग ऐसा कोई काम करें जिससे सरकार की तमाम शक्ति हमे मिटाने मे लग जाय। इन सब कारणों से मैंने पंजाब के नेताओं को अपनी परिस्थिति समझा दी। परिस्थिति के सामने उन्हें भी झुकना पड़ा।

एक बात मुझे ठीक से याद नही है कि देशबन्धुदासजी से मैंने सहायता के लिए जो प्रार्थना की थी वह पंजाब की बातों की आलोचना करते समय की थी अथवा उसके बाद, मैं ठीक से नही कह सकता। जहाँ तक मुझे याद है मैं समझता हूँ अनुशीलन समिति के साथ मेरा कोई समझौता होने के पहले ही मैंने सी० आर० दास जी से ये सब बातें की थीं। सहायता देने के बारे में दासजी ने मुझसे कहा

था कि ऐसा कोई सिलसिला निकालो जिसके जरिए मैं तुम्हें सहायता दे सकूँ। फिर थोड़ा सोचकर उन्होंने कहा कि बड़ा बाजार की तरफ़ यदि तुम्हारा कोई प्रभावशाली आदमी हो तो उसे मैं मासिक वेतन के रूप में कुछ दिया करूँगा। वह व्यक्ति प्रान्तीय कांग्रेस कमेटी की तरफ से बड़ा बाजार में कांग्रेस का कार्य करेगा। बड़ा बाजार में तुम्हारा कोई आदमी है। दासजी जानते थे कि मेरा कार्य-क्षेत्र युक्त प्रान्त है। सम्भव है इसीलिए वे चाहते थे कि मेरा कोई परिचित व्यक्ति बड़ा बाजार में कांग्रेस का काम करे। बड़ा बाजार में जो लोग कांग्रेस का कार्य कर रहे थे उनमें से अधिकांश व्यक्ति महात्माजी के कट्टर अनुयायी थे। इसलिए संभव है दासजी यह चाहते थे कि मेरी सहायता से उन्हें बड़ा बाजार में कोई आदमी मिल जाय। दासजी बड़ा बाजार में एक प्रभावशाली व्यक्ति चाहते थे। मैंने ऐसे व्यक्ति का परिचय दिया। सी० आर० दासजी ने इस प्रकार से मुझे तीन सौ रुपया मासिक देने का वचन दिया था। लेकिन दुर्भाग्य से गया कांग्रेस के बाद मैंने एक परचे में सी० आर० दासजी का कुछ विरोध किया था। गया कांग्रेस के सभापति के पद से देशबन्धु दासजी ने विप्लव आन्दोलन की चर्चा करते हुए विप्लव नीति के विपक्ष में कुछ कहा था। उसी सिलसिले में दासजी ने यह भी कहा था 'विप्लव आन्दोलन कभी भी सफल नहीं हो सकता। यदि मुझे विश्वास होता कि विप्लव आन्दोलन सफल होगा तो मैं भी सशस्त्र क्रान्तिकारी आन्दोलन में अवश्य भाग लेता। मुझे बिलकुल विश्वास नहीं है कि विप्लव आन्दोलन सफल हो सकता है। इसलिए मैं विप्लव आन्दोलन में योगदान नहीं करता।' मैंने अपने पर्चे में यह लिखा था कि जिस दिन लोग यह समझने लगेंगे कि विप्लव आन्दोलन सफल होने जा रहा है उस दिन हमें यह परवाह नहीं रहेगी कि सी० आर० दास जी हमारे साथ आते हैं या नहीं। राजनीतिक होने का अर्थ तो यह है कि सफलता की आशा दिखाई देने के पहले ही वह जान जाय कि वह आन्दोलन आगे चलकर सफल होगा या नहीं। यह लिखते समय मैंने इस बात पर ध्यान रखा था कि जहाँ तक सिद्धान्त का सम्बन्ध है वहाँ कोई भी किसी से भी समझौता नहीं कर सकता। अपने सिद्धान्तों को स्पष्ट करने के लिए एवं उसके प्रचार के लिए बड़े-बड़े नेताओं का भी विरोध करना हमारा परम कर्तव्य है। लेकिन कार्य-क्षेत्र में हम सबके साथ मिलकर काम कर सकते हैं। केवल सिद्धान्त के बारे में हम किसी से भी कोई समझौता नहीं करेंगे, यह हमारा प्रण था। इसलिए देशबन्धु सी० आर० दासजी ने कांग्रेस के सभापति के आसन से विप्लव आन्दोलन पर जब कटाक्ष किया तब हमारा भी कर्तव्य हो गया कि हम उसका उत्तर दें। लेकिन इस उत्तर से दास जी मेरे ऊपर अत्यन्त असन्तुष्ट हो गए थे। यहाँ तक कि जब मैंने फिर उनसे मिलना चाहा तो उन्होंने मेरे साथ मिलने से भी इन्कार कर दिया।

मुझे ऐसा जान पड़ता है कि देशबन्धुजी के साथ मेरा यह बिगाड़ उस समय की घटना है कि जब मैं युक्तप्रान्त को छोड़कर फरार हालत में कलकत्ता में आकर रहने लग गया था। बड़े लाट साहब के ऊपर, आक्रमण करने की बात

पर देशबन्धुदासजी से परामर्श किया था उस समय मैं कलकत्ता फरार हालत में नहीं आया था। परिपक्व बुद्धि न रहने के कारण एवं दुनियादारी की बातों से एकदम अपरिचित रहने के कारण मैंने देशबन्धुदास को अपना विरोधी बना लिया था। मेरी गिरफ्तारी के बाद बंगाल प्रान्तीय राजनीतिक कांफ्रेंस के अवसर पर विचारालय से दण्ड प्राप्त न होने पर भी जो सैकड़ों युवकों को जेलों में बन्द कर दिया गया था उस सम्बन्ध में जो आलोचना हुई थी उस समय देशबन्धु दासजी ने खुले जलसे में यह कहा था कि नजरबन्द राजबन्दियों में सभी व्यक्ति निर्दोष नही हैं इसलिए सब नजरबन्दों की मुक्ति के लिए प्रयत्न करना युक्ति-संगत एवं न्याय-संगत नहीं होगा। प्रान्तीय कांफ्रेंस में देशबन्धु दासजी की इन बातों का प्रचंड विरोध हुआ था। विरोध होने पर भी देशबन्धु दासजी ने स्पष्ट शब्दों में कांफ्रेंस के सामने यह प्रश्न रखा था कि क्या आप लोग कहना चाहते हैं कि शचीन्द्र-नाथ सान्याल निर्दोष व्यक्ति हैं। इस बात पर कांफ्रेंस में घोर वाद-विवाद हुआ था एवं देशबन्धुदासजी से यह कहा गया था कि यदि श्री सान्याल निर्दोष व्यक्ति नही हैं तो खुले इजलास में उनका विचार क्यों नही होता। सम्भव है कि सरकार के खुफिया विभाग से आपको कुछ खबर मिली हो। लेकिन कांफ्रेंस के सामने ऐसी कोई बात नही है जिससे हम शचीन्द्रबाबू के विरुद्ध खुले सम्मेलन में आपकी तरह कुछ कहें। खुले सम्मेलन मे सभी पार्टियों के व्यक्तियों ने मेरे पक्ष मे सी० आर० दास जी के विरुद्ध आवाज़ें उठाई थी। हमारे देश के गण्यमान्य नेताओं की मनो-वृत्ति का परिचय इन सब बातों मे खूब मिल सकता है। क्रान्तिकारी आन्दोलन प्रधान रूप मे गुप्त रीति से ही चल रहा था। इस आन्दोलन के विरुद्ध प्रकाश्य रूप में कटूक्ति करना बहुत आसान बात थी। कारण कि इन कटूक्तियो का उत्तर देना सब समय क्रान्तिकारियों के लिए आसान नही होता था क्योकि उन्हे तो गुप्त रीति से ही काम करना पड़ता था। हमारे देश के प्रायः सभी गण्यमान्य नेताओं ने इस आन्दोलन के प्रति अनेकों बार अनेकों प्रकार से कटूक्ति की है। यदि किसी ने इन सब कटूक्तियों के विरुद्ध कुछ कहने का साहस किया तो हमारे देश के गण्यमान्य लब्ध-प्रतिष्ठित नेता गणों ने उसकी खबर लेने की खूब चेष्टा की है। लेकिन इसमे एक विशेष अपवाद अवश्य है वह है महात्मा गांधी। महात्मा गांधी ने भी बेलगांव कांग्रेस मे क्रान्तिकारियो के प्रति भीषण कटूक्ति की थी। लेकिन जब मैंने उन कटूक्तियों का प्रत्युत्तर महात्माजी के पास भेजा तो महात्माजी ने विशेष उदारता एवं न्याय निष्ठा के साथ मेरे प्रत्युत्तर को ज्यों-का-त्यों 12 फरवरी सन् 1925 के 'यंग इंडिया' में छाप दिया था और बाद को उन्होंने अपने मन्तव्य को भी उसी प्रत्युत्तर के अन्त मे छाप दिया था। इसके लिए आज भी मेरा हृदय महात्माजी के श्री चरणों का स्पर्श करता है।

एक दफे की बात है, किसी काम से मैं कलकत्ता आया था। श्री सी० आर० दासजी से मेरी खूब बहस हुई थी। दास और मुझे छोड़कर उस कमरे में एक व्यक्ति और थे। ये सज्जन बंगाल के प्रसिद्ध नेता श्री अश्विनीकुमार दत्त के भाई

अथवा भतीजे थे। सब बातें आज याद नहीं हैं लेकिन इतना याद है कि देशबन्धु अत्यन्त उत्तेजित होकर तीव्र स्वर से भर्त्सना व्यंजक शब्दों में मेरे प्रत्येक प्रश्न का उत्तर दे रहे थे। उत्तेजित होने से युक्ति स्थिर नहीं रहती है। अन्त में उस तीसरे सज्जन से रहा नहीं गया। मेरे पक्ष को लेकर उन्होंने भी श्री सी० आर० दासजी से बहस की। मुझे इस समय अपना एक प्रत्युत्तर याद है। दासजी अहिंसा नीति के पक्ष में तीव्र रूप से वाद-विवाद कर रहे थे और उन्होंने अन्त में यह कहा था कि पाशविक बल से आत्मिक बल कहीं अधिक प्रबल है। तुम लोग शारीरिक बल पर अत्यधिक ध्यान दे रहे हो आत्मिक बल पर नहीं। इस पर मैंने यह उत्तर दिया था कि "आप हम लोगों को गलत समझ रहे हैं। आप समझते है कि पिस्तौल या बन्दूक का चलाना एक पाशविक बल मात्र है। आप भूल जाते हैं कि ट्रीगर (Triger) का खींचना पाशविक बल से नहीं होता है। ट्रीगर को खींचने के पीछे कुछ कम आत्मिक बल की आवश्यकता नहीं होती। एक पहलवान भी तो ट्रीगर खीच सकता है लेकिन पहलवान होने से ही वह क्रान्तिकारी आन्दोलन में भाग लेगा ऐसी बात नहीं है। आत्मिक बल रहे बिना क्या कोई व्यक्ति क्रांतिकारी आन्दोलन मे सम्मिलित हो सकता है। एक तरुण वयस्क युवक पहलवान की अपेक्षा कही कम शारीरिक बल रखता है लेकिन विप्लवकार्य में यह तरुण युवक सहज ही मे ट्रीगर खीच सकेगा लेकिन पहलवान वह ट्रीगर नही खीच सकता। ट्रीगर खीचने को आप पाशविक बल क्यों समझ रहे है।"

इसी प्रकार से एक और बात मुझे अब भी खूब याद है। यह बात सहायता पाने के सिलसिले में ही हुई थी। किस नीति के अनुसार क्रान्तिकारी आन्दोलन सफल होगा उसके बारे मे बातचीत हो रही थी। जब सब प्रश्नों का उत्तर मैने सफलतापूर्वक दे दिया तो अन्त में दास जी ने यह प्रश्न किया कि "अच्छा मान लो और सब बात ठीक है, लेकिन आम जनता को किस प्रकार से तुम लोग अपने साथ लोगे ? तुम लोगों के कार्यक्रम में जनता का साथ लेने का कोई विधान नही है। जनता को साथ लिये बिना कोई भी क्रान्तिकारी आन्दोलन सफल नही हो सकता।" मैंने इसके उत्तर मे कहा था, "आम जनता को साथ लेना हम लोग अधिक कठिन बात नही समझते है। इस बात को ले लीजिए कलकत्ता के आसपास दस-पन्द्रह मील के अन्दर जितने कारखाने है उनमें कम-से-कम दस-ग्यारह लाख मजदूर काम करते होगे। तीन-चार महीने के परिश्रम से इन कारखानों मे हड़ताल करा देना विशेष कठिन बात नही है। इतनी बडी हडताल के अवसर पर मिलिटरी, पुलिस और पलटन कारखानों की रक्षा के लिए अवश्य आ जाएगी। ऐसे मौकों पर मजदूरों को भडका देना कोई कठिन बात नही है। ऐसी परिस्थिति में यदि हमारे पास फ़ौजी शिक्षा प्राप्त किये हुए उपयुक्त व्यक्ति आवश्यक संख्या में हों और अपने प्रयोजन के अनुसार उपयुक्त संख्या में अस्त्र-शस्त्र भी हो तो क्या, क्रान्ति का प्रारम्भ करना कुछ कठिन बात है। ऐसी अवस्था में क्या जनता हमारा साथ नही देगी ?" मुझे याद है दासजी इसका कोई उत्तर नही दे पाए थे।

इस प्रसंग में एक बात और बता देना अप्रासंगिक न होगा। मेरे साथ बातचीत करने के परिणामतः देशबन्धुदास इतने प्रबल रूप से प्रभावान्वित हुए थे कि उन्हीं दिनों में एक प्रकाश्य सभा में उन्होंने अंग्रेज सरकार को चेतावनी देकर कहा था कि यदि सरकार समझती है कि क्रान्तिकारी आन्दोलन दब गया है तो वह भारी भूल में पड़ी हुई है, यह आन्दोलन इतना व्यापक एवं गंभीर रूप धारण किये हुए है कि यदि सरकार जनमत की अवहेलना करेगी तो उसे बुरी तरह पछताना पड़ेगा।

इस वक्तृता के बाद बंगाल सरकार की तरफ से खुफिया विभाग के एक पुलिस सुपरिंटेंडेंट श्री भूपेन्द्र चटर्जी को श्री देशबन्धु के पास भेजा गया था। सरकार जानना चाहती थी कि दासजी के उस वक्तव्य का आधार क्या है। भूपेन्द्र चटर्जी बहुत देर तक सी० आर० दासजी को प्रश्न पूछ-पूछकर परेशान करते रहे। सरकार जानना चाहती थी कि क्या वर्तमान परिस्थिति वैसी नाजुक है जैसी कि सन् 1915-16 में हुई थी।

भूपेन्द्र चटर्जी के मिलने के बाद मैं फिर सी० आर० दासजी से मिला था और उन्हीं की जबानी ये सब बातें सुनी थी। कलकत्ता शहर-भर मे यह बात फैल गई थी कि बंगाल सरकार सी० आर० दासजी की बातों से विचलित हो गई थी।

जिस समय दासजी ने ऐसी वक्तृता दी थी उस समय ढाका समिति के साथ मेरा समझौता हो चुका था। मैं सी० आर० दासजी के साथ जो सम्बन्ध स्थापित करना चाहता था ढाका अनुशीलन समिति के नेतागण उसे पसन्द नही करते थे। उनका कहना था कि दासजी के वक्तव्य से सरकार और चौकन्नी हो जाएगी इससे हमारे कार्य में बहुत बाधा पहुँचेगी और लाभ कुछ न होगा। मैं इनकी बातो से सहमत न था। मैं कहता था कि इससे क्रान्तिकारी आन्दोलन भी प्रबल होता आ रहा है और इससे हमारे आन्दोलन को लाभ होगा। इस प्रकार से राष्ट्रीय आन्दोलन के ऊपर क्रान्तिकारी आन्दोलन की एक गहरी छाप पड़ रही है। लेकिन ढाका समिति के नेताओं ने मेरे दृष्टिकोण को स्वीकार नही किया।

11

उत्तर भारत में दल का विस्तार

मुझे युक्तप्रान्त एवं पंजाब का बार-बार दौरा करना पड़ा और जब मैंने समझ लिया कि उन प्रदेशों का काम अन्य व्यक्तियों पर छोड़कर दूसरी जगह जाया जा सकता है तब मैं अपने बाल-बच्चों को साथ लेकर फरार हालत में कलकत्ता चला आया। लेकिन इसके पहले पंजाब में और विशेष रूप से युक्तप्रान्त में क्रान्ति का कार्य बहुत कुछ आगे बढ़ा था। यहाँ अपने साध्य के अनुसार उसका परिचय देने की मैं चेष्टा करता हूँ।

सन् 1923 के प्रारम्भ में युक्तप्रान्त एव पजाब में मैंने कम-से-कम बीस या पच्चीस विप्लव केन्द्र स्थापित कर लिए थे। सन् 1923 में मैंने दिल्ली में कांग्रेस के विशेष अधिवेशन में भाग लिया था। उस समय तक ढाका अनुशीलन समिति के साथ मेरा कोई सम्बन्ध नही था। देहली में कांग्रेस के विशेष अधिवेशन के बाद ही मैंने अपने संगठन का नाम 'हिन्दुस्तान रिपब्लिकन एसोसिएशन' रख दिया था और इस नामकरण के अवसर पर ही अपने संगठन का लक्ष्य एवं साधन इत्यादि को लेते हुए एक परिपूर्ण नियमावली बनाई थी। इस प्रकार पौर्वापर्य निर्णय करने के लिए मेरे पास कुछ साधन मौजूद हैं

जब मैं जमशेदपुर मे श्रमजीवियो के आन्दोलन में काम कर रहा था उसी समय मैं क्रान्तिकारी आन्दोलन के लिए धन मिलने की व्यवस्था भी कर रहा था। मेरे परम सौभाग्य से एक महानुभाव धनी व्यक्ति ने मुझे मासिक एक सौ पचास रुपए देने का वचन दिया था। मेरी गिरफ्तारी के बाद भी ये महानुभाव नियम-पूर्वक प्रति मास एक सौ पचास रुपए देते गए। इन्ही रुपयो से हम लोगों का रेल खर्च इत्यादि निकल आता था। ढाका अनुशीलन समिति के साथ सम्बन्ध स्थापित होने के पहले तक युक्तप्रान्त या पंजाब में हम लोगों ने कभी कोई डकैती नही की। जो सज्जन हमे प्रतिमास एक सौ-पचास रुपए देते थे उन्होंने कभी भी हम लोगों से इसका कोई हिसाब नही मांगा। विश्वास के ऊपर हम लोगों का काम चलता था। इस प्रकार से और कुछ आदमी भी थोड़ी रकमों से हम लोगों की सहायता करते थे। एक दफे मैं मेरठ के वैश्य अनाथालय में श्री विष्णुशरणजी दुबलिस के यहाँ ठहरा था। विष्णुशरणजी उस समय वैश्य अनाथालय के अध्यक्ष थे। एक दिन अनाथालय में अलीगढ़ के प्रसिद्ध व्यक्ति ठाकुर टोडरसिंहजी आए।

मैं एक पेड़ के नीचे चारपाई पर बैठा हुआ था। चारपाई पर बन्दी जीवन की दो-एक प्रतियाँ पड़ी थीं। ठाकुर साहब मुझे पहचानते नहीं थे। टोडरसिंहजी बन्दी-जीवन की एक प्रति को उठाकर लेखक के प्रति बहुत प्रशंसासूचक शब्द कहने लग गए। इसके पहले दुबलिसजी ने मुझे बताया था कि ठाकुर टोडरसिंहजी एक धनी जमींदार हैं, अच्छे व्यक्ति हैं। लेकिन यह भी कह दिया था कि अपना परिचय इन्हें अभी न देना। दुबलिसजी समझते थे कि सम्भव है टोडरसिंहजी क्रान्तिकारी आन्दोलन के प्रति सहानुभूति न प्रकट करें। दुबलिसजी किसी काम से घर के अन्दर गए थे। बाहर चारपाई पर बैठे-बैठे टोडरसिंहजी से मेरी बातचीत होने लगी। बातचीत के प्रसंग में मेरा परिचय पूछने पर टोडरसिंहजी को मैंने अपना परिचय दे दिया। मैंने समझ लिया था कि टोडरसिंहजी से सहायता लेनी असम्भव बात नहीं थी। लेकिन दुबलिसजी ने मेरा इस प्रकार से परिचय देना पसन्द नहीं किया और बाद को यह कहकर मेरी खूब हँसी उड़ाई कि ज्योंही टोडर-सिंहजी ने कहा कि बन्दी जीवन के लेखक को यदि मैं सामने पाता तो उनका पैर छूता त्योंही सान्यालजी लपककर कह उठे कि मैं ही लेखक हूँ। आज भी दुबलिसजी इस बात पर चुटकी लेते हैं यद्यपि यह बात सच नहीं है कि मैंने एकदम से अपना परिचय टोडरसिंहजी को दे दिया था। टोडरसिंहजी से बात करते समय मैंने यह अनुभव किया था कि ठाकुरसाहब पर प्रभाव डालने से कुछ काम निकल सकता है। इसी गरज से उनके पूछने पर मैंने अपना परिचय दे दिया। परिणामतः टोडरसिंहजी मुझे अपने स्थान पर ले गए। उन्होंने मुझे प्रेम से भोजन कराया, और अन्त में मेरे एक आदमी को चालीस रुपया मासिक वेतन पर अपने यहाँ के एक स्कूल में शिक्षक रखने के लिए वे राजी हो गए। टोडरसिंहजी क्रान्तिकारी आन्दोलन के विशेष पक्षपाती नहीं थे तथापि इस प्रकार से उन्होंने हम लोगों को चालीस रुपए मासिक देना स्वीकार किया था। टोडरसिंहजी महात्माजी के अनु-रक्त अनुयायियों में से थे तथापि उनसे हम लोग यह सहायता लेने में समर्थ हुए थे। लेकिन दुर्भाग्यवश जिस व्यक्ति को मैंने टोडरसिंहजी के स्कूल में भेजा था वह व्यक्ति हम लोगों के काम के उपयुक्त न था। दो महीनों के बाद वह व्यक्ति विप्लव कार्य से अलग हो गया। इसी व्यक्ति ने बनारस में मेरे विवाह के अवसर पर मुझे चुभती हुई बातें सुनाई थीं। गनीमत यह थी कि सरल रूप से एक पत्र द्वारा मुझे उन्होंने यह सूचना दी कि विप्लव कार्य से अब मैं अलग हो रहा हूँ क्योंकि इस काम के लिए मैं अपने को उपयुक्त नहीं समझ रहा हूँ। यह घटना सितम्बर सन् 1923 के पहले हुई। टोडरसिंहजी से हम लोगों ने और कोई विशेष सहायता नहीं पाई।

मेरठ की एक और घटना विशेष उल्लेख योग्य है। यह घटना भी ढाका अनु-शीलन समिति के साथ सम्बन्ध स्थापित होने के पहले ही हुई थी। मेरठ होकर मैं लाहौर जानेवाला था। मेरे मनीबेग में पाँच सौ रुपए के नोट और कुछ रेजगारी थे। मेरठ स्टेशन में मनीबेग से दो दस-दस रुपए के नोट निकाले। मनीबेग को

फिर कोट के ऊपरी जेब में रख दिया। टिकट लेने गया। उस समय खिड़की के सामने दो ही चार आदमी थे लेकिन फिर भी उन दो-चार आदमियों में ही जाते समय कुछ धक्कम-धक्का हुआ। उस समय मैं समझ नहीं पाया कि धक्कम-धक्का करना गिरहकटों की एक तरकीब है। बाद को जेल में इस तरकीब का पता चला था। एक आदमी यदि किसी को धक्का देता है तो स्वभावतः ही धक्का खाने वाला धक्का देने वाले की तरफ देखता है। थोड़ी देर के लिए उसका पूर्ण ध्यान धक्का देने वाले के प्रति आकृष्ट रहता है। इसी अवसर पर गिरहकट अपनी कारीगरी दिखला देते है। उस ज़रा-सा ही धक्कम धक्के के बाद जब मैंने खिड़की के सामने आकर लाहौर का टिकट माँगा तो टिकट बाबू ने कहा कि गाड़ी आने मे अभी देर है टिकट अभी नही बटेगा। जब मैंने खिड़की से बाहर आकर नोट अपने मनीबेग में रखना चाहा तो देखा मनीबेग गायब है। मेरे होश-हवास बिलकुल उड़ गए। किंकर्तव्यविमूढ की तरह रह गया, क्या करूँ और क्या न करूँ कुछ समझ मे नही आया। अवश्य मेरे मुँह मे यह निकला होगा कि अरे मनीबेग गायब है क्योंकि किसी ने मुझसे कहा कि जाओ पुलिस मे इत्तला दे दो। इत्तला भी देता तो पुलिस को अपना नाम-धाम क्या बताता। यदि मैं अपना असल नाम बताता हूँ और यह कहता हूँ कि मेरठ मे आकर वैश्य अनाथालय में मैं ठहरा था तो भविष्य मे आवश्यकता पड़ने पर पुलिस को इस बात का प्रमाण मिल जाता कि दुबलिसजी के साथ मेरा सम्बन्ध है। लेकिन फिर भी मैं रेलवे थाने में गया एक पुलिस का हेडकांसटेबुल दौड़कर मेरे साथ टिकट बाँटने के जंगले के सामने आया। वहीं के लोगो से कुछ पूछताछ की कि कौन टाँगावाला यहाँ था कौन गया है, उसका कोई जान-पहचान का आदमी उस समय उस स्थान पर था या नहीं इत्यादि बातों को जानकर फिर हम लोग रेलवे थाने में वापस आए। मुझसे पूछा गया कि मेरठ मे मैं कहाँ ठहरा था। मैंने बता दिया कि वैश्य यतीमखाने मे ठहरा था। पुलिसवालो ने मुझसे पूछा कि रिपोर्ट लिखूँ या नही। मैंने बताया कि झूठ-मूठ लिखने से क्या फायदा, रुपया मिलना तो है नहीं। लेकिन यह भी मैंने बताया कि मनीबेग में पाँच सौ रुपए के नोट थे। यदि रुपया वापस मिल जाय तो पता लगानेवाले को आधा दे दूंगा। रिपोर्ट नही लिखवाई। दिल छोटा करके पुलिस के दफ्तर से फिर उसी टिकटघर के सामने आकर खड़ा हो गया और सोचा कि मैं कितना बड़ा बेवकूफ हूँ। अब कौन-सा मुंह लेकर कहाँ वापस जाऊँ। कितनी मुश्किल से तो रुपये मिलते है। बड़ी मुसीबत है। थोड़ी देर तक इस प्रकार के विमर्श के बाद दुबलिसजी के यहाँ वापस जाना ही ठीक समझा। मेरे दिल में यह एक अत्यन्त भय हो रहा था कि दुबलिसजी और मेरे अन्य साथी मेरे ऊपर यह सन्देह न करने लग जाएँ कि मैं रुपए हजम कर बैठा हूँ। यदि ऐसा होता तो मैं मिट्टी में मिल जाता। लेकिन ये रुपए मैं जहाँ से लाता था उसका पता हमारे दल के और किसी को न था। मुझे छोड़कर और दो व्यक्तियों को इसका पता रहता था। एक तो देने वाले और दूसरा वह जिसके जरिए से मैं कभी-

कभी रुपया लाता था। इसके अलावा मुझसे प्रश्न करनेवाला तो कोई था नहीं। मनीबेग गायब होने का किस्सा यदि मैं प्रकाश न करता तो किसी को क्या मालूम होता। ये सब बातें होते हुए भी मेरे मन में एकाएक भय और लज्जा उत्पन्न हुई थी।

मुझे वापस आते देखकर दुबलिसजी मेरे पास आकर हँसते हुए खड़े हो गए और पूछा क्या बात है। गाड़ी छूट गई। मैंने कहा टाँगेवाले को तो कुछ दे दो फिर बताता हूँ। टाँगेवाले को पैसे दे दिए और मैंने अपनी बेवकूफी की कहानी कह सुनाई। सब बातें सुनकर क्रोध का और अविश्वास के स्थान पर मेरे प्रति दुबलिसजी के हृदय मे दया का उद्रेक हुआ। मुझे आश्वासन दिलाकर दुबलिसजी ने कहा कि आप आज रात-भर ठहर जाइए। मैं आपको कुछ रुपया लाकर देता हूँ। मेरे लिए दुबलिसजी ने एक बण्डी भी दी जिसकी भीतरी तरफ एक जेब थी। दूसरे दिन दुबलिसजी ने कही से दो सौ रुपए लाकर मुझे दिए। उस दिन से आज तक मैं कभी भी मनीबेग कोट या कमीज के ऊपरी हिस्से मे नही रखता हूँ। मेरे बदन में हमेशा एक बण्डी रहती है। उस बण्डी को छोड़कर और कहीं मैं पैसा नहीं रखता। जीवन में यह दूसरी बार हुआ था, जब मेरे जेब से रुपया निकल गया। पहली बार हावड़ा स्टेशन मे एक दफे मेरे जेब से और कुछ रुपए निकल गए थे।

मेरठ में रहते समय एक और सज्जन से मेरी जान-पहचान हुई थी जिसका उल्लेख करना यहाँ पर अप्रासंगिक न होगा। उन सज्जन का नाम था चौधरी विजयपालसिंह। हम लोगों के साथ उनकी गहरी सहानुभूति थी लेकिन हम लोगों की सहायता करने का उन्हे अवसर नही मिला। उनके पास से मैंने एक किताब ली थी उसका नाम है सोवियत कन्स्टिट्यूशन। सितम्बर सन् 1923 के पहले ही मैंने इस प्रकार से सोवियत कन्स्टिट्यूशन को समझाने की चेष्टा की थी। सन् 1923 में दिल्ली कांग्रेस के बाद मैंने कम्युनिज्म को समझने के लिए अच्छी तरह से चेष्टा की उसी समय सोवियत कन्स्टिट्यूशन से भी यथेष्ठ लाभ उठाया। यह किस्सा बाद का है। दुबलिसजी के साथ मेरी गहरी मित्रता हो गई थी। दुबलिसजी का घर था मेरठ जिले के मवाना ग्राम में। मवाना से हस्तिनापुर बहुत क़रीब है। दुबलिसजी ने अपने घर ले जाने के लिए मुझसे विशेष आग्रह किया था और कहा था कि मवाना से हस्तिनापुर बहुत क़रीब है और हस्तिनापुर देखने योग्य स्थान है। ऐसा कौन-सा भारतवासी होगा जिसके हृदय में हस्तिनापुर का नाम सुनकर चांचल्य पैदा न हो। इन्द्रप्रस्थ हस्तिनापुर और दिल्ली ये तीन नाम भारत के इतिहास में मानो एक सूत्र में ग्रथित है। लेकिन मुझमें एक बुरी आदत है कि जिस काम के लिए जहाँ जाता हूँ उसको छोड़कर एक तिल-भर भी इधर-उधर जाना मुझसे नहीं होता। यह एक त्रुटि है। व्यापक रूप मे किसी चीज को न देखना एक अपूर्णता है। मैं अपने कामों मे ऐसा उलझा हुआ रहता था कि दो दिन की जगह तीन दिन एक स्थान पर रहना मेरे लिए कठिन हो जाता था। मैं आज

तक भी हस्तिनापुर नहीं गया। सन् 1937 में छूटने के बाद मैं दो दफा मेरठ गया। मेरे कुछ साथी हस्तिनापुर हो आए हैं। लेकिन मुझे हस्तिनापुर जाने का अवकाश नहीं मिला।

मेरठ में मैं कई बार आया-गया। दुब्लिसजी की सहायता से मेरठ में दो-चार आदमी और मिलने लग गए थे। लेकिन मेरी गिरफ्तारी के कारण मेरठ का संगठन कुछ अधिक अग्रसर नहीं हो पाया। एक आर्यसमाजी प्रचारक वैश्य अनाथालय मे आया करते थे। उनसे मेरी बहुत बातचीत हुई थी। बातचीत के बाद वह आर्यसमाज के प्रचारक मेरे साथ काम करने को तैयार हो गए। वह सज्जन पंजाब तक जाते थे। लेकिन दुख की बात है कि मेरी अनुपस्थिति में इन सज्जन से किसी ने कोई काम नही लिया।

मेरठ के बाद मुझे पंजाब जाना था। लेकिन जेब से रुपया निकल जाने के कारण फिलहाल पजाब जाना स्थगित किया किन्तु पजाब जाना तो था ही, इसलिए बनारस और इलाहाबाद घूमकर मैं फिर पजाब गया।

पजाब मे जाकर लाहौर के प्रोफेसर जयचन्द्रजी विद्यालकार के यहाँ ठहरता था। अब की बार भी विद्यालंकारजी के ही यहाँ ठहरा। मुझे ठीक स्मरण नही है कि अब की बार या इसके पहले ही मुझे पता लग गया था कि सरदार गुरुमुखसिंह इत्यादि जो अपना अलग सगठन कर रहे थे यह नही चाहते थे कि अबकी बार सिख गैर सिख सस्थाओं के साथ मिलकर भारतीय विप्लववादी आन्दोलन मे भाग लें। यहाँ तक कि सरदार गुरुमुखसिंहजी ने चाहा कि हमारे सच्चे साथी सरदार भगतसिंह को हम लोगों से तोडकर अपनी संस्था मे मिला लें। इस कारण गुरुमुखसिंह ने भगतसिंहजी को बहुतेरा समझाया कि तुम बंगालियों के फेर में मत पड़ो इनके फेर मे पडोगे तो फाँसी पर लटक जाओगे काम कुछ भी नही कर पाओगे। इस प्रकार से गुरुमुखसिंहजी जितनी बातें भगतसिंहजी से कहते थे वे हम लोगों से सब कह देते थे। बहुत बहकाने पर भी भगतसिंहजी ने हम लोगों का साथ नही छोडा। मैं भी गुरुमुखसिंहजी से मिलता रहा। अपनी संस्था के छपे हुए क़ानून-क़ायदे गुरुमुखसिंहजी ने मुझे दिए थे। उन सबसे मुझे पता चला कि उनकी सस्था रूस की साम्यवादी नीति पर सगठित है। साम्यवाद की नीति पर गुरुमुखसिंहजी से बहुत बातचीत हुई। जहाँ तक मुझे आज याद है उस समय गुरुमुखसिंहजी पूर्ण रीति से मार्क्सिस्ट नही थे कारण कि भौतिकवाद मे उनका पूरा विश्वास नही था। यदि मैं भूल नही कर रहा हूँ तो सम्भव है गुरुमुखसिंहजी ने मुझसे यह भी कहा था कि रूस की पूरी नकल करने की कोई आवश्यकता नही है। सरदार सन्तोषसिंह नामक एक सज्जन रूस से वापस आये हुए थे। मैं जिस समय पंजाब गया था उस समय सरदार सन्तोषसिंहजी एक गाँव मे नजरबन्द थे। लेकिन मुझे ऐसा मालूम हुआ कि सरदार सन्तोषसिंह ही यथार्थ मे गुरुमुखसिंह आदि के संस्था के संचालक, व्यवस्थापक या संस्थापक थे। उनकी सलाह से ही गुरुमुखसिंह इत्यादि काम करते थे। इसके बहुत पहले से ही मैं कम्यूनिज्म का साहित्य पढ़ने

लग गया था। लेकिन अभी भी कम्यूनिज्म का पूरा स्वरूप मेरी समझ मे नहीं आया था। गुरुमुखसिहजी मे बातचीत करने के बाद एवं सोवियत कांस्टिट्यूशन (शासन विधान) पढ़ने के कारण कम्युनिज्म के बारे मे मेरी धारणा और भी स्पष्ट हो गई। सरदार गुरुमुखसिंह की संस्था के बारे मे जयचन्द्रजी से मेरी बातचीत हुई और यह विचार किया गया कि कम्युनिज्म के सिद्धान्त का कितना अंश हम अपनी संस्था में ग्रहण कर सकते है। उस समय अध्यापक जयचन्द्रजी भी कुछ अधिक नही जानते थे। इस प्रकार हम लोग कम्युनिज्म के बारे मे धीरे-धीरे सोचने लग गए। उस समय तक बंगाल के पुराने क्रान्तिकारी श्री नरेन्द्रनाथ भट्टाचार्य उर्फ मानवेन्द्र राय यूरोप के कम्युनिज्म के बारे मे लेख इत्यादि भारत में भेजा करते थे। उनके प्रकाशित 'वेन्गार्ड आफ इण्डियन इण्डिपेण्डेन्स' नामक साप्ताहिक पत्र हम लोगों के हाथ में आए। उन पत्रों एवं पर्चों से भी कम्युनिज्म के बारे में हम लोग कुछ-कुछ समझने लग गए।

अबकी बार पंजाब आकर जैसा एक तरफ रूस की साम्यवादी नीति के संस्पर्श में आए उसी प्रकार मे दूसरी तरफ रावलपिंडी तक के नौजवानो मे परिचित हुए। इस लोक संग्रह के कार्य मे अध्यापक जयचन्द्रजी ही प्रधान रूप मे सहायक थे। अंतिम दिन तक भाई जयचन्द्रजी हमारे इस विप्लव आन्दोलन मे लगे रहते तो आज जिस प्रकार से आपने इतिहास गवेषणा के क्षेत्र मे अपनी नवीन खोज एवं नवीन दृष्टिकोण के कारण ख्याति अर्जित की है उसी प्रकार से अथवा सम्भव है उससे भी अधिक व्यापक रूप मे आप भारत के राजनीतिक आन्दोलन के संपर्क में अपनी प्रतिष्ठा स्थापित करते। हमारा दुर्भाग्य है कि श्री जयचन्द्रजी राष्ट्रीय निर्माण क्षेत्र से अलग होकर एक ऐतिहासिक गवेषक होकर ही रह गए। लेनिन के बारे में एक दिन पेरिस के एक प्रोफेसर महोदय ने लेनिन के एक लेख को पढ़कर ऐसा कहा था कि लेनिन एक अति उत्तम प्रोफेसर बन सकते थे!

संभव है आज ऐतिहासिक क्षेत्र में प्रसिद्धि लाभ करके जयचन्द्रजी संतुष्ट हों लेकिन मेरे हृदय में एक अत्यन्त गंभीर खेद बना हुआ है। कारण मैं समझता हूँ कि श्री जयचन्द्रजी के तुल्य उपयुक्त व्यक्ति यदि भारत के विप्लव आन्दोलन में ठीक प्रकार से भाग लिए होते तो आज हमारे इस आन्दोलन ने भारत की राजनीति में अपना अमोघ प्रभाव अवश्य ही डाला होता।

पंजाब में जो विप्लव आन्दोलन की नीव पड़ी थी उसका पूर्ण श्रेय श्री जयचन्द्र को ही है कारण उनके बिना मैं अकेला पंजाब के क्षेत्र में अल्प समय के अन्दर इतना अधिक अग्रसर नही हो सकता था। तिलक स्कूल और पॉलिटिक्स के छात्र वृन्दों से जो मैं परिचित हुआ था वह भी जयचन्द्रजी की ही कृपा से। आपकी सहायता मे ऐसे आदमी भी मुझे मिले थे जिन्हें मैं अत्यन्त कष्टसाध्य एवं विपद्-संकुल स्थानों में भेज पाया था। आज इस बात में मैं कोई दोष नहीं समझता हूँ कि उस समय की दो-एक महत्त्वपूर्ण चेष्टाओं की बात मैं यहाँ पर

प्रकाशित कर दूं। मुझे जहाँ तक पता है उससे मैं कह सकता हूँ कि भारत के और किसी भी विप्लव दल ने ऐसी चेष्टा नहीं की थी जैसी कि हमारे दल के द्वारा हुई थी ! सरदार गुरुमुखसिंह के दल में अवश्य ऐसी चेष्टा सफलतापूर्वक हुई थीं।

उस व्यक्ति का नाम आज मैं भूल गया हूँ जिसे हम लोगों ने काश्मीर की प्रसिद्ध सरहद गिलगिट में एवं पेशावर की सरहद जमरूद इत्यादि की तरफ भेजा था। हम लोगों का उद्देश्य यह था कि इन सरहदों के जरिए से बाह्य जगत् से भारत के विप्लव आन्दोलन का योग सूत्र स्थापन किया जाय। इस व्यक्ति ने कई महीनों तक भीषण कष्ट सहन करते हुए गिलगिट के आसपास में मुसीबत के दिन बिताए थे। उनकी सहायता से हम लोगों को यह पता चला था कि भारत और चीन के लिए गिलगिट के रास्ते से व्यापारी आते-जाते हैं, लेकिन उनकी बड़ी सख्त निगरानी होती है। महीनों तक का रसद साथ लेकर इन रास्तों से गुजरना पड़ता था। धन और बुद्धि से काम लेने पर इस रास्ते से अस्त्र-शस्त्र मँगाना असंभव बात नहीं थी। आज अवश्य इन रास्तों से अस्त्र मँगाने की आवश्यकता नहीं है। लेकिन जिन दिनों की बात यहाँ लिख रहा हूँ उन दिनों में हम लोग विदेश से बड़े पैमाने में अस्त्र-शस्त्र मँगाने का रास्ता ढूंढ़ रहे थे। यदि मैं शीघ्र पकड़ा गया न होता तो संभव है, हमारा विप्लव आन्दोलन कुछ और ही रंग-रूप ग्रहण किए होता। गिलगिट के रास्ते के अलावा पेशावर के रास्ते का भी हम लोगों ने भली प्रकार से निरीक्षण कर लिया था। अवश्य ही ब्रिटिश सरकार को यह पता है कि पेशावर के रास्ते से बाहर के विप्लवकारियों का गुजरना संभव एवं स्वाभाविक है।

सन् 1923 के सितम्बर मास में देहली में कांग्रेस का विशेष अधिवेशन हुआ था। ऐसे अवसरों पर भारत के प्रत्येक प्रांत से हर प्रकार के मनुष्य आया करते हैं। इस कारण कांग्रेस के अधिवेशन के समय अन्तर प्रांतीय संगठन का कार्य बहुत आगे बढ़ जाता है। देहली के कांग्रेस के विशेष अधिवेशन के समय मैंने कराची के अध्यापक गिडवानी साहब, श्री कुरेशीसाहब (जो कि एक समय महात्मा गांधी के 'यंग इंडिया' के सम्पादक भी रह चुके थे), महाराष्ट्र के हार्डीकर साहब मिर्जापुर के बैरिस्टर श्री यूसुफ इमाम साहब, बुन्देलखण्ड के दीवान शत्रुघ्नसिंह आदि से बातचीत की थी। अध्यापक गिडवानी साहब जानना चाहते थे कि क्रान्तिकारी आन्दोलन के साथ देशबन्धु चितरंजनदास का कहाँ तक सम्बन्ध था। मैं भी जानना चाहता था कि क्रान्तिकारी आन्दोलन के बारे में गिडवानी साहब की क्या धारणा है। उनसे बातचीत करने पर मुझे यह निश्चय हो गया था कि गिडवानी साहब अहिंसा नीति को सिद्धान्त के तौर पर नहीं मानते थे। नीति के हिसाब से भी हिंसा और अहिंसा के रास्ते पर उनकी कोई निश्चयात्मक धारणा नहीं थी। जिस समय की बात मैं लिख रहा हूँ उस समय गिडवानी साहब राष्ट्रीय विद्यालय के अध्यापक थे। अपने प्रांत के नवयुवकों में उनकी

काफी प्रतिष्ठा थी। वे देशबन्धुदास के अत्यन्त विरोधी थे। अकाली आन्दोलन के सिलसिले में एक बार पं० जवाहरलालजी के साथ सिदवानी साहब नाभा पधारे थे। गिरफ्तारी के बाद थोड़े ही दिनों में वे दोनों सज्जन छोड़ दिये गए थे। पुनः नाभा के सत्याग्रह आन्दोलन में इन सज्जनों में से किसी ने कोई भाग नहीं लिया। सन् 1921 में आसाम बंगाल रेलवे कर्मचारियों ने एवं पूर्व बंगाल की स्टीम नेवीगेशन कम्पनियों के कर्मचारियों ने भी भारी हड़ताल कर दी थी। इन हड़तालों के कराने में देशबन्धुदासजी का विशेष हाथ नहीं था। लेकिन जब हड़ताल प्रारम्भ हो गई थी तो देशबन्धुजी ने हड़तालियों की जी-जान से सहायता की थी। उस समय चटगाँव इत्यादि स्थानों के कलेक्टरों को भी इन हड़तालों के कारण कोई सामान नही मिलता था हर प्रकार से हड़ताल सफल रही थी।

देहली की कांग्रेस में जाने के पहले ही पं० जवाहरलालजी से मेरी बातचीत हो चुकी थी। उसका उल्लेख मैंने पहले ही कर दिया है। देहली कांग्रेस के अवसर पर एक बार मुझे डाक्टर अंसारी के स्थान पर जाना पड़ा। वहाँ पर पं० जवाहरलालजी से मेरी भेंट हुई। पंडितजी बहुत आग्रह के साथ आनन्दित होकर मुझे एक विशेष कमरे में ले गए। वहाँ श्री कुरेशी से मेरी जान-पहचान करा दी। मैं यह देख रहा था कि इन नेताओं में गुप्त आन्दोलन की बातें जानने का तीव्र कुतूहल हो रहा था। कुरेशी साहब मुझे बहुत प्रशान्त मालूम पड़े। वे प्रफुल्लचित्त तो अवश्य दिखाई पड रहे थे किन्तु बातें उन्होंने बहुत कम की। जब आपसे मेरी फिर मुलाकात हुई तो मैं अभियुक्त की दशा में काकोरी केस के सिलसिले में अदालत के कटघरे के अन्दर बैठा था और कुरेशी साहब दर्शकों के स्थान पर बैठे थे।

हिन्दुस्तानी सेवा दल के संस्थापक डाक्टर हर्डीकर महोदय एक समय अमेरिका मे थे। उस समय भारतीय क्रान्तिकारी आन्दोलन मे कुछ व्यक्तियों से उनका परिचय हुआ था। उनके परिचित व्यक्तियों मे से एक सज्जन का नाम पिंगले था। बन्दी जीवन के पाठकगण पिंगले के नाम से भली-भाँति परिचित हैं। पंजाब का विप्लव आन्दोलन विफल हो जाने के पश्चात् जिस समय श्री रास-बिहारी बोस बनारस में रहकर फिर नये सिरे से विप्लव आन्दोलन का कार्य कर रहे थे उस समय श्री हर्डीकर का संवाद श्री रासबिहारी के पास आया था। इस बात को मैं जानता था। इसलिए दिल्ली कांग्रेस के अवसर पर मैं हर्डीकरजी से बहुत मिलना चाहता था। परन्तु उनसे मिलकर मुझे तृप्ति नही हुई। मैंने अनुभव किया कि हर्डीकर साहब अब पुराने रास्ते को छोड़ना चाहते है। सन् 1916 से लेकर आज सन् 1929 तक श्री हर्डीकरजी अपने ढंग पर देशसेवा के काम में लगे हुए थे। हर्डीकरजी त्यागी समझदार तथा गम्भीर प्रकृति के विलक्षण व्यक्ति हैं। लेकिन यदि हम ऐसे विलक्षण व्यक्ति के तेईस सालों के कामों की तुलना सरदार भगतसिंह अथवा श्री यतीन्द्रनाथ दास अथवा चटगाँव आर्मरी केस के श्री सूर्यकान्त सेन और बंगाल के दूसरे विप्लवी कार्यकर्ताओं के कार्यों से करें तो

क्या हम यह कह सकेंगे कि भारत के राष्ट्रीय आन्दोलन पर हर्डीकरजी का उतना प्रभाव पड़ा है जितना कि क्रान्तिकारी आन्दोलन का पड़ा है।

हर्डीकरजी गुप्त रीति से कोई दल नहीं बनाना चाहते थे। उनकी इच्छा थी कि कांग्रेस में रहते हुए और उसकी छत्रछाया में कांग्रेस की मर्यादा से लाभ उठाते हुए कांग्रेस नेतागणों के सहयोग से एक स्वयंसेवकों का विराट् दल बनाएँ। आज भी हर्डीकरजी उसी काम में लगे हैं। लेकिन अब तक उन्हें कोई सफलता नहीं प्राप्त हुई।

भारत का विप्लव आन्दोलन कांग्रेस के नेतृत्व पर कुछ भी निर्भर नहीं रहा। इसके विपरीत कांग्रेस आन्दोलन पर ही विप्लव आन्दोलन का यथेष्ठ प्रभाव पड़ा। दृष्टान्त रूप में यह कहा जा सकता है कि कांग्रेस के ध्येय में जो परिवर्तन हुआ इसका सबसे बड़ा श्रेय विप्लव आन्दोलन को ही है। जिस समय भारत के संतानगण विदेशों में जा-जाकर भारत को पूर्ण रूप से स्वतंत्र बनाने के लिए जान की बाजी लगा रहे थे, जिस समय विदेशों में एक तरफ श्री एम० एन० चटर्जी, श्री अब्दुल्ला, श्री महेन्द्र प्रताप एवं दूसरी ओर रासबिहारी बोस इत्यादि भारतवर्ष को स्वतंत्र करने के लिए जी-जान से लगे हुए थे उस समय भारत मे कांग्रेस के नेतागण प्रांतीय स्वराज्य लाभ करने के लिए प्रयत्न कर रहे थे। भारत के उग्रपंथी व्यक्तियों ने बार-बार यह चेष्टा की कि भारत को पूर्ण रूप से स्वतन्त्र करना कांग्रेस का ध्येय बन जाय लेकिन हर बार वे इसमें असफल रहे। भारत को पूर्ण रूप से स्वतन्त्र करने के लिए कितने ही युवकों ने फांसी के तख्ते पर जीवन बलि चढा दी। साल के बाद साल गुजरते गए। षड्यन्त्र रचे गए। ऐसा कोई मास खाली नही गया जिसमे भारत के किसी-न-किसी प्रांत में राजनैतिक षड्यन्त्र के मामले न चले। दो-दो तीन-तीन हजार नवयुवको को बिना उन पर किसी प्रकार का मुकदमा चलाए पाँच-पाँच, दस-दस साल के लिए ब्रिटिश सरकार ने जेलों मे बन्द रखा। क्या इन सब बातों का प्रभाव कांग्रेस के नेतागणों के मन पर कुछ भी नही पड़ा? सन् 1919 के दिसम्बर महीने में ब्रिटिश सरकार के घोषणा-पत्र द्वारा विद्रोहियों के लिए विशेष रूप से सन्देश भेजा गया। एक ओर जैसे भारत के शासन विधान में सुधार हुए दूसरी ओर भारत को ब्रिटिश पंजे के चंगुल में सुरक्षित रखने के लिए रौलट कमेटी की सिडिशन रिपोर्ट के अनुसार काले क़ानून बनाए गए। भारत के विप्लव आन्दोलन को कुचलने के लिए मुख्य रूप से ये काले क़ानून बनाए गए थे। भारत के राष्ट्रीय आन्दोलन में महात्मा गांधी ने सर्वप्रथम जब अपना क़दम रखा तो उन्होंने इस काले क़ानून के विरुद्ध ही अपना आन्दोलन प्रारम्भ किया था। विप्लव आन्दोलन कुचला नही गया। महात्माजी का चलाया हुआ आन्दोलन भी बढ़ता गया। विप्लव आन्दोलन को दबाने के लिए रौलट ऐक्ट बना। रौलट ऐक्ट के विरुद्ध महात्मा गांधी का सत्याग्रह आन्दोलन प्रारम्भ हुआ। पहले कांग्रेस का ध्येय प्रांतीय स्वराज्य लाभ करना था। अहमदाबाद कांग्रेस में उग्रपंथियों ने अपनी सारी शक्ति कांग्रेस के

उक्त ध्येय को बदलने के लिए लगा दी। बहुत वोटों से महात्माजी इसके विरुद्ध जीत गए। लेकिन अन्त तक कम-से-कम कहने के लिए तो कांग्रेस के ध्येय में परिवर्तन हो ही गया तो क्या यह कहना नितान्त भूल है कि कांग्रेस आन्दोलन पर विप्लव आन्दोलन का यथेष्ठ प्रभाव पड़ा है ?

मिर्जापुर के बैरिस्टर श्री यूसुफ इमामजी तथा बुन्देलखंड के विशिष्ट व्यक्ति दीवान शत्रुघ्नसिंहजी से हम लोगों की बातें हुईं। हम लोगों ने एक-दूसरे को अच्छी तरह से समझ लिया। लेकिन विशेष दु:ख की बात है कि मेरी अनुपस्थिति मे इन लोगों से किसी ने कुछ काम नही लिया। आज भी सांप्रदायिकता की लहर में यूसुफ इमाम साहब पूर्ण राष्ट्रीयतावादी हैं। दीवान शत्रुघ्नसिंहजी एवं यूसुफ इमाम साहब दोनों ने ही कांग्रेस आन्दोलन में पूर्णरीति से भाग लिया। आज भी सच्चे देशभक्तों की भाँति ये दोनों सज्जन राष्ट्रीय क्षेत्र में काम कर रहे हैं।

भारत के विप्लव आन्दोलन के लिए यह विशेष दु:ख की बात थी कि विप्लव आन्दोलन के नेताओं को प्रकाश्य आन्दोलन में भाग लेने का अवसर नही प्राप्त हुआ। यह भी एक कारण है जिसके लिए भारत के राष्ट्रीय आन्दोलन पर विप्लव आन्दोलन का जितना प्रभाव पडना चाहिए था उतना नही पड़ा। इसलिए अण्डमन से मुक्त होने पर मेरी इच्छा थी कि मैं भी प्रकाश्य आन्दोलन में भाग लूं। देहली मे कांग्रेस के विशेष अधिवेशन के समय मैने देशवासियो के प्रति एक अपील निकाली थी। इस अपील में एक नया कार्यक्रम किया गया था भारत को पूर्ण रूप से स्वतत्र करना है इस ध्येय पर विशेष जोर देते हुए एशिया की विभिन्न पद-दलित जातियो का एक राष्ट्र सघ बनाने की कल्पना के अनुसार इस अपील में कार्यक्रम दिया गया था। इसके अतिरिक्त मजदूर संगठन के बारे में भी इस कार्यक्रम में विशेष ध्यान दिया गया था। राष्ट्रीय समस्याओं को भली प्रकार समझने वाले चैतन्यवान त्यागी दृढ़ संकल्पयुक्त देशप्रेमियों को लेकर स्वयंसेवकों का देशव्यापी एक विराट् दल बनाने का संकल्प भी इस कार्यक्रम में था। इस प्रकार थोडे शब्दो में ओजस्विनी अंग्रेजी भाषा में अपने कार्यक्रम का स्पष्ट चित्र खीचते हुए मैने यह अपील निकाली थी। प्रोफेसर जितेन्द्रलाल बनर्जी अंग्रेजी के प्रसिद्ध शक्तिशाली लेखक है। इस अपील को पढकर उन्होंने यह जानना चाहा था कि इस अपील की अंग्रेजी किसने लिखी है। मेरे साथ बंगाल के प्रसिद्ध क्रान्तिकारी नेता श्री विपिन चन्द्र गांगुली थे। उन्होने बनर्जी साहब को मेरा नाम बताया। मैं श्री विपिन गांगुली को लेकर इस अपील पर जितेन्द्रलाल बनर्जी के हस्ताक्षर कराने गया था। डेलीगेट की हैसियत से मैं देहली कांग्रेस में आया था। मेरा नाम इस अपील के बिलकुल अन्त में था। जहाँ तक मुझे स्मरण है सबसे पहले श्रीयुत विपिनचन्द्र गांगुली के हस्ताक्षर थे। इस अपील में आल इण्डिया कांग्रेस कमेटी के बहुत-से सदस्यों के हस्ताक्षर थे। इस अपील के निकालने के साथ-साथ हम एक प्रकाश्य आन्दोलन की सृष्टि करना चाहते थे।

इस काम में विपिन गांगुली की पूर्ण सहानुभूति थी । उन्होंने यह कहा था कि वे ऐसा आन्दोलन तो खूब चाहते हैं लेकिन कठिनाई तो पैसे की है । अर्थ के बिना कोई भी आन्दोलन चलाया नहीं जा सकता । मुझे कुछ अर्थ पाने की पूर्ण आशा थी । इसलिए मैं इस कार्य में पूर्ण उद्यम से लगना चाहता था । गांगुली साहब ने मुझे यह वचन दिया था कि पैसे की बात को छोड़कर अन्य सब बातों में वे मेरे साथ पूर्ण रूप से सहयोग करेंगे ।

इस अपील को लेकर मैं सुभाष बाबू के पास भी गया था । उन्होंने इस अपील को बहुत गम्भीर तथा शान्तचित्त होकर पढ़ा । इस विषय पर मेरे साथ उनका कुछ वाद-विवाद भी हुआ । सुभाष बाबू का कहना था कि अभी वह समय नही आया है कि मै कांग्रेस के कार्यक्रम से भिन्न किसी अन्य कार्यक्रम को लेकर चलूँ । उनका यह भी कहना था कि एक ही व्यक्ति के लिए गोपनीय एवं प्रकाश्य आन्दोलन मे काम करना उचित नही है ।

सुभाष बाबू के साथ क्रान्तिकारी आन्दोलन के बारे मे बातचीत करने का मेरा यह प्रथम अवसर था । मै चाहता था कि सुभाष बाबू हमारे आन्दोलन का नेतृत्व ग्रहण करे । नेतृत्व के बारे मे मेरे दिल मे कोई ऐसी भावना नही थी कि मैं दूसरे का नेतृत्व स्वीकार न करूँ । वरन सुभाष बाबू को यदि मै अपने नेता के पद पर बैठा सकता तो मेरे आनन्द की सीमा न रहती । यही सब बातें मैंने सुभाष बाबू को समझानी चाही । सुभाष बाबू ने एकाग्रचित्त होकर मेरी बाते तो सब सुन ली परन्तु उन्होने अपना कोई स्थिर मत नही व्यक्त किया । उन्होंने बार-बार यही कहा कि अभी मेरा समय नही आया है । अन्त मे यह निश्चय हुआ कि मै उनसे कलकत्ते मे फिर मिलूँ । इस निश्चय के अनुसार मै उनसे कलकत्ते में फिर मिला । यथास्थान इसका वर्णन विस्तारपूर्वक आगे किया जाएगा । सुभाष बाबू ने मेरी लिखी हुई अपील पर अन्त तक हस्ताक्षर नही किए ।

बंगाल के प्रसिद्ध क्रान्तिकारी दल अनुशीलन समिति के नेताओं के पास भी मै गया था । अब तक इस समिति के साथ मेरा बिगड़ा हुआ सम्बन्ध सुलझा नही था । इसलिए मुझे इस बात का विशेष आग्रह न था कि अनुशीलन समिति के नेतागण मेरी अपील पर अवश्य ही अपने हस्ताक्षर कर दें । थोडे शब्दों में मैंने उन्हें अपना आशय समझाया । पहले तो उन्होंने अपने हस्ताक्षर देने में आनाकानी की । मैने भी उनसे अधिक अनुरोध नही किया । उनकी इस आनाकानी को देखकर मैने भी कुछ लापरवाही से यह कह दिया कि यदि आप इस अपील पर हस्ताक्षर करना उचित न समझें तो न कीजिए । मेरी उदासीनता को देखकर वे कुछ सोच में पड़ गए । न जाने क्या समझकर मुझसे उन्होंने कहा कुछ देर ठहर जाएँ हम आपस में परामर्श कर लें । कुछ देर के बाद उनमे से कुछ ने प्रतिनिधि की हैसियत से अपील पर हस्ताक्षर कर दिए । लेकिन उनका दृष्टिकोण कुछ और ही था । मै यह चाहता था कि क्रान्तिकारी नेतागण

अपने मौलिक कार्यक्रम को लेकर प्रकाश्य रूप से राजनैतिक क्षेत्र में अवतीर्ण हों। कलकत्ता क्रान्तिकारी दल के नेता श्री विपिनचन्द्र गांगुली ने तो इस बात के महत्त्व को अनुभव किया परन्तु अनुशीलन समिति के नेताओं ने इसे व्यर्थ समझा।

इस अपील को लेकर मैं देशबन्धुदास के पास भी गया था। अपील पढ़कर दासजी कुछ हँसे और बोले कि कौंसिल प्रवेश का कार्यक्रम इसमें क्यों नहीं रक्खा। मैंने भी हँसकर कहा कि कौंसिल प्रवेश के कार्यक्रम से तो हम सहमत हैं ही यदि अन्य सब बातों से आप सहमत हों तो इस कार्यक्रम को भी इस अपील में रखा जा सकता है। मैं जानता था कि दासजी इसमें अपना हस्ताक्षर न देंगे। दासजी उस समय एक ही बात पर अपनी पूरी शक्ति लगा रहे थे। कौंसिल प्रवेश को छोड़कर और किसी प्रश्न पर उनका ध्यान न था।

इस सिलसिले में एक विचित्र बात से मुझे बहुत लाभ हुआ। मुझे यह अपील छपवानी थी। (इसके लिए मेरे पास पैसे न थे।) देहली की जिस धर्मशाला में मैं ठहरा था उसी में मेरे दल के कुछ साथी भी थे। यह अपील मैंने उनके परामर्श से उसी धर्मशाला में बैठकर लिखी थी। उसी समय मेरे एक साथी ने मुझे नोटों का एक बंडल दिया और कहा कि ये रुपए उसे अमुक कमरे में मिले थे। यदि उस व्यक्ति का पता चल जाय जिसका यह रुपया है तो उसे दे दिया जाएगा अन्यथा इसे अपने काम में लगाया जाय। मैं मन-ही-मन ऐसा सोचता था कि यदि कोई रुपया माँगनेवाला न आए तो अच्छा हो। मुझे हर घड़ी यही चिन्ता थी कि कोई माँगनेवाला तो नहीं आ रहा है। परन्तु सौभाग्य से न किसी ने रुपया माँगा न रुपया खोने की उस धर्मशाला भर में कोई चर्चा ही हुई। इस बंडल में पचत्तर रुपये के नोट थे। देहली के एक आर्यसमाजियों के प्रेस से यह अपील छपवाई थी। शीघ्रता के कारण प्रेस ने अपील की छपवाई के दाम अधिक ही लिए थे। इस बात की सुविधा मुझे अवश्य मिली कि इस प्रेस ने मेरी अपील छाप तो दी, सम्भव था कि दूसरे प्रेस इस काम को न करते।

इन छपे हुए अपीलपत्रों को कांग्रेस पंडाल के अन्दर हम लोगों ने बाँटना चाहा लेकिन स्वयसेवकों ने ऐसा करने से हम लोगों को रोका। तब प्रोफेसर जितेन्द्रलाल बनर्जी की सहायता से हम स्वयंसेवकों के सरदार श्री आसफअली के पास पहुँचे। आसफअली साहब ने वायदा किया कि वे अपने स्वयंसेवकों की सहायता से इस अपील को पंडाल के अन्दर बँटवा देंगे। हमने इस अपील की पाँच हजार प्रतियाँ छपवाई थीं। लगभग दो या तीन सौ प्रतियाँ अपने पास रखकर बाकी सब प्रतियाँ आसफअली को दे दीं। लेकिन बाद को हमें यह देखकर बड़ा आश्चर्य हुआ कि उनमें से एक प्रति भी किसी को नहीं दी गई थी।

इस अपील की प्रतियाँ मैंने भारत के भिन्न-भिन्न प्रान्तों के सम्वादपत्रों को भेज दीं लेकिन भारत के किसी पत्र ने इस अपील को नहीं छापा। इसकी कुछ प्रतियाँ जापान में श्री रासबिहारी एवं अमेरिका में श्री तारकनाथदास के पास भी

भेज दो। अमेरिका के लिए प्रसिद्ध साप्ताहिक पत्र 'दि न्यू रिपब्लिक' मे यह अपील ज्यो-की-त्यो छप गई और उसके साथ श्री तारकनाथदासजी ने भी इस अपील के महत्त्व के बारे मे एक लेख लिखा। जापान से रासबिहारी बोस ने उस पत्र की एक प्रति मेरे पास भेजी थी। सम्भवत. इस अपील की एक प्रति महात्माजी के यग इण्डिया को भी भेजी गई थी। भारत मे इस अपील के विषय मे कोई चर्चा नही हुई।

बगाल के उपन्यासकार श्री शरत्चन्द्र चटर्जी से एक सम्वाद सुनकर हम चकित हो गए। शरत् बाबू भी हम लोगो की भांति महात्माजी के अन्ध भक्त नही थे। यो तो बंगाल के अधिकाश व्यक्ति महात्माजी के अन्ध भक्त नही है फिर भी जब शरत् बाबू जैसे व्यक्ति की सम्मति हमारी सम्मति से मिल गई तो हमे बडी खुशी हुई। इस प्रकार महात्माजी के बारे मे चर्चा करते समय बारदोली के सत्याग्रह को इसलिए स्थगित नही किया गया था कि चौरीचौरा मे हिंसात्मक काण्ड हो गया बल्कि बारदोली के किसान पहले ही से सालभर का लगान सरकार को दे चुके थे। केवल इतना ही नही यह भी खबर थी कि बारदोली के किसानो ने अपनी हटाने योग्य सारी वस्तुएँ अपने मकानों से अलग कर दी थी। गुजरात के एक सब डिवीजनल अफ़सर ने यह संवाद महात्माजी को दिया था इस पर महात्माजी ने अपने विश्वस्त व्यक्ति को बारदोली भेजा था। उसने भी महात्माजी के पास एस० डी० ओ० की बातों को सही बताया। ऐसी अवस्था मे बारदोली के सत्याग्रह आन्दोलन को स्थगित कर देने के अतिरिक्त महात्मा के पास और रास्ता ही क्या रह गया था।

उत्तर भारत के विप्लववादी आन्दोलन के सम्बन्ध में देहली के कांग्रेस अधिवेशन के विशेष अवसर पर दो महत्त्वपूर्ण बाते हुई थी जिनका उल्लेख इस स्थान पर करना विशेषत: आवश्यक है।

कांग्रेस के इस अधिवेशन के पहले ही मै इलाहाबाद के श्री पुरुषोत्तमदास टंडन से भली प्रकार परिचित हो चुका था। टडनजी अच्छी तरह से जानते थे कि हम लोग गुप्त रीति से क्रान्तिकारी आन्दोलन मे लगे हुए हैं। हम लोगों के प्रति उनकी पूर्ण सहानुभूति थी। परन्तु वास्तविक क्षेत्र में हम लोगों ने उनकी सहानुभूति से कुछ लाभ नही उठा पाया। टंडनजी अपरिवर्तनवादी थे। देहली कांग्रेस मे यह प्रस्ताव पास हो गया कि कांग्रेस जन लेजिस्लेटिव कौंसिल के सदस्य बनकर उसके कार्य मे भाग ले सकते हैं। सत्याग्रह आन्दोलन एक बार व्यर्थ हो चुका था। अपना आन्दोलन समाप्त होने पर महात्माजी राजनीतिक क्षेत्र से कुछ दिनो के लिए अलग हो जाते हैं। किसी आन्दोलन के विफल हो जाने पर जनता मे अवसाद छा जाता है। आशा भंग के आघात से जब जनता उत्साह और उद्यमहीन हो जाती है ऐसी अवस्था में महात्माजी कार्यक्षेत्र से अलग हो जाते हैं। अवसाद के दिनों में अन्य नेतागण राष्ट्रीय आन्दोलन को चलाते हैं। फिर जब आन्दोलन उग्र रूप धारण करता है तो फिर महात्माजी कार्य क्षेत्र में

अवतीर्ण होते है। सन् 1921 के सत्याग्रह आन्दोलन के समय महात्माजी कौंसिल प्रवेश के विरोधी थे और देशबन्धु दास, पण्डित मोतीलाल नहरू और लाला लाजपतराय इत्यादि कुछ नेता गण कौंसिल प्रवेश के पक्ष में थे। पं० जवाहरलाल श्री पुरुषोत्तमदासजी टंडन इत्यादि नेतागण महात्माजी की तरह कौंसिल प्रवेश के विरोधी थे। देहली कांग्रेस में दास पक्ष की विजय हुई। ऐसी परिस्थिति में मैंने टंडनजी से यह आग्रह किया कि अब समय आया है कि कांग्रेस ध्येय मे परिवर्तन करने की चेष्टा की जाय। अपनी विशेष मानसिक परिस्थिति के कारण टंडनजी ने अबकी बार मेरे परामर्श को स्वीकार कर लिया। जहाँ तक मुझे स्मरण है बाबू राजेन्द्रप्रसादजी ने भी खुले अधिवेशन मे टंडनजी के प्रस्ताव का समर्थन किया था। टंडनजी ने यह प्रस्ताव किया था कि कांग्रेस के ध्येय मे अब परिवर्तन करने का समय आया है। इस प्रस्ताव के समर्थकों में मेरा नाम भी था। परन्तु मेरे बोलने का समय आने से पहले ही मौलाना अबुलकलाम आजाद जी सभापति के आसन से कुछ देर के लिए हट गए थे और उस समय श्री दास जी सभापति के आसन पर बैठे थे। मैंने तो मन ही मन समझा कि मुझे अच्छा अवसर मिला। परन्तु दुर्भाग्य से मौलाना मुहम्मदअली बोलने को खड़े हो गये और लगभग डेढ़ या दो घण्टे तक बोलते ही रहे। दासजी उन्हें बोलने से रोकना नही चाहते थे। इसके बाद मुझे बोलने का अवसर नहीं मिला।

टंडनजी पूर्ण स्वाधीनता के ध्येय को तो पसन्द करते थे। परन्तु इस ध्येय को कार्यरूप मे परिणत करने के लिए जीवन में उन्होंने क्या प्रयत्न किये यह मुझे ज्ञात नही है। देहली अधिवेशन के बाद कांग्रेस के दूसरे अधिवेशन मे भी उन्होंने कांग्रेस के ध्येय को बदलने की कोई चेष्टा की या नहीं मुझे पता नहीं। हिंसा-अहिंसा के प्रश्न पर भी उनकी नीति क्रान्तिकारियों अथवा श्री अरविंद या लोकमान्य तिलक की नीति से भिन्न न थी। श्री तिलक ने गीता रहस्य लिखकर अपने दार्शनिक सिद्धान्त को युक्ति एवं भारतीय दर्शन के आधार पर सुप्रतिष्ठित करने की चेष्टा की। श्री अरविन्द ने सालो तक दैनिक एवं साप्ताहिक पत्रों मे अपने राष्ट्रीय एवं दार्शनिक सिद्धान्तों का प्रचार किया। उस समय भारत एवं विशेषकर बंगाल में सशस्त्र क्रान्ति की लहर उमड रही थी। अकाली सिक्खों की तरह उन्होंने भी कभी विप्लव आन्दोलन की निन्दा नही की। प्रकाश्य आन्दोलन के सम्पर्क में अथवा व्यक्तिगत जीवन में उन्होंने कभी भी हिंसा और अहिंसा के सिद्धान्त पर राजपुरुषों के दृष्टिकोण से अपने पक्ष को दुर्बल नहीं किया। देशबन्धुदासजी ने भी अपने देहावसान के कुछ दिन पहले तक अपनी नीति तिलक और अरविन्द की भाँति स्थिर रखी। जब कलकत्ते के पुलिस कमिश्नर टेगार्ट की भूल में 'डे' साहब मारे गए तो बंगाल प्रान्तीय कांग्रेस कमेटी में 'डे' साहब के मारनेवाले श्री गोपीमोहन के प्रति सम्मान एवं प्रीति सूचक प्रस्ताव पास किया गया था। इस प्रस्ताव के पास कराने में देशबन्धु दास जी की पूर्ण सहायता थी। महात्माजी इस बात से एकदम बिगड़ गए एवं

महात्माजी ही के कारण अ० भा० कमेटी मे बंगाल प्रान्तीय कांग्रेस कमेटी के प्रस्ताव के विरुद्ध दूसरा प्रस्ताव लाया गया। दासजी अपने प्रस्ताव पर डटे रहे। अवश्य महात्माजी को अधिक वोट मिले फिर भी गोपीमोहन शाह की प्रशसा मे जो प्रस्ताव पहले पास हो चुका था उसके पक्ष मे भी यथेष्ठ वोट आये। महात्माजी अपने व्यक्तित्व के कारण जीत तो अवश्य गए परन्तु उन्होंने स्वय ऐसा कहा था कि दासजी के पक्ष मे भी इतने वोट आए इससे यह स्पष्ट प्रतीत होता है कि अहिंसा का पक्ष अभी प्रबल नही हुआ। महान् आश्चर्य की बात तो यह है कि सरदार भगतसिह की प्रशंसा मे कराची कांग्रेस में महात्माजी के ही परामर्श एव सहायता से एक विशेष प्रस्ताव पास हुआ। इससे भी आश्चर्य की बात यह है कि विलायत मे राउण्ड टेबुल कान्फ्रेस मे जाने के पहले बम्बई मे अ० भा० काग्रेस कमेटी की बैठक मे कराची के इस भगतसिह के प्रशंसा-सूचक प्रस्ताव के विरुद्ध एक अन्य प्रस्ताव पास किया गया। और कराची वाले प्रस्ताव को वापस कर लिया गया। इस प्रकार हिंसा अहिंसा की नीति पर काग्रेस आन्दोलन मे जितनी बार प्रश्न उठ खडे हुए टडनजी ने कभी भी महात्माजी के विरुद्ध अपने पक्ष का समर्थन नही किया।

व्यक्तिगत जीवन मे टडनजी महान् त्यागी पुरुष है। जिस समय आप लाहौर के एक बैंक के मैनेजिग डायरेक्टर थे लाला लाजपतराय का देहान्त हो गया। लाला जी लोक सेवक सघ के अध्यक्ष थे। महात्माजी के कहने पर टडनजी ने मैनेजिग डायरेक्टरी छोडकर लोक सेवक सघ का कार्यभार अपने ऊपर ले लिया। सन् 21 के सत्याग्रह आन्दोलन के समय टडनजी ने वकालत छोड़ दी और उसके बाद उन्हें बहुत आर्थिक कष्ट सहने पड़े। फिर भी कभी उन्होने किसी के सामने हाथ नही फैलाये। इसके अतिरिक्त महात्माजी के राष्ट्रीय आन्दोलन मे आने के बहुत पहले से ही टडन जी अपने व्यक्तिगत जीवन मे अहिंसा नीति का पालन करते आए है। आप इलाहाबाद हाईकोर्ट में भी 'क्रीपसोल' वाले कैनवेस के जूते पहनकर वकालत करने आते थे। राष्ट्रीय आन्दोलन के क्षेत्र मे आप सदा ही क्रान्तिकारी आन्दोलन के प्रति हार्दिक सहानुभूति रखते थे। लेकिन ये सब बाते होते हुए भी भारतीय क्रान्तिकारी आन्दोलन का यह बड़ा दुर्भाग्य है कि टडनजी जैसे महानुभाव ने इस आन्दोलन मे सक्रिय रूप से भाग नही लिया। बहुत कहने-सुनने पर कांग्रेस के देहली अधिवेशन में आपने स्वाधीनता का प्रश्न उठाया था।

राष्ट्रीय आन्दोलन के बड़े-बड़े नेताओं के विषय में मै इसलिए इतनी बातें लिख रहा हूँ कि पाठकों को इन महानुभावों की मनोवृत्तियों से परिचित होने का अवसर मिले। यह कहना अत्यन्त कठिन है कि भविष्य में भारतीय क्रान्तिकारी आन्दोलन कैसा रूप ग्रहण करेगा। परन्तु इसमें सन्देह नही कि भारत के इतिहासकारों को भारतीय राष्ट्रीय आन्दोलन का विश्लेषण करना पड़ेगा। मुझे आशा और विश्वास है कि मेरे इतिहास से भविष्य के इतिहास लेखकों को

सहायता मिलेगी। इसी अभिलाषा से मैंने इस इतिहास को लिखना प्रारम्भ किया है।

आज तो कांग्रेस ने अवश्य ही यह स्वीकार कर लिया है कि पूर्ण स्वाधीनता प्राप्त करना ही हमारा ध्येय है परन्तु इस स्थिति पर पहुंचने के लिए कांग्रेस में वर्षों तक मर्मान्तक द्वन्द्व हुए हैं और देहली के अधिवेशन में ही इसकी सर्वप्रथम चेष्टा हुई थी यह बात भी स्मरण रखने योग्य है।

12

क्रान्तिकारी दल और कम्यूनिस्ट

अब एक दूसरी विशेष महत्त्वपूर्ण बात का उल्लेख कर रहा हूँ। देहली में एक और व्यक्ति से मेरी मुलाक़ात हुई। आपकी आयु अनुमान से तीस वर्ष की रही होगी। आपसे मेरा पूर्व परिचय न था। आपका नाम कुतुबुद्दीन अहमद था। अपना परिचय देते हुए आपने बताया कि वे श्री मानवेन्द्रनाथ राय के आदमी हैं। इस परिचय से मेरे मन में बड़ा हर्ष और कुतूहल हुआ। कुतुबुद्दीन साहब ने बड़े प्रेम से कहा मैं बहुत दिनों से आपसे मिलना चाहता था। मानवेन्द्र राय ने आपको मास्को बुलाया है। वहाँ कम्यूनिस्ट इण्टर नेशनल कांग्रेस होने जा रही है। राय साहब की इच्छा है कि आप भी उस समय पर उपस्थित हों। विशेषकर आप ही से मिलने के लिए मैं देहली आया हूँ।" मैंने कहा, "कम्यूनिज्म के बारे में मै ठीक-ठीक सब बातें नही जानता।" कुतुबुद्दीन साहब ने उत्साहपूर्वक कहा, "आपको यह सब बातें समझाना मेरा काम है।"

मै तो कम्यूनिज्म के बारे में सब बाते पहले ही से अच्छी तरह जानना चाहता था। कुतुबुद्दीन साहब का प्रस्ताव तो मेरे लिए एक सौभाग्य की बात थी। उनके साथ बहुत देर तक मेरी बातचीत हुई। कुतुबुद्दीन साहब से ही मैंने जीवन में सर्व प्रथम कम्यूनिज्म के मूल तत्व को यथार्थ रूप में समझा। मेरे जीवन की यह एक महान् ऐतिहासिक घटना है।

कुतुबुद्दीन साहब ने मुझसे कहा कि कम्यूनिज्म का ध्येय है समाज की ऐसी व्यवस्था करना जिससे समाज की कोई भी सम्पत्ति किसी व्यक्ति के हाथ में न रहकर समाज के हाथ मे रहे। यह सुनते ही मेरे मन में हिन्दुओं के संन्यास आश्रम की बात आई इसलिए उसी क्षण मैंने कहा कि यह तो मनुष्य जीवन की चरम उन्नति पर निर्भर है। मनुष्य जीवन की अन्तिम उन्नति हुए बिना कैसे यह सम्भव है कि समाज की सम्पत्ति व्यक्ति के हाथ में न रहकर समाज के हाथ में चली जाय। यह सुनकर कुतुबुद्दीन साहब ने कहा कि नहीं क्रान्ति के मार्ग से भी समाज व्यवस्था ऐसी बनाई जा सकती है जिसके परिणाम में सम्पत्ति व्यक्ति के हाथ मे से समाज के हाथ में चली जाय एवं उसी अवस्था में शिक्षा-दीक्षा की सहायता से मनुष्य की चरम उन्नति संभव होगी। मेरे लिए यह एकदम नई कल्पना थी। मैं थोड़े समय के लिए चकित-सा रह गया। और मुझे

ऐसा प्रतीत होने लगा कि बहुत संभव है कि कुतुबुद्दीन साहब की बात सत्य हो। क्षणभर में मेरे मानसिक चित्रपट में संन्यास आश्रम के बारे में मुहूर्त-भर के लिए यह प्रश्न उठा कि जीवन-भर की तपस्या के परिणामत: जिस चरम और परम अवस्था को प्राप्त करने के लिए हिन्दू समाज मे व्यवस्था है कम्यूनिज्म की व्यवस्था मे क्या उसी अवस्था को इतने सरल एवं सहज मार्ग से प्राप्त किया जा सकता है? परन्तु यह प्रश्न क्षण-भर के लिए ही मन मे उदय हुआ था। थोड़े ही समय के अनन्तर में समझने लगा कि संभव है विप्लव के बाद हिन्दू समाज प्रदर्शित उत्कर्ष के मार्ग को मनुष्य ग्रहण कर सके। कम्यूनिज्म को भली प्रकार समझने के लिए मन में उत्सुकता और बढ़ गई। एक समय नियत करके मै फिर कुतुबुद्दीन साहब से मिला और कम्यूनिज्म के सिद्धान्त के बारे मे उनसे मेरी घण्टों तक बातचीत हुई।

नवीन गारडेन में बैठकर घंटों तक कुतुबुद्दीन साहब से मेरी बातचीत हुई। कुतुबुद्दीन साहब ने प्राचीन काल से लेकर आज तक के इतिहास का एक खाका खीचकर दिखाने का प्रयत्न किया। उन्होंने एच० जी० वेल्स के इतिहास से दृष्टान्त देकर यह दिखाना चाहा कि कैसे एक समय नारी राज्य का अस्तित्व था और उस समय स्त्री जाति के प्रभुत्व के कारण समाज की रीति व्यवस्था पद्धति आदि सब स्त्रियो की इच्छानुसार होती थी। उस समय पुरुषों के अधिकार स्त्रियों के अनुवर्ती होते थे अर्थात् समाज में जो जाति शासन करती है उसी के स्वार्थ के अनुकूल रीति-नीति भी बन जाती है। कुतुबुद्दीन साहब का कहना था कि रीति नीति समाज व्यवस्था इत्यादि सनातन नियमों की अनुवर्ती होकर नहीं बनती, प्रत्युत राज-शक्ति जिसके हाथ में रहेगी उसकी इच्छा एवं स्वार्थ के अनुसार ही समाज व्यवस्था बनेगी। सामाजिक उन्नति भी राज-शक्ति पर निर्भर है। राज-शक्ति की सहायता से समाज में शिक्षा-दीक्षा उद्योग-धन्धों आदि की व्यवस्था अनायास ही एवं ठीक नीति पर हो सकती है। व्यक्ति के लिए उन्नति का मार्ग भी तभी प्रशस्त होगा जब राज-शक्ति की सहायता मिलेगी। व्यक्ति की उन्नति की प्रतीक्षा में यदि हम बैठे रहेंगे तो समाज का कोई काम नही चल सकेगा। आज समाज में जितने घोर अनर्थ हो रहे हैं उनके मूल में सबसे बड़ी बात यह है कि समाज के धन उत्पादन के जितने साधन हैं वे सब कुछ थोड़े ही मनुष्यों के हाथ में हैं। वे जैसा चाहते है उसी प्रकार समाज व्यवस्था बनाते हैं जिधर चाहते हैं उसी तरफ समाज को ले चलते हैं। राज-शक्ति भी इन्हीं के हाथ में रहती है। एक ओर तो धन की समृद्धि होती है दूसरी ओर दरिद्रता के निष्ठुर दबाव से समाज के असंख्य व्यक्ति हाहाकार करते हैं। प्रजातन्त्रात्मक राज्य में भी पूंजीपति ही जो-जो चाहते हैं वही करते हैं। कहने के लिए तो प्रजा को सब राष्ट्रीय कर्णधार बराबर हैं परन्तु धनी व्यक्ति गरीबों के वोट अपने धन की सहायता से प्राप्त कर लेते हैं। इसलिए यथार्थ प्रजातन्त्रात्मक राज्य तभी बन सकता है जब समाज से ग़रीब और अमीर का भेद मिट

जाय। गरीब और अमीर का भेद तभी मिट सकता है जब धनोत्पादन के साधन व्यक्ति के हाथ में न रहकर समाज के हाथ में रहें। क्रान्ति के ही मार्ग से यह काम बन सकता है अन्यथा नहीं। यदि आर्थिक दृष्टि से समाज में साम्य नहीं रहता तो उस समाज की प्रत्येक व्यवस्था एवं राज्य की नीति दूषित एवं अकल्याणमयी हो जाती है।

मैंने शान्त एवं एकाग्र चित्त होकर उनकी सब बाते सुनी। आज तक क्रान्तिकारी आन्दोलन के अनेकों इतिहास पढ़े, राष्ट्रों के उत्थान-पतन की भी कितनी ही बातें पढ़ी परन्तु कम्यूनिज्म के आर्थिक दृष्टिकोण से ऐतिहासिक घटनावली को समझना नही सीखा। जीवन मे कुतुबुद्दीनजी की सहायता से कम्यूनिज्म का आर्थिक दृष्टिकोण के सिद्धान्त की मौलिकता देखकर मैं चकित एवं विस्मयाविष्ट हो गया। आज तक मै इस सिद्धान्त से परिचित न था यह जानकर मुझे बड़ी लज्जा एव क्षोभ हुआ। बातचीत होते-होते कभी इतिहास के गहन प्रश्नो में, कभी अर्थनीति की विचित्र गति में, एवं अर्थनीति से धर्मनीति में एवं धर्मनीति से अद्वैतवाद एव भौतिकवाद इत्यादि की गहन दार्शनिक अरण्यानी मे हम घण्टो विचरते रहे। कुतुबुद्दीन साहब से मिलकर उनसे बातचीत करके मुझे जैसे अत्यधिक प्रसन्नता हुई वैसे ही एक नवीन सिद्धान्त से परिचित होकर मैं आश्चर्यान्वित एवं चकित भी हुआ। जीवन में एक और नवीन समस्या पैदा हो गई। अभी तक वेदान्त के लपेटे में पड़कर ज्ञान और कर्म की विषम उलझन में पड़ा था। फिर हिंसा और अहिंसा के द्वन्द्व मे पड़कर भी कुछ अशान्ति भुगती, गांधीवाद और सत्याग्रह-मार्ग से सशस्त्र क्रान्तिकारी मार्ग की भीषण प्रतिद्वन्द्विता के कारण जीवन में बड़ी कठिनाइयों का सामना करना पड़ा, अब अन्त में कम्यूनिज्म के भौतिकवाद, इतिहास की आर्थिक व्याख्या एवं राज की नवीन परिकल्पना प्रसूत राजनैतिक एवं दार्शनिक उलझनो में पड़कर जीवन मे एक नवीन एवं जटिल समस्या की उत्पत्ति हुई है।

सम्पत्ति व्यक्ति के हाथ में न रहकर समाज के हाथ में रहे इसके मूल में जो महान् आदर्श है उसे मै अस्वीकार नहीं कर सका। परन्तु धन उत्पादन के साधन ही सम्पत्ति है यह मै देहली मे भली भाँति नहीं समझ पाया था। इस सम्बन्ध में सर्वप्रथम मेरे मन में इस भावना की उत्पत्ति हुई कि मैं इस महान् आदर्श का अनुयायी बनने योग्य न था। मेरे मन में वही संन्यासी का आदर्श दिखाई दिया और मैंने यह अनुभव किया कि मैं इसके लिए उपयुक्त न था। इसके साथ-साथ मैं इस बात को भी स्वीकार नहीं कर पाया कि आर्थिक व्यवस्था के कारण ही समाज में हर प्रकार की उन्नति हो सकती है। जब मैंने कुतुबुद्दीन साहब को वेदान्त के मूलतत्त्व के विषय में कुछ समझाना प्रारम्भ किया तो आपने यह स्वीकार किया कि ये सब बातें दार्शनिक विचारधारा में शोभा पा सकती हैं। एवं सम्भव है इनकी उपयोगिता भी हो लेकिन धर्म के प्रति कम्यूनिज्म का जो आक्रमण है उससे इन दार्शनिक विचारों का विशेष

सम्बन्ध नही है। आज ये सब बातें स्मरण करते समय मुझे ऐसा सन्देह होता है कि सम्भव है कुतुबुद्दीन साहब वेदान्त के विचारो से भली भाँति परिचित न रहे हो अथवा यह भी हो सकता है कि क्योकि कुतुबुद्दीन साहब मुझे धीरे-धीरे अपनी ओर खीचना चाहते थे, इसलिए मेरे दृढ दर्शनिक विचारो के प्रति सहिष्णुता दिखाकर मुझे यह समझाना चाहते थे कि दार्शनिक विचारधारा एवं धार्मिक भावना ये दो एकदम भिन्न वस्तुएँ हैं। कुतुबुद्दीन साहब का यह कहना कि धर्म के कारण ससार मे भीषण अनर्थ हुए है मुझे बहुत सीमा तक स्वीकार करना पड़ा था। तथापि मैने इस बात को किंचित् मात्र भी स्वीकार नही किया कि धर्म का सद्व्यवहार नही हुआ इसलिए यथार्थ मे धर्म भी स्वय सद्वस्तु नही है। इतिहास मे बहुत-से अवसरो पर धर्म का दुरुपयोग हुआ है, इसलिए धर्म का सदुपयोग भी नही हो सकता है यह बात न युक्तियुक्त है न ऐतिहासिक दृष्टि से ही सत्य है। फिर निरी आर्थिक दृष्टि से ही इतिहास को समझने की चेष्टा करना यह भी एक युक्ति संगत बात नही है। इस प्रकार कम्यूनिज्म के सस्पर्श में आकर जीवन मे एक महान् नवीन आदर्श की प्रेरणा का मैंने अनुभव किया। परन्तु कम्यूनिज्म के सिद्धान्त में एक महान् आदर्श के साथ कुछ ऐसी भी बातें जोड दी गई हैं जिन्हें न मैंने उस दिन ही स्वीकार किया था और न इतने दिनो के मनन और अध्ययन के बाद आज भी कर सकता हूँ। मैं युक्ति, दार्शनिक दृष्टि अथवा मानव अभिज्ञता की दृष्टि से भौतिकवाद को आज भी सत्य नही समझता। किसी नवीन आदर्श की परिकल्पना केवल जड़वाद के दृष्टिकोण से उत्पन्न नही हो सकती।

विप्लव आन्दोलन की दृष्टि मे देहली मे कांग्रेस के विशेष अधिवेशन के अवसर पर बहुत महत्त्वपूर्ण बातें हुईं। इसी अधिवेशन मे कांग्रेस ध्येय को बदलने की सर्वप्रथम चेष्टा हुई। उत्तर भारत के विप्लव आन्दोलन पर कम्यूनिज्म के आदर्श का अभूत प्रभाव पडा। भारतीय विप्लव आन्दोलन के इतिहास मे यह एक विशेष महत्त्वपूर्ण घटना है। देहली मे कांग्रेस के अधिवेशन के समय भारत मे कम्यूनिस्टो का कहने योग्य कोई सगठन नही था। सन् 1924 ई० मे कानपुर के बोलशेविक षड्यन्त्र के मामले मे इने-गिने मनुष्य अभियुक्त थे। हम लोगो के क्रान्तिकारी दल की तुलना में भारतवर्ष भर मे दूसरा कोई व्यापक एव सुसगठित दल न था। पंजाब मे सरदार गुरुमुखसिंह तथा सरदार सतोषसिंह के नेतृत्व मे कम्यूनिज्म के आदर्श पर एक दल तैयार हो रहा था। लेकिन इस दल की तमाम कर्मचेष्टा पंजाब प्रान्त मे ही सीमित थी। बंगाल के अन्य क्रान्तिकारी दलो मे कम्यूनिज्म के किसी भी प्रभाव का चिह्न नही दिखाई दिया था। मैंने उत्तर भारत मे जिस विप्लव दल का सगठन किया था भारतीय विप्लव आन्दोलन के इतिहास मे इसी दल ने सर्वप्रथम कम्यूनिस्ट सिद्धान्त के बहुत अशो को स्पष्ट शब्दो मे ग्रहण कर लिया था। उस सिद्धान्त के जिन अंशों को हमने उस दिन नही ग्रहण किया था वह इसलिए नही कि वे हम लोगों की समझ मे नही आए थे, वरन हम लोगो ने

जान-बूझकर सिद्धान्त के विचार से, युक्ति की कसौटी पर उनके निर्बल प्रमाणित होने के कारण ही उन्हें स्वीकार नही किया था। यूरोप के आधुनिक इतिहास की पर्यालोचना करने से यह प्रमाणित हो रहा है कि हमारा दृष्टिकोण सत्य है। परानुकरण वृत्ति के कारण जो लोग सौ वर्ष से पहले के सिद्धान्त को अपरिवर्तित रूप मे ज्यों का त्यों आज भी देश-काल-पात्र-भेद का विचार न करके जैसे का तैसा ग्रहण करने को लालायित हैं वे भूल जाते है कि गत शत वर्ष की प्रबल चेष्टा के बाद भी आज यूरोप अथवा अमेरिका मे कोरे मार्क्सवाद की विजय नही हुई बल्कि यूरोप के कम्यूनिस्टो को अपनी नीति में बहुत परिवर्तन करना पडा है। श्रेणी सघर्ष के स्थान पर आज सयुक्त मोर्चा आदि के नारे बुलन्द हो रहे है। ध्यान दने योग्य एक और बात यह है कि इंग्लेंड, फ्रांस तथा अमेरिका मे कम्यूनिस्टो के साथ दूसरे प्रगतिशील दलों ने सहयोग करना स्वीकार नही किया। कम्यूनिस्टो के सयुक्त मोर्चे के प्रयत्न विफल हो रहे है।

देहली से लौटकर मैं आगरा, मथुरा इत्यादि होकर कानपुर आया था। कानपुर आकर एक सज्जन के यहाँ ठहरा। इनका नाम श्री सत्यभक्तजी था। आप हिन्दी के एक परिचित लेखक है। मुझमे कम्यूनिज्म के सिद्धान्त से भली प्रकार परिचित होने की प्रबल इच्छा उत्पन्न हुई थी।

सत्यभक्तजी कम्यूनिज्म के सिद्धान्त के आधार पर युक्त प्रान्त मे एक दल संगठित करना चाहते थे। कम्यूनिज्म का एक मूल सिद्धान्त है कि विप्लव के ही मार्ग से सफलता प्राप्त की जा सकती है अन्यथा नही। हम लोग यथार्थ में विप्लवी थे। सत्यभक्तजी विप्लव के मार्ग पर नही चलना चाहते थे। लेकिन उनके पास कम्यूनिज्म के विषय की कुछ अच्छी-अच्छी पुस्तकें थी। उन्हें मैने पढ डाला। कम्यूनिज्म को समझने के लिए मुझे 'बुखारिन' लिखित 'ए० बी० सी० आफ कम्यूनिज्म' नामक पुस्तक से बडी सहायता मिली। लेनिन लिखित तीन-चार पुस्तकें भी पढ डाली। इन सब पुस्तकों मे से तीन-चार पुस्तकें विशेष उल्लेख योग्य है यथा 'प्रालिटेरियन रेवल्यूशन', 'स्टेट एण्ड रेवल्यूशन', 'फ्राम युटोपिया टु साइन्स', 'फोर्थ एण्ड सिक्स्थ रिपोर्ट आफ दी कम्यूनिस्ट इण्टर नेशनल कांग्रेस' इत्यादि। इसके अतिरिक्त मानवेन्द्रराय द्वारा सम्पादित बहुत-से पर्चे पढ़ने का भी अवसर मिला। इस प्रकार सन् 1924 मे ही कम्यूनिज्म के सिद्धान्त के बारे मे मैने बहुत कुछ समझ लिया था। सत्यभक्तजी से मेरा बहुत वार्तालाप भी हुआ, तर्क-वितर्क हुए, एव भौतिकवाद और आत्मवाद, इतिहास की आर्थिक व्याख्या एव श्रेणी संघर्ष इत्यादि प्रश्नो को लेकर दिन-दिन-भर तक आलोचनाएं हुई।

पंजाब के सरदार गुरुमुखसिहजी से बातचीत होने के बाद मैने अपने दल के लिए एक लिखित सगठन और कार्यक्रम की योजना तैयार करना आवश्यक समझा और कानपुर मे आकर यह योजना तैयार की। इसके बारे में विशद रूप और विस्तार से लिखने की आवश्यकता है। कारण यह कि क्रान्तिकारी आन्दोलन

के बारे में भारतवर्ष में बहुत-सी भ्रान्त धारणाएँ फैली हुई हैं। हमारे देश के बहुत से गण्यमान्य लब्ध-प्रतिष्ठ नेतागण भारतीय विप्लव आन्दोलन को बच्चों का खेल समझते आए हैं। भारतवासी प्रायः यह समझते आए हैं कि भारतीय विप्लव आन्दोलन का केवल यही अर्थ है कि समय-समय पर कुछ अंग्रेज और पुलिस अफ़सरों को गोली से मारना अथवा धनी देशवासियों के घरों में डाका डालकर अर्थ संग्रह करना। हमारे देशवासी आज भी नहीं समझ पाए हैं कि क्रान्ति के मार्ग से भारत को स्वाधीन करने की चेष्टा युक्तिसंगत एवं ऐतिहासिक परम्परा के आधार पर समर्थन योग्य है। इस नासमझी के मूल में यथार्थ बात तो यह है कि भारतवासी आज भी सच्चे हृदय से भारत को स्वाधीन करने के लिए कुछ नहीं करना चाहते हैं। भारत के किसी भी राष्ट्रनेता की मनोवृत्ति मेजिनी, गेरीवाल्डी, के बूर, डि वेलरा अथवा किसी इतिहास प्रसिद्ध विप्लवी नेता की तरह नहीं है। यही कारण है कि भारत के नेतागण यहाँ के विप्लव आन्दोलन को यथार्थ रूप में नहीं समझ पाए हैं और दूसरी बात यह भी है कि भारतीय विप्लवी गणों ने स्वयं अपने सिद्धान्तों का प्रचार कुछ नहीं किया। भारत के विप्लवियों ने प्रकाश्य आन्दोलन में भाग लेकर ज्वालामयी प्राण-स्पर्शी भाषा द्वारा एवं अलंघ्य युक्ति के मार्ग से जन-साधारण को अपनी ओर आकर्षित करने की यथार्थ चेष्टा नहीं की।

अण्डमन में रहते समय ही मैंने यह अनुभव किया था कि भारत में क्रान्तिकारी आन्दोलन की ओर से ऐसे साहित्य की सृष्टि करने की परम आवश्यकता है। ऐसे साहित्य की सृष्टि तभी हो सकती है जब उपयुक्त शिक्षित वर्ग क्रान्तिकारी आन्दोलन में भाग ले। परन्तु भारत के दुर्भाग्य से यहाँ के प्रतिभावान, विचारशील, साहित्यिक रुचि सम्पन्न, मननशील और अध्ययनशील व्यक्तियों में से अधिकांश ने विप्लव आन्दोलन में भाग नहीं लिया। इसी कारण भारतीय क्रान्तिकारी आन्दोलन की ओर से उपयुक्त साहित्य की सृष्टि नहीं हुई। किसी आन्दोलन की सफलता के लिए उसके दृष्टिकोण से उपयुक्त साहित्य की सृष्टि करना सर्वप्रथम एवं परम आवश्यक बात है। परन्तु यह परम दुःख की बात है कि इस देश में भारतीय विप्लव आन्दोलन के सम्बन्ध में किसी भी कहने योग्य साहित्य की सृष्टि नहीं हुई। सन् 1919 ई० से सत्याग्रह आन्दोलन को बीस वर्ष हो गए पर इस बीच में भी साहित्य की सृष्टि नहीं हुई। यूरोप अमेरिका अथवा चीन के किसी भी आन्दोलन को ले लीजिए उन देशों में जितने प्रकार के साहित्यों की सृष्टि हुई है उनका शतांश भी हमारे देश में नहीं हुई। कम्यूनिस्ट आन्दोलन के सम्बन्ध में इतनी पुस्तकें, पुस्तिकाएँ एवं सामयिक पत्रिकाएँ प्रकाशित हुई है कि उनसे संसार-भर में विप्लव मचा हुआ है। साम्राज्यशाही राष्ट्रों के निकट कम्यूनिस्टों की एक साधारण पुस्तिका मशीनगन से भी अधिक भीतिप्रद एवं आपत्तिजनक समझी जाती है। उन्नीसवी शताब्दी के अन्तिम भाग में बंग भाषा में मेजिनी, गैरी वाल्डी इत्यादि प्रसिद्ध राष्ट्र विप्लवियों के जीवन

चरित्र लिखे गए थे। बीसवीं शताब्दी के प्रारम्भ से ही बंकिम रवीन्द्रनाथ, नवीनचन्द्र, शरत्चन्द्र इत्यादि प्रतिभाशाली लेखकों ने जिस साहित्य की सृष्टि की है उसकी तुलना आज भी भारत मे नहीं मिल सकती। फिर ऐतिहासिक गवेषणा मे, वैज्ञानिक अनुसंधान में, काव्य मे, कला मे, अर्थात् राष्ट्रीय चेतना की प्रत्येक दिशा मे प्राणशक्ति का अपूर्व स्फुरण हुआ था। कलकत्ता हाईकोर्ट के न्यायालय में जब पहले-पहल राजनीतिक षड्यन्त्र के मामलो पर विचार प्रारम्भ हुआ तो युगान्तर पत्र के अनुवाद के सम्बन्ध मे जजों के सामने यह कहा गया था कि युगान्तर की भाषा इतनी मौलिक है कि उसका भाषान्तर करना सम्भव नही। मिल्टन की भाषा मे जो शक्ति है, बर्क की शैली मे जो ओजस्विता है, मार्ले की भाषा में जो प्रांजलता और प्रसाद है, युगान्तर की भाषा मे मानो इन सब गुणों की अद्भुत व्यंजना व्यक्त हुई है। युगान्तर की तुलना में हिन्दी भाषा में हमें कुछ भी नही मिल सकता। नेपोलियन के समय मे जर्मन प्रदेश शतधा विभक्त था। सौ मील जाने मे तीस टुकडे-टुकडे स्वतन्त्र प्रान्तो से होकर जाना पड़ता था। नेपोलियन द्वारा तीव्र रूप से आघात प्राप्त करके जर्मनी में राष्ट्रीय चेतना का नव-उन्मेष हुआ था। उस समय भी जर्मन साहित्य मे अद्भुत जागृति दिखाई दी थी। जर्मन विश्वविद्यालय के एक प्रसिद्ध अध्यापक फान् ट्रिटश्के ने नवीन शैली से अद्भुत प्रेरणा के वशीभूत होकर जो इतिहास लिखा था उसी के प्रभाव से जर्मनी मे एक नवीन राष्ट्रीय चेतना का सचार हुआ। भारतवर्ष के राष्ट्रीय आन्दोलन की चर्चा करने पर हमें नितान्त निराश होना पडता है। महात्माजी एव पं० जवाहरलालजी की आत्म-कथाओ तथा सुभाष बाबू की एक-दो पुस्तको को छोडकर पिछले बीस वर्षो मे कुछ भी साहित्य की सृष्टि नही हुई है। यह कुछ आशा की बात नही है। अण्डमन मे रहते समय मेरे मानस पटल मे ये सब बातें स्थायी रूप से अंकित हो गई थी। तथापि आज भी मेरे मन मे परिताप की सीमा नही है कि अपनी अभिलाषा के अनुसार मैं कुछ भी साहित्यिक प्रयत्न नही कर पाया। बात यह थी कि विप्लव कार्य मे आत्यन्तिक रूप से लिप्त रहने के कारण मुझे साहित्य चर्चा करने का अवसर ही नही मिला।

मेरी एक यह इच्छा थी कि क्रान्तिकारी आन्दोलन की उपयोगिता एवं आवश्यकता के विषय मे एक परिपूर्ण ग्रन्थ लिख डालूँ। क्रान्तिकारी आन्दोलनों के विपक्ष मे आज तक जितने आक्षेप किये गए हैं इसे तुच्छ एवं बुद्धिहीनो का व्यर्थ आस्फालन प्रतिपादित करने के लिए जितनी बातें कही गई हैं इन सबका प्रत्युत्तर देने की मन में प्रबल इच्छा थी। परन्तु परम दुर्भाग्यवश मैं कुछ भी न कर पाया। इस प्रकार के ग्रन्थ लिखने मे यथेष्ठ समय की आवश्यकता होती है, और मुझे यह समय प्राप्त नही है। यदि ग्रन्थ लिखने बैठ जाता हूँ तो इधर संगठन का कार्य पड़ा रहता है और संगठन के कार्य में लग जाता हूँ तो लिखने का समय नहीं मिलता। ऐसी परिस्थिति में ही मैंने अपने दल का एक कार्यक्रम तैयार किया था। मेरी समझ से भारतीय क्रान्तिकारी आन्दोलन के इतिहास में इस

कार्यक्रम का एक विशेष महत्त्व है। यह कार्यक्रम आज पुलिस के अधिकार में है। लेकिन काकोरी षड्यन्त्र के मामले के फैसले में इस कार्यक्रम का बहुत-सा अंश उद्धृत है।

उन उद्धृत अंशों से उस कार्यक्रम का कुछ परिचय इस स्थान पर देने का प्रयत्न करूँगा। इस कार्यक्रम से पाठकों को विदित होगा कि उत्तर भारत का क्रान्तिकारी आन्दोलन कितने दृढ़ सिद्धान्तों के आधार पर प्रारम्भ हुआ था।

श्री रामबिहारी के समय उत्तर भारत में जो क्रान्तिकारी दल काम कर रहा था उसका कोई कार्यक्रम न था। यूनाइटेड स्टेटस और कनाडा में जो विप्लव दल था वह गदर पार्टी के नाम से विख्यात था। बंगाल में जितनी पार्टियाँ थीं उन सब के अलग-अलग नाम थे। अबकी बार मैंने जो दल संगठित किया उसका नाम 'दि हिन्दुस्तान रिपब्लिकन एसोसिएशन' रक्खा। अवध चीफ कोर्ट के फैसले से इस दल के लक्ष्य तथा साधन एवं इसकी संगठन प्रणाली के नियम इत्यादि नीचे उद्धृत हैं -

नाम

इस दल का नाम 'दि हिन्दुस्तान रिपब्लिकन एसोसिएशन' रहेगा।

लक्ष्य

सुसंगठित एवं सशस्त्र क्रान्ति के द्वारा संयुक्त भारतीय प्रजातन्त्र संघ की स्थापना करना इस दल का ध्येय होगा। इस प्रजातन्त्र के विधान और उसके अन्तिम स्वरूप का निर्माण एवं उसकी घोषणा जनता के प्रतिनिधियों द्वारा ऐसे समय की जायगी जब वे अपने निश्चयों को व्यावहारिक रूप देने में समर्थ होंगे। सार्वजनिक मताधिकार की नींव पर इस प्रजातन्त्र संघ का संगठन होगा। इस प्रजातन्त्र संघ में उन सब व्यवस्थाओं का अन्त कर दिया जायगा जिनसे किसी एक मनुष्य द्वारा दूसरे का शोषण हो सकने का अवसर मिल सकता है।

विधान

संचालक समिति—इस दल के समस्त कार्य केन्द्रीय समिति द्वारा संचालित होंगे। इस केन्द्रीय समिति में भारत के प्रत्येक प्रान्त के प्रतिनिधि रहेंगे। केन्द्रीय समिति के सभी निश्चय सब सदस्यों की स्वीकृति से होंगे। केन्द्रीय समिति के हाथ में अखंड अधिकार रहेंगे। विभिन्न प्रान्तों के समस्त कार्यों की जानकारी इस समिति को रहेगी। विभिन्न प्रान्तों के कार्यों को समलक्षीभूत करके अपने उद्देश्य साधन में उन्हें परस्पर सम्बद्ध करना और उन पर नियन्त्रण रखना इस केन्द्रीय समिति का मुख्य कार्य होगा। भारत के बाहर विदेशों में जो कुछ किया जाएगा वह केन्द्रीय समिति के ही तत्त्वावधान में होगा.

प्रान्तीय संगठन

साधारणतया प्रत्येक प्रान्त में दल के पाँच विभागों के पाँच प्रतिनिधियों को लेकर एक कार्यकारिणी समिति बनेगी। प्रान्त के समस्त कार्य इस समिति के नियन्त्रण मे होंगे। इस समिति के समस्त निर्णय सर्व सम्मति से निश्चित होंगे।

दल के पाँच विभाग

1. प्रचार कार्य, 2. लोक संग्रह, 3. अर्थ संग्रह एवं आतंकवाद, 4. अस्त्र-शस्त्र का संग्रह एवं उन्हें सुरक्षित रखने की व्यवस्था करना, 5. विदेशों से सम्बन्ध स्थापित करना।

1. **प्रचार कार्य**—(क) प्रकाश्य एवं गुप्त मुद्रित पत्रों की सहायता से, (ख) व्यक्तिगत वार्तालाप की सहायता से, (ग) सार्वजनिक सभा इत्यादि द्वारा, (घ) कथा वार्ता अर्थात् धर्मविषयक व्याख्यानों द्वारा सुनियन्त्रित रूप से अपने उद्देश्य का प्रचार करना, और (ङ) मैजिक लैण्टर्न द्वारा।

2. **लोक संग्रह** का काम जिलों के भार प्राप्त संचालकों द्वारा होगा।

3. साधारणतया स्वेच्छाकृत दान की सहायता से **अर्थ-संग्रह** किया जायगा परन्तु समय-समय पर बल प्रयोग द्वारा भी। विदेशी सरकार से अत्यन्त उत्पीड़ित होने पर इस दल का कर्त्तव्य होगा कि वह उसका उचित रूप से प्रतिशोध ले।

4. इस दल के प्रत्येक सदस्य के पास शस्त्र पहुँचाने का भरसक प्रयत्न किया जाएगा परन्तु ये सब शस्त्र विभिन्न केन्द्रों में सुरक्षित रक्खे जाएँगे एवं प्रान्तीय कमेटी के नियन्त्रण में ही उनसे काम लिया जाएगा। इस विभाग के अधिनायक अथवा जिला संगठन कर्त्ता की बिना अनुमति एवं बिना जानकारी के कोई भी शस्त्र इधर से उधर नहीं किया जाएगा।

5. **विदेशी विभाग**—इस विभाग के समस्त कार्य केन्द्रीय समिति के ही नियन्त्रण एवं संचालन में होंगे।

जिलों के संचालक और उनका कर्त्तव्य

जिलों के सदस्यों का भार पूर्ण रूप से जिला आर्गेनाइजर पर रहेगा। अपने जिले के प्रत्येक अंश में जिला-संचालक इस दल की शाखाएँ स्थापित करने की यथाशक्ति चेष्टा करेगा। सफलतापूर्वक लोक-संग्रह के कार्य के लिए प्रत्येक संचालक अपने जिले के विभिन्न सार्वजनिक कामों एवं संस्थाओं के साथ घनिष्ठ रूप से सम्पर्क रक्खेगा। जिलों के संचालक गण सब प्रकार से प्रान्तीय कमेटी के अधीन रहकर काम करेंगे। प्रान्तीय कमेटी उनके सब कामों पर नियन्त्रण रक्खेगी एवं इस समिति के संचालन में ही जिलों के ये संचालकगण काम करेंगे। जिले के संचालक अपने सदस्यों को छोटी-छोटी टोलियों में विभाजित कर देंगे एवं इस बात पर ध्यान रक्खेंगे कि वे सब विभिन्न टोलियाँ एक-दूसरे से परिचित नहीं रहेंगी। जहाँ तक सम्भव हो सके एक प्रान्त के विभिन्न जिला संचालकगण भी

आपस में एक-दूसरे के कामों से जानकारी नहीं रक्खेंगे। एवं यथासम्भव ये संचालकगण आपस में एक-दूसरे की शक्ल से भी परिचित न रहेंगे और न वे एक-दूसरे के नाम जानेंगे। अपने ऊपर वाले को बिना सूचना दिए किसी भी जिला संचालक को यह अधिकार न होगा कि वह अपने स्थान को छोड़कर कहीं और चला जाय

जिला संचालक की योग्यता

1. विभिन्न स्वभाव एवं प्रकृति वाले मनुष्यों को साथ लेकर चलने और उनसे काम लेने की योग्यता प्रत्येक जिला संचालक में होनी चाहिए।

2. प्रत्येक जिला संचालक में यह योग्यता होनी चाहिए कि वह आधुनिक काल की राजनीतिक, सामाजिक एवं आर्थिक समस्याओं को पूर्ण रीति से समझ सके और उन समस्याओं के साथ अपनी मातृभूमि का क्या और कहाँ तक सम्बन्ध है इसका भी उसे ज्ञान होना परमावश्यक है।

3. प्रत्येक जिला संचालक में यह योग्यता होनी चाहिए कि भारतीय इतिहास की मर्मकथा को हृदयंगम करते हुए भारतीय सभ्यता की विशेषता को वह भली प्रकार समझ सके।

4. मानव सभ्यता को स्वाधीन भारत की भी कुछ देन है इस बात पर जिला संचालकों की परिपूर्ण श्रद्धा होनी चाहिए। प्राच्य और पाश्चात्य सभ्यताओं में मानव की अध्यात्मिक एवं पार्थिव आवश्यकताओं में संगति लाना यह सब स्वाधीन भारत ही कर सकता है। मानव सभ्यता को स्वाधीन भारत की यही देन है।

5. जिला संचालकों के लिए यह परमावश्यक है कि वे त्यागी एवं साहसी हों क्योंकि इन गुणों के बिना उनकी और सब प्रतिभाएँ व्यर्थ हो जाएँगी।

प्रान्तीय एवं केन्द्रीय कमेटी

इन कमेटियों के सदस्यों को उचित है कि वे इस बात पर विशेष ध्यान रखें कि अपनी संस्था के सदस्यों को इस बात में पूर्ण रीति से विकसित कर पाएँ एवं अपनी कार्यकुशलता का पूर्ण परिचय दे सकें। अन्यथा सम्भव है यह संस्था क्रमशः अधोगति को प्राप्त हो जाय।

कार्यक्रम

इस संस्था के समस्त कार्य दो रीतियों से होंगे, एक प्रकाश्य दूसरी गुप्त।

प्रकाश्य कार्यक्रम

1. पुस्तकालय, व्यायामशाला, सेवा-समिति इत्यादि के रूप में विभिन्न संस्थाओं की प्रतिष्ठा करना।

2. किसान एवं मजदूरों का संगठन करना। इस संस्था की ओर से योग्य व्यक्तियों को कारखानों, रेलों एवं कोयले की खानों मे भेजा जाय जिससे वहाँ के मजदूरों पर इनका प्रभाव जम जाय और वे मजदूरों के मन में यह बात अच्छी तरह से बैठा सकें कि मजदूर वर्ग क्रान्ति के साधन-मात्र नही हैं वरन् मजदूर वर्ग के मंगल के लिए ही क्रान्ति होगी। मजदूरों की तरह किसानों को भी संगठित करना है।

3. प्रत्येक प्रान्त से एक-एक साप्ताहिक निकाला जाय और उसकी सहायता से स्वाधीनता और प्रजातन्त्र की बातो का प्रचार किया जाय।

4. विदेशों मे क्या-क्या हो रहा है और उन देशों में विचारधाराएँ किन दिशाओं की ओर प्रवाहित हो रही है इन सब बातों को समझाने के लिए छोटी-छोटी पुस्तकें और पुस्तिकाएँ प्रकाशित की जाएँ।

5. कांग्रेस तथा अन्य सार्वजनिक कामों पर यथाशक्ति अपनी संस्था का प्रभाव डाला जाय और उनसे यथासम्भव लाभ उठाया जाय।

गुप्त कार्यक्रम

1. गुप्त रीति से छापेखाने की प्रतिष्ठा की जाय और उसकी सहायता से ऐसे साहित्य की सृष्टि की जाय जिसका प्रकाशन प्रकाश्य रूप से सम्भव नहीं है।

2. ऐसे साहित्य का प्रचार करना।

3. समस्त देश मे जिलेवार इस संस्था की शाखाएँ स्थापित करना होगा।

4. जैसे भी सम्भव हो अर्थ-संग्रह किया जाय।

5. विप्लव के अवसर पर अस्त्र-शस्त्रो के कारखानों एवं सेना परिचालन का कार्य-भार ग्रहण करने के योग्य बनने के लिए उपयुक्त व्यक्तियों को विदेशों में सामरिक एवं वैज्ञानिक शिक्षा प्राप्त करने के उद्देश्य से भेजा जाय।

6. विदेशों से अस्त्र-शस्त्र मँगाना एवं इस देश में उनके निर्माण का प्रयत्न करना।

7. विदेशों में भारतीय विप्लवियों के साथ घनिष्ठ सम्बन्ध रखना एवं उनके साथ पूर्ण सहयोग से काम करना।

8. ब्रिटिश सेना में अपनी संस्था के सदस्यों को भरती कराना।

9. समय-समय पर प्रतिशोध के उद्देश्य से ऐसा काम करना जिससे जन-साधारण की सहानुभूति अपने सिद्धान्त की ओर आकृष्ट हो सके। इस प्रकार देश में एक ऐसे दल की सृष्टि होगी जिसकी सहानुभूति से हम लाभ उठा सकेंगे।

सदस्यों के बारे में

1. सदस्यगण इस संस्था के काम में अपना पूरा समय लगाएँगे, और आवश्यकता पड़ने पर अपने जीवन को संकट में डालने के लिए सदा प्रस्तुत रहेंगे। प्रत्येक प्रान्त के जिला सचालकगण ऐसे सदस्यों की भरती करेंगे।

2. प्रत्येक सदस्य जिला संचालक की आज्ञाओ का निर्विरोध पालन करेंगे।

3. प्रत्येक सदस्य अपनी मौलिक कार्यकुशलता को बढ़ाने का भरसक प्रयत्न करेगा। इस संस्था की सफलता एवं सार्थकता इस बात पर निर्भर है कि इसके सदस्यगण कितने उद्योगी, मौलिक रूप से कार्य-कुशल, एवं कर्तव्य-परायण है, प्रत्येक सदस्य इस बात को स्मरण रखेगा।

4. प्रत्येक सदस्य का आचरण ऐसा होना आवश्यक है जिससे इस संस्था के ध्येय पर किसी प्रकार की कालिमा न लग सके एवं उनके कार्यों से साक्षात् अथवा परोक्ष रूप में इस संस्था को कोई हानि न पहुँच सके।

5. जिला संचालक की अनुमति बिना इस सस्था का कोई भी सदस्य दूसरी संस्था का सदस्य नही बन सकेगा।

6. जिला संचालक को बिना सूचित किए कोई सदस्य अपना स्थान नही छोड़ेगा।

7. प्रत्येक सदस्य इस बात की चेष्टा करेगा कि जनसाधारण अथवा पुलिस की दृष्टि में इस सन्देह की उत्पत्ति न हो कि उसका क्रान्तिकारियों से कुछ सम्बन्ध है।

8. प्रत्येक सदस्य का इस बात का स्मरण रखना परम आवश्यक है कि उसका व्यक्तिगत व्यवहार या उससे एक भी ग़लती होने पर समस्त सस्था नष्ट हो सकती है।

9. कोई भी सदस्य अपने सार्वजनिक कार्य के बारे में जिला संचालक से किसी बात को नहीं छिपाएगा।

10. विश्वासघात करने पर सदस्य को संस्था से निकाल दिया जायगा या उसे मृत्यु दण्ड दिया जायगा। दण्ड देने का अधिकार पूर्णतया प्रान्तीय कमेटी को होगा।

हिन्दुस्तान रिपब्लिकन एसोसिएशन अथवा हिन्दुस्तान प्रजातन्त्र संघ की नियमावली एवं कार्यक्रम को यदि कोई विशेष ध्यानपूर्वक पढ़ेगा तो उसे अवश्य प्रतीत हो जायगा कि उत्तर भारत का विप्लव आन्दोलन प्रजातन्त्र एवं समाजतन्त्र के सिद्धान्तों के आधार पर प्रतिष्ठित था। और यह केवल कल्पनामात्र ही न थी। अपने ध्येय को कार्य में परिणत करने के लिए भारत के चुने हुए युवक-वृन्द घर-गृहस्थी की सुख स्वच्छन्दता को, माता-पिता के स्नेह को, भाई-बहिनों के प्यार और मोह को, दुनियादारी के प्रलोभनों को तिलांजलि देकर अपने उद्देश्य-साधन के लिए फाँसी के तख्ते पर चढ़ने से अथवा आजन्म कालेपानी की काल-कोठरी के डर से कभी पीछे नहीं हटे।

उस समय रूस में राज्य-क्रान्ति हो चुकी थी। कम्यूनिज्म की रक्ताभ अग्नि-शिखा से समस्त संसार के उत्पीड़ितगण एवं बडे-बडे साम्राज्यो के संचालकगण त्रस्त और अस्त व्यस्त हो चुके थे। तब से यूरोप और अमेरिका मे कम्यूनिज्म के सिद्धान्त के आधार पर तुमुल आन्दोलन हो चुका था और उसका प्रचण्ड रूप दिन पर दिन उग्र से उग्र होता जा रहा था। इन सब परिस्थितियो के प्रति ध्यान रखते हुए यदि हम उत्तर भारत के विप्लव आन्दोलन की आलोचना करें तो यह निश्चित रूप से विदित हो जाएगा कि यह आन्दोलनमात्र नितान्त बाल सुलभ चपलता या अदूरदर्शी उद्दण्ड युवक-वृन्दो की विचारहीन धृष्टतामात्र न था अथवा हताशाग्रस्त कार्यकर्त्ताओ का व्यर्थ आस्फालन मात्र न था। यदि यह कहा जाय कि बडे-बड़े शब्दो के व्यवहार से अथवा ऊँचे विचार के सिद्धान्त के उल्लेख-मात्र से ही किसी आन्दोलन की सार्थकता का विचार हम नही कर सकते तो इसके उत्तर मे केवल इतना ही कहना पर्याप्त होगा कि ससार में जब कभी भी किसी नूतन सिद्धान्त का प्रचार हुआ है तो उसका प्रारम्भ परिमित आकार में एव प्रधान रूप से विचार के क्षेत्र मे ही सर्वप्रथम हुआ है। यहाँ तो इन विप्लवियों ने भीषण प्रतिकूलता का सामना करते हुए ससार की सबसे बड़ी साम्राज्यशाही के प्रहार को सहते हुए भारतवासियों के शिथिल एवं अवसाद ग्रस्त मन को अपने जीवन के बलिदान से सजीवित किया। सन् 1921 सत्याग्रह आन्दोलन के अवसान होने के बाद से सन् 1930 तक भारत मे जो आन्दोलन होता रहा महात्मा गाधी का उसमें कोई हाथ न था। उस समय यह क्रान्तिकारी आन्दोलन ही ऐसा आन्दोलन था जो संसार के सामने उच्च स्वर से यह घोषित कर रहा था कि भारत को स्वाधीन करने के लिए वहाँ के नवयुवकगण प्राणों की आहुति दे सकते है। सन् 1929 की लाहौर कांग्रेस के सभापति पं० जवाहरलालजी नेहरू के अभि-भाषण को ध्यानपूर्वक पढने से सबको यह स्पष्ट विदित हो जायगा कि भारतीय क्रान्तिकारी आन्दोलन का प्रभाव भारत के राष्ट्र नायकों पर कितने प्रबल रूप से पड़ रहा था। यदि मैं भूल नही रहा हूँ तो पंडितजी ने अपने अभिभाषण में यह भी कहने का साहस किया था कि भारत के युवक-वृन्दों के क्रान्तिकारी कार्यों ने ही भारत के राष्ट्रीय आन्दोलन को जीवित रक्खा है।

यह बात सत्य हो सकती है कि हमारी संस्था के इस कार्यक्रम की सब बातें सब सदस्यो की समझ में पूर्ण रूप से न आई हों। इस कार्यक्रम को पूर्ण रूप से समझने के लिए दो बातों को जान लेने की विशेष आवश्यकता है। जिसने भार-तीय सभ्यता की मर्म-कथा को भली-भाँति नही समझा उसके लिए यह सम्भव नही कि कम्यूनिज्म के दोष को वह ठीक-ठीक समझ सके। इसलिए भारतीय सभ्यता के प्रति जिसका प्रेम नही है और इस बात पर कि मानव-सभ्यता की उन्नति के लिए भारतीय सभ्यता की विशेष उपयोगिता है जिसकी श्रद्धा नही है वह इस कार्यक्रम को ठीक-ठीक नही समझ सकता तथा वह भी जिसने यह मान ही लिया है कि कम्यूनिज्म का सिद्धान्त एक परिपूर्णांग अविभाज्य त्रुटिरहित समूचे तौर

पर अभ्रांत है, वह भी हमारी संस्था के इस कार्यक्रम को पूर्ण रीति से नहीं ही समझ सकता। कारण यह है कि उसको ऐसा प्रतीत होगा कि कम्यूनिज्म के पूरे सिद्धान्त को इस कार्यक्रम में ज्यों-का-त्यों नहीं लिया गया है और इसलिए वह समझेगा कि इसके बनाने वाले कम्यूनिज्म के सिद्धान्त को ठीक-ठीक नहीं समझे हैं। जिस प्रकार एक ओर पण्डित जवाहरलालजी जैसे व्यक्ति ने क्रान्तिकारियो को फॉसिस्ट कहा है उसी प्रकार दूसरी ओर कुछ नवीन मार्क्सवादी इस कार्यक्रम की आलोचना करते हुए आज यह कहते हैं कि इस कार्यक्रम के निर्माता ने कम्यूनिज्म के सिद्धान्त को पूर्ण रूप से नहीं समझा था इसलिए श्रेणी संघर्ष के बारे में वह कुछ नहीं लिख रहा है। इस प्रकार की टिप्पणी करने वालों में से मेरे एक साथी श्री मन्मथनाथजी गुप्त भी हैं। आपने अपने कई लेखों में ऐसा लिखा है कि श्री सान्यालजी ने हिन्दुस्तान रिपब्लकन एसोसिएशन के कार्यक्रम को तैयार किया था और उसमें कुछ साम्यवादी सिद्धान्तों को भी रखा था। लेकिन सान्यालजी श्रेणी-संघर्ष के मर्म को समझ नही पाए थे। श्री मन्मथनाथजी अपने को कामरेड कहते हैं। इसलिए उचित है कि मैं भी उन्हें कामरेड ही लिखूं। कामरेड मन्मथनाथजी समझते हैं कि हमारी सस्था के कार्यक्रम मे श्रेणियों के स्वार्थ के विषय में कुछ नहीं कहा गया है। इसलिए वह समझते है कि इस कार्यक्रम के रचयिता के मन मे श्रेणी-संघर्ष एवं श्रेणी-स्वार्थ के बारे में कोई धारणा ही न थी।

लोगों की गिरफ्तारी के पहले मन्मथनाथजी ने इस बात के प्रति कभी भी हमारी दृष्टि आकर्षित नही की। इसका कारण यह है कि इस समय मन्मथनाथजी इस कार्यक्रम को भलीभाँति समझे नहीं थे। कम्यूनिज्म को बिना समझे इस कार्यक्रम की विशेषता को समझना किसी के लिए सम्भव भी नही है। मन्मथनाथजी उस समय कम्यूनिज्म के सिद्धान्त से विशेष परिचित न थे। आज कामरेड मन्मथनाथ कम्यूनिज्म को जिस प्रकार समझते हैं सम्भव है भविष्य में ठीक ऐसा ही न समझें।

अपने पक्ष के समर्थन के लिए इस स्थान पर मैं दो-एक बातों के प्रति पाठकों का ध्यान दिलाना चाहता हूँ। कम्यूनिज्म के सिद्धान्त में इतिहास की आर्थिक व्याख्या का एक विशेष महत्त्वपूर्ण स्थान है। और इतिहास की आर्थिक व्याख्या के मूल मे श्रेणी संघर्ष की धारणा प्राणस्वरूप वर्तमान है। जो इन सिद्धान्तों को स्वीकार नही करता वह कट्टर पंथियो की दृष्टि में कम्यूनिस्ट नही हो सकता। मैंने विशेष ध्यानपूर्वक इन सब सिद्धान्तों को पढ़ा और इन पर गम्भीर रूप से मनन किया लेकिन आज भी मैं इन सिद्धान्तों को ग्रहण नहीं कर पाया, तथापि इस बात को मैंने स्वीकार कर लिया था कि स्वाधीन भारत के प्रजातन्त्र राज्य में मजदूर एवं किसान वर्ग के स्वार्थ की उपयुक्त रीति से रक्षा होनी चाहिए। इतिहास मे बार-बार यह देखा गया है कि मजदूर तथा किसान वर्ग की ही सहायता से राज्य क्रान्तियाँ हुई परन्तु क्रान्ति के बाद उसकी उपेक्षा हुई अतः क्रान्ति के बाद राष्ट्रीय पुनर्निर्माण के समय बार-बार उनके स्वार्थ की रक्षा पूरे तौर पर करनी

होगी। लेकिन इसके लिए यह आवश्यक नही है कि श्रेणी संघर्ष के मार्ग से ही हमें आगे बढ़ना पड़े अथवा इतिहास की आर्थिक व्याख्या को हमें स्वीकार करना पड़े।

गिरफ्तारी के समय मेरे पास एक छोटा-सा परचा पाया गया था जिसमें इतिहास की आर्थिक व्याख्या की अपूर्णता को प्रमाणित करने के लिए मैंने कुछ बाते संग्रह करके लिख रक्खी थी। यह परचा काकोरी षड्यन्त्र के मामले में एक्जिविट् है। इतिहास की आर्थिक व्याख्या का खंडन करते हुए मै इस समय एक ग्रन्थ लिख रहा हूँ। विचारविनिमय नामक मेरी एक पुस्तक के 'व्यक्ति, समाज और मार्क्सवादी' शीर्षक लेख मे 23 पृष्ठो मे मैंने इतिहास की आर्थिक व्याख्या के कुछ अंशो का खडन किया है। और कुछ परिचित कम्यूनिस्टों से इस बात की भी प्रार्थना की है कि वे इसका प्रत्युत्तर दे। लेकिन अभी तक इसका किसी ने कुछ भी उत्तर नही दिया है। इसके अतिरिक्त अपनी संस्था के कार्यक्रम से भी कुछ अंश उद्धृत करके ही मैं यह दिखाने का प्रयत्न करूँगा कि वर्ग-ज्ञान की धारणा भी इस कार्यक्रम मे विद्यमान है। देखिए इस कार्यक्रम के प्रकाश्य अंश का दूसरा नियम। इस नियम से सबको विदित हो जाएगा कि मजदूर और किसान वर्ग के स्वार्थ के ही लिए क्रान्ति की आयोजना की गई थी। इस स्थान पर श्रेणी-संघर्ष की नीति पर विशद रूप से आलोचना करने की इच्छा नही है। इस विषय में मैंने कानपुर के साप्ताहिक प्रताप मे एक काफ़ी बड़ा निबन्ध लिखा है। इस निबन्ध का शीर्षक है 'कम्यूनिस्ट दृष्टिकोण मे परिवर्तन।' मै समझता हूँ कि विप्लव आन्दोलन के इतिहास मे कम्यूनिस्ट सिद्धान्त पर आलोचनात्मक विचार करने का यहाँ उपयुक्त स्थान नही है, इसके लिए एक स्वतन्त्र ग्रन्थ ही लिखने की आवश्यकता है और वह मै लिख रहा हूँ। यहाँ पर यह स्पष्ट निर्देश कर देना आवश्यक है कि हमारी संस्था के कार्यक्रम मे कम्यूनिज्म के बहुत-से सिद्धान्त ग्रहण कर लिए गए थे और जिन सिद्धान्तों को नही ग्रहण किया गया था वह इसलिए नही कि वे सब हमारी समझ मे न आए थे बल्कि इसलिए कि उन्हें हमने जान-बूझकर अच्छी तरह से सोच-विचार कर ही नही ग्रहण किया था। एक विशेष बात इस कार्यक्रम में यह पाई जाएगी कि कम्यूनिस्ट दृष्टिकोण से इस कार्यक्रम को बनाए जाने पर भी हमारी संस्था के नाम के साथ कम्यूनिज्म अथवा सोशलिज्म का नाम नही जोड़ा गया था। इस बात से यदि कोई यह समझे कि हम लोग सोशलिज्म से परिचित न थे अथवा उसके सिद्धान्त को ग्रहण नही कर पाए थे तो वह भी उसकी भूल होगी। हमने यह सोचा था कि सोशलिज्म के नाम से सम्भव है बहुत-से धनी व्यक्ति जो उस समय हमारी सहायता कर रहे थे हमसे विमुख हो जाएँ। केवल इसी विचार से हमने अपनी संस्था के नाम के साथ सोशलिज्म नाम नही लगाया था। पंजाब के सरदार गुरुमुखसिंह के दल को देखकर मैंने भी यह चाहा था कि अपनी संस्था का नाम सोशलिज्म से युक्त रक्खें। परन्तु मेरे परम मित्र अध्यापक जयचन्द्रजी के परामर्श मे ऐसा नही किया गया। हम लोगों की गिरफ्तारी के बाद सरदार भगत-

सिंह ने इस संस्था के साथ सोशलिज्म का नाम भी लगा दिया था। लेकिन फिर भी लक्ष्य करने की बात यह है कि इस नाम के अतिरिक्त इस कार्यक्रम मे और कोई परिवर्तन नही किया गया था। हमारी संस्था के ध्येय का वर्णन करते समय स्पष्ट शब्दों मे कहा गया था कि हम भविष्य मे भारत की समाज व्यवस्था ऐसी बनाना चाहते हैं जिसमे मनुष्य द्वारा मनुष्य पर किसी प्रकार का भी शोषण सम्भव न हो सके। फिर इस सस्था की ओर से जो घोषणा-पत्र निकाला गया था उसमे यह भी कहा गया था कि भारत की भावी राष्ट्र व्यवस्था मे बडे-बडे कारखाने और उद्योग-धन्धों के व्यापार व्यक्ति के अधीन न रहकर राष्ट्र के अधीन रहेगे जैसे रेलवे, कोयले इत्यादि की खाने। जहाजो का बनाना अथवा चलाना इत्यादि की व्यवस्था समाज के हाथ मे रहेगी। इस ध्येय के साथ यदि प्रकाश्य कार्यक्रम के दूसरे नियम को देखे, तो निष्पक्ष पाठको को निसन्देह यह बात विदित हो जाएगी कि कम्यूनिज्म के मूल सिद्धान्तों को हमने बहुत अश मे ग्रहण कर लिया था। प्रकाश्य आन्दोलन के दूसरे नियम को यदि ध्यानपूर्वक पढा जाय तो किसी के मन में सन्देह का अवकाश नही रहेगा कि कम्यूनिस्ट सिद्धान्त के अन्तर्गत वर्ग-बुद्धि की धारणा हमारी कल्पना एव संकल्प मे सक्रिय रूप से वर्तमान थी। वह नियम यह है : 'किसान एव मजदूरो का सगठन करना। इस सस्था की ओर से योग्य व्यक्तियो को कारखानो, रेलो एवं कोयले की खानो मे भेजा जाय जिससे वहाँ के मजदूरों पर इनका प्रभाव जम जाय और वे मजदूरो के मन मे यह बात अच्छी तरह से बैठा सके कि मजदूर वर्ग क्रान्ति के साधन मात्र नही हैं वरन् मजदूर वर्ग के मंगल के लिए ही क्रान्ति होगी।' मजदूरों की तरह किसानो को भी सगठित करना है। इस स्थान पर मैं पाठको की दृष्टि दो वाक्यो पर विशेष रूप से आकर्षित करना चाहता हूँ। "मजदूर वर्ग क्रान्ति के साधन मात्र नही है वरन मजदूर वर्ग के मंगल के लिए ही क्रान्ति होगी।" मेरी समझ मे समग्र इतिहास की मर्म कथा जो कम्यूनिस्ट सिद्धान्त की प्राण-स्वरूपा है इन दो वाक्यों मे व्यक्त हो गई है। इसके अतिरिक्त हमारी संस्था की ओर से जो घोषणा-पत्र प्रकाशित किया गया था उसमे दो-तीन ऐसे और वाक्य भी थे जिनसे साम्यवादी दृष्टिकोण का स्पष्टीकरण होता है जैसे स्वाधीन भारत के भावी राज्य संविधान मे विचारालयों (न्यायालयों) की व्यवस्था नि:शुल्क की जाएगी। सार्वजनिक मताधिकार होगा। प्रतियोगिता के स्थान पर सहयोगिता के आदर्श को ग्रहण किया जाएगा क्योंकि इसी मे संसार का कल्याण है प्रतियोगिता में नही। इस क्रान्तिकारी दल का ध्येय जितना राष्ट्रीय है उससे अधिक अन्तर्राष्ट्रीय होगा और इस हिसाब से यह दल अतीत काल के गौरवमय युग के भारतीय ऋषिवृन्दों एवं आधुनिक काल के बोलशेविक रूस के पदांक का अनुसरण करेगा। इस स्थान पर एक और बात का कहना अप्रासगिक न होगा। हमारे आज के नवीन आलोक प्राप्त कुछ बन्धुगण प्राचीन गौरवमय युग के भारतीय ऋषिवृन्दों के उल्लेख से नाक-भौंह सिकोड़ते हैं और कहते हैं कि आधुनिक रूस के साथ प्राचीन ऋषियों का उल्लेख करना बुद्धि-

भ्रश का परिचय देना है, मानो विश्व-प्रीति का आदर्श बोलशेविक रूस की ही देन है, मानो प्राचीन भारतीय आदर्श मे विश्व प्रीति की कोई कल्पना ही न थी। पाठकगण स्वयं विचार करेंगे कि किसे बुद्धि-भ्रम हुआ है।

प० जवाहरलालजी का यह कहना कि भारतीय क्रान्तिकारी गण फॉसिस्ट थे यह भी नितान्त भ्रमात्मक है। इस स्थान पर इस बात की भी आलोचना करना अनावश्यक समझता हूँ।

13

अनुशीलन समिति का सहयोग

देहली में कांग्रेस के विशेष अधिवेशन के बाद अनुशीलन समिति के नेतागणों के कहने के अनुसार श्री योगेश चटर्जी मेरे पास बार-बार आते थे और मेरे साथ मिलकर काम करने की प्रबल इच्छा प्रकट करते थे। अनुशीलन समिति के नेतागण यह नहीं चाहते थे कि मैं उनसे अलग होकर काम करूँ। लेकिन वे यह भी नहीं चाहते थे कि बंगाल के क्रान्तिकारी आन्दोलन में मेरा वही स्थान हो जैसाकि पंजाब और युक्त प्रान्त में था। इधर जादूगोपाल बाबू चाहते थे कि मैं पूर्ण रूप से उन लोगों के साथ मिलकर काम करूँ। उस समय श्री यतीन्द्रनाथ मुकर्जी, श्री नरेन्द्र नाथ भट्टाचार्य (जो आजकल मानवेन्द्रनाथ राय के नाम से प्रसिद्ध हैं) श्री जादूगोपाल मुकर्जी इत्यादि सब एक साथ मिलकर काम कर रहे थे। इसी समय एक विख्यात पुस्तक विक्रेता के पास से एक प्रस्ताव आया था कि मैं उनकी कलकत्ते की दूकान का कार्य-भार ग्रहण करूँ। जादूगोपाल बाबू भी चाहते थे कि मैं कलकत्ते में रहूँ और मजदूर वर्ग का काम अपने हाथ में ले लूँ। मैंने इन सब प्रस्तावों को स्वीकार भी कर लिया था लेकिन वे किताब वाले अन्त में मुझे दूकान का कार्यभार देने से आनाकानी करने लगे। मैंने भी उनके मन की बात समझ ली। उन्हें सन्देह हो गया था कि मै राजनैतिक मामलों के सम्पर्क में आकर उलझन में पड़ जाऊँगा। सम्भवतः इसीलिए उन्होंने अपनी कलकत्ते की दूकान का कार्य-भार मेरे ऊपर नहीं छोड़ा।

मेरा कलकत्ता जाना तो रह गया। इसके थोड़े ही दिन बाद ढाका से मेरे एक परिचित बन्धु श्री गोविन्द चन्द्रकर मुझसे मिलने आए। इनके साथ मैं काले-पानी में रह चुका था। विप्लव के कार्य करते समय गोविन्द बाबू को फरार रहना पड़ा था। अन्त में पुलिस को गोविन्द बाबू और उनके एक साथी का पता चल गया। सशस्त्र पुलिस ने इनका मकान घेर लिया। इनके लिए अब निकलने का कोई रास्ता नहीं रहा। इन्होंने भी अपने अस्त्र उठाए और पुलिस वालों पर गोली चलाते हुए निकल गए। पुलिस वालों ने भी पीछे से गोली चलाई। गोविन्द बाबू और उनके साथी बुरी तरह से घायल होकर गिर पड़े। लेकिन ईश्वर की कृपा से आज भी गोविन्द बाबू जीवित हैं। आज भी उनके शरीर में सीसे की गोली वर्तमान है। और सम्भवतः इसके परिणाम में और कारागार की विशेष कठोरता

के कारण उनकी देह मे कोढ़ के चिह्न दिखाई देने लगे हैं। ऐसे पुराने मित्र से मिलकर मुझे बहुत प्रसन्नता हुई। आप ही से मुझे विदित हुआ कि अनुशीलन के एक बड़े नेता श्री त्रैलोक्य नाथ चक्रवर्ती मुक्त हो गए है और वे मुझसे मिलने के लिए बहुत उत्सुक है। मुझे ढाका ले जाने के लिए ही गोविन्द बाबू इलाहाबाद आए थे। ढाका जाने-आने का खर्च भी मुझे नही उठाना पडा। मै भी त्रैलोक्य बाबू से मिलने के लिए विशेष इच्छुक था। इसके पहले मै ढाका कभी नही गया था। जहाँ तक मुझे स्मरण है मैं इलाहाबाद से कलकत्ता गया और वहाँ से ग्वालंद और ग्वालद से स्टीमर द्वारा नारायणगंज पहुँचा, फिर नारायणगंज से रेल पर चढकर ढाका पहुँचा। कलकत्ता और ग्वालंद के बीच ट्रेन मे एक घटना हुई जिसका उल्लेख करना यहाँ पर अप्रासंगिक न होगा। मै बेंच की एक ओर लेटा था और दूसरी ओर एक अन्य व्यक्ति था। हम दोनो के बीच एक लम्बी-सी पटरी करीब डेढ हाथ ऊँची लगी हुई थी। इस पटरी के कारण उस बेंच के दो हिस्से हो गए। बेंच की एक ओर लेटा हुआ मनुष्य दूसरी ओर के व्यक्ति को नही देख सकता था। थोडी देर मे देखता क्या हूँ कि पटरी के ऊपर से एक टाँग और एक हाथ लटक रहा है। यह बात मुझे कुछ अच्छी न लगी किसी का जूता किसी के शरीर पर लटके यह किसे अच्छा लग सकता है। फिर भी जब तक मेरे शरीर को न छू दे या छूने का न हो तब तक ट्रेन के सफर मे मैं किसी को क्या कह सकता हूँ। थोडी देर मे देखता हूँ कि वह टाँग और भी लटकी और हाथ मेरे सिर पर आ पहुँचा। मुझे बहुत क्रोध आया। पहले तो मैने यह समझा कि यह सब निद्रित अवस्था की बेहोशी है और मैंने अपनी टाँग से उसकी टाँग और हाथ से उसका हाथ हटा दिया। लेकिन बार-बार वही हरकते होती रही। अबकी बार मै उठ बैठा तो देखा कि एक ठिगना-सा जापानी जान-बूझकर यह हरकते कर रहा था। इस जापानी को देखकर मुझे कुछ कौतुक अनुभव हुआ और कुछ बुरा भी लगा। मैने सोचा यह विदेशी है और फिर एशियावासी। इसके साथ मेरा व्यवहार अच्छा होना चाहिए। आस-पास के दूसरे बंगाली यात्री मेरी ही तरह हँस रहे थे और कौतुक अनुभव कर रहे थे। अब मुझे याद नही कि वह जापानी अंग्रेजी जानता था या नही। बहरहाल मैने उसे समझाया कि रात्रि का समय है तुम भी सो जाओ और मुझे भी सोने दो। तुम विदेशी हो इसलिए तुम्हारा लिहाज कर रहा हूँ। जापानी हँसता रहा। लेट जाने के बाद फिर वही बात। जापानी जान-बूझकर मुझे छेड रहा था। मेरे शरीर पर जूता सहित टाँग फँसा रहा था और हाथ से मेरा मत्था छू रहा था। मैंने बंगाली सहयात्रियो से कहा कि देखिए यह विदेशी होते हुए भी हम से छेड़छाड करने मे कुछ भी सकुचित नही होता। क्या हम भी विदेश जाकर ऐसा साहस कर सकते है। जब भलमनसाहत के साथ उसे न समझा पाया तो मैंने भी जैसे के साथ तैसे का व्यवहार किया। मैंने भी अपनी टाँग उसकी टाँग पर और हाथ उसके हाथ पर चढ़ा दिया। मैंने भी वही हरकतें करनी शुरू की जैसी कि वह कर रहा था। मैंने भी जब उसका सिर नोंचना शुरू किया तब वह शान्त

हो गया। सम्भवत: वह जापानी देखना चाहता था कि हम भारतवासी कितने गिरे हुए हैं। मेरे दिल में भावना बनी रही कि कही उसे जापान जाकर हम लोगों की बुराई करने का मौका न मिले।

भोर होते ही ग्वालंद पहुँचे। इसके पहले मैं ग्वालंद कभी नही आया था। वहाँ जो दृश्य मैंने देखा ऐसा दृश्य इसके पहले कभी नही देखा था। रेलवे लाइन के लिए जितनी भूमि की आवश्यकता थी उसे छोड़कर चारों दिशाओं में पानी ही पानी दिखाई दिया मानो एक समुद्र के बीच में आकर गाड़ी ठहर गई हो। जहाँ पर गाड़ी आकर ठहरी उसके आसपास पानी में दो-चार झोपड़ियाँ इधर-उधर दिखाई दी। एक टिकटघर है तो दूसरा मालगोदाम का दफ्तर, कही पानी अधिक है कही कम। पछाँह की ओर जैसे प्रत्येक बड़े स्टेशन पर गर्म पूड़ियाँ मिल सकती हैं वैसे बंगाल में दो स्टेशनों को छोड़कर और कही नही मिल सकती। लेकिन यहाँ के स्टेशनो पर बंगाली मिठाइयाँ मिल जाती हैं। ग्वालंद मे हम लोग स्टीमर पर सवार हुए।

ढाका पहुँचकर जिस मकान मे आकर ठहरे वहाँ पर क्रान्तिकारी गण छिपे हुए रहते थे एवं जाली नोट बनाने के लिए नाना प्रकार के प्रयत्न कर रहे थे। मुझे इस बात का पता था क्योंकि अनुशीलन समिति के नेताओं के साथ इसके पहले अर्थ-संग्रह के बारे मे मेरा बहुत-कुछ वाद-विवाद हो चुका था। मेरा कहना था कि इस देश मे रहकर जाली नोट बनाने मे हम लोग सफल नही हो सकते। यदि नोट बनाना ही है तो विदेश मे जाकर आधुनिकतम वैज्ञानिक प्रणालियो द्वारा बनाने की चेष्टा होनी चाहिए। मै किसी और उग्र कार्यक्रम पक्षपाती था। इस मकान मे नोट बनाने के काम को देखकर कुछ आशा तो अवश्य उत्पन्न हुई और उसके साथ मन मे कुछ ईर्ष्या का भी उद्रेक हुआ कि कही ये लोग बाजी न मार ले जायँ परन्तु नोट के एक-आध नमूने को देखकर मुझे यह भरोसा न हुआ कि ये लोग नोट बनाने में कृतकार्य हो सकेंगे और अन्ततः यही बात हुई भी। नोट बने लेकिन काम के नही थे।

अनुशीलन समिति के एक विशिष्ट नेता श्री त्रैलोक्य नाथ चक्रवर्ती से मेरी खूब बातचीत हुई। मेरी शिकायतों का औचित्य उन्होने स्वीकार किया एवं यह वादा किया कि भविष्य मे ऐसी शिकायतो का अवसर आपको नही मिलेगा। उनकी बातचीत से मुझे पूर्ण सन्तोष हुआ। ये बहुत सरल एवं सहज स्वभाव के व्यक्ति हैं और जैसा कहते हैं वैसा ही करते हैं। अण्डमन मे रहते समय जिस वीरता के साथ इन्होने मेरा साथ दिया था अनुशीलन के और किसी व्यक्ति ने ऐसा नही किया। अब मैं अनुशीलन समिति के साथ मिलकर काम करने को तैयार हो गया।

अब यह तय हो गया कि मैं अनुशीलन समिति के साथ मिलकर काम करूँगा और हमारे दोनों दलों के मिलने के बाद इसके नियन्त्रण मे मुझसे कुछ छिपाया न जाएगा। त्रैलोक्य बाबू ने योगेश बाबू के लिए मेरे हाथ एक पत्र भेजा था और

उसमें यह लिखा गया था कि अब आगे तुम शचीन्द्र बाबू के नियन्त्रण में काम करोगे। मैं चिट्ठी लेकर युक्तप्रान्त वापस चला आया। योगेशबाबू को जब मैंने चिट्ठी दी तो वे बहुत प्रसन्न हुए। मैं भी एक अनुभवी कार्यकर्त्ता चाहता था। इनको पाकर मैं भी बहुत प्रसन्न हुआ। इसके बाद उनके व्यवहार में मैंने कभी कोई दोष नही पाया। सदा प्रफुल्लचित्त होकर वे मेरे कथनानुसार काम करने में तत्पर रहते थे। उनके आचरण से मैंने यह कभी नहीं समझा कि वे अपने को किसी भिन्न दल का समझते हों। अनुशीलन के दूसरे नेताओं से मतभेद होने पर भी योगेशबाबू मेरे ही मत के अनुसार काम करते रहे। मैंने भी योगेशबाबू पर विश्वास करके युक्तप्रान्त का कार्यभार उन पर ही छोड दिया था। स्वर्गीय राजेन्द्रनाथ लाहिड़ी योगेशबाबू मे कही अधिक शिक्षित थे। योगेशबाबू से मिलने के बहुत पहले से ही राजेन्द्रनाथ मेरे साथ काम कर रहे थे। वह मेरे विशेष मित्र भी थे। तथापि पूर्ण रीति से अनुभवी न होने के कारण मैंने राजेन्द्रनाथ पर कार्य-भार न्यस्त न करके योगेशबाबू पर न्यस्त करना ही उचित समझा। पजाब का कार्यभार अध्यापक जयचन्द्रजी पर न्यस्त था। योगेशबाबू मे जयचन्द्रजी का अथवा किसी अन्य व्यक्ति का परिचय मैंने नही कराया था। काम करने के सिलसिले में जो जो व्यक्ति पंजाब से युक्तप्रान्त में आए थे। उन्ही से योगेशबाबू का परिचय हुआ था। अनुशीलन के साथ सम्बन्ध स्थापित होने के बहुत पहले से ही सरदार भगतसिंह युक्तप्रान्त में आ गए थे। त्रैलोक्यनाथ बाबू से चिट्ठी लाने के बाद मैंने यह निर्णय किया कि योगेशबाबू बनारस छोडकर कानपुर आकर ठहरें क्योकि मैं यह समझता था कि बनारस मे राजेन्द्र लाहिड़ी है परन्तु कानपुर मे मेरी अभिरुचि के अनुसार कोई व्यक्ति न था। इसके पहले ही सरदार भगतसिंह को कानपुर में ठहराया गया था। भगतसिंह भी बडे योग्य व्यक्ति थे परन्तु अनुभवी न थे। इस प्रकार जब योगेशबाबू एवं सरदार भगतसिंह दोनो व्यक्ति कानपुर में रहने लगे तो ये एक-दूसरे से परिचित हो गए। अभी तक कानपुर म श्री राजकुमार, श्री विजय कुमार तथा श्री बटुकेश्वर हमारे दल में सम्मिलित नही हुए थे। श्री सुरेशचन्द्र भट्टाचार्य भी कानपुर में थे लेकिन सुरेशबाबू अनमने होकर हमारे दल का काम कर रहे थे। योगेशबाबू के कानपुर आने पर ढंग से काम होने लगा। मैं था इलाहाबाद में, राजेन्द्र लाहिड़ी थे बनारस में, और योगेशबाबू कानपुर मे आ गए। लखनऊ में हमारा कोई विश्वस्त और कार्यकुशल व्यक्ति न था। इलाहाबाद और कानपुर वाले ही लखनऊ का काम भी संभाल रहे थे। धीरे-धीरे मैंने योगेशबाबू से युक्त-प्रान्त के विभिन्न कार्यकर्ताओं का परिचय करा दिया। बनारस मे योगेशबाबू के दो-तीन मित्र थे यथा श्री मन्मथनाथ गुप्त, श्री शचीन्द्रनाथ बख्शी, श्री प्रणवेश चटर्जी और स्वर्गीय चन्द्र शेखर आजाद।

योगेशबाबू के कानपुर चले जाने पर उनके बनारस के मित्रगण राजेन्द्रबाबू के नियन्त्रण में काम करने लगे। मेरी गिरफ्तारी के पूर्व तक योगेशबाबू सरल हृदय से मेरे साथ काम कर रहे थे। मेरे दिल में कभी भी यह सन्देह नहीं हुआ

कि योगेशबाबू ने मुझसे कुछ भी छिपाया हो या हमारे दल में किसी प्रकार के भेद-भाव की सृष्टि की हो। लेकिन उनके बनारस के अनुयायीगणों ने स्वर्गीय राजेन्द्र-नाथ से सरल एवं उचित व्यवहार नही किया। इसका पता मुझे बहुत बाद को चला था। इसमें कोई सन्देह नहीं कि जब तक हम दोनों गिरफ्तार नहीं हुए थे हम लोग एक-दूसरे पर पूर्णतया निर्भर रहते थे। यह भी सत्य है कि आये दिन के कार्यक्रम से योगेशबाबू को यह प्रतीत हो रहा था कि उत्तर भारत में हमारा कार्य-क्रम बंगाल के कार्यक्रम से अधिक उपयोगी एवं अधिक फलप्रसू था। इतिहास के पृष्ठो मे यह बात आज प्रमाणित भी हो चुकी है कि क्रान्तिकारी आन्दोलन के सम्पर्क में उत्तर भारत के दल की जितनी देन है उसकी तुलना मे बंगाल की अनुशीलन समिति की कुछ भी नही है। उत्तर भारत के कार्यक्रम से योगेशबाबू इतने प्रभावित हुए थे कि वे बंगाल मे जाकर अपने उद्योग से अर्थसंग्रह करके युक्त प्रान्त में लाते थे। जहाँ तक मुझे स्मरण है बंगाल के नेताओं को इसका पता न था। यदि पता होता तो वे भी अवश्य इसके हिस्सेदार बन जाते। योगेशबाबू के आचरण से मैं कभी यह सन्देह नही कर पाया कि वे मुझे किसी अन्य दल का नेता समझते थे और अपने को किसी दूसरे दल का अनुयायी। बात तो यह थी कि बंगाल में भी अनुशीलन समिति के नेतागण सदा यही बताते थे कि सान्याल भी अपने ही दल का आदमी है। उत्तर भारत के कार्यक्रम की बहुत-सी बातें मैं योगेश-बाबू को बता दिया करता था जो कि मैंने बंगाल के नेताओं को नही बताई थी। इसका एक कारण था कि मैं योगेशबाबू से दिन-रात काम ले रहा था इस-लिए उन्हें बहुत-सी बातो का बताना आवश्यक हो जाता था। दूसरा कारण यह था कि बंगाल के नेताओं के साथ मिलने का अवसर मुझे कम प्राप्त होता था। तीसरी बात यह थी कि हम लोगों में एक प्रतियोगिता की भावना रहती थी। चौथी बात यह थी कि अनुशीलन के नेतागण अपनी सब बातें मुझे नही बताते थे। लेकिन धीरे-धीरे हम एक-दूसरे को समझने लगे थे और क्रमशः हम लोगों में सहयोग की भावना प्रबल हो रही थी।

मैं चाहता था कि पंजाब-शाखा की सहायता से काश्मीर और काबुल के रास्ते से हम रूस और पश्चिम यूरोप तक पहुँचें, इन रास्तों से अस्त्र आदि के मँगाने की व्यवस्था करें और विदेशस्थ भारतीय विप्लववादियों के साथ इन्ही रास्तों से अपना योगसूत्र स्थापित करें। इस विषय की कोई बात न मैंने योगेश-बाबू को बतलाई और न बंगाल के नेताओं को। इसी प्रकार युक्तप्रान्त के कार्य-क्रम के बारे में भी सब बातें मैंने बंगाल के नेताओं को नही बताई थीं। आज भी वे कार्यक्रम अपूर्ण रह गए हैं। इसलिए इन सब बातों का उल्लेख करना आज उचित न होगा। इस स्थान पर तो मैं केवल इतना ही बताना चाहता हूँ कि उन पिछले दिनो मे योगेशबाबू के साथ मेरा क्या सम्बन्ध था।

मैं यह पहले ही बता चुका हूँ कि दिल्ली से लौटने के बाद मैं कानपुर गया। कानपुर में पहला बोलशेविक काण्सप्रेसी (षडयन्त्र) केस चल रहा था। इस

षड्यन्त्र के मामले में मैं भी गिरफ्तार होने वाला था यह भी मैं बता चुका हूँ। कानपुर मे बोलशेविक केस चलने के पहले ही युक्तप्रान्त के एक मॉडरेट नेता ने मुझे यह सूचना दे दी थी कि सम्भव है मैं भी इस मामले में गिरफ्तार हो जाऊँ। उस समय मैं बड़ी सावधानी से घूमता-फिरता था। अब तक मैं युक्तप्रान्त और पंजाब में क्रान्तिकारी आन्दोलन की नीव डाल चुका था। युक्तप्रान्त के प्राय: सभी बड़े शहरों में हम लोगों का संगठन हो चुका था। पंजाब में अच्छे कार्यकर्ता मिल चुके थे। युक्तप्रान्त और पंजाब में भी मुझे क़रीब-क़रीब फरार हालत में ही घूमना पड़ता था। मैं यह बहुत चाहता था कि मुझे एक अनुभवी कार्यकर्ता मिल जाय तो मैं अपना घूमना-फिरना बन्द कर दूं। योगेशबाबू के मिलने पर मुझे यह सन्तोष हो गया कि अब मैं एक स्थान पर निश्चित होकर जम सकता हूँ और उस स्थान से बैठे-बैठे समस्त क्रान्तिकारी आन्दोलन का नियन्त्रण कर सकता हूँ।

देहली में कांग्रेस के विशेष अधिवेशन के बाद बंगाल में रेगूलेशन 3 के अन्तर्गत बहुत-से क्रान्तिकारी नेता बेकार होने लगे थे। इनमें पूर्वोक्त श्री सत्येन्द्रचन्द्र मित्र एवं श्री सुभाषचन्द्र बोस भी थे। मैं इसके पहले से ही कुछ सावधान-सा हो गया था। बंगाल की गिरफ्तारियों के बाद मैंने यह निश्चय कर लिया कि अब मुझे बाकायदा फरार होना पड़ेगा वर्ना बच न सकूँगा।

14

गृह-त्याग

अण्डमन से लौटने के बाद मैंने विवाह कर लिया था। यथा-रीति फरार होने के पहले मेरे दो संतानें हो चुकी थीं। मेरे सामने यह विकट प्रश्न था कि मैं अपनी स्त्री और इन दो बच्चों को किसके पास छोड़कर फरार होऊँ। हम चार भाई थे और मैं ही सबसे बड़ा था। मेरे दूसरे भाई भी ब्याह कर चुके थे और गोरखपुर में सेण्टऐण्ड्रूज कालेज में अध्यापक का काम कर रहे थे। बनारस षड्यन्त्र केस के मामले में ये भी मेरे साथ गिरफ्तार हुए थे। न्यायालय से मुक्त होने पर भी इन्हें गोरखपुर मे नजरबन्द रक्खा गया था। मेरे तीसरे भाई ने उस समय तक शादी नही की थी। वह इण्डियन प्रेस में काम कर रहे थे। मेरी माता उस समय जीवित थी। मेरी मौसी भी माताजी के पास रहती थीं। मेरे सर्व कनिष्ठ भ्राता कालेज में पढ़ रहे थे। मेरे मँझले भाई जो प्रोफेसर थे मुझसे अत्यन्त असंतुष्ट थे। वे बिलकुल भी नही चाहते थे कि मैं राजनैतिक उलझनों में व्यर्थ के लिए फँसा रहूँ, और फिर मेरी राजनीति भी साधारण राजनीति न थी। बुद्धिमान व्यक्ति ऐसी राजनीति मे फँसा नही करते थे। मेरे मँझले भाई श्री रवीन्द्रनाथ संत क्रोध के साथ कहा करते थे कि "तुम्हारी वजह से मेरी भी नौकरी जायगी। तुम मानते नही हो। क्या हम लोगों की कोई जमींदारी है? आज हमारी और जितेन्द्र की नौकरी चली जाय तो कल मकान का किराया भी न दे सकेंगे। तुम तो अपनी धुन में मस्त हो। शादी कर ली, बाल-बच्चे हो चुके है। तुम्हें तनिक भी परवाह नही है कि इन सबका क्या होगा। समय-समय पर माताजी भी मेरे ऊपर बहुत नाराज होती थीं। माताजी का भी अधिक दोष न था, बेचारी तीस-बत्तीस वर्ष की अवस्था में ही विधवा हो गई थी। सांसारिक सुख शान्ति उन्हें कुछ भी न मिली थी। अपनी बाईस वर्ष की अवस्था में मुझे कालेपानी जाना पड़ा था। लौट आने के बाद भी मैंने साधारण गृहस्थ जीवन व्यतीत करना नही चाहा। माताजी ने आशा की थी कि शादी कर लेने से मैं गृहस्थ बन जाऊँगा। माताजी की यह आशा भी पूरी नही हुई। आशा-भंग की पीड़ा से एवं भविष्य की आशंका से मेरी माता सदा दुःखी रहती थीं। एक दिन की बात हो, दो दिन की बात हो, तीन दिन की बात हो, तो निबाह भी लें। लेकिन बारहों माह, तीसों दिन इस पारिवारिक अशान्ति के बीच जीवन व्यतीत करना कितना दुःखदायी है भुक्तभोगी को छोड़

यह बात दूसरे नहीं समझ सकते। ऐसी परिस्थिति में यदि मैं बच्चों को अपनी माता और भाइयों के पास छोड़कर फरार हो जाता हूँ तो इन पर मैं एक भारी बोझा डाले जाता हूँ। और इस प्रकार फरार होने से यह भी बात थी कि मुझे सदा के लिए अपनी स्त्री तथा बाल-बच्चों से विच्छिन्न होना पड़ता। विभिन्न देशों के क्रान्तिकारी आन्दोलन के इतिहास में यह प्रायः देखा गया है कि फरार व्यक्ति लौट-फिर कर अपने परिवार में आकर पकड़े गए हैं। जब मैंने विवाह किया था तो मैंने अपने भाइयों से यह आग्रह किया था कि मैं क्रान्तिकारी आन्दोलन में जीवन बिता दूँगा और आवश्यकता पड़ने पर मेरे परिवार का भार आप लोग ग्रहण करेंगे। उनके लिए मानो यही देश सेवा है। मैं अपने जीवन को खतरे में डालने के लिए प्रस्तुत हूँ तो क्या मेरे भाई मेरे परिवार का प्रतिपालन भी न करेंगे। मेरे तीसरे भाई श्री जितेन्द्रनाथ सहर्ष यह कर्तव्य भार ग्रहण करने के लिए प्रस्तुत हुए थे।

जब मुझे योगेशबाबू जैसे कार्यकर्ता मिल गए तो मैंने भी यथारीति फरार होने का संकल्प कर लिया। युक्त प्रदेश में मुझे पुलिस वाले अच्छी तरह से पहचानते थे। पंजाब की पुलिस उतना नहीं पहचानती थी। अपनी स्त्री का मुँह देखकर मेरे दिल में यह भावना उत्पन्न होती थी कि पराई लड़की को मैं कहाँ घसीट लाया। इसे छोड़कर यदि मैं सदा के लिए फरार हो जाता हूँ तो क्या इसका जीवन व्यर्थ-सा नहीं हो जायगा। अपने लड़के का मुँह देखता था तो यह सोचने लगता कि यह बेचारा भी अपने पितृस्नेह से सदा के लिए वंचित रह जायगा। मैं इस 'सदा के लिए' की भावना से नितान्त विचलित हो जाता था। माता और भाइयों के स्नेह, स्त्री और सन्तानों की प्रीति के बन्धन से सदा के लिए विच्छिन्न हो जाना मेरे लिए असहनीय था। और यह बात भी थी कि युक्त प्रदेश अथवा पंजाब में मेरे लिए बाल-बच्चों को साथ लेकर फरार होना न संभव था न उचित। इसका एक कारण तो यह था कि इन प्रदेशों में मुझे पुलिस के काफी आदमी अच्छी तरह पहचानते थे और यदि मैं बड़े-बड़े शहरों को छोड़कर किसी छोटे नगर में जाकर बाल-बच्चों सहित रहता तो भी बंगाली होने के नाते मैं बहुत शीघ्र ही सबकी दृष्टि को आकर्षित कर लेता। ऐसी दशा में मेरे लिए यह संभव न था कि मैं अपने बाल-बच्चों को साथ लेकर पंजाब अथवा युक्त प्रदेश में फरार हालत में रह सकता। मैंने यह भी निश्चय कर लिया था कि फरार हालत में मैं अपने बाल-बच्चों को साथ ही रक्खूँगा। इन सब कारणों से मैंने बंगाल में ही फरार होकर रहने का निश्चय कर लिया। लेकिन फरार होकर जान बचाना ही तो मेरा उद्देश्य न था और यदि फरार हालत में रहकर क्रान्तिकारी आन्दोलन का कार्य करता तो यथारीति संगठन शक्ति की सहायता के बिना ऐसा संभव न था। यदि मैं फरार हालत में रहकर क्रान्तिकारी अथवा राजनैतिक आन्दोलनों से अलग रहता और किसी प्रकार से अपनी जीविका उपार्जन कर लेता तो विशेष चिन्ता की कोई बात न थी। लेकिन एक तरफ

ब्रिटिश साम्राज्य की शक्ति के समस्त साधन मुझे खोज निकालने में लगे हों दूसरी तरफ मैं संकटपूर्ण क्रान्तिकारी कार्य में लगा रहूँ तो परिस्थिति कुछ और ही हो जाती है।

इन सब कारणों से मेरे लिए यह आवश्यक था कि बाल-बच्चों को लेकर फरार होने से पहले मैं अपने रहने का स्थान एवं आवश्यकतानुसार सहायता पाने की सब व्यवस्था कर लेता। इसके लिए मैंने बंगाल में जाकर सब प्रकार की विधि-व्यवस्था का आयोजन किया। मैंने सोचा कि यदि कलकत्ता के पास फ्रांसीसी राज्य के अन्तर्गत चन्द्रनगर में बस जाता हूँ तो संभव है मेरे लिए कुछ सहूलियत हो जाय। चन्द्रनगर के एक कार्यकर्त्ता से मैंने बातचीत कर ली ये सज्जन अनुशीलन समिति के नहो थे। आप बंगाल के एक साप्ताहिक पत्र 'आत्मशक्ति' के दफ्तर मे काम करते थे। क्रान्तिकारी आन्दोलन के साथ भी इनका सम्पर्क था। यह तो सभी को मालूम है कि बंगाल में विभिन्न दल क्रान्तिकारी आन्दोलन में काम करते थे। इन सभी विभिन्न दलों को एकत्रित करने के लिए मैंने बहुत प्रयत्न किए थे। इसी सिलसिले में इन सज्जन से मेरा परिचय हुआ। इनका नाम था श्री नरेन्द्रनाथ बनर्जी। इन्होंने बड़े उत्साह के साथ मेरे चन्द्रनगर में रहने के प्रस्ताव का समर्थन किया। और अपने मकान में रहने के लिए मुझसे विशेष आग्रह किया था। इधर माताजी से मैंने कहा कि पिताजी के छोड़े हुए धन से मुझे एक या दो हजार रुपया दे दें ताकि कुछ दिनों के लिए मैं निश्चिन्त हो जाऊँ। माताजी ने कहा कि यह रुपये लेकर तुम बरबाद कर दोगे मैं तुम्हें माहवार कुछ देती रहूँगी। मैंने इस प्रस्ताव को स्वीकार कर लिया और कहा कि उन्हें मुझको कम-से-कम पच्चीस रुपया प्रति मास भेजना पड़ेगा। माताजी ने इस प्रस्ताव को स्वीकार कर लिया। लेकिन केवल पच्चीस रुपये में बाल-बच्चों को साथ लेकर फरार हालत मे रहना बहुत कठिन बात थी। और क्रान्तिकारी दल की आर्थिक सहायता पर पूर्ण रूप से निर्भर करना भी बहुत कठिन बात थी। ऐसी अनिश्चयात्मक स्थिति में मैं अपने परिवार को लेकर अथाह समुद्र मे कूद पड़ा।

मैं अच्छी तरह जानता था कि आज हो, या कल हो मुझे घरबार छोड़ना ही पड़ेगा। फरार होने का अर्थ होता है आत्मीयजनों से एक अनिर्दिष्ट समय के लिए विच्छिन्न हो जाना एवं अन्ततः पुलिस के पंजे में पड़कर न जाने किस अनजान पातालपुरी में जाकर खो जाना। इस आसन्न विच्छेद की भावना से मैं दिन-प्रति-दिन अधिक से अधिक विचलित होता गया। हम सब भाइयों में अत्यन्त प्रीति-का सम्बन्ध था। मुझे स्मरण है जब मैं लगभग चार या पाँच वर्ष का था तो मेरे मंझले भाई के गाल में एक फोड़ा हुआ था जिसके चीरे जाने की बात सुनकर मैं एकदम चंचल हो उठा था और अपने माता-पिता से मैंने कहा था कि मैं इसे कभी नहीं चीरने दूँगा। मुझे यह भी स्मरण है कि मेरी माता ने मुझे यह कहकर बहुत समझाया कि तुम्हारे एक और भाई कलकत्ता में पढ़ते हैं जिन्हें चीर-फाड़ का काम करना पड़ता है यह तो एक साधारण बात है इसके लिए तुम्हें इतना व्याकुल होने

की आवश्यकता नही । एक दिन की बात है कि मेरे पिता के एक मित्र ने मेरे कनिष्ठ भ्राता को गोद में उठा लिया था। इनसे हम लोग परिचित न थे इसलिए मेरे मँझले भ्राता ने चिल्लाना शुरू कर दिया और अपने नन्हे-नन्हे हाथ फैलाकर अपने कनिष्ठ भ्राता को उनकी गोद से उतारने की व्यर्थ चेष्टा करने लगे। बाल्यावस्था की वह प्रीति आज चालीस वर्ष के बाद भी वैसी ही बनी है। घोर दुर्दिनों के समय जब मैं असहाय दशा मे ब्रिटिश सरकार के कारागार में निर्जन कोठरी में अनिर्दिष्ट काल के लिए बन्द पडा रहा तब मेरे इन परम स्नेहास्पदों ने ही मेरे बाल-बच्चों का विषाद-युक्त हर्ष के साथ लालन-पालन किया था। एक-दो दिन के लिए तो सभी दु:ख झेल सकते है लेकिन लगातार बारह-तेरह वर्ष तक अपने असहाय भ्राता के दु ख दैन्य अपने कधे पर उठाने के दृष्टान्त आजकल संसार में विरले ही है। ऐसे भाइयों से सदा के लिए बिछुड़ने की दुश्चिन्ता से मैं विचलित क्यों न होता। और अपनी स्नेह-मयी जननी की बात का क्या कहना। किसकी जननी स्नेहमयी नही होती ? और किस सतान को अपनी जननी से प्रेम नही होता ? सदा के लिए ऐसी माँ और भाइयों से अलग होने की संभावना से मैं सदा दुखी रहता था। अंत मे घर से अलग होना ही पडेगा यह मैं जानता था तथापि स्नेह-बन्धन के कारण मैं उस अलग होने के दिन को सदा टालता रहता था। मैं नित्य यह सोचता था कि अब अलग होना पड़ेगा और फिर अलग होने के दिन को मैं टाल देता था। अपने बाल-बच्चो को तो मैंने साथ लेने का संकल्प कर ही लिया था लेकिन अपनी दुखिनी विधवा जननी को मैं किस प्रकार छोड़ जाता। यदि मैं इन स्नेह बन्धनों को नही तोड़ सकता हूँ तो मुझे राजनीति से अलग होना पड़ता है।

माताजी के चार पुत्र थे। उनमें से एक चला जायगा। तीन तो माताजी के पास रह जाएँगे। मुझे इतना ही सतोष रह गया था। एक दिन की बात है माताजी प्रयाग में अर्द्धकुंभी के अवसर पर कल्पवास कर रही थीं। गंगा के तट पर साधु-सन्तों का जमघट था। नग्न, अर्द्धनग्न, चन्दन सुशोभित तरह-तरह के वस्त्र पहने, गौर, श्याम आदि सभी वर्ण के, उच्च कोटि, मध्य कोटि, अथवा निम्नस्तर के नाना प्रकार के सहस्रों साधुओं के दर्शन के लिए जिज्ञासु अथवा कौतूहली सैकड़ों व्यक्ति प्रात.काल से संध्या तक वहाँ घूमा करते थे। मैं भी इन भटकते हुए व्यक्तियों में से एक था। मेरी माताजी भी स्वतंत्र रूप से अपनी टोली के साथ साधु-सन्तों का दर्शन करती थीं। एक गौरवर्ण सौम्य मूर्ति संन्यासी के पास मैं प्राय: जाया करता था। कुछ न कहने पर भी मेरे मन के प्रश्न को योंही समझकर इन महात्माजी ने मुझे बहुत-सी बातें बताईं। उनका उल्लेख करने की यहाँ आवश्यकता नहीं है। योग की शक्ति पर जिनका विश्वास नहीं है इन संन्यासीजी के पास आने से उनके संदेह का भंजन हो सकता है। क्योंकि यह साधु अभी भी जीवित हैं। इनका नाम है परमहंस श्रीमन्स्वामी जयेन्द्रपुरीजी। आजकल आप बनारस के पास शिवपुर में अपने आश्रम में रहते हैं। मेरी माताजी भी मेरे पहले

ही इन महात्माजी के पास पहुँची थी और उनसे उन्होने अपना दुखड़ा सुनाया था कि मेरा लड़का निषिद्ध मार्ग पर चलकर देशसेवा करना चाहता है, हजार कहती हूँ वह मानता ही नही। जाने क्या धुन सवार है। एक बार आजन्म कालेपानी की सजा हो गई थी लेकिन परमात्मा की कृपा से चार-पाँच साल मे ही छुटकारा मिल गया था। फिर वही काम करना चाहता है। मैंने उसे किसी तरह भी समझा नही पाया। आप महात्मा है यदि आप दो शब्द कह देंगे तो लडका अवश्य ही मान जायगा। मै बहुत दुःखी हूँ एक घडी के लिए भी मेरे मन मे शान्ति नही है। मैं विधवा हूँ मेरा लड़का ही मेरा सहारा है।" यह सब बातें सुनकर सन्यासीजी ने माताजी से कहा कि तुम अपने लडके को मेरे पास लेती आना। माताजी जानती थी कि मैं भी साधु-सन्तो के पास आया-जाया करता हूँ। साधु-सन्तो से मेरी अत्यन्त प्रीति है। एक दिन माताजी ने मुझसे कहा कि चलो तुम्हे एक पहुँचे हुए महात्मा के पास ले चलती हूँ। मैं भी बडी उत्सुकता के साथ साधु-दर्शन के लिए चल पड़ा तो देखता हूँ कि जिस महात्मा के पास मै जाया करता था उसी के पास माताजी भी मुझे ले आई। इनके पास आकर मुझे बडी प्रसन्नता हुई। मेरे साथ मेरी माता, मेरी पत्नी और मेरा डेढ साल का लडका था। माता ने मेरी तरफ इशारा करने के बाद कहा कि "यही मेरे पुत्र है जिनके सम्बन्ध मे आपसे पहले कह चुकी हूँ।" महात्माजी ने माताजी को बताया कि यह तो मेरे पास पहले ही से आता है। और मुझसे कहा आओ पास बैठो। कुछ बातचीत होने पर संन्यासीजी ने माताजी से कहा कि "बेटी ! तुम्हारे जब चार लडके है, तब तो तुम्हे एक लडके को धर्मार्थ देना ही पडेगा। चार मे से जब तीन तुम्हारे पास रहते है और एक धर्मार्थ जीवन व्यतीत करना चाहता है तो उस पर तुम्हारा कोई अधिकार नही रह सकता।" माताजी के दोनो नयन आँसुओ से भर आए लेकिन माताजी फिर भी हँस रही थी क्योकि वे अच्छी तरह जानती थी कि मेरा मार्ग धर्म का मार्ग था। मैं कोई बुरा काम करने नही जा रहा था। माताजी तो स्नेह की पीडा से जर्जरित हो रही थी फिर भी उनकी धर्म की बुद्धि जागृत थी। एक विशिष्ट साधु के मुख से उपर्युक्त वचनो को सुनकर मेरी माताजी को युगपद दु.ख, स्नेह, गौरव इत्यादि की भावनाओ के समिश्रण ने एक साथ हर्ष और विषाद की अनुभूति हुई। अश्रुपूर्ण नयनो से मेरी तरफ देखकर जब माताजी हँसने लगी तो मैं भी हर्षोत्फुल्ल नयनो से विजयोल्लास को क्षणिक अनुभूति की दीप्ति से व्यक्त कर रहा था और सौम्य मूर्ति गौरवर्ण उक्त महापुरुष की तरफ देखकर विस्मयपूर्ण चकित दृष्टि से कृतज्ञता एवं आत्म-समर्पण की भावना को दीनता के साथ व्यक्त कर रहा था। इतने मे सन्यासीजी मुझसे यह कहने लगे कि "देखो बेटा ! हिन्दू शास्त्र के अनुसार तुम्हारा यह परम कर्तव्य है कि जब तुमने विवाह कर लिया है तो अपनी पत्नी की अनुमति की उपेक्षा करके तुम कोई धर्म कार्य नही कर सकते।" यह बात मैं पहले ही से जानता था। मैं यह जानता था कि आर्य धर्म के अनुसार यदि कोई सन्यासी भी होना चाहता है तो उसे न केवल अपने माता-

पिता की वरन् अपनी सहधर्मिणी और दूसरे आत्मीय जनों तथा प्रतिवेशियों से भी अनुमति लेने की आवश्यकता है। इस पर मैंने महात्माजी से कहा कि "जिस दिन सर्वप्रथम मुझे अपनी पत्नी से बातचीत करने का अवसर प्राप्त हुआ था, मैंने उसी दिन अपनी सहधर्मिणी से अपना अभीष्ट कार्य करने की अनुमति ले ली थी। मैं आज भी इस बात के लिए प्रस्तुत हूँ कि यदि मेरी पत्नी मेरे अभीष्ट कार्य के लिए मुझे अनुमति नहीं देती है तो मैं उस काम को नहीं करूँगा। आप भी पूछ सकते हैं।" स्वामीजी ने मेरी पत्नी से पूछा, "क्यो बेटी, तुम अपने पति को इस काम के लिए अनुमति देती हो !" उस बेचारी तरुणी ने कम्पायमान देहावयव के इंगित से विकसित कुसुम की नाई हँसते हुए मुख को हिलाकर अपनी अनुमति प्रकट की लेकिन नयन पल्लवों के द्रुत सचालन के साथ आँखों से दो-चार आँसुओं की बूंदे टपक ही पड़ी। बालब्रह्मचारी परमहंस परिव्राजक संन्यासी भी एक बार विचलित हो गए और बार-बार सिर हिलाकर हँसते हुए मुझसे कहने लगे, "नही बेटा ! यह लड़की अभी बहुत छोटी है। रोते हुए जो अनुमति इसने दी है यह स्वीकार्य नहीं है।" मैंने कहा कि मैं फिर पूछ लूँगा और यह वचन देता हूँ कि यदि इसने यथार्थ में अनुमति नहीं दी तो मैं इस काम को नहीं करूँगा।"

अतीत काल की ये सब बातें लिखते हुए आज भी मेरा हृदय हर्ष, अभिमान और गुमान से भर आता है। आज भी हमारे देश में ऐसे साधु-सन्त हैं जिन्हें मेरे ऐसे विद्रोही के अग्निमय कर्म-पथ से आन्तरिक प्रीति है। और हम अपनी सामाजिक व्यवस्था की निगूढ बातों के प्रति ध्यान देने से आज भी फूले नहीं समाते। कर्तव्य कर्म चाहे कितना ही संकटपूर्ण और अग्निगर्भ क्यों न हो हमारे समाज के शीर्षस्थानीय संन्यासी आज भी उससे विचलित नही होते और मेरे ऐसे विद्रोहियों के कठोर कार्यों का वे हृदय से समर्थन करते थे। फिर पत्नी का स्थान हमारे समाज में कितना ऊँचा है। पत्नी की अनुमति बिना कोई काम करना उचित नहीं है। पत्नी हमारे भोग की सामग्री नहीं है सहधर्मिणी है, सहधर्मिणी को छोड़कर हिन्दू समाज में, आर्य संस्कृति में, मनुष्य अपूर्ण रह जाता है। पत्नी को पाकर ही समाज में मनुष्य स्वधर्मानुष्ठान के अधिकार को प्राप्त करता है अन्यथा नहीं। हिन्दू समाज में पत्नी को छोड़कर कोई शुभ कार्य सम्पन्न नहीं हो सकता। जिस समाज में बिना पत्नी की अनुमति पति को संन्यास लेने का भी अधिकार नहीं उस समाज में स्त्री का स्थान कितना ऊँचा होना आवश्यक है इसे आज हम भूल रहे हैं। आज पाश्चात्य समाज में स्त्री-अधिकार के प्रश्न पर कितना शोरगुल मचा हुआ है मानो स्त्री के अधिकार पुरुष से एवं पुरुष के अधिकार स्त्री से स्वतन्त्र हैं। हमारे सामाजिक आदर्श में पुरुष और स्त्री के मिलने से ही पति-पत्नी के रूप में एक परिवार के रूप में एक परिपूर्ण स्वतन्त्र अस्तित्व बनता है। इसीलिए हमारे समाज में पुरुष और स्त्री के अधिकार अलग-अलग नहीं होते। कामरेड शब्द से भी सहधर्मिणी शब्द अधिक व्यापक एवं अर्थगर्भित है। सहधर्मिणी शब्द के अनुसार बुरे कार्य में स्त्री पति की साथिन नहीं हो सकती, कामरेड शब्द के अनुसार हो

सकती है। हिन्दू समाज में माता-पुत्र के सम्बन्ध पाश्चात्य समाज से अधिक घनिष्ठ हैं। पाश्चात्य समाज में विवाह के बाद लड़का अलग रहने लगता है। हिन्दू समाज में पिता, माता, भाई, भगिनी, पत्नी और सन्तान एक साथ ही मिलकर रहते हैं और इस प्रकार से जो परिवार बनता है हिन्दू समाज में वही इकाई का स्थान ग्रहण करता है। हिन्दू समाज में पुरुष और स्त्री के लिए अलग-अलग रूप से उनके स्वतन्त्र अस्तित्व को स्वीकार नहीं किया गया है। इस स्थान पर समाज विज्ञान की चर्चा करने की न तो इच्छा ही है, और न स्थान ही। अतीत काल की एक मधुमय स्मृति का उल्लेख करते समय जो बातें अनिवार्य रूप से उमड़ पड़ी उन्हें व्यक्त किए बिना मैं रह नहीं सका। इस बात के लिए पाठकगण मुझे क्षमा करेंगे।

सन् 1924 के फरवरी माह मे प्रयाग मे कुम्भ का मेला लगा हुआ था। मैं जून महीने में इलाहाबाद से फरार हुआ था। इस समय मेरे मकान में मेरे सब निकट आत्मीय उपस्थित थे। मेरे मामा थे, मेरी मौसी, मौसी की एक पालित कन्या, मेरे तीनों भाई, मेरे मँझले भाई की पत्नी तथा मेरी पत्नी। कालेज में छुट्टी रहने के कारण मेरे मँझले भाई श्री रवीन्द्रनाथ सपरिवार इलाहाबाद आये हुए थे। जब हम सब भाई एकत्र होते थे तो पहला सप्ताह घोर वाद-विवाद में व्यतीत होता था। भोजन के लिए माताजी चिल्लाया करती थी और हम वाद-विवाद मे मस्त रहते थे। सामाजिक और राजनीतिक समस्याओं की मीमांसा किए बिना खाने कौन जाय। मेरे मँझले भाई रवीन्द्रनाथ सामाजिक विषयों में घोर परिवर्तन के पक्षपाती थे और मैं प्राचीन प्रथाओं का समर्थक था। रवीन्द्रनाथ चाहते थे कि पुरुष और स्त्रियों के अबाध मिलन में कोई बाधा न रहे। मैं ऐसे अबाध मिलन का घोर विरोधी था और अब भी हूँ। रवीन्द्रनाथ पुरुष-स्त्री के एक साथ शिक्षा पाने के पक्ष मे थे और मैं इसे कभी भी पसन्द नही करता। परन्तु मजे की बात यह थी कि राजनीतिक क्षेत्र में मैं घोर विप्लव का पक्षपाती था और रवीन्द्रनाथ सुधार के। ऐसी दशा में आपस मे घोर द्वन्द्व क्यों न हो? एक सप्ताह के घोर द्वन्द्व के बाद हम एक-दूसरे की उपेक्षा करने लगते, समझ लेते थे कि इसके आगे बढ़ने से वाद-विवाद आरम्भ हो जाएगा। लेकिन दूसरे वर्ष जब हम लोग फिर मिलते तो वाद-विवाद पुनः आरम्भ हो जाता और एक सप्ताह के पूर्व शान्ति स्थापित नहीं होती थी। वाद-विवाद के समय पड़ोस के आदमी समझते थे कि हम आपस में लड़ रहे हैं।

रवीन्द्रनाथ जानते थे कि मैं निषिद्ध मार्ग पर, संकटपूर्ण रास्ते से, राजनीतिक क्षेत्र में अग्रसर हो रहा था। एक दिन रवीन्द्रनाथ से फिर वही पुरानी बहस शुरू हो गई। एक बड़े कमरे में हम पाँच व्यक्ति उपस्थित थे। रवीन्द्रनाथ को छोड़कर मेरे मामा और मेरी माताजी भी बहस में भाग ले रही थी। मेरी पत्नी कुछ दूरी पर बैठी हुई हम लोगों की बातें बड़े ध्यान से सुन रही थी। जैसा हुआ करता है बातचीत यों ही शुरू हुई और धीरे-धीरे उसने गम्भीर रूप धारण कर लिया। मेरी माताजी एक पढ़ी-लिखी और समझदार स्त्री थीं। राजनीतिक और सामाजिक

बातों में भी उनके विचार बहुत स्वच्छ एवं निर्भीक थे। माताजी से स्नेहावरण के कारण सत्यता नहीं छिपती थी। रवीन्द्रनाथ ने यद्यपि इतिहास में एम० ए० पास किया था तथापि राजनीतिक मामलों में उनके विचार माताजी की नाईं स्वच्छ एवं निष्पक्ष नहीं थे। रवीन्द्रनाथ स्नेहावेश में आकर सत्य की मर्यादा का उल्लंघन करते थे। मेरे मामाजी भी परम स्नेहवश रवीन्द्रनाथ के ही पक्ष का समर्थन कर रहे थे। मेरी माताजी मामाजी एवं रवीन्द्रनाथ मुझे विद्रोही के कठोर अग्निमय विनाशकारी मार्ग में जाने से रोकते थे। लेकिन विचार की क्षुरधार के सामने रवीन्द्रनाथ आदि नहीं टिक पाते थे। तथापि विचार-बुद्धि ही तो मनुष्य का सब-कुछ नहीं है। संसार में विचारपूर्वक ही सब काम नहीं होते। मनुष्यों की भावना, उनके पूर्व संस्कार, उनकी शिक्षा-दीक्षा, उनके परिवेष्टन इत्यादि इन सबके मिलने से मनुष्यों की कर्म प्रेरणा बनती है। मैंने जो विद्रोही का मार्ग ग्रहण किया था वह भी तो केवल विचार बुद्धि ही की प्रेरणा से नहीं किया था। अपनी प्रवृत्ति के अनुसार अभिरुचि या अभिलाषा बनती है और तब विचार बुद्धि की सहायता से उस अभिरुचि, उस अभिलाषा का हम समर्थन करते हैं। विचार बुद्धि हमारा यन्त्र-मात्र है। यह यन्त्र किस काम में लाया जाएगा इसका निर्णय युक्ति मार्ग से नहीं हो सकता। अपनी-अपनी प्रवृत्ति के अनुसार हम अपने कर्तव्य का निश्चय करते हैं। यह प्रवृत्ति कहाँ से आती है और क्योंकर आती है इसका निश्चयात्मक निर्णय आज तक नहीं हो पाया है। यदि वातावरण के ही कारण प्रवृत्ति की उत्पत्ति होती है तो वातावरण की सृष्टि और उसमें परिवर्तन कैसे और क्यों होता है इसका निर्णय कौन करेगा? वातावरण के विरुद्ध आकर भी तो शक्तिशाली व्यक्तियों ने परिस्थितियों को बदल दिया है। टॉलस्टाय के दृष्टान्त का अनुसरण करके महात्माजी ने भारत के राजनीतिक वातावरण को बहुत कुछ बदल दिया है। महात्माजी ने रूस के निहिलिस्ट अनारकिस्ट अथवा बोलशेविकों के दृष्टान्तों का अनुसरण न करके टॉलस्टाय के ही दृष्टान्त का अनुसरण क्यों किया? भारत के तथा संसार के क्रान्तिकारियों के दृष्टान्त रहते हुए भी पं० जवाहरलालजी ने उनका अनुसरण न करके महात्माजी का ही अनुसरण क्यों किया? इसका उत्तर कौन देगा? क्या इसके मूल में व्यक्तिगत रुचि-अभिरुचि, राग-द्वेष, परिणाम की भावना और दुर्भावना इत्यादि के संस्कार प्रबल रूप में सक्रिय नहीं हैं? एक ही वातावरण में रहते हुए भारत के कम्यूनिस्ट, सोशलिस्ट, गांधीवादीगण, मुस्लिम-लीगी, हिन्दू महासभा वाले और क्रान्तिकारी कांग्रेसी तथा अन्य भारतवासी इतने विभिन्न मार्गों पर क्यों चलना चाहते हैं। इन सब गूढ़ ऐतिहासिक प्रश्नों की मीमांसा सहज नहीं है।

क्या मेरे भाई रवीन्द्रनाथ नहीं जानते थे कि मैंने युग युगान्तर से आचरित सर्वमान्य विद्रोहियों के ऐतिहासिक मार्ग को ग्रहण किया था? लेकिन जिस आत्य-न्तिक आग्रह के साथ रवीन्द्रनाथ मेरे साथ तर्क-वितर्क कर रहे थे उससे यह संदेह होता था कि सचमुच रवीन्द्रनाथ जी मेरे रास्ते को ठीक नहीं समझ रहे थे। इस

वाद-विवाद में ऐसा भी समय आया जब प्रश्न खड़ा हो गया कि मैं जो करने जा रहा हूँ वह उचित है या अनुचित। रवीन्द्रनाथ के बताने पर कि मैं अनुचित मार्ग पर जा रहा हूँ मैंने माताजी से पूछा, "क्यों माताजी क्या तुम भी ऐसा ही समझती हो।" माताजी ने मृदु-मृदु हँसते हुए यह कहा कि "नहीं मैं ऐसा नही समझती हूँ। मैं यह नहीं कह सकती कि तुम ग़लत रास्ते पर जा रहे हो। मैं केवल इतना ही कहना जानती हूँ कि अब मुझसे सहा नही जाता। आज भी मेरे सामने वह दृश्य भयानक आतंक की सृष्टि करता है जो कि मजदूरिन ने आकर तुम्हारी पहली गिरफ्तारी के दिन कहा था। कपड़े का खूंट तुम्हारे गले मे लिपटा है, हथकड़ी से दोनों हाथ बँधे हुए हैं, एक वस्त्र लेकर थाने की हवालात को तुम जा रहे हो।" यह सन् 1915 की बात थी। राजनैतिक षड्यन्त्र के मामले मे यह मेरी पहली गिरफ्तारी थी। उस दृश्य का वर्णन करते-करते माताजी का सुन्दर मुखावयव ऐसा गम्भीर और कोमल हो गया जैसे वर्षणोन्मुख घन-विन्यस्त बादल होते है। अभी तक हमारी बातचीत में कुछ उष्मा थी, कुछ हास-उपहास, कुछ व्यंग्य, कुछ छेड़-छाड़ थी। अब सबके चेहरों पर कुछ गम्भीरता आ गई। माताजी ने मेरा नाम लेकर फिर पूछा, "क्या तुम्हें डर नही मालूम होता? क्या वे कालेपानी के दृश्य तुम्हें याद नही आते?" मैंने सरलतापूर्वक कहा, "माताजी! मुझे आज भी वे दृश्य स्पष्ट और मर्मान्तिक रूप से याद हैं, उनसे मैं विचलित भी हो जाता हूँ; डर भी मालूम होता है। जेल का भोजन, जेल अधिकारियों के तिक्त और निष्ठुर व्यवहार ये सब बातें स्मरण आते ही रोम खड़े हो जाते हैं। और जिस मार्ग पर मैं चल रहा हूँ उसका अन्तिम परिणाम मेरे लिए कुछ अच्छा नही है यह भी सत्य है। परन्तु यह सब जानते हुए भी मैं कर्त्तव्य-पथ से कैसे हट जाऊँ? यदि भारत को स्वाधीन होना है तो मेरे ऐसे शत-सहस्र युवकों को ऐसे निर्मम निर्यातन सहने ही पड़ेंगे। जिस रास्ते पर मैं जा रहा हूँ केवल इसी रास्ते से ही भारत स्वाधीन हो सकता है और दूसरा रास्ता नही है।"

मेरी इस बात ने और माताजी के हार्दिक व्यथापूर्ण मौन समर्थन ने विवाद का अन्त कर दिया। माताजी की बात ने मानो हम सब भाइयों के मन को झकझोर डाला। वृष्टि से जो पहले ही भलीभाँति आर्द्र हो चुका हो ऐसे वृक्ष को झकझोरने से जैसे उसके पत्तों से एकदम बूंदों की बौछार होने लगती है वैसे ही हम चारों के नयनों से नीर की बौछार होने लगी। रोते-रोते अपूर्ण उच्चारण से मैंने कह दिया कि मेरे निकल जाने की सब तैयारी हो चुकी है। मैं अब वृथा काल-क्षेप न करके निकल पड़ूंगा। उस समय यह नहीं मालूम पड़ता था कि कौन किसे सान्त्वना दे। घटेभर की ऊष्मता बाष्पाकार में परिणत हो गई। अव्यक्त एवं अवर्णनीय स्नेह ने आँसुओं का रूप ग्रहण कर लिया। मानो हम परस्पर के और निकटवर्ती हो गए। पता नही मेरी तरुणी भार्या पर क्या बीत रही थी। गोद में बच्चो को लिये हुए बेचारी सर्व क्षण एकाग्रचित्त होकर बैठी हमारी बातें सुन रही थी। पता नही अपने भाग्य को कोसती थी या सराहती थी। अथवा अनिश्चित

विपद् की आशंका से भय-विह्वल हो रही थी। ज्ञात-अज्ञात, निश्चित-अनिश्चित मार्ग पर अनन्त दिशा की ओर पुत्र-कलत्रादि को साथ लेते हुए असहाय, संपदहीन होकर चल पड़ने का दिन आ गया। न जाने किस देश में किस स्थिति में रहना पड़ेगा। कहावत है 'पथे नारी विवर्जिता' और मैंने दो नन्हे-नन्हे बच्चों और तरुणी भार्या को साथ लेकर ब्रिटिश शासन के विरुद्ध विद्रोह करने के लिए फरार होने का साहस किया। अज्ञात दिशा में जाना था, इसलिए मौसी की पालित कन्या से प्रार्थना की कि थोड़े दिनों के लिए तो आप मेरे साथ हो लीजिए। घर के सब लोगों ने इस बात को स्वीकार कर लिया। नूटू दीदी मेरे साथ चलने को तैयार हो गईं।

पुलिस की दृष्टि से बचना था। बाल-बच्चे असबाब बिस्तरे लेकर पुलिस की निगाह बचाकर रेलवे स्टेशन से चलना है। स्टेशन पर पुलिस की सख्त निगरानी है। इलाहाबाद में पुलिस मुझसे ज्यादा और किसे पहचानती थी?

मेरे भाई मेरे बच्चों को लेकर स्टेशन के लिए रवाना होने लगे। मैं उस समय घर में था। माताजी की सहन-शक्ति अन्तिम सीमा तक आ पहुँची थी। जितना रोती थी उससे कही अधिक उनकी देह दुःखावेश में हिल रही थी। ओंठ कांप रहे थे, ठोढी संकुचित विकुचित हो रही थी। भौहें कुंचित थी, आँसू अविराम टपक रहे थे। द्वार तक आकर जब माताजी मेरे बच्चे को लेकर गाड़ी पर चढ़ने लगीं तो वह बहुत रोने लगी। मेरा दो साल का बच्चा झुक-झुककर बार-बार माता जी का मुँह देख रहा था। बुद्धदेव को महाभिनिष्क्रमण के समय ऐसा दृश्य देखना नही पडा था।

मैं सीधा स्टेशन नहीं गया। मेरे मामाजी और भ्राताओं ने मेरे बाल-बच्चों को गाड़ी पर सवार करा दिया। गाड़ी छूटने के समय से एक-आध मिनट पहले किसी दूसरे रास्ते से मैं अपने बाल-बच्चों मे आकर सम्मिलित हो गया। जहाँ तक याद है यह दिन के क़रीब दस बजे का समय था।

प्रिय जन के विच्छेद के दुःख के अतिरिक्त मेरे मन में और कोई ग्लानि नहीं थी। फरार जीवन मेरे लिए दुस्सहनीय न था। बहुतों ने मुझसे कहा है कि फरार जीवन की अनिश्चयता ने उन पर इतना अधिक बोझा डाला था कि उससे पिसकर उन्होंने सेंत में पुलिस के हाथों में आत्मसमर्पण कर दिया था। मैंने कभी भी ऐसे बोझ का अनुभव नहीं किया। जब गाड़ी पर सवार हो गया तो मैंने एक अपूर्व स्फूर्ति का अनुभव किया। पुलिस के सब प्रयत्नों को विफल करते हुए जब उनकी आँखों में धूल झोंक दी तो मैंने एक छोटी-सी विजय की आत्म-तुष्टि का अनुभव किया। पाठक यह न समझें कि पुलिसवालों के साथ हम लोगों का यह निरा आँख-मिचौनी का खेल था। पकड़े जाने पर हम लोगों को जीवन से हाथ धोना पड़ता था। देशवासी आज भी क्रान्तिकारियों के कार्यों को खिलवाड़ समझते हैं। लेकिन ब्रिटिश सरकार की दृष्टि से हम लोगों के कार्यों का इतना गुरुत्व था कि हम लोगों के पीछे सरकार ने लाखों रुपए खर्च कर दिए। केवल संदेहमात्र से ही किसी

अज्ञात कुलशील युवक का पीछा करने मे सरकार ने हजार रुपए खर्च कर दिए ऐसे दृष्टान्त बहुत हैं। क्रान्तिकारियों की सबसे बडी कमी यह थी कि वे अपने प्रयत्नों में असफल रहे, नही तो आज उनके छिद्रान्वेषीगण लज्जावन्त मुख होकर नीरव बैठे रहते। आज भी हमारे देशवासी स्वतन्त्रता के प्रेमी नही बने है। आज भी उनमें वह तीव्र अभिलाषा उत्पन्न नही हुई है जिसके कारण भारत की स्वाधीनता-प्राप्ति के लिए वे अधीर हो जाते। अस्तु, मै प्रसन्नचित्त होकर दुर्दम-नीय अभिलाषा के साथ द्विधाहीन होकर, विप्लव कार्य मे आगे बढ चला।

15

फिर बंगाल में

मिर्जापुर पहुँचकर मैंने चन्द्रनगर मे श्री नरेन्द्रनाथ बनर्जी के पास एक तार भेज दिया। मेरे आने की सूचना उनको थी। केवल इतना ही वे नही जानते थे कि कब और किस दिन मैं उनके पास पहुँचूंगा। यदि मैं इलाहाबाद से तार भेजता तो सभव था कि पुलिस की दृष्टि आकर्षित हो जाती। मिर्जापुर स्टेशन से यदि कोई पथिक तार करे तो पुलिस की दृष्टि आकर्षित होने की सबसे कम सभावना थी। लेकिन 'जहाँ कबीर माठा का जाएँ, पडिया भैस दोनो मर जाएँ' मैने सोचा था कुछ, हो गया कुछ और। लोग भाग्य को मानते नही। परन्तु यह बहुधा देखा गया है कि हजारों प्रयत्न करने पर भी किसी मनुष्य के लिए कभी भी सरल रूप मे शुभ परिणाम नही निकलते। मैं उन अभागो मे से एक था और अब भी मेरे अदृष्ट मे कुछ अन्तर हुआ है ऐसा नही मालूम पडता। रास्ते मे तो कोई विपत्ति नही आई। लेकिन चन्द्रनगर पहुँचकर मेरी विडम्बना की सीमा न थी। मेरा टिकट तो कलकत्ते तक का था। इसका भी कुछ रहस्य था। चन्द्रनगर मे हमारी गाडी बहुत थोड़ी देर रुकी। मेरे पास सामान यथेष्ठ था। चन्द्रनगर के स्टेशन पर मै बहुत उदग्रीव होकर देख रहा था कि नरेन्द्रनाथ आए हैं या नही। नरेन्द्रनाथ को स्टेशन पर न देखकर मेरी उत्कंठा की सीमा न रही। परन्तु मुझे उतरना तो था ही। सहयात्रियो की सहायता से मैंने अपना सामान उतार लिया और प्लेटफार्म पर असहाय की तरह इधर-उधर देखता और सोचता रहा कि किसका सहारा लूं। घर-बार छोडकर आया हूं रहने का ठिकाना नही। नरेन्द्रनाथजी का पता नही। इन्ही के यहाँ ठहरने की बात थी। पहले से तय था इन्ही के मकान पर ठहरूंगा और सहायता के रूप मे मासिक कुछ दे दिया करूँगा। इनका मकान मैंने पहले से देख लिया था। कुलियों से सामान उठवा रहा था और सदेहाकुल नयनो से इधर-उधर ताक रहा था। मन में भय था कही पुलिस-वालो की दृष्टि मेरी ओर आकर्षित न हो जाय। इतने में स्टेशन से सब यात्री चले गए थे, केवल दो-तीन व्यक्ति किसी के इन्तजार में प्लेटफार्म पर ठहर गए थे, यह मेरी तरफ आए। मैं भी उनकी तरफ आगे बढ़ा। उन्होंने पूछा आप कहाँ से आ रहे हैं, कहाँ जाएँगे। मैने उन्हें बताया कि मैं अपने एक मित्र श्री नरेन्द्रनाथ बनर्जी के यहाँ जा रहा हूँ। उनके मुहल्ले का नाम बताया, पूछे जाने पर मैंने

अपना नाम भी बताया। सब बातें सुनकर उन्होंने बहुत कौतुक अनुभव किया और हँसकर बताया कि "आपका तार हम लोगों को मिला था। हमारे भी एक आदमी का नाम शचीन्द्रनाथ है। वे भी मिर्जापुर में ही रहते हैं और नरेन्द्रनाथ भी हम लोगों में से इनका नाम है। चन्द्रनगर में एक ही मुहल्ले में दो नरेन्द्रनाथ हैं। हम लोग समझ रहे थे कि हमारे आत्मीय शचीन्द्रनाथ आ रहे हैं। इसीलिए स्टेशन पर आये थे। आपके मित्र को तो पता भी नहीं कि आप आ रहे है। अच्छा हम अभी जाते हैं और उन्हें सूचित करते हैं कि आप आ गए हैं। आप लोग गाड़ी पर आइए हम लोग सायकिल से चलते हैं।" कुछ तसल्ली हुई। आशा का उदय हुआ। फिर हिम्मत बाँधी। नरेन्द्रनाथ का मुहल्ला बहुत दूर था। करीब घंटे-भर चलने के बाद रास्ते में देखता हूँ कि नरेन्द्रनाथ अपने मकान से काफ़ी दूर पर रास्ते में हम लोगो का इन्तजार कर रहे थे। हमे देखकर उन्हें कुछ प्रसन्नता नही हुई। मैं मन-ही मन विचलित हो उठा। मेरा भय सच्चा साबित हुआ। अत्यन्त घबड़ाहट के साथ नरेन्द्रनाथ जी ने कहा कि "आप लोगों का मेरे मकान मे रहना संभव नही है। ब्रिटिश सरकार के एजेण्टों ने चन्द्रनगर के अधिकारी पुरुषों से कुछ समझौता कर लिया है। अब फरार व्यक्ति का चन्द्रनगर में रहना आसान नही है। बाहर से किसी आगन्तुक के आने पर हमे पुलिस को इत्तला देनी पडेगी। ऐसी अवस्था में मेरे घरवाले आपको अपने यहाँ ठहराने के लिए प्रस्तुत नही है।" मेरा मुँह सूख गया। मुझमें इतना भी साहस बाकी नही रह गया कि मैं अपने स्त्री और बच्चों की तरफ देखूं। तथापि अपने मन की व्यथा और विक्षोभ को मैंने नहीं व्यक्त होने दिया। मैंने अपने मित्र से कुछ अनुनय विनय की और कहा कि कम-से-कम दो-चार दिन तो ठहरने की व्यवस्था कर दो। उनके भय विह्वल हृदय ने मेरी एक न मानी। मेरे पास अधिक देर तक ठहरना भी उनके लिए दु:सह हो गया। उनकी इस मानसिक स्थिति और आचरण को देखकर मेरे मन में अत्यन्त क्रोध, घृणा एवं वितृष्णा की उत्पत्ति हुई। नरेन्द्रनाथ की तरफ लौटकर देखने को दिल नहीं चाहा। गाड़ी वाले से कह दिया लौटो। अब किधर जाता। मेरी पत्नी मुझ पर अत्यन्त अप्रसन्न हो गईं और कहने लगी, "इन्ही आदमियों के सहारे तुम इतना बड़ा काम करने जा रहे हो?" मैं इसका क्या उत्तर देता! मैं उनके चेहरे को एकाग्र दृष्टि से देख रहा था और अनुमान कर रहा था कि उनके क्रोध और अप्रसन्नता की सीमा कहाँ तक पहुँची है। एक अपराधी व्यक्ति की नाईं अपनी स्त्री की तरफ देखते हुए मैंने कहा, "कोई परवाह नही है अभी दूसरा बन्दोबस्त हुआ जाता है।" मुँह से तो कह दिया लेकिन मन में डरता रहा। सन् 1914 के क्रान्तिकारीगण चन्द्रनगर में उपस्थित थे। पुलिस की दृष्टि से बचने के लिए उन लोगों के यहाँ मैं नही गया था। चन्द्रनगर की राजनीतिक स्थिति से मैं सुपरिचित था। नरेन्द्रनाथ जी ने मुझे कोई नई बात नहीं बताई थी। उनके यह मेरे रहने के प्रस्ताव स्वीकार करने के पहले ही उन्हें सब बातें सोच लेनी उचित थीं। इस प्रकार अकस्मात् मुझे विपत्ति के सागर में डाल देना उनका

कितना बड़ा अपराध था पाठकगण स्वय सोच सकते हैं।

नरेन्द्र के मुहल्ले से मेरे पुराने क्रान्तिकारी साथियों का मुहल्ला बहुत दूर था। स्टेशन से नरेन्द्रनाथ के पास आने में घंटाभर लग गया था। अब फिर दूसरे मुहल्ले जाने में एक घंटा लगा। साथ मे तीन महीने की एक शिशु कन्या और दो साल का एक शिशु बालक भूख से व्याकुल हो रहे थे। पास दूध नही था। माता के पयोधर से शिशु कन्या का निर्वाह हो चुका था। केवल दो-साल का बालक क्षुधा से व्याकुल होकर अविरत रो रहा था। मेरी स्त्री ने फिर कहा, "तुम्हारे काम में साथिन होने से और कोई आपत्ति थोड़े ही है, इन बच्चो के मुंह की तरफ देखकर मुझसे सहा नही जाता। देखो अब इन बच्चो को क्या दूं, दो घंटे हो गए अभी ठहरने का ठिकाना नही। तुम्हारे ऐसे साथी हैं कि तुम्हारे बाल-बच्चो को सकट मे डालने मे उन्हे तनिक भी सकोच नही होता। ऐसे-ऐसे साथियो को लेकर तुम काम करने चले हो। तुम्हे तजुर्बा तो कुछ है नही। हम लोगो को साथ घसीटकर जाने कहाँ ले चले हो।" एक ओर ब्रिटिश सरकार से दुर्भावना की सीमा नही है, दूसरी ओर नरेन्द्रनाथ जैसे साथियो के विश्वासघात से पीडित हो रहे है, तिस पर अपनी प्रिया के मुख से यह सब अति मधुर वचन सुनकर मेरी अन्तरात्मा पर क्या बीत रही होगी पाठकगण इसका अनुमान कर सकते है। कितना धैर्य, आत्मविश्वास, आदर्श निष्ठा कितना अदम्य उत्साह एव आशावादी होने से इतनी प्रतिकूलता के होते हुए भी क्रान्तिकारी अपना काम कर सकते है इसका अनुमान पाठकगण स्वय कर लेगे।

मै एक बडे पुराने लोक प्रसिद्ध क्रान्तिकारी रासबिहारी बोस के एक आत्मीय श्री श्रीशचन्द्र घोष के मकान को चलने लगा। रास्ते मे बच्चा बहुत रो रहा था। और कोई उपाय न देखकर माताजी के दिए रसगुल्ले लडके को खाने को दिए। क्षुधा की यन्त्रणा से बालक के मुंह से इस समय एक या दो शब्द निकलते थे 'दूध दाओ', बगला मे 'दो' को 'दाओ' कहते हैं। जीवन मे सर्वप्रथम मेरे बालक ने इन्ही दो शब्दो का उच्चारण किया था। बेचारे के मुंह से 'दूध दाओ,' 'दूध दाओ' के शब्द सुनकर अन्त मे हम लोगो ने उसे खाने को रसगुल्ले दिए। पूरा रसगुल्ला खा जाने मे उसे कुछ भी समय न लगा। हमे डर था कि रसगुल्ला खाने से कही बच्चे के पेट मे फोडा न हो जाए। एक रसगुल्ला और थोडा-सा रस खा-पीकर बच्चा कुछ शान्त हुआ। हम लोगों को भी थोडी देर के लिए तसल्ली हो गई। श्रीश बाबू को देखकर और भी तसल्ली हुई। बड़ी प्रसन्नता एव उत्सुकता के साथ उन्होने मेरा स्वागत किया। मरुभूमि के बीच जलाशय को देखकर जैसे पथिक सुखी होता है वैसे ही श्रीश बाबू को देखकर मुझे बेहद खुशी हुई।

बाबू श्रीशचन्द्र घोष के बारे मे दो-चार बाते यहाँ कह देना उचित होगा। भारतवर्ष मे सबसे पहला जो बम षड्यन्त्र केस हुआ था जिसमे सर्वश्री अरविन्द घोष, बारीन्द्रकुमार घोष, उपेन्द्रनाथ बनर्जी, हेमचन्द्रदास इत्यादि पकडे गए थे और भारत के इतिहास मे जिसने अलीपुर बम षड्यन्त्र केस के नाम से प्रसिद्धि

लाभ की है बाबू श्रीशचन्द्र घोष इमी से सम्बन्धित दल के बचे-बचाए क्रान्तिकारी थे। अलीपुर बम षड्यन्त्र केस सन् 1908 मे चला था। इसके बाद श्री मोतीलाल राय और श्री श्रीशचन्द्र घोष ने इस दल के काम को जारी रक्खा था। श्री रास-बिहारी बोम, जो आजकल जापान मे बस गए है और भारत में आने से जिन्हें आज भी फांमी के तख्ते पर लटकना पडेगा, श्री श्रीशचन्द्र घोष के आत्मीय हैं, गत महायुद्ध के समय श्रीश बाबू को लगातार कई वर्षों तक जेल में नजरबन्द रहना पड़ा था। लडाई के अन्त मे जब दूमरे सब नजरबन्द छोड़ दिये गए थे उमी अवसर पर श्रीश बाबू ने भी मुक्ति पाई थी। मुक्ति पाने के पहले श्रीश बाबू ने पुलिस वालों की कुछ शर्तों को स्वीकार कर लिया था। श्रीश बाबू ने यह स्वीकार कर लिया था कि भविष्य मे वे फिर किसी क्रान्तिकारी आन्दोलन मे भाग नही लेंगे।

अण्डमन से लौटने के बाद श्रीश बाबू से मेरी बातचीत हो चुकी थी इसका उल्लेख मै पहले ही कर चुका हूँ। मरे मन में यह डर था कि शायद मुझे सहायता देने मे उन्हें कुछ हिचकिचाहट हो। लेकिन फरार हालत मे चन्द्रनगर मे भेंट होने पर मुझे सहायता देने मे वे सहर्ष आगे बढे।

श्रीश बाबू अविवाहित थे। परन्तु उनके घर मे उनकी भावज, उनकी मौसी इत्यादि स्त्रियाँ थी। अपने बाल-बच्चो को साथ लेकर मैं फरार हुआ था, यह देखकर श्रीश बाबू घबडाए नही। बडी प्रसन्नता एव संयमपूर्ण आवेश के साथ मेरे बाल-बच्चो को उन्होने स्त्रियों के पास भिजवा दिया। दरिया मे तैरते-तैरते जब थके हुए मनुष्य का पैर किसी ठोस वस्तु को स्पर्श करता है उस समय उसकी जो अनुभूति होती है अपने बाल-बच्चो को श्रीश बाबू के घर की स्त्रियो के पास भेजकर मुझे भी वैसी ही तसल्ली हुई। बच्चो को दूध और मुझे सांस लेने का समय मिला।

चन्द्रनगर कहने के लिए फ्रांसीसी है परन्तु यहाँ के गवर्नर को ब्रिटिश सरकार अपने वश मे रखती है। तथापि क्रान्तिकारियों के लिए यहाँ कुछ सुविधा अवश्य मिल जाती है। ब्रिटिश पुलिस सीधे आकर यहाँ पर धरपकड नही कर सकती। फ्रांसीसी पुलिस की सहायता लिए बिना वह कुछ नहीं कर सकती। ब्रिटिश सर-कार के गुप्तचर चन्द्रनगर में भी धड़ल्ले से घूमते हैं लेकिन किसी को गिरफ्तार करने के लिए उन्हें फ्रांसीसी कोतवाली में जाना पड़ता है। इतने में क्रान्ति-कारियों को अवसर मिल जाता है। ब्रिटिश सरकार के दबाव से चन्द्रनगर में भी ये नियम बन गए है कि किसी भी परिवार में आगन्तुक के आने पर उन्हें थाने पर सूचना देनी पड़ेगी। इसी प्रकार मकानदारों को भी नवागत के बारे में पुलिस को सूचित करना पडेगा। ये सब बातें मुझे मालूम थीं। श्रीश बाबू ने मुझसे ये सब बातें दोहराईं। अभी तक ब्रिटिश सरकार की तरफ से मुझ पर कोई अभियोग नहीं लगा था। इसलिए सब बातें सोचकर मैंने निश्चय किया कि पुलिस को यदि सूचना मिल भी जाय तो कोई हानि नहीं। मैं चन्द्रनगर में ही रहूँगा। पुलिस को

पता मिलने पर मेरे लिए चन्द्रनगर के बाहर जाना प्रायः असम्भव हो जाएगा यह मैं जानता था, तथापि यह तो था कि एक भौगोलिक सीमा के अन्दर तो मैं निरापद एवं निश्चित रूप से रह सकता हूँ। श्रीश बाबू के साथ मकान ढूंढ़ने के लिए निकल पड़े। पहले एक होटल मे गए। इस होटल की मालकिन एक ऐंग्लो इण्डियन बुड्ढी थी। उस स्थान का वातावरण और होटल का चार्ज सुनकर वहाँ रहना उचित न समझा। उस स्थान का दृश्य तो मनोहर था। होटल के सामने से एक चौड़ा रास्ता गंगाजी के किनारे-किनारे निकल गया था। फ्रांसीसियों ने चन्द्रनगर एवं पाण्डीचेरी मे समुद्र एवं नदी के किनारे बड़े सुदृश्य और चौड़े रास्ते बनाए थे। ऐसे दृश्य भारत के अन्य स्थानों मे विरले हैं। गगा एव समुद्र के तटस्थल की भूमि पर ईंट की पक्की दीवालें खड़ी कर दी गई हैं एवं उनके ऊपर से रास्ते निकाले गए हैं पानी मे जाने के लिए जगह-जगह सीढ़ियाँ निकाली गई है। काशीजी मे भी गगा का किनारा बहुत सुदृश्य है लेकिन पता नही क्यों वहाँ इतनी अव्यवस्था है। किसी सुनिर्दिष्ट प्रणाली के अनुसार वहाँ पर न मकान बनाये गए हैं और न कोई सड़क ही निकाली गई है। वहाँ की सीढियो की दुर्दशा की भी आज सीमा नही है। काशीजी के गगा तट-सा सुन्दर स्थान सम्भव है। भारतवर्ष में कोई दूसरा न हो तथापि ऐसे सौन्दर्य के निकेतन को भी आज अव-हेलना की तुच्छता ने अशोभनीय बना रक्खा है।

उपर्युक्त होटल मे शनीचर और इतवार को कलकत्ता से शौकीन एवं धनी व्यक्तियो का आगमन होता है। सुरादेवी की आराधना यहाँ पर खूब आसानी से एवं आडम्बर के साथ होती है कारण यह कि दक्षिणा यहाँ पर कलकत्ता से बहुत कम देनी पड़ती है। परिवार सहित ऐसे स्थान पर रहना कैसे संभव हो सकता था। जब हम लोगों ने होटल की मालकिन से कहा कि कल-परसों तक अपना निश्चय बता देंगे तो मालकिन ने आग्रह किया कि जब आप लोग होटल मे पधारे हैं तो कुछ दक्षिणा तो अवश्य चढ़ानी पडेगी कुछ नही तो एक-एक गिलास लेमनेड तो अवश्य ही पी लीजिए। लज्जावश एक बोतल लेमनेड तो पीना ही पड़ा लेकिन जब बिल देखा तो प्राण सूख गए, आँखें उलट गईं। एक बोतल पानी का दाम आठ आने लगाये गए थे। क्या करता देना ही पड़ा। जिस स्थान पर क़दम रखते ही यूँ आठ आने देने पड़े उस स्थान को मैंने फिर लौटकर न देखा।

भोजन-स्नान आदि के बाद मकान की तलाश मे फिर निकले। चन्द्रनगर नितान्त छोटी जगह नहीं है। दूर-दूर तक पहुँचे, मकानात भी मिले, लेकिन पसन्द न आए। विभिन्न स्थानों को देखकर पहले का भय और दृढ़ हो गया कि इस स्थान पर रहने से मलेरिया से हम लोगों को जर्जरित होना पड़ेगा। श्री श्रीश बाबू के यहाँ रहना उचित नही समझा और उनके यहाँ स्थान भी न था। चित्त व्याकुल हो उठा क्या करें और क्या न करें कुछ ठीक न कर पाए।

चन्द्रनगर के पास एक छोटी-सी लेकिन मशहूर जगह श्रीरामपुर के नाम से प्रसिद्ध है। यहाँ पर बंगाल के कुछ बड़े-बड़े ज़मींदार बसे हैं। मेरे मामा की

शादी श्रीरामपुर के एक जमींदार के घर में हुई थी। जिस समय का मैं उल्लेख कर रहा हूँ मेरे मामा के लड़के श्रीरामपुर में अपनी नानी के यहाँ रहते थे। मेरे मामा के लड़के श्री भवानीशंकर राय से मेरी यथेष्ठ मित्रता थी। यह मैं अवश्य जानता था कि भवानीशंकर की नानी अपने यहाँ मेरा आना-जाना अधिक पसन्द नहीं करती थीं तथापि अपनी स्थिति को देखते हुए दो-चार-दस दिन के लिए भवानीशंकर के यहाँ ठहरना ही मैंने उचित समझा। मेरा अभिप्राय यह था कि श्रीरामपुर में अपने बाल-बच्चों को रखकर फिर कहीं रहने के उपयुक्त स्थान की खोज कर लूँ। जहाँ तक मुझे स्मरण है मैंने पहले अकेले श्रीरामपुर जाकर भवानी भैया से सब बातचीत कर ली। बाद को बाल-बच्चों सहित श्रीरामपुर पहुँचा। भवानी भैया की नानी के व्यवहार से यह नहीं मालूम पड़ता था कि वे लोग हमसे किसी प्रकार से भी असन्तुष्ट रहे हों। इसी बात के लिए मेरे मन में अत्यन्त दुर्भावना थी। अब एक दुर्भावना का तो अन्त हुआ।

भवानी भैया और मैंने मिलकर चन्द्रनगर से लेकर हावड़ा तक गंगा जी के किनारे-किनारे जितनी बस्तियाँ और कस्बे थे सब पैदल छान डाले। श्रीरामपुर से हावड़ा रेलवे लाइन से बारह-तेरह मील है। इसके अतिरिक्त प्रत्येक कस्बे में, मोहल्ले-मोहल्ले में कहाँ पर मकान खाली है, पड़ोसी कैसे हैं, कलकत्ता से आने-जाने के लिए क्या-क्या सुविधाएं एवं असुविधाएँ हैं, कहाँ पर क्या खर्च पड़ेगा, इन सबके प्रति दृष्टि रखते हुए सुबह से शाम तक चक्कर काटते रहे। आज मैं बहुत कृतज्ञता के साथ भवानी भैया की सहायता का स्मरण कर रहा हूँ। अनुशीलन समिति के किसी सदस्य को मैंने अपने बंगाल आने की बात इसलिए नहीं बताई थी कि ऐसा करने से बात फैल जाने की संभावना थी। और यह भी मैं चाहता था कि उन लोगों की सहायता बिना लिये ही मैं अपनी सब व्यवस्था स्वतंत्र रूप से कर लूँ। एक तरफ़ पुलिस मुझे गिरफ्तार करना चाहती है, दूसरी तरफ़ मैं वास-स्थान के लिए भटकता फिर रहा हूँ। कहीं पर रहने का ठिकाना नहीं है। बाल-बच्चे भी मेरे साथ मेरी तरह भटकते फिर रहे हैं। इन सब घटनाओं के बहुत दिन बाद जब सन् 1930 ई० में मैंने नैनी सेण्ट्रल जेल में ट्राट्स्की की आत्म-कहानी पढ़ी एवं सन् 1934 में लखनऊ सेण्ट्रल जेल में रहते समय साइबेरिया स्थित रूस के क्रान्तिकारी पुरुष और स्त्रियों की जीवन-कथा पढ़ी थी तब मैंने अनुभव किया कि मेरा भटकना उन लोगों की तुलना में कुछ भी नहीं था। इन सब निदारुण दुःखों का सामना करना पड़ता है, इसीलिए ही तो क्रान्तिकारियों के मार्ग पर चलने के लिए कोई सहज में तैयार नहीं होता है। यह बात केवल भारतवर्ष ही के लिए ही सत्य हो ऐसा नहीं है, संसार-भर के क्रान्तिकारियों का इतिहास पढ़ने से सभी को इस बात की सत्यता पर विश्वास हो जायगा। समग्र इतिहास में यह बात पाई गई है कि सफलता प्राप्त करने के पूर्व प्रत्येक देश के क्रान्तिकारियों को बुद्धिमान व्यक्तियों ने अदूरदर्शी, अव्यावहारिक, पथभ्रान्त भावुक बताया है। संसार के अधिकांश तथाकथित बुद्धिमान व्यक्तियों ने क्रान्तिकारी

मार्ग को ग्रहण नहीं किया। आज भी हमारे देश के लब्धप्रतिष्ठ गण्यमान्य बुद्धिमान नेतागण क्रान्तिकारी मार्ग को बालकोचित समझते हैं। जो हो, भवानी-शंकर और मैंने मिलकर बाली नामक एक कस्बे में काम चलाने लायक एक मकान ढूंढ़ निकाला। किस ग्वाले से दूध लेंगे, कौन बर्तन मिलेगा, बाजार कितनी दूर है, स्टेशन कितनी दूर है, रेलवे स्टेशन तथा स्टीमर घाट कितनी दूर है इन सब बातों को दृष्टि में रखते हुए और सब बातों की उपयुक्त व्यवस्था करके तीन-चार दिन के कठोर परिश्रम के बाद वह मकान ले लिया गया। रहने की सुव्यवस्था हो जाने के बाद विप्लव कार्य मे ध्यान देने का अवसर मिला।

एक तो बरसात के दिनों में यों ही बीमारियाँ हुआ करती है। फिर पश्चिम में रहते-रहते ऐसा हो गया था कि अब बंगाल की जलवायु हम लोग बर्दाश्त नहीं कर पाते थे। बाली के जलवायु के कारण लडके को ब्रांगकाइटिस हो गया। इस अपरिचित ग्राम मे असहाय, संपदहीन अवस्था मे मैं अत्यन्त चिन्तित हो गया। और कोई अच्छा उपाय न रहने के कारण अन्त मे मैंने कलकत्ता जाने का ही निश्चय किया। लेकिन रहने लायक एक उपयुक्त स्थान खोज निकालने के पहले बाल-बच्चो को कलकत्ता में अपने चचेरे भाई के मकान मे लाकर रक्खा। वहीं पर रहकर लड़के का इलाज हुआ। इसके बाद कलकत्ता में ही एक दूसरे मकान मे हम लोग रहने लगे। मेरे आत्मीय स्वजनों को यह पता नही था कि मैं कहाँ रहता हूँ। बहुतों से मैंने कह दिया कि मैं फ्रांसीसी चन्द्रनगर मे रहता हूँ। अपने दो-एक विशेष मित्रों को छोड़कर क्रान्तिकारी दल के भी किसी को पता न था कि मैं कहाँ रहता हूँ।

मैंने सदा इस बात के प्रति ध्यान रक्खा कि देश के गण्यमान्य प्रकाश्य नेताओं से अवश्य मिलूं एव उन्हें क्रान्तिकारी आन्दोलन के प्रति सहानुभूति सम्पन्न एवं सहायक बनाने के लिए यथासाध्य प्रयत्न करूं।

इस नीति के अनुसार देशबन्धु चित्तरंजनदास के साथ मिलना मैंने अपना प्रथम कर्त्तव्य समझा। इनका कुछ परिचय मैंने पहले ही दे दिया है। देशबन्धु सी० आर० दास के साले के साथ हम लोगों का बहुत पुराना और घनिष्ठ सम्बन्ध था। इनकी सहायता से मैंने महात्मा गांधी से भी मिलने का प्रयत्न किया था। महात्माजी जानते थे कि मैं फरार हालत मे हूँ। देशबन्धु के साले श्री एस० एन० हालदार महात्माजी के पास मेरा सन्देश लेकर गए थे। महात्माजी कांग्रेस के कार्य से देशबन्धुदास के यहां आये हुए थे। पता नही कांग्रेस कार्य समिति की बैठक थी अथवा अखिल भारतीय कांग्रेस कमेटी की। इसी अवसर पर श्री हेमंत-कुमार सरकार की मार्फत मुझे यह संदेशा मिला कि मौलाना मुहम्मदअली साहब मुझसे मिलना चाहते हैं। बनारस षड्यन्त्र के मामले में कालेपानी जाने के पहले मौलाना मुहम्मदअली के साथ हम लोगों का सम्बन्ध हुआ था। कालेपानी से लौटने के बाद उनसे मेरी मुलाकात नहीं हुई थी। इसलिए मैं भी इनसे मिलने के लिए उत्सुक था। देशबन्धु के मकान में ही उनसे मुलाकात हुई। मौलाना

शौकतअली की तरह इन्होंने भी मुझसे गुप्त तरीके छोड़कर प्रकाश्य आन्दोलन में काम करने का अनुरोध किया। मैंने अपनी नीति इनसे व्यक्त नहीं की।

श्री एस० एन० हालदार से विदित हुआ कि महात्माजी मुझसे अमुक दिन रात को आठ बजे श्री सी० आर० दास के मकान पर मिलेंगे। उस समय देशबन्धु का मकान खुफिया पुलिसवाले घेरे रहते थे। लेकिन मैं जानता था कि मुझे ये पहचानते नहीं हैं। इनके रहते हुए भी मैं देशबन्धु के मकान पर ठीक समय पर पहुँचा। हालदारजी से भेंट हुई। उन्होंने मुझे एक कमरे में बैठा दिया और कहा कि जब तक मैं नहीं लौटता हूँ तुम यहीं पर ठहरो। यह एक मुनीम का कमरा था। सम्भव है पुलिस वाले समझे हों कि मैं भी देशबन्धु के मुनीमों में से एक हूँ। ठीक आठ बजे महात्माजी से मिलने की बात थी। कमरे में एक बड़ी घड़ी लगी थी। इन्तजार करते-करते आठ से नौ, नौ से दस और दस से ग्यारह बजे लेकिन हालदार साहेब वापस नहीं आए। एक तो वह स्थान पुलिस वालों से घिरा था तिस पर मैं फरार हालत में घूम रहा था। इन्तजार करते-करते मेरे मन में नाना प्रकार की दुश्चिन्ताएँ पैदा होने लगीं। मेरे मन में सन्देह होने लगा कि शायद महात्माजी मेरे प्रस्ताव को उपेक्षा की दृष्टि से देख रहे हों, सम्भव है वह मुझसे मिलना नहीं चाहते हों। मैंने अपने दिल में कुछ अपमान-सा अनुभव किया। सम्भव है यह मेरे चरित्र की दुर्बलता हो, इसलिए जहाँ अपमान बोध नहीं होना चाहिए था वहाँ भी अपमान बोध कर रहा था। मुझे ऐसा अनुभव हुआ कि मानो महात्माजी मेरी परवाह नहीं कर रहे हैं। यह मेरे परम दुर्भाग्य की बात है कि आज भी बहुतेरे प्रयत्न करने के बाद भी मैं महात्माजी से नहीं मिल पाया। हरीपुरा में भी मैंने महात्माजी से मिलने की बार-बार चेष्टा की और हर बार मुझसे यही कहा गया कि आज महात्माजी की तबियत स्वस्थ नहीं है, आज महात्माजी को अवकाश नहीं है, आज महात्माजी केवल दो-तीन मिनट ही दे सकते हैं इत्यादि। एक दिन हरिपुरा में मैं सीधे महात्माजी के पास पहुँच गया तो देखा कि महात्माजी श्री मंजरअली सोख्ता के साथ टहलते हुए बातचीत कर रहे हैं। कुछ दूरी पर एक तरुणी खड़ी थी। उस तरुणी से संकोच के साथ मैंने पूछा, क्या मैं महात्माजी के पास पहुँच सकता हूँ। उसने कहा कि हाँ चाहें तो आप जा सकते हैं। मैं निःसंकोच महात्माजी के पास पहुँच गया। उनके पाँव छूकर प्रणाम किया और उनसे बातचीत करने के लिए कुछ समय की प्रार्थना की। महात्माजी ने मेरे मुँह की तरफ कुछ एकाग्रता के साथ देखा। मैंने अपना नाम बताया लेकिन इतने पर भी महात्माजी ने मुझे कोई समय नहीं दिया। यद्यपि वे श्री मंजरअली सोख्ता के साथ बहुत देर तक टहलते हुए बातचीत करते रहे। सोख्ताजी से मुझे बाद को मालूम हुआ कि उनसे उस समय महात्माजी की कोई विशेष आवश्यकीय बातचीत नहीं हो रही थी। अब की जेल से छूटने के बाद मैंने महात्माजी को एक पत्र भेजा था उसके उत्तर में उनके सेक्रेटरी ने मुझे यह लिखा था कि आप वर्धा के पास सेगाँव आइए, एक सप्ताह हम लोगों के पास रहिए और महात्माजी

के पास शान्ति से बातचीत भी हो सकेगी। हरिपुरा में पुनः श्री महावीर देसाई ने मुझसे वही बातें फिर कहीं लेकिन मेरे पास इतना पैसा न था कि मैं सेगाँव जाकर महात्माजी से मिलता। देहली में जब अखिल भारतीय कांग्रेस कमेटी की बैठक हुई थी उस समय भी मैंने महात्माजी से मिलने का प्रयत्न किया था। लेकिन इस बार भी विफल रहा।

मैं रात के ग्यारह बजे देशबन्धु के मकान से चल पड़ा। कुछ अपमान और कुछ रोष से मैं मन-ही-मन चंचल हो रहा था। मुझे ऐसा प्रतीत हो रहा था कि मैंने अपने व्यक्तित्व को ऐसे ऊँचे स्थान पर नही पहुँचाया है जिसके कारण महात्माजी ऐसे व्यक्ति मुझसे मिलने के लिए उत्सुक होते। ऐसी मनोवृत्ति को पाश्चात्य मनोविज्ञान के अनुसार Inferiority Complex (छोटेपन का भाव) कह सकते है। मै इस हीनता के बोध को लेकर देशबन्धु के मकान-से लौटा। इस हीनता बोध से आज भी मैं मुक्त नही हूँ।

इस घटना के बाद जब पुन: हालदारजी से मेरी मुलाकात हुई तो पता चला कि महात्माजी मुझसे मिलने के लिए यथार्थ मे उत्सुक थे। उनकी इच्छा थी कि कांग्रेस के अन्य व्यक्तियो के इधर-उधर चले जाने पर महात्माजी मुझे साथ लेकर मोटर मे कही दूर निकल जाते और कार मे ही बैठे-बैठे सब बाते होती। लेकिन दु:ख का विषय है कि हालदार साहब ने आकर मुझे सब बाते नही बताई।

16

आदर्शों का संघर्ष

कामरेड एम० एन० राय के जो व्यक्ति देहली में मुझसे मिले थे उनसे मैं कलकत्ते में फिर मिला। श्री कुतुबुद्दीन अहमद का नाम मैं पहले ही बता चुका हूँ। कलकत्ता में उनके मकानात थे। मैं यह आशा करता था कि उनसे मुझे पैसे की सहायता मिलेगी। इनकी सहायता से मैं चाहता था कि विदेश में मैं अपना आदमी और अपना सन्देश भेजूं। सन् 1914 के क्रान्तिकारी आन्दोलन की अभिज्ञता से मुझे मालूम था कि बड़े पैमाने में अस्त्र-शस्त्र आदि के मँगाने की व्यवस्था किए बिना क्रान्तिकारी आन्दोलन सफल नहीं हो सकता। एवं यह भी मैंने देखा था कि पिछले आन्दोलन में हम लोगों ने विदेश में स्थित क्रान्तिकारी दलों के साथ कोई सम्बन्ध स्थापित न करने से बहुत धोखा खाया। इन सब पिछली त्रुटियों को दृष्टिकोण में रखते हुए अबकी बार विदेश में आदमी भेजने की मैंने यथेष्ठ चेष्टा की, लेकिन कुतुबुद्दीनजी की सहायता से कोई सफलता प्राप्त नहीं हुई।

जिस रीति से क्रान्तिकारी दल के आदमी विदेश आया-जाया करते थे वह आज पुलिस को मालूम हो गई है। उस रीति का अवलम्बन करके विदेश आना-जाना बहुत कठिन हो गया है। जो बात पुलिस को मालूम है उसे जनता के सामने रखने में कोई हानि नहीं है।

श्री कुतुबुद्दीन से पता चला कि वे अपने आदमी खलासी अथवा जहाज के अन्य कर्मचारियों के रूप में भर्ती कराते थे, और विदेश आकर ये व्यक्ति जहाज से उतरकर लापता हो जाते थे। मैंने भी सन् 1911 में एक बार अमेरिका भाग जाने की निष्फल चेष्टा की थी।

सन् 1924 ई० के प्रारम्भ में थोड़े-से व्यक्ति रेगुलेशन 3 में नजरबन्द कर लिये गए थे। लेकिन मेरे कलकत्ता पहुँचने के बाद सरकार ने एक नये क़ानून के अनुसार बड़ी संख्या में नौजवानों को गिरफ्तार कर लिया और अदालत में बिना पेश किये ही उन्हें जेल में बन्द कर दिया। इसी सिलसिले में सुभाषबाबू भी गिरफ्तार हो गए।

इसके पहले ही मैं देशबन्धुजी से मिल चुका था। उन्होंने हम लोगों को नियमित रूप से सहायता देने का वचन भी दिया था लेकिन अत्यन्त दुर्भाग्यवश यह सहायता मिलने के पहले ही दासजी मुझसे अत्यन्त असन्तुष्ट हो गए थे। देश-

वासियों से निवेदन नामक मेरे नाम से प्रकाशित एक पर्चे में देशबन्धुदास के क्रान्तिकारी-विरोधी सिद्धान्त का मैंने स्पष्ट शब्दों में युक्तिपूर्ण रीति से खंडन किया था। इसी बात से वे मुझसे अत्यन्त रुष्ट हो गए थे। इस पर्चे के प्रकाशित होने के बाद जब मैं उनसे मिलने के लिए उनके मकान पर गया तो उन्होंने मुझसे मिलने से इनकार कर दिया। मैं समझ गया कि राजनीतिक-चालों से मैं नितान्त अनभिज्ञ हूँ। कांग्रेसी नेतागण जब जी चाहे प्रकाश्य रूप से वक्तृता-मंच पर अथवा संवाद-पत्रों में क्रान्तिकारी आन्दोलन की यथेष्ठ निन्दा करते हैं। उन्हें यह भलीभाँति मालूम है कि क्रान्तिकारियों के लिए प्रकाश्य रूप में अपने पक्ष का समर्थन करने का कांग्रेस नेताओं की तरह अवसर अथवा सुयोग प्राप्त नहीं है।

देशबन्धु सी० आर० दासजी ने गया कांग्रेस के सभापति के आसन से क्रान्तिकारी आन्दोलन के प्रति कुछ कटाक्ष किए थे। उन्होंने यह कहा था कि क्रान्तिकारी आन्दोलन सफल नही हो सकता, इसलिए मैं क्रान्तिकारी आन्दोलन में योगदान नहीं करता हूँ। उन्होंने यह भी कहा था कि यदि मेरी समझ में यह बात आ जाय कि क्रान्तिकारी आन्दोलन सफल होगा तो मैं उसी क्षण इस आन्दोलन में शामिल हो जाऊँगा। लेकिन उन्होंने अहिंसा नीति के आधार पर क्रान्तिकारी आन्दोलन का विरोध नही किया। इसके प्रत्युत्तर में मैंने लिखा था कि जिस दिन सबको यह प्रतीत हो जाएगा कि क्रान्तिकारी आन्दोलन सफल होने जा रहा है उस दिन तो लाखो की संख्या में मनुष्य इस आन्दोलन में भाग लेने लगेंगे। उस दिन देशबन्धु जैसे व्यक्ति इस आन्दोलन में भाग लेंगे या नही इसका विशेष महत्त्व नही रह जाएगा। जिस देश मे विदेशी सरकार जब जैसा चाहे वैसा ही क़ानून बना सकती है उस देश मे क़ानूनी लड़ाई लड़ना अथवा जिस देश में विदेशी सरकार पाशविक बल से शासन करती है उस देश में बल का प्रयोग न करके स्वाधीनता के लिए लड़ाई करना बातुलतामात्र है ऐसा मैंने उस पर्चे में लिखा था। मैंने यह भी बताने की चेष्टा की थी कि क्रान्तिकारी आन्दोलन आतंकवाद नही है कारण यह कि भारत मे किसी भी क्रान्तिकारी का यह विश्वास नहीं है कि केवल आतंकवाद से ही स्वाधीनता प्राप्त हो सकती है। यदि सरकारी अत्याचारों के विरुद्ध इक्का-दुक्का व्यक्ति भरी हुई पिस्तौल का प्रयोग भी करते हैं तो उसका अर्थ नही हुआ कि क्रान्तिकारीगण निरे आतकवाद से ही स्वाधीनता की लड़ाई लड़ना चाहते हैं। इसी प्रकार क्रान्तिकारी आन्दोलन के विरुद्ध आक्षेपों का उत्तर इस लेख में था। मैंने अपने नाम से इस 'देशवासी के प्रति निवेदन' शीर्षक के पर्चे को छपवाया था। कलकत्ता में प्रकाश्य सभाओं के अवसरों पर ये पर्चे बँटवाए थे। इस पर्चे ने कलकत्ता में बड़ी खलबली मचा दी थी। यह पहला अवसर था कि भारतवर्ष में किसी क्रान्तिकारी ने अपने नाम से प्रकाश्य गण्यमान्य नेता के विरुद्ध आन्दोलन के समर्थन में आवाज़ उठाई थी।

इस पर्चे के कारण अनुशीलन समिति के दूसरे नेतागण मुझसे असन्तुष्ट हो गए थे। मेरा अपना यह विश्वास था और अब भी है कि यदि क्रान्तिकारीगण

जन-साधारण के सामने अपने मनोभावों को व्यक्त करते रहें, और देश की विभिन्न परिस्थितियों में अपने स्वतन्त्र विचारों को दृढ़तापूर्वक जनता के सामने रखें तो यह सम्भव हो सकता है कि क्रान्तिकारीगण भी जनता के हृदय पर अधिकार स्थापन कर लें। अनुशीलन समिति के नेताओं में यह प्रवृत्ति नहीं थी।

मैं अनुशीलन समिति के जितने नेताओं के संस्पर्श में आया उससे मेरे मन में यह धारणा हो गई थी कि उनके मानसिक उत्कर्ष उस प्रकार के न थे जिस प्रकार यूरोप के क्रान्तिकारी नेताओं में पाये जाते हैं। लेकिन उनके अनुयायियों में से ऐसे बहुत-से प्रतिभाशाली युवक थे जिनमें उपर्युक्त नेतृत्व गुणों का उन्मेष था, किन्तु अनुशीलन समिति की कार्य-प्रणाली के कारण इन प्रतिभाशाली युवकों को अपनी प्रतिभा के प्रयोग का अवसर नहीं मिल रहा है। क्रान्तिकारी आन्दोलन की प्रथम अवस्था में थोड़ी आयु के बहुत-से नवयुवकों ने स्कूल कालेजों से पढ़ना छोड़कर योगदान किया था। रूस, आयरलैण्ड अथवा इटली में भी ऐसा ही हुआ था। लेकिन उन देशों में एवं विशेष रूप से रूस देश में क्रान्तिकारियों ने अपनी कार्य-प्रणाली, उद्यम एवं अध्यवसाय से अद्भुत मानसिक उत्कर्ष को प्राप्त कर लिया था। रूस के क्रान्तिकारीगण जब तक पकड़े नहीं जाते थे तब तक राजनीतिक कार्यों में प्रचंड रूप से लगे रहते थे। उस समय उन्हें अपना मानसिक उत्कर्ष प्राप्त करने का अवसर नहीं मिलता था। लेकिन पकड़े जाने पर जेलों में उन्होंने अपने समय का अपने मानसिक उत्कर्ष साधन में अच्छा सदुपयोग किया। हमारे देश में भी ऐसा ही हुआ है।

अनुशीलन समिति की कार्य-प्रणाली से बहुत-से उग्र मत वाले सदस्य असन्तुष्ट थे। ये सदस्यगण ऐसे कार्यक्रम के पक्षपाती थे जिसमें जनता पर क्रान्तिकारी आन्दोलन का यथेष्ट प्रभाव पड़े। इन लोगों ने अनुशीलन समिति के पुराने नेतृत्व के विरुद्ध विद्रोह करके एक अलग कार्यक्रम बना लिया था। ये केवल गुप्त रीति से षड्यन्त्र करके ही तृप्त नहीं होते थे। वे ऐसा काम करना चाहते थे जिससे जनता में क्रान्तिकारी भावना तीव्र रूप में फैल जाए और उसे प्रतीत हो जाय कि क्रान्तिकारी मार्ग से भारत को स्वतन्त्र करना सम्भव है। चिटागाँव के स्वर्गीय सूर्यकान्त सेन इस दल के अग्रणी थे। चिटागाँव अथवा चटगाँव में इनका पूरा अधिकार था। परन्तु दूसरे बहुत-से जिलों में भी इनके पक्ष के आदमी कई थे।

मैं भी अनुशीलन समिति के नेताओं की नीति से सन्तुष्ट नहीं था। पिछले क्रान्तिकारी आन्दोलन के अनुभव से मैं यह समझ गया कि किसी आन्दोलन की सहायता के लिए पर्याप्त रूप से उसके पक्ष में उपयुक्त साहित्य की सृष्टि करना अत्यन्त आवश्यक है। हम लोगों ने क्रान्तिकारी आन्दोलन के पक्ष में साहित्य की सृष्टि कहने योग्य कुछ भी नहीं की थी। इसके अतिरिक्त हमारी कार्य-प्रणाली ऐसी नहीं होती थी कि जिससे जनसाधारण को हम क्रान्तिकारी मार्ग पर चलने के लिए प्रोत्साहित कर सकते। गुप्त रीति से दो-चार पिस्तौल इकट्ठे किये या कुछ बम बना लिए तो केवल इसी से देश को कैसे स्वाधीन किया जा सकता है!

इटली के प्रसिद्ध क्रान्तिकारी नेता जोसेफ मेजिनी ने एक स्थान पर ऐसा भी कहा है कि सैकड़ों सभाएँ अथवा पर्चे बाँटने की अपेक्षा एक क्रान्तिकारी बलवे से हजारों गुना अधिक काम होना है। सम्भव है अंग्रेजी शब्दों के आधार पर जो उद्धरण ऊपर दिया गया है उसमें मूल से कुछ थोड़ा-बहुत अन्तर हो, लेकिन उसके तात्पर्य में कोई अन्तर नही है। इसके साथ-साथ यह भी निश्चित है कि मेजिनी 'यंग-इटली' नामक जो पर्चा निकाला करते थे उसका साहित्यिक एवं क्रान्तिकारी प्रभाव इटली के इतिहास में स्वर्णाक्षरों में लिखा है। दूसरे देशों से ये पर्चे इटली में आते थे। विदेशों में रहकर ही मेजिनी 'यंग इटली' का सम्पादन कार्य करते थे। इटली में किसी व्यक्ति के पास इस पर्चे से निकलने पर उसे फाँसी का दण्ड दिया जाता था। 'यंग इटली' के लेखों का संग्रह करके ग्रथित आज भी अंग्रेजी में एक ग्रन्थ उपलब्ध है और उसे प्रत्येक शिक्षित व्यक्ति बड़े उत्साह के साथ पढ़ता है और उससे लाभ उठाता है। उसकी नैतिक एवं साहित्यिक मर्यादा आज भी पूर्ववत अक्षुण्ण है। इसकी तुलना में भारतवर्ष में राष्ट्रीय आन्दोलन या क्रान्तिकारी आन्दोलन के सम्पर्क में हम कुछ भी नहीं दिखला सकते। रूस के क्रान्तिकारी आन्दोलन के प्रति दृष्टिपात करने पर भी हमें विदित हो जाएगा कि उपयुक्त साहित्य की सृष्टि की दृष्टि से हमारा आन्दोलन कितना पिछड़ा हुआ था और अब भी है। चीन में भी राष्ट्रीय क्रान्तिकारी आन्दोलन के सम्पर्क में लाखों की संख्या मे पर्चे एवं पुस्तिकाएँ बाँटी गई हैं। उन देश में भी नवीन आन्दोलन के सम्पर्क में एक नवीन साहित्य की सृष्टि हुई है। केवल इतना ही नहीं, अपितु डाक्टर सनयातसेन आदि प्रमुख नेताओं ने चीन के दार्शनिक विचारों में भी महान् परिवर्तन लाने की चेष्टा की थी। इसी प्रकार रूस के विप्लवी नेताओ ने भी विचार जगत् में विप्लव मचा दिया था। भारत में भी श्री अरविन्द एवं स्वर्गीय स्वामी विवेकानन्द, रामतीर्थ, दयानन्द, लोकमान्य तिलक जैसे महानुभाव नेताओं ने दार्शनिक दृष्टिकोण से तीव्र जागृति पैदा की थी, एक नवीन दार्शनिक आन्दोलन प्रबल रूप से प्रारम्भ कर दिया था।

इस स्थान पर मेरे कहने का इतना ही तात्पर्य है कि अनुशीलन समिति के नेताओं में मैंने आधुनिक युगोपयोगी मानसिक उत्कर्षता को नहीं पाया था। और उनकी कार्य-प्रणाली मुझे पसन्द न थी, इसलिए उनके साथ मेरी पटती नहीं थी।

उत्तर भारत में मैंने जो अपना कार्यक्रम और नियमावली छपवाई थी अनुशीलन समिति के नेताओं ने उसको कोई महत्व नहीं दिया। वे सब ऐसे कागजी नियम क़ानून को देखकर हँसा करते थे। उन नेताओं में से अधिकांश आधुनिक विचारधारा से नितान्त अनभिज्ञ थे। मैंने उन्हें बहुत समझाना चाहा कि मान लीजिए पण्डित जवाहरलाल जैसे विचारवान व्यक्ति के पास हमें अपना कार्यक्रम लेकर जाना पड़े तो हमारे पास युक्ति एवं शृंखलाबद्ध ऐसा कौन-सा कार्यक्रम है जिसको लेकर हम उनके सामने सगौरव खड़े हो सकते हैं। 'हिन्दुस्तान रिपब्लिकन

एसोसिएशन' ऐसा ही एक युक्तियुक्त प्रोग्राम है जिसे हम किसी भी चिन्तनशील व्यक्ति के सामने सगौरव रख सकते हैं। लेकिन अनुशीलन समिति के नेताओं ने उपेक्षा की हँसी हँसकर हिन्दुस्तान रिपब्लिकन एसोसिएशन की नियमावली एवं कार्यक्रम को एक तरफ उठाकर रख दिया। मैंने समझ लिया कि उनकी समझ उक्त एसोसिएशन के आदर्श तक नहीं पहुँच पाई है।

इसके अतिरिक्त उन नेताओं के पास जनता के सामने रखने योग्य कोई कार्यक्रम नहीं था। मैं चाहता था कि अब की बार इस प्रकार से कार्य किया जाय जिससे जन-साधारण पर क्रान्तिकारी आन्दोलन का अमोघ प्रभाव परिलक्षित हो। अनुशीलन समिति के नेतागण विरोधी थे। वे ऐसा कोई काम नहीं करना चाहते थे जिससे जनता की दृष्टि क्रान्तिकारी आन्दोलन के प्रति आकृष्ट होती। इसका कारण यह था कि वे पुलिस की दृष्टि को बचाना चाहते थे। वे ऐसा समझते थे कि अभी ऐसा कोई काम करना उचित नहीं है जिससे पुलिस की दृष्टि क्रान्तिकारी आन्दोलन के प्रति आकृष्ट हो जाय। वे चाहते थे कि तैरना भी सीख जाएँ और पानी भी न छूना पड़े। वे भूल गए थे कि राजनीतिक क्षेत्र में ऐसा सम्भव नहीं है।

जैसाकि मैं पहले उल्लेख कर चुका हूँ देशबन्धुदासजी से मेरी बातचीत के परिणामत: उन्हें यह प्रतीत हो गया था कि क्रान्तिकारी आन्दोलन समग्र उत्तर भारत में प्रबल और विस्तृत रूप से बढ़ रहा है। और उसी समय एक भाषण में दासजी ने सरकार को यह चेतावनी दी थी कि भारतवासियों की माँग को अविलम्ब पूरा न करने से भारत में एक भीषण परिस्थिति उत्पन्न होगी क्योंकि कांग्रेस के अतिरिक्त भारत के क्रान्तिकारीगण भी भीषण रूप से काम कर रहे हैं। यदि गवर्नमेंट यह सोचती है कि क्रान्तिकारी आन्दोलन दब गया है तो यह उसकी भारी भूल है। भारत में क्रान्तिकारी आन्दोलन दबा नहीं है। सरकार को पता नहीं है कि यह आन्दोलन कितना उग्र रूप धारण करने जा रहा है। यह भी मैं पहले ही बतला चुका हूँ कि इस व्याख्यान के बाद सरकार की ओर से खुफिया विभाग के सुपरिण्टेण्डेण्ट श्री भूपेन्द्र चटर्जी को दासजी के पास भेजा गया था। इस घटना के बाद दासजी से मेरी बातचीत हुई थी। दासजी के व्याख्यान से सरकार को यह शंका हो गई थी कि कहीं महायुद्ध के समय की तरह फिर क्रान्तिकारी आन्दोलन उग्र रूप धारण न कर ले। भूपेन्द्र चटर्जी दासजी से यह जानना चाहते थे कि क्या उनकी धारणा में शीघ्र ही विप्लव मच सकता है। दासजी क्यों ऐसा समझते हैं कि भारत में क्रान्तिकारी आन्दोलन उग्र रूप धारण कर रहा है? क्रान्तिकारियों के साथ दासजी का क्या और कहाँ तक सम्बन्ध है?

दासजी के इस व्याख्यान से अनुशीलन समिति के नेतागण मुझसे असन्तुष्ट हो गए थे। उनकी धारणा थी कि इस व्याख्यान से क्रान्तिकारी आन्दोलन को विशेष धक्का पहुँचेगा। मैं समझता था कि इस व्याख्यान से क्रान्तिकारी भावनाओं का खूब प्रचार होगा, इससे क्रान्तिकारी मार्ग पर कार्य करने के लिए विशेष

सुविधा हो जाएगी।

इस व्याख्यान के बहुत पहले ही देहली में कांग्रेस के विशेष अधिवेशन के ठीक बाद ही कुछ व्यक्तियों को बंगाल में रेगुलेशन 3 के अनुसार गिरफ्तार कर लिया गया था। मैं अपने साथियों से, अर्थात् अनुशीलन समिति के नेताओं से, यही कहा करता था कि आप लोग सब यों ही विशेष क़ानून के अनुसार गिरफ्तार हो जाएँगे काम कुछ होगा नही, मुफ्त में जेल काटेंगे और क्रान्तिकारी आन्दोलन कम-से-कम कुछ दिनों के लिए तो दब ही जाएगा। इससे बेहतर है कि कुछ ऐसा काम किया जाय जिससे जनता के सामने यह सिद्ध हो जाय कि अंग्रेजों की सामरिक शक्ति के मुकाबले मे जनता में भी शक्ति-संचय करने की योग्यता है और इससे भी बढ़कर एक और काम यह करना है कि जिससे भारतवासियों की विचार-धारा में घोर क्रान्ति मच जाय। कांग्रेस के नेतागण दिन-रात यही प्रचार किया करते थे कि क्रान्ति के मार्ग से भारत को स्वाधीन करना सम्भव नही है। भारत की जनता भी समझती है कि ब्रिटिश सरकार की सामरिक शक्ति के सामने उसके पास कोई शक्ति नही है। यदि यह भावना सत्य है तो इसका अर्थ होता है कि भारतवर्ष कभी भी अंग्रेजों की अधीनता से मुक्त नहीं हो सकता। इस मानसिक अवस्था के रहते हुए क्रान्ति कैसे सम्भव है? इस मानसिक दुर्बलता को मिटाने के लिए हम लोगों को सर्वप्रथम आन्तरिक प्रयत्न करना पड़ेगा। ये सब काम हम लोग करते नही। केवल गुप्त रीति से षड्यन्त्र करने से क्या बनेगा। लेकिन अनुशीलन समिति के नेतागणों को यह बात पसन्द नही थी। वे चाहते थे संगठन फैल जाय, गुप्त रीति से बाहर से अस्त्र-शस्त्र मँगाये जाएँ तब जाकर दूसरे कामो में हाथ लगाया जाय। परन्तु संगठन का काम जारी रखना सरल काम न था। स्थूल दृष्टि से किसी काम का सहारा न लेकर संगठन का कार्य चलाना सम्भव नही है। संस्था के प्रत्येक व्यक्ति के लिए कुछ-न-कुछ काम होना विशेष आवश्यक है। यदि किसी संस्था की ओर से प्रत्येक सदस्य के लिए उपयुक्त काम नहीं दिया जा सकता तो वह संस्था उन्नति नहीं कर सकती। प्रत्येक संस्था के यथारीति संचालन के लिए धन की विशेष आवश्यकता होती है। भारत में क्रान्तिकारी संस्थाओं के लिए धन-संग्रह करना एक अत्यन्त कठिन समस्या थी और बिना धन के कोई काम होना सम्भव न था। क्रान्ति के कार्य में पूर्ण समय देनेवाले गृह-त्यागी सब प्रकार से निस्वार्थी एवं साहसी कार्यकर्ताओं के अलावा दूसरों से विप्लव-कार्य चलाना सम्भव नही है। लेकिन प्रश्न यह है कि ऐसे कार्यकर्ताओं का निर्वाह कैसे हो। फिर समग्र भारतवर्ष के प्रत्येक प्रान्त में ऐसे कार्यकर्ताओं के सदा घूमते रहने का भी तो खर्च है। क्रान्तिकारी साहित्य का प्रचार करना, पर्चे बाँटना, सामयिक पत्रादि का चलाना इन सब कामों के लिए भी तो पैसे की आवश्यकता है। इसके अतिरिक्त भारत के बाहर भी आना-जाना है, विदेश से बड़े पैमाने में अस्त्र-शस्त्र भी तो मँगाना है। इतना पैसा कहाँ से आए?

कांग्रेस अथवा अन्य संस्थाओं के लिए तो रास्ता खुला है, उनके लिए प्रकाश्य रूप से अर्थ माँगा जा सकता है। उन संस्थाओं के लिए पैसा देने में भी कोई भय की बात नही है। क्रान्तिकारी आन्दोलन के लिए तो एक पैसा देना भी खतरे की बात है। इस सकट मे पडने के लिए भारतवासी आज भी प्रस्तुत नही है। ऐसी परिस्थिति मे क्रान्तिकारी आन्दोलन को कैसे सफल किया जाय।

दूसरे देश के क्रान्तिकारी आन्दोलन के विस्तृत इतिहास को पढ़ने पर भी ठीक प्रकार से यह पता नही चला कि उन देशों मे उक्त समस्या का समाधान वहाँ के क्रान्तिकारी कैसे करते थे। मैट्सिनी के जीवन मे ऐसा भी समय आया था कि प्रत्येक इटैलियन से एक-एक रुपया माँगने पर भी मैट्सिनी को कुछ भी नही मिला था। रूस की बोल्शेविक पार्टी की नीति के अनुसार डाका डालकर अर्थ संग्रह करना उचित नही समझा गया था तथापि लेनिन की अनुमति एव अनुमोदन से स्टालिन के दल को डकैती द्वारा अर्थ-सग्रह करना पडा था। लेकिन यह भी बात सत्य है कि आयरलैंड मे शीनफीन पार्टी के लिए प्रत्येक सदस्य चन्दा दिया करता था। प्रधानतया इसी चन्दे मे दल का काम चलता था।

यदि हम लोग किसान और मजदूर आन्दोलन मे यथारीति भाग लिए होते तो सम्भव था कि कुछ सीमा तक हमारा आर्थिक सकट निवारित हो जाता लेकिन मजदूर अथवा किसान आन्दोलन के लिए जैसे व्यक्तियो की आवश्यकता होती है वैसे हमारे पास अधिक सख्या मे न थे। मामूली कार्यकर्ता तो हमारे पास बहुत थे परन्तु जिनमे उपयुक्त सगठन शक्ति हो जिनमे कुछ नियन्त्रण शक्ति हो ऐसे व्यक्ति हमारे पास अधिक न थे। जितने व्यक्ति थे भी उन्हें हम लोगो ने क्रान्तिकारी सगठन मे कार्य मे लगा रक्खा था। यदि मै फरार हालत मे न होता तो मै यथा-रीति मजदूर आन्दोलन मे काम कर सकता था जैसा कि मैने जमशेदपुर मे प्रारम्भ किया था। लेकिन फरार हालत मे ऐसा करना सम्भव न था। इन सब बातो के होते हुए भी मजदूरो मे काम करने के लिए मैंने अपने आदमी भेजना प्रारम्भ कर दिया था। श्री एम० एन० राय के दल के आदमी उन व्यक्ति-विशेष की सहायता से जिनसे देहली मे मेरा परिचय हुआ था। मैंने अपने आदमी कलकत्ते के आस-पास के मिलो मे भेजना प्रारम्भ कर दिया था। यदि मै कुछ दिन और न पकडा जाता तो सम्भव था थोडे ही दिनो मे हमारे आदमी मजदूर-आन्दोलन मे भी भली प्रकार से काम करने लगते और क्रान्तिकारी आन्दोलन के साथ-साथ मजदूर आन्दोलन मे भी हमारा दल निपुण और योग्य हो जाता। कलकत्ते से कॉंचडा पाडा इत्यादि स्थानो के आने-जाने का खर्च श्री एम० एन० राय के साथी श्री कुतुबुद्दीन अहमद दिया करते थे। उन लोगो ने मजदूरो मे जागृति फैलाने के लिए एक साप्ताहिक पत्र भी निकाला था। हमारे आदमी इन पत्रो को मजदूरो मे बेचने के लिए मिलो और कारखानो मे ले जाते थे। लेकिन क्रान्तिकारी आन्दोलन के कार्य मे सहायता देने के लिए कुतुबुद्दीन साहब तैयार न थे।

क्रान्तिकारी आन्दोलन के लिए अर्थ-संग्रह करना एक अत्यन्त कठिन समस्या थी। अनुशीलन समिति के नेतागण इस बार डाका डालकर अर्थ-संग्रह करने के अत्यन्त विरोधी थे। कारण यह कि ऐसा करने से वे समझते थे कि क्रान्तिकारी आन्दोलन को धक्का लगेगा, पुलिस सचेत हो जाएगी, और इस प्रकार संगठन-कार्य पूरा होने के पहले ही इतनी बाधाएँ उपस्थित होंगी कि शान्ति से काम करना कठिन हो जाएगा। उस समय मैं इन लोगों की राय से सहमत नही हो सका। मैं यह समझता था कि बलपूर्वक अर्थ सग्रह करने की नीति के कारण हम लोगो मे छापामार युद्ध (गोरीलावार) चलाने की शक्ति उत्पन्न होती जाएगी और अर्थ का सग्रह भी होगा तथा सगठित रूप से सकटपूर्ण कार्य में हाथ बटाने का अभ्यास भी होता जाएगा। अपने आदमियों मे कौन साहमी है, किसमें कितनी त्याग की भावना है, सकट का सामना करने के लिए कितने व्यक्ति प्रस्तुत हैं इन मब बातो का ठीक-ठीक पता चलता रहेगा। परन्तु मैं ग्रामीणों के घर मे डाका डालने का पक्षपाती न था। अनुशीलन समिति के नेतागणों की नीति को न मानकर मैं कलकत्ता के निकटस्थ बडे-बडे अंग्रेज मिल मालिको के रुपयों पर हाथ डालने का प्रबन्ध करने लगा था। उनको भी यह बात मालूम थी। इसी समय मै बम्बई और पजाब मेल ट्रेन के डाक के डिब्बे पर छापा मारने की तैयारी कर रहा था। इसके अतिरिक्त क्रान्तिकारी नीति पर भी मैं एक लेख लिख रहा था। मैं चाहता था कि अपने दल की ओर से जनता की जानकारी के लिए क्रान्तिकारी आन्दोलन के कार्यक्रम को स्पष्ट शब्दों में खोलकर रख दिया जाय। यदि प्रकाश्य रूप मे कोई सामयिक पत्र चलाने का अवसर हमे प्राप्त नही है तो कम-से-कम गुप्त रीति से पर्चे बँटवाने की व्यवस्था तो हमें अवश्य ही करनी चाहिए। अनुशीलन समिति के नेतागण मेरी इन नीतियों के घोर विरोधी थे।

कलकत्ता मे आकर अनुशीलन समिति की सहायता न लेते हुए स्वतन्त्र रूप मे मैं लोकसग्रह के कार्य मे जुट गया था। इसी प्रकार मैंने कुछ लोग इकट्ठे किए जो कि यूनिवर्सिटी ट्रेनिंगकोर मे सामरिक शिक्षा पा रहे थे। ये सब कालिजों के लडके थे। इनमे दो एक इंजीनियरिंग कालेज के लड़के भी थे। इन लोगों की सहायता से श्री सुशीलकुमार बैनर्जी नामक एक अच्छे कार्यकर्ता से मेरा परिचय हो गया। ये पहले ही अनुशीलन समिति के सदस्य बन चुके थे। एक दिन मैंने श्री सुशीलकुमार के साथ रास्ते पर चलते हुए कुछ नौजवानो को कांग्रेस-कार्य करने मे तत्पर देखा। इनमे से एक के प्रति मेरी दृष्टि विशेष रूप से आकृष्ट हुई। ये सॉवले रग के थे। आयु लगभग बीस वर्ष की होगी। मैंने सुशील बाबू से कहा कि मैं इस युवक से परिचित होना चाहता हूँ। सुशील बाबू ने कहा कि मेरी भी निगाह इस पर लगी हुई है परन्तु इसके कुछ ऐसे मित्र है जो हमारी समिति में नही है। मैने कहा कि अब देर करने की आवश्यकता नहीं है। सुशील बाबू कुछ देर करना चाहते थे लेकिन मैंने कहा कि मैं आज ही उनसे मिलना चाहता हूँ। उस दिन तो नही, परन्तु दो-एक दिन के अन्दर ही उनसे मेरा परिचय हो गया।

इनका नाम था श्री यतीन्द्रनाथ दास। यह ही युवक बाद को सरदार भगतसिंह के साथ लाहौर षड्यन्त्र के मामले में गिरफ्तार हुआ था और यही भारतवर्ष का सबसे पहला व्यक्ति था जिसने भूख हड़ताल करके राजनैतिक बन्दियों की माँग पूरी कराने में अपने प्राणों की आहुति दे दी थी। प्रधान रूप से इन्हीं बलिदान के परिणामस्वरूप भारतवर्ष में राजनैतिक बन्दियों के साथ विशेष करके क्रान्तिकारी आन्दोलन के सम्पर्क में कैद किए गए व्यक्तियों के साथ ब्रिटिश भारत के जेलों में अच्छा बर्ताव होने लगा था। आज इस पुरानी बात का स्मरण करते समय मुझे ऐसी श्लाघा का अनुभव होता है कि मैंने उस दिन किसी आदमी को ठीक-ठीक पहचाना था। राह चलते हुए जिस युवक के प्रति कोई एकाएक आकृष्ट हो गया हो और वही युवक बाद को यतीन्द्रनाथदास हुआ हो इस बात से किसे श्लाघा का अनुभव न होगा?

अर्थ-संग्रह करने के काम के लिए मुझे कुछ अस्त्रों की आवश्यकता थी। युक्तप्रान्त और पंजाब मे मेरे पास कुछ अस्त्र थे लेकिन मैं उन्हें बंगाल मे नही मँगाना चाहता था। इधर अनुशीलन समिति के नेतागण मुझे अस्त्र-शस्त्र की सहायता देने के इच्छुक न थे। मैंने देखा कि अनुशीलल समिति के नेताओं से मेरी पट नहीं रही है। अनुशीलन समिति के नेताओ ने भी देखा कि मैं भी अपनी नीति से हटनेवाला व्यक्ति नहीं हूँ। अन्ततः ऐसा ठहरा कि मैं दो-एक महीने तक और ठहर जाऊँ और अपनी नीति को कार्यरूप में परिणत न करूँ। इस बीच में वे लोग जाली नोट बनाने का काम करेंगे क्योंकि उन्हें आशा है कि उन्हें इस काम में सफलता प्राप्त होगी। इस प्रस्ताव के अनुसार थोड़े दिनों के लिए शान्त रहना मैंने स्वीकार कर लिया। लेकिन मैं यह अच्छी तरह से जानता था कि नोट बनाने के कार्य में वे सफल नहीं होंगे। अब तक दो-तीन नोट मेरे पास आए परन्तु वे बहुत ही खराब थे, वे नोट बाजार में चल नहीं सकते थे। मैंने शान्त रहना तो स्वीकार कर लिया लेकिन अपने कार्य की तैयारी स्थगित नहीं की। जिस मिल में डाका डालना था वहाँ की स्थिति को पूर्ण रूप से समझने के लिए मैंने अपने आदमी भेजे एवं उनकी रिपोर्टों की जाँच करने के लिए मैं स्वयं उन स्थानों पर गया। किस रास्ते से जाना है, कैसे लौटना है, किन मौकों पर किराए के मकान लेना है, डकैती के बाद किस मौके पर अपने अस्त्र-शस्त्रादि को छोड़ देना है, कहाँ पर मोटरकार जा सकती है, और कहाँ पर रुपयों को लाकर रखना है, इन सब कामों के लिए कितने व्यक्तियों की आवश्यकता है, किस मिल में कितना रुपया मिल सकता है, पंजाब अथवा बम्बई मेल को किस स्थान पर रोका जाएगा, फिर वहाँ से कैसे हम लोग छापा मारने के बाद भागेंगे, इन सब बातों की जाँच हुई और प्रबन्ध होने लगा।

इधर मुझे सन्तुष्ट करने के लिए एव मेरी नीति और अनुशीलन समिति के दूसरे नेताओं की नीतियों में समझौता कराने के लिए एक मीटिंग हुई। बहरमपुर बंगाल का एक प्रसिद्ध जिला है। मुसलमानों के समय में यह जिला मुर्शिदाबाद

के नाम से प्रसिद्ध था। मुर्शिदाबाद और बहरमपुर पास-पास हैं जैसे कि पटना और बाँकीपुर। मुझे कलकत्ते से बहरमपुर जाना था। हवड़ा और सियालदह के स्टेशनों पर पुलिस की कड़ी निगरानी थी। लेकिन मेरा जाना तो आवश्यक था ही। इसलिए कलकत्ते से बारह-चौदह मील दूर एक छोटे-से स्टेशन से ट्रेन पर सवार हुआ और बहरमपुर न उतरकर उसके पहले ही एक अन्य स्टेशन पर उतर गया। ऐसे आने-जाने के अवसरों पर थोड़ी-सी भूल के कारण गिरफ्तार हो जाना सम्भव था। मेरे कई साथी इसी प्रकार गिरफ्तार हो चुके थे। एक सुप्रतिष्ठित साम्राज्य के विरुद्ध लड़ाई लड़ने की तैयारी करना असाधारण कठिनाई और संकट से पूर्ण है। इन्हीं सब बातों को देखते हुए हमारे देशवासी राष्ट्रीय षड्यन्त्रों के मामलों में लिप्त होने में इतने हिचकिचाते हैं। इतिहास के दृष्टान्तों से उन्हें कोई संकेत नहीं मिलता। कैसर के सुप्रतिष्ठित सुदृढ़ साम्राज्य के विरुद्ध जर्मनी के क्रान्तिकारियों ने सफलतापूर्वक विद्रोह किया इस बात से उन्हें कोई प्रोत्साहन नहीं मिलता, आयरलैंड ने ब्रिटेन के नितांत समीपवर्ती होने पर भी उनके विरुद्ध विद्रोह किया, इससे भी हमारे देशवासियों को कोई शिक्षा नही मिलती। रूस में भी राज्यक्रान्ति हो गई लेकिन फिर भी हमारे देशवासी समझते हैं कि ब्रिटिश साम्राज्यशाही के विरुद्ध विद्रोह करने की कल्पना करना भी वाचालतामात्र है। पता नही हम लोगों को यह सनक कैसे सवार हुई।

बहरमपुर की मीटिंग में हम लोगो का कोई समझौता नही हो पाया। बहुत वितण्डावाद के बाद मैंने अनुशीलन समिति के नेताओं को साफ-साफ बतला दिया कि यदि वे लोग उग्र कार्यक्रम की नीति को स्वीकार नही कर सकते हैं तो मैं उत्तर भारत में अर्थात् संयुक्त प्रांत और पंजाब में अपनी नीति के अनुसार कार्य करना प्रारम्भ कर दूंगा। यदि उन लोगों को यह नीति स्वीकृत नही है तो मैं विवश हूं। आर्डिनेंस तो जारी होने ही वाला है। जेलो मे हम लोगों को सड़ना ही है। कुछ काम करके क्यों न जाएं। देशबन्धुदासजी की वक्तृता के पहले से ही कलकत्ते में जोरो की अफ़वाह फैली हुई थी कि डिफेंस आफ इण्डिया ऐक्ट की तरह एक नया काला क़ानून आर्डिनेंस के रूप में जारी होनेवाला है। दासजी की वक्तृता के थोड़े ही दिन बाद आर्डिनेंस जारी हो गया था। दासजी की वक्तृता न भी हुई होती तो भी यह क़ानून जारी अवश्य होता इसमे कोई सन्देह नही। इसकी तैयारी पूरी तरह से हो रही थी। यह बात सबको मालूम थी। मेरी दृढ़ता को देखकर अनुशीलन के नेतागण कुछ विचलित हुए और उन्होने यह कहा कि पर्चे बांटने व छपवाने का काम अभी आरम्भ कीजिए नोट बनाने की परीक्षा समाप्त होने तक डकैती का काम स्थगित रखिए। पर्चे बाँटते समय केवल इस बात पर ध्यान रखना है कि जिन स्थानों में उनके नेताओं के केन्द्र है उन स्थानों में ऐसा कोई काम न होना चाहिए जिससे पुलिस की दृष्टि उन स्थानों पर आकृष्ट हो सके। मैंने इसे भी स्वीकार कर लिया।

इसके बाद मैमनसिंह जिले के एक गाँव में हमारे दल के सब नेताओं की एक

बैठक हुई। बहरमपुर के दो-तीन नेताओं के अतिरिक्त और कोई उपस्थित न था। मैमनसिंह की बैठक में लगभग आठ नेता उपस्थित थे। इस सभा में मैंने हिन्दुस्तान रिपब्लिकन एसोसिएशन की नियमावली सबको दिखलाई इसे देखकर उन नेताओं के मन में परस्पर कुछ विरोधी भावनाओं की उत्पत्ति हुई। यह मेरा अनुमान है क्योंकि उन सबों ने इस नियमावली की प्रशंसा भी की थी और साथ ही यह भी कहा था कि इस प्रकार की लिखित नियमावली की कोई आवश्यकता नही है। जिन सिद्धान्तो के आधार पर यह नियमावली बनाई गई थी मेरी समझ में उन तक इन लोगो में से किसी की पहुँच न थी। कम्यूनिज्म की नीति से ये लोग बहुत कुछ अपरिचित थे। बड़े पैमाने में विप्लव की आयोजना के स्थान पर इन लोगों ने अभी तक केवल आतंकवाद को ही सबसे अधिक महत्त्व दिया था। आज सन् 1939 ई० में बंगाल की अनुशीलन समिति की यह नीति निर्धारित हुई है कि अपने दल के स्वतन्त्र अस्तित्व को स्थिर रखते हुए वह दल कांग्रेस समाजवादी दल में पूर्ण रूप से सम्मिलित हो जाय। अर्थात् कम्यूनिज्म की नीति को वह दल आज अपनाना चाहता है तथापि कम्यूनिस्ट पार्टी में सम्मिलित होना वह उचित नही समझता। इससे यह अनुमान करना स्वाभाविक है कि या तो अनुशीलन समिति कम्यूनिज्म के सिद्धान्त को ठीक-ठीक ग्रहण नही कर पाया अथवा यह बात है कि उसने कम्यूनिज्म के सिद्धान्त को जान-बूझकर ग्रहण नही किया। कम्यूनिस्ट सिद्धान्त को यथार्थ रूप से ग्रहण कर लेने पर कम्यूनिस्ट पार्टी मे सम्मिलित हो जाना स्वाभाविक है। इसमे और भी बहुत-सी बातें हैं जिनकी आलोचना इस स्थान पर करने की आवश्यकता नही है। यहाँ पर मैं केवल इतना ही बतलाना चाहता हूँ कि आज जैसे अनुशीलन समिति के नेतागण समाजवाद के सिद्धान्तों को कुछ सीमा तक ग्रहण कर रहे है। मैमनसिंह की मीटिंग के अवसर पर हिन्दुस्तान रिपब्लिकन एसोसिएशन की नीति में समाजवाद के जितने सिद्धान्त ग्रहण किये गए थे उन्हें वे उस समय नही ग्रहण कर पाए थे।

मैमनसिंह की मीटिंग रात-भर होती रही लेकिन मेरी समझ मे उस मीटिंग में किसी विशेष महत्त्वपूर्ण बात का निर्णय नहीं हो पाया था। कुछ समय तक मैंने उन लोगों की बातचीत में सहर्ष भाग लिया परन्तु जब मैंने देखा कि बात मे बात बढ़ जाती है और काम की बात कुछ नही हो पाती तो मैंने और अधिक बातचीत करना उचित नही समझा। ऐसा मालूम पड़ता था कि राजनैतिक परिस्थितियों से कैसे लाभ उठाया जा सकता है, उन परिस्थितियों के अन्तराल मे कौन-कौन-सी शक्तियाँ प्रबल रूप से कार्य कर रही है, भविष्य मे इन परिस्थितियो के रूप कैसे पल्टा खाएँगे, जनसाधारण के सामने किस प्रकार अपने सिद्धान्तों को रखना आवश्यक है जिससे भारतीय राष्ट्रीय आन्दोलन का रुख बदल जाय एवं जनसाधा-पर प्रकाश्य नेताओं के नेतृत्व की अपेक्षा क्रान्तिकारियो के निर्देशों का प्रभाव अधिक से-अधिक परिलक्षित हो सके, इन सब बातो का मर्म अनुशीलन समिति

के नेतागण उपलब्ध नहीं कर पाए थे। क्रान्तिकारी आन्दोलन में ऐसे व्यक्तियों का नितान्त अभाव होने के कारण भारतीय राजनीति पर उस आन्दोलन का उतना प्रभाव नही दिखाई पड़ा जितना कि उचित रूप से पड़ना चाहिए था।

मैंमनसिंह की मीटिंग में बंगाल, युक्त प्रान्त एवं पंजाब के संगठन का समस्त कार्यभार मेरे ऊपर छोड़ दिया गया।

वर्षाऋतु का अभी अवसान नही हुआ था। वायुमंडल वाष्प-भार से क्लान्त हो रहा था। प्रकृति में तरी के आधिक्य के कारण मनुष्यों के मन नीरस हो रहे थे। ग्रीष्म ऋतु के अन्त में जैसे नव-नीरव दल को देखने के लिए मनुष्य तरस जाते हैं वर्षा ऋतु के अन्त में वैसे ही वे नीरद जल से ऊबकर निर्मल आकाश में सूर्य का प्रकाश देखने के लिए चंचल हो उठते हैं। उत्तर भारत के निवासियो के लिए तो यह एक साधारण बात है। परन्तु वर्षा ऋतु के अन्त मे बंगाल एवं विशेष करके पूर्व बंगाल सदा स्नेहार्द्र सजल तटभूमि और जलाशयों के ऊपर असमान आवास-स्थानों को देखकर उत्तर भारत के निवासी विस्मय पुलकित हो जाते है और व्याकुल भी हो उठते है।

पूर्व बंगाल मे जितनी नदियां है भारतवर्ष-भर मे इतनी और कही नही मिलेगी। मानो उस देश की नदियो का जाल बिछा हुआ है पूर्व बंगाल में जितने स्टीमर चलते है उतने भारतवर्ष-भर मे और कहो नही। वर्षा ऋतु में तो स्टीमर और नावों की सहायता के बिना कहो भी आना-जाना सम्भव ही नही।

नौका पर यात्रा की शोभा एवं उसके सकटो का कुछ भी आभास इन लेखों से नही मिल सकता। भाषा की परिपाटी से कल्पना का उद्रेक हो सकता है। परन्तु कल्पना और वास्तविकता मे आकाश पाताल का अन्तर है। नदी के किनारे-किनारे नौका चल रही है। इतने में पास से स्टीमर निकल गया। स्टीमर के अधिक समीप रहने में नौका को अत्यन्त खतरा रहता है। और अधिक दूरी पर रहने से भी स्टीमर के निकलने से जो उत्ताल तरंगें उत्पन्न होती हैं उनका सामना करना पड़ता है। पूर्व बंगाल के नाविकों को इस बात का बहुत ध्यान रहता है। नौका के पार्श्व में तरंगों का आघात होने से उसके उलट जाने की विशेष सम्भावना रहती है। इसलिए खवैये तरगों को आते हुए देखकर अपनी नावों के सम्मुख भागों को उन तरंगों की ओर मोड़ देते हैं एवं इस प्रकार से नावों को चलाते हैं कि दोलायमान होने पर भी उनके उलटने की संभावना बहुत कम रह जाती है।

वैशाख के महीने मे तो इतनी आँधियाँ आती हैं कि नौका पर यात्रा करना भयप्रद होता है। नावें अकसर पाल लगाकर चलती हैं और जरा-सी भूल के कारण एक झोंके से ही वे उलट सकती है। पालों का उपयोग करने में पूर्व बंगाल के नाविक बहुत ही अनुभवी होते है। शहर की सड़कों पर जिस प्रकार इक्के-तांगे तथा मोटरों के आपस में लड जाने की सदा आशंका बनी रहती है उसी प्रकार पूर्व बंगाल में नदियों पर नावों के आपस में लड़ जाने की सदा आशंका बनी रहती है। जैसे शहरों मे सड़कों के चौराहे होते हैं उसी प्रकार पूर्व बंगाल में

नदियों के भी चौराहे होते हैं। बंगाल में इन्हें मोहाना कहते हैं। ऐसे मोहानों पर नावों के लिए खतरा रहता है। किसी-किसी मोहाने के लिए नाविकों में ऐसी किंवदन्तियाँ प्रचलित हैं कि अमुक स्थान पर प्राय: नावें डूब जाती हैं। उन स्थानों से गुजरते समय पूर्व बंगाल के मुसलमान नाविकगण भी नदियों की देवियों की प्रार्थना करने लगते हैं। पूर्व बंगाल के प्राय: सभी मल्लाह मुसलमान होते हैं। परन्तु संकट के समय देव, देवी, जिन्द आदि के भी वे पुजारी बन जाते हैं। इंग्लैण्ड के प्रसिद्ध ऐतिहासिक बक्ल साहब का कहना है कि समुद्र और नदियों में प्रकृति के निष्ठुर एवं अनियमित आचरणों के कारण नाविक में कुसंस्कार की मात्रा अत्यन्त अधिक होती है। संभव है इस सिद्धान्त में कुछ सत्यता हो।

मैं वर्षा ऋतु के अन्त में नाव पर मैमनसिंह आया था एवं इसके पहले भी मुझे पूर्व बंगाल एक-आध दफ़े आना पड़ा था। इन अवसरों पर पूर्व बंगाल के नौका-रोहण के रहस्य से कुछ-कुछ परिचित हुआ था। नौका पर चलते हुए किसी-किसी मोहाने पर नाविकों की मानसिक उत्कंठा को देखकर हमारे मन में भी एक मानसिक उद्वेग उत्पन्न हो जाता था कभी-कभी ऐसे अवसरों पर यह शंका उत्पन्न हो जाती थी कि ब्रिटिश पुलिस के निर्यातन से तो छुटकारा पा गए परन्तु अब इन नदी-देवियों के हाथ से निष्कृति पाना दुष्कर है। मल्लाहों एवं यात्रियों में बात-चीत होने लगती है कि कब-कब इन स्थानो पर कौन-कौन मल्लाह किन-किन यात्रियों को लेकर नदी गर्भ में विलुप्त हो गए थे। ऐसी परिस्थिति में कुसंस्कार विमुक्त साहसी पुरुषों के हृदयों में भी मुहूर्त-भर के लिए तो एक अव्यक्त शंका उपस्थित हो ही जाती है। मुँह से तो हँसते रहते हैं और मूढ़ जनता के कुसंस्कारों पर अवज्ञा, उपहास एवं अवहेलना की कृपा दृष्टि डालते हैं और अपने को उनसे श्रेष्ठ समझते हैं परन्तु हृदय के गुप्त कन्दर में एक अनिर्देश्य भय बना रहता है कि कहीं डूब न जाएँ। कभी-कभी आकाश-मण्डल में जब काले-काले घने बादल दिखाई देने लगते हैं तो भी मन में कुछ कम शंका पैदा नहीं होती। इन बातों से मल्लाह उतना नहीं डरते थे जितना मैं डरता था।

पश्चिम देश के निवासी इसकी कल्पना भी नहीं कर सकते हैं कि वर्षा ऋतु में पूर्व बंगाल के गाँव और कस्बे कैसे समुद्रवत पानी के बीच में टापू से तैरते रहते हैं, हजारों बीघा भूमि पानी में डूब जाती है। परन्तु उस भूमि का धान पुरुषा-भर पानी से दो-ढाई हाथ ऊपर निकला रहता है। इन धान के खेतों के बीच से नावें चला करती हैं। न जाने मल्लाह इन पानी से भरे हुए खेतों के बीच से अपने रास्ते का निर्णय कैसे करते हैं! बंगाल की नावों पर छप्पर लगे रहते हैं इन छप्परों के नीचे आराम से बैठने और लेटने का स्थान रहता है। हम नदी में चलते हुए छप्पर के नीचे आराम से लेटे हुए थे। न जाने कब नदी को छोड़कर किसी गाँव की ओर चलने लगे। धान के खेतों के बीच से रास्ता बनाते हुए नाव चलने लगी। धान के पौधों के साथ नाव के पार्श्वदेश और उसके छप्पर के लगने से सर-सर-सी आवाज सुनकर जब मैंने छप्पर के नीचे के नाव के आगे की ओर

बढ़कर सामने देखा तो देखता हूँ धान के खेतों के बीच न जाने कहाँ छिप गए हैं। एक लम्बे से बाँस की सहायता से मल्लाह पानी के नीचे की भूमि को ढकेलते हुए अपनी नाव को आगे बढ़ा रहा है। मैं छप्पर के नीचे से निकलकर नाव के बाहरी भाग पर खड़ा हो गया तो क्या देखता हूँ कि चारों तरफ अनन्त की ओर धान के पौधे विस्तृत हैं। और बीच-बीच में कुछ बड़े-बड़े वृक्ष भी दिखाई देते हैं। संभव है मल्लाह इन्हीं वृक्ष तथा बगीचों को देखकर अपने रास्ते का निर्णय करता हो। कभी-कभी दूसरी ओर से अन्य नावों को भी आते-जाते देखते थे। इसी प्रकार खेतों के बीच से नावों पर चलते-चलते एक खाडी के अन्दर आ गए। यह स्थान स्वप्न-लोक-सा मालूम पडता था। खाडी दोनों ओर से वृक्षों से घिरी हुई थी। दोपहर के समय भी चारों दिशाओं में सूर्य की दीप्ति रहते हुए भी वृक्षों से घिरी हुई इस खाडी के अन्दर अँधेरा-सा लग रहा था। औपन्यासिकों की सृष्टि नितान्त काल्पनिक नही होती। हम षड्यन्त्रकारी गण ब्रिटिश साम्राज्य के विरुद्ध अंग्रेजों की पलटनों और पुलिस की दृष्टि बचाते हुए इस प्रकार नद-नदी और खाड़ियों के बीच स्वप्नवत घूमते-घूमते मैमनसिंह के एक गाँव को गए और लौट आए।

मैमनसिंह के गाँव में जिस मकान में हम लोग ठहरे थे उसके कितने ही कमरे बाँसों के मचानों के ऊपर बने हुए थे। इस समय पानी तो हट गया था परन्तु समस्त स्थान सेँवार से भरे हुए थे। इस दृश्य से मनुष्य व्याकुल हो उठता है। गुप्त मीटिंग होने के बाद इस मकान में हम लोगों को एक रात और रहना पड़ा था। अनुशीलन समिति के एक नेता श्री प्रतुल गांगुली और मैंने एक ही कमरे में रात्रि व्यतीत की थी। एक रात जगने के बाद दूसरी रात हम लोग खूब सोये। पुलिस हम लोगों की खोज में थी। बंगाल आर्डिनेंस के अनुसार हम लोग गिरफ्तार किये जा सकते थे। हम लोगों के वारंट नाम से निकले हुए थे। सोते समय प्रतुल बाबू ने दो मनुष्यों को बारी-बारी से पहरे में रख दिया था।

मीटिंग का सब काम समाप्त होने पर मैं और प्रतुल बाबू कलकत्ता वापस लौटे। मेरे साथ बंगवाणी नामक प्रसिद्ध बँगला मासिक पत्र के कुछ अंक थे। इनमे मेरे लिखे हुए बन्दी जीवन के द्वितीय भाग के कुछ अंश छपे थे। रास्ते में मैंने प्रतुल बाबू को अपने लिखे हुए इन अंशों को पढ़कर सुनाया।

प्रतुल बाबू चाहते थे कि मैं उनके साथ कलकत्ता को वापस जाते हुए बंगाल के कुछ जिलों में जाऊँ। मैं जानता था कि प्रतुल बाबू को बंगाल की खुफिया पुलिस अच्छी तरह से पहचानती है। और मैं यह भी जानता था कि बंगाल की अधिकांश पुलिस मुझे नही पहचानती। इसलिए मैं प्रतुल बाबू के साथ नहीं जाना चाहता था। प्रतुल बाबू ने मुझे अपने साथ ले जाने के लिए बहुत अनुरोध किया परन्तु मैंने स्वीकार नही किया। आखिर में हुआ वही। मैं तो अपने स्थान पर सकुशल पहुँच गया लेकिन प्रतुल बाबू घूमते-घूमते एक स्थान पर गिरफ्तार हो गए।

कलकत्ता पहुँचकर मैंने अनुशीलन समिति के दूसरे साथियों को फिर नये सिरे से समझाना चाहा कि हम सब प्रतुल गांगुली की तरह एक-एक करके गिरफ्तार हो जाएँगे और काम कुछ भी न कर पाएँगे। इसलिए हमारे कार्यक्रम में शीघ्र ही ऐसा परिवर्तन आवश्यक है जिससे गिरफ्तार होने के पहले हम लोग कुछ कर सकें और भारतवर्ष के स्वतन्त्रता-संग्राम को आगे बढ़ा सकें।

मैमनसिंह से लौटते समय रास्ते में प्रतुल बाबू से मेरी जो कुछ बातचीत हुई उससे मैंने अनुभव किया था कि प्रतुल बाबू उस समय तक कम्यूनिज़्म आदि सिद्धान्तों से परिचित नहीं थे। भारतीय समाज के नव जागरण से राजनीतिक क्षेत्र में नवीन चेतना का जैसे संचार होगा वैसे ही साहित्य, कला, ऐतिहासिक गवेषणा, दार्शनिक सिद्धान्तों तथा धार्मिक भावनाओं में भी युगान्तकारी परिवर्तन होंगे। इस बात से अनभिज्ञ रहने के कारण प्रतुल बाबू और उनके साथी राजनीतिक क्षेत्र के एक तंग दायरे के अन्दर ही अपने विशिष्ट कार्यक्रम में लिप्त रहते थे। मैमनसिंह से वापस लौटते समय मैंने प्रतुल बाबू को अपने कुछ लेख पढ़कर सुनाए थे। इन लेखों में कुछ दार्शनिक बातों की भी चर्चा थी। प्रतुल बाबू इन सब बातों को उपेक्षा की दृष्टि से देखते थे। कम्युनिस्ट नेतागण इस बात को भली प्रकार समझ गए हैं कि दार्शनिक विचार भूमि पर जिस सिद्धान्त की प्रतिष्ठा नहीं हुई है उसकी उपयोगिता तथा उसका स्थायित्व सन्देह-युक्त है। समाज का सर्वांगीण विकास तभी सम्भव है जब एक सुचिन्तित एवं सुविन्यस्त विचारधारा के आधार पर उसकी अभिव्यक्ति होती हो। कम्युनिज़्म के इस दृष्टिकोण से भारतीय नवयुवकगण आज भी अच्छी तरह परिचित नहीं हैं।

कलकत्ता वापस आकर मैंने सब ज़िलों से अपने दल के कार्यकर्ताओं को बुलाना प्रारम्भ कर दिया। अधिकांश कार्यकर्त्ता उग्र कार्यक्रम के पक्ष में थे। हमारे सामने प्रश्न यह था कि एक ओर तो सरकार ने बिना मुकदमा चलाए हम लोगों को पकड़-पकड़कर जेलों में बन्द करना प्रारम्भ कर दिया था और दूसरी ओर अनुशीलन समिति के पुराने नेतागण ऐसा कोई काम करना नहीं चाहते थे जिससे जनता में क्रान्तिकारी भावनाओं का यथेष्ठ प्रचार होता। मैं यह समझता था कि संगठित रूप से विस्तारपूर्वक युक्तिपूर्ण ओजस्वी लेखों के द्वारा क्रान्तिकारी सिद्धान्तों का प्रचार होना परम आवश्यक है एवं इसके साथ-साथ अर्थ-संग्रह के लिए देशी धनी व्यक्तियों पर डकैती न डालकर सरकारी सम्पत्ति को लूटने का प्रबन्ध करना पड़ेगा। अनुशीलन के अन्य नेतागण इस बात से सहमत नहीं हो रहे थे। परन्तु मैंने स्वतन्त्र रूप से इन सब बातों का प्रबन्ध करना प्रारम्भ कर दिया।

मैमनसिंह सभा के निर्णय के अनुसार अनुशीलन समिति के पुराने कार्यकर्ताओं ने अपने-अपने अधीन सब सदस्यों का मेरे साथ परिचय कराना प्रारम्भ कर दिया। इसके अतिरिक्त बंगाल के दूसरे क्रान्तिकारी दलों के नेताओं से मैंने स्वतन्त्र रूप से मिलना प्रारम्भ किया। इस सम्बन्ध में चटगाँव के एक दल के मुख्य व्यक्तियों

के साथ मेरा परिचय हुआ। सूर्यकान्त सेन इस दल के प्रमुख नेता थे। इनके दो-तीन विश्वस्त साथियों से मेरी बातचीत हुई थी। यह दल अनुशीलन समिति की ही एक शाखा थी। अनुशीलन समिति की नीति मे ऊबकर इस दल ने उस समिति से अपने को अलग कर लिया था। यह दल भी मेरी ही तरह उस नीति का पक्षपाती था। इन लोगों से बातचीत करके मैंने ऐसा अनुभव किया कि इनसे मेरी पट जाएगी। श्री सूर्यसेन के विश्वस्त आदमियों से मेरी बहुत कुछ बातचीत हो गई। कलकत्ता के अन्य दल के भी कुछ व्यक्ति चटगाँव के दल के साथ काम करने लगे थे। इनसे भी मेरी बातचीत हुई। इन सब बातचीतों के परिणाम में उत्तर-भारत के दल के साथ इनका सम्पर्क हो गया और जब दक्षिणेश्वर में एक बम का कारखाना पकड़ा गया तो उसमें हमारे दल के प्रमुख कार्यकर्ता अमर शहीद राजेन्द्रनाथ लाहिड़ी भी गिरफ्तार हुए थे। मैं चाहता था कि हम कलकत्ता के दूसरे क्रान्तिकारी दलों को भी अपने साथ मिलाकर एक विराट दल बना लें। इस कार्य के सम्बन्ध मे मैं बहुत-से दलों के कार्यकर्ताओं से मिला दूसरी ओर मैंने यह निश्चय कर लिया कि क्रान्तिकारी दल की ओर से परचे बाँटे जाएँगे। मैं चाहता था कि पहले पर्चे में क्रान्तिकारी आन्दोलन के कार्यक्रम की एक रूपरेखा अंकित हो जाय। मेरे प्रति घड़ी के कार्य के अन्तराल मे यह भावना सदा बनी रहती थी कि अपने पर्चे में किस ढंग से अपने वक्तव्य को प्रभावोत्पादक ढंग से कहूँ। एक दिन मैं अपने एक साथी के मकान में बैठा था। उनके बड़े भाई भी उस कमरे में बैठे थे जो कलकत्ता के एक कालेज के इतिहास के प्रोफ़ेसर थे। उन्हें यह पता था कि मैं क्रान्तिकारी हूँ। योंही बातचीत होते-होते हिंसा-अहिंसा पर बातचीत चल पड़ी। इस सिलसिले में उक्त प्रोफेसर महोदय ने आयरलैंड के इतिहास की एक महत्वपूर्ण बात मुझे बताई। ग्रैण्ट राबर्टसन लिखित एक अंग्रेजी इतिहास ग्रन्थ से उन्होंने ये वाक्य मुझे दिखाए—"English statesmen have taught the Irish politicians that England can be bullied but not argued into justice and generosity."

(अंग्रेज राजनीतिज्ञों ने आयरलैंड के नेताओं को यह सिखाया है कि इंगलैंड के इशारे से ही नीति के रास्ते पर लाया जा सकता है न कि युक्ति और तर्क की सहायता से) इस किताब का नाम था ' England under Hatanoverians." इसे मैंने अपने नोटबुक में नोट कर लिया। इटली के स्वाधीनता संग्राम के इतिहास को भी मैंने अच्छी तरह से पढ़ लिया था। इटली के इतिहास की बहुत-सी बातें रह-रहकर मेरी चेतना पर बार-बार आघात करती थी। एक दिन मैंने स्वर्गीय लाला हरदयाल लिखित एक लेख पढ़ा। उसमें बाइबिल से कुछ वचन उद्धृत हुए थे। मुझे वे पसन्द आए। उन वाक्यों को भी मैंने नोट कर लिया। उन दिनों मैं नीत्से को भी पढ़ा करता था। उनके ग्रन्थ की एक बात मुझे बहुत पसन्द आयी : "Chaos is necessory to the birth of new star." (नवीन तारे के जन्म के लिए भीषण बवंडर और उथल-पुथल अत्यावश्यक है) इसे भी मैंने नोट कर

लिया। इस प्रकार पढ़ते समय, घूमते समय, किसी से बात करते समय, किसी के पास आते-जाते समय, प्रनिक्षण मैं उक्त क्रान्तिकारी पर्चे में लिखने के विषय में सोचता रहता था।

एक ओर जैसे मैं विभिन्न क्रान्तिकारी दलों के कार्यकर्ताओं से बातचीत चला रहा था और इसके साथ-साथ पर्चे छपवाने का भी प्रबन्ध कर रहा था दूसरी ओर वैसे ही मैं जापान, फ्रांस एवं अमेरिका (United States) में उपर्युक्त कार्यकर्ताओं को गुप्त रीति से भेजने का भी प्रबंध कर रहा था। इसके दो उद्देश्य थे। हम चाहते थे कि हमारे कुछ कार्यकुशल आदमी विदेश में जाकर वैज्ञानिक रीति से सामरिक विभाग की विभिन्न शिक्षाएँ प्राप्त कर लें। हम चाहते थे कि सामरिक शिक्षा प्राप्त करने के साथ-साथ दूसरे आदमी गोला-बारूद तोप आदि बनाने के कारखानों का काम चलाना भी सीख लें। कारण विप्लव के समय अस्त्र-शस्त्र बनाने का काम आदि हमारे हाथ में नहीं रहता है तो आधुनिक युग में खुले विद्रोह को अधिक दिन तक चलाना सम्भव नहीं है। दूसरी बात यह थी कि विदेशों में जहाँ-जहाँ भारतीय विप्लव का संगठन किया जा रहा था उन स्थानों में हमारे आदमी पहुँच जाएँ और विदेशस्थ विप्लवियों के साथ हमारा नियमित सम्बन्ध स्थापित हो जाय। इसके अतिरिक्त मैं कलकत्ता की तरफ दो-तीन स्थानों में अंग्रेजी एवं सरकारी माल लूटने का भी प्रबन्ध कर रहा था।

कलकत्ता के पास कई एक अंग्रेज-परिचालित जूट के कारखाने थे। इनमें प्रति सप्ताह आठ-आठ दस-दस हजार रुपये कुलियों को वेतन देने के लिए आते थे। इन रुपयों की रक्षा के लिए कोई अधिक व्यवस्था नहीं रहती थी। इन कारखानों में आने-जाने के रास्ते की जाँच करना हम लोगों ने प्रारम्भ किया कि ट्रेन के रास्ते में सुविधा होगी अथवा मोटर के रास्ते से; रास्ते के बीच किन स्थानों में ठहरने का प्रबन्ध हो सकता है, किस स्थान से अस्त्र-शस्त्र एवं किस स्थान से रुपयों को अलग-अलग भेज दिया जा सकता है, इन सब ठहरने एवं अस्त्रादि को अलग-अलग भेजने के स्थानों पर आस-पास के निवासी तथा पुलिसवालों को कोई सन्देह हो सकता है अथवा नहीं; दल के आदमी कितने की टोली में विभिन्न दिशाओं की ओर चले जाएँगे और उनके इस प्रकार जाने में किसी को सन्देह तो नहीं होगा आदि इन सब बातों को हम अच्छी तरह जाँच-पड़ताल करने लगे। मैंने अपने दो-तीन विश्वस्त साथियों को लेकर उन सब रास्तों व स्थानों का परिवीक्षण किया।

इन कारखानों के अतिरिक्त एक और सहज एवं अत्यन्त साहस का काम हमारी दृष्टि में आया था। हमारे दल का एक व्यक्ति रेलवे मेल वैन में काम करता था। हम लोगों ने निश्चय किया कि बम्बई मेल को रोककर बीमा किए रुपयों को लूट लें। हमारे आदमी की सहायता से सहज ही में हमें यह पता लग जाएगा कि बीमा के रुपये किस स्थान पर हैं। एक बनावटी प्रतिरोध का अभिनय करके हमारा आदमी आवश्यकीय सब संकेत कर देगा। इस सम्बन्ध में भी हम

रास्ते आदि की जाँच-पड़ताल करने लगे। इधर अनुशीलन समिति के अन्य पुराने नेतागण हमारे कार्यक्रम का तीव्र विरोध करने लगे। मैं भी धीरे-धीरे अत्यन्त हठ करने लगा। इस खींचा-तानी के परिणाम मे प्रतुल बाबू की गिरफ्तारी के बाद बहरमपुर में एक और गुप्त सभा हुई। बहरमपुर मुर्शिदाबाद के पास ही का एक आधुनिक नगर है। यहाँ पर एक बड़ा कालेज भी है। इस सभा मे सर्वश्री नरेन्द्र-नाथ सेन, रमेशचन्द्र आचार्य आदि अनुशीलन के पुराने नेता उपस्थित थे।

सियालदह एवं हवड़ा कलकत्ता के इन दो स्टेशनो पर एव उनके निकटवर्ती छोटे-छोटे स्टेशनों पर भी पुलिस की खब निगरानी रहती थी। इन लोगो की आँखे बचाकर मुझे बहरमपुर जाना था। मुझे ऐसा भी सन्देह होने लगा कि पुलिसवाले मुझे कलकत्ता मे जोरो मे ढूँढने लगे है। ऐसी अवस्था मे कैसे मैं कलकत्ता के बाहर निकल गया और सकुशल वापस आ गया इसका आनुपूर्विक वर्णन करना मै आज भी उचित नही समझता हूँ।

बहरमपुर की गुप्त बैठक मे भाग लेकर लौट आने के बाद मै अपने सगठन और उसके कार्यों को आगे बढाने मे लग गया। बनारस के अपने पुराने साथी श्री जितेन्द्र मुखर्जी के छोटे भाई श्री धीरेन्द्र मुखर्जी की बात मैं पहले भी कर चुका हूँ। उनको अपने दल मे सम्मिलित करने का मेरा प्रयत्न निरन्तर चला हुआ था।

इतने आदमियो के रहते हुए भी मैं क्यो धीरेन्द्र के पीछे इतना समय नष्ट कर रहा था। इसका एक कारण तो यह था कि धीरेन्द्र विज्ञान के बहुत अच्छे छात्र थे। हम लोगो मे ऐसे व्यक्ति बहुत कम थे जिनमे त्याग हो, दुर्दमनीय साहस हो, बुद्धिमत्ता हो एवं जो विद्या-बुद्धि-सम्पन्न हो और विज्ञान का ज्ञाता हो। यदि मै धीरेन्द्र को क्रान्तिकारी बना लेता तो उनमे उन सब गुणो का समावेश हम पा सकते थे। दूसरी बात यह थी कि वे हमारे परिचित मित्रो मे मे थे। इलाहाबाद मे उन्होने मुझसे राजनीति में आने की प्रबल इच्छा प्रकट की थी। इधर प्रबल ब्रिटिश साम्राज्य की समस्त पुलिस शक्ति मेरा पीछा कर रही थी। ऐसी अवस्था में मेरे साथ सम्बन्ध रखने मे धीरेन्द्र अनिच्छुक नही थे। उनके जैसा व्यक्ति जिसी किसी काम में जुट जाएगा उसी मे सफलता प्राप्त करेगा ऐसी मेरी धारणा थी। इसलिए मै उनको अपने दल मे लाने की आशा से बार-बार उनके पास जाया करता था।

जन-साधारण की तरह धीरेन्द्र भी यही समझते थे कि क्रान्तिकारियों में विचारवान अभिज्ञ समझदार व्यक्ति नही होते हैं। कुछ अर्द्धशिक्षित उत्तेजना-प्रवण, अविवेचक किन्तु साहसी देशप्राण युवकवृन्द असहिष्णु होकर अव्यवस्थित रूप से आतंकवादी बन गए है। यथार्थ में विराट् रूप से ब्रिटिश साम्राज्य के विरुद्ध विद्रोह करने के लिए न कोई संगठन ही है और न कोई ऐसी भावना ही है। मेरी लिखी 'बन्दी जीवन' पुस्तक जैसी कुछ पुस्तको के प्रकाशित होने के बाद ही जन-साधारण को थोड़ा-बहुत पता लगा कि भारत मे भी एक व्यापक विद्रोह की प्रचेष्टा चल रही थी। मेरे संस्पर्श मे आकर धीरेन्द्र को भी अपना भ्रम मालूम

पड़ा कि भारतीय क्रान्तिकारी आन्दोलन निरा बच्चों का खिलवाड़ नही है। परन्तु उनकी गांधी-प्रीति उन्हें हमारे दल में आने से रोक रही थी। यदि किसी दिन तुमुल तर्क के बाद मैं उन्हें कुछ झुकता हुआ पाता था तो किसी दूसरे दिन पुनः वही पुराना तर्क खड़ा हो जाता था। धीरेन्द्र बार-बार इस बात पर जोर देते कि अहिंसा नीति पर ही विराट् जन-आन्दोलन की सृष्टि हो सकती है जैसी महात्मा जी ने की है। उनके समझाने पर भी मैं यह नहीं समझ पाता था कि विराट् रूप से जन-आन्दोलन करने के लिए अहिंसा के सिद्धान्त पर इतना अधिक जोर डालने की क्या आवश्यकता है। महात्माजी के कथनानुसार यह बात सत्य नही है कि व्यक्तिगत जीवन में जैसा हम तपस्या के परिणाम में अहिंसा के द्वारा हिंसा को जीत सकते हैं उसी तरह से तपस्या न करके ही असंख्य जनसाधारण स्थूल दृष्टि से अहिंसक रहने पर कैसे हिंसा पर विजय प्राप्त कर सकते हैं। ममत्व बोध का पूर्ण रीति से बिना त्याग किए कोई भी मनुष्य यथार्थ में अहिंसक नही हो सकता है। ममत्व बोध का त्यागना जीवनभर की तपस्या का परिणाम होता है। जन-साधारण से ऐसी तपस्या की आशा हम कैसे कर सकते हैं फिर परिपूर्ण तपस्या के बाद जो कुछ प्राप्त की जाती है उस सिद्धि को पहले ही आधे रास्ते में ही हम कैसे प्राप्त कर सकते हैं। इन सब कारणों से सैद्धान्तिक रूप से हम अहिंसा नीति का प्रयोग राजनीति के क्षेत्र में नही कर सकते। इसका अर्थ यह नही है कि हिंसा के मार्ग पर ही हम जन-आन्दोलन को चला सकते हैं, हमारे पास अस्त्र नही है इस-लिए हम बाध्य होकर जन-आन्दोलन को ऐसे मार्ग पर चला देंगे जिसमें अस्त्र की आवश्यकता नही होगी। महात्माजी की मनोकामना तो यह है कि संसार को अहिंसा रूपी नवीन धर्म देकर अपने जीवन को सार्थक बनाएँ। इस नवीन धर्म प्रचार के सामने भारत की स्वतन्त्रता का प्रश्न नितान्त तुच्छ बन गया है परन्तु पिछले महायुद्ध के अवसर पर ब्रिटिश सरकार को अर्थ एवं जन की सहायता देकर महात्माजी ने कैसे अहिंसानीति का पालन किया यह बहुतों के लिए नितान्त दुर्बोध्य है। मेरे ऐसे क्रान्तिकारी के निकट अहिंसा के प्रश्न की मीमांसा इस प्रकार है कि जैसे एक प्रवीण चिकित्सक रोगी की मंगल-कामना से प्रेरित होकर उसकी देह पर बल-प्रयोग अथवा शल्योपचार करता है तो इस आचरण को कोई भी सुधी जन हिंसात्मक नहीं कह सकता। उसी तरह यदि कोई क्रान्तिकारी सरलतापूर्वक शुद्ध हृदय से निरहंकार होने की प्रबल चेष्टा करते हुए समाज की कल्याण कामना से प्रेरित होकर सशस्त्र विद्रोह के लिए षड्यन्त्र करता है तो वह भी हिंसा नही है। सशस्त्र क्रान्ति का आन्दोलन उचित है या नहीं, हिंसा-अहिंसा के प्रश्न के साथ इसका कोई सम्बन्ध नहीं है। भारतीय दार्शनिक दृष्टि से हम यह कह सकते हैं कि जो व्यक्ति ममता बोध का अतिक्रम कर चुका है उसके निकट हिंसा अथवा द्वन्द्व ममत्व बोध तक ही सीमित है। जिस साधक का ममत्व बोध लुप्त हो गया है और उसका जीवन लक्ष्य मानव-समाज की सेवा करना है उसका व्यक्तित्व मानव-समाज से भिन्न नहीं है। कौन-सा लक्ष्य मानव-कल्याण के

अनुकूल है यह भी एक स्वतन्त्र प्रश्न है और इसके साथ भी हिंसा-अहिंसा का कोई सम्बन्ध नहीं है। कल्याण-अकल्याण की धारणा भी हिंसा और अहिंसा नीति पर अवलम्बित नहीं है। अर्थात् समाज की कल्याण-कामना से यदि हम ऐसे मार्ग का अवलम्बन करते हैं जिसमें दण्ड का प्रयोग हो तो उसको हम हिंसात्मक आचरण नहीं कह सकते। समाज अथवा राष्ट्र का परिचालन तभी सुचारु रूप से सम्पन्न हो सकता है जब आवश्यकता पड़ने पर हम उपयुक्त रीति से दण्ड का प्रयोग कर सकें। इससे यह तात्पर्य निकालना उचित न होगा कि संसार में शान्ति की आवश्यकता नहीं है अथवा शान्ति से संघर्ष अधिक श्रेयस्कर है। संसार में शान्ति की इच्छा सभी करते हैं। परन्तु यह शान्ति तभी संभव है जब मनुष्यों के आचरण एक-दूसरे के प्रति न्याययुक्त हों। स्वार्थबुद्धि ही संसार में सब अनर्थों का मूल है। जब तक संसार के समस्त मनुष्य स्वार्थ लेश शून्य न हो जाएँ तब तक संसार में शान्ति संभव नहीं है। इस प्रकार मनुष्य चरित्र में संशोधन किए बिना केवल अहिंसा नीति के प्रचार से हम संसार में शान्ति नहीं ला सकते। आध्यात्मिक दृष्टि से जब तक हम एक परिपूर्णांग जीवनादर्श का विकास नहीं करते तब तक संसार में शान्ति संभव नहीं है।

कोरिया में, चीन मे, मिश्र में, आयरलैंड मे तथा रूस के अन्यान्य प्रदेशों में भी तो विराट् रूप से आन्दोलन हुए हैं। वहाँ तो हिंसा-अहिंसा नीति पर भारतवर्ष की तरह व्यर्थ की चर्चा नही होती थी। जनान्दोलन को सफल बनाने के लिए अहिंसा नीति को इतना अधिक महत्त्व देना कायरता का लक्षण मालूम पड़ता है। अस्तु धीरेन्द्र से मेरा वाद-विवाद चलता रहा और अन्त में वे हमारे दल में सम्मिलित होने के लिए प्रस्तुत हो गए। उनकी अमेरिका जाने की तैयारी होने लगी। मैं ऐसा अनुमान कर रहा था कि भारतवर्ष में रहते हुए क्रान्तिकारी आन्दोलन में भाग लेने से धीरेन्द्र कुछ हिचक रहे थे। सम्भव है वह ऐसा सोच रहे हों कि भारत में क्रान्तिकारी आन्दोलन में भाग लेने से वे कुछ कर भी नहीं पाएँगे और व्यर्थ के लिए उन्हें कठिन दण्ड भोगना पड़ेगा। और विदेश जाने में एक रोमांचकारी जीवनयापन की आशा बनती है। यह सन्तोष उत्पन्न होता है कि इस प्रकार से अपना जीवन किसी न किसी प्रकार सफल होगा। मैं आशा कर रहा था कि इस लालच से धीरेन्द्र हमारे दल में सम्मिलित हो जाएँगे। मेरी आशा सफल हो गई।

आज हमारे वही पुराने साथी श्री धीरेन्द्रनाथ मुकर्जी कट्टर नास्तिकवादी हो गए हैं, कम्यूनिस्ट सिद्धान्त के आधार पर काम करना चाहते हैं। इस दिन वह कट्टर गांधी भक्त बन गए थे। आज उसी तरह वे कट्टर कम्यूनिस्ट पन्थी बन गए। मैंने एक व्यक्ति विशेष को लेकर इतनी आलोचना एक विशेष कारणवश की है।

धीरेन्द्र के लिए जहाज में बॉय (Boy) के काम की व्यवस्था हो गई। अमेरिका की तरफ जाने वाले एक जहाज में धीरेन्द्र काम करने वाले थे। जहाज के रवाना होने का दिन भी निश्चित हो गया। मैंने उन्हें बड़ी कठिनता से पाँच सौ रुपये जमा करके दिए। जाने का दिन ज्यों-ज्यों निकट आने लगा त्यों-त्यों धीरेन्द्र

उदास से होने लगे। एक दिन एकाएक भयभीत हुए धीरेन्द्र मेरे पास आ खड़े हुए। धीरेन्द्र ने बताया कि वह पाँच सौ रुपये जेब में लेकर एक्सचेंज के दफ्तर को यहाँ के रुपयों को अमेरिका के डालरों में बदलवाने जा रहे थे कि ट्राम से उतर-कर धीरेन्द्र ने देखा कि उनकी जेब कट गई है। निराशा, क्रोध एवं एक प्रकार की अव्यक्त घृणा भीतर ही भीतर मुझे एकदम बेचैन करने लगी। मैं क्या कहूँ और क्या न कहूँ। गाली दूँ अथवा मारपीट करने लगूँ या उन्हें पकड़कर बलपूर्वक खूब हिला डालूँ। मैं विह्वल होकर बार-बार उनके आपाद मस्तक का असहाय के रूप में निरीक्षण कर रहा था। खैर, ईश्वर की इच्छा से मैंने अपने को संभाल लिया। शान्त और दृढ़-चित्त होकर मैंने धीरेन्द्र से फिर कहा, "कोई परवाह नही है यदि तुम अब भी जाने के लिए प्रस्तुत हो तो मैं फिर रुपयों का प्रबन्ध अभी कर डालूंगा। जो गया है जाने दो। परन्तु इतना रुपया तुम्हें इस लापरवाही से कमीज की जेब में न ले जाना चाहिए था।" मनोविज्ञान की आधुनिकतम शाखा मे ऐसा कहा गया है कि मन के अन्तस्तल मे अचेतन मन में शंका एवं द्विधा रहने के कारण मनुष्यों के आचरण बहुत विचित्र होने लगते है। यदि धीरेन्द्र परिपूर्ण हृदय से हमारे काम में आकर सम्मिलित हुए होते तो इस लापरवाही से वे कभी इस रुपये को न ले जाते।

कुछ पूरक तथ्य

—रतनलाल बंसल

'बन्दी जीवन' के यह तीनो भाग उस समय लिखे गए, जब हमारे देश मे ब्रिटिश शासन-सत्ता था। लेखक का उद्देश्य यह था कि भारत की स्वाधीनता के लिए उसने और उसके साथियो ने सशस्त्र क्रान्ति का जो प्रयास किया था, उसका विवरण जनता के सम्मुख उपस्थित कर दे, जिससे प्रेरित होकर अन्य भारतीय युवक भी इन प्रयासो मे सहायता दे और इस प्रकार स्वाधीनता आन्दोलन शक्तिशाली बन सके।

किन्तु उस समय सभी घटनाओ को सर्वथा स्पष्ट रूप से नही लिखा जा सकता था, क्योकि इससे अनेक व्यक्तियो के आपत्तिग्रस्त हो जाने का भय था इसीलिए श्री शचीन्द्र बाबू को अनेक घटनाएँ छिपानी पड़ी हैं और अनेक व्यक्तियो के कृत्रिम नाम लिखने पड़े हैं। भारत की स्वाधीनता के पश्चात् हमारे देश के अन्य क्रान्तिकारी महानुभावो ने जो-जो संस्मरण, इतिहास आदि लिखे हैं, उनके सन्मुख यह बाधा नही थी। उन्होने सभी कुछ स्पष्ट रूप से लिखा है और इसीलिए आज वे अनेक तथ्य भी प्रकाश मे आ गए है जिनको शचीन्द्र बाबू अपने इस ग्रन्थ मे प्रकट नही कर सकते। यहाँ हम कुछ ऐसे ही तथ्य संग्रहीत करके द रहे है।

हार्डिंग्ज बम काण्ड

'बन्दी जीवन' की कहानी 'दिल्ली षड्यन्त्र केस' के पश्चात् से प्रारम्भ होती है। वास्तव मे इस षड्यन्त्र केस के साथ ही उत्तर भारत के क्रान्तिकारी आन्दोलन का एक अध्याय समाप्त होता है और अगला अध्याय प्रारम्भ होता है। यह षड्यन्त्र केस उन लोगों पर चलाया गया था, जो 23 दिसम्बर, 1912 को लार्ड हार्डिंग्ज पर बम फेंकने के अपराधी समझे गए थे। लार्ड हार्डिंग्ज पर जिस समय बम फेंका गया, उस समय वह कलकत्ते से दिल्ली राजधानी लाए जाने के उपलक्ष मे निकाले गए अपने शाही जुलूस मे एक हाथी पर आसीन थे। सन् 1905 में बगाल के स्वदेशी आन्दोलन के समय कलकत्ता तथा बगाल मे जिस प्रकार विप्लवकारी सक्रिय हो उठे थे, उसी से आतंकित होकर ब्रिटिश सरकार भारत की राजधानी कलकत्ता से हटाकर दिल्ली लाई थी। इससे पूर्व सन् 1911 मे, जार्ज पचम ने दिल्ली दरबार किया था और उसी मे बंग-भग को रद्द करने की घोषणा की गई थी। उसके पश्चात् ही दिल्ली को राजधानी बनाने और इस अवसर पर ऐसी धूमधाम और प्रदर्शन करने का आयोजन किया गया, जिससे भारतीय जनता और विदेशो के लोकमत पर यह प्रभाव डाला जा सके कि भारतीय जनता पूर्णतया अग्रेजी शासन की भक्त है और कही कुछ गड़बड़ नही है। किन्तु भारतीय क्रान्तिकारियो ने जिनमे श्री रासबिहारी बोस भी थे, लार्ड हार्डिंग्ज पर बम फेंककर सरकार की इस योजना पर पानी फेर दिया। बताया जाता है कि श्री रासबिहारी बोस के एक साथी श्री बसन्तकुमार विश्वास स्त्री-वेश में एक ऐसे मकान की छत पर जा बैठे, जो जुलूस के रास्ते मे था। जैसे ही वायसराय का हाथी उस मकान के नीचे आया, श्री विश्वास ने बम फेंक दिया। किन्तु वायसराय बच गए, केवल उनका एक अंगरक्षक मारा गया। इसके पश्चात् ही बड़े पैमाने पर गिरफ्तारियाँ हुई। कुछ लोग मुखबिर हो गए और श्री बालमुकुन्द, मास्टर अमीचन्द, अवधबिहारी और बसन्तकुमार विश्वास को फाँसी हुई। इसके अतिरिक्त अन्य अनेक व्यक्तियों को लम्बी-लम्बी अवधि की सजा सुनाई गई।

शशांकमोहन हाज़रा

लार्ड हार्डिञ्ज पर जो बम फेंका गया था, वह उसी प्रकार का था, जिसके खोल कलकत्ता के राजाबाज़ार मुहल्ले में श्री शशांकमोहन हाज़रा के घर से बरामद हुए थे। इन श्री शशांकमोहन की चर्चा से ही 'बन्दी जीवन' की कहानी शचीन्द्र बाबू ने प्रारम्भ की है। शशांकमोहन का एक अन्य नाम अमृत हाज़रा भी था। वह कलकत्ता के एक बरफ के कारखाने में काम करते थे। किसी राजनीतिक डकैती के सिलसिले मे पुलिस ने उनके घर की तलाशी ली, तो उमे वहाँ बम बनाने के नुस्खे और बम के खोल भी हाथ लग गए। श्री शशांकमोहन ने अदालत मे इस बात से इन्कार किया कि वे बम बनाते थे। उन्होने अदालत मे अपनी सफाई देते हुए कहा कि पुलिस जिस चीज़ को बम के खोल बता रही है, वह तो एक नई प्रकार की गैस की लालटेन का हिस्सा है, जो मैं ईजाद करना चाहता हूँ। उन्होने उन खोलो से अदालत मे ही एक गैस की लालटेन बनाकर दिखा भी दी। किन्तु दूसरे प्रमाणो के आधार पर उनका क्रान्तिकारी होना सिद्ध हो गया और 15 साल के काले पानी की सज़ा उन्हें मिली।

ऐसा प्रतीत होता है कि श्री शचीन्द्रनाथ सान्याल का बंगाल के क्रान्तिकारी दल से सम्पर्क श्री हाज़रा के द्वारा ही हुआ था। श्री मन्मथनाथ गुप्त ने अपनी पुस्तक 'भारतीय क्रान्तिकारी आन्दोलन का इतिहास' मे लिखा है :

"1912 मे ढाका अनुशीलन समिति के फरार अमृत या शशांक हाज़रा तथा अन्यान्य लोगो के मन मे यह विचार आया कि अलग-अलग दल बनाकर कार्य करने से कार्य-सिद्धि नही होगी। इसी कारण चन्द्रनगर दल तथा अनुशीलन दल का मिलन हुआ।

"1908 के लगभग काशी के श्री शचीन्द्रनाथ सान्याल ने एक क्रान्तिकारी दल की स्थापना की। इसका रूप अभी पूरा क्रान्तिकारी नही हुआ था, बल्कि अभी वह केवल लाठी, कुश्ती, जिमिनास्टिक आदि सीखने की एक सस्था मात्र थी। शचीन्द्रनाथ सान्याल ने इसका नाम 'अनुशीलन समिति' रक्खा, पर बगाल की अनुशीलन समिति मे इसका कोई सम्बन्ध नही था। बाद को जब बगाल मे अनुशीलन समिति ग़ैर क़ानूनी करार दी गई, तो शचीन्द्रनाथ सान्याल ने अपनी संस्था का नाम 'यंगमैन्स एसोसिएशन' रखा।

"शचीन्द्र अपने दल को पूरा क्रान्तिकारी रूप नही दे पा रहे थे, इसलिए उन्होने बंगाल की यात्रा की। वे ढाका के माखनसेन से मिले, पर उनसे मिलकर उनका मन संतुष्ट नही हुआ क्योंकि वे धर्म के आधार पर राजनीतिक कार्य की बात कह रहे थे, शचीन्द्र को यह बात पसन्द नही आई। ये 1913 मे ही अनुशीलन समिति के नेताओं से मिले और उनके राजा बाजार वाले अड्डे पर गए।

"वहाँ शचीन्द्र जिस रूप मे गए, वह रविसेन के अनुसार इस प्रकार था— 'जब शचीन्द्र पहले-पहल राजा बाज़ार आए, तब मैने देखा कि सिर पर मोटी

चुटिया थी और कोट पहने थे। देखने पर बंगाली नहीं लगते थे।'

"राजा बाजार में ही कई और क्रान्तिकारियों से शचीन्द्र का परिचय हुआ। उनमें से शिरीष बाबू शचीन्द्र को चन्द्रनगर ले गए और वहीं रासबिहारी के साथ उनका परिचय कराया गया। उन्होंने आगन्तुक की गतिविधि देखी। शचीन्द्र मानो बारूद से भरे अनार थे। इसलिए हर समय चंचल रहते थे। शचीन्द्र की यह चंचलता देखकर रासबिहारी ने उनका नाम लट्टू रक्खा। शचीन्द्र में असाधारण कर्मशक्ति, सरलता और साधुता थी। उनमें जैसे कर्मशक्ति हर समय उबाल के बिन्दु पर बनी रहती थी। रासबिहारी शचीन्द्र की यह चंचलता देखकर बोले, 'उसके ग्रुप के साथ मिलना खतरनाक तो नहीं रहेगा? यह तो बड़ा अस्थिर लगता है। मैं सेना में काम कर रहा हूँ। पता नहीं क्या गोलमाल कर डाले।'

"प्रतुल गांगुली उन दिनों फरार थे, अब वे इस बात के लिए नियुक्त हुए कि वे शचीन्द्र के साथ उत्तर प्रदेश का दौरा करेंगे और फिर उनकी रिपोर्ट पर तय होगा कि रासबिहारी कहाँ तक उनसे सहयोग करें। प्रतुल बाबू ने दौरा करने के बाद अच्छी रिपोर्ट दी, जिसके फलस्वरूप शचीन्द्र का दल रासबिहारी के साथ काम करने लगा और शचीन्द्र रासबिहारी के दाहिने हाथ बन गए।..."

इस विवरण से प्रमाणित होता है कि बंग-भंग आन्दोलन के समय बंगाल में विप्लववाद की जो लहर उठी थी, उसी से अनुप्राणित होकर श्री शचीन्द्र ने अपने नगर बनारस में पहले युवकों का एक संगठन स्थापित किया। इसके पश्चात् वे किसी प्रकार अमृत (शशांक) हाजरा के पास कलकत्ता जा पहुँचे और फिर उनका श्री रासबिहारी से सम्पर्क हो गया। इसके पश्चात् तो वे श्री शचीन्द्र रासबिहारी के पूर्ण रूप से ही अनुगत हो गए। बनारस षड्यन्त्र के एक मुखबिर के बयान के अनुसार 1914 के नवम्बर की एक रात को जब श्री शचीन्द्र और श्री रासबिहारी एक बम की टोपी की जाँच कर रहे थे, अकस्मात् वह बम फट गया और रासबिहारी तथा शचीन्द्र दोनों ही घायल हो गए। इन दिनों वे प्रथम विश्वयुद्ध की स्थिति से लाभ उठाकर देश की सेनाओं में विद्रोह उभारने का कार्य कर रहे थे। पग-पग पर संकट और मृत्यु के दर्शन इसी प्रकार उनको करने पड़ते थे।

श्री अमृत हाजरा ने वहाँ डकैतीकांड में भाग लिया था। वहाँ एक ग्राम का नाम है, जहाँ एक धनी व्यक्ति रहता था। क्रान्तिकारी कार्यों के लिए धन की आवश्यकता होने पर क्रान्तिकारियों ने उसके यहाँ डकैती डाली और नाव द्वारा भाग निकले। किन्तु ग्रामवासी और पुलिसवालों ने क्रान्तिकारियों का पीछा किया। नदी के दोनों किनारों पर ग्रामीणों की भीड़ और नदी में नाव द्वारा पुलिस क्रान्तिकारियों पर गोली चलाते हुए उनका पीछा करने लगी। एक-दो क्रान्तिकारी मारे गए। उस अवसर पर अमृत हाजरा अपने मृत-साथी की लाश को सामने रखकर जोर-जोर से वन्देमातरम् का नारा लगाते रहे। इस नारे को सुनकर ही ग्राम वाले समझ सके कि यह लोग साधारण डकैत नहीं, बल्कि क्रान्तिकारी हैं। इस पर अधिकांश ग्रामीण वापस लौट गए और शेष क्रान्तिकारी बच-

कर आ सके। श्री शशांक ऐसे कर्मठ, साहसी, प्रत्युत्पन्न बुद्धि और मेधावी थे।

राजस्थान का क्रान्तिकारी दल

श्री रासबिहारी बोस से परिचय होने के पश्चात् श्री शचीन्द्रनाथ सान्याल को राजस्थान के क्रान्तिकारी संगठन का भी सहयोग मिलने लगा, जो बंगाल के क्रान्तिकारियों के सम्पर्क में बहुत पहले से था। श्री शचीन्द्र ने 'बन्दी जीवन' में राजस्थान के सम्बन्ध में बहुत कम लिखा है, यद्यपि वे बहुत-कुछ लिख सकते थे। वास्तविकता तो यह है कि सन् 1914-15 में श्री रासबिहारी के साथ श्री शचीन्द्र जिस विराट् विप्लव यज्ञ का आयोजन कर रहे थे, उसमें राजस्थान के क्रान्तिकारी भी महत्त्वपूर्ण भाग लेने वाले थे। राजस्थान का यह क्रान्तिकारी संगठन बहुत पुराना था और भारतीय विप्लववाद के आदि प्रवर्त्तक श्री श्यामजी कृष्ण वर्मा ने इसकी नीव डाली थी। कुछ विद्वान इतिहासज्ञों का यह भी मत है कि महर्षि दयानन्द सरस्वती और स्वामी विवेकानन्दजी ने राजस्थान के अनेक राजाओं के मन में स्वतन्त्रता-प्राप्ति के लिए सशस्त्र प्रयास करने की भावना उत्पन्न कर दी थी। श्री श्यामजी कृष्ण वर्मा महर्षि दयानन्द के शिष्य थे। वे भारत की अनेक रियासतों के दीवान रहे और फिर कुछ दिनों तक अजमेर म्युनिस्पैलिटी के अध्यक्ष पद पर भी रहे। इसके पश्चात् हम अनेक क्रान्तिकारियों को अकस्मात् राजस्थान की रियासतों के राजकीय पदों पर आसीन होते देखते हैं। दिल्ली षड्यन्त्र में फाँसी पाने वाले श्री बालमुकुन्दजी जोधपुर के राजकुमारों के शिक्षक के पद पर थे। लाला हरदयालजी के एक साथी बाबू ब्रजमोहनलाल जी स्कूल ऑफ आर्टस, जयपुर के वाइस प्रिन्सिपल पद पर आसीन थे। खरवा रियासत के राजा राव गोपाल सिंह तो क्रान्तिकारी कार्यों मे इतने सक्रिय थे कि सरकार को बहुत दिनो तक उनको नजरबन्द रखना पड़ा। प्रसिद्ध जैन विद्वान श्री अर्जुनलालजी सेठी जयपुर में एक राष्ट्रीय विद्यालय चलाते थे और इस दल के नेता थे। श्री शचीन्द्र-नाथ सान्याल ने 'बन्दी जीवन' के द्वितीय अध्याय में 'प्रताप की कहानी' शीर्षक से जिन प्रताप सिंह की गौरव-गाथा लिखी है, वे और उनके पिता डा० केशरी-सिंहजी बारहठ, जो एक समृद्ध जागीरदार थे, क्रान्तिकारी कार्यों मे अपने को सर्वथा होम चुके थे। ठाकुर केशरीसिंहजी के छोटे भाई श्री जोरावरसिंहजी उनके अनेक रिश्तेदार भी विप्लव-पथ के पथिक बन चुके थे। ठाकुर केशरी सिंहजी के परिवार वालों का तो दावा है कि लार्ड हार्डिंग्ज पर बम वसन्त-कुमार विश्वास ने नहीं, ठाकुर जोरावरसिंह ने फेंका था। इस केस में ठाकुर जोरावरसिंह का वारण्ट निकला था, पर वे फरार हो गए और सन् 1938-39 में जब कुछ प्रान्तों में कांग्रेस मिनिस्ट्री बन जाने के कारण उनका वारण्ट रद्द हो जाने की सम्भावना होने लगी थी, फरार अवस्था में ही उनका देहान्त हो गया।

शहीद मोतीचन्द और जयचन्द

श्री शचीन्द्र ने 'बन्दी जीवन' के द्वितीय भाग के छठे परिच्छेद में निमेज के महन्त की हत्या के अपराध में फाँसी पानेवाले दो युवकों—श्री मोतीचन्द और माणिकचन्द या जयचन्द के फाँसीघर से लिखे जाने वाले एक पत्र का उल्लेख किया है। यह श्री मोतीचन्द और जयचन्द भी इसी राजस्थानी क्रान्तिकारी मंडली के थे। इनमें श्री जयचन्द के नाम का उल्लेख शचीन्द्र बाबू स्मृति-भ्रम मे कर गए हैं, क्योंकि श्री जयचन्द निमेज के महन्त हत्याकांड के अभियुक्त अवश्य थे किन्तु वे अन्त तक पुलिस के हाथ नही आ सके। इस फरार अवस्था में जयचन्दजी बहुत दिनों तक हरिद्वार में बाबा काली कमलीवाले की संस्था के मुख्य पद पर रहे और उधर ही क्रान्तिकारी दल का संगठन भी करते रहे। राजस्थान के वर्तमान सर्वोदयी नेता श्री रामनारायण चौधरी भी उस समय इसी मंडली में थे। श्री मोतीचन्द और जयचन्दजी का परिचय देते हुए उन्होंने अपनी पुस्तक 'वर्तमान राजस्थान' में लिखा है—

"··· उन्होने (श्री अर्जुनलाल सेठी ने) महाराष्ट्र और काश्मीर जैसे दूर-दूर के प्रान्तों से चुन-चुनकर नौजवान इकट्ठे किये थे। ये कैसे जीवट के लोग थे, इसके दो दृष्टान्त मुझे याद हैं। श्री मोतीचन्द उस युवक दल के अगुआ थे। एक बार उनका ऑपरेशन हुआ। डा० उलफ्तसिंह की राय मे वह इतना गम्भीर था कि क्लोरोफार्म सुँघाये बिना चीरा लगाने की उनकी हिम्मत न हुई। मोतीचन्द का आग्रह था कि होश में ही चीरफाड की जाय। आखिर वैसा ही हुआ और मोतीचन्द ने उफ तक न की। डाक्टर दाँतों तले उँगली दबाकर रह गया। आरा के महन्त की हत्या के अपराध में जब उन्हें फाँसी लगी तो कहते है, बलिदान की खुशी मे उनका वजन कई पौंड बढ़ गया था।

"लेकिन असली अपराधी तो थे जयचन्द, जो अन्त तक पुलिस के हाथ न आए। उनके साथ मेरा गहरा सम्बन्ध हो गया था। उनका किस्सा विचित्र था। वे काश्मीर राज्य के पूँछ ठिकाने में किसी छुटभैया के लडके थे। एक दूसरे युवक के साथ अनन्य मित्रता हो गई। प्लेग आया तो दोनों में कौल-करार हुआ कि जो बच रहे वह घर से निकल पड़े और उम्रभर अपने साथी के लिए तपस्या करे। जयचन्द बच गए। सीधे हरद्वार जाकर जाडे में गंगाजी में और गर्मी में बालू रेत में तपस्या करने लगे। गाने का शौक था। एक दिन सेठीजी का वहाँ भाषण था। उसमें संगीत का भी कार्यक्रम था। जयचन्द कोने में बैठे सुन रहे थे। सेठीजी की पारखी दृष्टि ने उन्हें पहचान लिया कि काम का आदमी है। साथ ले आए। वह निर्भय इतने थे कि कई बार वारण्टधारी पुलिस के बीच से निकल गए। चलने में इतने तेज कि एक बार घुड़सवार पुलिस का पीछा बचाते हुए सत्तर मील तय करके शाम को मेरे पास पहुँच गए। दो मंजिल से कूदकर भाग जाने का उन्हें इतना पक्का विश्वास था कि हमारे प्रबल आग्रह पर भी वे धीरे बोलने या दूसरी

सावधानी बरतने को तैयार नहीं होते थे।

"इसी मंडली में एक श्री छोटेलाल जैन भी थे, जो हार्डिञ्ज बम केस में अभियुक्त बनाये गए किन्तु प्रमाणाभाव से छूट गए और फिर क्रान्तिकारी कार्यों में संलग्न हो गए। इसके पश्चात् गांधीजी के तत्वज्ञान ने उनको खींचा और साबरमती आश्रम में जाकर रहने लगे।"

"किन्तु इस मंडली के रत्न तो प्रतापसिंहजी थे, जो शचीन्द्र बाबू के साथ बनारस षड्यन्त्र केस के अभियुक्त थे।" श्री रामनारायण चौधरी ने अपनी इसी पुस्तक में एक स्थान पर लिखा है, "सच तो यह है कि महात्मा गांधी को छोड़कर और किसी पर मेरी इतनी श्रद्धा नही हुई जितनी प्रतापजी पर··।"

सर रेजिनल्ड कैडक की हत्या का प्रयास

श्री शचीन्द्र ने अपनी इस पुस्तक के द्वितीय भाग में 'काशी अंचल की कहानी' परिच्छेद (2) के अन्तर्गत लिखा है, "राजपूताना के एक युवक के साथ दिल्ली आ पहुँचा। अपने दल के ही एक युवक के डेरे पर अतिथि हुआ।···उस समय के होम मेम्बर सर रेजिनल्ड कैडक साहब तब दिल्ली मे न थे, और एक-दो और कारण थे, जिसमे दिल्ली में कुछ किया नही गया।"

श्री रामनारायण चौधरी ने भी अपनी पुस्तक में इस घटना का ब्यौरा दिया है। वे लिखते है, "1915 का साल शुरू हुआ था कि एक दिन अँधेरे-अँधेरे छोटेलालजी एक ऐनकधारी युवक को लेकर आए। छोटी-छोटी आँखें, साँवला रग और ठिगना क़द था। उन दिनों हिन्दुस्तानी फ़ौज मे गदर की तैयारी की जा रही थी। इसके संयोजक बाबू रासबिहारी बोस थे। उनका केन्द्र बनारस था। एक खास काम के लिए उन्होने श्री शचीन्द्रनाथ सान्याल को दिल्ली भेजा था। प्रतापसिंह उनके साथ थे। इसी खास काम में एक सन्देश ले जानेवाले की जरूरत थी। छोटेलालजी की सलाह से प्रतापजी ने मुझे पसन्द किया। दूसरे ही दिन प्रतापजी और मैं दिल्ली के लिए रवाना हो गए। बाहर के एक पुराने मकान की पहली मंजिल पर पहुँचे तो एक गठीले जवान ने हमारा स्वागत किया। वह शचीन्द्र थे। एक कोठरी मे अखबार बिछे थे। यही उनका बिस्तर था। शाम तक मुझे योजना का पता लग गया। वह यह थी कि भारत सरकार के होम मेम्बर सर रेजिनल्ड कैडक को गोली का निशाना बनाया जाय। यह काम करें जयचन्द और मैं उन्हें हरिद्वार से बुला लाऊँ। संकेत यह था कि जैसे ही कैडक साहब वाली घटना के समाचार प्रकाशित हों, मेरठ वग़ैरह की भारतीय सेना विद्रोह कर दे।···अस्तु, मैं रात की गाड़ी से हरिद्वार के लिए चल पड़ा। भारत रक्षा क़ानून का शिकंजा इतना कडा था कि हर जगह पुलिस किसी युवक को देखते ही संदेह करती और उसे पूछताछ किये बिना आगे न बढ़ने देती। लेकिन मेरी मारवाड़ी वेष-भाषा ने अच्छा काम दिया। हरिद्वार में उन दिनो कुम्भ का मेला था, परन्तु काली कमली वाले बाबा का स्थान ढूँढ़ने में विशेष अड़चन नहीं हुई। हमारे

जयचन्द बाबा के दाहिने हाथ बने बैठे थे। देखते ही लिपट गए। लेकिन मेरे साथ दिल्ली चलने में असमर्थता प्रकट करते हुए बोले, "यहाँ एक अच्छा दल तैयार कर लिया है। अभी कल परसों एक सफल डाका डाला है। हाथ में लिया हुआ काम छोड़कर जाना ठीक नहीं। हाँ, चाहो तो *पाँच-दस हजार रुपया ले* जाओ। डाके का माल भी है और बाबा का भंडार भी भरपूर है।" धन लाने की मुझे आज्ञा न थी। मैं खाली हाथ वापस आ गया। शचीन्द्र और प्रतापजी को निराशा हुई। जो काम जयचन्द्र के सिपुर्द होनेवाला था वह प्रतापजी को सौंपा गया। मगर संयोगवश कैडक साहब उस तारीख को बीमार हो जाने से बाहर नहीं निकले और बच गए। मैं उसी रात को जयपुर लौट आया।"

श्री प्रतापसिंह

बनारस षड्यन्त्र के सिलसिले में प्रतापसिंहजी के फरार होने और फिर उनकी गिरफ्तारी पर प्रकाश डालते हुए श्री चौधरी ने लिखा है, "···प्रतापजी पर बनारस षड्यन्त्र के सिलसिले में वारंट निकल गए और वे भागकर हैदराबाद (सिन्ध) में जा छिपे। खुफिया पुलिस तलाश करती हुई जयपुर पहुँची और एक ओसवाल गृहस्थ के पीछे पड़ी। कमजोरी में आकर उन्होंने हैदराबाद तो बता दिया मगर फिर सँभलकर सिंध के बजाय निजाम की राजधानी का पता दे दिया। डिप्टी सुपरिटेंडेंट आगे यह सुराग पाकर दक्षिण की ओर रवाना हुए। इधर हमारी मंडली को प्रतापजी को बचाने की फिक्र हुई। इस बार भी मुझको चुना गया। मारवाड़ी पोशाक में चल पड़ा। मुझे हिदायत थी कि मारवाड़ के मनिमालिया स्टेशन पर उतरकर चारणों के गाँव पाचेटिया में पहले तलाश कर लूँ। शायद प्रतापजी वहाँ हों। हमारे देहाती समाज में अनजान लोगों से खूब पूछताछ होती है। इससे मेरे काम में बाधा पड़ रही थी। आखिर एक किस्सा गढ़ लिया और जो कोई पूछता उसी को सुनाकर पिण्ड छुड़ाता। गाँव के निकट पहुँचते-पहुँचते मालूम हो गया कि जिस घर में प्रतापजी ठहरा करते थे, उसे पुलिस ने घेर रक्खा है। मैं समझ गया कि पंछी अभी पकड़ में नहीं आया है, मैं व्यर्थ में क्यों फँसूँ। मैंने सिन्ध की राह ली। हैदराबाद में पहुँचकर दिन-भर की खोज के बाद प्रतापजी से भेंट हुई। उन्होंने एक खानगी दवाखाने में कम्पाउण्डर की जगह काम शुरू कर दिया था और फुरसत के समय वाचनालयों में आनेवाले नौजवानों में क्रान्तिकारी प्रचार करने लग गए थे। दूसरे ही दिन हम दोनों बीकानेर के लिए चल पड़े। सोचा यह था कि मैं तो राजधानी में कोई नौकरी कर लूँगा, प्रतापजी कहीं देहात में जा बसेंगे और दोनों मिलकर विप्लववादी दल खड़ा करेंगे···लेकिन एक गलती ने इस योजना पर पानी फेर दिया। जोधपुर स्टेशन पास आया तो प्रतापजी की इच्छा आशानाडा स्टेशन पर उतरकर वहाँ के स्टेशन मास्टर से मिल लेने की हुई। वह दल का सदस्य था। मगर कुछ दिन पहले उसके यहाँ बम का पार्सल पकड़ा जा चुका था और अपनी खाल बचाने

को पुलिस का मुखबिर बन गया था। इसकी हमें किसी को खबर न थी। तय यह हुआ कि मैं जोधपुर उतरकर शहर देख लूँ और दूसरे दिन शाम की गाडी से बीकानेर के लिए चल पड़ूँ। रास्ते में आशानाडा स्टेशन पर प्रतापजी को 'माधो' के नाम से पुकारूँ। अगर कोई जवाब न मिले तो समझ लूँ कि प्रतापजी देहात में घुस गए है और मैं बीकानेर पहुँचकर उनका इन्तजार करूँ। लेकिन प्रतापजी तो आशानाडा उतरते ही गिरफ्तार कर लिये गए थे। मेरी आवाज का कोई असर न देखकर मैं बीकानेर पहुँच गया।"

"····इधर हरिद्वार की कारगुजारी के सिलसिले मे प्रतापसिंह ने बोस बाबू की तरफ से जो घड़ी और शौर शाल भेंट की थी, वह चोरी चली गई थी। ये पुरस्कार मुझे बहुत प्रिय थे। प्रतापजी के वियोग की पीडा भी कम न थी। वह आदमी ही ऐसा था। जितने विप्लववादी देशभक्तों से मेरा परिचय हुआ, उनमे प्रताप की छाप मुझ पर सबसे अच्छी पड़ी थी। वे बड़े कोमल स्वभाव के निहायत शिष्ट और सदा खुश रहने वाले जीव थे। गीता को उन्होंने जिस रूप में समझा था, उसी के अनुसार उनकी सारी चेष्टाएँ होती थी। धन और स्त्री की इच्छा को उन्होंने खूब जीता था। शरीर इतना सधा हुआ था कि जयपुर मे जब वे मेरे पास रहे थे तो एक बार लगातार बहत्तर घण्टे जागते रहे और बिना खाए-पिए बराबर काम करते रहे। और फिर सोए तो तीन दिन तक उठने का नाम नही लिया। गल्ता के कुंड में घंटों तैरते भी उन्हें देखा।···वे जहाँ रहते, वही का वातावरण सरलता, प्रेम और पवित्रता से भर देते थे।"

राजस्थान के इसी क्रान्तिकारी मंडल मे श्री विजयसिंह पथिक भी थे, जो बाद को चलकर राजस्थानी किसानों के प्रसिद्ध नेता बने। सन् 1914-15 में पथिकजी राव साहब खरवा के दाहिने हाथ बने हुए थे और इन लोगों ने कई हजार बदूकें विद्रोह के लिए एकत्रित कर ली थी। किन्तु कृपालसिंह द्वारा विद्रोह की योजना को सरकार पर प्रकट कर देने के कारण यह तमाम तैयारी बेकार चली गई। निश्चय ही यदि यह योजना क्रियान्वित हो सकती, तो न केवल भारत का, बल्कि संसार का इतिहास भी शायद बहुत कुछ परिवर्तित हो जाता।

मुखबिर कृपालसिंह

शचीन्द्रबाबू ने 'बन्दी जीवन' में इतना संकेत तो कर दिया है कि कृपालसिंह पर क्रान्तिकारियों को संदेह हो गया था। वे उसको समाप्त भी कर देना चाहते थे, किन्तु कर नही सके और वह अपने इस दुष्कृत्य में सफल हो गया। किन्तु कृपालसिंह को रास्ते से क्यों नही हटाया जा सका इसका पूरा ब्यौरा हमें गदर पार्टी के एक कार्यकर्ता बाबा हरनामसिंह के एक लेख से मिलता है। बाबा हरनामसिंह भारत से अमेरिका जाकर खेतों में मजदूरी करते थे। गदर पार्टी का संगठन होने पर उसके सदस्य हो गए। कुछ दिन तक अमेरिका मे गदर पार्टी के मंत्री लाला हरदयालजी के अंगरक्षक भी रहे। प्रथम विश्वयुद्ध प्रारम्भ होने पर

भारत में विद्रोह करने के लिए अपने अन्य साथियों सहित भारत आ गए। रासबिहारी बोस तथा शचीन्द्रजी के साथ काम किया और फिर गिरफ्तार होकर पहले फाँसी की सजा पाई जो अपील मे आजीवन कालापानी हो गई। अमेरिका में ही एक दुर्घटनावश उनका बायाँ हाथ कट गया, इसीलिए वे 'टुण्डालाट' के नाम से भी प्रसिद्ध थे। अभी कुछ दिन पूर्व बाबा हरनामसिंह का स्वर्गवास हुआ है।

बाबाजी ने अपने लेख मे लिखा है, "···पंजाब और बंगाल मे क्रान्ति प्रारम्भ करने के लिए 21 फरवरी सन् 1915 की तारीख निश्चित हुई थी। बाबू रासबिहारी बोस लाहौर मे पंजाब पार्टी का नेतृत्व कर रहे थे। सरकारी मुखबिर कृपालसिंह ने इस बात की खबर पुलिस को दे दी थी।

लाहौर के एक मकान मे कृपालसिंह को किसी काम के लिए लाहौर छावनी के एक रिसाले मे भेजा गया। कुछ साथियों को कृपालसिंह पर सन्देह हो जाने के कारण उसके पीछे एक लड़का उसकी निगरानी के लिए रवाना किया गया। इस लड़के ने तुरन्त आकर खबर दी कि कृपालसिंह मकान से साधा लाहौर स्टेशन की खुफ़िया पुलिस के दफ्तर मे गया है। वहाँ रिपोर्ट देकर वह छावनी गया और उसी मकान पर लौट आया। उसके वापस आने से पहले मैं भी उस मकान पर पहुँच चुका था और उसकी जासूसी की बात सुन ली थी। जब वह लौटकर आया हम तीन आदमी वहाँ मौजूद थे। वह आकर बेफिक्री से एक कुर्सी पर बैठ गया। हम तीनों मे उसे क़त्ल कर देने के लिए इशारे होने लगे। मकान में कुछ बम और दो-चार रिवाल्वर मौजूद थे, लेकिन उनके चलाने से बाजार में धड़ाके का डर था। हमने उसे गले में फन्दा डालकर मार डालने का निश्चय किया। इस काम के लिए सिर्फ एक ही हाथ होने की वजह से मैं पहल नहीं कर सकता था। दूसरे साथी लाला रामसरनदास शारीरिक रूप से कमजोर थे। उनका हाथ डालना ठीक भी न था। हमने तीसरे साथी भाई अमरसिंह राजपूत को पहल करने का इशारा किया और हम दोनों मदद को तैयार थे। अमरसिंह तेईस-चौबीस वर्ष का हट्टा-कट्टा जवान था। लेकिन कृपालसिंह पर हाथ डालने का साहस उसे न हुआ। हम अंग्रेजी मे बातचीत नही कर सकते थे, क्योंकि कृपालसिंह भी थोड़ी-बहुत अंग्रेजी समझता था। हमारे इशारों से वह चौकन्ना हो गया और मेरे हाथ तथा अमरसिंह के भय ने उसकी जान बचा दी···।

"जब अमरसिंह को फाँसी सामने लटकती नजर आई तो उसने पुलिस की शरण ले सरकारी गवाह बनकर जान बचाने की कोशिश की। उसने अपने बयान में अमेरिका के शुरू के काम से लेकर आखीर तक की सारी कहानी पुलिस को सुना दी। अमरसिंह अमेरिका में पार्टी का सरगर्म मेम्बर था। गदर केस में वह मेरे साथ ही काम करता था। हिन्दुस्तान लौटते समय उसने भी बाकी मेम्बरों की तरह आजादी या मौत का प्रण किया था। इसके अतिरिक्त उसका चाल-चलन भी वहाँ बहुत अच्छा था, लेकिन प्राणों के भय से उसने अपने साथियों को मौत के मुँह में धकेलकर अपनी जान बचाने की सोची।"

करतारसिंह आदि की गिरफ्तारी

इस भेद के खुल जाने पर सरगरम साथियों ने कोई उपाय न देखकर जल्दी से 21 फरवरी के बजाए, क्रान्ति के लिए, 19 फरवरी का दिन निश्चित कर दिया। लेकिन पुलिस ने 18 फरवरी को ही लाहौर के दो-तीन मकानों से कुछ आदमियों को गिरफ्तार कर लिया। बाबू रासबिहारी बोस के मकान का पता मुखबिर को न था, इसलिए वे बच गए। 18 फरवरी को ही तमाम छावनियों में हिन्दुस्तानी सिपाहियों की जगह गोरे सिपाहियों का पहरा हथियारखानों पर लगा दिया गया और हमारी योजना बीच में ही रह गई। 19 फरवरी की रात को ही बनारस का टिकट खरीदकर बाबू रासबिहारी को रेलगाड़ी पर सवार कराया गया। पंजाबी कपड़े पहनकर वे बनारस पहुँचकर बच निकले। दूसरे दिन दो साथियों करतारसिंह सराबा और जगतसिंह के साथ मैं लाहौर से चला गया। हम तीनों ज्यों-ज्यों पेशावर पहुँचे। पेशावर से दस मील आगे निकलकर फिर पीछे लौटने का निश्चय किया। फैसला यह किया कि कुछ हथियार इकट्ठे कर अपने साथियों को लाहौर और अमृतसर की हवालातों से छुड़ाया जाए। हथियार लेने के लिए हम लोग सरगोधा के सरकारी फार्म में गए और वहाँ के सिख रिसालदार की मुखबिरी पर गिरफ्तार हो गए।...गिरफ्तारी 28 मार्च सन् 1915 को हुई थी।

कृपालसिंह की हत्या

"मुखबिर कृपालसिंह उस समय तो बच गया किन्तु क्रान्तिकारी उसके पीछे लगे ही रहे। वह इतनी सावधानी से रहता था कि उसको ठिकाने लगाना आसान बात नहीं थी। फिर भी सन् 1931 में, जब एक दिन वह अपने घर पर सो रहा था, कुछ लोगों ने उसे ठिकाने लगा दिया और आज तक यह पता नहीं लग सका कि उसकी हत्या करनेवाले कौन थे।

गदर पार्टी का जन्म और अन्त

शचीन्द्र बाबू ने अपनी पुस्तक में अमेरिका की गदर पार्टी के सम्बन्ध में बहुत-कुछ लिखा है। पंजाब में फ़ौजों को उभारने आदि का सम्पूर्ण कार्य गदर पार्टी के ही सदस्यों ने किया था। इनमें से पचासों फाँसी पर चढ़ गए, सैकड़ों को काला पानी हुआ और कुछ सरकार की आँखों में धूल झोंककर विदेशों को भी चले गए। किन्तु फिर इसके पश्चात् गदर पार्टी का क्या हुआ? क्या वह समाप्त हो गई? जैसाकि बहुत-से व्यक्ति समझते हैं। इस सम्बन्ध में वास्तविकता यह है कि गदर पार्टी भारत की स्वाधीनता तक बराबर अमेरिका में और जहाँ भी उसके सदस्य थे, कार्य करती रही। यह ठीक है कि प्रथम विश्वयुद्ध में उसके सैकड़ों-हज़ारों सदस्य भारत में आकर अपनी जन्मभूमि की स्वाधीनता के लिए सर्वस्वरत हुए, किंतु

फिर भी अमेरिका में उसका संगठन ज्यों-का-त्यों चलता रहा। अभी कुछ दिन पूर्व अमेरिका की सरकार द्वारा नियुक्त एक समिति ने इस बात की जाँच की थी कि अमेरिका की गदर पार्टी के कुछ सदस्य चूंकि रूस और साम्यवाद से सहानुभूति और सम्पर्क रखते हैं, अतः क्या वे अमेरिका में भी संकट उत्पन्न तो नहीं कर सकते ? इस कमेटी की रिपोर्ट गोपनीय थी, किन्तु वह किसी प्रकार गदर पार्टी के एक सदस्य के हाथ लग गई और स्वयं इन पंक्तियों के लेखक ने भी उसे देखा और पढ़ा है। इस कमेटी ने अपनी रिपोर्ट में एक बात तो यह बताई है कि गदर-पार्टी की स्थापना सन् 1907 में लाहौर में हुई थी। अभी तक यही समझा जाता रहा है कि लाला हरदयालजी ने नवम्बर, 1913 मे अमेरिका के कैलीफोर्निया में इसकी स्थापना की थी। इसके सम्बन्ध में एक प्रसिद्ध क्रान्तिकारी श्री खानखोजे, जिन्होने विदेशों में बहुत काम किया, इस प्रकार बताते हैं, "लगभग 1907 के प्रारम्भ में अमेरिका के कैलीफोर्निया मे जो भारतीय छात्र थे, उनमें खगेन्द्र चन्द्र-दास, पाण्डुरंग खानखोजे, तारकनाथदास, अधरचन्द्र लसगर आदि ने भारतीय-स्वाधीनता-संघ की स्थापना की।···1908 में कैलीफोर्निया के सैक्रामेंटों और आरगिल स्टेटों के पोर्टलैंड नामक स्थान में संघ का केन्द्र स्थापित किया गया। ···1913 में लाला हरदयाल और भाई परमानन्द कैलीफोर्निया आएँ। परमानन्द दल में शामिल नही हुए पर हरदयाल शामिल हुए और उन्होने सलाह दी कि दल का नाम बदलकर 'गदरपार्टी' कर दिया जाय।"

अमेरिका सरकार की समिति की रिपोर्ट में और इस प्रामाणिक बयान में जो अन्तर है, उसका कारण यह प्रतीत होता है कि समिति को गदरपार्टी के किसी पुराने सदस्य से ही यह ज्ञात हुआ होगा कि सन् 1907 में लाहौर के क्रान्तिकारियों के बीच ही अमेरिका में इस प्रकार का एक संगठन बनाने का निश्चय हुआ होगा। यह स्मरणीय है कि सन् 1906-07 में पंजाब में क्रान्तिकारी बहुत ही सक्रिय थे। सरदार भगतसिंह के चाचा सरदार अजीतसिंह, ला० पिंडीदास, अम्बाप्रसाद सूफी तथा अन्य अनेक हिन्दू, सिख, मुस्लिम क्रान्तिकारी अपने संगठन को दृढ़ करने में लगे हुए थे। पंजाब की एक महत्त्वपूर्ण विशेषता यह थी कि बंगाल की भाँति पंजाब में क्रान्तिकारी आन्दोलन केवल मध्यमवर्ग तक ही सीमित नहीं था और न आतंकवाद तक ही उसकी परिधि समाप्त हो जाती थी। इसके विपरीत सरदार अजीतसिंह इत्यादि वहाँ किसानो का आन्दोलन चला रहे थे और हजारों किसान उनके प्रभाव में आ चुके थे। सन् 1907 की पंजाब के क्रान्तिकारियों में से सरदार अजीतसिंह, अम्बाप्रसाद सूफी, ठाकुरदास इत्यादि गोपनीय रूप से विदेश जाने में सफल हो गए। सम्भव है अमेरिका सरकार की समिति ने इसी आधार पर गदर पार्टी की स्थापना का यह विवरण दिया है।

समिति की रिपोर्ट यह भी बताती है कि 1917 तक तो गदर पार्टी का संगठन सर्वथा अनौपचारिक था। रिपोर्ट के अनुसार विधिवत् संगठन 22 जनवरी, 1917 को हुआ। इससे लगभग दस महीने पूर्व अर्थात् 31 मार्च, 1916 को गदर

पार्टी ने अपने आफ़िस आदि के लिए सानफ्रांसिस्को में दो प्लाट खरीदे और वहाँ आफ़िस आदि के लिए इमारत बनवाई। समिति की रिपोर्ट के अनुसार पार्टी का विधान सन् 1928 में बना और फिर वह भारत के स्वतन्त्र होने तक सरगर्मी के साथ काम करती रही और उसके सदस्य बराबर एक देश से दूसरे देश तक दौड़-धूप करते रहे। भारत की स्वतन्त्रता के पश्चात् गदर पार्टी ने अपनी सम्पूर्ण चल-अचल सम्पत्ति भारत सरकार के अमेरिका स्थित प्रतिनिधि के सुपुर्द कर दी और इस प्रकार भारतीय स्वाधीनता संग्राम के इस अत्यन्त जुझारू संगठन ने अपने लक्ष्य को प्राप्त करके स्वयं को भंग कर लिया।

मुस्लिम क्रान्तिकारी दल का इतिहास

'गदर पार्टी' की ही भाँति उस मुस्लिम क्रान्तिकारी दल पर भी कुछ प्रकाश डालना आवश्यक है, जिससे दिल्ली में अपने सम्पर्क होने का उल्लेख शचीन्द्र बाबू ने किया है। शचीन्द्र बाबू ने इस दल के उद्भव का समय और कारण सन् 1912 में होनेवाली बालकन वार और उसमें डा० अन्सारी के नेतृत्व में जानेवाले भारतीय मुसलमानों के मैडिकल मिशन को बताया है। श्री शचीन्द्र के लेखानुसार मैडिकल मिशन में जो भारतीय नौजवान गए थे, तुर्की की सरकार और जनता ने उनका भारी सम्मान किया। इस राजकीय सम्मान ने उनका माथा गरम कर दिया और उनमें से अनेक भारत आकर ब्रिटिश सत्ता के विरुद्ध सक्रिय हो गए। कुछ अन्य महानुभावों ने भी इन मुस्लिम क्रान्तिकारियों के सम्बन्ध में कुछ इसी प्रकार लिखा है। इसका कारण यह है कि सिडीसन कमेटी की रिपोर्ट में मुस्लिम क्रान्तिकारी दल के उद्भव और विकास का इसी प्रकार उल्लेख किया गया है।

इसके विपरीत वास्तविकता यह है कि इस दल का इतिहास बहुत ही पुराना और सम्भवतः उतना ही अद्भुत है। सन् 1720 अर्थात् गदर से भी लगभग एक सौ सैंतीस वर्ष पहले दिल्ली में एक मुस्लिम सन्त हुए, जिनका नाम शाह वलीउल्ला था। वे अत्यन्त उच्चकोटि के दार्शनिक, विद्वान् और तपस्वी व्यक्ति समझे जाते थे और उनके परिवार की बहुत शानदार परम्परा थी। मुस्लिम दर्शन के अध्यापन में वे निष्णात समझे जाते थे। अरबी और फारसी में उनके लिखे ग्रन्थ आज भी अनेक मुस्लिम राष्ट्रों में पढ़ाए जाते हैं। भारत की तत्कालीन राजनीतिक स्थिति बड़ी भयावह थी और अंग्रेज धीरे-धीरे भारत की राजनीति पर हावी होते जा रहे थे। दिल्ली की मुस्लिम बादशाहत बहुत कमजोर हो चली थी। इस स्थिति ने शाह वलीउल्ला को राजनीति की ओर खींच लिया और वे अपने अनुयायियों को राजनीतिक शिक्षा देने लगे। भारत की हिन्दू-मुस्लिम समस्या और शासन-नीति पर भी शाह वलीउल्ला ने भली प्रकार विचार किया था। जन-साधारण की दिनों-दिन गिरती हुई आर्थिक स्थिति और शासकीय दल द्वारा जनता के शोषण को देखकर वे तत्कालीन शासकों के विरोधी बन गए थे और इसके लिए उन्होंने कष्ट भी उठाए थे। अपनी अरबी भाषा में लिखी एक प्रसिद्ध पुस्तक

'हुज्जत-उल-बालिग़ा' में उन्होंने एक स्थान पर लिखा है, "यदि कोई जाति सांस्कृतिक क्षेत्र में निरन्तर उन्नति करती रहे, तो उसका कला-कौशल श्रेष्ठता की चरम सीमा को पहुँच जाता है। इसके पश्चात् यदि शासक वर्ग सुख और विलास का जीवन व्यतीत करने लगता है तो उसका बोझ श्रमजीवी वर्ग पर इतना बढ जाता है कि समाज का बहुसंख्यक भाग पशुओं-जैसा जीवन व्यतीत करने के लिए विवश हो जाता है। ऐसी स्थिति में मानवता की सामूहिक संस्कृति नष्ट हो जाती है और जब शक्ति के आधार पर उनको (श्रमजीवियों को) सामूहिक संकट सहने के लिए विवश कर दिया जाता है, तो वे गधों और बैलों की भाँति केवल पेट भरने के लिए श्रम करते है। जब मनुष्यता पर ऐसा संकट आता है, तो ईश्वर मानवता को उससे मुक्ति दिलाने के लिए कोई-न-कोई मार्ग अवश्य खोल देता है, यानी यह आवश्यक है कि ईश्वरीय शक्ति क्रान्ति के साधन उत्पन्न करके कौम के सिर से ऐसे अवांछनीय शासन का बोझ उतार दे।"

"····तात्पर्य यह है कि मानव-समाज के सामूहिक जीवन के लिए आर्थिक समानता अत्यन्त आवश्यक है। प्रत्येक मानव-समूह को एक ऐसी अर्थ-व्यवस्था की आवश्यकता होती है, जो उसको जीवनोपयोगी वस्तुएँ देने के लिए ज़िम्मेदार हो। जब मनुष्यो को अपनी आर्थिक आवश्यकताओं के प्रति सन्तोष होता है, तो फिर वे अपने उस अवकाश के समय को, जो उनके पास जीविकोपार्जन से बच जाता है, जीवन के अन्य भागों की उन्नति और सभ्यता तथा संस्कृति की दिशा में लगाते है, जो मानवता के वास्तविक रूप है।"

भारत की हिन्दू-मुस्लिम जातियों के प्रति शासन की नीति की ओर संकेत करते हुए शाह वलीउल्ला ने लिखा है, "राज्य की ओर से क़ानून एक प्रकार के हों। उन क़ानूनों की पाबन्दी प्रत्येक जाति अपने-अपने आदर्शों के अनुसार करे।" इसी प्रकार उन्होंने अपनी एक दूसरी पुस्तक में लिखा है कि भारत म छोटी-छोटी प्रादेशिक सरकारें बन सकती हैं किन्तु उनका एक केन्द्र होना चाहिए, जो सम्पूर्ण भारतवर्ष के हानि-लाभ को दृष्टि में रखकर नीति निर्धारित करे।

तत्कालीन सामाजिक व्यवस्था और राजनीतिक स्थिति में यह विचार बहुत ही मौलिक और क्रान्तिकारी थे, किन्तु कठिनाई यह थी कि उनका प्रचार केवल मुसलमानों तक ही हुआ। उस समय अधिकांश शिक्षित व्यक्ति राजकीय सेवा में थे, अथवा शिक्षण का कार्य करते थे। शेष व्यक्ति अनपढ़ और खेती के काम में संलग्न थे। शाह वलीउल्ला एक मुस्लिम सन्त थे। अतः मुस्लिम जनता में ही उनके विचारों का प्रचार प्रारम्भ हुआ। उनके शिष्यों में कुछ लोग इन विचारों को कार्य रूप में परिणत करने के लिए अपना संगठन भी बनाने लगे। शाह वलीउल्ला की मृत्यु के पश्चात उनके पुत्र शाह अब्दुल अज़ीज़ के समय इस संगठन को अधिक मूर्त रूप मिला। धीरे-धीरे यह संगठन एक फ़ौजी संगठन-सा बन गया। किन्तु इस फ़ौजी संगठन की पहली मुठभेड़ हुई, पंजाब के राजा रणजीत-सिंह से, जो अंग्रेज़ों के हिमायती थे। शाह अब्दुल अज़ीज़ के एक शिष्य सय्यद-

अहमद बरेलवी अपने कई हजार साथियों को साथ लेकर कराची के रास्ते अफ़गानिस्तान पहुँचे और फिर वहाँ से पेशावर की सरहद पर आकर राजा रणजीतसिंह की सेनाओं से मोर्चा लेने लगे। सरहद पार बसे हुए पठानों से उनको भारी सहायता मिली। किन्तु सय्यद अहमद को सफलता नहीं मिली। सन् 1831 में सिख फ़ौजों से लड़ते हुए वे मारे गए। इसके पश्चात् उनके साथी वहीं बस गए और समय-समय पर सर्वंव, 1947 तक, ब्रिटिश सत्ता के विरुद्ध छुटपुट लड़ाई लड़ते रहे।

भारत में सन् 1857 के विद्रोह के समय इस दल ने अंग्रेजों के विरुद्ध बड़ा सक्रिय भाग लिया था। किन्तु विद्रोह असफल हो गया और इस दल के कुछ नेता अंग्रेजों के दमन से बचने के लिए मक्का चले गए। फिर भी दल का संगठन बना रहा और उन्होंने स्थान-स्थान पर छोटे-छोटे मदरसे क़ायम करके अपना प्रचार कार्य प्रारम्भ कर दिया। इसी प्रकार का एक मदरसा सहारनपुर ज़िले के देवबन्द स्थान पर क़ायम किया गया और उसके प्रधानाचार्य ऐसे महानुभाव बनाये गए, जो ग़दर में सक्रिय भाग ले चुके थे। उधर पठान इलाकों में बसे हुए इस दल के विद्रोही बार-बार अंग्रेजी सीमा पर आक्रमण करते रहे और भारत-भर से उनके लिए धन-जन की सहायता जाती रही। सन् 1860, 1862, 1865 में इस अपराध में बहुत-से मुसलमान पकड़े गए और उनको फाँसी तथा कालेपानी का दंड मिला।

इस मुस्लिम क्रान्तिकारी दल में निस्संदेह धार्मिक उन्माद था क्योंकि इसकी प्रेरणा का स्रोत मुस्लिम दर्शन और परम्पराएँ थीं। किन्तु उनमें हिन्दुओं के विरुद्ध द्वेष नहीं था। तत्कालीन राजनीति धर्म पर ही आश्रित थी। बंगाल के क्रान्तिकारी जिस प्रकार गीता से मातृभूमि के लिए बलिदान हो जाने की प्रेरणा पाते थे और महाराष्ट्र के चापेकर बन्धु गो-भक्षकों से देश को मुक्त करने का नारा लगाते थे, उसी प्रकार यह मुस्लिम क्रान्तिकारी भी 'जिहाद' के प्रचारक थे। यह लोग हिन्दुस्तान को 'दार-उल-हर्ब' मानते थे, जिसके अनुसार प्रत्येक मुसलमान का यह धार्मिक कर्त्तव्य हो जाता है कि या तो वह शासन के विरुद्ध विद्रोह करे या देश का परित्याग कर दे।

प्रथम विश्वयुद्ध और मुस्लिम क्रान्तिकारी

सन् 1884 में मदरसा देवबन्द के प्रधान आचार्य शेख महमूदउलहसन बनाये गए, जो 1857 के विद्रोह में भाग लेने वाले श्री रसीद अहमद गंगोही के शिष्य थे। इस समय देवबन्द का मदरसा इस्लाम के दर्शन की शिक्षा के लिए अन्तर्राष्ट्रीय ख्याति प्राप्त कर चुका था और दूसरे मुस्लिम राष्ट्रों के बहुत-से युवक भी देवबन्द में शिक्षा प्राप्त करने के लिए आने लगे थे। इन विदेशों से आनेवाले विद्यार्थियों में अफ़गानिस्तान के विद्यार्थियों की संख्या अधिक होती थी। सरहद पार बसे हुए पठान कबीलों के भी अनेक युवक देवबन्द में शिक्षा पाते थे। इन अफगान और पठान युवकों के द्वारा शेख महमूदउलहसन ने अपने क्रान्तिकारी

दल का प्रसार काबुल और आजाद कबीलो में किया। सरहद का एक प्रभावशाली विद्वान् मौलवी तुरग जई का हाजी इनका सहायक बना। एक दूसरा नव मुस्लिम उबेदुल्ला सिन्धी, जिसने इस मदरसे मे ही शिक्षा पाई थी, शेख महमूदउलहसन का इस कार्य मे दाहिना हाथ था। उस समय इन मुस्लिम क्रान्तिकारियों को अफ़गानिस्तान और सरहद पार बसे हुए आज़ाद पठान कबीले ही ऐसी सैनिक शक्ति दिखाई देते थे जिनकी सहायता से वे अंग्रेजो से भारत को मुक्त कर सकते थे। मौलाना उबेदुल्ला सिन्धी ने अपनी एक पुस्तक मे लिखा है कि मदरसा देवबन्द का एक गोपनीय नियम यह भी था कि वह अफगानिस्तान की सरकार मे अपना प्रभाव उत्पन्न करे। इसलिए सिन्धु नदी के उस पार से आने वाले विद्यार्थियों को यह शिक्षा दी जाती थी कि वे अपने कबीलो मे जाकर उसके सगठन और व्यवस्था मे कोई हेर-फेर न करें और यदि वहाँ कोई ऐसी रूढि तथा परम्परा हो, जो धर्म की दृष्टि से उचित न हो, तो उसके विरुद्ध होने वाले आन्दोलनो मे भाग न ले।

अफ़गानिस्तान की स्थिति

मुस्लिम क्रान्तिकारी दल की हलचलो और कार्य-नीति को समझने के लिए अफगानिस्तान की तत्कालीन स्थिति को भी सक्षेप मे समझ लेना आवश्यक है। आधुनिक अफगानिस्तान के पिता अमीर अब्दुर्रहमान थे, जिन्होने सबसे पहले अफगानिस्तान मे एक दृढ केन्द्रीय सरकार की स्थापना की। अमीर अब्दुर्रहमान सन् 1880 मे अंग्रेजो की सहायता से काबुल की गद्दी पर बैठे थे किन्तु मन ही मन वे अंग्रेजो से सशकित रहते थे। अंग्रेज राजदूत को काबुल मे रखने से उन्होने यह कहकर इन्कार कर दिया था कि उसकी रक्षा की जिम्मेदारी लेने मे वे असमर्थ हैं। अंग्रेजो ने उनसे यह इकरार करा लिया था कि काबुल की वैदेशिक नीति का निर्धारण सदैव ब्रिटिश सरकार करेगी। अमीर अब्दुर्रहमान के एक सहयोगी मुस्तफा फ़हमी साहब थे, जो उस समय भी अब्दुर्रहमान के साथ थे। जब वे रूस मे निर्वासन का जीवन व्यतीत कर रहे थे। अफगानिस्तान का सम्पूर्ण राज-काज फ़हमी साहब के परामर्श से ही चलता था। अमीर अब्दुर्रहमान ने अपनी सैनिक शक्ति अत्यन्त दृढ कर ली थी।

'जमायते सियासिया'

सन् 1882 मे मुस्तफा फ़हमी साहब ने काबुल मे 'जमायते सियासिया' नामक एक सगठन बनाया और स्वय इस संगठन के प्रधान मंत्री बने। साधारण जनता में राजनीतिक जागृति उत्पन्न करना इस सगठन का उद्देश्य था। अमीर अब्दु-र्रहमान इस संगठन के सहायक और समर्थक थे और उनके सबसे बड़े पुत्र हबी-बुल्ला खां भी, जो अपने पिता के समय से ही राज-काज में भाग लेने लगे थे, 'जमायते सियासिया' को बहुत महत्त्व देते थे। यह तथ्य उल्लेखनीय है कि

'जमायते सियासिया' के अन्य कार्यकर्ता वे लोग रहे थे, जो मदरसा देवबन्द में तालीम पा चुके थे।

'जमायते सियासिया' ने सबसे पहले यह माँग रक्खी कि काबुल की वैदेशिक नीति से अंग्रेज़ों का नियन्त्रण उठा लिया जाय। सन् 1898 मे अमीर अब्दुर्रहमान खां के द्वितीय पुत्र नसरुल्ला खां लन्दन गए और उन्होंने ब्रिटिश सरकार के सम्मुख यह माँग बड़े जोरदार ढंग से पेश की। उनकी यह माग ब्रिटिश सरकार ने अस्वीकार कर दी। इसके पश्चात् 1 अक्तूबर, 1901 को अब्दुर्रहमान खां का देहान्त हो गया और हबीबुल्ला खां अफगानिस्तान के अमीर बने। सन् 1907 तक हबीबुल्ला खां बराबर जमायते सियासिया के सहायक रहे और अंग्रेजो से काबुल की वैदेशिक नीति पर से अपना नियन्त्रण हटा लेने का आग्रह करते रहे, जिस पर अंग्रेजों ने कोई ध्यान नही दिया।

सन् 1905 मे बंग-भंग आन्दोलन प्रारम्भ हुआ और इसी के आसपास पंजाब मे किसानों का सरगर्म आन्दोलन फूट पड़ा, जिसने गदर पार्टी को जन्म दिया। अब अंग्रेजो को यह फिक्र हुई कि काबुल के अमीर को मन्तुष्ट किया जाय। परिणामस्वरूप अमीर हबीबुल्ला खां को सन् 1907 मे भारत बुलाया गया। तत्कालीन लार्ड मिण्टो से अमीर की लम्बी-लम्बी मुलाकातें हुईं और इन मुलाकातों का परिणाम यह हुआ कि अफगानिस्तान वापस पहुँचते ही अमीर ने जमायते सियासिया का विरोध करना प्रारम्भ कर दिया। इस समय तक मुस्तफा फ़हमी की मृत्यु हो चुकी थी और उनके पुत्र अली फहमी जमायत के मंत्रि-पद पर थे। अली फ़हमी और उनके दो सहायको को अमीर ने गिरफ्तार करके निर्वासित कर दिया। बहुत दिनों तक ये लोग अन्य मुस्लिम राष्ट्रो मे पड़े रहे। इसके पश्चात् अमीर के छोटे भाई और तत्कालीन प्रधानमन्त्री नसरुल्ला खा ने, जो जमायते सियासिया मे हमदर्दी रखते थे, बड़ी कठिनाई से उनका काबुल आने की आज्ञा दिलवाई। वापस आते ही उन लोगों ने जमायते सियासिया का गुप्त संगठन प्रारम्भ कर दिया और इस प्रकार जमायते सियासिया एक अंग्रेज विरोधी गोपनीय क्रान्तिकारी संगठन के रूप मे परिवर्तित हो गई।

सरहदी क़बीले

देवबन्द के क्रान्तिकारी आचार्य मुहमूदउलहसन का इन सभी घटनाओ से बराबर सम्पर्क रहा। उनके अनेक शिष्य और सहपाठी इस संगठन के कर्ता-धर्ता थे। सरहद के आजाद क़बीलो मे मदरसा देवबन्द के क्रान्तिकारियों का वह संगठन मौजूद था, जो सन् 1825 मे भारत से हिजरत कर गया था। उन विद्रोहियों की नई पीढ़ी ने भी इसी पथ को अपना लिया था। इसी समय तुरंगजई के हाजी ने धार्मिक मदरसों के रूप मे पठान इलाके के अनेक स्थानो मे अपने संगठन का जाल बिछाना शुरू किया। खान अब्दुलगफ्फार खां, जो बाद मे कांग्रेस के बहुत बड़े नेता हुए और 'सरहदी गांधी' कहलाए, हाजी तुरंगजई के प्रधान शिष्य के रूप में

इस काम मे हाथ बँटा रहे थे। खान अब्दुलगफ्फारखा ने एक बार मौलाना हुसैन अहमद मदनी को बताया था कि इस जमाने मे, अर्थात् 1910-11 मे अनेक बार मुझे गोपनीय सन्देशो को लेकर हाजी तुरगजई देवबन्द भेजते थे। आशय यह कि जिस इटली-तुर्की युद्ध मे मैडिकल मिशन गया, उससे बहुत पहले ही मुस्लिम क्रान्तिकारी दल का सगठन भारत से काबुल तक फैल चुका था। यह भी उल्लेखनीय है कि जो मैडिकल मिशन तुर्की गया था, उसका नेतृत्व डा० मुख्तार अहमद असारी ने किया था, जो बाद मे काग्रेस के प्रमुख नेता बने। डा० असारी साहब भी शेख महमूद उलहसन के निकट सम्पर्क मे थे। और उनको पूजनीय दृष्टि से देखते थे। सन् 1914-15 मे शेख महमूदउलहसन जब मक्का गए और उनकी क्रान्तिकारी हलचलो का पता अग्रेज सरकार को लगा तो डा० असारी साहब से तत्कालीन अगरेज अधिकारियो ने काफी पूछताछ की थी। एक बार तो डाक्टर असारी साहब की गिरफ्तारी की सम्भावना भी उत्पन्न हो गई थी। इस प्रकार वास्तविकता यह प्रतीत होती है कि यह मैडिकल मिशन देवबन्द के क्रान्तिकारी दल ने ही तुर्की की सरकार स सम्बन्ध स्थापित करने के लिए भेजा था। इस मिशन मे सरहद के कुछ शिक्षित पठान युवक भी थे, जिनमे से कुछ भारत वापस नही लौटे और आजीवन विदेशो म भारतीय स्वाधीनता के लिए कार्य करते रहे। इन युवको म अब्दुर्रहमान बे का नाम उल्लेखनीय है, जिनके सम्बन्ध मे यह समझा जाता है कि अग्रेजो के इशारे पर उनकी हत्या कर दी गई। उनके एक भाई बहुत दिनो तक खान अब्दुलगफ्फार खा के प्राइवेट सैक्रेटरी रहे और अब भारत के वैदेशिक विभाग म किसी सम्माननीय पद पर है।

मौलाना उबैदुल्ला सिंधी

शचीन्द्र बाबू जब दिल्ली म क्रान्तिकारी कार्यो मे सलग्न थे, उन दिनो ही दिल्ली म यह मुस्लिम क्रान्तिकारी दल भी अत्यन्त सक्रिय था। दिल्ली का महत्त्व समझते हुए सन् 1913 मे ही मौलाना महमूदउलहसन ने एक मदरसा दिल्ली मे भी कायम कर दिया था, जिसका नाम नजारतुल मआरिफ था। मौलाना उबैदुल्ला सिन्धी उसके प्रधान आचार्य थे। डा० असारी और हकीम अजमल खा इसके सहायको मे थे। इससे पहले मौलाना सिन्धी ने देवबन्द मे 'जमय्यत-उल-अन्सार' नामक सस्था बनाई थी, जिसका उद्देश्य क्रान्तिकारी सगठन के प्रचार के हेतु एक प्रकट सगठन बनाना था, किन्तु यह सस्था पारस्परिक मतभेदो के कारण शीघ्र ही भंग कर दी गई। इसी बीच अलीगढ की मुस्लिम यूनिवर्सिटी से विद्यार्थियो का एक दल देवबन्द मे तालीम पाने के लिए भेजा गया। इस दल मे अनीस अहमद नामक विद्यार्थी अग्रेजो का जासूस था। मौलाना महमूदउलहसन और उबैदुल्ला सिन्धी बडी सतर्कता से अपना कार्य कर रहे थे, अत. अग्रेजों को केवल देवबन्द आने-जानेवाले व्यक्तियो का पता ही अनीस अहमद द्वारा लगता रहा। बाद में अनीस अहमद सी० आई० डी० विभाग मे बहुत ऊँचे पद पर पहुँचा और विदेशी

सरकार की सहायता का उसे पर्याप्त पुरस्कार मिला। कहा जाता है कि अनीस अहमद द्वारा सरकार को भेजी गई रिपोर्टें सिडीसन कमेटी के सम्मुख भी प्रस्तुत की गई थीं और सिडीसन कमेटी की रिपोर्ट का सिल्क लैटर कान्सप्रेसी (रेशमी पत्रों का षड्यन्त्र) शीर्षक परिच्छेद में इन रिपोर्टों से बहुत सहायता ली गई है।

काबुल में आज़ाद हिन्द सरकार

प्रथम विश्वयुद्ध की घोषणा होने के पश्चात् गदर पार्टी और बंगाल के क्रान्तिकारी दलों की ही भाँति मुस्लिम क्रान्तिकारी दल ने स्वतंत्रता संग्राम की एक योजना बनाई। इस योजना के अनुसार मौलाना उबेदुल्ला सिन्धी को काबुल भेजा गया। उबेदुल्ला साहब ने लिखा है कि एक दिन उस्ताद (मौलाना महमूद-उलहसन) अकस्मात् बोले, 'उबेदुल्ला! काबुल जाओ।' मैंने पूछा, 'क्यों?' इस पर उस्ताद कुछ रंजीदा से होकर चुप हो गए। दूसरे दिन भी ऐसा ही हुआ। उस्ताद ने कहा, 'उबेदुल्ला। काबुल जाओ।' उन्होंने पूछा, क्यों? और उस्ताद फिर चुप। तीसरे दिन उस्ताद ने जब फिर काबुल जाने की बात कही, तो उबेदुल्ला साहब ने उत्तर दिया, 'बहुत अच्छा,' और काबुल जाने की तैयारी शुरू कर दी। उबेदुल्ला साहब के पास कुछ रुपया-पैसा था नहीं, अतः अपने एक शिष्य, शेख अब्दुर्रहीम ने जो आचार्य कृपलानी के सगे बड़े भाई थे और मुसलमान होकर इस क्रान्तिकारी कार्य में उबेदुल्ला के प्रमुख सहायक बन गए थे, अपनी लड़की और बीवी का जेवर बेचकर रुपया जुटाया। 15 अक्तूबर, 1915 को उबेदुल्ला काबुल पहुँचे, तो उनके पास केवल एक पौंड था। भारत से काबुल वे सिन्ध के रास्ते से गए थे और इस यात्रा में लगभग दो मास उनको लगे थे। उबेदुल्ला साहब के दो भतीजे भी उनके साथ थे। मौलाना महमूद उलहसन इतने अच्छे संगठनकर्ता थे कि उबेदुल्ला के लेखानुसार काबुल के अनेक प्रतिष्ठित राज्याधिकारियों को यह मालूम था कि वे किस काम के लिए भारत से भेजे गए हैं। 'जमायते सियासिया', का संगठन जिसकी चर्चा हम ऊपर कर आए हैं, उनकी मदद के लिए तैयार था। इस योजना में धोखा केवल यह हुआ कि अफगानिस्तान के अमीर हबीबुल्ला खां अन्दर ही अन्दर अंग्रेजों से मिल चुके थे। उबेदुल्ला साहब तो इस आशा से भेजे गए थे कि अमीर उनकी पूरी तरह सहायता करेंगे। इसी आशा से एक 'एंग्लो-जर्मन-टर्किश' मिशन भी इन दिनों ही काबुल पहुँचा। इस मिशन में राजा महेन्द्रप्रताप, मौलवी बर्कतुल्ला आदि कुछ भारतीय, कुछ जर्मन और कुछ तुर्की के लोग थे। यह बात याद रखनी चाहिए कि मौलवी बर्कतुल्ला गदर पार्टी के सदस्य थे और इस मिशन को टर्की तथा जर्मन सरकार की ओर से काबुल के साथ मिलकर भारत पर आक्रमण करने की योजना बनाने का अधिकार दिया गया था। मौलाना उबेदुल्ला और उनके साथी या तो पूर्व योजना के अनुसार या वहीं की स्थिति के अनुसार इस मिशन के साथ मिलकर कार्य करने लगे। कहा जाता है कि जर्मन और टर्की सरकार से अमीर हबीबुल्ला खां को इस अवसर पर

सहयोग देने के लिए पर्याप्त धन भी दिया गया। परिणामस्वरूप काबुल में अस्थायी आज़ाद हिन्द सरकार बनी, जिसके अध्यक्ष राजा महेन्द्रप्रताप, प्रधान मंत्री मौलवी बर्कतुल्ला और उबेदुल्ला सिन्धी होम मिनिस्टर बनाये गए। इसी समय लाहौर के कुछ मुसलमान विद्यार्थी इसी उद्देश्य से काबुल जा पहुँचे। इन विद्यार्थियों को अस्थायी आज़ाद हिन्द सरकार में विभिन्न पद दिए गए। इन विद्यार्थियों में से ही एक सज्जन जफरुलहसन उस समय (सन् 1919 में) जनरल नादिर खां के प्राइवेट सैक्रेट्री थे, जब उन्होंने अफगानिस्तान सरकार की ओर से भारत पर आक्रमण किया था और जिसके फलस्वरूप होने वाली सन्धि में काबुल की वैदेशिक नीति पर से अंग्रेजों का नियंत्रण समाप्त हो गया था।

अमीर हबीबुल्ला खां का विश्वासघात

अमीर हबीबुल्ला खां ने वायदा किया था कि अस्थायी आज़ाद हिन्द सरकार द्वारा भारत पर आक्रमण करने के साथ ही वे भी भारत सरकार के विरुद्ध युद्ध की घोषणा कर देंगे। किन्तु यह सब उनका छल था। उबेदुल्ला साहब के कथनानुसार भारतीय क्रान्तिकारियों के साथ मिलकर वे जितनी योजनाएँ बनाते थे, उन सबकी सूचनाएं अंग्रेज सरकार को भेजते रहते थे। अमीर के छोटे भाई नसरुल्ला खां और उनके लड़के अमानुल्ला खां तथा जमायते सियासिया के नेता अवश्य हृदय से इनके साथ थे। काबुल के कमाण्डर इनचीफ जनरल नादिर खां की सहानुभूति इनके साथ थी। इसी का यह नतीजा था कि अमीर हबीबुल्ला इनको गिरफ्तार करने या इनका खुला विरोध करने का साहस नहीं कर सकते थे।

टर्की सरकार से सम्पर्क

उबेदुल्ला काबुल में जब अस्थायी आज़ाद हिन्द सरकार का काम चला रहे थे उस समय मौलाना महमूद उलहसन मक्का पहुँचकर टर्की सरकार से साजबाज कर रहे थे। इसमें उनको बहुत कुछ सफलता भी मिली थी। उनको हैजाज के तत्कालीन गवर्नर गालिबपाशा से एक पत्र प्राप्त हो गया, जिसका उल्लेख सिडीसन कमेटी की रिपोर्ट में 'गालिबनामा' के नाम से किया गया है। गालिबपाशा का यह पत्र संसार-भर के मुसलमानों के नाम था जिसमें उनको अंग्रेजों के विरुद्ध हथियार उठाने के लिए उभारा गया था और मौलाना महमूद उलहसन को अपना विश्वासपात्र बताते हुए उनके कार्य में धन-जन से सहायता करने की अपील की गई थी। इस खत को मौलाना के एक साथी मुहम्मद मियाँ मन्सूर अंसारी मक्का से हिन्दुस्तान लाए और उसकी नकलें हिन्दुस्तान व सरहदी कबीलों में बाँटते हुए काबुल जाकर उबेदुल्ला से जा मिले। इसी बीच मौलाना महमूद उलहसन को रुपए की आवश्यकता हुई, तो हिन्दुस्तान से मौलाना मसूद नामक सज्जन कुछ रुपया लेकर मक्का पहुँचे। मौलाना महमूद उलहसन उस समय मदीना चले गए थे, अतः रुपया ले जानेवाले महाशय निराश वापस लौट आए। सरकार भी इन

लोगों पर कड़ी नज़र रख रही थी और उसको कुछ सूचनाएं मिल रही थीं, अतः मौलाना मसूद बम्बई में गिरफ्तार कर लिये गए। पुलिस ने उनको इतना सताया कि वे बहुत-सी बातें उगल गए। उधर मक्का का हाकिम शरीफ हुसैन तुर्की सरकार से विद्रोह करके अंग्रेज़ों से मिल गया। अंग्रेज़ों ने तुरन्त उसके द्वारा मौलाना महमूद उलहसन और उनके साथियों को गिरफ्तार करवा लिया। युद्ध की समाप्ति तक यह सभी लोग माल्टा में नज़रबन्द रखे गए। इसके पश्चात् मौलाना महमूद उल-हसन ने अनुभव किया कि गोपनीय कार्यों द्वारा राज्य क्रान्ति असम्भव है, अतः वे कांग्रेस में सम्मिलित हो गए। इसी के अनुसार खान अब्दुलगफ्फार खां भी कांग्रेस में आ गए। मुसलिम विद्वानों की प्रमुख धार्मिक संस्था जमय्यत उल उलेमा जो सदैव मुस्लिम लीग का विरोध करती रही और कांग्रेस के साथ रही, मौलाना महमूद उल हसन के अनुयायियों द्वारा स्थापित हुई। प्रसिद्ध राष्ट्रीय मुस्लिम शिक्षण संस्था जामिया मिल्लिया इस्लामिया की नींव भी मौलाना महमूद उल-हसन ने ही रखी थी। मौलाना महमूद उलहसन का देहावसान 30 नवम्बर, 1920 को डा० अंसारी की कोठी पर दिल्ली में हुआ।

आज़ाद हिन्द सरकार के मिशन

काबुल की अस्थायी आज़ाद हिन्द सरकार उधर अपने काम में लगी रही। उसकी ओर से रूस सरकार के पास एक मिशन भेजा गया, जिससे उसका सहयोग आज़ाद हिन्द सरकार को मिल सके। रूस के ज़ार के नाम जो पत्र भेजा गया था, वह एक सोने की प्लेट पर था, जिसे गदर पार्टी के एक सदस्य डा० मथुरासिंह और खुशीमुहम्मद लेकर गए थे। इस समय रूस के ज़ार की सरकार अंग्रेज़ों की सह-योगी थी, अतः उसने मिशन को गिरफ्तार कर लिया, किन्तु ताशकन्द के गवर्नर के हस्तक्षेप करने पर इन दोनों सदस्यों को वापस काबुल भेज दिया गया।

कुछ दिन पश्चात् आज़ाद हिन्द सरकार की ओर से फिर एक मिशन जापान को और दूसरी टर्की भेजा गया। जापान जानेवाले मिशन में शेख अब्दुलक़ादिर और डा० मथुरासिंह थे। और टर्की जानेवाले मिशन में अब्दुलबारी तथा डा० शुजाउल्ला थे। ये दोनों ही मिशन गिरफ्तार करके अंग्रेज़ों के सुपुर्द कर दिये गए। अंग्रेज इन चारों क्रान्तिकारियों को भारत ले आए। इन क्रान्तिकारियों में एक अब्दुलबारी सर मुहम्मद शफी के रिश्तेदार थे। सरकार ने सर मुहम्मद शफी के द्वारा इन लोगों पर यह ज़ोर डलवाया कि अगर वे तमाम रहस्य लिखित रूप में सरकार को प्रकट कर दें, तो उनको क्षमा प्रदान की जा सकती है। डा० मथुरा-सिंह ने इसे अस्वीकार कर दिया तो वे 27 मार्च, 1917 को लाहौर जेल में फांसी पर चढ़ा दिये गए। शेष व्यक्तियों ने सरकार की शर्त स्वीकार कर ली और सभी विवरण अंग्रेज अधिकारियों को लिखकर दे दिया। सरकार ने इनको न केवल क्षमा प्रदान की बल्कि इस देश-द्रोह के पुरस्कार में उनको उच्च पद पर नौकरियां भी दे दीं।

रेशमी पत्र

मुस्लिम क्रान्तिकारी दल के सम्बन्ध मे अब केवल उन 'रेशमी पत्रों' की बात कहनी शेष रह जाती है, जिनके नाम मे सिडीसन कमेटी ने इस संगठन की अपनी रिपोर्ट में चर्चा की है। रिपोर्ट में कहा गया है, कि अगस्त सन् 1916 में यह षड्यन्त्र उद्घाटित हुआ, जो सरकारी कागजात में 'सिल्क लैटर्स केस' कहा गया है। यह पत्र पीले रेशमी कपड़ों पर बहुत साफ और सुन्दर अक्षरों मे लिखे गए थे। इनके साथ मौलाना महमूद उलहसन के नाम मुहम्मद मियाँ अंसारी का भी एक पत्र था, जिसमे उन्होने अपनी कारगुज़ारियों का पूरा विवरण दिया था। आजाद हिन्द सरकार के खतों में, सरकार के संगठन की सपूर्ण स्थिति और उसके पदाधिकारियों के नाम थे। इसके अतिरिक्त एक 'ईश्वरीय सेना' बनाने की योजना थी, जिसमे भारतीय मुस्लिम नौजवान भरती किये जाते थे। मौलाना महमूद उलहसन इसके प्रधान सेनापति नियुक्त किये गए थे।

मौलवी उबेदुल्ला साहब ने यह 'रेशमी पत्र' अब्दुलहक नामक व्यक्ति को दिये थे कि वह इनको शेख अब्दुर्रहीम (आचार्य कृपलानी के बड़े भाई) तक पहुँचा दे। यह अब्दुलहक साहब एक नव मुस्लिम थे और जिहाद के जोश मे लाहौर से भागकर काबुल पहुँचे थे। उन्होंने भारत आकर यह पत्र अपने एक मित्र हक-नवाज खा को दे दिए और हक़नवाज खा ने इन पत्रो को अपने पिता खानबहादुर अल्लानवाज़ खा के सुपुर्द कर दिया। राजभक्ति के जोश मे अल्लानवाज खां इन खतों को पजाब के गवर्नर सरमाइकेल ओडायर के पास ले गए और इस प्रकार सरकार को यह सम्पूर्ण योजना ज्ञात हो गई। इसके पश्चात शेख अब्दुर्रहीम भागकर टर्की पहुँच गए और बहुत दिनों तक भारतीय स्वाधीनता के लिए कार्य करते हुए वहीं उनका देहान्त हो गया।

आज़ाद हिन्द सरकार द्वारा भारत पर आक्रमण

क़ाबुल की आज़ाद हिन्द सरकार ने इसके बाद भारत पर आक्रमण करने की योजना बनाई और सरहद के आज़ाद कबीलों मे से इसके लिए लगभग छः हज़ार सैनिक एकत्रित किए। जर्मनी और टर्की की सरकार को भी इस आक्रमण-योजना की सूचना दी गई और बताया तो यह जाता है कि जर्मन सैनिकों की एक टुकड़ी भी इनकी सहायता को काबुल भेजी गई। किन्तु जब आज़ाद हिन्द सरकार के छः हज़ार सैनिक सरहद पर अंग्रेज सरकार से मोर्चा जमाये हुए थे, तभी फ्रांस के रणक्षेत्र में जर्मनी का पतन हो गया और उसे सन्धि के लिए विवश होना पड़ा। अंग्रेजों के हाथ इससे बहुत मज़बूत हो गए और आज़ाद हिन्द सरकार के सैनिकों की स्थिति बहुत कमज़ोर हो गई। इन सैनिकों में से बहुत-से व्यक्ति गोलियों से मारे गए। कुछ पकड़कर फांसी पर चढ़ा दिये गए और कुछ विदेशों में ही भटक भटककर मर गए। इसके बाद आज़ाद हिन्द सरकार और फ़ौज तोड़ दी गई और

यह विराट् प्रयास सहस्रों देशभक्तों की आहुतियों की कहानी मात्र बनकर समाप्त हो गया।

हबीबुल्ला खां की हत्या

क़ाबुल में भारतीय क्रान्तिकारियों की इस असफलता का मुख्य कारण मौलाना उबेदुल्ला सिन्धी ने तत्कालीन अमीर हबीबुल्ला खां को बताया है। डा० भूपेन्द्रनाथ दत्त आदि क्रान्तिकारियों ने जो उस समय बर्लिन में काम कर रहे थे, इसका कारण यह बताया कि जर्मनों ने अमीर को जितनी सहायता करने का आश्वासन दिया था, वह पूरा नहीं हुआ। किन्तु हमें मौलाना उबेदुल्ला की बात अधिक प्रामाणिक जान पड़ती है। इन सब घटनाओं के कुछ ही दिन पश्चात् 'जमायते सियासिया' के एक सदस्य द्वारा अमीर हबीबुल्ला की राजनीतिक हत्या भी इस बात को प्रमाणित करती है कि अमीर अंग्रेजों से मिले हुए थे।

अफ़गानिस्तान का भारत पर आक्रमण

काबुल के अंग्रेज-अमीर विरोधी राजनीतिक संगठन में भारत से गये हुए मुस्लिम क्रान्तिकारियों का भारी प्रभाव था, यह तो स्पष्ट ही है। अमीर हबीबुल्ला के छोटे भाई नसरुल्ला खां और पुत्र अमानुल्ला खां भी अमीर के विरोधी थे। यह इसी से प्रकट है कि काबुल की आज़ाद हिन्द सरकार के भंग होने के पश्चात् उसके जो सदस्य काबुल सरकार द्वारा गिरफ्तार कर लिये गए या निर्वासित कर दिये गए, अमीर की हत्या के पश्चात् वे सभी न केवल मुक्त हो गए, बल्कि उनमें से अनेक को उच्च सरकारी पद भी दिये गए। सम्भवत: अमीर की हत्या की योजना में भारतीय क्रान्तिकारियों का भी हाथ था।

अमीर हबीबुल्ला खां की हत्या के संदेह में जनरल नादिर खां भी गिरफ्तार किये गए थे, जो उस समय अफगानिस्तान की सेना के उप-सेनापति थे। मौलाना उबेदुल्ला सिन्धी के जनरल नादिर खां से बहुत अच्छे सम्बन्ध थे किन्तु वे प्रकट रूप से जनरल नादिर खां से बहुत कम मिलते थे। अमीर हबीबुल्ला खां के पश्चात् जब उनके पुत्र अमानुल्ला खां गद्दी पर बैठे, तो जनरल नादिर खां को रिहा कर दिया गया और उनके एक भाई हाशम खान को एक उच्च सरकारी पद पर प्रतिष्ठित कर दिया गया।

भारत की आज़ाद हिन्द सरकार के प्रधान राजा महेन्द्रप्रताप अमानुल्ला खां के प्रगाढ़ मित्र थे। मौलवी उबेदुल्ला सिन्धी को भी अमानुल्ला खां बहुत मानते थे। उधर जनरल नादिर खां के प्राइवेट सैक्रेटरी मौलाना जफर हुसैन थे, जो आज़ाद हिन्द सरकार के एक महत्त्वपूर्ण पद पर थे। इस पृष्ठभूमि में जब हम गद्दी पर बैठते ही अमानुल्ला खां को भारत पर चढ़ाई करते देखते हैं और साथ ही सरहद पर बसे हुए आज़ाद कबीलों और तुरंगजई के हाजी साहब को इस युद्ध

में अफ़गानिस्तान की मदद करते हुए पाते हैं, तो हम समझ सकते हैं कि काबुल-स्थित भारत के क्रान्तिकारी अभी तक अपने कार्य मे लगे हुए थे और इस आक्रमण की योजना में उनका महत्त्वपूर्ण हाथ था।

सन्धि

इस अवसर पर अंग्रेजों ने भारी कूटनीतिज्ञता दिखाई और अफगानिस्तान सरकार की महत्त्वपूर्ण शर्तें स्वीकार करके समझौता कर लिया। इस आक्रमण के समय अफ़गान फ़ौजों की कमान स्वयं जनरल नादिर खां कर रहे थे। यह आक्रमण 29 मई सन् 1919 को हुआ और 8 अगस्त, 1919 को अंग्रेजों को अफ़गानिस्तान से सन्धि हो गई। इस सन्धि के सम्बन्ध मे ब्रिटेन के राजनीतिज्ञ आर्नल्ड टायनबी ने कहा था, "अमीर ने अपनी पराजय के पुरस्कार मे, जो कुछ वह चाहता था, पा लिया और भारत सरकार को अफ़गानिस्तान की परराष्ट्र नीति पर से, जिस पर उसका चालीस वर्ष से अधिकार था, अपना हाथ हटाना पड़ा।" अंगरेजों ने अपनी ओर से इस सन्धि के समय एक यह शर्त भी अफगानिस्तान से स्वीकार करा ली थी कि मौलवी उबेदुल्ला आदि को काबुल मे राजनीतिक कार्य नही करने दिया जायगा। इस प्रतिबन्ध से विवश मौलवी उबेदुल्ला काबुल मे सभी प्रकार की सुविधाएं होते हुए भी 22 अक्तूबर, 1922 को रूस चले गए। इस आक्रमण और सन्धि ने उनके सम्मुख यह तथ्य प्रकट कर दिया था कि अफगानिस्तान जैसा छोटा देश अंग्रेज सरकार के सम्मुख अधिक दिनो तक नही ठहर सकता।

बलूच और क्रान्तिकारी

श्री शचीन्द्र ने अपनी पुस्तक के द्वितीय भाग मे 'बर्मा की कहानी' शीर्षक अध्याय के अन्तर्गत बलूच सेना के विद्रोह की झांकी दी है, जिसमें सैकड़ों बलूच सैनिकों और उनके अफसरों को भारी दण्ड सहना पड़ा। इस संदर्भ में कई बातें ध्यान मे रखने योग्य हैं। प्रथम तो यह कि बलूचिस्तान की सीमाएँ सरहदी पठानों के प्रदेश की सीमाओं से लगी हुई हैं, जिनकी अंग्रेज विरोधी परम्पराओं और भावनाओं पर हम ऊपर प्रकाश डाल चुके हैं। इसके अतिरिक्त मदरसा देवबन्द के क्रान्तिकारियों का संगठन सिन्ध में भी था और वहाँ अनेक छोटे-छोटे मदरसे इन लोगों ने स्थापित कर रक्खे थे, जिनके द्वारा निरन्तर अंग्रेज विरोधी प्रचार होता रहता था। यह भी अब प्रकट हो गया है कि बर्मा में बलूच सेना ने जिस गदर पार्टी के कार्यकर्ताओं के प्रोत्साहन पर विद्रोह किया था, उसी गदर पार्टी के अनेक कार्यकर्ता ईरान के रास्ते बलूच प्रदेश की सीमा पर जा पहुँचे थे और उन्होंने एक बड़े बलूच सरदार जिहान खां को अपनी ओर मिला लिया था। इन लोगों ने इस बलूच प्रदेश में आजाद हिन्द सरकारी बनाई थी और बलूचियों की एक सेना भी संगठित कर ली थी, जिससे अंग्रेज सेनाओं की अनेक झड़पें हुई थीं। इसके

बाद अंग्रेज़ों ने बिलोचों के अमीर को अपनी ओर मिला लिया और फिर उसी ने क्रान्तिकारी बलूच सेना पर आक्रमण किया। परिणामस्वरूप बलूच सेना भंग हो गई और क्रान्तिकारियों को वहाँ से बड़ी कठिन स्थिति में भागना पड़ा। कुछ क्रान्तिकारी अंग्रेज़ों के हाथों में भी पड़ गए, जो वहीं गोलियों से उड़ा दिये गए। इतिहासज्ञों के लिए यह अन्वेषण का विषय है कि ईरान-बलूचिस्तान की सीमा पर होनेवाली इन हलचलों का बर्मा के बलूच-विद्रोह से कुछ सम्बन्ध था या नहीं।

अली अहमद सिद्दीक़ी

'बर्मा की कहानी' शीर्षक अध्याय में ही श्री शचीन्द्र ने अलीअहमद सिद्दीक़ी के सम्बन्ध में भी कुछ पंक्तियाँ लिखी हैं। इन श्री अलीअहमद सिद्दीक़ी से सन् 1950-51 में इन पंक्तियों का लेखक भी मिला था। श्री सिद्दीक़ी उस समय इलाहाबाद म्यूनिसिपैलिटी के वाटरवर्क्स विभाग में थे। उनसे बात करने पर मालूम हुआ कि वे मैडिकल मिशन के साथ टर्की पहुँचते ही क्रान्तिकारी दल में दीक्षित हो गए थे। श्री शुएल क़ुरैशी जो भोपाल के और बाद में बड़े प्रतिष्ठित राष्ट्रीय मुस्लिम नेता बने, उसके सहयोगी थे। एक मज़ेदार बात उन्होंने यह बताई कि जब वे कुछ ज़रूरी और गोपनीय कागज़ात लेकर मिस्र से भारत को चले, तो जर्मन सरकार के एक गुप्तचर ने उनको चेतावनी दी कि भारत पहुँचते ही आप गिरफ्तार कर लिए जाएँगे। श्री सिद्दीक़ी इससे बड़े परेशान हुए, क्योंकि जो कागज़ात उनको भारत पहुँचाने थे, उनको वे किसी भी प्रकार नष्ट नहीं करना चाहते थे और न अंग्रेज़ों के हाथों में पड़ने देना चाहते थे। तभी जहाज़ में उनको एक मुस्लिम फ़क़ीर मिला, जो प्रतिवर्ष भीख माँगने के लिए मलाया आदि देशों में घूमा करता था। श्री सिद्दीक़ी ने उस फ़क़ीर को समझाया कि यदि वह भारत में घूमे तो उसे अधिक धन मिल सकता है। श्री सिद्दीक़ी ने उस फ़क़ीर को यह भी बताया कि ये एक ज़रूरी काम से तुरन्त मलाया पहुँचना चाहते हैं, अतः फ़क़ीर यदि उनसे टिकट परिवर्तन कर ले और उनका सामान भारत में उनके घर पहुँचा देने का वायदा करे, तो वह उसके टिकट से मलाया चले जाएँ और फ़क़ीर हिन्दुस्तान चला जाय। उन दिनों पासपोर्ट इत्यादि की कठिनाई थी नहीं, अतः फ़क़ीर शायद सामान के लालच से तैयार हो गया और उसने टिकट बदल लिया। सिद्दीक़ी साहब ने कागज़ात तो अपने पास रख लिए और अपना तमाम सामान फ़क़ीर के सुपुर्द कर दिया। इसके बाद वह मलाया जा पहुँचे। फ़कीर बम्बई पहुँचते ही गिरफ्तार हो गया और वर्षों पश्चात् जब सिद्दीक़ी साहब भारत के किसी जेल में थे, वह फ़क़ीर एक राजनीतिक क़ैदी के रूप में ही सिद्दीक़ी साहब से मिला। क्रान्तिकारी आन्दोलन के इतिहास में ऐसी मनोरंजक घटनाएँ भी अनेकों हुई हैं।

श्री सिद्दीक़ी साहब ने बताया कि उनके दल में हिन्दू-मुस्लिम प्रश्न को कोई स्थान नहीं था। सभी देश की स्वाधीनता के दीवाने थे और टर्की सरकार की राज्य शक्ति का सहारा पाकर भारतीय फ़ौजों के विद्रोह द्वारा अंग्रेज़ों से मुक्ति का स्वप्न

देखते थे। मलाया और बर्मा में उनके संगठन का पर्याप्त विस्तार हो गया था किंतु कुछ भारतीयो ने गद्दारी करके सम्पूर्ण भेद अंग्रेजो को बता दिया और भारतीय क्रान्तिकारी समय से पूर्व ही गिरफ्तार कर लिये गए। सेनाओं पर भी भारी दमन किया गया, जो सर्वथा गोपनीय रक्खा गया। सैकड़ो सिपाही और अफ़सर चुप-चाप मौत के घाट उतार दिये गए, जिससे उनकी छूत दूसरी फ़ौजों को भी न लग जाय।

मुखबिर कुमुदनाथ मुखर्जी

श्री शचीन्द्र ने इन गद्दारों में बैंकोक के एक बगाली वकील साहब का उल्लेख किया है किन्तु उनका नाम नहीं दिया है। पता लगता है कि इन बंगाली वकील साहब का नाम कुमुदनाथ मुखर्जी था। यह वकील साहब जो किसी समय गदर पार्टी के कार्यकर्ताओ से बडी देशभक्ति की डींगे हांकते थे, उस रुपये को हजम कर जाने की खातिर जो बैंकोक के जर्मन कौंसिल ने इनके द्वारा बगाल के क्रान्तिकारियों को भेजा था, अंग्रेजों से जा मिले। उनके द्वारा शघाई, स्याम और बर्मा में होनेवाली क्रान्तिकारी योजनाओं का आभास भारत सरकार को मिल गया और इसीलिए वह सब कुछ नहीं हो सका, जिसे श्री सिद्दीको इत्यादि करना चाहते थे। पंजाब के कृपालसिह की भाँति इन मुखर्जी ने सब गुड़गोबर कर दिया।

बंगाल मे विद्रोह की तैयारी

रहस्योद्‌घाटन के भय से श्री शचीन्द्र यह बात भी बचा गए हैं कि जब उत्तर भारत मे श्री रासबिहारी और गदर पार्टी के सदस्य इतने विराट् विद्रोह की तैयारी मे जुटे हुए थे, तब बगाल के क्रान्तिकारी क्या कर रहे थे ? श्री मन्मथनाथ गुप्त ने अपनी पुस्तक 'भारतीय क्रान्तिकारी आन्दोलन का इतिहास' में एक अन्य क्रान्तिकारी श्री पाकड़ासी की एक पुस्तक का निम्न उद्धरण दिया है, जो इस सम्बन्ध मे पर्याप्त प्रकाश डालता है और यह प्रकट करता है कि बगाल मे उन दिनों किस प्रकार की तैयारी चल रही थी। श्री पाकड़ासी लिखते हैं, 'नेतागण ढाका से लेकर लाहौर तक विद्रोह की तैयारी में लगे हुए थे। ढाका मे उन दिनों सिख सेना थी। लाहौर के षड्यन्त्रकारी सिख सैनिको ने ढाका के सिखों के साथ सम्पर्क स्थापित करने के लिए परिचय पत्र भेज दिए। ढाका के क्रान्तिकारी नेता अनुकूल चक्रवर्ती उन पत्रों को लेकर ढाका के सिख सैनिको से मिले।···सिख सैनिक विद्रोह की बात सुनकर शिरकत करने के लिए उत्सुक हो गए।···

"मैमनसिंह और राजशाही के सुकल नामक जंगल में क्रान्तिकारी संध्या के बाद क़वायद करते थे। आक्रमण और रणकौशल सीखने के लिए सब लोग प्रयास करने लगे। जिलों में बंदूकें चुराने की होड़ मच गई। चारों तरफ़ अफ़वाह फैला दी गई कि अब की बार मैट्रिक्यूलेशन और विश्वविद्यालय की दूसरी परीक्षाएँ

नहीं होंगी।"

श्री गुप्त ने अपने ग्रन्थ में एक अन्य स्थान पर लिखा है, "बंगाल के क्रान्तिकारी समझते थे कि संख्या की दृष्टि से उनके साथ इतने काफ़ी आदमी हैं, जो बंगाल की फ़ौजों को समझ ले सकते हैं, किंतु वे बाहर से आनेवाली फ़ौजों से डरते थे। इसी उद्देश्य को दृष्टि मे रखकर क्रान्तिकारियों ने यह निश्चय किया कि बंगाल में आनेवाली तीन मुख्य रेलों को, उनके पुलों को उड़ाकर बेकार कर दिया जाय। यतीन्द्रनाथ के ऊपर मद्रास से आनेवाली रेल का भार दिया गया, वे बालासोर से इस काम को अंजाम देने वाले थे। भोलानाथ चटर्जी बी० एन० आर० का भार लेकर चक्रधरपुर चले गए। सतीश चक्रवर्ती ई० आई० आर० का पुल उड़ाने के लिए गए। नरेन चौधरी और फणीन्द्र चक्रवर्ती को यह काम सौंपा गया कि वे हटिया जाएँ। वहाँ एक जत्था इकट्ठा होनेवाला था। हटिया मे वे इस जत्थे की सहायता मे पूर्व बंगाल के ज़िलों पर क़ब्ज़ा करने वाले थे, और वहाँ से वे कलकत्ता पर चढ आनेवाले थे। नरेन भट्टाचार्य और बिपिन गांगुली के नेतृत्व में कलकत्ता दल पहले तो कलकत्ता के आस-पास अस्त्र-शस्त्र तथा अस्त्रागारों पर क़ब्ज़ा करनेवाला था, फिर फोर्ट विलियम पर धावा बोलने वाला था तथा कलकत्ता पर अधिकार जमानेवाला था। 'मावेरिक' जहाज पर आनेवाले जर्मन अफ़सरों पर यह भार था कि वे पूर्व बंगाल मे रहें, वहाँ फौजें इकट्ठी करें, फिर बाकायदा उन्हें सैनिक शिक्षा दें।"

रासबिहारी का भारत-त्याग

देश-विदेशों में होने वाली यह विराट् तैयारियाँ असफल हो गईं और श्री रासबिहारी बोस को भारत छोड़कर बाहर जाना पड़ा। श्री शचीन्द्र ने लिखा है कि अप्रैल, 1915 में श्री रासबिहारी ने भारत से प्रस्थान किया। यहाँ कुछ स्मृतिभ्रम मालूम होता है क्योंकि श्री रासबिहारी ने अपने एक लेख में भारत छोड़ने की तिथि 12 मई, 1915 बताई है। श्री रासबिहारी ने एक जापानी जहाज पर पी० एन० टैगोर के नाम से यह यात्रा की। उन दिनों श्री रवीन्द्रनाथ टैगोर के जापान जाने की सूचनाएँ अखबार में निकली थीं, अत: श्री रासबिहारी ने कुछ ऐसा प्रदर्शित किया कि वे श्री रवीन्द्रनाथ के ही परिवार के हैं और उनकी यात्रा का प्रबन्ध करने के लिए जापान जा रहे हैं। उस समय श्री रासबिहारी के सिर पर एक लाख का इनाम था। वे पकड़े जाते तो अवश्य ही अंग्रेज उनको फाँसी पर चढ़ा देते। पर वे सकुशल जापान जा पहुँचे। उनके जापान पहुँच जाने पर अंग्रेजों को जब यह सब ज्ञात हुआ तो उसने जापान सरकार पर यह दबाव डाला कि वह श्री रासबिहारी को गिरफ्तार करके अंगरेजों के हवाले कर दे। जापान सरकार इसके लिए तैयार भी हो गई किन्तु रासबिहारी के जापानी मित्रों ने ऐसा नहीं होने दिया। अनेक दिनों तक जापान में भी रासबिहारी को भारत से भी अधिक छिपकर रहना पड़ा। कुछ दिनों पश्चात् यह बाधाएँ दूर हो गईं और

श्री रासबिहारी जापान के नागरिक बन गए।

द्वितीय विश्वयुद्ध के समय श्री रासबिहारी पुन: कार्यक्षेत्र मे उतरे। जैसे ही जापान ने अंग्रेजों के विरुद्ध युद्ध घोषणा की, श्री रासबिहारी ने जापान स्थित भारतीयो का एक संगठन बनाकर भारत की स्वाधीनता के लिए प्रयास प्रारम्भ किया। गदर पार्टी के कुछ कार्यकर्ता और बंगाल क्रान्तिकारी दल के कुछ सदस्यों ने इस कार्य में श्री रासबिहारी की सहायता की। आजाद हिन्द फ़ौज के प्रारम्भिक संगठन मे उन्होंने महत्त्वपूर्ण भाग लिया था। इसके पश्चात् जब श्री सुभाष बोस जापान जा पहुँचे, तो रासबिहारी ने नेतृत्व उनके हाथों में सौंप दिया। जनवरी सन् 1945 मे श्री रासबिहारी का टोकियो में देहान्त हो गया।

विदेशों में भारतीय विप्लववादी

श्री शचीन्द्र ने विदेशा मे भारतीय विप्लववादियो के कार्यों का वर्णन भी अपनी पुस्तक के द्वितीय भाग के अन्तर्गत किया है। इस अध्याय मे उनके कार्य की एक अति संक्षिप्त झाँकी ही आ सकती थी और फिर ऐसी बातें न लिखने की विवशता भी थी जो उस समय तक प्रकट नही हुई थी और जिनकी सूचना से अंग्रेज शासकों को लाभ पहुँच सकता था। वास्तव मे, जो भारतीय देशभक्त विदेशो मे कार्य करते रहे, उनका लेखा-जोखा तैयार करना अतिदुस्तर कार्य है। उनका सम्पूर्ण कार्य अत्यन्त गोपनीय होता था। किसी भी सरकार की प्रामाणिकता उनके पास थी नही। अपने परिवार और साथियों से दूर रहकर नितान्त अभाव-ग्रस्त अवस्था मे इनको कार्य करना पड़ता था। अनेक भारतीय और विदेशी गुप्तचर इनको घेरे रहते थे और सबसे बडी कठिनाई यह थी कि एक दिन जिस राष्ट्र को वह अंग्रेजो का शत्रु समझकर वहाँ आश्रय ग्रहण करते थे तथा अपना केन्द्र बनाते थे, वही किसी दिन भी आन्तरिक अथवा विदेशी राजनीतिक उलट से विवश होकर अंग्रेजो का मित्र और इनका शत्रु बन जाता था। ये लोग हजारों की संख्या मे थे, जिनमें से अधिकतर वही, अपनी मातृभूमि से दूर, काल कवलित हो गए। अनेकों को विदेशों के कारावास मे भी भयानक यंत्रणाएँ सहन करनी पड़ी। फिर भी इनमे से अधिकांश ब्रिटिश सरकार द्वारा उत्पन्न की गई बाधाओं और उसके द्वारा दिए गए प्रलोभनों को जीतकर अपने मार्ग पर आरूढ़ रहे। न जाने कब वह समय आएगा, जब इन लोगों के कार्यों का ब्यौरा उनके सन्मुख आ सकेगा, जिनकी स्वतन्त्रता के लिए उन्होने ऐसे कष्ट सहन किए थे। अभी कुछ दिन पहले हमारी सरकार इस कार्य में प्रवृत्त होती दिखाई दी थी। केन्द्र और राज्यो में इसके लिए कमेटियाँ भी बनी। बजट भी मंजूर हुए। कुछ कार्य आगे बढ़ा भी किन्तु फिर पता नहीं लगा कि क्या हुआ? इलाहाबाद की हिन्दुस्तानी कल्चर सोसाइटी ने भी एक बार इस काम को हाथ मे लिया था, जिसका एक कार्यकर्ता इन पंक्तियों का लेखक भी था। यह तो काम में हाथ डालने के बाद मालूम हुआ कि सरकार के अतिरिक्त, करोड़ों रुपया व्यय किए

बिना कोई दूसरा संगठन यह कार्य प्रामाणिक रूप से नहीं कर सकता।

यह बात ध्यान में रखने की है कि विदेशों में कार्य करनेवाले भारतीय विप्लववादियों में अनेक असाधारण बौद्धिक क्षमता के व्यक्ति थे। इनमें से कुछ तो अन्य राष्ट्रों में उच्च सरकारी पदों पर पहुँच गए। ये लोग यदि चाहते और इस क्रान्ति मार्ग पर आरूढ़ न होते तो अपने देश में भी पर्याप्त यश, मान और धन अर्जित कर सकते थे। फिर भी मातृभूमि की स्वाधीनता के लिए उन्होंने कष्टों और यातनाओं से भरे हुए मार्ग को ही चुना और अपने लक्ष्य के लिए शहीद हो गए। हमारे देश के लिए यह कितनी वेदनात्मक स्थिति है कि आज उनमें से अधिकांश का नाम भी हम नही जानते। यही नहीं, बल्कि जिन लोगों ने विदेशों में रहते समय साहित्य रचना की, उनका प्रकाशित साहित्य भी हमारे पास उपलब्ध नहीं है। अब पता लगा है कि श्री रासबिहारी बोस ने जापानी भाषा में सात ग्रन्थ लिखे हैं। मौलवी बर्कतुल्ला, श्री वीरेन्द्र चट्टोपाध्याय, मैडम कामा, श्यामजी कृष्ण वर्मा, ला० हरदयाल इत्यादि अनेकों ने भी समय-समय पर ग्रन्थ, पुस्तिकाएँ, लेख इत्यादि लिखे, इन लोगों ने अनेक पत्र भी निकाले, पर आज भारतीयों के लिए उनमें से एक भी तो उपलब्ध नही है। भारत सरकार चाहे तो अपने दूतावासों के द्वारा यह कार्य करा सकती है। अनेक विदेशी राजनीतिक महानुभावों ने अपनी पुस्तकों में इन भारतीय क्रान्तिकारियों का प्रसंगवश जो विवरण दिया है, हमारे दूतावास उनका संग्रह भी कर सकते हैं, पर यह सब नही हो रहा और न इसकी माँग ही की जा रही है। शायद किसी देश के लिए अपने देशभक्तों के प्रति कृतघ्नता की यह चरम सीमा है। इतिहास की क्षति तो है ही।

विदेशों में भारतीय जासूस

अंग्रेज सरकार इन लोगों पर कितनी कड़ी नजर रखती थी, इसका एक उदाहरण उर्दू के प्रसिद्ध लेखक काजी अब्दुल गफ्फार खां ने मुझे सुनाया था। उन्होंने बताया कि एक बार वे डा० अंसारी और हकीम अजमल खां के साथ पेरिस में थे। वहाँ किसी के द्वारा इन लोगों को सन्देश मिला कि श्री एम० एन० राय की पत्नी एलेनराय इनसे भेंट करना चाहती हैं। भेंट सर्वथा गुप्त होनी थी, अतः पेरिस के एक भारतीय मुस्लिम व्यापारी का घर इसके लिए निश्चित किया गया। उस व्यापारी की क्रौकरी की एक बड़ी दूकान थी। भारत की स्वाधीनता और राष्ट्रीय आन्दोलन के प्रति उसकी निष्ठा देखकर ही उसका स्थान विश्वासपात्र समझा गया। फिर भी सावधानी के लिए न तो उसे एलेनराय का नाम बताया गया और न उसे वार्ता में सम्मिलित ही किया गया। इतना ही नहीं, बल्कि वार्ता के समय उसके परिवार का कोई भी व्यक्ति मकान में नहीं था। निश्चित समय पर एलेनराय आईं और वार्ता करके चली गईं। इसके पश्चात् ये लोग, (डा० अंसारी, हकीम अजमल खां, काजी अब्दुलगफ्फार) टर्की गए। टर्की देखने की

इच्छा जताकर वह मुस्लिम व्यापारी भी इनके साथ हो गया। वहाँ ये लोग राजकीय अतिथि माने गए। टर्की सरकार का एक बड़ा अधिकारी इनकी सेवा में नियुक्त हुआ। उस अधिकारी ने एक दिन काज़ी अब्दुलगफ्फार को बताया कि उनके साथ आया हुआ पेरिस का भारतीय व्यापारी अंग्रेजों का ज सूस है और इसीलिए सुरक्षा की दृष्टि से मुस्तफा कमालपाशा से उनकी भेंट नहीं कराई गई। इतना ही नहीं, बल्कि जब काज़ीसाहब भारत लौटे तो भारत सरकार के एक उच्च गुप्तचर अधिकारी, शायद खानबहादुर असगरहुसैन ने उस वार्ता को अक्षरश: सुना दिया जो एलेनराय और इन लोगों के बीच हुई थी। इस घटना से कई बातें सामने आती हैं। एक तो यह कि ब्रिटिश सरकार ने अपने जासूसो को विदेशों में भारतीय व्यापारियों के रूप में भी बसा रक्खा था और उन पर अनगिनत रुपया खर्च करती थी। फिर दूसरे देशों की सरकारे भी अपने जासूसो द्वारा इन भारतीय जासूसों की गतिविधियोंपर नज़र रखती थी। तीसरी बात यह कि जो वार्ता इतनी सावधानी और गोपनीयता के साथ हुई, वह भी या तो कमरे मे छिपे किसी यंत्र के द्वारा अथवा अन्य किसी प्रकार सरकार को ज्यों-की-त्यों ज्ञात हो गई। इससे हम विदेश-स्थित भारतीय क्रान्तिकारियो की कठिनाइयो का किंचित् अनुमान लगा सकते हैं।

श्री जवाहरलाल नेहरू ने विदेशी सरकारों के जासूसो के सम्बन्ध मे एक दिलचस्प घटना का अपनी आत्मकथा मे उल्लेख किया है। उन्होंने लिखा है, "मेरे एक अमेरिकन दोस्त उन दिनों पेरिस में रहते थे। उनसे एक दिन फ्रांस की खुफिया पुलिस के एक अधिकारी मिलने आए। वह महज दोस्ताना तरीके पर कुछ मामलो की बाबत पूछने आए थे। जब वह साहब अपनी बाते पूछ चुके तो उन अमेरिकन से बोले, 'आपने मुझे पहचाना या नही, मैं तो आपसे पहले भी मिल चुका हूँ।' अमेरिकन ने उन्हें ब[illegible] गौर से देखा, लेकिन उन्हें मजूर करना पडा कि मुझे याद नही आता कि मैने आपको कब और कहाँ देखा है। तब खुफिया पुलिस के साहब ने बताया कि मैं आपसे ब्रूसेल्स कान्फ्रेंस मे नीग्रो प्रतिनिधि की हैसियत से मिला था। उस समय अपने हाथ-मुँह वगैरह मैंने बिलकुल काले रंग लिए थे।"

इसी ब्रूसेल्स कान्फ्रेंस मे मौलाना बर्कतुल्ला आदि भारतीय क्रान्तिकारी भी सम्मिलित थे। इस तरह भारतीय देशभक्तो को प्रत्येक क़दम पर धोखे और छल से सावधान रहना पड़ता था। बहुत बार तो अपने नजदीकी साथी भी धोखा दे जाते थे।

भारतीय क्रान्तिकारियों द्वारा अन्तर्राष्ट्रीय संकट

विदेशों में स्थित भारतीय क्रान्तिकारी सर्वथा असफल ही नहीं हुए, उन्होंने अनेक बार ब्रिटिश सरकार को भारी संकट में डाल दिया था। प्रथम विश्वयुद्ध के समय काबुल की आजाद हिन्द सरकार ने जो मिशन रूस भेजा था, जिसे ताशकन्द के गवर्नर ने गिरफ्तार करके वापस अफ़गानिस्तान पहुँचा दिया, उस मिशन के सम्बन्ध में मौलाना उबेदुल्ला ने अपनी पुस्तक में लिखा है, "यह मिशन बेकार साबित नहीं हुआ, इससे रूस और अंग्रेज सरकार की एकता में किसी सीमा तक कठिनाई उत्पन्न हो गई, जिसे हल करने के लिए लार्ड किचनर को यात्रा करनी पड़ी।"

अफ़गानिस्तान में भारतीय क्रान्तिकारियों के कारण राजनीतिक उलट-फेर और भारत पर अफ़गान आक्रमण की चर्चा हम ऊपर कर आए हैं। यहाँ पर इस सम्बन्ध में इतना उल्लेख कर देना आवश्यक है कि सन् 1919 की पराजय के प्रतिशोधस्वरूप जब 1929 में अंग्रेजों ने अमानुल्ला के खिलाफ बगावत करा दी और अपने एक गोइन्दे बच्चा सक्का को गद्दी पर बैठा दिया, तो जनरल नादिर खां को बच्चा सक्का के विरुद्ध भारतीय क्रान्तिकारियों से बड़ी भारी मदद मिली थी। इन क्रान्तिकारियों का ही यह प्रभाव था कि जब बच्चा सक्का का एजेण्ट अमामदीन चाराधारी पेशावर पहुँचा, तो उसके विरुद्ध इतने जुलूस और सभाएँ तथा अन्य प्रदर्शन पेशावर के पठानों ने किए कि अमानुल्ला खां की सरकार के ट्रेड एजेण्ट सरदार अब्दुल हकीम खां ने, इन प्रदर्शनों से साहस पाकर, बच्चा सक्का सरकार के एजेण्ट को चार्ज देने से इन्कार कर दिया और अंग्रेज सरकार उन पर दबाव डालने का साहस नहीं कर सकी। इसके बाद पेशावर के पठानों ने ब्रिगेडियर जान मुहम्मद के घर पर हमला कर दिया, जहाँ बच्चा सक्का सरकार का एजेण्ट ठहरा हुआ था। बड़ी कठिनाई से वहाँ उस एजेण्ट की जान बच सकी। अपने विरुद्ध ऐसा प्रबल लोकमत देखकर बच्चा सक्का का यह एजेण्ट वापस लौट गया और जब नया एजेण्ट आया, तो उस पर भी भीड़ ने हमला किया और जिस मकान में वह था, उसको पर्याप्त हानि पहुँचाई।

आजाद पठान क़बीलों की शक्ति को नादिर खां की सहायता के लिए एकत्रित कर देना भी भारतीय क्रान्तिकारियों का ही कार्य था, जिसके बिना नादिर खां की विजय असम्भव थी। उस समय तक नादिर खां भी यही प्रकट कर रहे थे कि वह अमानुल्ला खां को गद्दी वापस दिलाने के लिए बच्चा-सक्का के विरुद्ध युद्ध में उतरे हैं। भारतीय क्रान्तिकारियों का यह भी अनुभव था कि नादिर खां अंग्रेज विरोधी हैं। यह क्रान्तिकारी अंग्रेजों द्वारा अमानुल्ला खां के विरुद्ध रचे गए षड्यन्त्र से पूरी तरह परिचित थे और उन्होंने अफ़गानिस्तान में विद्रोह होने से बहुत पहले ही इसकी सूचना गांधीजी और कांग्रेस के अन्य नेताओं को दे दी थी। इसका प्रमाण यह है कि सन् 1928 में कलकत्ता कांग्रेस का अधिवेशन समाप्त

करके जब गांधीजी तथा महादेव देसाई लौट रहे थे, तो उन्होंने सीमाप्रांत के राष्ट्रीय मुस्लिम नेता आगा लाला बादशाह, अमीगुल खान और अब्दुल करीम भी उसी गाड़ी से सफर कर रहे थे। इस अवसर पर गांधीजी ने इन नेताओं से कहा था, "अफ़गानिस्तान में शीघ्र ही अंग्रेज अमानुल्ला खां के शासन के विरुद्ध विद्रोह आरम्भ कराने वाले हैं। अंग्रेजों का षड्यन्त्र यह है कि अमानुल्ला को हटाकर अपने किसी पिट्ठू को गद्दी पर बैठा दिया जाए। आप लोगों को इस पर दृष्टि रखनी चाहिए और अमानुल्ला की सहायता करनी चाहिए। भारत का हित भी इसी बात में है।" भारतीय क्रान्तिकारियों ने इस प्रकार अमानुल्ला खां के पक्ष में लोकमत तैयार किया और यद्यपि वे अमानुल्ला खां को नहीं बचा सके, किन्तु बच्चा सक्का भी क़ाबुल की गद्दी पर नहीं रह सका और इस प्रकार अंग्रेज अपने षड्यंत्र में पूरी तरह सफल नहीं हो सके। इससे ईरान आदि देशों के स्वतन्त्रता आन्दोलन को जो लाभ पहुँचा, वह भी सर्व-विदित है। भारत को तो लाभ हुआ ही।

भारत छोड़ने से पूर्व श्री सुभाष की सेनाओं से सम्पर्क

द्वितीय विश्वयुद्ध मे विदेश प्रवासी भारतीय क्रान्तिकारियों ने जो कार्य किया, उससे भारत को स्वाधीनता प्राप्त करने मे बहुत महत्त्वपूर्ण सहयोग मिला। आजाद हिन्द सरकार और आजाद हिन्द फ़ौज के निर्माण मे सर्व प्रथम प्रयास रासबिहारी बोस, स्वामी सत्यानन्दपुरी (जो बंगाली क्रान्तिकारी दल के पुराने सदस्य थे) और प्रीतमसिंह (गदर पार्टी के पुराने कार्यकर्ता) ने किया था। प्रायः ऐसा समझा जाता है कि श्री सुभाष बोस ब्रिटिश सरकार के दमन पाश से बचने के लिए भारत से चले गए और फिर विदेशो मे जाकर उन्हें यह सूझा कि भारतीय फ़ौजो के बन्दी सिपाहियों का संगठन करके अंग्रेजों के विरुद्ध लड़ा जाय। किन्तु यह धारणा सही नहीं है। श्री सुभाष जब कांग्रेस से पृथक् हुए थे और फारवर्ड ब्लाक स्थापित करके देश-भर मे दौरा करके प्रचार कार्य कर रहे थे, उस समय भी उनके मस्तिष्क मे यही योजना थी। इस दौर में उनके साथ श्री त्रैलोक्यनाथ चक्रवर्ती भी किसी दूसरे नाम से थे, जो बंगाल के क्रान्तिकारी दल के प्रभावशाली नेता थे और जिनका उल्लेख श्री शचीन्द्र ने भी प्रशसात्मक शब्दों मे एक-दो स्थान पर अपनी पुस्तक मे किया है। श्री चक्रवर्ती ने लिखा है कि सन् 1940 में जब श्री सुभाष बोस के सभापतित्व मे दिल्ली मे छात्र सम्मेलन हुआ था तभी लाला शंकरलाल के घर पर फारवर्ड ब्लाक की कार्यकारिणी बैठक भी हुई थी। इस बैठक मे मैं भी सम्मिलित हुआ था। उक्त बैठक में जो नेता सम्मिलित हुए थे, उनमे सीमाप्रान्त के नेता अकबरशाह भी थे।···उपस्थित नेताओं में जिन लोगों को सुभाषबाबू विप्लव मनोवृत्ति का समझते थे, उनसे घनिष्ठता से मिलाने और विचार-विमर्श करने के उद्देश्य से मेरा परिचय करा देते थे। अकबरशाह के बारे में सुभाष बाबू की ऊँची धारणा थी। वे सुभाष बाबू के विशेष भक्त और

सरल, सीधे, स्वदेश प्रेमी और निर्भीक थे। उन्हें विशेष रूप से विप्लव के मार्ग पर लाने को सुभाष बाबू ने मुझसे कहा। मैं भी खूब घनिष्ठता से उनसे मिला और भावी विप्लव के बारे में उनसे चर्चा की। मेरे साथ चर्चा करने के बाद उनकी हिचकिचाहट दूर हो गई और वे सशस्त्र क्रान्ति के पथ के पूर्ण विश्वासी बन गए।

"....सेना वाहिनियों में प्रभाव फैलाने के बारे में मैंने अकबरशाह से बात की। उन्होंने पठान सेना-वाहिनियों की मुख्य छावनियों की जानकारी पाने की सलाह दी और कहा—'मैं उन लोगों में प्रभाव डालने का प्रयत्न करूँगा। पठान सैनिक भारत की स्वतन्त्रता के संग्राम का विरोध नहीं करेंगे।' अफ़गानिस्तान की राह से विदेश जाने के लिए भारत का सीमान्त पार करवा देने का कोई प्रबन्ध करने की बात पूछने पर उन्होंने कहा कि दुभाषिये के सहारे से प्रबन्ध करना सम्भव होगा। उन्होने यह भी कहा कि पैदल जाने में बहुत समय लगेगा और कष्ट भी बहुत होगा। घोड़े पर जाना आसान होगा, लेकिन खर्च बहुत पड़ेगा।"

उपरोक्त उद्धरण से नेताजी सुभाष के भारत से बाहर जाने की योजना पर एक नया प्रकाश पड़ता है। श्री चक्रवर्ती ने यह भी लिखा है कि दिल्ली के लाला शंकरलाल को सुभाष बाबू ने जापान इसीलिए भेजा था कि वे ब्रिटिश शत्रु देशों से इस सम्बन्ध में बात कर आएँ। इधर सेनाओं में भी विद्रोह का प्रचार हो रहा था। 'कलकत्ते में सिक्ख नेता सरदार निरंजनसिंह 'गालिब' की मार्फत एक सिक्ख वाहिनी हमारे सम्पर्क मे आ गई थी। उनके कई प्रतिनिधि सुभाष बाबू से मिले थे। सुभाष बाबू ने कर्मपद्धति के बारे में उनसे बातें करके उनको निकट भविष्य मे तैयार रहने को कहा था।' इस प्रकार विदेशों में स्थित भारतीय क्रान्तिकारी सभी द्वितीय महायुद्ध प्रारम्भ होते ही सक्रिय हो गए थे। यह श्री सुभाष की अन्तिम गिरफ्तारी से पहले की बात है। इस गिरफ्तारी से पूर्व ही श्री सुभाष ने सीमाप्रान्त के रास्ते भारत से बाहर जाने की योजना बना ली और भारत तथा विदेशों में स्थित भारतीय सिपाहियों मे सम्पर्क स्थापित करना प्रारम्भ कर दिया था। वे विदेशों से आनेवाले किसी सन्देश की प्रतीक्षा में थे, अन्यथा इसी समय बाहर चले गये होते। सरकार ने इसी बीच उनको गिरफ्तार कर लिया किन्तु अनशन करके श्री सुभाष ने अपने को मुक्त करा लिया और फिर विदेश में सूचना मिलते ही भारत से बाहर चले गए। निस्संदेह यह सब इसीलिए सम्भव हो सका कि विदेशों में भारतीय क्रान्तिकारी बड़ी सावधानी से इसकी पृष्ठभूमि बना चुके थे।

जो भारतीय विप्लववादी विदेशो में थे, उनमें अनेक अन्य देशों के क्रान्तिकारियों से बड़े अच्छे सम्बन्ध बनाये हुए थे। काबुल के क्रान्तिकारी संगठन 'जमायते सियासिया' पर भारतीय क्रान्तिकारियों के प्रभाव पर हम पर्याप्त प्रकाश डाल चुके हैं। एशिया के अन्य ऐसे देशों में, जो अंग्रेजों के दास या अर्ध-

दास थे, भारतीय क्रान्तिकारियों ने उल्लेखनीय कार्य किया। उदाहरण के लिए ईरान में श्री अम्बाप्रसाद सूफी आदि ने स्वयं अंग्रेजों के विरुद्ध हो रहे युद्ध में सक्रिय भाग लिया। श्री डा० खानखोजे भी लगभग तीन वर्ष तक ईरानी सेना मे सम्मिलित होकर अंग्रेजों से लड़े। श्री प्रमथनाथ दत्त भी ईरान की क्रान्तिकारी सेना मे सम्मिलित होकर अंगरेजों से लड़ते रहे और ईरानी सेना के हार जाने पर लगभग तीन बर्ष तक एक ईरानी कबीले में छिपे रहे। रूस की सोवियत सरकार की सहायता से उस समय बड़ी कठिनाई से उनका उद्धार हो सका। श्री एम० एन० राय तो चीन में साम्यवादी क्रान्ति का संचालन करने के लिए अन्तर्राष्ट्रीय साम्यवादी सगठन की ओर से भेजे गए थे। बर्मा के क्रान्तिकारियों मे से जनरल-आंगसान आदि श्री रासबिहारी आदि के सम्पर्क मे थे। गदर पार्टी के कुछ नेताओं का सम्पर्क नए चीन के पिता डा० सनयातसेन से था। लेनिन और ट्राटस्की, स्टालिन के सम्पर्क में तो अनेकों भारतीय क्रान्तिकारी रहे। मुस्तफा कमालपाशा का भी अनेक भारतीय क्रान्तिकारियों से सम्पर्क रहा। इस प्रकार भारतीय क्रान्तिकारियो ने महत्त्वपूर्ण अन्तर्राष्ट्रीय सम्बन्ध स्थापित कर रखे थे। यह दूसरी बात है कि भारत को स्वाधीनता कुछ इस प्रकार और ऐसे रूप में मिली, जिसके कारण इन सम्बन्धो से विशेष लाभ नही उठाया जा सका।

भारत के राष्ट्रीय नेता और क्रान्तिकारी

भारतीय क्रान्तिकारियों की अपने देश के राष्ट्रीय आन्दोलन में क्या स्थिति रही और राष्ट्रीय नेताओ से उनके सम्बन्धो पर भी श्री शचीन्द्र ने यहाँ-वहाँ थोडी-सी चर्चा अपनी इस पुस्तक में की है। अन्य क्रान्तिकारियों ने भी अपनी पुस्तकों और संस्मरणो में इस प्रश्न पर विचार किया है। इसमें सन्देह नही कि मातृभूमि की स्वाधीनता के लिए सर्वस्व त्याग का जैसा आदर्श विप्लवियों ने जनता के सम्मुख रक्खा, वैसा आदर्श कांग्रेस आन्दोलन के कार्यकर्ता नही रख सके। किन्तु ऐसा होना स्वाभाविक था। विप्लवी आन्दोलन में जो व्यक्ति सम्मिलित होते थे, वे समाज के सबसे अधिक साहसी और निर्भय युवक थे, जो पहले से ही फाँसी, कालापानी की सम्भावनाओं को हृदयगम करके इस रास्ते पर पैर बढ़ाते थे। इनमें से जिनका मनोबल टूट जाता था, वे एप्रूवर (इकबाली गवाह) इत्यादि बन जाते थे। कांग्रेस आन्दोलन में फाँसी, कालापानी की सम्भावनाएँ नही थीं। शायद इसीलिए कांग्रेस का आन्दोलन जन-आन्दोलन भी बन सका। फिर भी कांग्रेस आन्दोलन से सहानुभूति रखने वाली जनता और साधारण कार्यकर्ता विप्लवियों के प्रति अधिक श्रद्धावान थे, इसमें सन्देह नहीं है। आज भी अनेक भूतपूर्व विप्लवी अपने क्रान्तिकारी जीवन की याद दिलाकर चुनाव जीतते देखे जाते हैं, जो प्रमाणित करता है कि जनता उनके कष्ट-सहन के प्रति आज भी श्रद्धावान है। स्वयं डाक्टर पट्टाभि ने अपने ग्रन्थ 'कांग्रेस का इतिहास' में स्वीकार किया है कि एक समय सरदार भगतसिंह भारतीय जनता में महात्मा गांधी

की ही भाँति लोकप्रिय थे। श्री चन्द्रशेखर आजाद के इलाहाबाद में पुलिस की गोलियों से मारे जाने के बाद जनता ने जिस प्रकार उस वृक्ष की पूजा की, जिसके नीचे श्री आजाद शहीद हुए थे तथा इससे बहुत पहले कन्हाईलाल दत्त के जुलूस में विशाल जन समूह का सम्मिलित होना इस बात का प्रतीक है कि विप्लवियों के प्रति राष्ट्रीय विचारों की जनता में सदैव प्रबल आकर्षण रहा और वह इनको भारतीय स्वतन्त्रता संग्राम का सच्चा 'वीर' समझती रही।

जहाँ तक कांग्रेस के नेताओं का सम्बन्ध है, अधिकांश से विप्लवी नेताओं की कभी अच्छी तरह पट नहीं सकी। वास्तव में कांग्रेस के अधिकांश नेता विप्लवियों के आतंकवादी मार्ग को राष्ट्रीय आन्दोलन की बाधा समझते थे। वे इस बारे में बहुत सचेत रहते थे कि कहीं सरकार उनका सम्बन्ध आतंकवादी आन्दोलन से सिद्ध न कर दे। कांग्रेस जो बड़ी कठिनाई से आवेदन-पत्रों और प्रार्थना-प्रस्तावों की परिधि से निकलकर सविनय अवज्ञा के मार्ग पर आई थी, सरकार को भीषण आत्म दमन का कोई भी अवसर नहीं देना चाहती थी। फिर भी शनैः-शनैः कांग्रेस के कुछ नेताओं के मत में हम परिवर्तन होता हुआ देखते हैं। श्री शचीन्द्र को शिकायत है कि वे जब कालापानी से लौटे तो मोतीलालजी, देशबन्धु दास, मालवीयजी, जवाहरलाल नेहरू ने उनकी बातों पर, यहाँ तक कि राजनीतिक बन्दियों की रिहाई के लिए आन्दोलन करने की प्रार्थना पर भी उचित ध्यान नहीं दिया। इनमें से श्री मोतीलालजी के सम्बन्ध में हम एक अन्य क्रान्तिकारी मनमोहन गुप्त के संस्मरणों में पढ़ते हैं कि वे एक हस्तलिखित क्रान्तिकारी बुलेटिन के मूल्य-स्वरूप मोतीलालजी से पाँच सौ रुपये लाए थे और वे प्रायः उनको कुछ न कुछ देते रहते थे। श्री चन्द्रशेखर आजाद, यशपाल आदि को भारत से बाहर जाने के लिए जवाहरलालजी द्वारा धन प्राप्त हुआ था, यह स्वयं यशपालजी ने अपनी पुस्तक में लिखा है। देशबन्धु चित्तरंजनदास के सम्बन्ध में श्री त्रैलोक्यनाथ चक्रवर्ती ने लिखा है कि जब वे क्रान्तिकारी कार्यों के अपराध में जेल की सजा काट रहे थे, उन दिनों ही देशबन्धु भी असहयोग आन्दोलन में जेल आए। इस जेल प्रवास के समय एक कांग्रेसी ने देशबन्धु से यह शिकायत की कि विप्लवी क़ैदी असहयोगी बन्दियों को कांग्रेस के विरुद्ध भड़काते हैं, तो देशबन्धु ने उत्तर दिया था, "इनकी बातें अब मुझे याद आती हैं, तो मेरा सारा घमंड चूर हो जाता है।" इससे प्रकट होता है कि दास बाबू भी इनको पर्याप्त आदर की दृष्टि से देखते थे।

विप्लवी आन्दोलन ने कांग्रेस आन्दोलन के मार्ग में बाधा खड़ी नहीं की, शक्ति ही दी, ऐसा प्रायः सभी राष्ट्रीय कार्यकर्ताओं का अनुभव है। 'जब यह लोग फाँसी पर चढ़ सकते हैं, कालापानी जा सकते हैं, तो क्या हम वर्ष-छह महीने की सजा भी नहीं काट सकते,' यह भावना बहुत-से युवकों को कांग्रेस आन्दोलन में खींच लाई, इसमें सन्देह नहीं है। भारत की अंग्रेज सरकार ने विप्लवियों पर जो अत्याचार किए, उसके कारण भी जनमत अंग्रेज सरकार का विरोधी बनता

गया, इसमें भी सन्देह नहीं है। कभी-कभी किसी विशेष जोशीले सरकार-भक्त अधिकारी ने जब कांग्रेसी आन्दोलनकारियों पर भीषण अत्याचार करके कांग्रेस वालों को बहुत आतंकित कर दिया, तब किसी क्रान्तिकारी की एक धमकी-भरी चिट्ठी से ही उक्त अधिकारी सही रास्ते पर आ गया, इसके उदाहरण भी मौजूद हैं। अन्त मे सन् 1942 के भारत छोड़ो आन्दोलन का अहिंसा की परिधि से निकलकर हिंसात्मक रूप ग्रहण कर लेना यह सिद्ध करता है कि विप्लवियों का न तो 'आतंकवाद' व्यर्थ हुआ और न हमारे राष्ट्रीय आन्दोलन ने 'हिंसा-अहिंसा' के तत्त्वचिन्तन का ही चिन्ता की। अंग्रेजो को भारत से हटाने का मुख्य श्रेय यदि आजाद हिन्द फौज के संगठन को नही, तो आज़ाद हिन्द फ़ौज के बन्दियो की रिहाई के आन्दोलन को तो है ही, जिसने फ़ौजों को भी ब्रिटिश विरोधी बना दिया था। गांधीजी की अहिंसात्मक रणनीति के कारण भारत का ब्रिटिश विरोधी जन-आन्दोलन प्रत्यक्ष और संगठित रूप से चलता रहा और उसी के बल पर आजाद-हिन्द फ़ौज की रिहाई का आन्दोलन इस रूप में किया जा सका, यह तथ्य भी हमारी आँखो से ओझल नही होना चाहिए। भारत की स्वाधीनता का श्रेय इन दोनो ही प्रकार के आन्दोलनो को है; किन्तु त्याग, कष्ट-सहन का पलड़ा विप्लवियों का ही भारी है, यह निर्विवाद सत्य है।

श्री शचीन्द्र की शेष कहानी

श्री शचीन्द्र ने 'बन्दी जीवन' की कहानी सन् 1920 में कालेपानी से मुक्ति के बाद घर आने, विवाह करके क्रान्तिकारी कार्यों के लिए पत्नी-पुत्री सहित चटगाँव जाने और फिर लौटकर उत्तर प्रदेश में आ जाने की चर्चा के साथ ही समाप्त कर दी है। इसी बीच उन्होंने शेष क्रान्तिकारी राजबन्दियो की रिहाई के लिए जो उद्योग किया, उसकी चर्चा तो पूर्ण रूप से की है किन्तु क्रान्तिकारी दल को पुनर्गठित करने के लिए क्या कुछ किया, इसका केवल आभास मात्र ही दिया है। 'बन्दी जीवन' के तृतीय भाग में यह सब ब्यौरा है, जो श्री शचीन्द्र ने सन् 1937-38 में कांग्रेस मंत्रिमण्डलों द्वारा रिहा किए जाने के पश्चात् कानपुर के 'प्रताप' पत्र मे धारावाहिक रूप से लिखा था। उस समय भी देश में अंग्रेज सरकार थी, इसलिए श्री शचीन्द्र यथातथ्य विवरण दे भी नही सकते थे। इसीलिए उन्होंने 'काकोरी षड्यन्त्र' का विवरण भी नहीं दिया, जिसमें उनके चार साथियों को फाँसी हुई और श्री शचीन्द्र को आजीवन कालेपानी का दंड मिला था।

श्री शचीन्द्र ने सन् 1920 में कालेपानी से लौटकर जिस दिन भारत भूमि पर पैर रक्खा, ठीक उसी दिन से वे क्रान्तिकारी दल के पुनर्गठन में प्रवृत्त हो गए थे। इस समय तक उत्तर प्रदेश का क्रान्तिकारी संगठन छिन्नभिन्न हो चुका था। बंगाल का प्रमुख क्रान्तिकारी दल 'ढाका अनुशीलन समिति' उसके बहुत से सदस्यों के जेल जाने से निर्बल था। श्री बारीन्द्र का 'युगान्तर दल', जो प्रथम महायुद्ध के पूर्व ही 'चन्द्रनगर दल' के रूप में परिवर्तित हो गया था, और जिसके एक नेता

रामबिहारी बोस थे, लगभग किंकर्तव्यविमूढ़ था। पंजाब में 'ग़दर पार्टी' के नेता या तो जेल में थे और या विदेशों में खिसक गए थे। कांग्रेस गांधीजी के प्रभाव में आ चुकी थी और जलियांवाला बाग हत्याकांड से उत्पन्न रोष का गांधीजी असहयोग आन्दोलन में उपयोग करने की तैयारी कर चुके थे। मुस्लिम क्रान्तिकारी दल गोपनीय आतंकवाद की व्यर्थता अनुभव करके प्रकट जन-आन्दोलन के मार्ग पर चल चुका था और 'खिलाफत' की रक्षा के नाम पर देश की मुस्लिम जनता का अंग्रेजों से संघर्ष कराने की भूमिका तैयार कर रहा था। भारत की जनता को नया राजनीतिक दर्शन, नये नेता और नई रणनीति प्राप्त हो रही थी।

बंगाल के क्रान्तिकारी असहयोग आन्दोलन का विरोध कर रहे थे किन्तु श्री शचीन्द्र ने इसमें योग नहीं दिया। गांधीजी के इस आन्दोलन से उनको स्वतन्त्रता प्राप्ति की आशा तो नहीं थी किन्तु इस आन्दोलन के माध्यम से जन-जागरण के महत्त्व को वे हृदयंगम कर सके थे। सम्भवतः वे समझ गए थे कि आन्दोलन असफल होगा। इसीलिए असहयोग आन्दोलन से वे तटस्थ रहे। 'न निन्दा, न प्रशंसा' की नीति ग्रहण कर वे यहाँ-वहाँ घूमकर क्रान्तिकारी दल का संगठन करने लगे। बंगाल के सभी क्रान्तिकारी दलों का पारस्परिक सहयोग हो या एक संगठन बन जाय, इसके लिए उन्होंने विशेष उद्योग किया। क्रान्तिकारी संगठन के प्रति देश के युवकों का ध्यान आकर्षित करने के लिए ही उन्होंने इस समय बंगाली भाषा की एक पत्रिका में लेखमाला प्रारम्भ की, जिसमें सन् 1914-15 के कार्यों का विवरण था। यही लेखमाला बाद में 'बन्दी जीवन' के प्रथम-द्वितीय भाग के रूप में पुस्तकाकार प्रकाशित हुई और क्रान्तिकारी संगठन के नये रंगरूटों की पाठ्य-पुस्तक बन गई। न जाने कितने युवक अकेली इस पुस्तक के पारायण से ही अनुप्राणित होकर क्रान्तिकारी दल में प्रविष्ट हुए। इस प्रकार श्री शचीन्द्र असहयोग काल में अपने शरीर और बुद्धि का सम्पूर्ण उपयोग क्रान्तिकारी संगठन के लिए करते रहे।

कुछ दिनों बाद असहयोग आन्दोलन असफल होकर समाप्त हो गया। इसकी प्रतिक्रियास्वरूप देश में साम्प्रदायिक विद्वेष और बलवों की हवा बह चली। बड़े-बड़े तथाकथित राष्ट्रीय नेता इस हवा में बहकर हिन्दू-मुस्लिम द्वेष के प्रचारक बन गए। स्वदेश की स्वाधीनता की बात पीछे पड़ गई। कुछ लोग चरखा और सूत में उलझ गए, कुछ को धारासभाओं की कुर्सियाँ पुकारने लगीं। राष्ट्रीय आन्दोलन के लिए यह बड़े संकट का समय था।

श्री शचीन्द्र इस समय पंजाब से बंगाल तक राष्ट्रीय विचारों के युवकों को खोज-खोजकर उनको एक संगठन में पिरोने लगे। इसी समय क्रान्तिकारी दल का ध्यान मजदूर संगठन की ओर गया। जमशेदपुर में मजदूर यूनियन बनी और उसके सभापति बनाये गए श्री देशबन्धुदास की पत्नी के भाई और कलकत्ता के प्रसिद्ध बैरिस्टर श्री एस० एन० हलदार। श्री शचीन्द्र भी वहाँ जाकर काम करने लगे। किन्तु कुछ ही दिन बाद श्री शचीन्द्र ने जमशेदपुर का कार्य छोड़ दिया और

फिर सन् 1924 मे कलकत्ते मे, प्रतुलचन्द्र गांगुली और त्रैलोक्यनाथ चक्रवर्ती के साथ मिलकर 'हिन्दुस्तान रिपब्लिकन पार्टी' की स्थापना की। इस संस्था की स्थापना का मुख्य उद्देश्य यह था कि उत्तर भारत मे केवल एक क्रान्तिकारी संगठन कार्य करे, जिसके नेता श्री शचीन्द्र बनाये गए। इससे पहले ढाका अनुशीलन समिति के श्री योगेश चटर्जी भी उत्तर भारत मे संगठन कार्य कर रहे थे और उन्होने श्री रामप्रसाद बिस्मिल आदि को पुनः क्रान्तिकारी कार्यों मे प्रवृत्त कर दिया था। श्री राजेन्द्र लाहिड़ी, जिनको काकोरी केस मे फांसी हुई, श्री शचीन्द्र के सहयोगी थे इन दिनो ही 'रिवोल्यूशनरी' नामक एक पर्चा रंगून से पेशावर तक बांटा गया, जिसमे भारतीय जनता के सम्मुख सशस्त्र क्रान्ति की आवश्यकता और उपयोगिता प्रकट की गई थी। एक ही दिन सम्पूर्ण देश मे पर्चा वितरित करके क्रान्तिकारी देशवासियो को यह विश्वास दिलाना चाहते थे कि उनका एक वृहत् संगठन स्थापित हो चुका है। भारत सरकार भी पर्चे बांटने की इस संगठन-व्यवस्था से बहुत आतंकित हुई थी और इस पर्चे की सबसे बड़ी उपयोगिता यह थी कि साम्प्रदायिकता के उठते हुए तूफान मे इस प्रकार के कार्य जनसाधारण को राष्ट्रीयता की ओर उन्मुख करते थे। काकोरी षड्यन्त्र के मुकदमे मे सरकारी वकील ने श्री शचीन्द्र को ही 'रिवोल्यूशनरी' पर्चे का लेखक बताया था। बाद मे इस पर्चे को डाक द्वारा भेजने के अपराध मे फरवरी, 1925 मे शचीन्द्र पकड़े गए और दो वर्ष की कैद का दंड मिला। बंगाल ऐसेम्बली मे क्रान्तिकारी आन्दोलन का दमन करने के लिए सरकार ने इन दिनो ही एक 'आर्डीनेन्स एक्ट' प्रस्तुत किया। बंगाल के तत्कालीन गृह सदस्य श्री स्टीफेन्सन ने इस एक्ट की आवश्यकता बताते हुए, अपने भाषण मे श्री शचीन्द्र और 'रिवोल्यूशनरी' पर्चे की विशेष रूप से चर्चा की थी।

श्री शचीन्द्र जेल जाने से पूर्व ही उत्तर प्रदेश मे एक दृढ़ क्रान्तिकारी दल का संगठन कर चुके थे। श्री भगतसिंह, चन्द्रशेखर आजाद आदि इसी समय क्रान्तिकारी दल मे प्रविष्ट हुए। इन दिनो दल की आर्थिक स्थिति अत्यन्त दुर्बल थी। काकोरी काण्ड के शहीद श्री रामप्रसाद 'बिस्मिल' ने फांसी की कोठरी मे जो अपनी आत्मकथा लिखी है, उसमे दिये गए विवरण के अनुसार, "इस समय समिति के सदस्यो की बड़ी दुर्दशा थी। चने मिलना भी कठिन था। सब पर कुछ न कुछ कर्ज हो गया। किसी के पास साबुन कपड़े तक न थे। कुछ विद्यार्थी बनकर धर्म क्षेत्रो तक मे भोजन कर आते थे।" ऐसी स्थिति से विवश होकर दल ने डकैती डालने का निश्चय किया। इन दिनो ही विदेशो से अस्त्र-शस्त्र प्राप्त करने का भी कोई अच्छा सूत्र प्राप्त हो गया था। उसके लिए भी धन की आवश्यकता थी। इन सब कारणो से लखनऊ के पास काकोरी स्टेशन पर रेल का खजाना लूटा गया। कुछ लोग डकैती डालना गर्हित कार्य समझ सकते हैं। क्रान्तिकारी भी इसे अच्छा नही समझते थे, लेकिन देश के कार्य के लिए भी धन की आवश्यकता तो होती ही है। इससे पूर्व दान, चन्दा आदि से धन संग्रह करने का प्रयोग किया जा चुका था,

जो सर्वथा असफल रहा था। अर्थ-समस्या सुलझाने के लिए सन् 1924 में ही, अर्थात् श्री शचीन्द्र की गिरफ्तारी से कुछ पहले ही जाली नोट बनाने का भी प्रयास क्रान्तिकारी कर चुके थे। श्री शचीन्द्र ने 'बन्दी जीवन' के तृतीय भाग में एक स्थान पर जाली नोट बनाने के सम्बन्ध में थोड़ा आभास दिया है किन्तु यह नोट कहाँ, कौन बनाता था, यह विवरण रहस्योद्घाटन के भय से नहीं दिया। जाली नोट बनाने का काम ढाका अनुशीलन समिति की ओर से पहले ढाका और मैमनसिंह शहर में प्रारम्भ किया गया। दस रुपये और सौ रुपये के नोट के ब्लाक किसी प्रकार क्रान्तिकारियों ने बनवा लिए थे। श्री दिनेशचन्द्र लाहिड़ी, त्रैलोक्य-नाथ चक्रवर्ती आदि यह कार्य करते थे। इसके बाद बंगाल के सोनारंग गाँव में प्रबोधदास गुप्त और शचीन्द्र चक्रवर्ती यह कार्य करते रहे। इन दोनों को इस अपराध में पाँच-पाँच वर्ष का कारावास दंड भी मिला। यह जाली नोट इतने त्रुटि-पूर्ण बनते थे कि तुरन्त पकड़ाई में आ जाते थे। इसीलिए अन्ततः डकैती द्वारा धन संचित करने के लिए विवश होना पड़ा। काकोरी में ट्रेन लूटने से धन तो मिला, किन्तु सरकार तुरन्त समझ गई कि यह डकैती राजनीतिक उद्देश्य से डाली गई है। पहले दो-एक संदेहास्पद व्यक्ति गिरफ्तार किये गए। वे दुर्भाग्य से इतने कमज़ोर निकले कि जो कुछ मालूम था, सब पुलिस के सामने उगल दिया। फिर तो देशभर में गिरफ्तारियाँ हुईं। श्री शचीन्द्र जो पर्चा बाँटने के जुर्म में सजा भुगत रहे थे, वह भी इस केस में घसीट लिये गए। सरकार ने लगभग दस लाख रुपया व्यय करके इस मुकदमे को साबित कर दिया। श्री शचीन्द्र फिर एक बार काला-पानी जा पहुँचे।

सन् 1939-38 में शचीन्द्रबाबू काकोरी के अन्य राजबन्दियों के साथ कांग्रेस मंत्रिमंडल द्वारा रिहा किये गए। उन्होंने फिर पूर्वानुसार इलाहाबाद के एक पत्र में अपने क्रान्तिकारी कार्यों का विवरण लिखना प्रारम्भ किया। इसके अतिरिक्त भी कुछ लेखादि लिखे जो पुस्तकाकार प्रकाशित हुए। इसके पश्चात् द्वितीय महा-युद्ध प्रारम्भ हो गया, तो सरकार ने उनको नज़रबन्द कर दिया। इन दिनों उनका स्वास्थ्य बहुत जर्जर हो गया था। इसी अस्वस्थता के आधार पर नज़रबन्दी से उनकी मुक्ति हुई। घर पर रहकर शचीन्द्रबाबू चिकित्सा कराने लगे। इसी समय श्री त्रैलोक्यनाथ चक्रवर्ती उनसे बनारस जाकर मिले और श्री सुभाष बोस के नेतृत्व में विद्रोह करने की योजना बताकर श्री शचीन्द्र से उसमें भाग लेने को कहा। शचीन्द्र ने इसे स्वीकार कर लिया और परिवार की व्यवस्था करने के लिए थोड़ा समय माँगा। वे यह व्यवस्था कर ही रहे थे कि क्षय रोग का आक्रमण उन पर हो गया और सन् 1942 में भारत का यह महान् क्रान्तिकारी, अपनी आँखों में स्वदेश की स्वाधीनता के सपने बसाए सदैव के लिए चिरनिद्रा में निमग्न हो गया। अब उनके शौर्य पूर्ण जीवन की केवल स्मृति-भर शेष रह गई है।

□□